宁夏文物考古研究所丛刊之三十一

粟特人在中国

考古发现与出土文献的新印证

（下册）

荣新江　罗　丰　主编

宁夏文物考古研究所
北京大学中国古代史研究中心　编

科学出版社

北　京

内 容 简 介

本书是国际合作研究粟特问题的第二个里程碑，收录了 2014 年 8 月 13 日至 14 日在银川举办的“粟特人在中国：考古发现与出土文献的新印证”国际学术研讨会的论文，包括来自中国、日本、美国、英国、法国等各国学者提交的 48 篇论文的所有中文文本和 3 篇英文原本。本书与 2005 年出版的《粟特人在中国——历史、考古、语言的新探索》堪称姊妹篇，与后者相比，本书更着重粟特相关的墓志、葬具、画像等出土材料的刊布与研究，全方位展示了丝绸之路上粟特人的历史面貌。本书的出版无疑会对国际范围内的粟特研究产生巨大的推动作用。

本书适合于从事中西文化交流和丝绸之路研究的专家学者，及相关专业的大专院校师生参考阅读。

图书在版编目（CIP）数据

粟特人在中国：考古发现与出土文献的新印证：全 2 册/荣新江，罗丰主编；宁夏文物考古研究所，北京大学中国古代史研究中心编. —北京：科学出版社，2016.6

ISBN 978-7-03-048629-5

Ⅰ. ①粟… Ⅱ. ①荣…②罗…③宁…④北… Ⅲ. ①古代民族–中国–文集 Ⅳ. ①K289-53

中国版本图书馆 CIP 数据核字（2016）第 126682 号

责任编辑：孙 莉 郝莎莎 / 责任校对：钟 洋 彭 涛
责任印制：赵 博 / 封面设计：北京美光制版有限公司

科学出版社 出版
北京东黄城根北街 16 号
邮政编码：100717
http://www.sciencep.com
北京厚诚则铭印刷科技有限公司印刷
科学出版社发行 各地新华书店经销
*
2016 年 6 月第 一 版 开本：889×1194 1/16
2024 年10月第六次印刷 印张：45 1/2
字数：1 280 000

定价：480.00 元（全 2 册）

（如有印装质量问题，我社负责调换）

Sogdians in China：

New Evidence in Archaeological Finds and Unearthed Texts

(Ⅱ)

Rong Xinjiang and Luo Feng

Ningxia Institute of Archaeology and Cultural Relics

Center for Research on Ancient Chinese History，Peking University

Science Press

Beijing

目　　录

上　册

下　册

Contents

Part Ⅰ

Part Ⅱ

从灵武到代北：唐后期华北藩镇中的铁勒、粟特、党项*

西村阳子
（花园大学文学部）

引　　言

本文以唐后期建中年间（780－783）发生的朱泚之乱为线索，讨论此时前后中央政府以及华北藩镇当中铁勒武人集团的活动。这些铁勒武人集团在中央政府以及华北藩镇中占据重要位置，之后逐渐移动到代北、河东等地区，在代北、河东、鄂尔多斯等广大地区通过任官等方式保持了强大影响力，到唐末与沙陀汇合一起，成为五代沙陀王朝之成立的背景。

从鄂尔多斯到代北、河东的农业、游牧交错地带，是唐朝安置降附游牧民族的区域，并令这些游牧民族负责北部边防[1]。本文讨论由 8 世纪末到 9 世纪居住在此地的铁勒及党项等武人集团的东迁及其历史过程，华北藩镇的铁勒部落在代北、河东不断积储力量，最终出现强大的沙陀部。

沙陀突厥是唐末华北地区的强大游牧势力，导致了唐朝灭亡及五代王朝的成立。笔者曾考察过其内部构成和经济基础等相关问题。由于沙陀突厥内部包含众多游牧部族，因此被称为“沙陀集团”或“代北集团”[2]，其中沙陀三部落、契苾、吐谷浑构成的“代北五部”，正是沙陀集团的核心力量，笔者曾阐述过“代北五部”被沙陀集团合并的过程[3]，并指出他们有着统合众多其他游牧部落的多层次构造，概要提示了从唐末到五代沙陀突厥的动向。然而，尚未充分揭示“代北五部”以外还有哪些游牧部落存在沙陀集团。

---

* 本文以《唐后半华北诸藩镇的铁勒集团——沙陀系王朝成立之背景》（《东洋史研究》第 74 卷第 4 号，2016 年）为基础，部分简略、部分增补而成的中文版。由于第一、二章已有日文，故文字、图表从简，只保留核心内容，第三章为了中文版全文增补而成。

[1] 作为主要成果，有以下论著：石见清裕《唐代外国贸易・在留外国人をめぐる诸问题》，《唐の北方问题と国际秩序》，汲古书院，1999 年，522－526 页；《ラティモアの边境论と汉～唐间の中国北边》，《东アジア史における国家と地域》，刀水书房，1999 年，278－299 页；妹尾达彦《长安の都市计划》，讲谈社，2001 年，30－34 页；同作者《都の立地——中国大陆の事例》，《中央大学人文研纪要》58 号，2006 年，143－171 页；森安孝夫《シルクロードと唐帝国》，讲谈社，2007 年，59－62 页。关于沙陀突厥的研究，参看石见清裕《沙陀突厥史——日本、中国の学界における成果と课题》，《早稻田大学モンゴル研究所纪要》第 2 号，2005 年，121－138 页。由于在此已经有总结，在本文中只限于提到与本文直接有关系的文章。

[2] 樊文礼《唐末五代的代北集团》，北京：中国文联出版社，2000 年。

[3] 拙稿《唐末五代代北地区沙陀集团内部构造再探讨——以契苾通墓志铭为中心》，《文史》2005 年第 4 期，211－228 页。

本文讨论的契苾部和浑部，荣新江先生早就指出过两个部落的类似性[4]。笔者根据《契苾通墓志铭》详细探讨过唐末契苾部落的状况，以及唐初延续下来的羁縻州部落及其与沙陀之间的关系[5]。苏航指出了浑、阿跌、契苾等铁勒三部落的类似性，集中讨论了阿跌部落的功绩，并提示阿跌部落一度总括了北边蕃部[6]。山下将司重新梳理了阿跌部的功绩，指出阿跌与突厥阿史那氏之间的婚姻关系[7]。基于这些成果，本文从唐朝到五代的东亚世界历史背景下重新探讨 8 世纪末至 9 世纪中央政府重用铁勒、粟特等非汉族武将的原因与其背后进展的铁勒、粟特、党项部落从鄂尔多斯到代北地区的东迁过程及彼此互动，这些以铁勒和党项为中心的游牧民族的动向为沙陀突厥势力的抬头提供了基础。

一、朱泚之乱和华北藩镇的铁勒、粟特集团

（一）朱泚之乱

已有研究指出，安史之乱以后，由于安禄山和史思明为粟特人，唐朝内部加强了对粟特人的反感，粟特人也主动回避了引人联想的粟特姓或本贯[8]。另外，唐廷、神策、昭义、河东、振武、夏州定难军、天德军等军备中，粟特人的数量并未减少，尚有不少铁勒、党项、契丹等出身的武人进入其间。安史之乱后，郭子仪手下有大量非汉族的蕃将发迹起来，除李光弼（契丹），李抱玉（粟特）之外，还有仆固怀恩（铁勒）、李怀光（靺鞨）、浑释之（铁勒）等，这些武将在负责边防的同时，还需应对河朔三镇以及安史之降将所在的几个藩镇。

朱泚之乱发生于建中三年（782），由时任卢龙节度使的朱滔策划，正前往长安入觐的朱泚也卷入其间，参与者还有后安史之乱时代的卢龙、成德、平卢等河北藩镇以及淮西节度使等地方势力。建中四年十月，朱泚与泾原节度使的军队占领了长安，跟朱滔等率领的河朔联合军汇合，形成震动了唐朝的叛乱[9]。叛乱末期，平叛功绩最高的河中节度使李怀光（靺鞨）也与朱泚沟通叛逆，割据河中，朝廷针对此事起用中书令浑瑊（浑）、河东节度使马燧、铁勒阿跌部的李光进兄弟、镇国军节度使骆元光（粟特）、昭义节度使李抱真（粟特）以镇压叛乱。可见，朱泚之乱（建中四年—兴元元年，783－784）内在的部族情形非常复杂。

朱泚之乱反映了唐后期官军中，特别在鄂尔多斯到河东等华北藩镇中逐渐扩大起来的铁勒、粟特等武人的情况。探讨此叛乱所反映的华北藩镇铁勒部落的动向及其历史过程，有助于我们

---

［4］荣新江《唐代河西地区铁勒部落的入居及其消亡》，费孝通《中华民族研究新探索》，中国社会科学出版社，1991 年，281－304 页。

［5］拙稿《唐末五代代北地区沙陀集团内部构造再探讨——以契苾通墓志铭为中心》。

［6］苏航《唐后期河东北部的铁勒势力——从鸡田州的变迁说起》，《唐研究》第 16 卷，2010 年，261－277 页。

［7］山下将司《唐の“元和中兴”におけるテュルク军团》，《东洋史研究》第 72 卷第 4 号，2014 年，1－35 页。

［8］荣新江《安史之乱后粟特人的动向》，《暨南史学》第 2 辑，2003 年，104－106 页。张说《河西节度副大使安公碑铭并序》，《张说之文集》卷一六，102－103 页（《四部丛刊》本；《文苑英华》卷九一七，4828 页）。此碑文为安兴贵之曾孙安忠敬之碑铭，安忠敬之子是安重璋（李抱玉），李抱玉的从父弟是李抱臣与李抱真。

［9］拙稿《唐末〈支谟墓志铭〉と沙陀の动向——九世纪の代北地域》，《史学杂志》第 118 编第 4 号，2009 年，10 页。

了解唐末以代北集团为核心的游牧军团的形成过程。

（二）华北藩镇中的铁勒、粟特集团

陈寅恪先生早已指出，朱泚叛军节度使多出身于契丹、靺鞨、高丽等，且拥有许多粟特兵力。陈氏还说朱泚和朱滔也是“胡化汉族”，与非汉族几乎没有差别[10]。笔者在此指出，官军中也能看到非汉族的例子。但是朱泚之乱中，叛军和官军的立场频繁替换，如王武俊当初是在叛军中，到了建中四年归属朝廷。另外，原本勤王有功的李怀光反而在兴元元年（784）在河中举旗反唐。为了把握全体面貌，这里先提示其中一些主要人物（表1）。

表1 官军中的非汉族一览（只限于重要人物）

	出身	姓名	官职	出典
1	浑	浑瑊	朔方右留后→振武节度使→检校左仆射、同中书门下平章事、奉天行营兵马副元帅、行在都知兵马使、检校司徒、兼中书令→朔方节度使→河中节度使	旧134、浑瑊传
2	突骑施	哥舒曜	东都、汝州行营节度使→右骁卫上将军	新135、哥舒曜传
3	粟特	李抱真	昭义节度使	旧132、李抱真传
4	靺鞨	李怀光	朔方节度使→河中节度使	旧122、李怀光传
5	粟特	骆元光	镇国军节度使	旧144、李元谅传
6	吐蕃	论惟明	鄜坊节度使	翰苑集9、元和姓纂9
7	疏勒	裴玢	论惟明的傔力→鄜坊节度使	旧146、裴玢传
8	奚	张孝忠	义武军（易定）节度使	旧141、张孝忠传
9	粟特	康日知	深赵都团练观察使	新148、康日知传
10	鲜卑	尚可孤	检校工部尚书、神策京畿渭南商州节度使	旧144、尚可狐传
11	阿跌	李光进	不明→代州刺史→振武节度使→灵武节度使	旧161、李光进传
12	阿跌	李光颜	不明→忠武军节度使→河东节度使、侍中	旧161、李光颜传
13	舍利	舍利葛旃	不明→赠工部尚书	全714、李光进碑
14	印度	罗好心	神策军正将	续2、唐洛京智慧传
15	月支	支成	赠随州刺史、殿中监、太子少詹事	汇编、大中一一〇

〔出典〕旧：旧唐书，新：新唐书，全：全唐文，续：续高僧传，汇编：唐代墓志汇编

朱泚之乱时，唐朝借用了吐蕃的兵力，浑瑊跟吐蕃一起打败了朱泚的军队。之后，吐蕃军占据了党项的根据地夏州城，并攻击麟州、银州等地[11]。当时，党项也已经开始逐渐向东方迁移，承担唐朝边防的铁勒、粟特部落也开始东迁。从表一中我们能看出，属于这些部落的人物当时就在华北地区充任节度使、州刺史或神策军使等。此外还有身边不乏粟特人或北方游牧民族部众的

[10] 陈寅恪《唐代政治史述论稿》，《陈寅恪先生论集》（“中央”研究院历史语言研究所特刊之三），1971年，133－134页；森部豊《ソグド人の东方活动と东ユーラシア世界の历史的展开》，关西大学出版部，2010年，123－181页；章群《唐代蕃将研究》，联经出版事业公司，1986年，193、608页。

[11]《旧唐书》卷一九六《吐蕃传》下，5249页；《新唐书》卷二一六《吐蕃传》下，6094页。

李怀光（朔方节度使、河中节度使）[12]、粟特人的骆元光（李元谅、镇国军节度使）、吐蕃论弓仁的后裔论惟明（庆州刺史）、疏勒王后裔裴玢（后为鄜州刺史）、在李宝臣下做官而出身奚的张孝忠[13]和粟特人康日知[14]、鲜卑系的尚可狐等。当时这些铁勒、粟特、靺鞨、吐蕃、党项等诸族的分布参见图 2。

表 1 中，兼任皋兰部都督的浑瑊以及鸡田州部落的李光进、李光颜兄弟等都是出自唐初设定的羁縻州的人物（参照第二章）。此外，山下将司先生指出，李抱真家族是唐初功臣粟特人安兴贵的后裔，唐初世代生活于河西，以牧马为“家业”出仕于唐朝[15]。这些例子表明，安史之乱后唐朝起用了大量羁縻州系统部落首领，并动员这批首领来镇压朱泚之乱。

这些出身唐初所置羁縻州的人物，在中央政府和藩镇任职时，老家仍在羁縻州部落，一度以灵武为据点，此后时称河南的河曲部北部的阿跌部于 764 年左右[16]、浑部于 779 年开始向代北、河东逐渐移动。

与此同时，沙陀、契苾、吐谷浑等“代北五部”，也有类似的迁移动向。其中，至少契苾部，就是与皋兰州、鸡田州等同样的唐初所设立的羁縻州贺兰州，当时也还是由世袭贺兰州都督的契苾氏率领部落。契苾部和吐谷浑部从灵武经过鄂尔多斯，到 800 年左右迁移到代北。沙陀突厥就是 809 年跟随范希朝移动到河东节度使之下、长期受到阿跌部李光颜的指挥。从中我们能看出铁勒系部落大规模东迁的动向。自此之后，抬头的沙陀突厥汇合了 8 世纪以来存在该区域的铁勒、粟特、党项等部落，发展为 9 世纪后半期政治的大势力。

二、8—9 世纪华北的铁勒集团

（一）沙陀的东迁与兴起

贞观年间沙陀归附唐朝之后，700 年左右到了甘州地区[17]。贞元年间（785—805），随着吐蕃势力伸张和沙陀部七千帐归属吐蕃，吐蕃希望把沙陀从甘州徙于河外，遭到沙陀拒绝。沙陀朱邪尽

---

[12]《资治通鉴》兴元元年（784）七月条中记载“李怀光左右多胡人”（7441 页），《旧唐书》卷一二〇《李怀光传》也有“怀光左右皆胡虏”等记录（3494 页）。

[13]《资治通鉴》建中四年（783）十月条“神策、河北行营节度使李晟疾愈，闻上幸奉天，帅众将奔命。张孝忠迫于朱滔、王武俊，倚晟为援，不欲晟行，数沮止之。晟乃留其子凭”（7370 页）。

[14] 与王武俊事李宝臣，建中三年（782）归顺朝廷。《资治通鉴》卷二二七建中三年正月条“惟岳之将康日知、以赵州归国”（7317 页）。康日知的儿子康志睦为平卢节度使（825—831），孙子康承训在庞勋之乱时为了镇压，率领沙陀立功，当了河东节度使（869—870）。曾孙康传业为鄜坊节度使（874—878）。

[15] 张说《河西节度副大使安公碑铭并序》。《旧唐书》卷一三二《李抱玉传》中“武德功臣安兴贵之裔。代居河西，善养名马，为时所称”（3645 页）。关于武威安氏在河西、固原，以牧马为家业，参照山下将司《唐の监牧制と中国在住ソグド人の牧马》，《东洋史研究》第 66 卷第 4 号，2008 年，1—30 页。关于从唐初到五代的武威安氏的家系，参照福岛惠《〈安元寿墓志〉（唐・光宅元年）译注》，《ソグドからウイグルへ》，汲古书院，2012 年，160—163 页；穆员《相国义阳郡王李抱真墓志铭》，《文苑英华》卷九三七，4926—4928 页。在原来的昭义节度使之辖区陆续出土了粟特人墓志。

[16] 苏航《唐后期河东北部的铁勒势力——从鸡田州的变迁说起》，266 页。

[17] 拙稿《九——一〇世纪の沙陀突厥の活动と唐王朝》，《历史评论》第 720 号，2010 年，61—75 页。

忠和朱邪执宜企图先跑到乌德鞬山，从此地反抗吐蕃，后由灵州归附唐朝，唐朝先把他们安置盐州（808），第二年（809）跟随灵盐节度使范希朝移镇河东节度使来到河东。范希朝精选其中的一千二百骑号沙陀军，其余众置定襄川，朱邪执宜保持神武川黄花堆，号“阴山北沙陀”。居住河东之后的沙陀之下，汇合了从凤翔（现在的陕西省宝鸡市）、兴元（现在的四川省汉中市）、太原等地归属的沙陀，形成很大的势力。

据《新唐书》卷二一八《沙陀传》记载，沙陀突厥迁移到河东的第二年就开始活跃，令人瞩目。据《沙陀传》关于沙陀随范希朝迁移到河东后的动向，810 年来到河东以后，到 821 年的镇州讨伐时，这支兵力长期在李光颜的管辖之下，或与李光颜一起从事军事行动。到了 830 年正式隶属河东节度使之下。830 年出任代北行营招抚使，接着 844 年充任代北军使的沙陀，以镇压庞勋之乱和黄巢之乱的功绩为契机，成为唐末强劲的政治势力。

在此地区，沙陀到来之前，已经有着阿跌部、浑部、契苾部等重要铁勒部落，沙陀此时迁移到这些势力的中间。

（二）振武的铁勒浑部与契苾部

德宗蒙尘奉天之后，中书令浑瑊立即率领家仆数十骑到达奉天护驾，功绩极高。他又在兴元元年（784）追踪朱泚去泾州，并最终将其斩杀。在镇压朱泚之乱中，浑瑊功劳最大。关于他的出身，《旧唐书》卷一三四《浑瑊传》（3703 页）的记载如下：

> 浑瑊，皋兰州人也，本铁勒九姓部落之浑部也。高祖大俟利发浑阿贪支，贞观中为皋兰州刺史。曾祖元庆、祖大寿、父释之，皆代为皋兰都督。

《新唐书》卷七五下《宰相世系表》（3379 页）记载如下[18]：

> 浑氏……自迴贵至瑊，世袭皋兰州都督。

浑瑊出自铁勒浑部设置的羁縻州皋兰州，唐初浑迴贵任皋兰州刺史之后，至少到 9 世纪的浑瑊时期，世代承袭皋兰都督的头衔。皋兰州是原来设置在铁勒浑部的羁縻州，按照《新唐书·回鹘传》及《旧唐书·回纥传》的记载，武则天时期的回纥、契苾、思结、浑四部被安置在甘州、凉州之间[19]。

《奉天录》卷一中记载浑瑊率领“家仆数十骑”，在长安收集“敢死之士”，驰到奉天行在。关于这个“家仆”，在《浑瑊传》中写作“德宗幸奉天，后三日，瑊率家人子弟自京城至”，这个骑马的“家仆”及“家人子弟”很可能是皋兰州的部民[20]。

---

[18] 浑氏家谱的初期和末期有混乱。赵超编著《新唐书宰相世系表集校》卷五“浑氏条”，北京：中华书局，1998 年，844 页。

[19]《新唐书》卷二一七上《回鹘传》上，“武后时，突厥默啜方强，取铁勒故地，故回纥与契苾、思结、浑三部度碛，徙甘、凉间，然唐常取其壮骑佐赤水军云”（6114 页）。

[20]《旧唐书》卷一二，“德宗建中四年冬十月丙午”条记载：“浑瑊以子弟家属至”，337 页。

为了解浑部及其与另一个羁縻州契苾部之间的关系，并表示浑部之根据地，在此揭示浑瑊的家系图。按照《新唐书》卷七五下《宰相世系表》(3379－3383) 以及《浑瑊碑》[21]《浑偘碑》[22]等记载，其大约的世系如“浑氏系谱”(图 1)。根据岑仲勉氏的说法，浑潭所带的左玉钤卫大将军的职位在隋代并不存在，该衔在龙朔年间改成戎卫，光宅年间改为玉钤卫，到了神龙年间再回

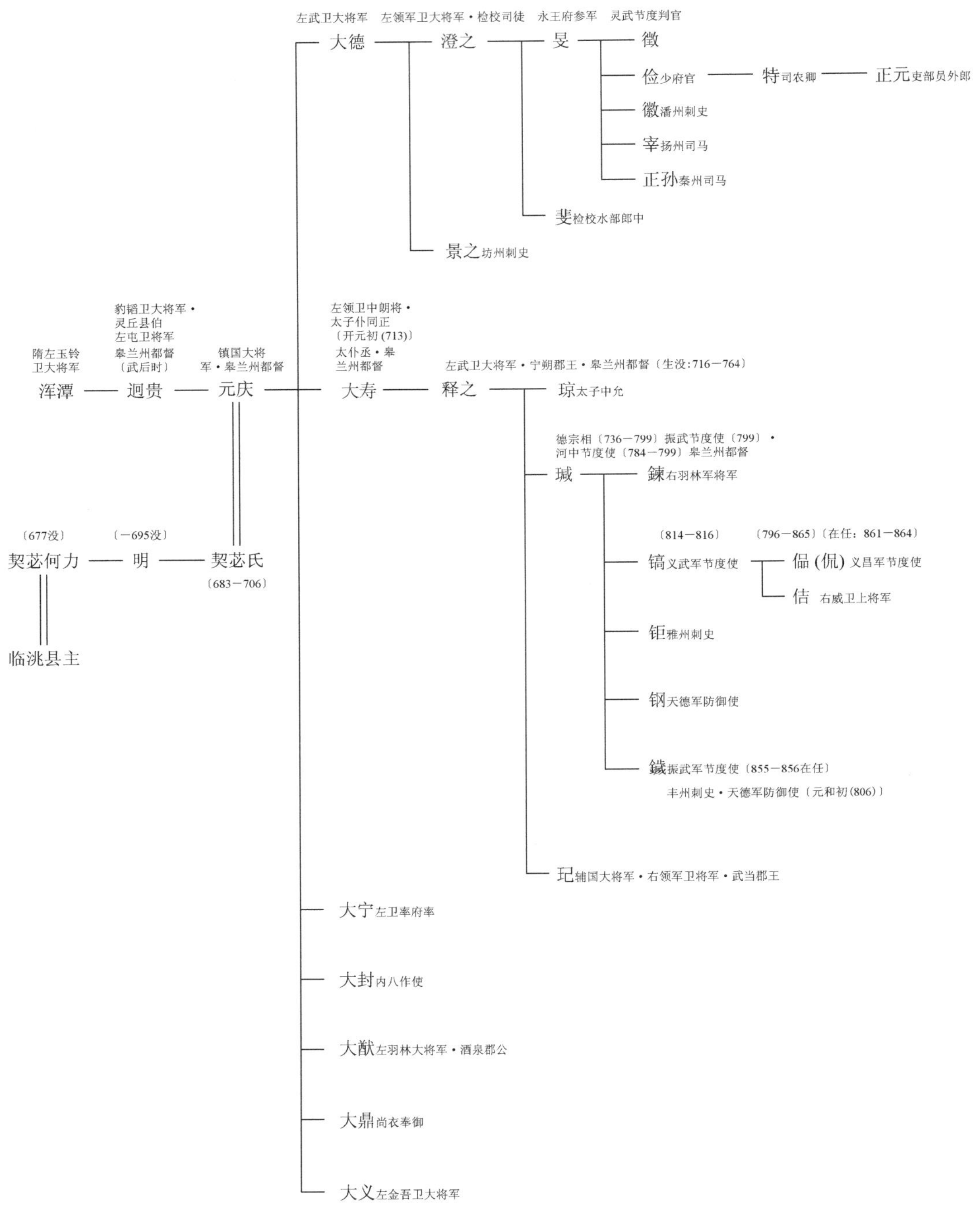

图 1　浑氏系谱

[21]《浑瑊碑》，《文苑英华》卷八八六，4668－4669 页。

[22]《浑偘碑》，《文苑英华》卷九一六，4823－4825 页。

到领军卫，还有迴贵所带的豹韬卫大将军也是在光宅年间（684）由威卫改成豹韬卫，神龙年间复为威卫，因此这两位应当是武则天时期的人物[23]。

浑瑊率领的皋兰州和后来作为“代北五部”担任沙陀突厥的核心势力的契苾部落之间，有着联姻的友好关系。证明这个事实的墓志是近年在宁夏回族自治区青铜峡市发现的《浑公夫人契苾氏墓志铭》[24]，录文如下：

> 大唐左屯卫将军皋兰州都督浑公夫人契苾氏墓志铭并序
>
> 夫人讳□，姓契苾氏，其先阴山人也……曾祖抚，隋右武卫大将军贺兰州都督。祖何力，唐补国大将军、右金吾卫将军、驸马都尉、贺兰州都督、申国公。父明，唐镇军大将军、行左屯卫将军、贺兰州都督、凉国公。……神龙二年十月二十六日，遘疾终皋兰州之官舍，春秋二十有四。粤以景云二年（711）四月九日，迁窆于贺兰山之南原，祔先茔礼也。

墓主浑公夫人契苾氏是太宗李世民时代的著名蕃将契苾何力的孙女。按照埋葬及墓志制作年代的景云二年（711）来考虑，可以推测当时的皋兰州都督是浑元庆[25]，虽然下一代皋兰州都督并不是墓主契苾氏的亲生儿子，但家谱上正好为浑瑊的曾祖母。关于她的家族契苾氏，笔者已经依据《契苾通墓志铭》有所厘清，即延续到唐末一直世袭羁縻州的贺兰都督，此契苾夫人是出生于其首领家的直系后裔。因而，与皋兰州都督浑公之间的婚姻关系，反映了契苾部和浑部之间的友好关系或同盟关系。

墓志所发现的宁夏回族自治区青铜峡市位于唐代灵武附近，可以证明景云二年皋兰州就设置在灵武附近。

之后，由于浑释之在上元年间（760—762）在灵武负责防秋，广德年间（763—764）在灵武战没（《新唐书》卷一三四《浑瑊传》，3703页），可以推测至少到8世纪60年代之前他还在灵武。据说浑瑊到了11岁时仕于边部，从事朔方军的军事活动，历任灵州左司马、邠州刺史等。《浑瑊碑》称，“其间开地于河曲，以静九蕃。宣威于陕西，乃定三川”。可见，浑瑊及所部的皋兰州，在河曲（鄂尔多斯，河南）拥有很大的势力。

基于联姻的关系，进而有密切的军事合作，这一点在《河西破蕃贼露布》（《文苑英华》卷六八四，3333页）一文中清晰地反映出来。这篇文章写于开元二十五年（737），是河西节度使崔希逸打败吐蕃之役的露布，其中列出唐军布阵的文字如下：

> 使大将军**浑大宁、契苾嘉宾**各领步兵于三水贼境为犄角。

---

[23] 岑仲勉《唐史余沈》卷四，227—229页。

[24] 余军、卫忠《唐皋兰州都督契苾夫人墓志考释》，《宁夏考古文集》，银川：宁夏人民出版社，1996年，157—162页；《全唐文补遗》七，350页。

[25] 浑大寿于开元初（713）在长安历任左领卫中郎将、太子仆同正，反而契苾夫人迁葬及制作墓志的景云二年（711）时，她丈夫浑公为位置更高的左屯卫将军，因此推测墓主契苾夫人的丈夫为浑元庆。《旧唐书》卷一三五《浑瑊传》（3903页）。

浑大宁是契苾夫人的丈夫元庆之子（“浑氏系谱”），契苾嘉宾是契苾通的祖父[26]。我们能看出来虽然墓主契苾氏夭亡后已经过了30年之长的时间，但浑部和契苾部仍保持了友好关系，共同从事军事行动。

关于契苾部，笔者曾经通过振武军节度使《契苾通墓志铭》及《契苾公妻何氏墓志铭》的分析[27]，论证了唐初归附唐朝，安置在河西走廊的契苾部落，在800年左右，从河西走廊经过灵武迁移到振武军驻地，自此契苾部落也跟粟特人有了密切的关系。此外，吐谷浑、契苾、沙陀三部落并同被称为“代北五部”，大概900年与吐谷浑部一起卷入了沙陀集团，后来构成沙陀集团的核心势力。那么，浑部到底经过了什么样的变化？

浑瑊大历十三年（778）在郭子仪之下出任单于副都护、振武军使，防御回鹘，大历十四年（779）随着朔方节度使的一分为四，担任了单于大都护、振武军、中东二受降城、镇北及绥银麟胜等军州节度营田使、振武节度使[28]。其后又充左金吾卫大将军、左街使，到兴元元年（784）三月兼任灵州都督、灵盐丰夏等州、定远西城天德军节度使，任朔方邠宁振武等道兼永平军奉天行营兵马副元帅。浑瑊主要在振武任职与他所在的皋兰州密切相关。苏航也指出，似乎这个时候皋兰州部民从振武进入了代北地区。事实上不止于此，大概开元时期到800年前后，原来在灵武一带的契苾、吐谷浑诸部也有类似动向，朔方节度使辖下的沙陀也随范希朝进入到河东，可见，当时的灵武到代北之间的“河南”地区，展开了铁勒系游牧民的大移动。除此之外，有学者已经指出，当时党项部落也在向东迁徙，森部豊还指出，粟特人也有着同样的动向[29]。也就是说，当时展开了包括铁勒、党项、粟特等的广大范围游牧民族的大规模迁移活动。

关于浑部之移动经纬，浑瑊之孙子浑偘神道碑（《浑偘碑》）中有记载：

> 公讳偘，字复贵，其先姜姓之后，汉郡（？）浑邪王之裔。始居于崤北，后迁于河南，今为代人，为山西右族。

按照碑文，浑偘于咸通六年（865）逝世，享年69岁，所以出生年次在贞元十二年（796）左右。浑偘葬在长安，浑氏降附唐之后居住河南（河曲部、鄂尔多斯），当时已经成为代人，山西右族了。

总结朱泚之乱以后担任振武节度使的铁勒、粟特武人，可以得到这样的结果（表2）。与“浑氏系谱”一同考虑的话，浑瑊在799年出任振武节度使，还有天德军防御使的浑钢，还有大中

[26] 参照收在拙稿《唐末五代代北地区沙陀集团内部构造再探讨》的“契苾氏系图”，10页。

[27]《契苾通墓志铭》的拓本照片收在《隋唐五代墓志汇编》陕西卷第4册，137页，释文在《全唐文补遗》一，358页。《契苾公妻何氏墓志铭》收在《陶斋藏石记》卷三三，第二叶上，释文收在《唐代墓志汇编》下（大中012）。

[28]《旧唐书》卷一二《德宗本纪》，320页；李鸿宾《唐朝朔方军研究——兼论唐廷与西北诸族的关系及其演变》，长春：吉林人民出版社，2000年，349页。

[29] 冈崎精郎《タングート古代史研究》，东洋史研究会，1972年，45—51页。周伟洲《早期党项研究》，北京：中国社会科学出版社，2004年，54—89页。森部豊《ソグド人の东方活动と东ユーラシア世界の历史的展开》。

九年（855）出了第二位振武节度使浑鐬[30]。振武节度使以浑瑊为嚆矢，还有参加过朱泚之乱的阿跌部，粟特人军将、契苾部，并沙陀的李国昌、李克宁等也陆续当了节度使。但是，如果考虑浑瑊、李（阿跌）光进任节度使之后，隔着一段时间后米暨才出来的情况，我们基本可以判断，840 年发生的回鹘帝国的崩溃导致以乌介可汗为中心的回鹘之南迁，是吐谷浑、契苾、沙陀三部落出任节度使的直接契机。换个说法，虽然是唐初功臣之后裔，也是承继了唐朝宗室的血脉，与浑部有姻戚关系的契苾部，如果对唐朝而言没有殊勋的话，唐末也难以得到节度使的位置。

表 2 振武的铁勒、粟特人节度使一览

	年份	姓名	备考
1	大历十四年（779）	浑瑊（浑）	
2	元和五年（810）—元和八年（813）	阿跌光进→李光进	旧纪 11 月甲戌，以代州刺史阿跌光进为单于大都护、振武麟胜节度支度营田观察押蕃落使
3	会昌六年（846）—大中元年（847）	米暨（粟特）	
4	大中元年（847）—大中二年（848）	史宪忠（奚、粟特）	
5	大中六年（852）—大中八年（854）	契苾通（契苾）	
6	大中九年（855）—大中十年（856）	浑鐬（浑）	浑瑊之子
7	乾符元年（874）—乾符五年（878）	李国昌（沙陀）	
8	中和元年（881）—中和四年（884）	契苾璋（契苾）	
9	景福元年（889）—天复三年（903）	石善友（粟特）	
10	天祐元年（904）—天祐四年（907）	李克宁（沙陀）	旧史，李克宁传，“武皇之季弟也”

〔出典〕《唐方镇年表》卷一，一六一——一八三页

中唐以后，河东、代北地区众多铁勒部众首领能够积蓄力量的契机源于朱泚之乱，浑、阿跌等部首领都由此出任节度使，并引发部落民众的东迁，在新的驻地储备实力，此后汇合于沙陀突厥中的游牧势力。附在《资治通鉴》卷二五五中和二年（882）十二月条的《资治通鉴考异》卷二四所引《后唐太祖纪年录》（169 页，根据《四部丛刊》本）中，保留着浑部汇合于沙陀突厥的记录：

> 初，克让于潼关战败，避贼南山，隐于佛寺，夜，为山僧所害，纪纲**浑进通**冒刃获免，归黄巢。

浑偘去世 20 余年后，已能由此看出浑氏人物与沙陀突厥汇合。此外，到了五代时候，收在《旧五代史》卷九八《安重荣传》的后晋天福年间（936—944）的奏文有这样的记载（1302 页）：

[30]《新唐书》卷七五下《宰相世系表》五下“浑氏”条，3379—3383 页；《唐方镇年表》卷一“振武”条，176 页。

> 生吐浑并浑、契苾两突厥三部落，南北将沙陀、安庆、九府等，各领部族老小，并牛羊、车帐、甲马，七八路慕化归奔，俱至五台及当府地界。

浑氏此时与契苾部落一起行动，由于吐谷浑、沙陀部落、安庆也一同行动，可以认为，到五代，契苾一直存在于沙陀集团内部。与此同时，非汉族得以出任振武节度使的头一位，是浑瑊，此后浑部出任节度使者不乏代人，我们可以认为，浑氏及其率领的羁縻州皋兰州很可能与浑瑊一起迁移代北，之后成为“山西右族”，到了 9 世纪末与沙陀突厥汇合。

在此出现一个疑问：浑部及阿跌部也与“代北五部”之一的契苾部有着类似的性质。那么，为何浑部和阿跌部并没有包含在唐朝所掌控的“代北五部”中？对于此事，应当要指出，浑部和阿跌部与其他五部不同，在沙陀兴起之前，出任中书令浑瑊及侍中李光颜的“宰相之家”。对于唐代来讲，他们已是功臣后裔，门第显达，与其他蕃部有所不同。前文已经指出过阿跌在指挥沙陀中的立场，浑部也可以说，像“元和中，延州沙陀部苦边吏贪，震扰不安。李绛建言，宜选才职称者为刺史。乃任（浑）镐延州”[31]那样，同样也持保护沙陀的立场。

（三）河东的铁勒阿跌部与粟特人

李光进、李光颜兄弟之父李良臣是鸡田州刺史，隶于朔方军节度使。据苏航研究，由于李光进、李光颜兄弟的姊嫁给舍利葛旃，因而他们幼小时候在舍利葛旃那里，舍利葛旃事河东节度使，广德二年（764）搬到了太原[32]。从《新唐书》卷二一八《沙陀传》能看到沙陀移动到河东之后，约 18 年之间长期在李光颜军之下[33]。跟随范希朝东迁之后的沙陀部落，虽然名义上归于河东节度使管辖，实际上归于阿跌部，受到李光颜的指挥。苏航还指出，虽然李光颜离开河东，还继续统帅河东蕃部，所以阿跌部统帅河东蕃部不仅仅是战时情形。此外，李光进任代州刺史时，还兼任了石岭镇兵马使、代北军使。关于这个年份，山下将司指出应当是贞元十六年（802）左右[34]。那么，阿跌的李光进、李光颜兄弟平时怎样统帅沙陀呢？在《会昌一品集》卷一六所收的写有会昌四年（844）三月十四日纪年的《奏晋州刺史李丕状　缘杨弁作乱时李丕杀安义节之子》中，我们能看到解决此疑问的具体掌管沙陀的关键人物：

> 安义节，管沙陀兵马三十余年，蕃人之心，最尚仇怨，战阵之际，固难堤防。[35]

这说明在会昌三年（843）河东都知兵马使杨弁引起军乱逐河东节度使李石时，当时的忻州刺史、会昌四年征伐泽潞军石雄副使的李丕斩杀了安义节之子。这位安义节，掌管沙陀兵马达 30 余年。“蕃人”的安氏显然是粟特人。“三十余年”，正好相当于沙陀跟随范希朝迁移到河东，

[31]《新唐书》卷一五五《浑镐传》，4895 页。

[32] 苏航《唐后期河东北部的铁勒势力——从鸡田州的变迁说起》，264 页。关于《舍利铁石墓志铭》，森部豊、齐藤茂雄《舍利石铁墓志の研究》，《关西大学东西学术研究》第 46 辑，2013 年，1—20 页。

[33] 山下将司也指出了此事。前揭《唐の“元和中兴”におけるテユルク军团》，10—11 页。

[34] 苏航《唐后期河东北部的铁勒势力——从鸡田州的变迁说起》，267 页；山下将司《唐の“元和中兴”におけるテユルク军团》，10 页。

[35] 傅璇琮、周建国校笺《李德裕文集校笺》，299 页。

受到李光颜指挥时期以后，迄会昌四年之间的时长。安义节之名，还在《裴度等承天题记》(821)中，与阿跌李昌元、李季元的名字一同出现过[36]，无法确知其管辖沙陀兵马时候的原委，但至少说明，他是与统帅沙陀的鸡田州李光颜有关系的人物。开成五年（840）修成的《李光颜碑》[37]中，在末尾刻有“汝南翟文剬刻”的文字，由于翟姓是粟特人常用的名字，可见粟特姓人物参与了此事，因而我们可以设想在阿跌部内部已经有不少粟特人，或许这些粟特人与管理沙陀有关系。《李光进碑》[38]中还记载并未阻止其“剺面刺心”的葬仪，可见除了建立石碑时有粟特人的参加以外，如此特意来写中亚的习俗，也说明还保持着浓厚的游牧民族特性。

李光进从元和四年（809）到元和六年之间带有代州刺史、代北军使的职位。此后，李光进拜为灵武节度使（813—816），在任地去世。后来李光颜从忠武军节度使移到河东节度使（825—826）。另外，沙陀在830年朱邪执宜当了代北行营招抚使，隶于河东节度使。由于李光颜在任河东节度使时候去世，沙陀也最后受河东节度使指挥，可以说追认其形式。到会昌年间（841—846），朱邪赤心出任代北军使。此后，沙陀朱邪氏世代以代州为根据地，故李克用的墓葬也在代州[39]。当时阿跌部根据地的确切地点还不清楚，森部豊以为在云朔之间[40]，苏航以为在代州[41]。很可能沙陀与阿跌后来作为同乡的突厥、铁勒部落，长期居住在相邻的地方。在代北地区沙陀崛起之后，与李光进、李光颜之时代的局面稍有不同，这些铁勒部落与沙陀一起行动，因而，我们得以看到后晋年间殁在代州的鸡田州部落长史的墓志[42]。

代北地区阿跌部后来的状况，可参看李光颜第四子李诚元除朔州刺史的制文。杜牧的《樊川文集》卷一八《李诚元除朔州刺史制》称[43]：

> 敕银青光禄大夫、检校国子祭酒、前使持节都督胜州诸军事兼胜州刺史、御史中丞、充本州押蕃落及义勇军等使、上柱国李诚元……自长庆已降，怠于制置，西北守帅，多非其人，侵虐种落，厚自封殖，至使忿鸷之性、不甘欺夺之苦。近者聚为内寇，至乃骚动天下……佥曰：诚元家本北边，志气慷慨，将军之子，颇传父业……深期国士，无颓家声。可检校国子祭酒使、持节朔州诸军事兼朔州刺史、御史中丞，散官勋如故。

[36]《山右石刻丛编》卷八，47－52页。

[37]《李光颜碑》，《山右石刻丛编》卷九、第一六叶A—第一九叶A。

[38]《李光进碑》，《山右石刻丛编》卷八、第三三叶B—第三六叶B。

[39] 拙稿《山西省代县所在の晋王墓群》，《アフロ・ユーラシア大陆の都市と国家》（中央大学人文科学研究所研究丛书59），2014年，219－258页。

[40] 森部豊《ソグド人の东方活动と东ユーラシア世界の历史的展开》，205页。

[41] 苏航《唐后期河东北部的铁勒势力——从鸡田州的变迁说起》，268页。

[42] 何君政的职位是“鸡田府部落长史”。在墓志中虽然写着“公，首领部落”，但“长史”并不是相当于“鸡田州”刺史或“鸡田府”都督等的表示酋帅的职位，因此粟特人的部落长史何君政的存在，并不否定鸡田州在后晋时期还是阿跌部落的可能性。或许是鸡田州中从唐代包含在大量粟特人，留下了其中的长史阶层的墓志。

[43]《四部丛刊》本，152－153页。

这则史料表明使持节都督胜州诸军事兼胜州刺史、充本州蕃落及义勇军等使、出身阿跌部的李诚元在大中五年（851）拜朔州刺史[44]。李光颜宝历二年（826）在河东节度使任中逝世，李诚元时出任朔州司马，与朔州有很深的缘分。

我们这里可以先探讨胜州刺史的问题。其实，从史料似乎不能查到胜州刺史的在任人物。按照《契苾通墓志铭》的记录，契苾通的父亲契苾漪曾经当了“皇使持节都督胜州诸军事、胜州刺史、充本州押蕃落义勇军等使、兼侍御史、鸿胪卿”，据郁贤皓的意见，这是大约元和中（806－820）的事情。担任胜州刺史的还有契苾通（开成末（840）左右）[45]，十年后，阿跌的李诚元当了胜州刺史。这表明当时的阿跌部有着跟契苾部几乎同等的势力，阿跌李诚元的存在反映出阿跌部仍然保持统帅胜州、朔州等地游牧部落的实力。

我们还可以来看一下李诚元之前后出任朔州刺史的人物。据表 3，李诚元接着兼任代北军使的沙陀李国昌之后，出任朔州刺史。几乎与李诚元拜朔州刺史同时，契苾通升任了振武节度使。也就是说，当时的代北地区，存在振武的契苾、朔州的阿跌、蔚州的沙陀这样的布局，当时以契苾部为第一位，而铁勒、沙陀部落的势力旗鼓相当。当时的阿跌部作为与沙陀部落拮抗的势力，游牧在代州、朔州附近，而且与沙陀保持了很近的关系。

表 3　朔州刺史一览

	年份	氏名	出身	出典
1	会昌二－三年（842－843）	石雄	—	新书，本传
2	会昌四年－大中三年（844－849）	李国昌	沙陀	新书，沙陀传
3	大中五年（851）	李诚元	阿跌	杜牧《李诚元除朔州刺史制》
4	大中十二年（858）	段威	—	旧书，宣宗纪
5	咸通十年（869）	李克修	沙陀	旧五代史，本传
6	广明元年（880）	高文集	—	旧五代史，唐武皇纪上
7	广明元年（880）	米海万	粟特	旧书，僖宗纪

〔出典〕《唐刺史考全编》卷九六，河东道 朔州，1354－1355 页

（四）河东、代北的铁勒部落出身者的任官地

迁移到代北地区的浑部及契苾部，虽然把据点移动到代北，但其势力并不是限制于代北地区。山下将司在探讨沙陀、阿跌的例子当中，依据《新唐书》卷二一八《沙陀传》中“范希朝乃料其劲骑千二百，号沙陀军，置军使，而处余众于定襄川。执宜乃保神武川之黄花堆，更号阴山北沙陀”，指出沙陀、阿跌、突厥等部落，本身安置在河东北部，部落首领率领其中的被选出来的骑兵赴河东军或忠武军从军[46]，这些形态应当普遍存在于唐代负责边防的游牧民族当中。关于这些从军，我们可以设想两种意义。比如沙陀就是这样，正如我们在《新唐书》卷二一八

[44] 关于押蕃使，参看村井恭子《押蕃使の设置について——唐玄宗期における对异民族政策の转换》，《东洋学报》第 84 卷第 4 号，2003 年，421－452 页。

[45] 郁贤皓《唐刺史考全编》卷二四，关内道，胜州（榆林郡），381－382 页。

[46] 山下将司《唐の“元和中兴”におけるテユルク军团》，24 页。

《沙陀传》所看到的那样（6155—6166页），则从军征伐以及通过任官的形式制约当地军事情况。

> 〔元和〕八年（813），回鹘过碛取西城、柳谷，诏〔朱邪〕执宜屯天德。……
>
> 〔咸通元年〕（860）回鹘叩榆林，扰灵、盐，诏〔李〕国昌为鄜延节度使。〔乾符元年〕（784）又寇天德，乃〔李〕国昌徙节振武。

足见沙陀首领出任唐朝官职，与唐朝利用他们的实力以防御回鹘南侵的战略意图密不可分。

其他铁勒部落无疑也是类似的。如图2所见，浑瑊经过振武节度使、朔方节度使后，移镇河中节度使（784—799）。由于前河中节度使的李怀光在兴元元年（784）叛逆，浑瑊作为灵州大都督、朔方节度使、邠宁振武永平奉天行营副元帅征伐李怀光[47]，其后迁任河中节度使，在任长达十六年。尤其在镇压李怀光叛乱后，浑瑊势必率领浑部相当势力进行善后安抚，而且这支力量也参与了当时的多次军事行动，包括对抗吐蕃。唐朝在这些军事行动中取得主动，没有这些骑兵部落是很难想象的。浑瑊之子浑钢当了天德军防御使，浑鐬在元和初（806）当了丰州刺史、天德军防御使，最后任振武节度使。浑镐任义武军（易定）节度使，其子浑偘则是义昌军（横海军、沧州）节度使，他们领下当都有浑部部众，但其部落主体应当在代北。

如上所述，阿跌的李光进从振武节度使迁任灵州（朔方）节度使，第三年在任地逝世。李光颜出任忠武军节度使，长庆元年兼任义昌军节度使，经过义成军节度使、邠宁节度使，最后成为河东节度使。他们的儿子在河东节度使之下任官，或许李光进的次子出任了忠武军节度押衙，那是因为当时李光颜是忠武节度使，与阿跌部关系密切。除了李诚元从年轻时起在本部所在地朔州任官之外，李建元是“前河东节度右都押衙”，李播元是“前河东节度押衙左门□兵马使”，各自在河东节度使之下担任高级武官，其他占据了禁军职位。由此可见，不管中央或地方，都有阿跌部众成员。另外，李光颜的长子李昌元从开成四年（839）到会昌三年（843）任鄜坊丹延等州节度观察处置等使，末子李安元在咸通六年（865）以李宴元的名字任夏州刺史、朔方等节度使，可见其实力一直维持到唐末。

契苾通出任胜州刺史、义勇军使时，兼任本州押蕃使，明显还统帅有本部以外的诸蕃部落。浑镐出任延州刺史也是为了统御沙陀部落，那么后来契苾通到蔚、丹、仪等州任官也有可能有类似原因，应当认为至少率领契苾部落的，自然任振武节度使时也应该统辖本部以外的诸蕃部落。契苾通的七个儿子中，五个在河东节度使、灵武节度使、沧州（义昌）节度使、邠宁节度使、河中节度使中任武官，表明代北集团的势力不限于代北。在854年作为文官任官的契苾公文也在其母何氏的墓志铭中作为节度使麾下武官被提到，并且在《契苾通墓志铭》中也提到公文曾经在契苾通之下“偿副公衔命”，因此原本是武官，并且他作为契苾通的嗣子，应当统御契苾部落。其中灵武是浑瑊和李光进也赴任过的重要地点，铁勒诸部在东迁之途中经过的地点，也是其羁縻州所设置的地方。在义昌节度使之下的任官，很可能与之后浑偘就任义昌节度使有关。邠宁节度使是李光颜，河中节度使是浑瑊长期所任的藩镇。

作为相似的例子，在此要提及与契苾通同时参加了征伐南迁回鹘的粟特人何清朝。何清朝

[47]《新唐书》卷一五五《浑瑊传》，4893页。

很可能是契苾通夫人何氏的亲戚，或为何氏夫人的兄弟[48]。何氏的娘家是世代奉职单于府的武门名家，同出一族的何清朝，可能在会昌二年（842）任银州刺史、充本州押蕃落使，与蔚州刺史的契苾通一同，率领对抗南迁回鹘的征伐军，会昌五六年之间，担任了朔方节度使。进入代北的铁勒或粟特的游牧部落，并不限于在代北，也在河东、河中、邠宁、银州、天德、灵武，以及更东边的义武军（易定）、义昌军（沧州）等，包括原来居住的鄂尔多斯到河北的广大地域保持了势力。有些部分与后来的沙陀突厥的势力范围重叠。浑、契苾、阿跌等铁勒游牧民逐渐移动到东方，还在鄂尔多斯维持了势力，8 世纪末，浑部拥有最大势力，进入 9 世纪其位置为阿跌取代，到了 9 世纪中叶，契苾、浑则上升，占据振武节度使之位，作为其集大成，9 世纪后半以后沙陀统合了代北集团，成为最大的势力。

三、振武党项、府州折氏与真定的粟特人：对宋朝之展望

上文从参与朱泚之乱的铁勒系、粟特系的人物中，择取与沙陀之兴隆有关的集团进行讨论。最后，提到与这些铁勒、粟特诸势力同存于振武、代北之地，构成了沙陀集团势力之一的党项。他们并没有出现在朱泚之乱中，但朱泚之乱结束后不久，贞元二年（786），由于吐蕃入寇夏州、银州、麟州，追击夏州刺史党项拓拔乾晖，浑瑊、骆元光（李元谅）等前往经略[49]，可见已经在当地成为重要势力。浑瑊、骆元光等之所以能够援助拓拔乾晖，应当与刚刚迁移到代北的浑部势力和骆元光麾下武人集团在此地保持着对抗吐蕃的军事实力有关。

根据周伟洲先生的研究，安史之乱后，内徙党项开始东迁，至德年间（756—758）到永泰元年（765）大约十年之间，原在陇右的党项部落陆续迁移到庆州、盐州等地。唐朝为了防止吐蕃使庆州、盐州之党项离叛，在永泰元年（765）以党项部落迁移到银州之北、夏州之西以及绥州、延州等地[50]。此外，冈崎精郎也提到，永泰初以来，党项散居于丰州、天德、振武到鄂尔多斯的广大地区[51]。范希朝任振武节度使时便应对过当地的党项和室韦等部[52]。840 年回鹘帝国崩溃，乌介可汗率领回鹘部落南迁至唐朝北边，沙陀三部落、契苾、拓跋部落作为唐朝的军力参战。当时的党项正如在李德裕《会昌一品集》卷一六所收《请先降使至党项屯集处状》（会昌六年）中所说，“党项自麟府鄜坊至太原，徧居河曲”[53]，屯集在振武节度使管辖之下的麟州、府州，经过鄜州、坊州，至太原的所有地方。

其中，振武节度使之管辖内的麟州的党项折氏，在唐末折嗣伦出任麟州刺史以后[54]，成为

[48] 拙稿《唐末五代代北地区沙陀集团内部构造再探讨——以契苾通墓志铭为中心》，注 38。

[49]《新唐书》卷二一六《吐蕃传》下，6094—6095 页；《资治通鉴》卷二三二贞元二年条，7475 页。

[50] 周伟洲《早期党项研究》，54—89 页。

[51] 冈崎精郎《タングート古代史研究》，45—51 页。

[52]《唐会要》卷七三“单于都护府”条，1552 页。

[53] 傅璇琮、周建国校笺《李德裕文集校笺》，石家庄：河北教育出版社，2000 年，316 页。

[54] 郁贤皓《唐刺史考全编》五“麟州”条，3396 页。

府州的名族储备势力，在五代沙陀王朝中历任高官。他们在后唐时期屡屡以马贡献[55]，开运元年（944）与契丹决裂，降附后晋，之后历任后晋、后汉、后周的高官，一直维持到宋代。

有一个时间相对靠后的例子，却反映了党项折氏与粟特人之间的密切关系，并且共同保持着高级的政治地位，即收在《榆林碑石》中的《折文彦妻曹氏墓志》[56]。录文如下：

宋故谯国夫人曹氏墓志铭并序

宣和癸卯岁（1123）八月庚午，折文彦之妻曹氏，蓐中缘疾卒。（中略）奉吾父命，亦祔府州西天平山祖茔之次。实庚戌岁（1130）十月癸酉也。曹氏，**慈圣光宪皇后之侄孙**，益王佾之曾孙，知忻州（曹）普之女、**（折）文彦姑之长女也。**

姪孙是“兄弟之孙”之意，所以此“慈圣光宪皇后”即北宋曹皇后，但北宋并没有“慈圣光**宪**皇后”，只有仁宗（赵祯）“慈圣光**献**皇后”曹氏，因而这可能是“慈圣光**献**皇后”之讹。“谯”出身的曹姓人物很可能是粟特人，此点已由福岛惠指出[57]。但是，福岛所说是唐代的情况，至于宋代，尚需由仁宗曹皇后的出身门第来考虑。

关于曹皇后，按照《宋书》卷二四二《后妃传》记载，“慈圣光献曹皇后，真定人，枢密使周武惠王彬之孙也”（8620页）。曹皇后之祖父曹彬依据《宋史》卷二五八《曹彬传》记载，是真定灵寿人，后汉时任成德军牙将，后周太祖受禅后，被召归京师，隶世宗（柴荣）之帐下。曹彬之父芸是成德军节度都知兵马使，后周太祖（郭威）的贵妃张氏是曹彬的从母（母亲之姐妹），与五代政权有深刻的关系。

作为更确切的证据，可以举出以下例子。后周世宗显德三年（956）担任晋州兵马都监时，从邻道驰书来诣的使节素不识曹彬，有人“指彬以示之也不信”，说“岂有国戚近臣，而衣弋绨袍，坐素胡床者”[58]。可见曹彬有“坐素胡床”的习惯，再加上父亲任成德军节度兵马使以及曹彬本人成德军牙将等经历，以及粟特人聚居真定的事实[59]，曹皇后极可能是粟特人后裔。再加上折文彦夫人曹氏“谯国夫人”的称号，还与党项府州折氏之间的联姻，也就是说，

[55] 周伟洲《早期党项研究》，117—118页载后唐时期的党项朝贡表。一共十七次的党项朝贡之内，其中七次由党项折氏朝贡。

[56]《榆林碑石》图九一，录文264—265页。

[57] 参照福岛惠《唐代ソグド姓墓志の基础的考察》，《学习院史学》第43号，154—156页。

[58]《宋史》卷二五八《曹彬传》，8978页。

[59] 真定是成德军节度使之治所，唐代为镇州（常山），相当于现在的河北省正定县。出土了刻有众多粟特供养人名的开元寺石柱之外，在县城内现在仍然有成德军节度使李宝臣碑，在碑阴刻有许多粟特人军将的名字。最近还出土了五代成德军节度使安重荣残碑等，是与粟特人的关系颇为密切的地区。（清）沈涛《常山贞石志》卷一〇《李宝臣碑》；荣新江《北朝隋唐粟特人之迁徙及其聚落》，《中古中国与外来文明》，北京：生活·读书·新知三联书店，2001年，102—103页；森部豊《唐代河北地域におけるソグド系住民——开元寺三门楼石柱题名及び房山石经题记を中心に》，《史境》45号，2002年，20—37页（再录在《ソグド人の东方活动と东ユーラシア世界の历史的展开》，39—44页）；郭玲娣、樊瑞平《正定出土五代巨龟碑座及残碑》，《文物》2003年第8期，67—76页；森部豊《ソグド人の东方活动と东ユーラシア世界の历史的展开》，129—151页。

综合“与粟特人以外的非汉族通婚”的条件等，此曹氏一族是粟特人的可能性非常高[60]。其墓志记载“文彦姑（父的姊妹）之长女也”的话，那么折文彦和曹氏是堂兄妹之间的通婚关系，由此可以看出，至少在北宋，党项与粟特还有两代通婚的情况。无法确知这些关系是否从唐末或五代延续过来的，但能肯定的是，党项也汇合到沙陀集团当中，一方面与粟特人保持了婚姻关系，另一方面维持了高级地位，一直延续到宋代。

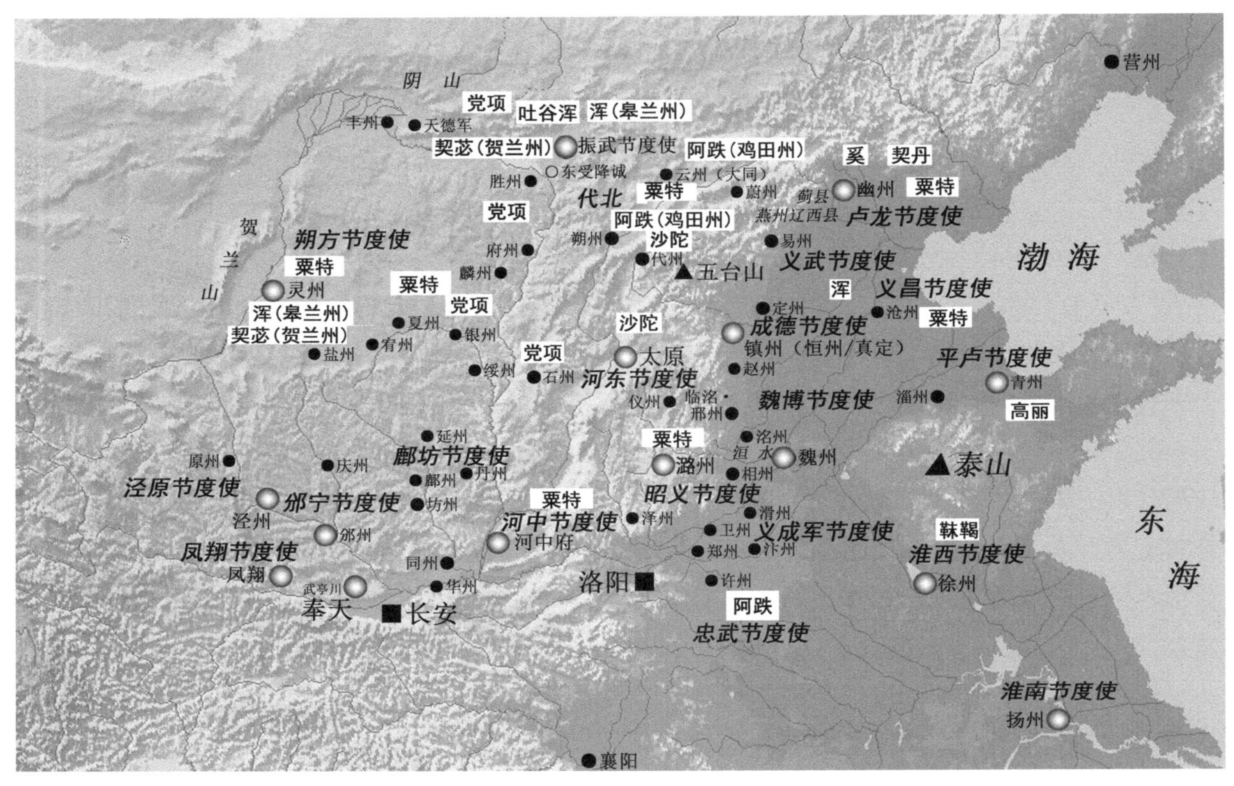

图 2

以 Microsoft Encarta World Atlas 为底图，据《中国历史地图集》第 5 册绘制

各地白色方框代表诸族出任节度使的人物的出身部族以及羁縻州的所在地

四、结　　语

笔者曾经指出，唐朝以契苾、吐谷浑、沙陀三部落作为“代北五部”进行管制，到了唐末，“代北五部”掌握了北边财政权，因此这些游牧部落花了很长时间汇合到沙陀当中。本文则在此基础上，分析了沙陀突厥中的铁勒部落以及粟特、党项部落的动向，扩大了“代北集团”的定义。他们在唐后期的华北地域徐徐东迁，进入代北、河东地区，名将辈出。其势力范围除了代北以外，还包括河东道、鄂尔多斯的广大地域，延续至唐末沙陀突厥的势力区域。为揭示这一面貌，本文通过勾勒铁勒羁縻州皋兰州所置浑部、贺兰州所置契苾部、鸡田州所置阿跌部之间

[60] 在此阐明了“北宋有粟特人的皇后”的事实。除这个例子之外，在北宋还有粟特姓的后妃，还有从宗室下嫁沙陀突厥出身者或粟特人的公主。考虑到宗室周围的婚姻关系，或许需要改正对北宋的认识。关于北宋的粟特人，参照邓小南《论五代宋初“胡 / 汉”语境的消解》，《文史哲》2005 年第 5 期，57－64 页。在森部豊《ソグド人の东方活动と东ユーラシア世界の历史的展开》的 207 页也有相关的记载。

的关系，同时提及党项府州折氏的例子。

众所周知，唐朝依靠维持羁縻州形态的游牧民族用于北部边防[61]，然而如此则将王朝存立建立于“任使已熟”的游牧民意志之上，其平衡是非常脆弱的。随着这些部族被吸收在沙陀突厥之下，河朔三镇以及留在卢龙管内的东北诸族和粟特人也汇合于沙陀突厥，唐朝则随即失掉了北边防卫的兵力，王朝存立基础也一举丧失。唐朝后期铁勒部落的动向，已为这一结局埋下了伏笔。

参考书目

（唐）魏徵等《隋书》，北京：中华书局，1973年。
（唐）赵元一撰、夏婧点校《奉天录》，北京：中华书局，2014年。
（后晋）刘昫《旧唐书》，北京：中华书局，1975年。
（宋）李昉等《文苑英华》，北京：中华书局，1966年。
（宋）欧阳修、宋祁《新唐书》，北京：中华书局，1975年。
（宋）王溥《唐会要》，上海：上海古籍出版社，2006年。
（宋）薛居正等《旧五代史》，北京：中华书局，1976年。
陈长安主编《隋唐五代墓志汇编》，天津：天津古籍出版社，1991年。
傅璇琮、周建国校笺《李德裕文集校笺》，石家庄：河北教育出版社，2000年。
康兰英主编《榆林碑石》，西安：三秦出版社，2003年。
刘舒侠编《山右石刻丛编》，太原：山西人民出版社，1990年。
吴廷燮编《唐方镇年表》，北京：中华书局，1980年。
周绍良主编《唐代墓志汇编》，上海：上海古籍出版社，1992年。

[61] 山下将司《唐のテュルク人蕃兵》，《历史学研究》第881号，2011年，10页。

出生证：一个无法回避的问题*

——法文版《石屏，野蛮睡眠》一书的另外一种“读后感”

屈　涛

（麦积山石窟艺术研究所）

2004年4月13日—5月24日，法国巴黎吉美博物馆为了配合一个例行的临时性展览，特别出版了一本以图片为主、共47页的小型图录，书名为 *Lit de pierre, sommeil barbare — Présentation, après restauration et remontage, d'une banquette funéraire ayant appartenu à un aristocrate d'Asie centrale venu s'établir en Chine au VIe siècle*[1]。小图录书名，可直译为：《石屏，野蛮睡眠——介绍一具曾经属于在6世纪定居于中国的中亚贵族的床榻——经修复和组装之后》。

该图录共47页，其中图版共有60幅，定价为18欧元，2004年4月在巴黎出版。书中包括该博物馆馆长贾主其（Jean-François Jarrige）的《贺辞》，见第3页；吉美博物馆中国部主管德罗施（Jean-Paul Desroches）的《贺辞》，见第5页；俄罗斯籍中亚学学者马尔沙克（Boris Marshak）的《中东与东亚文化主流的桥梁——中国的粟特人墓葬》，见第6—8页；Catherine Delacour 女士的《石榻：公元6世纪被埋葬于中国的粟特人首领的墓葬习俗特征》，见第9—14页；法国国立东方语言文化学院的黎北岚（Pénélope Riboud）女士的《展品介绍》，见第15—32页，此部分为本书的重头戏，除较详尽的文字解说外，并附有照片16幅、线描图16幅；Daniel Ibled 的《对石榻围屏组成部位的修复与复原》，见第33—36页；Catherine Delacour 女士的《对石榻中音乐和娱乐图像的初步研究》，第37—42页；最后是黎北岚的《对出土文物宗教图像的某些考证》，见第43—47页。由于出土品为地道的中国文物，又涉非法出境，国内学者中见到图录的人士本身并不多，国人见到实物者，在学界内外，更属凤毛麟角。

在此，本文所要阐述的重点，并非这本小册子所涉及的学术问题，因为其受众面向的是普通参观者，因此图录的内容显得极为简单，而且不乏谬误（关于这一点，在下文中，将稍事叙及)。作为中国学人，我们首先所关心的是：这样一套伟大的艺术品，究竟是盗掘出土于何处？又是如何到了吉美博物馆？在这本图录中，从头至尾，只字未提这套艺术品的来源与“出生地”，从而使原本非常神秘的艺术品本身，又被蒙上了一层更加神秘的外衣。探索真相过程的本身，往往就是一件十分痛苦而又充满未知的事情，而知道真相之后的心情，又能好

---

* 感谢天水市公安局刑警支队干警的鼎力支持与无私帮助！双方学术和刑侦的配合，愉快而激荡。由于职业纪律所限，笔者连他们的姓名都不能公开，实属遗憾；但对于他们在刑侦方面的专业素养及对国家珍贵文物高度重视的文化情怀，谨在此，致以我最崇高的敬意和由衷的感谢！

[1] 以下为行文简洁，关于此书，一概略称《吉美图录》。

到哪里去呢？但我们既然知晓了个中秘密，就有责任站出来，率先打破沉默，把真相告诉大家——此即对于这本小图录的另外一种“读后感”！这恰似，我们自己亲手创作了一部悲剧，其潜在的核心价值，在于期冀余后，再无类似的悲剧发生；尽管我们这个民族，历来就有咸与喜剧的传统。

一、进入正文前的楔子

2004 年 12 月月底，在一次极偶然的年终餐会场合，席间因与众人偶然谈起六朝艺术的多元与精妙，提及了 1982 年 6 月在天水市石马坪文山所发现的入华粟特人石榻围屏图像，为北朝中、西文化交流的重要材料，其丰赡的文化内涵，尚待细究。话题至此，据在座人士讲，天水近年又出土了一套石榻围屏，贴金彩绘，倍极瑰丽，但不幸的是，已被倒售，流出境外，当时未为在意，盖道听途说，终是破绽丛生，难于推敲，因以是故，亦未多想。

2005 年元月月初，巧遇笔者同学张同洲先生，因 1982 年 6 月天水石马坪文山所出的入华粟特人西方风格的石榻围屏[2]，正是他所供职的天水市博物馆的镇馆之宝，作为谈资，笔者转述了去年岁末所闻，以为求证。不料，他非常肯定地说，确有此事，并且郑重告知，他的计算机中尚存贮有这一批瑰宝的图片数据，且告诉笔者，这一批出土品，就是被盗掘于天水市石马坪文山，并可能已经由澳门被贩卖至比利时，由私家收藏。同时，这套石榻围屏，比之 1982 年 6 月天水所出的石榻围屏，在艺术风格上，更为精致优美。这一无心插柳的巧遇，实在令笔者喜出望外。

当夜，笔者即赴他的办公室，当计算机屏幕上出现第一曲石屏风时[3]，即惊喜地判定并确认，这一图像中所展示出的复杂神祇系统绝非中土各类宗教所奉神灵，显然应属西方入华粟特人系统艺术品，此可厘定无疑！眼见为实——从而确认了坊间传言的可信不妄，绝非空穴来风。之后，我们看了全部的 19 张图片，并做了初步分析，在极为兴奋中工作了一夜。据已获图片材料，在初步摆放复原后发现，主屏仅有六曲，石屏风数量显然缺少达近一半左右，另外，尚有部分材料，无法确知其所在整套石榻围屏中的确切位置，若欲深入研究，在材料上，显然是不堪敷用。当天，由于图片来源不详，但可以明显看出，照片既非专业人士所拍，亦非正规博物馆收藏的收藏环境，且石屏风包装奇怪，所在环境亦明显为一民居，种种迹象，均甚为奇特。

由于当时所获材料的照片尺寸太小，扫描录入计算机时，又人为降低了像素，故画面上有诸多重要细节，虽经用读图软件修正放大，但终不能尽如人意，亦无法详尽了解更多信息。喜悦之后的冷静，促使我们觉得如果要深入研究这批材料，必然应该先进一步继续完善数据建设，同时了解详尽的出土经过。之后，在 2 月间，我们分别利用各自的信息管道，即先从数据源入手，力求有所收获。这期间虽然共同工作了几次，但突破不大，研究工作陷于一筹莫展的困境。

[2] 详情参见天水市博物馆《天水市发现隋唐屏风石棺床墓》，《考古》1992 年第 1 期，46－54 页，图版柒、捌。

[3] 余后始知，这块石屏风即是在“Lit de pierre, sommeil barbare”（《吉美图录》），17 页，图版第 13－1、2 所示立屏。

稍后，终于在种种努力之后，找到了信息的源头。我们调查出了照片的出处——天水市公安局刑警支队。

柳暗花明的转机，出现于 2005 年 2 月 21 日。这天下午，我们持单位介绍信，至天水市公安局刑警支队，了解相关情况。机缘巧合的是，接待我们的公安干警，正是此套入华粟特人美术品在天水被盗掘、倒卖并流出海外的恶性重大刑事案件的全程侦破负责干警。在办案期间，为了案件定性、文物定级、嫌疑人量刑等司法程序的有效实施，自 2003 年 11 月，天水市公安局介入此案侦破后，干警曾携带案件相关卷宗资料，数度送往兰州、天津、北京等地鉴定、调查、取证，经由省、国家级等文物部门的相关人士鉴定、评估后，一致认定此套被盗售文物，应属罕见的北朝入华粟特人石榻围屏葬具，属国家一级珍贵文物。而我们此前所见之图片数据，正是盗墓罪犯在第二次盗掘得手后，为了兜售赃物，而拍摄的“资料”照片。因为盗墓分子多人、数次入墓盗窃，多次销赃，而照片所反映的文物面貌，只是其中的一次，因而，根本不可能据之而复原成一整套宝贵的石榻围屏全貌。

二、“出生证”：事件发生的经过

据此案承办侦破公安干警介绍：2002 年 10 月，天水市石马坪文山自来水厂（因属设于地下的城市供水设施，俗称石马坪“水库”）职工董正胜勾结天水市秦城区（今秦州区）无业人员胡世龙，利用在自来水厂值班时人员较少、地理位置偏僻等条件之便利，从水厂院墙内西南方向盗掘一座古墓，从墓中盗挖出了一批雕花石板（即石榻围屏立屏）四块及镇墓兽、立俑等文物，巧的是，该墓墓道入口正在水厂围墙之内，主墓室却在围墙之外，此墓这种独特的存在形态，极便于由水厂围墙内进入墓室之中。首次盗掘文物得手后，董正胜在销赃过程中，遂将这批文物作价 6000 元人民币，售予一王姓河南籍文物贩子。这次盗掘并出土有一只鎏金银壶（?）[4]，但董正胜在销赃后，并未提及此壶的出售情况，在胡世龙于事后不断地追问、讨分赃款时，董正胜始终支吾其词，胡世龙怀疑董正胜独吞了此壶的销赃之款，因这次盗掘董在墓外接应，胡入墓盗掘，对于这样的分赃结果，胡显然大为不满。此即对该入华粟特人墓葬的首次盗掘的基本情况。

2003 年 2 月 18 日至 3 月 7 日，胡世龙自制洛阳铲等一套盗墓相关作案工具，雇用当地清水县农民骆桃生、骆桃峰兄弟等，又从水库围墙之外，由该墓主室前部爆破下挖，多次进入该墓室，并对这座墓葬，进行了为期近一个月的疯狂盗掘。他们租用石马坪村中民房，昼伏夜出，分期分批，多次入墓，盗挖出了 20 余块大小不一、石块上均有贴金彩绘的各类图像的石板及部件。而我们所看到的照片，正是由胡世龙为使赃物脱手，而用傻瓜相机内装乐凯牌负片胶卷所拍的“资料照片”。

2003 年 6 月，胡世龙经由马永飞（已潜逃）和周世贵、孙平等文物贩子之手，数度交易和倒卖，从天水到兰州等地，先后将石榻围屏的构件以 25 万元、35 万元，共计 60 万元人民币的

[4] 关于鎏金银壶这件赃物，董正胜在到案呈供中，语焉不详，《吉美图录》中也没有刊出，其下落，最终亦成一谜。

价格分两次倒卖给了北京市个体文物经营者彭永华。彭永华在北京，对到手文物初步进行拼装后，又以4万欧元和10万欧元的价格，分两次卖给了在北京的比利时人康佳德（护照用名：De Raedemaeker Kurt）。此人精通汉语、英语、法语、弗罗芒语，据说还是一个所谓的汉学博士，于中国逗留多年，在北京开有数间公司，其在中国文物鉴赏上，颇有水平，从此案所缴获的其私人计算机中贮存的大量中国各类文物的图像数据的专业程度来推断，文物品种齐全、品相上佳、精品迭见，可知他对中国文物艺术品的鉴赏水平颇为不俗，因而康佳德在中国境内的主要活动，绝非“贸易”一事那么简单。

几乎与此同时，天水市公安局刑警支队在接到线报后，遂立即予以立案侦查，并于2003年11月将胡世龙、周世贵先后抓获，但马永飞却潜逃在外。12月24日，警方在公安部边防局和北京市公安局出入境管理处的通力协作下，于首都机场将彭永华抓获，之后在其北京经营的古玩店中搜获了两块大型贴金彩绘的雕花石板残件及其他小件残块，后经文物部门专家鉴定，应为未及出手的、同一石榻围屏的部分构件。2004年2月11日，孙平落网。4月30日，董正胜亦被抓获归案。到案嫌疑人等均对犯罪事实供认不讳，由于事实确凿，证据完整，2004年10月11日和2005年9月，经天水市中级人民法院公审，以盗掘墓葬、非法私藏爆炸品等数罪并罚，判除胡世龙有期徒刑18年，并没收全部非法所得，同时，董正胜、周世贵、孙平等案犯，亦根据情节严重程度，被分别判刑。天网恢恢，犯罪分子终于得到了正义的审判。

此时，追查这一批文物的境外下落，即成焦点所系。

2006年1月8日，这次恶性盗墓案件的境外销赃的关键性人物比利时籍犯罪嫌疑人康佳德，在北京落网，依据中华人民共和国法律，次日（9日）即对其进行了刑事拘留。针对此案的复杂性及特殊性，本着追回国宝的初衷，经警方协调，在采取限制离境及监控等技术措施的保障下，12日，康佳德获取保候审，警方随即又冻结了康佳德在中国境内的财产及银行账户。此间，康佳德对其犯罪事实百般抵赖，出尔反尔，在警方已经获取了法国吉美博物馆已展出的该石榻围屏的照片复印件、修复证明书等材料、送修人纪录及其与本案相关的关键性证据的有利条件下，又鉴于嫌疑人康佳德对天水市公安局连续四次书面传唤，均拒不到案的情况下，遂解除了康佳德取保候审的资格，断然对其实施了监控居住。

2007年1月17日，北京边防检查站，将企图擅自离境的康佳德于首都机场依法抓获，并于1月25日，由天水市公安局刑警支队干警押送至天水市，于天水市秦州区天辰大酒店1105客房内，对其实施监视居住。

2007年4月，依据中国相关法律及已查明嫌疑人的犯罪事实，康佳德被正式逮捕。经审讯交代及干警调查，2003年7月13日，康佳德将从彭永华手中所获的石榻围屏及镇墓兽、石人俑等文物，委托北京盛达联宇国际货运代理有限公司统一包装，并由天津松冒国际货运有限公司拼箱装船，经天津津沃世成国际货运代理有限公司代为办理了相关报关手续，并谎称其文物为“明清雕花装饰石板”，填报了货运单，从天津新港，将这批珍贵文物运输出港，运往目的地——比利时安特卫普港，到岸后，又送至法国吉美博物馆进行修复，而文物所有权，则为Nicross公司所有。2004年4月13日至5月24日，这套珍贵文物竟与另外二座美国私人藏家所提供的北朝石棺床座一起，均在吉美博物馆堂而皇之的展览，伴随展览，该博物馆出版了一本随展览出售的小型图录。

2005 年 2 月 21 日下午，在与警方长达近三个多小时的交谈中，数名干警向我们详尽地介绍了截至当日的案件侦破进展及全部过程，以及这一批出土品的背景情况。据所有信息之汇总，从而可以确知：这批国之瑰宝，确自天水出土，经由天津新港，流落境外的全部经过。同时，我们获悉，据胡世龙在审讯中交代，他刚入墓时，石屏风在手电光照射之下，金光闪闪，但盗出后，色彩渐渐变得远不及在墓中时鲜艳与清楚。而且墓中尚留有三块大型石板，因支撑墓体，墓室早年曾进水，当时在盗取石屏时，因惧怕盗搬后，会导致墓顶整体坍塌，故未取出，至今仍留于墓中，此外，墓中尚有一些石板碎块。据骆桃生、骆桃峰供词，有一块石板上面刻有“密密麻麻的篆字”，由此推测，可能是墓志铭或志文。而且还交代，此墓属于前、后两室的双室墓。

当天下午，在公安局办公室，我们还见到了于彭永华在北京所开古玩店中收缴的多件石榻围屏的构件及残块，其中较大的汉白玉石刻贴金彩绘的残块有三件，另有几件小残块，此外，尚有一件 6 厘米×4.60 厘米大小的石质浅浮雕刻人头像。据胡世龙交代，石雕人头像是从尚留于墓中的石屏上面，随手敲下，带出墓室，未及销赃，后被干警缴获，此头像刻工精湛，表情生动。在公安局办公室门外走廊上，尚有两块未拆托运包装的石榻床板两块，亦系从北京追缴回的石榻围屏上的构件残块，由于破损严重，体量沉重，不易搬动，所以我们未及目验。据介绍，此两块石板各有半平方米左右，除石板一侧有施金彩绘花纹外，表面素面无饰，已碎裂成多块，推测较有可能是石榻围屏下部的榻板部分[5]。

在天水市公安局，我们除获得三位干警的热情接待，详尽了解了情况外，并意外获赠了一套 19 张，原由胡世龙所拍的石榻围屏部分的照片资料，以供我们研究参用。

三、我们和石榻围屏的故事

2005 年 2 月以后，我们利用当时获取的天水警方提供的照片资料，开始了独立研究工作，并于 11 月，初步撰出了《2002－2003 年新发现的天水乙套粟特人墓石榻围屏的调查与研究报告》一文第一稿，同月，寄给中山大学艺术史研究所主办的《艺术史研究》的主编向群博士征询意见，向群先生在获阅后，很快电话告知，他怀疑我们研究的艺术品主体与法国吉美博物馆在 2004 年 4、5 月间所展出的一套石榻围屏极为相似，并说随后将寄材料过来，以供我们研究参考。承他厚意，2006 年 1 月 3 日，我们收到了一本由姜伯勤教授所藏，并有他亲笔签名的《吉美图录》的黑白复印件，急切翻阅之下，其中六曲围屏（共十曲）及所有榻座部分与我们手中的照片竟丝毫不差。唯一的不同点在于，图录中所示修复后的一块围屏碎石的拼接与照片不同，有数块在胡世龙照片上存在的残块，却在图录上无有踪影，但在胡世龙照片上却明显存在，而且已破碎成多

[5] 上文所涉案件证据材料，主要有如下三个来源：①我在学术支持破案时，与天水市公安局刑警支队干警于办案中的往复交谈与介绍；②地方媒体等公开的案件侦破新闻报道，但这类信息，由于案情过于特殊及专业知识背景复杂，往往误讹不少，如胡丽霞《卖石棺到国外，送自己进牢房——秦州区石马坪古墓被盗案破获》，见《天水日报》2008 年 12 月 16 日第 3 版；③办案侦破过程中，应干警要求提供学术说明中的对应信息。

块，这一误差，当属在转手中的遗失所致。另外，榻座部分，我们手中的照片全部为八块散开状排列的状态，但在《吉美图录》中，则呈现出已拼装完成后的样子。

这本图录的复印件的获得，实在令我们悲欣交集，悲的是国宝已在吉美博物馆公然展出，并已有公开的出版物；喜的是，总算获知了国宝的确切下落，而在此之前，在独立的研究中，我们甚至不知道这一出土品组合究竟有多少件，信息的闭塞，恰似盲人瞎马，步步摸索，实出无奈，而事情的机缘，又往往不可预期，无奈之余，又感万幸。我随后立即将此图录的复印件，提供给警方参考，以帮助破案之用，并给他们又提供了安伽、虞弘、康业、史君等墓所出同类文物的资料，力证吉美图录中文物的重要性。

在收到向群博士所提供的《吉美图录》的复印件后，为了进一步研究的需要，我们曾致函时任法国驻华大使高文先生，希望获取这一材料的正本，以为研用。法国驻华大使在收到信后，委托法国驻华大使的文化参赞代予处理，文化参赞先生又委托工作人员，专门打来电话，建议我们与吉美博物馆直接联系。随后，我们又致函吉美博物馆馆长贾主其先生（Jean Francois Jarrige）。遂后，我们又于 2006 年 8 月 6 日收到了由吉美博物馆东方部的 Catherine Delacour 女士寄来的回函及《吉美图录》一书的全部黑白复印件。之后，友人高敏仪女士又从香港寄来了《吉美图录》的原版扫描文件[6]。当下，“有图有真像”，我们的第一阶段工作，终于可以告一段落了。

至此，吉美博物馆 2004 年 4 月 13 日至 5 月 24 日期间展出的这一伟大的精美的艺术品的出生地可以明白无误了：这套精致罕见的石榻围屏，2002 年 10 月至 2003 年 3 月间被盗掘自甘肃天水市秦州区市区南部的石马坪文山上的天水市自来水厂，即石马坪水库内北朝入华粟特人墓葬中！这一出土地点的最终确定，从而从根本上避免了像今天流散于欧美各国的，传出自安阳的藏品[7]及日本 Miho 美术馆、澳门雅文古美术隋安备墓等入华粟特人收藏品，“出土地点不明”，却又一望而知的无奈尴尬！

2005 年 2 月 21 日下午及余后，我们又多次至石马坪水厂周边踏查，后经警方协助，亲至现场，辨认后获知，吉美展出的这一套石榻围屏被盗掘的墓葬准确地点，位于 1982 年 6 月发现的天水北朝入华粟特人石榻围屏墓的西南方向，两墓相距不足 30 米，在两墓之东，约 150 米处，为汉飞将军李广墓（衣冠冢）。依此地先后两次出土北朝入华粟特人墓葬这一情况而推知，此地应属北朝时期在天水居住的入华粟特人的聚葬墓地。此区内古墓葬十分集中，从当地农民取土的土崖断层上可以看到，原属古墓葬的空穴（有单、双室二种）不下 20 余处，空室累累，触目惊心。在水厂围墙东侧的台地上和围墙外的空地上，有规律地密布有稠密的洛阳铲探孔，平均每半米左右即有一探孔，从痕迹看，似属“拉网”式的“普探”，可以肯定的是，此绝非文物部门所为。天水考古工作，截止到目前，尚未发现魏晋南北朝时期的大片墓葬区，此与其境内在

[6] 直到 2012 年春，笔者才在台北，收到了香港大学饶宗颐学术馆教授高敏仪女士寄来的《吉美图录》的原版扫描文件，由此为参考，对天水石马坪文山 2002—2003 年被盗入华粟特人石榻围屏本身，又获得更多的感性认识，同时亦与手头照片进行了仔细比较。

[7] 法国收藏的传于安阳出土的北朝入华粟特人石榻围屏藏品，为在 20 世纪 20 年代流出中国后，被古玩商拆散分售，今天被分别收藏于美国弗利尔美术馆、波士顿艺术博物院、法国吉美博物馆、德国科隆东方艺术博物馆等。

魏晋南北朝时期为北人南渡的南北交通要冲之地，并且拥有像麦积山石窟等这样伟大的北朝艺术品宝库的实际情况，自然不甚相称，石马坪文山这一带，极有可能属于我们在天水今后南北朝考古工作的一个重点区域。

2005 年 12 月 26 日上午，原暂存于天水市公安局刑警支队（即在办公室及走廊内的），在彭永华北京古玩店中被缴获的和从胡世龙家中被缴获的、未及脱手的全部涉案文物，被整体移出，移交给天水市博物馆，并全部入藏于天水市博物馆文物库房，这批文物中主要是石榻残件，其中有两块确为石榻床板部分，一块完整，一块为残块，榻板正面经过精细打磨，尤显光洁，背面则较粗糙，有明显凿痕，完整的榻板长 118.5 厘米，宽 31 厘米，厚 11 厘米，榻板正面前端有一条宽 12 厘米的浅浮雕七瓣花朵图案装饰带，边框上有贴金的联珠纹装饰带，此与《吉美图录》中各石榻立屏外侧的纹饰图案完全一致。在榻板正面后端，凿有 3 厘米宽，3.5 厘米深的凹槽，其功用应是为了镶嵌石榻主屏。石榻床板背面两端，分别雕刻有两个呈阶梯状的台面，应该是为了将石榻床板嵌入榻座。榻板的一侧开有一条狭长相对，略呈 30°角的“凹”字形燕尾式石槽，这是为了将石榻板相互嵌合成一个整体的榻床而特意制作的榫孔暨榫头。另一块残块，现残长 48 厘米，残宽 42 厘米，厚 11 厘米，其石板右侧亦开有石槽，而左侧则雕有凸出的榫头，榫头宽 4 厘米，石板前端亦刻有忍冬纹装饰花带，图案同前例实物。这一块石板，显然是石榻床板的中部所嵌的一块，而前面叙述的完整的一块石板，应属石榻左侧（正视）的床板，推测完整的石榻床板，应至少有三块，在《吉美图录》中可以看到，业经复原的石榻，其上床板并未用实物，可能是用等大的木板或其他材料所替代的。

值得注意的是，第二块残石榻板下端（靠近立屏的方向，即石榻后部），分别有两个方形凿孔，这说明在原石安装之初石板已有断裂，而方孔周围有黄色痕迹，似为铁锈的痕迹，所以，此方孔的功能，可能是用于同一石板的损伤后的加固之用，这一现象，涉及石榻围屏的使用次第和范围，故而颇值玩味。

另外，移交的涉案文物，尚有大小不一的多件石雕残块，外观基本属狭长形条块状，经目验，其上纹饰同于前述的两块大石板，因此推测，可能是案犯从尚留于墓中的石榻床板的前部边缘上所敲落的残件，其上虽包裹有泥土，但断裂面石色干净、新鲜，这一点，则可以支持上述推测。

整个涉案文物的移交工作井然有序，自开箱始，经查验、照相、登记等环节，然后顺利藏入天水市博物馆文物库房，全部移交工作，历时约一小时。天水市公安局刑警支队办案干警、天水市博物馆工作人员、连同搬运工人，有十余人在现场，见证了劫后余存的国宝残件，又被收归国有博物馆的全部过程。

四、关于天水新盗出境石榻围屏图像的研究

2004 年 4 月 13 日至 5 月 24 日，在吉美博物馆展出这一罕见艺术品之后，限于陋见，目前所知，在 2004 年 10 月出刊的 *Orientations* 中，俄罗斯粟特文化研究权威马尔沙克即

撰写了《胡商首领萨宝虞弘石棺研究》一文[8]，其中探讨了这一遗物，文中称“最近被法国吉美博物馆展出的维合德·克劳斯(Vahid Kooros）收集品中的一件石棺床和美国私人收藏的两件石棺床底座。上述石棺床的年代都是公元6世纪下半叶”[9]。该文主要是泛泛讨论了虞弘石榻的情况，因此并未对天水盗掘流出的石榻围屏展开叙述，仅仅是做了一点年代学方向的推断。

实际上，中国学术界获知吉美这一材料的时间，应在2004年4月下旬。

2004年4月23－25日，法国科研中心中国文明研究组及东方与西方考古研究组、北京大学中国古代史研究中心、法国远东学院北京中心和中国国家图书馆善本特藏部合作，在北京举办了“粟特人在中国——历史、考古、语言的新探索国际研讨会”，包括中国学者在内的八个国家的八十余位学者，应邀参加了这次会议，并向会议提交了二十八篇论文[10]，而与会学者在法国大使馆的欢迎酒会上，均获赠了这本《吉美图录》。

黎北岚女士也参加了这次会议，并向会议提交了《祆神崇拜：中国境内的中亚聚落信仰何种宗教？》一文[11]，文中讨论的艺术品主体，正是天水被盗石榻围屏，在该文集前部插图中的第5－8幅图版，刊登了由Thierry Ollivier所拍摄的照片，注明为吉美博物馆展出的6世纪末的私人收藏品，其中图5为石榻围屏之整体复原图（此图为《吉美图录》所无），其上有立屏十曲、榻床一副、仗剑立俑二具、伏兽二只，石榻置于一浅灰色台面上，前有矮护柱，从照片上看，石榻床板或为展出时临时补做的厚木板（？），由三大二小的五块组成，为了与石榻围屏色彩一致，被涂成偏暖的灰褐色；图6则是石榻底座前方中部的一块火坛与两位祭祀者的画面；图7为石榻主屏第二曲（《吉美图录》中原编号）图像上的中间部分，黎北岚解释为位于左侧中央的苏利耶（Surya）神和两位持弓者；图8则为石榻围屏第3块（吉美原编号），黎北岚考释为是坐在象背上的俱吠罗（Kubera）神。

获书后，我们立即将此书出版信息告知警方，并将此书所刊四图与手头警方提供的照片又做了仔细比对，可能由于排版印刷效果之故，此四图色彩全部偏灰色，从图片上很难感受到原物贴金施彩的金碧辉煌之效果，其中除四图与展示的我们仅有部分实物照片外，图6－图8的内容与我们所掌握的照片完全一致，而且在图8中经我们仔细比对，实物在天水出土后的照片上部所保留的两块，被放置在立屏上原位置的已被损坏破碎的残块，在吉美修复后的石榻照片上已经消失。而在图5中，石榻正面共有六曲立屏（左、右尚各有二曲立屏），与我们手中的大幅立屏照片比对后，发现有五曲完全一致，而图7的全曲立屏照片，我们正好也有，由此可以更进一步说明吉美展出的中国文物，的确是出自天水，此

[8] 中译本载敦煌研究院信息资料中心编印《信息与参考》总第6期，李洞渊译，2005年，162－165页，主要在162页。

[9] 同上注8马尔沙克《胡商首领萨宝虞弘石棺研究》一文中译本，见163页。而事实上，吉美同时所展出的，由美国私人所收藏的两具石棺床底座，在《吉美图录》中并未刊出。

[10] 这次会议的论文集，参见荣新江、华澜、张志清主编《粟特人在中国——历史、考古、语言的新探索》，北京：中华书局，2005年，416－429页。

[11] 参见《粟特人在中国——历史、考古、语言的新探索》，416－429页。

应是千真万确的不争事实。

奇怪的是，黎北岚之文在 2004 年 4 月的会议中发表及余后于 2005 年 12 月中译本正式出版前后，中国学术界集体失语，出现了罕有的沉默，这是多么反常的现状啊？！而这也与日本 Miho 美术馆类似藏品，被中国学人发现后的热烈研究情况，一冷一热，形成了迥然有别的两个现象[12]。

2006 年 3 月，日本学者曾布川宽先生正式发表了《中国出土的粟特石刻画像试论》长文[13]，在其文第一章第二小节中，专门讨论了天水 2002 年被盗石榻围屏的图像[14]，其所用图版，自图 9—图 11[15]，正是《吉美图录》的线描图第 11—28 图[16]，在曾布川宽的文章中，我们才第一次知道了天水被盗石榻围屏的大致尺寸：基台大约高 30 厘米、屏风立屏则大约高 90 厘米[17]。而对于这件艺术品的出土地点，其文自然也是语焉不详。

上述黎北岚之文与曾布川宽文章所讨论的图像焦点，均集中在吉美编号的第二曲立屏的主画面所刻内容，四重主圆圈中的两侧，分别有两位弓箭手护卫，显然是在护卫俯莲台座上的四臂神祇的。又论及其下水面中所游的六只（此误，实际至少应是九只）奇异峥嵘的怪兽的图像时，前者判定的结论主神为苏利耶（Surya），后者则认为是密特拉（Mithra）神。双方论证均是广征博引，孰是孰非，本身属于学术争论，关于结论的当属于何者，我们在此不想做任何评判，但我们自己的独立之研究结果，显然是另有结论[18]。需要指出的是，黎北岚在《吉美图录》最初的图版说明中，误将吉美编号的第二曲立屏上，主画面中的“坐”姿主神，误识为“立”姿，在余后所见的研究文章中，均承此谬说，无有例外。《吉美图录》在立屏画面的细节描述上，尚有多处欠妥之处，此将于另文专述之。

由于天水出土的石榻围屏图像极其复杂，且与中国国内所藏已知的出土品，在图像上差异很大，欲想要深入研究，今后要走的路一定还会很长。尽管 1982 年 6 月天水石马坪文山所出入华粟特人石榻围屏的资料，在 1992 年 1 月即公布了几乎所有材料，但研究工作，由

[12] 从 2006 年之后至今，据并不全面之拙识，大陆暨台湾学者有：韩伟、荣新江、葛承雍、张庆捷、张元林、陈晓露、毛民、万毅、李永平、宋丽、沈睿文、林保尧等先生，均不同程度地在各自的相关研究文章中，或多或少地引用到了这一新材料，用以论证自己的相关学术观点，或表示特别关心这一新材料的相关研究情况。详尽学术史，待另文讨论。

[13] 曾布川宽编《中国美术的图像学》，京都大学人文科学研究所研究报告，2006 年。曾布川宽文章为《中国出土のソグド石刻画像试论》，见 97—182 页。

[14] 曾布川宽撰、张元林译《中国出土的粟特石刻图像试论》（上），敦煌研究院信息资料中心《信息与参考》总第 8 期，2007 年，55—63 页。译文为原文的 97—121 页部分，其中关于天水被盗石榻围屏讨论的部分全部译出了，可参考，但在曾布川宽文中被称为“科罗斯收集品的石棺床围屏”。

[15] 曾布川宽撰、张元林译《中国出土的粟特石刻图像试论》（上），112—113 页。

[16] 参照《吉美图录》，16—27 页。

[17] 曾布川宽编《中国美术的图像学》，114 页。2007 年 6 月，笔者在台北客座期间，又承台北艺术大学林保尧教授赠送了由他主持所译的此文全文的中译本，此译文为台北艺术大学艺术史类科系学生上课所用的随堂教材，为打印本，未见正式刊行。

[18] 参照屈涛《2002—2003 年新发现的天水乙套粟特人墓石榻围屏的调查与研究报告》，打印稿，待刊。

于种种原因，仅见姜伯勤[19]、孙机[20]、李永平[21]、宋丽[22]、李宁民[23]、沈睿文[24]等撰文讨论，另有保护方面一篇[25]。其材料难度与稀见性，于此可见一斑。

需要说明的是，我们昧于法文，时于《吉美图录》的翻译，除自己摸索外，译文主要得益于中国社会科学院历史研究所编审耿升研究员的鼎力相助，在2007年8月·龟兹学学术研讨会期间的阿克苏暨库车，耿升先生利用两个晚上，不辞辛苦带病为我口译并讲解了《吉美图录》的细节，使我们备受裨益，先生提携后学的不倦与待人的热诚，都已变成了我们美好的珍贵记忆。这一实质性的帮助，尤其令我感戴不已。

五、最“新”的消息

2007年春，我们从警方获悉，警方仍然在坚持不懈地对康佳德做工作，督促其将盗运出境的天水国宝，尽早归还中国。而此案的审判，业已进入了正式的司法程序。中国国家文物局、外交部、公安部、国际刑警组织中国局等相关部门，以及甘肃省公安厅、文物局，天水市公安局刑警支队、文化局等各级组织及相关部门正在相互协作，力求国宝早日回归故里。

受甘肃省文物局委托，2007年8月，甘肃省文物考古研究所已派出专业考古人员，对劫后余存的该墓进行了考古钻探，结果是比较乐观的，据悉，在资金到位，各方协调一致后，将进行抢救性考古发掘。

2007年11月12日，天水市中级人民法院正式开庭，审判康佳德盗售中国天水石马坪文山所出珍贵的北朝入华粟特人石榻围屏一案，审判历时一天，当日休庭，未做判决。随后，于2008年7月1日，以走私文物罪，判处康佳德无期徒刑，并处没收个人全部财产，驱逐出境。

时至今日，这套2002—2003年被从天水石马坪文山盗掘出境的珍贵的北朝入华粟特人石榻围屏实物，仍然身处异域，归期遥遥。而距离最初的案发之时，时间又已过去有十二年了。

六、余　语

2006年度，在进入当年“中国考古十大发现”名单中的甘肃考古工作项目，有天水礼县大堡子山先秦陪葬乐器坑及张家川马家塬先秦戎人贵族大墓的考古发掘项目，双双榜上有名。但

[19] 姜伯勤《天水石屏风墓胡人“酒如绳”祆祭画像石图像研究》，《敦煌研究》2003年第1期，13—21页。后收入姜先生《中国祆教艺术史研究》，北京：生活·读书·新知三联书店，2004年，易名为《隋天水“酒如绳”祆祭画像石图像研究——与敦煌本〈安城祆咏〉的对照分析》，见该书155—170页，二文基本观点一致。

[20] 孙机《我国早期单层佛塔建筑中的粟特因素》，《宿白先生八秩华诞纪念文集》编辑委员会编《宿白先生八秩华诞纪念文集》下册，北京：文物出版，2002年，425—434页。

[21] 李永平《天水出土围屏石榻刻绘图案的内容及相关的几个问题》，《陇右文博》2001年第2期，28—32页。

[22] 宋丽《甘肃天水石棺床年代考》，《西北美术》2006年第1期，44—47页。

[23] 李宁民《天水出土屏风石棺床再探讨》，《中原文物》2013年第3期，85—91、105页。

[24] 沈睿文《天水石马坪石棺床所见希腊神祇》，新疆师范大学等编《西域考古·史地·语言研究新视野——黄文弼与中瑞西北科学考查团国际学术研讨会论文集》，北京：科学出版社，2014年，497—511页。

[25] 马琳燕《甘肃天水隋唐彩绘围屏石榻的保护与修复》，《文物》2013年第7期，83—89页。

据报道，前者属于在礼县几乎全县参与，连续数年大规模盗墓活动后的劫后余存，有点“捡漏”的无奈；后者则属考古工作者也是随着被抓获的盗墓贼供状之后，而开进马家塬墓葬工地[26]。而这次的天水石马坪文山被盗北朝入华粟特人石榻围屏的现场，距离天水市中心繁华的闹市区不足3公里，墓地周围的居民稠密，距离墓室不足10米处即有一户居民。墓葬被盗掘后，珍贵文物又在短期内，即被吉美博物馆修复并堂而皇之地公开展出。据已发表材料显示，礼县先秦大墓中被盗的青铜器和金片饰品，在吉美博物馆中亦“收藏”有多件。近些年，一厢是流散于海外的国宝，纷纷通过追缴退还（极少数）、拍卖、捐赠等各种管道返回中国；一厢则是像吉美博物馆这样的享有世界级声誉的国际性大博物馆，尚且获取并修复和展览一些来历不明的，所属国又非常清楚的“赃物”。

设立博物馆的目的，原本是用于收藏和陈列人类文化遗产或自然遗产的神圣场所，如今却公然干着与百年前“入藏”敦煌藏经洞文物更加为世人所不齿的勾当，一叶知秋！我们中国学人除了齿冷之外，能否再有点，哪怕是微乎其微的作为？

使我们在这举世皆知的经济腾飞、国力显涨的同时，像类似的这种文化浩劫少一些出现？！反复地翻看着这本只有47页的《吉美图录》，在字里行间中，看不出任何“学术”影子的日子里，骨鲠在喉的却是“学术”之外的些许思索。

千难之呈，得结善缘；万幸之中，天佑中华！希望我们艰难的学术调查工作，能够间接地帮助警方，促成国宝的早日回归，从而在学界续后展开的研究工作中，能够别有创获，果若如此，又何尝不是对于这个飞驰的时代，一点微乎其微的点缀呢？

期待着这一天，早日到来！

2014年8月2日凌晨，三稿于麦积山下洗心山房

[26]《两处墓葬遗址都是盗贼发现——考古被盗墓推着走》，原文见《人民日报》2006年12月11日，转载于《报刊文摘》2006年12月18日第四版，作者不详。

附录：天水警方缴获罪犯所拍文物照片（左）与《吉美图录》所载图片（右）对比

图 1　石榻立屏之一

图 2　石榻立屏之二

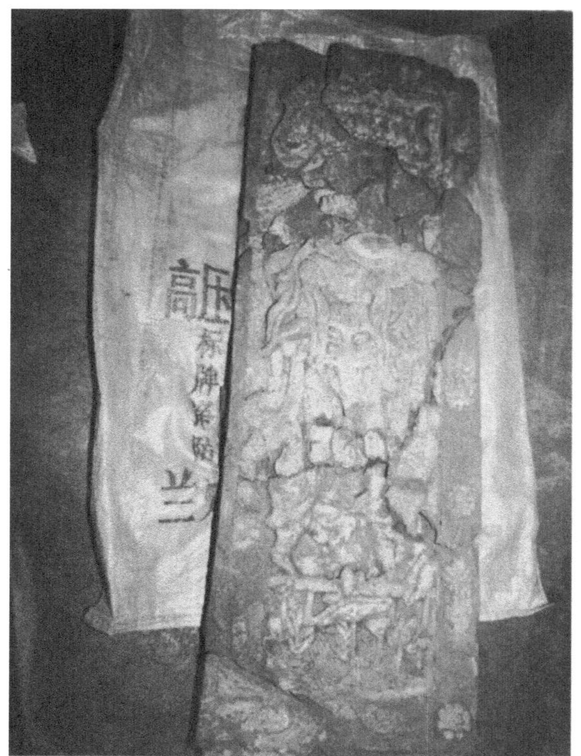

图 3　石榻立屏之三

图 4　石榻围屏床座全部构件（除第一张外，余为《吉美图录》所载图片）

The Sogdian Buddhist Fragments of the Berlin Turfan Collection: A Survey on the Results of the Cataloguing Work

Christiane Reck

(Goettingen Academy of Sciences, Union Catalogue of Oriental Manuscripts, Berlin)

At the beginning of the 20th century four German expeditions brought nearly 40000 fragments of texts in more than 20 languages and scripts to Berlin. It was the task of generations of scholars to read these fragments and to conduct the scientific analysis of these texts. These scholars found in international cooperation many epochal new discoveries. One of them was the exploration of the Sogdian language. This language had been known as yet only by some small inscriptions in coins. Now a corpus of Sogdian texts in three scripts was available. F. W. K. Müller discovered at first the Sogdian Christian parts of the New Testament in Syriac script.[1] This discovery was very useful for the understanding of the Sogdian language itself. This work on the Christian texts was continued by Olaf Hansen, Werner Sundermann and Nicholas Sims-Williams. N. Sims-Williams published recently a catalogue of the Iranian manuscripts in Syriac script and an edition of many of the Christian Sogdian texts in the most recent volume of Berliner Turfantexte.[2]

W. B. Henning and others like the late Professor Werner Sundermann, Desmond Durkin-Meisterernst, Enrico Morano and Elio Provasi started to work on the Sogdian texts in Manichaean script which all are parts of Manichaean books, letters and other texts.[3]

The fragments written in the autochthonous Sogdian script contain not only Buddhist texts but Manichaean and Christian as well. In 2006 a catalogue of the Manichaean texts in Sogdian script was published.[4] In it nearly 500 fragments are described. The catalogue of the Sogdian Buddhist fragments will be published in 2015. In it will be described nearly 500 items as well. The remaining nearly 100 fragments in Sogdian script are 50 Christian ones and 50 medical/pharmacological fragments and such of various uncertain contents. They will be described in the third volume of the catalogue.

In this article a short survey shall be presented on some aspects of the Buddhist Sogdian texts of the Berlin Turfan collection like script, book formats, dates, finding places, contents, "Schulzugehörigkeit",

---

[1] Müller 1913.

[2] Sims-Williams, 2012 and 2014.

[3] Morano, 2007.

[4] Reck, 2006.

bilinguals, scribes and the relations to the Buddhist Sogdian texts in other collections. [5]

Script

One can detect the Buddhist character of a text very easily by the script. Most of the Buddhist fragments are written in the so-called formal script, formerly called "Sutra-script". [6] But many texts are also written in various kinds of cursive script. In these cases one has to look for the content, typical Buddhist vocabulary, names etc.

Book formats

The typical book formats of Buddhist texts are the scroll and the Pothi-book, also called Pustaka-book. It is remarkable that the Buddhist Sogdian texts have been written on blank scrolls, in contrast to the Manichaean texts on scrolls which are usually written on the back side of Chinese scrolls. Also many Old Turkic Buddhist texts are written on the back side of the Chinese scrolls. But the Sogdian Buddhist texts on scrolls are written on blank scrolls, often reused later by Uyghur scribes for Old Turkic texts. In some cases Manichean Sogdian texts were written on the back sides of Buddhist Sogdian scrolls.

The pustaka book is represented in two different formats. One is called by Yutaka Yoshida as short-lined, the other as long-lined. [7] When the long-lined pustaka books shall be read in vertical direction, they are turned into the vertical position, turning the pages like codex books or Chinese butterfly books. The short-lined pustaka books are represented in a relatively small format and in a large format. The best preserved example is the manuscript of the *Mahāyāna Mahāparinirvāna-sūtra* introduced by David Utz, prepared for publication by the late prominent scholars Kogi Kudara and Werner Sundermann. [8]

Dates

There are two main indications for dating: The fragment So 14830 is a Chinese text in Sogdian transliteration with accompanying Chinese characters. By reason of the pronunciation of the Chinese words in Sogdian transliteration Y. Yoshida dated the text into the first half of the 8th century. [9] Nevertheless this fragment is unique and does not contain a Sogdian text. But the second indication confirms this dating: The size and the quality of the hemp paper used for the scrolls suggests a period

[5] This survey is a condensed English translation of the German introduction to the Catalogue of the Sogdian Buddhist fragments in the Berlin Turfan collection (VOHD 18,2) in preparation. The part on the relations to the Buddhist Sogdian texts in other collections is an extended version.

[6] N. Sims-Williams pointed out in his paper at this conference that this "formal" script in fact is a special kind of a cursive script as well, because the letters are connected one with the other. But it is distinguished from the other kinds of cursive script by the distinctive form of all letters, especially the alef ('), which cannot be made out from *n* and *z* in the usually so-called cursive scripts.

[7] Yoshida, 2008a, p. 461 fn. 5.

[8] Sundermann, 2010.

[9] Yoshida, 2013, p. 175.

from the middle of the 7th until the end of the 8th century.[10] The long-lined and the big format short-lined pustaka leaves I would date later. In general we assume that the Sogdian texts of Turfan were written in the period of the 8th to the 10/11th century.

Finding places

The bulk of the fragments was excavated during the 1. and 2. expeditions in Qočo (Gaochang, Dakianusšahr) in the ruins α and K. Some fragments bear the finding siglum ruin μ.[11]

Another important finding site was the system of caves in Toyoq, which was explored mainly during the 2nd expedition. Buddhist fragments have been found also in Bäzäklik, (Murtuk), Sängim, Šorcuq and Yarkhoto. One fragment (So 17100) is described as having been found in Qyzil during the 4th expedition. The ruins α and K in Qočo and some caves in Toyoq and Bäzäklik were used as Manichaean temples and then Buddhist monasteries. We know about the change of Manichaean buildings into Buddhist sanctuaries at the beginning of the 11th century.[12] But we do not know, when the writing of Sogdian Buddhist texts came to an end finally.

Contents

The Sogdian Buddhist fragments are

(1) parts of Mahāyāna-sūtras, translated from Chinese, often Kumārajīva's versions. Many of them have already been published by F. W. K. Müller together with Wolfgang Lentz, Kogi Kudara together with W. Sundermann, by Y. Yoshida, in one case together with Ilya Yakubovich.

(2) parts of Vinaya texts. The existence of these texts lead Y. Yoshida to the assumption that Sogdian monks used these texts, that means that Sogdian communities existed. These Vinaya-texts preserve forms of words which can be traced to Tocharian words.[13]

(3) parts of Jātakas (Araṇemi Jātaka[14]), Avadānas (Kāñcanasāra-legend[15]) and other narratives (story of king Mahākapphiṇa and king Prasenajit). Some of these stories also let assume that they originate from Tocharian versions.[16]

(4) It was not possible to identify many of the small fragments. Concordances referring the contents and the manuscripts help to find matching items. One example is a group of 11 fragments in a singlehand.[17] One cannot identify the text unfortunately, but the hand is unique like the punctuation. Another

[10] Kudara & Sundermann, 1991, p. 249.

[11] These are some of the fragments of the beautifully illustrated manuscript of the Araṇemi Jātaka. For the discussion about the finding place see Sundermann 2001, pp. 340-341.

[12] Moriyasu, 2004, pp. 174-192.

[13] Yoshida, 2008b, pp. 329-333.

[14] Sundermann, 2001.

[15] Sundermann, 2006.

[16] Yoshida, 2008b, pp. 337-338.

[17] So 14670-So 14671 and others.

remarkable feature is the fact that often the sentences end with the formula “ZKw(awu/o) w’β’m’zw” “Thus do I say”. I have never found such a formula elsewhere. Possibly it marks a commentary text. [18]

“Schulzugehörigkeit”

Y. Yoshida provided the proof that the terminology in the Vinaya texts belongs to the school of the “Mūlasarvāstivāda” and to the “Dharmaguptaka”. But the amount of texts is too small to ensure the results. According to Y. Yoshida the texts translated from Tocharian or Sanskrit originals belong to the Sarvastivadin school of the Northern Silk Road. [19] Many of the texts preserved in Turfan were important for the Chan-Buddhists and the Amitabha- and Pure-Land-Buddhists. [20] In this way they agree with the corpus of the Old Turkic Buddhist texts. Unfortunately there are not so many matching passages because of the fragmentary state of preservation of most of the Sogdian texts.

Bilinguals

Surprisingly no real bilingual text has been found as yet among the Sogdian Buddhist texts in the Berlin Turfan collection. But an Uighur influence is obvious. In the colophon of the Sogdian version of the *Vajracchedikā-sūtra* the copyist is mentioned with an Uighur name: *Qutlaγ* (So 18242 = MIK III 32 (TM 391)). [21] Y. Yoshida found an Uighur colophon at the end of an unidentified Sogdian sūtra text (So 18276/v). [22]

There is one manuscript (Ch/So 14842a and Ch/So 14842b etc.) with a Sogdian medical text on one side and a cryptic text on the other side. The cryptic text is written in a hand typical for Uighur texts. In fact fragments of this hand are in Old Turkic as well. They can be interpreted as Buddhist, containing Sanskrit words. That is why the Sogdian text could be interpreted as Buddhist as well. One cannot recognize whether the Old Turkic and the Sogdian texts refer to each other.

The fragment So 10100v mentions personal names, some of them are Old Turkic or hybrid names.

Another fragment (So 20105) is remarkable in the way that the Sogdian text seems to be written above the Old Turkic text. The Old Turkic texts are Buddhist. Both texts are in the same personal character like a colophon or a confessional text. [23] The Sogdian text contains verbs in the 1. Pl. as well, so it has possibly the same character as the Old Turkic ones. But it was not possible to find matching passages yet.

---

[18] Proposal by N. Sims-Williams.

[19] Yoshida forthcoming. Yoshida points out in this article, that “the situation is only understandable when one considers the fact that the Sogdians did not belong to a particular school, nor did they have their own tradition of ordination but just adopted the form found in originals.”

[20] Yoshida 2008b, 334-337, and Yoshida 2009a, pp. 313-316.

[21] Müller & Lentz, 1934, p. 47 [548].

[22] Yoshida, 2008b, pp. 342-343.

[23] I thank Simone-Christiane Raschmann for the reading of the Old Turkic text.

The Old Turkic fragments in so-called Sogdian script So 20212 and U 5187 preserve Sogdian pagination headlines. The title of the text δβ(y/r)t(')yšt'kkwyδβ'γ "...-*śāstra* has not been explained sufficiently yet.

Sogdo-Uighur milieu:

The question who wrote the Sogdian texts is not so easy to answer. We know about the existence of Sogdian colonies in China and in Turfan as well. But did the Sogdians only write the Sogdian texts themselves? Uighurs wrote Sogdian before they used the script to write their own Old Turkic texts. The Uighur names and the Uighur colophons mentioned above point to Uighur scribal activity. Y. Yoshida established the proof that at least the big formate MPN manuscript was written under the influence of Uighur former Manichaean terminology. [24] He also analyzed the Turco-Sogdian features with socio-linguistic methods and came to the result that they show that Sogdians who were assimilated into the Uighur milieu have written these texts. [25]

Relation to other collections:

There are some more big collections of Sogdian Buddhist texts, mostly published. These are the collections in the British Library London, in the Bibliothèque Nationale Paris, in the St. Petersburg Institute of Oriental Studies of the Russian Academy of Sciences and in the Ryukoku University in Kyoto, and a few fragments in several other collections (Mannerheim-Collection in Helsinki, Ōtani-Collection at Lushun Museum in Dalian etc.). The collections in London and Paris originate mostly from Dunhuang and contain a number of larger pieces of scrolls and 29 leaves of a pustaka book, in the large format, preserving more coherent texts, in one case a complete scroll, housed in the Bibliothèque Nationale de France. [26]

In contrast the Buddhist Sogdian texts from Turfan are preserved mainly in small fragments. The collections of Sogdian texts in St. Petersburg and Kyōto also stem mostly from Turfan. They contain fragments in the same state of preservation as the Berlin collection. In a few cases it was possible to join some fragments housed in Berlin, St. Petersburg and Kyōto.

Many of the Sogdian Buddhist texts in Berlin have not been able to be identified. But there are matching texts in the several collections, see table 1.[27] Unfortunately the texts are rarely overlapping. The only matching passages could be proved in the cases of the Apocryphal sutra, preserved in P2 [28] and in a small part of the *Vimalakīrtinirdeśa-sūtra* [29] as Y. Yoshida has already mentioned.

---

[24] Yoshida, 2008b, pp. 344 and 351.

[25] Yoshida, 2009b.

[26] Pelliot Chinois 3516, (P4), "The Sūtra of the causes and effects of actions", ed. by D.N. MacKenzie, London 1970.

[27] The bibliographical details of the basic publications are to be found in Provasi 2005, pp.103-109 and pp. 131-146. The most recent publications are listed in the Catalogue, vol. 2 (VOHD 18,2), forthcoming.

[28] Yoshida, 2008b, pp. 335-337.

[29] Sundermann, 1977, p. 634.

The investigations by W. Sundermann and Y. Yoshida showed that the texts from Dunhuang and Turfan seem not to depend on each other or to have the same original text from which they could have been translated. [30] Because of the small amount of texts and very small matching part, it is not possible to find firm conclusions about the relations between the Sogdian Buddhists in Dunhuang and Turfan.

It is remarkable that fragments of the vertical long-lined pustaka-book common in Turfan are very rare in Dunhuang. I found only one example. [31]

At the end of the catalogue there will be enclosed an addendum with the descriptions of some Chinese fragments in Sogdian script, which are meanwhile well researched by Y. Yoshida and Fumitoshi Hirose. They show a close connection of the Buddhist Literature in Chinese, Sogdian and Old Turkic. [32]

	BnP[33]	BL[34]	RAN [35]	Japan[36]	Berlin [37]
Vessantara Jātaka	P1				*Araṇemi-Jātaka* (So 10132+T I α) [38]
Bhaiṣajyaguru-vaiḍūryaprabhātathāgata-sūtra	P6				So 10000(1)+(So 10650(30)) So 10100n So 10402
Prajñāpāramitā-hṛdaya-sūtra	(P16)				(So 18150) [39]
Apocryphal sūtra	(P2)				So 12852(4)+So 12950(3)/r, So 12650/r, So 12950(4)/r
Vajracchedikā-prajñāpāramitā-sūtra		Or. 8212 (176)			So 18242 (MIK III 32)e.a. (ten fragments)

[30] Yoshida, 2008b, p. 337.

[31] P23, see *Codices Sogdiani, Manuscrits de la Bibliothèque nationale (Mission Pelliot)*, reproduitsenfac-similé avec une introduction par É. Benveniste, Copenhague 1940, pp. 209-210.

[32] Yoshida, 2013.

[33] Bibliothèquenationale, Paris, fragments published by É. Benveniste, *Textes Sogdiens*, Paris 1940, and *Vessantara Jātaka*, Paris 1946, see also fn. 26.

[34] British Library, London, fragments published by D.N. MacKenzie, *The Buddhist Sogdian texts of the British Library,* Leiden / Téhéran / Liège, 1976.

[35] Institut vostočnych rukopisej Rossijskoj Akademii Nauk, St. Petersburg, fragments published by A. N. Ragoza, *Sogdijskie fragmenty central'no-aziatskogo sobranija institute vostokovedenija*, Moskva, 1980 and, Y. Yoshida at several places.

[36] There are no matching fragments in the Ōtani-collection in the Ryūkoku University in Kyōto. The fragments are published by K. Kudara, W. Sundermann, Y. Yoshida, *Iranian Fragments from the Ōtani Collection*, Kyoto, 1997. The fragment of the *Mahāyāna Mahāparinirvāna-sūtra* was published by Y. Yoshida, "Sogdogo-no Nahangyō-no Danpen," *Senan Ajia Kenkyū* 41, 1994, pp. 57-62.

[37] The fragments of the Berlin Turfan collection are published by F.W.K. Müller, W. Lentz, K. Kudara, W. Sundermann, Y. Yoshida, I. Yakubovich and Ch. Reck at various places.

[38] Both Jatakas are not identical but have a similar contents referring the generosity of the protagonists.

[39] The identification of this fragment is very probable but not completely certain. The text of the sutra in P16 is not Sogdian but with a Sogdian explanation.

Continued

	BnP[33]	BL[34]	RAN[35]	Japan[36]	Berlin[37]
Vimalakīrti-nirdeśa-sūtra		Or. 8212 (159)			So 10343 e.a., partly overlapping
Mahāyāna Mahāparinirvāṇa-sūtra			L 58	Kyoto Univ.	So 14851/r, So 14865/r, (So 10239(4)/r) So 10030(6) e.a. (nearly 70 fragments)
Saṃghāta-sūtra			various fragments		various fragments
Mahāprajñā-pāramitā-sūtra			L 11, to be joined with the Berlin fragments		So 20164, So 20248 + So 20219, to be joined with L 11 [40]
Śuka-sūtra			L 93		So 14700(22) and So 14700(23) (or *Karmavibhaṅga*)

Bibliography

KUDARA, Kogi/SUNDERMANN,Werner [1991]: " Fragmente einer soghdischen Handschrift des Viśeṣacinti-brahma-paripṛcchā-sūtra", in: *Altorientalische Forschungen* 18 (1991) 2, pp. 246-263.

MORANO, Enrico [2007]: "A Working Catalogue of the Berlin Sogdian Fragments in Manichaean Script", in*: Iranian Languages and Texts from Iran and Turan: Ronald E. Emmerick Memorial Volume*, ed. by Maria MACUCH, Mauro MAGGI and Werner SUNDERMANN, Wiesbaden 2007 (Iranica ; 13), pp. 240-270.

MORIYASU, Takao [2004]: *Die Geschichte des uigurischen Manichäismus an der Seidenstraße: Forschungen zu manichäischen Quellen und ihrem geschichtlichen Hintergrund*, übersetzt von Christian Steineck, Wiesbaden 2004 (Studies in Oriental Religions ; 50).

MÜLLER, F.W.K. / LENTZ, Wolfgang [1934]: "Soghdische Texte. II", v. F.W.K. MÜLLER, aus dem Nachlaß hrsg. V. W. LENTZ, Sonderausgabe aus den *SbPAW*, Phil.-hist. Kl., Berlin 1934, pp. 504-607.

MÜLLER, F.W.K. [1913]: *Soghdische Texte. I*, Separatum aus den *Abhandlungen der Köngl. Preuss. Akademie der Wissenschaften*, Phil.-hist. Kl. 1912, Berlin 1913.

PROVASI, Elio [2005]: "Sogdian Lexicography", in: *Middle Iranian Lexicography: Proceedings of the Conference held in Rome, 9-11 April 2001*, ed. by Carlo G. CERETI and Mauro MAGGI, Roma 2005, pp. 101-146 (Orientalia Romana ; 8).

RECK, Christiane [2006]: *Mitteliranische Handschriften, Teil 1: Berliner Turfanfragmente manichäischen Inhalts in soghdischer Schrift*, beschrieben von Christiane RECK, Stuttgart 2006 (Verzeichnis der Orientalischen Handschriften in Deutschland ; 18,1).

SIMS-WILLIAMS, Nicholas [2012]: *Mitteliranische Handschriften, Teil 4: Iranian manuscripts in Syriac script in the Berlin Turfan collection*, N. SIMS-WILLIAMS, Stuttgart 2012 (Verzeichnis der Orientalischen Handschriften in Deutschland ; 18,4).

SIMS-WILLIAMS, Nicholas [2014]: *Biblical and other Christian Sogdian texts from the Turfan collection*, ed. by Nicholas SIMS-WILLIAMS with contributions by Martin SCHWARTZ and William J. PITTARD, Turnhout 1014 (Berliner Turfantexte ; 32).

SUNDERMANN, Werner [1977]: Review to D.N. MacKenzie: *The Buddhist Sogdian texts of the British Library*, in: *BSOAS* 40 (1977), pp. 634-635.

SUNDERMANN, Werner [2001]: "Eine soghdische Version der Araṇemi-Legende", in:*De Dunhuang à Istanbul: Hommage à*

[40] This is one of the cases, that fragments housed in different collections could be joined.

James Russell Hamilton, présenté par Louis BAZIN et Peter ZIEME, Turnhout 2001, pp. 339-348 (Silk Road Studies ; 5).

SUNDERMANN, Werner [2006]: "A Fragment of the Buddhist Kāñcanasāra Legend in Sogdian and its Manuscripts", in: *Proceedings of the 5th Conference of the Societas Iranologica Europæa, held in Ravenna, 6-11 October 2003, vol. 1: Ancient & Middle Iranian Studies*, ed. by A. PANAINO and A. PIRAS, Milano 2006, pp. 715-724.

SUNDERMANN, Werner [2010]: "A Sogdian Mahāyāna Mahāparinirvāṇa sūtra manuscript", in*: "The Way of Buddha" 2003: The 100th Anniversary of the Otani Mission and the 50th of the Research Society for Central Asian Cultures*, ed. by T. IRISAWA, Kyoto 2010, pp. 75-83.

YOSHIDA, Yutaka [2008a]: "The Brahmajāla-sūtra in Sogdian", in: *Aspects of research into Central Asian Buddhism: In memoriam Kōgi Kudara*, ed. by Peter ZIEME, Turnhout 2008, pp. 461-474.

YOSHIDA, Yutaka [2008b]: Die buddhistischen sogdischen Texte in der Berliner Turfansammlung und die Herkunft des buddhistischen sogdischen Wortes für *bodhisattva*: Zum Gedenken an Prof. Kōgi Kudaras Arbeiten an den sogdischen Texten, übersetzt von Yukiyo KASAI in Zusammenarbeit mit Christiane RECK, in:*Acta Orientalia Hungaricae* 61 (2008) 3, pp. 325-358.

YOSHIDA, Yutaka [2009a]: "Buddhist Literature in Sogdian", in: *The Literature of Pre-Islamic Iran*, ed. by Ronald E. EMMERICK and Maria MACUCH, London 2009, pp. 288-329 (Chap. 6) (E. YARSHATER (Hrsg.): A History of Persian Literature ; Vol. 17 = Companion Volume I).

YOSHIDA, Yutaka [2009b]: "Turco-Sogdian features", in: *Exegisti monumenta: Festschrift in Honour of Nicholas Sims-Williams*, ed. by Werner SUNDERMANN, Almut HINTZE und François DE BLOIS, Wiesbaden 2009, pp. 571-585 (Iranica ; 17).

YOSHIDA, Yutaka [2013]: "Buddhist texts produced by the Sogdians in China" in: *Buddhism among the Iranian Peoples of Central Asia*, ed. by Matteo DE CHIARA, Mauro MAGGI and Giuliana MARTINI, Wien 2013, pp. 155-179 (Multilingualism and History of Knowledge ; 1).

YOSHIDA, Yutaka: Sogdian Buddhist Literature (forthcoming).

柏林吐鲁番藏品中的粟特语佛教残片

芮　柯　Christiane Reck

（哥廷根科学院，柏林东方写本目录组）

20 世纪初德国的四次探险带回柏林用超过 20 种语言和文字书写的近 40 000 件文献残片。释读这些残片，对这些文本进行科学的分析是一代又一代学者的任务。这些学者在国际合作中取得了很多划时代意义的新发现，其中之一便是对粟特语的探索，在此之前这种语言还只是通过钱币上的少量铭文而为人所知，现在有三种字母的粟特语语料可供使用。缪勒（F. W. K. Müller）最初发现了部分叙利亚文粟特语基督教《新约》文献[1]。这一发现对理解粟特语本身十分重要。此后基督教文献的整理工作由韩森（Olaf Hansen）和辛姆斯—威廉姆斯（Nicholas Sims-Williams）继续。后者近来在《柏林吐鲁番文献丛刊》（Berliner Turfantexte）的最新一卷中刊布了许多粟特语基督教文献[2]。

恒宁（W. B. Henning）及其他学者如已故的宗德曼（Werner Sundermann）教授，和德金（Desmond Durkin-Meisterernst）、莫兰诺（Enrico Morano）、Elio Provasi，开始整理原本全都属于摩尼教书籍、信件及其他文献的摩尼文粟特语文献[3]。

用粟特本土字母书写的残片不仅包含佛教文献，也有摩尼教和基督教文献。2006 年出版了一本粟特文摩尼教文献的目录[4]，其中包含近 500 个残片。目前，笔者正在进行粟特语佛教文献编目的扫尾工作，这一组文献也有近 500 件。剩下的近 100 个粟特文残片是 50 个基督教残片和 50 个医药/药理残片及其他各类内容不清的残片。

在这篇文章中，笔者会对柏林吐鲁番藏品中粟特语佛教文书一些方面的特点作简短的考察，如字母、装帧、年代、发现地、内容、“教派属性”、双语现象、书手及与其他收藏地的粟特语佛教文献的关系等[5]。

1. 字母

人们可以从一个文本的字母中轻松地发现佛教特征。大多数佛教残片是用曾被称为“写经体”（Sutra-script）[6]的所谓楷书字母（formal script）书写的，但也有很多文献是用各种草书字

[1] Müller, 1913.

[2] Sims-Williams, 2012 and 2014.

[3] Morano, 2007.

[4] Reck, 2006.

[5] 本文是正在编订中的《柏林吐鲁番藏品中的粟特语佛教残片目录》（《东方写本目录丛刊》第 18 种，第 2 册）引言的一个缩减的英语译本。但对与其他收藏地的粟特语佛教文献的关系的解说部分进行了扩充。

[6] 辛姆斯—威廉姆斯教授在他于本次会议提交的论文中指出这种“楷书”字母实际上也是一种特殊的草书字母，因为多个字母是一个一个互相连接的。但它与其他种类的草书字母的不同之处在于其所有字母的形式都与众不同，尤其是 alef（’），这个字母在通常的所谓草书字体中无法从 n 和 z 中被区分出来。

母书写的，在这种情况下就不得不检视文献内容、典型的佛教用语、名称等。

2. 装帧

佛教文献的典型书籍形式是卷轴装和贝叶装。粟特语佛教经卷与摩尼教经卷的显著不同是前者写于空白的卷子上，而后者往往写于汉语卷子的背面，也有很多回鹘语佛教文献写于汉语卷子的背面，但粟特语佛教文献写于空白的卷子上，常在后来被回鹘抄经手再次利用来抄写回鹘语文献。有时粟特语摩尼教文献会写在粟特语佛教经卷的背面。

贝叶装书籍有两种不同的表现形式，一种被吉田豊称为短行贝叶，另一种被称为长行贝叶[7]。当长行的贝叶被纵向阅读时，它们被转到纵向的位置，像西方的书籍（codex books）或中式的蝴蝶装书籍那样翻页。短行贝叶的开本有相对小的，也有大的，保存最好的例子就是乌兹（David Utz）所介绍、百济康义和宗德曼所刊布的大乘《大般涅槃经》（Mahāyāna Mahāparinirvāṇa-sūtra）[8]。

3. 年代

有两条线索可供断代：

残片 So 14830 是一个粟特语夹写汉字音写汉语的文献。根据粟特语音写的汉语词汇的发音，吉田豊将该文献断代于 8 世纪上半叶[9]。尽管这个残片是独一无二的，但另一个证据证实了上述断代：这些经卷所使用的麻纸的大小和质地表明其大致应属于 7 世纪中叶到 8 世纪末[10]。长行的和短行大开本的贝叶笔者认为年代较晚。总体说来，我们认为吐鲁番所出的粟特语文献的书写年代在 8 世纪到 10 或 11 世纪。

4. 发现地

大部分残片是第一次和第二次探险期间出土于高昌的 α 和 K 遗址。一些残片的出土编号被标记为 μ 遗址[11]。

另一重要的发现地主要是在第二次探险中发掘的吐峪沟石窟群，柏孜克里克、（木头沟）、胜金口、硕尔楚克和交河也发现了佛教残片。一个残片被描述为在第四次探险中发现于克孜尔（So 17100）。高昌的 α 和 K 遗址、吐峪沟及柏孜克里克的一些洞窟曾被用作摩尼教神殿，然后变成僧坊。我们知道摩尼教建筑在 11 世纪初转变为佛教圣殿[12]。但我们不知道粟特语佛教文献的书写止于何时。

5. 内容

（1）部分大乘佛经，译自汉语，通常是鸠摩罗什本。其中很多文献已由穆勒和楞茨、百济康义和宗德曼合作刊布，也由吉田豊或他和雅库伯维奇（Ilya Yakubovich）合作刊布。

---

［7］Yoshida, 2008a, p.461 fn.5.

［8］Sundermann, 2010.

［9］Yoshida, 2013, p. 175.

［10］Kudara & Sundermann, 1991, p. 249.

［11］这是一批饰有精美插图的《阿烂弥王本生》写本的残片。对于发现地的讨论参 Sundermann 2001, pp.340-341.

［12］Moriyasu, 2004, pp. 174-192.

（2）部分律藏文献。此类文献的存在使吉田豊认为粟特僧人使用了这些文献，意味着存在粟特僧团。这些律藏文献保存了一些源于吐火罗语词汇的词形[13]。

（3）部分本生故事（《阿烂弥王本生》[14]）、譬喻经（《十业道譬喻鬘经》，转轮圣王的故事（Kāñcanasāra-legend））[15]和其他故事（摩诃劫宾那王(Mahākapphiṇa)的故事和波斯匿王(king Prasenajit)的故事）。这些故事中的一部分也可能源于吐火罗语文本[16]。

（4）有许多小残片是不可能被比定出来的。内容的一致性和写卷本身有助于寻找匹配的残片，如一组出自同一人之手的包含十一个残片的写卷[17]。不幸的是无法比定出这个文献，但这个笔迹正如其标点一样，是独一无二的。另一个值得注意的特点是，此文献通常以“ZKw(awu/o) w’β’m’zw”“因此我说”的句式结尾。笔者从未在别处见到这种句式。这也许表明它是一个注释类文献[18]。

6.“教派属性”

吉田豊证明了这些律藏文献中的术语出于“根本说一切有部”和“法藏部”，但文献数量太少，难以确证上述结论。据吉田豊的观点，这些文献译自丝路北道说一切有部的吐火罗语或梵语文本[19]。吐鲁番保存的许多文献对于禅宗思想、阿弥陀信仰和净土思想十分重要[20]。在这方面它们与回鹘语佛教文献一致。不幸的是，由于大多数粟特语文献残损的保存状况，并没有很多对应的段落。

7. 双语

意外的是，迄今在柏林吐鲁番藏品的佛教文献中并未发现真正的双语文献，但回鹘的影响是显而易见的。在粟特语本《金刚经》跋文中，抄经手提及了一个回鹘名字 Qutlaγ（So 18242= MIK III 32 (TM 391)）[21]。吉田豊在一个未比定的粟特语佛经（So 18276）的结尾处，发现了一个回鹘语题跋[22]。

有一件写本（Ch/So 14842a 及 Ch/So 14842b 等）一面是粟特语医药文献，另一面是一个含有神秘意义的文献，该文献使用典型的回鹘语文献的书体。实际上回鹘语残片中也有使用这种书体的。它们可以被解释为包含梵语词汇的佛教文献。这是笔者也将此粟特语文献定为佛教文献的原因。不知这一回鹘语文献和粟特语文献是否相关。

［13］Yoshida 2008b, pp. 329-333.

［14］Sundermann 2001.

［15］Sundermann 2006.

［16］Yoshida 2008b, pp. 337-338.

［17］So 14670- So 14671 等。

［18］这一点为辛姆斯—威廉姆斯教授所提示。

［19］Yoshida forthcoming. 吉田豊这篇文章中指出：“这种情形只有在这样的情况下是可以理解的，即粟特人并不归属于某一特定的学派，他们对于受戒（ordination）也没有自己的传统，只是吸收了在原典中找到的形式。”

［20］Yoshida 2008b, 334-337; Yoshida 2009a, 313-316.

［21］Müller / Lentz 1934, p. 47［548］.

［22］Yoshida 2008b, pp. 342-343.

残片 So 10100v 提及了一些人名，其中一些是回鹘语的或者说混合的人名。

另一个值得注意的残片中，粟特语文本似乎写于回鹘语文本之上（So 20105）。回鹘语文本是佛教文献。两种文本都像是跋文或是忏悔文一类的私人文献[23]。粟特语文本也包含了第一人称复数的动词，所以它很可能与回鹘语文本有相同的特征。但是现在尚不可能找到匹配的段落。

用所谓粟特文书写的回鹘语残片 So 20212 和 U 5187 保存了粟特语页码。但文本的标题 δβ(y/r)t(')yšt'kkwyδβ'γ "…-*śāstra* 尚未被充分解释。

8. 粟特—回鹘背景

谁书写了这些粟特语文献，这一问题不易回答。我们知道中国内地和吐鲁番粟特侨居地的存在。但只有粟特人自己书写粟特语吗？回鹘人在使用粟特文拼写他们自己的回鹘语文献之前曾使用粟特语。上述的回鹘人名和回鹘语题跋说明了回鹘抄经活动。吉田豊证明至少大开本的《涅槃经》（MPN）写本是在回鹘早期的摩尼教术语的影响下所写[24]。与此同时，他用社会语言学的手段分析回鹘—粟特语的特征（Turco-Sogdian）而得出结论，即在回鹘环境中被同化的粟特人书写了这些文献[25]。

9. 与其他藏品的联系

还有一些更大规模的粟特语佛教文献藏品，几乎都已刊布，即伦敦大英图书馆藏品、法国巴黎国家图书馆藏品、圣彼得堡俄罗斯科学院东方学研究所藏品、京都龙谷大学藏品和其他藏品中的一些残片（赫尔辛基的曼涅尔海姆藏品、京都大学藏品、大连旅顺博物馆藏品等)。伦敦和巴黎的藏品主要来自敦煌，包含一些更大的卷轴和一个贝叶装书籍的 29 叶，大开本，保存了更连贯的文本，法国国家图书馆保存有一个完整的卷轴[26]。

相较而言，吐鲁番所出粟特语佛教文献大多是小残片。

圣彼得堡和京都的粟特语文献藏品主要来自吐鲁番，它们包含了与柏林藏品保存状况类似的残片。有时柏林、圣彼得堡、京都三地藏品中的残片可以缀合。

很多柏林藏品中的粟特语佛教文献尚未被比定出来。但在一些藏品中有对应文本，参见表 1[27]。不幸的是少有重叠。唯一的几个匹配段落只在一件疑伪经中有所印证，还有就是吉田豊所指出的保存在 P2[28] 和一小部分《维摩诘经》[29] 中。

---

[23] 笔者衷心感谢 Simone-Christiane Raschmann 对回鹘语文本的释读。

[24] Yoshida 2008b, pp. 344, 351.

[25] Yoshida 2009b.

[26] Pelliot Chinois 3516, (P 4), the "Sutra of the causes and effects of actions", ed. by D. N. MacKenzie, London 1970.

[27] 基本出版物详情，参 Provasi 2005, pp.103-109，131-146. 最新出版物已在目录的第二卷中列出, vol. 2 (Vohd 18,2),待刊。

[28] Yoshida 2008b, pp. 335-337.

[29] Sundermann 1977, p. 634.

表 1

	BnP [30]	BL [31]	RAN [32]	Japan [33]	Berlin [34]
《太子须大拿经》（*Vessantara Jātaka*）	P1				《阿烂弥王本生》（*Araṇemi Jātaka*）(So 10132+T I α) [35]
《药师经》（*Bhaiṣajyaguruvaiḍūryaprabhātathāgata-sūtra*）	P6				So 10000(1)+(So 10650(30)) So 10100n So 10402
《般若波罗蜜多心经》（*Prajñāpāramitāhṛdaya-sūtra*）	(P16)				(So 18150) [36]
伪经（*Apocryphal sūtra*）	(P2)				So 12852(4)+So 12950(3)/r, So 12650/r, So 12950(4)/r
《金刚经》（*Vajracchedikā*）		Or. 8212 (176)			So 18242 (MIK III 32)e.a. (十残片)
《维摩诘经》（*Vimalakīrtinirdeśa-sūtra*）		Or. 8212 (159)			So 10343 e.a.，部分重合
大乘《大般涅槃经》（*Mahāyāna Mahāparinirvāṇa-sūtra*）			L 58	Kyoto Univ.	So 14851/r, So 14865/r, (So 10239(4)/r) So 10030(6) e.a. (近 70 残片)
《僧伽吒经》（*Saṃghāta-sūtra*）			各种残片		各种残片
《摩诃般若波罗蜜经》（*Mahāprajñāpāramitā-sūtra*）			L 11，与柏林残片可以缀合		So 20164, So 20248 + So 20219，与 L 11 缀合 [37]
《鹦鹉经》*Śuka-sūtra*			L 93		So 14700(22) and So 14700(23) (or *Karmavibhaṅga*)

宗德曼和吉田豊的研究表明出自敦煌和吐鲁番两地的文献似乎并非互相依存或译自相同的原本[38]。鉴于文献数量较小和对应部分较少，难以对敦煌和吐鲁番的粟特语佛教文献之间的关

[30] 法国巴黎国家图书馆藏品，参 É. Benveniste: *Textes Sogdiens*, Paris 1940, and *VessantaraJātaka*, Paris 1946, 注 26。

[31] 大英图书馆藏品，参 D. N. MacKenzie: *The Buddhist Sogdian texts of the British library*, Leiden / Téhéran / Liège, 1976.

[32] 圣彼得堡俄罗斯科学院东方学研究所藏品，参 A. N. Ragoza: *Sogdijskie fragmenty central'no-aziatskogo sobranija instituta vostokovedenija*, Moskva, 1980 及 Y. Yoshida 相关论著。

[33] 在京都龙谷大学大谷藏品中没有匹配的残片，参 K. Kudara, W. Sundermann, Y. Yoshida: *Iranian Fragments from the Ōtani Collection*, Kyoto 1997. 大乘《大般涅槃经》残片，参吉田豊《ソグド语の〈涅槃经〉の断片》，《西南アジア研究》第 41 号，57-62 页。

[34] 柏林吐鲁番藏品参 F. W. K. Müller, W. Lentz, K. Kudara, W. Sundermann, Y. Yoshida, I. Yakubovich 和 Ch. Reck 的相关论著。

[35] 两个本身并不完全相同，但有涉及主人公的慷慨的相似内容。

[36] 这个残片的比定有很大的可能性但并不完全肯定。P16 上佛经的文本并不是粟特语的，但有粟特语的解释。

[37] 这是不同藏品中收藏的残片可以缀合的一个实例。

[38] Yoshida 2008b, p. 337.

系得出确切结论。

值得注意的是，吐鲁番常见的竖写的长行贝叶经书在敦煌非常稀见。笔者仅发现了一例[39]。

在目录末尾将会附上对一些同时被吉田豊和广濑史年（Fumitoshi Hirose）很好地研究的粟特文拼写的汉语文献残片的描述，它们显示了汉语、粟特语和回鹘语佛教文献之间的密切联系[40]。

参考文献

KUDARA, Kogi/SUNDERMANN,Werner [1991]: “Fragmente einer soghdischen Handschrift des *Viśeṣacinti-brahma-paripṛcchā-sūtra*”, in: *Altorientalische Forschungen* 18 (1991) 2, pp. 246-263.

MORANO, Enrico [2007]: “A Working Catalogue of the Berlin Sogdian Fragments in Manichaean Script”, in: *Iranian Languages and Texts from Iran and Turan: Ronald E. Emmerick Memorial Volume*, ed. by Maria MACUCH, Mauro MAGGI and Werner SUNDERMANN, Wiesbaden 2007 (Iranica ; 13), pp. 240-270.

MORIYASU, Takao [2004]: *Die Geschichte des uigurischen Manichäismus an der Seidenstraße: Forschungen zu manichäischen Quellen und ihrem geschichtlichen Hintergrund*, übersetzt von Christian STEINECK, Wiesbaden 2004 (Studies in OrientalReligions ; 50).

MÜLLER, F.W.K. [1913]: *Soghdische Texte. I*, Separatum aus den *Abhandlungen der Köngl. Preuss. Akademie der Wissenschaften*, Phil.-hist. Kl. 1912, Berlin 1913.

MÜLLER, F.W.K. / LENTZ, Wolfgang [1934]: “Soghdische Texte. II”, v. F.W.K. MÜLLER, aus dem Nachlaß hrsg. V. W. LENTZ, Sonderausgabe aus den *SbPAW*, Phil.-hist. Kl., Berlin 1934, pp. 504-607.

PROVASI, Elio [2005]: “Sogdian Lexicography”, in: *Middle Iranian Lexicography: Proceedings of the Conference held in Rome, 9-11 April 2001*, ed. by Carlo G. CERETI and Mauro MAGGI, Roma 2005, pp. 101-146 (Orientalia Romana ; 8).

RECK, Christiane [2006]: *Mitteliranische Handschriften, Teil 1: Berliner Turfanfragmente manichäischen Inhalts in soghdischer Schrift*, beschrieben von Christiane RECK, Stuttgart 2006 (Verzeichnis der Orientalischen Handschriften in Deutschland ; 18,1).

SIMS-WILLIAMS, Nicholas [2012]: *Mitteliranische Handschriften, Teil 4: Iranian manuscripts in Syriac script in the Berlin Turfan collection*, Stuttgart 2012 (Verzeichnis der Orientalischen Handschriften in Deutschland ; 18,4).

SIMS-WILLIAMS, Nicholas [2014]: *Biblical and other Christian Sogdian texts from the Turfan collection*, ed. by Nicholas SIMS-WILLIAMS with contributions by Martin SCHWARTZ and William J. PITTARD, Turnhout 1014 (Berliner Turfantexte ; 32).

SUNDERMANN, Werner [1977]: Review to D.N. MacKenzie: *The Buddhist Sogdian texts of the British Library*, in: *BSOAS* 40 (1977), pp. 634-635.

SUNDERMANN, Werner [2001]: “Eine soghdische Version der Araṇemi-Legende”, in:*De Dunhuang à Istanbul: Hommage à James Russell Hamilton*, présenté par Louis BAZIN et Peter ZIEME, Turnhout 2001, pp. 339-348 (Silk Road Studies ; 5).

SUNDERMANN, Werner [2006]: “A Fragment of the Buddhist Kāñcanasāra Legend in Sogdian and its Manuscripts”, in: *Proceedings of the 5th Conference of the Societas Iranologica Europo ea, held in Ravenna, 6-11 October 2003, vol. 1: Ancient & Middle Iranian Studies*, ed. by A. PANAINO and A. PIRAS, Milano 2006, pp. 715-724.

SUNDERMANN, Werner [2010]: “A Sogdian *Mahāyāna Mahāparinirvāṇa sūtra* manuscript”, in: *“The Way of Buddha” 2003: The 100th Anniversary of the Otani Mission and the 50th of the Research Society for Central Asian Cultures*, ed. by T. IRISAWA, Kyoto 2010, pp. 75-83.

YOSHIDA, Yutaka [2008a]: “The *Brahmajāla-sūtra* in Sogdian”, in: *Aspects of research into Central Asian Buddhism: In memoriam Kōgi Kudara*, ed. by Peter ZIEME, Turnhout 2008, pp. 461-474.

YOSHIDA, Yutaka [2008b]: Die buddhistischen sogdischen Texte in der Berliner Turfansammlung und die Herkunft des

[39] P23, 参 Codices Sogdiani, *Manuscrits de la Bibliothèque nationale (Mission Pelliot)*, reproduitsenfac-similé avec une introduction par É. Benveniste, Copenhague 1940, pp. 209-210.

[40] Yoshida 2013.

buddhistischen sogdischen Wortes für *bodhisattva*: Zum Gedenken an Prof. Kōgi Kudaras Arbeiten an den sogdischen Texten, übersetzt von Yukiyo KASAI in Zusammenarbeit mit Christiane RECK, in:*Acta Orientalia Hungaricae* 61 (2008) 3, pp. 325-358.

YOSHIDA, Yutaka [2009a]: "Buddhist Literature in Sogdian", in: *The Literature of Pre-Islamic Iran*, ed. by Ronald E. EMMERICK and Maria MACUCH, London 2009, pp. 288-329 (Chap. 6) (E. YARSHATER (Hrsg.): A History of Persian Literature ; Vol. 17 = Companion Volume I).

YOSHIDA, Yutaka [2009b]: "Turco-Sogdian features", in: *Exegisti monumenta: Festschrift in Honour of Nicholas Sims-Williams*, ed. by Werner SUNDERMANN, Almut HINTZE and François DE BLOIS, Wiesbaden 2009, pp. 571-585 (Iranica ; 17).

YOSHIDA, Yutaka [2013]: "Buddhist texts produced by the Sogdians in China" in: *Buddhism among the Iranian Peoples of Central Asia*, ed. by Matteo DE CHIARA, Mauro MAGGI and Giuliana MARTINI, Wien 2013, pp. 155-179 (Multilingualism and History of Knowledge ; 1).

YOSHIDA, Yutaka: Sogdian Buddhist Literature (forthcoming).

（胡晓丹 译　荣新江 校）

鸟形祭司中的这些祭司是什么？*

黎北岚 Pénélope Riboud
（法国国立东方语言文化学院）

一、鸟形祭司题材的双重含义

1. 鸟形祭司图像构图的起源

鸟形祭司总是成对的出现在以下石葬具上（附图 1）：通向安伽（579 年卒）墓室的门楣上；史君（579 年卒）和虞弘（592 年卒）屋形石椁的正面；三件年代不明的完整石棺床的底座上，其中一件藏于伦敦维多利亚与阿尔伯特博物馆（Victoria and Albert Museum），另两件属于纽约的怀特与列维收集品（Shelby White and Leon Levy Collection）；在一件目前由中国私人收藏的已残损的石棺床底座上，这件石棺床与安备墓志有关，安备卒于 589 年，享年 44 岁，其墓据说发现于洛阳（图 1）。在最早的例子（579）与最晚例子（592）中间跨越短短十三年，还应指出的是这一题材被运用于三个不同地区：长安、洛阳和太原。

图 1

---

* 本文是此前发表于《亚洲研究所集刊》（*Bulletin of the Asia Institute*）第 21 卷的一篇文章（Riboud（2012））的修订版。笔者希望向荣新江教授和罗丰教授盛情邀请笔者参加第二届丝绸之路国际学术研讨会表达最诚挚的谢意。本文中的许多修订是笔者在会议期间收到关于最初论文的评论之后完成的。还要感谢包晓悦女士将这篇文章译为中文，以及准备本文时亲爱的朋友兼同行毕波的帮助和建议。最后而同样重要的是，要感谢葛乐耐（F. Grenet）教授不断的启发和补充这项研究。

这种图像的渊源现在可以追溯到中亚。截止到2001年，已故的马尔沙克（Boris Marshak）与葛乐耐（Frantz Grenet）将这些复合动物与绘于巴米扬（Bamiyān）的密特拉（Mithra）壁画两侧戴着padām的翼兽以及撒马尔干（Samarkand）发现的一块纳骨器（Ossuary）残片联系起来[1]（图2、图3）。最近，这又被发现于乌兹别克斯坦Akchakhan-kala的一块可追溯至公元前2世纪到公元1世纪中期的巨大壁画所证实，其上鸟形祭司图案在一个5米高的人物短袍中部垂直衣带上重复了数十次，葛乐耐及其合作者的报告确认这个人物是斯劳沙（Srōsh）神[2]。这是该主题的最早实例，

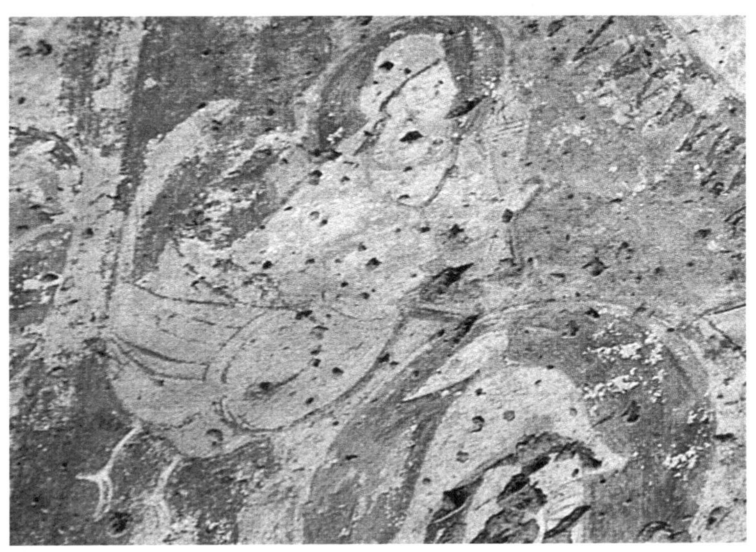

图2

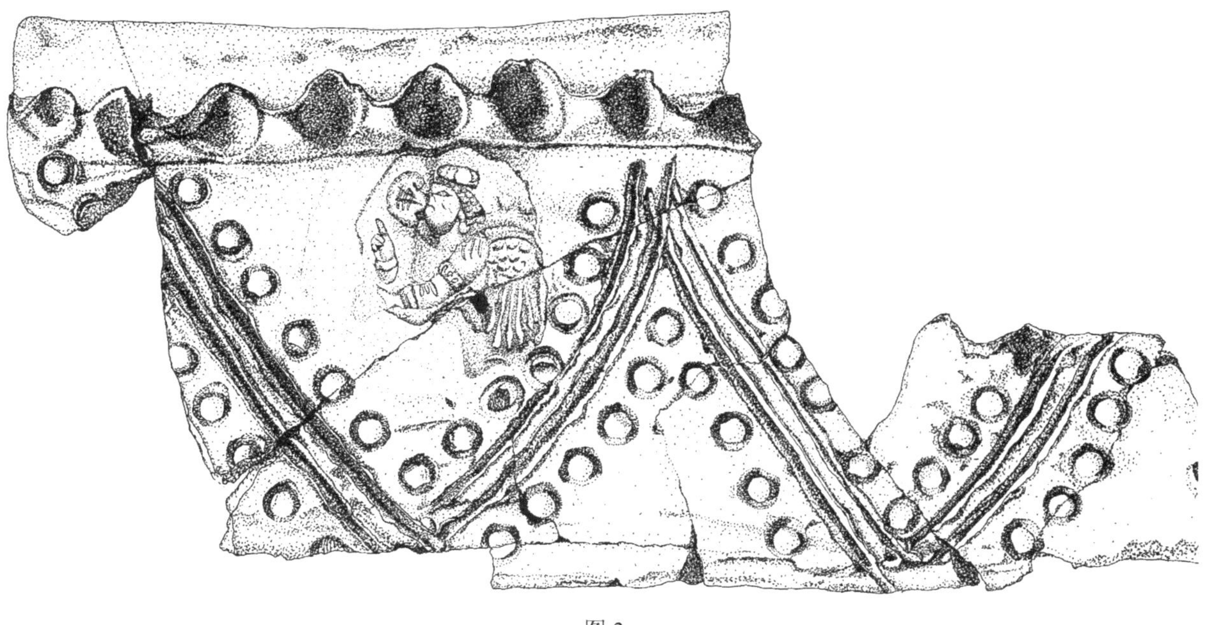

图3

[1] Marshak(2001), p. 244；Grenet(2003), p. 40 ；Grenet(2007), p. 470.

[2] 关于发掘的初步报告和绘画鉴定的意见，参见Betts et al（2015）。葛乐耐好意与我分享这些信息，我要向他表示感谢。

因此很可能是在花剌子模（Chorasmian）的背景下创造的。尽管早期的祭司和复合鸟形可能激发了这一主题，毫无疑问，两个戴着 padām 参加拜火仪式的半公鸡半祭司的复合生物形象的这一组合指向斯劳沙神有关死者仪式的寓意。*Čahārom* 仪式是死亡时与三日哀悼期结束之间举行的许多琐罗亚斯德教仪式中的最后一个，这期间死者的灵魂被认为尚在人间徘徊，然后跨过钦瓦特桥（Činwad bridge），走过一段将决定其最终命运的旅程[3]。在这三日中，家庭成员需要禁食，诵读祈祷经文，并参加由祭司主持的仪式，以保护灵魂免受邪恶影响，帮助它找到通向钦瓦特桥的道路。这些仪式中有许多都指向斯劳沙神，他在琐罗亚斯德教众神中集多种职能于一身，其中一项就是在灵魂过桥时给予引导，这个灵魂引路者的职能会使人期望他出现在丧葬语境中[4]。施杰我（Oktor Skjaervø）是最早将中国发现的鸟形祭司与斯劳沙神（Srōsh）联系起来的，他提到在《伏魔法典》（*Vendidād*）的一个明确段落中，公鸡被指定为斯罗沙的化身（*Sraošā-varez*）之一[5]：

> 琐罗亚斯德（Zarathustra）问阿胡拉 · 玛兹达："谁是斯劳沙的化身（Sraosha-varez）？神圣的、强大的斯劳沙（Sraosha），谁是具有形体的神，一个带着强矛的威严的神。"
>
> 阿胡拉 · 玛兹达回答说："是一种名为 Parôdars（即公鸡）的鸟，恶言之人（ill-speaking）称之为 Kahrkatâs，噢圣琐罗亚斯德！这种鸟对着强烈的曙光引吭啼鸣：'起来，人们哪！背诵 Ashem ya*d* vahi*s*tem 来重击恶魔（Daêvas）……'"[6]

斯劳沙的化身（Sraoshā varez）究竟是什么？在《伏魔法典》第 5 章中，斯劳沙的化身位在仪式典礼中身负特定职责的八位祭司之列，尽管他在仪式中的具体作用尚不清楚[7]。在将公鸡认定为斯劳沙的化身（Sraošā-varez）之后，《伏魔法典》又清楚地提到斯劳沙神的另一项职能，即作为"仪式之主"[8]。

根据琐罗亚斯德教的传统，公鸡不仅充当斯劳沙的助手劝导人们站立祈祷，还帮助他与 daēvas（即恶魔）作战。《班达希申》（*Bundahišn*）称："公鸡是为与狗合作对抗恶魔和巫术

[3] 见 Boyce(2001), pp. 12-13.

[4] 正如 9 世纪的《大班达希申》（Greater *Bundahišn*）中所叙述的："逝者的灵魂在斯劳沙保护之下到达拣选的关卡。因此，他们必须七年内完成所有在七个区域（karshwars）提供给 Srōsh 的仪式、奉献和赞颂。"（*GB* 26.50，B. T. Anklesaria 译）。葛乐耐将这段话与塔什干历史博物馆藏的纳骨罐碎片上显示的人形灵魂过桥和斯劳沙（Sraoš）引导联系起来。在他文章的最后葛乐耐补充说，引导灵魂同样可以是 Rām 神，"当正义人的灵魂将通过拣选的关卡，……将举起它的手，并将它带到自己座位上"（GB 26.29，又见 Grenet［1986］, pp. 106, 129）。关于斯劳沙（Sraoša）的全面研究，请见 Kreyenbroek（1985）。

[5] P. Riboud, "Bird-Priests in Central Asian Tombs of 6th-Century China and Their Significance in the Funerary Realm", *Bulletin of the Asia Institute* 21, 2007［2011］, p. 8.

[6] *Vendidād*, Farg. XVIII.14-15. Translation J. Darmesteter, *Sacred books of the East*（SBE）4, pp. 192-193.

[7] *Vendidād*, Farg. V.58, p. 64, n. 1.

[8] 见 the Srōš-Yašt, *Yasna* LVII.2, 5, 7, 9, 11, translated by L.H. Mills, SBE 31, pp. 298-300.

而创造的；正如启示所说，为了创造世界而与斯劳沙合作摧毁恶魔的生物是公鸡和狗。”[9] 玛丽·博伊斯（Mary Boyce）已经证明，斯劳沙自己除了被视为祈祷之神外，也被视为胜利之神[10]。她提出斯劳沙与吠陀神祇毗诃波提（Bṛhaspati）之间的近似之处，前者通常被称为“胜利”和“强臂”，后者是“祈祷之主”，擅长“杀死敌人，击退强敌，……获得战争胜利”并“在英勇的战神因陀罗（Indra）身旁出现，作为战斗的祭司之神”[11]。博伊斯总结，斯劳沙在琐罗亚斯德教神殿内互补的双重职责解释了为何他经常出现在武神密特拉（Mithra）旁边。这还可以巩固葛乐耐将巴米扬的密特拉两侧的半鸟生物识为斯罗沙标志的看法。这两种生物与中国发现的鸟形祭司构成最为相似之处：他们拥有鸟的腿和尾巴，戴着 *padām*，持有一小朵火焰，腰带上挂有一个用于仪式的勺子[12]。祭祀用具和鸟腿指示公鸡作为斯劳沙化身（Sraošā-varez）的礼仪职能。因此，画中的两个鸟形祭司是仪式之主存在的缩影，他或是作为战无不胜的斯劳沙在密特拉右手边驾车[13]，或是作为逝者的保护人斯劳沙将灵魂引导给死者的审判者密特拉[14]。

2. 与印度的联系：鸟形祭司和紧那罗（kinnaras）？

由此，要解释伊朗文化的丧葬环境中存在有翼生物毫无困难。然而除了参考公鸡和有关丧葬礼仪仪式范围之外，鸟形祭司还可能承袭自中亚流传的其他复合鸟形图案。以灰泥或颜料塑造的人首鸟身在中亚许多地点都有发现，如乌兹别克斯坦的瓦拉赫沙（Varakhsha）和塔吉克斯坦的片治肯特（Pendjikent）[15]。它们都不是在一个仪式的背景下发现的，虽然描绘在一座撒马尔干住宅楼 āywan（即拱形入口）檐口的那一对可能具有辟邪功能[16]。乐仲迪（J. A. Lerner）、别列尼茨基（A. M. Beleniskii）和马尔沙克提供了中亚人首鸟身的多个可能来源，从希腊的鹰身女妖（harpies）和塞壬（sirens）到印度的紧那罗。但有趣的是，紧那罗原本与鸟并无关系。正如莫妮卡·琴（Monika Zin）所指出的那样，这些生物在文本和图像中首先是以半人半马的复合生物或丛林人类出现的。他们被视作国王的狩猎游戏，身着树叶，有美妙的声音，并通常与爱情故事相联系[17]。这或许是为何中国文献从未将紧

[9] *Bundahišn*, XIX.33, translated by E.W. West, SBE 5, p. 73.

[10] Boyce（1996）, pp. 60-62.

[11] Boyce quoting Oldenberg, *ibid*., p. 61.

[12] 在确认它们是祈祷的化身，即 Dahmān Āfrīn 之后，葛乐耐（F. Grenet）现在倾向于参照施杰我教授的建议，将这些鸟和斯劳沙神本身联系起来（Grenet [2007]）。这并不矛盾，因为玛丽·博伊斯已经说明，Dahmān 的形象如此紧密地与斯劳沙联系在一起，以致逐渐被祈祷之神所遮蔽（见玛丽·博伊斯在《伊朗大百科全书》中撰写的‘Dahm Yazad’条）。

[13] Mihr Yasht, XXV.100.

[14] Grenet（2001）, p. X.

[15] Lerner（1975）, p. 166-168, Belenizki（1980）p. 148, Belenitskii and Marshak in Azarpay [1981] pp. 50-51.

[16] 别列尼茨基（A.M. Belenitskii）和马尔沙克（B. Marshak）已注意到住宅的拱形入口（āywan）往往饰以吉祥图案，如石榴、三叉戟、Wešparka 神和月亮的象征。在他们看来，这一对人首鸟发挥神奇作用，被放置在拱形入口（āywan）处是为了在房屋入口处追踪邪恶咒语。（Belenitskii and Marshak in Azarpay [1981], pp. 50-51.）

[17] Zin（2008）, pp. 384-385.

那罗与鸟联系起来的原因。许多场合它们有优美歌声，但被描述为马首人身，该特征与印度著作《毗湿奴法上往世书》(*Vishnudharmottara*)中发现的对紧那罗的另一种定义相当[18]，或是有角的人类[19]。紧那罗似乎在印度通过不同的文本传统传承，一个将它们描述为半人半马的复合生物形态，另一种确证它们是居住在北方喜马拉雅山区之上俱毗罗（Kubera）天堂中歌唱的一群人，还有一个将它们定义为在丛林生活、具有迷人声音的部落人类[20]。在佛教故事中，紧那罗是森林中的精怪，出现时或是成双成对，或是作为国王垂涎的美丽女子[21]。鸟身和羽毛可能出现较晚，是吠陀词汇 *parna* 具有“叶”以及“羽毛”双重含义的结果，这解释了整个东南亚地区半鸟紧那罗的流行[22]。在印度北部，半鸟半人的紧那罗早在 1 世纪就已出现，尽管有时也与天界相联系（例如桑奇（Sāñcī）北陀兰那（*torana*）的一座佛塔上、阿旃陀石窟），但多数时候被视作产生爱、舞蹈和音乐的吉祥生物（图 4）。因此，紧那罗经常被描写为男女成双，有时手持乐器，这一特点在南亚和东亚广为流传，从片治肯特到中爪哇。例如在 8 世纪的婆罗浮屠（Borobudur），紧那罗已经明确采用了半鸟半人混合形态这一东南亚特征（图 5）。

图 4

图 5

[18]“紧那罗（kinnaras）据说有两种，（一些）有人面和马身，另一些据说是马面人身。那些有马面的应当饰有所有饰品、光辉和乐器。”（*Vishnudharmottara*, ch. 42, verses 1-84, translated by Stella Kramisch, p. 54）

[19] 如 8 世纪慧琳的《一切经音义》所述，T2128, vol. 54, pp. 374, 435, 464.

[20] 尤其参见 Zin (2003), pp. 189-197, 其中出色而全面地审查了紧那罗图案的复杂起源。

[21] 在《本生经》481 中，一对男性和女性紧那罗（a *kinnara* and a *kinnari*）被从丛林中捕获，并被关在金色笼子里供献给国王。当被要求唱歌时，两个生物都沉默着，最后它们通过令人信服的抗辩保住了性命。见 *Jātaka Stories,* vol. 4, p. 159.

[22] Zin 引自 Grünwedel, *ibid*, p. 385.

图 6

那么中国的鸟形祭司与印度紧那罗有关吗？

这种半人半鸟的复合生物手持乐器的图案主题由北印度传到中国，它可以在 7—9 世纪的佛教石窟中见到（图 6）。如上所述，在汉文文献中紧那罗很少被视为鸟神，而是马的复合生物。然而人们相信另一个喜马拉雅鸟神迦陵频伽（kalaviṇka），它也同样具有迷人声音这一特征[23]。尽管文字资料总是将它们形容为鸟，而从不是复合生物，我们却能很容易推测迦陵频伽可能逐步吸纳了印度半人半鸟的紧那罗，与之具备共同的特点。因此，在中国迦陵频伽/紧那罗可归于许多吉祥动物之一种，它们在绘画中是音乐与舞蹈的代名词，让人由此想起西域，因此它们是西方阿弥陀极乐世界描写中所特有的[24]。但是，它们从来不是核心形象——许多净土画将它们忽略——也没有扮演灵魂引导者。尽管这两种复合鸟形主题都在 6 世纪末到 8 世纪中叶由中亚传入中国，迦陵频伽/紧那罗和鸟形祭司却具有不同的传统和来世景象。然而，这两个主题或许都受益于根植于中国传统的鸟神和带羽毛的灵魂引路者（psychopomps），从而毫不费力地在丧葬空间中占有一席之地。

3. 中国语境中的鸟形祭司

在近期发表在《亚洲研究所集刊》的一篇文章中，我试图解释为何鸟形祭司的具体位置（通常绘于门边）传达了可以同时在中国和伊朗两种墓葬语境中理解的双重信息。本次演讲包含两方面内容，其中心要素是既适应了中国传统的丧葬空间，又与伊朗传统中的礼拜仪式相关的

[23] 指出迦陵频伽迷人声音的文献很多，而且 6 世纪的《正法念处经》甚至指出紧那罗自都无法抗衡（T 721, vol. 17, p. 403）。

[24] 韦陀（Roderick Whitfield）指出对阿弥陀净土的梵文本描述中，提到了声音迷人的鸟群，但并没有迦陵频伽。它们只和白鹅、孔雀、鹦鹉、八哥和共命之鸟，即双头鸟一起，出现在鸠摩罗什的汉译本中（《佛说阿弥陀经》，T366, vol. 12, p. 247a，引自 Whitfield 1985, vol. 1, caption to pl. 9）。在 9 世纪的敦煌艺术中，迦陵频伽有时会与许多其他“西方要素”一起，出现在对药师佛东方净琉璃世界的描述中（例如见大英博物馆藏绘画 Ch.lii.03），这就是韦陀对其特征令人信服的判定：“药师净琉璃世界对阿弥陀极乐世界的不断依赖。”（Whitfield, *ibid.*）

“鸟”。在伊朗语境中，最近的解释倾向于将描绘在纳骨罐上的门与通往天堂的大门联系起来[25]。在中国和中亚文化中，门都具有通往天堂的通道类似的象征意义。而在两种情况下，这条通道或是与鸟具有视觉上的联系（在中国墓葬中），或是与目睹死者灵魂离开尘世进入神圣空间属于同一时间序列（在中亚末世论中）。这会是偶然吗？

一些细节往往会证明这并非偶然，复合鸟形祭司与门的组合再一次有意将死者置于双重的末世规划中。文献和考古材料清楚地显示在早期中国将丧葬空间刻画为宇宙导向空间（cosmologically oriented space）的重要性。巫鸿指出，尽管这一事实可追溯至新石器时代（正如著名的濮阳墓所见），但在从椁墓向室墓建筑形式过渡的东汉时期得到加强。墓顶开始饰以星图，有时还有四象/四神：东方青龙，西方白虎，北方玄武和南方朱雀。四神最初与星图有关，在东汉和魏晋南北朝的分裂时期成为独立的图像程序，并被绘制于相应的墓室墙壁上，正如巫鸿指出的那样，“象征了四方的延伸，将有限的墓室转化为无穷的宇宙空间”[26]。

在北朝时期，构图似乎延续了门与四象（Cardinal Emblems）的组合。一项对发现于中国中原地区的石门年代顺序的研究清楚地揭示了精心选择的图案逐渐集中于四象。在陕西绥德和米脂发现的通往东汉墓的石门上，四象出现在一幕宏大的神话场景之中（图 7）：怪兽铺首、西

图 7

[25] 在最近的一篇文章中，葛乐耐（F. Grenet）提出纳骨罐上的门与琐罗亚斯德教祭司 Kerdīr 穿过钦瓦特桥后所见的大门或门廊（*āywan*）之间有联系。见 Grenet（2002）, p. 24。

[26] Wu Hung, *The Art of the Yellow Springs*, p. 50（译者注：汉译本见巫鸿《黄泉下的美术——宏观中国古代墓葬》，施杰译，北京：生活 • 读书 • 新知三联书店，2010 年，49 页）。

王母和/或常年跟随她的长生炼丹术士、东王公、博山炉、日月、伏羲与女娲、龙、鸟和其他异界生物。很明显，由门柱和看门人守卫的大门功能是通往天堂的通道。

四五个世纪以后，山西发现的通往墓葬的石门，如娄睿墓（570 卒）、徐显秀墓（571 卒），显示整套场景的简化：瑞兽中只有青龙和白虎留在门上，而朱雀两次出现在门楣上，在其两侧对称的位置上有一种怪兽，使人想起汉墓中的兽面。鸟和兽面一度占据了西王母原来的位置，因此，这一位置明确将它们与上天联系起来，而白虎和青龙则提示其宇宙观构想的内在意蕴[27]（图 8—图 10）。

鸟形祭司和大门之间最有趣的相似之处是由荣新江和罗丰教授在本次会议期间提出的，出现在通往 579 年去世的翟曹明墓前室大门的门楣上（图 11）。正如其墓志铭的叙述以及荣新江和罗丰在他们文中分析的那样，翟曹明来自“西国”，并可能在胡人聚落中担负宗教职能，因为他被称为“天主”。有趣的事实是，在这个特殊的例子中，门楣上的朱雀被一只公鸡替代，而四象的标志出现在门两侧的门框上。这清楚地表明了胡人社会丧葬语境中公鸡的重要性，并提示翟曹明可能是拜火教徒。

图 8

[27] 见 L. Tseng（2011）, pp. 236-264 有关于四象和汉代丧葬艺术的详细研究。

图 9

图 10

图 11

那么在这个特殊背景下怎样才能理解鸟形祭司？

理解鸟身题材双重解读的关键在于安备石棺床底座的两件残石。承蒙葛承雍先生慷慨提供多角度照片，我得以注意到两个符号系统在石棺床上融合在一起。正面饰板给出了鸟形祭司组合的一个异域变种，而在另一块可能原葬具背面的长条饰板的一部分上，我们可以在其中央位置看到了玄武（一条蛇缠绕的乌龟，其后显现出一个幽灵般的人影），右侧是已剥落的西方白虎，东面则是东方青龙的一部分。浅浮雕因保存良好的彩绘痕迹而得到加强，青龙与白虎似乎都在复合动物的尾随下在空中迅疾穿梭。在给连接这些不同元素的动态关系提供最后的结论之前，有必要对该葬具进行全面研究。鸟形祭司无疑面朝南方，并且在某种程度上必须与绘于北侧的四象对应。正如李诞石椁，四象精确布局的实际意义要小于它们在图像程序中的象征性角色。因此，在安备石棺床上，灵魂受到最大程度的保护，因为它被两重象征符号所指引和保护：其一是四象；另一个则是鸟形祭司——灵魂的引路者和宗教仪式的执行者。

二、鸟形祭司中的祭司

本文第一部分着重展示了宗教语境下的鸟形祭司形象，但是当穿过有关中国发现的琐罗亚斯德教教士的图像与文本之时，一个问题依然存在：中国的鸟形祭司指的是何种神职人员？

2011 年，葛乐耐（F. Grenet）和萨玛拉·阿札诺奇（Samra Azarnouche）在《亚洲研究所集刊》上发表了一篇具有启发性的文章[28]，该文收集和研究了前伊斯兰时代粟特神职人员相关记载。实际上，描绘在中国石椁和石棺床上的鸟形祭司提供了有关琐罗亚斯德教教士与宗教仪式在琐罗亚斯德教世界被描绘的丰富图像。这一事实，结合近来一些文章将祆教祭司比定为大天主或天主，如康业和翟曹明墓志铭中所记，引出了入华祆教教士的内部组织问题，以及祆教祭司如何协调他们在中亚人聚落里扮演重要政治角色的问题。

中国发现的墓葬图像中出现了两种类型的祭司。

1. 鸟形祭司（附图 1）

（1）安伽墓（579 年卒），萨保，葬于长安。祭司参与拜火仪式。火坛并非正统的，但礼拜仪式的用具表现得相当细致。

（2）史君墓（579 年卒），萨保，葬于长安。祭司参与拜火仪式。此处的火坛要正统得多。从这个意义上说，它可以与怀特和列维收集品两件石棺床底座之一联系起来。

（3）安备墓（589 年卒），葬于洛阳。祭司参与拜火仪式。此处的祭坛也非正统的，并能与怀特和列维收集品两件石棺床底座中的另一件联系起来。

（4）虞弘墓（592 年卒），检校萨保府官员，葬于太原。祭司参与拜火仪式，但图案被简化了。

---

［28］见 Grenet and Azarnouche（2012）, pp. 159-177.

2. 真正的祭司（附图 2）

（1）史君墓，两个祭司立于钦瓦特桥前。严格来说他们并未参与拜火仪式，但在背景中描绘了一处程式化的火焰。

（2）美秀博物馆（Miho Museum）藏石棺床：只有一位祭司参与拜火仪式。在他旁边，礼拜仪式的用具是程式化的，但是狗与犬视仪式（sagdīd）（由乐仲迪辨认出）暗示这是一个正统的仪式。此外，在杨军凯认定钦瓦特桥之后，葛乐耐认出了携带苏德雷衫（*sedra*）的妇女，苏德雷衫是一种被用作灵魂的精神衣装的织物。

（3）安阳石棺床：两位祭司，各自参加一个拜火仪式。

图像材料往往暗示了神职人员参与拜火仪式的场面，这类人员成对出现（尽管不成系统），辅以礼拜仪式用具。不同图像中他们的服饰各不相同，但他们有规矩地戴着 padām。这与粟特地区的资料，尤其是图像材料一致。葛乐耐指出，阿夫拉西阿卜（Afrasiab）壁画上描绘的祭司身穿具有彩色花边的外衣，这一细节显示出中亚地区在礼拜仪式的着装上有着一定程度的宽容。

从年代学的角度来看，关于在华的宗教职权，铭文材料要比文献记载重要。包括荣新江和影山悦子在内的许多学者已注意到，康业墓志铭中出现的大天主和翟曹明墓志铭中出现的夏州天主两个头衔具有相似性。康业死于 571 年，葬于长安；翟曹明死于 579 年，葬于陕西北部的靖边。大天主和天主具有出现在之后汉文文献中的祆主的职能[29]。据说康业与他父亲一样，由于他们忠诚和正确的行为，他的胡人同伴举荐了他和他的家族，因而被皇帝授予这一头衔，文献中还记载，这一头衔可以世袭。

在某种意义上，该头衔使人想到粟特文信札中使用的致君主的书信惯用语，这一事实是由魏义天（Etienne de la Vaissière）提示我的。塔巴里（Ṭabarī）记载的以下这段对话发生于 840 年阿拉伯人征服中亚时期，东曹国（Ustrushana）王子 Afshîn 改宗伊斯兰教，尽管如此，他仍遭到征服者的审判，并因矫饰伪装而被认为是一个邪恶的穆斯林，因此被判处死刑。举行这一审判是出于政治的而非宗教的原因，但法官所指控的惯用语令人感兴趣[30]：

> Marzubân 随后问 Afshîn：“你国中人民在信件中如何称呼你？” Afshîn 回答道：“就像对我父亲和祖父一样。” Marzubân 说：“解释一下。” 但 Afshîn 回答说：“我不会这么做。” Marzubân 又这样问：“是他们不用东曹国的语言写这样的内容吗？” Afshîn 承认道：“他们写。” Marzubân 继续说：“难道它在阿拉伯语中的意思不是‘致众神之主，来自他的仆人某，某某之子’？” “是这个意思，” Afshîn 回答（……），“这是我的人民称呼我父亲和祖父时的传统，事实上在我成为穆斯林之前也这样称呼我。”

如果我们不知道这个世袭套话“致众神之主”在书信中使用事实上是一种特定做法，那么我们就可能误以为这一对话与康业墓志形成了一个有趣的对应。这不是一个头衔，也不是由皇帝授予的，原因很明显。

---

［29］见本卷所收荣新江和罗丰的论文，以及 Kageyama(2008), p. 13.

［30］见 De La Vaissière(2007), p. 135.

尽管康业和翟曹明墓志不强调任何宗教信仰或权力（这在中国的墓铭中并不奇怪），我们也不能贸然排除天主的宗教职能。事实上，正如前面提到的，康业石棺床的一块石板可能暗示着某种宗教仪式（图 12）。一个男人——肯定是墓主——坐在亭中，胡人列于两侧，他的面前放置着香

图 12

炉。胡人聚集在他周围，明显是在参加一次盛宴，带来酒和各种菜肴。

《安禄山事迹》中的一段众所周知的内容明显可作为这一图像的注解，它描述了这个著名叛乱者参加的一个宗教仪式：

> 每商至，则禄山胡服，坐重床，烧香列珍宝，令百胡侍左右，群胡罗拜于下，邀福于天。禄山盛陈牲牢，诸巫击鼓、歌舞，至暮而散。

显然，这段文字所说的是安禄山作为胡人聚落的首领，在祭天仪式中享有崇高的宗教地位。该仪式涉及烧香（不是火）、动物牺牲、巫师击鼓和舞蹈。

之前荣新江曾指出，这种涉及击鼓和舞蹈的仪式与下面这段关于祆主参与向祆神祈福的活动的描述有明显对应[31]。这段描述出自张鷟的《朝野佥载》，一部写于7世纪最后十年的唐代笔记：

> 河南府立德坊及南市西坊皆有胡祆神庙，每岁商胡祈福，烹猪羊，琵琶鼓笛，酣歌醉舞。酹神之后，募一胡为祆主，看者施钱并与之。其祆主取一横刀，利同霜雪，吹毛不过，以刀刺腹，刃出于背，仍乱扰肠肚流血。食顷，喷水咒之，平复如故。此盖西域之幻法也。
>
> 凉州祆神祠。至祈祷日祆主以铁钉从额上钉之，直洞腋下，即出门，身轻若飞，须臾数百里。至西祆神前舞一曲，即却至旧祆所。乃拔钉无所损。卧十余日，平复如故。莫知其所以然也。

此外，祆主还见于《沙州伊州地志》所记的一场相当壮观的仪式，这件文书写于885年，但可能抄自一个7世纪的写本。文中称：

> 火祆庙中有素书形像无数。有祆主翟盘陀者，高昌未破以前，盘陀因入朝至京，即下祆神，因以利刀刺腹，左右通过，出腹外，截弃其余，以发系其本，手执刀两头，高下绞转，说国所举百事，皆顺天心，神灵助，无不征验。神没之后，僵仆而倒，气息奄，七日即平复如旧。

笔者在之前的几篇文章中讨论过祆教仪式中的非正统因素，并提出它与阿尔泰世界中的萨满教仪式的密切相似之处。当严格考量神职人员问题时，我们应记下得之于文献的有关祆主的以下方面的情形：

（1）祆主未必是专业祭司，可以因举行一个守时的仪式而由他的同胞推举为祭司。

（2）祆主拥有魔术或至少惊人的能力。

（3）祆主与诸神通过萨满教方式交流，即在一段短时间内，神可以附身在他身上。

（4）祆主参与的宗教仪式伴随有音乐、击鼓和舞蹈。

---

[31] 见荣新江(2001), p. 235.

（5）仪式表演也涉及暴力和血腥的场面。

粟特人在前伊斯兰时代的宗教图像还远未完整，以上分析的文本或图像材料中的描绘迄今仍无类似材料对应。正如葛乐耐指出的，文献证据虽然很少，还是表明祭司在粟特地区可能扮演政治角色[32]。绘画或纳骨器上描绘的祭司往往在参与拜火仪式，有时戴着 padām，通常穿白色或至少浅色的服装，常有一套礼拜用器。他们有时被成对描绘，有时则不是。只有两次他们与音乐相联系，即在锡瓦兹（Sivaz）和玉马拉卡特佩（Yumalakatepa）出土的纳骨器上，但学者倾向将这两件作品中的不同元素和人物分割开来，并将其中的乐师与神的居所（Heavenly abodes）联系起来。即使阿夫拉西阿卜壁画描绘的王室新年（Royal Nowrûz）也不包含乐师，而葛乐耐和康马泰（Matteo Compareti）已经从该壁画中正式辨识出祭司。

不过，葛乐耐将撒马尔干 1 号寺庙北礼拜堂中描绘的狂欢场景与《旧唐书》和比鲁尼（Bîrûnî）关于 Âbrêzagân 新年庆典的描述联系起来，我们在《旧唐书》中读到："至十一月，鼓舞乞寒，以水相泼，盛为戏乐。"[33]

故而我同意"天主"之头衔在某种意义上可以与"祆主"相联系。但问题仍然存在：这些文献中的祆主是琐罗亚斯德教祭司吗？如果不是——我假设——那么，文献材料提到过中国的琐罗亚斯德教专职祭司吗？

长安是一座繁荣的城市，在唐代这里建有五六座祆庙。在有关这座城市的描述中，我们发现了关于这些寺庙神职人员的简短而有趣的记载。例如，下面是《通典》有关建于布政坊的祆庙的记述：

> 祆者，西域国天神，佛经所谓摩醯首罗也。武德四年，置祆祠及官，常有群胡奉事，取火呪诅。

稍晚的《长安志》（成书于 1076 年）描述中增加了以下信息：

> 祠内有萨宝府官，主祠祆神，亦以胡祝充其职。

这个描述与已知的正统琐罗亚斯德教仪式更为一致。它涉及拜火仪式，以及主祭司和他的助手管理寺庙。在《伏魔法典》注中，达摩斯特岱尔（James Darmesteter）指出，参与宗教仪式的祭司数量在几世纪内大幅减少，从《伏魔法典》描述的八人到如今仅有的两人：引导仪式的 Zôt，以及集之前多位祭司职能于一身的 Râspîg（*Vendîdâd, Farg*. V.64, n. 1）。葛乐耐指出，摩拉库尔干（Molla-Kurgan）和 Krasnorecenskoe Gorodisce 出土纳骨器上的祭司朝向火焰的姿势并不相同，这一细节就区分礼拜功能而言可能意义重大。这种情况可能一直持续至 7 世纪上半叶，因为《旧唐书》提到了萨保和祆教祭司保有他们的地位。

这自然又引出萨保的宗教职能问题。这段文字指出，祭司由萨保府指派，而并没有说祭司是萨保本人。这是一个非常复杂的问题，丁爱博（A. Dien）、罗丰和荣新江已进行过仔细分析，

[32] Grenet and Azarnouche（2012）, p. 160.

[33] Grenet and Azarnouche（2012）, p. 174.

今天我就不再讨论了。

实际上，祆祝可能在粟特聚落的黄金时代结束后还维持了相当长一段时间，12 世纪张邦基所写的《墨庄漫录》中提到：

> 城北有祆庙。其庙主姓史，名世爽。自云家世为祝累代矣。藏先世补受之牒凡三：有曰怀恩者，其牒唐咸通三年宣武节度使令狐给。令狐者，丞相绹也。有曰温者，周显德三年端明殿学士权知开封府王所给，王乃朴也。有曰贵者，其牒亦周显德五年枢密使权知开封府王所给，王亦朴也。自唐以来，祆神已祀于汴矣，而其祝乃能世继其职，逾二白年，斯已异矣。

教士职位的世袭实际上在琐罗亚斯德教中是极不寻常的，这一文本证实了这种伊朗宗教在政治中心，如长安和开封，存在一个更“正统”的版本。

汉文文献中“祆”一词的使用令人困惑。在我看来，这个字被用以指称起源于突厥和伊朗两个不同文化氛围的宗教仪式。两种教派及其仪式系统都在胡人聚落中存在，我不能排除一种可能，即某些人同时加入到这两种教派中。

后者是一个涉及拜火仪式的更为正统的教派，具有更为正统的神职人员，就像文献描述和鸟形祭司图像中描绘的那样。

参考书目

葛承雍（2009），《祆教圣火艺术的信发现——隋代安备墓文物初探》，《美术研究》第 3 期，14—18 页。

荣新江（2001），《中古中国与外来文明》，北京：生活 · 读书 · 新知三联书店。

陕西省考古研究所（2003），《西安北周安伽墓》，北京：文物出版社。

山西省考古研究所（2005），《太原虞弘墓》，北京：文物出版社。

Guitty Azarpay（1981）（ed.）, *Sogdian Painting. The Pictorial Epic in Oriental Art*, Berkely and Los Angeles, The University of California Press.

A. M. Belenizki（1980）, *Mittelasien Kunst der Sogdien*, Leipzig, VEB E.A. Seeman Buch und Kunst Verlag.

Alison Betts et al（2015）, “The Akchakhan-kala Wall Paintings: New Perspectives on Kingship and Religion in Ancient Chorasmia”, *Journal of Inner Asian Art and Archaeology*,（forthcoming）.

Mary Boyce（1996）, *A History of Zoroastrianism, vol. I, The Early Period*, Leiden, Brill.

Mary Boyce（2001）, *Zoroastrians. Their Religious Beliefs and Practices*, New York, Routledge.

Bundahišn: Iranian or Greater Bundahishn, translated by B.T. Anklesaria, Bombay, 1956.

Etienne de La Vaissière（2007）, *Samarcande et Samarra. Élites d'Asie centrale dans l'empire abbasside.* Paris.

Frantz Grenet（1986）, “L'art zoroastrien en Sogdiane. Etude d'iconographie funéraire”, *Mesopotamia*, XXI（1986）, pp. 97-131.

Frantz Grenet（2003）, “Mithra, dieu iranien : nouvelles données”, *Topoi* 11, pp. 1-14.

Frantz Grenet（2007）, “Religious Diversity among Sogdian Merchants in Sixth-Century China: Zoroastrianism, Buddhism, Manichaeism, and Hinduism”, *Comparative Studies of South Asia, Africa and the Middle East* - Volume 27, Number 2, pp. 463-478.

F. Grenet with Samra Azarnouche（2012）, “Where are the Sogdian Magi ?”, *Bulletin of the Asia Institute* 21（2012）, pp. 139-157.

Frantz Grenet, P. Riboud et Yang Junkai（2004）, “Zoroastrian scenes on a newly discovered Sogdian tomb in Xi'an , Northern

China" , *Studia Iranica* 33, pp. 273-84.

Etsuko Kageyama（2007）, "The Winged Crown and the Triple-crescent Crown in the Sogdian Funerary Monuments from China: Their Relation to the Hephthalite Occupation of Central Asia", *Journal of Inner Asian Art and Archaeology*, vol. 2, pp. 11-22.

G. Kreyenbroek（1985）, *Sraoša in the Zoroastrian Tradition*, Leiden, Brill.

Judith A. Lerner（1975）, "A Note on Sassanian Harpies", *Iran*, vol. 13, pp. 166-171.

Judith A. Lerner（1995）, "Central Asians in Sixth Century China : A Zoroastrian Funerary Rite", *Iranica Antica*, vol. XXX, 1995, pp. 179-190.

Judith A. Lerner（2005）, "Aspects of Assimilation : The Funerary Practices and Furnishings of Central Asians in China" , *Sino-Platonic Papers*, n° 168（déc. 2005）, pp. 1-51.

Boris I. Marshak（2001）, "La thématique sogdienne dans l'art de la Chine de la deuxième moitié du VIe siècle" , *Comptes Rendus de l'Académie des Inscriptions et Belles-Lettres*, Janvier-Mars, pp. 227-264.

Pénélope Riboud（2012）, "Bird-priests in Central Asian tombs of 6th-century China and their significance in the funerary realm," *Bulletin of the Asia Institute* 21, 2007（2012）: 1-23.

Lillian Tseng（2011）, *Picturing Heaven in Early China*, Cambridge, Harvard University Asia Center & Harvard University Press.

Vendīdād（Lois contre les démons）: *The Zend-Avesta, Part I.*: *The Vendīdād* translated by James Darmesteter, *Sacred Books of the East, Vol. 4*, Oxford : Oxford University Press, 1880.

The Vishnudharmottara（vol. III）, A treatise on Indian Painting and Image-Making, translated by Stella Kramisch., Calcutta: Calcutta University Press, 1928（2ᵉ ed.）.

Waterbury（1952）, "Bird-deities in China" , *Artibus Asiae Supplementum*, vol. 10, 191pp + 50 plates.

Roderick Whitfield（1985）, *The Art of Central Asia: The Stein Collection in the British Museum*, Tokyo: Kodansha International Ltd, 1982-5.

Wu Jui-Man（2010）, *Mortuary Art in the Northern Zhou China（557-581 CE）. Vizualization of Class, Role and Cultural Identity*, PhD diss., University of Pittsburgh.

Wu Hung（1987）, "Myths and Legends in Han Funerary Art : Their Pictorial Structure and Symbolic Meanings as reflected in Carvings on Sichuan Sarcophagi" , dans *Stories from China's past. Han Dynasty Pictorial Tomb Reliefs and Archaeological Objects from Sichuan Province, People's Republic of China*, San Francisco, Chinese Culture Center, pp. 72-81.

Wu Hung（2010）, *The Art of the Yellow Springs: Understanding Chinese Tombs*. Honolulu: University of Hawai'i Press, 2010.

Monika Zin（2003）, *Ajanta, Handbuch der Malereien* 2, *Devotionale und ornamentale Malerei*, Otto Harrassowitz, Wiesbaden.

Monika Zin（2008）, "Śabaras, the Vile Hunters in Heavenly Spheres. The Inhabitants of the Jungle in Indian Art, Especially in the Ajanta Paintings" , *South Asian Archaeology 1999, Proceedings of the Fifteenth international conference of the European Association of South Asian Archaeologists, held at the Universiteit Leiden, 5-9 July, 1999*, Groningen, Egbert Forsten, pp. 375-394.

（包晓悦 译　罗帅、荣新江 校）

安伽

史君

虞弘

维多利亚与阿尔伯特博物馆

纽约的怀特与列维收集品

附图 1

史君

美秀博物馆

安阳石棺床

附图 2

From Aramaic to Manchu: Prehistory, Life and After-life of the Sogdian Script

Nicholas Sims-Williams
(School of Oriental and African Studies, University of London)

As its name implies, the Sogdian language was originally native to the region of Sogd or Sogdiana, a linguistic and cultural area centered on Samarkand in what is now Uzbekistan. But only a small proportion of the Sogdian manuscripts which survive today were found in Sogdiana, principally the Mount Mug archive from the early 8th century. The great majority of Sogdian manuscripts were found in Western China, mainly at Dunhuang and in the Turfan oasis in Xinjiang. In addition, Sogdian inscriptions have been found even further east, for instance in Xi'an and in Mongolia. Unfortunately, no Sogdian inscription has yet been found in any of the Sogdian tombs recently excavated in Ningxia, but we may hope that the continuing archaeological work may lead to the discovery of Sogdian inscriptions here too.

The Sogdian texts found in China are written in four different scripts. The Sogdian-speaking Christians of the Turfan oasis wrote most of their religious texts in an adapted form of the Syriac script. Similarly, the Manichaeans often wrote in what we call the "Manichaean script". This is in fact a cursive form of the script of Palmyra in Syria, which came to be especially associated with Manichaeism because it was the script used by Mani, the founder of the religion. A very few Sogdian manuscripts, mostly medical texts, are written in the Indian Brahmi script. But the most widely used script is the Sogdian script, sometimes referred to as the Sogdian "National script", which was employed by Sogdians of all religions—Manichaeans, Christians, Buddhists and Zoroastrians—and for almost all purposes: literary, religious and practical. This paper is concerned with the history of the Sogdian National script, which deserves to be celebrated as one of the Sogdians' most enduring contributions to world culture: from the Sogdians it passed to the Turks in the form of the Uygur script, and was subsequently borrowed and adapted for writing Mongolian and eventually, at the end of the 16th century, for writing Manchu.

I do not have the expertise to discuss the later stages of this development, from Uygur Turkish to Mongolian and Manchu. In this paper I shall concentrate on the earlier history of the script, from Aramaic to Sogdian and from Sogdian to Turkish. I have two main aims. My first aim is to draw your attention to some recent discoveries of Aramaic and Sogdian materials which are not yet well known but which help to fill some gaps in the history of the script. My second aim is to show how the way the script is used in each language is dependent on the way it had previously been used to write another language. That means that in order to understand how the script was used to write Sogdian we need to be aware of how it had previously been used to write Aramaic; and we cannot fully understand how the script was used to write Uygur Turkish without understanding how it was previously used to write Sogdian.

The best-preserved Sogdian manuscripts are those from Cave 17 at Dunhuang, most of which belong to the 8th-10th centuries, towards the end of the period during which Sogdian was a written language. Amongst these manuscripts, we find many sub-varieties of Sogdian script, but we can classify all of these varieties into two groups, often referred to as "cursive script" and "formal script". A characteristic feature of the Sogdian "cursive script" is the fact that the shapes of the letters tend to be simplified, leading to many ambiguities. The "formal script" is also referred to as "sūtra-script" because it was the preferred script for copying Buddhist sacred texts. In fact, this type of script is also cursive (in the sense that most of the letters are joined up within a word), but it is very clear in comparison with the "cursive script" and almost unambiguous.

In addition to the "formal" and "cursive" scripts, there is a third type of Sogdian script, sometimes referred to as "archaic" or "early" Sogdian. This script is chiefly known from the so-called "Ancient Letters", which were found by Aurel Stein in 1907 in a ruined watchtower on the frontier wall guarding the route between Dunhuang and Loulan. These letters, which were written at the beginning of the 4th century, have been generally recognized as the oldest Sogdian documents of any significant extent. The script of the Ancient Letters is very different from any later form of Sogdian script. In addition to the shapes of some of the individual letters, an obvious archaic feature is that the letters are not systematically joined but are often written separately. In other words, the script seems to be in a transitional state and is not yet fully cursive.

The Sogdian script, in all its varieties, has a common origin with the scripts used for other Middle Iranian languages such as Middle Persian, Parthian and Choresmian. As is well known, all of these scripts originate as local developments of the Aramaic script, which was used throughout the Achaemenian empire in the 6th-4th centuries BCE. The two main administrative languages of the Achaemenian empire seem to have been Elamite and Aramaic. Elamite was written in a cuneiform script, which was best suited to writing on clay. That was a convenient way of keeping local records which did not need to be transported from one place to another. But clay tablets were bulky and inconvenient for letters and orders which needed to be sent to distant provinces of a huge empire. For this purpose, the Achaemenians adopted the use of the Aramaic language, whose simple alphabetic script could easily be written in ink on transportable materials such as papyrus or leather.

The use of Aramaic for long-distance communication implies that there were scribes in every part of the Achaemenian empire who were trained in the Aramaic language and script. This raises several interesting questions, for instance: were the scribes who worked for the Persian administration in eastern provinces such as Bactria and Sogdiana native speakers of Aramaic or locals who had been trained in the Aramaic language in scribal schools? And, if they were Iranian speakers, how good was their command of Aramaic?

The recent discovery of a series of Aramaic documents from Bactria and their publication by Joseph Naveh and Shaul Shaked can help us to answer these questions. These documents date from the 4th century

BCE, immediately before and after the conquest of the Achaemenian empire by Alexander the Great, and seem to form part of the archive of the satrap of Bactria and Sogdiana. Since the scribes who wrote these documents bear Iranian names, it is unlikely that they were native speakers of Aramaic. Moreover, the texts display a fair number of mistakes in orthography and grammar, which suggests that their knowledge of Aramaic was less than perfect (though some mistakes are probably due to the fact that most of these documents are drafts, perhaps written hurriedly under dictation, rather than the final clean copies).[1]

After the disintegration of the Achaemenian empire, knowledge of the Aramaic language no doubt diminished quickly, especially in areas such as Sogdiana, which were far from the main centres of Aramaic learning. Nevertheless, the Aramaic script continued to be used in Sogdiana and most other areas which formerly belonged to the Achaemenian empire, with the difference that the script was no longer used for writing Aramaic but for writing Sogdian and the other local languages.

This change appears to have been a gradual one. At first, it seems, the scribes still tried to write Aramaic, but as their command of the language gradually became weaker they were forced to use more and more words of their own language, transcribed into Aramaic script rather than translated into the Aramaic language. The final result of this process, which we see in most of our Sogdian texts, is that the great majority of words are written phonetically in Sogdian, with just a few of the most common words written in Aramaic. These Aramaic forms were not read in Aramaic, as we can see by comparing Sogdian texts written in Sogdian script with those written in Manichaean or Syriac script, but were used as "ideograms" or "logograms", each standing for the equivalent Sogdian word. In transliterating Sogdian script into Roman script, the tradition is to distinguish the Aramaic ideograms by using capital letters.

Another archaic feature of the Sogdian Ancient Letters, in addition to its semi-cursive character and the shapes of some of the individual letters, is the occurrence of many Aramaic ideograms which are no longer used in later Sogdian. In addition to common grammatical words such as prepositions and pronouns (e.g. *'D* = *'t* 'to', *'L* = *pr* 'on', *'Nw* = *'kw* 'to', *ZKyḤMw* = *wyšnw* 'those'), these include ideograms for a number of common nouns (e.g. *ŠLM* = *''prywn* 'blessing', *KSP* = *n'krtk* 'silver', *YRḤ'* = *m'x* 'month', *YWM* = *myδ* 'day', *'MYh* = *m'th* 'mother'). The occurrence of at least one verbal ideogram (*ḤZYH* = *wyn* 'to see') is a particularly significant archaism, since Sogdian (unlike some other Middle Iranian languages) generally avoids the use of ideograms to represent verbs.

Until recently, the only known Sogdian texts which are earlier than the Ancient Letters are all extremely short and uninformative: the legends on early Sogdian coins, some of which are thought to date back as far as the second century BCE; two names inscribed on a drinking-vessel, possibly from the first century BCE; and perhaps a few of the graffiti inscribed by travellers on rocks beside the River Indus in northern Pakistan.

[1] Naveh & Shaked, 2012, pp. 51-54.

During recent years, however, archaeological work in southern Kazakhstan has brought to light a series of fragmentary baked clay plaques with inscriptions in an alphabet of Aramaic origin. Fourteen fragments have been found so far, several of which appear to belong to duplicate copies of the same text. All of them come from the excavations directed by Alexander Podushkin at the site of Kultobe near Chimkent, in the valley of the River Arys, on the territory of the ancient Sogdian state referred to in Chinese sources as Kang-ju. The earliest discoveries were already made known in 2000, in Prof. Podushkin's book on the ancient "Arys culture" of southern Kazakhstan. At that time the texts could not be read. By now it is clear that these inscriptions are written in Sogdian, but in a form of the language significantly earlier than that of the Ancient Letters.[2] Unfortunately the archaeologists cannot yet tell us how much earlier: the archaeological levels in which the inscriptions were found can be dated only approximately, to the period from the 1st to the 4th century CE. Since the script is so much more archaic than that of the Ancient Letters, it seems reasonable to assume that the Kultobe inscriptions must be at least a century earlier, which would put them at the the beginning of the 3rd century CE at the latest; but they could also be a century or more earlier than this. At any rate, they help to fill in the gap of six centuries between the Aramaic archive of the satrap of Bactria and Sogdiana and the Sogdian Ancient Letters.

The inscriptions of Kultobe are very important historical documents, which seem to commemorate the foundation of this city, far to the north of Sogdiana, by colonists from the four major Sogdian cities of Samarkand, Bokhara, Nakhshab and Kesh, under the leadership of the "general of the people of Chach" (that is, Tashkent). But in this paper I want to concentrate on the script and language of the texts rather than on their content.

The Kultobe inscriptions contain many ideograms which are not found anywhere else in Sogdian, not even in the Ancient Letters. These include nouns and adjectives (e.g. *ḤLYK* = *βxt* 'allotted (land)', *GNZ* = *γzn-* 'treasure', *KL'* = *wysp-* 'all', *NPŠ[H?]* = *xypδ* 'own'), adverbs and conjunctions (e.g. *TMH* = *'wδ* 'there', *'P* = *'t* 'and', *KZY* 'so that'(?)). In addition, all, or almost all, of the verbs in these inscriptions are represented by ideograms (e.g. *HWH* = *'st* 'is', *'BDt* = *krt* 'made', *LKḤt* 'took', *KTLt* 'killed'), quite unlike the situation which we find in other Sogdian texts, where verbal forms are hardly ever written ideographically. More generally, one may say that the relative proportions of Aramaic and Iranian elements in the writing-system of the Kultobe inscriptions are exactly the reverse of what we find in other Sogdian texts. Later texts in Sogdian script—even the Ancient Letters—are for the most part written phonetically, with just a small number of ideograms; the Kultobe inscriptions consist mostly of ideograms, with a limited number of phonetic spellings.

Because most of the words in these inscriptions are represented by Aramaic ideograms rather than phonetic spellings, it is not immediately obvious whether the language is really a variety of Sogdian or

[2] Sims-Williams & Grenet, 2007; Sims-Williams, Grenet and Podushkin, 2009.

some other Iranian language. However, a few characteristic Sogdian linguistic features can be observed. These include an ethnic adjective formed with the Sogdian suffix *-c*, i.e. *symrknt-c* 'of Samarkand', and most notably the use of the particle [əti] (written by means of the Aramaic ideogram *ZY*) to mark the first word of a clause. Several letters of the alphabet, in particular <γ>, <y>, <p>, <c> and <š>, also have typically Sogdian shapes which are very different to those found in Middle Persian and the other Iranian scripts derived from Aramaic (see Fig. 1).

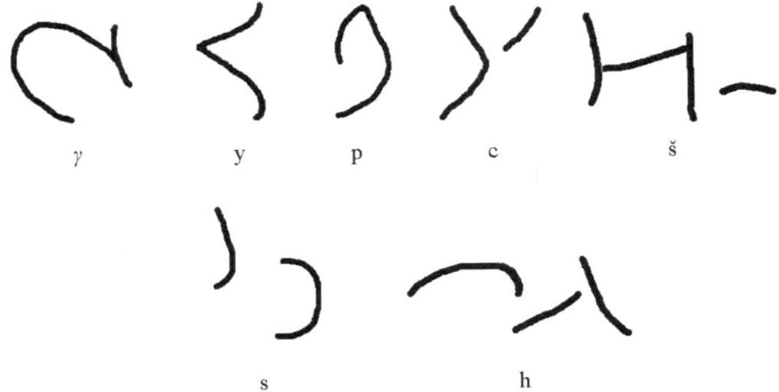

Fig. 1　Some letter-shapes in the Kultobe inscriptions

Although some letters already have characteristic Sogdian shapes, the development towards a cursive script which we see in the Ancient Letters does not seem to have begun: each letter is written separately, just as in the Aramaic documents. Moreover, some individual letters have not developed very far from their Aramaic prototypes but have preserved even more archaic forms than those found in the Ancient Letters. The shapes of the letters <h> and <s> are particularly close to those found in Aramaic documents from Achaemenian times and different from the later Sogdian forms. Some rules of orthography also differ from those found in other Sogdian texts. An example is the use of the letter <t> to write the sound [θ]. In later Sogdian this sound is written with the letter conventionally transliterated as <δ>, which actually derives from the Aramaic letter <l>. In this case, the usage we find in the Kultobe inscriptions agrees with Aramaic, where the letter <t> was pronounced either as a plosive [t] or as a fricative [θ], depending on its position in the word. So it is the later Sogdian usage which is in need of explanation, not that of the Kultobe inscriptions.

A good example of the use of the letter <t> to write the sound [θ] is the word for 'city', Sogdian *kanθ* (later *-kand* or *-kent* in city-names such as Samarkand and Tashkent), which is spelled *knth* in the Kultobe inscriptions. It is also a good example of the Sogdian use of the letter <h>, which is not always well understood.[3] Aramaic had a large number of feminine nouns with the ending [-ā], which was conventionally written with the letter <h>. By chance, the Old Iranian ancestor of Sogdian also had a large class of feminine nouns ending in [-ā]. Naturally enough, when such words needed to be written in Aramaic script, they were written with a final <h> according to the established convention.

[3] See Wendtland, 1998.

In Sogdian, some such nouns, for example Old Iranian **wanā* 'tree', retained their final vowel, which continued to be represented by the final *-h*: Sogdian *wnh* = [waná]. Other feminine nouns which originally belonged to the same class, amongst them Old Iranian **kanθā* 'city', lost their final vowel, so that the final *-h* survived only as a historical spelling: Sogdian *knth*, later *knδh* = [kanθ].

The important point here is that it is not only the Sogdian letter <h> which is inherited from the Aramaic script, but also its specific usage as a marker of the final [-ā] of feminine nouns. A script is not merely a set of symbols—in this case the Aramaic alphabet of 22 letters—but also a set of conventions whereby these symbols represent the sounds of the language in question. When a script is borrowed, it is to be expected that many of these conventions will be transferred together with the symbols themselves.

So far I have been talking about the transition from Aramaic to Sogdian, but the the same point applies to the later transition from Sogdian to Turkish. It is well known that the earliest inscriptions of the Turks were not written in Turkish but in Sogdian. The earliest of all is the Bugut inscription in Mongolia, which dates from the late 6th century. From just a few years later, at the begining of the 7th century, we have the inscription of Mongolküre or Little Khonakhai in Xinjiang, just inside the northern borders of modern China. These early inscriptions of the Turks are written entirely in Sogdian, apart from Turkish names and titles, which are transcribed following the normal conventions of Sogdian script. So we can be sure that, when the Turks started to write their own language in Sogdian script, they were well-acquainted with the Sogdian script and its conventions, most of which they adopted.

To illustrate the continuity between the Aramaic, Sogdian and Uygur scripts, I would like to take one specific example, the history of the Aramaic letter *lāmedh* (see Fig. 2). In Aramaic this letter represents the sound [l]. In Sogdian, or at any rate in the Sogdian dialects for which we have clear evidence, it appears that the sound [l] did not exist, except perhaps in a few loanwords. Thus the Aramaic letter *lāmedh* was apparently redundant and one might expect that it would not be used for writing native Sogdian words. In fact, the Sogdians did use this letter, at first only for the voiced fricative [δ], later also for the corresponding voiceless fricative [θ]. This usage is quite unexpected, especially in view of the fact that these sounds also existed in Aramaic, where they were represented by different letters: the voiced [δ] was represented by the letter *dāleth* and the voiceless [θ] by the letter *tau*. So the question is: why did the Sogdians give up the letter *dāleth* and use the letter *lāmedh* for the sound [δ]?

Letter	Pronunciation				
	Aramaic		*Kultobe Sogdian*		*Later Sogdian*
tau <t>	[t/θ]	→	[t/θ]	→	[t]
dāleth <d>	[d/δ]				
lāmedh <l>	[l]	→	[δ]	→	[δ/θ]

Fig. 2 The usage of *tau*, *dāleth* and *lāmedh* in Aramaic and Sogdian

I think the answer may be connected with a fact that we have learned from the Aramaic documents, that Sogdiana in the late Achaemenian period was under the control of the satrap of Bactria. In effect, Sogdiana and Bactria formed a single province at that time.[4] One of the most characteristic features of the Bactrian language is that an Old Iranian [d] regularly develops to [l] rather than to [δ] as in Sogdian. An example is the word for 'army', Old Iranian **spāda-*, Sogdian *spāδ*, Bactrian *spāl*. If a letter-writer in Achaemenian Bactria had to write such a word phonetically, perhaps as part of a personal name, he would no doubt have written it with the letter *lāmedh*. When the letter was received in Sogdiana, however, the word would have been read as *spāδ* rather than *spāl*; and from many such cases the reading of the letter *lāmedh* as a voiced alveolar fricative [δ] could have became established.

As we have seen, in the Kultobe inscriptions the voiceless fricative [θ] is still written with *tau* as in Aramaic. Later, this sound comes to be written with the letter *lāmedh* like the corresponding voiced fricative [δ]. There may have been several reasons for this change. One could be the fact that the two sounds [δ] and [θ] appear to have been interchangeable in some cases, especially at the end of a word. A second may be that it was felt important to distinguish in writing between the voiceless fricative [θ] and the voiceless plosive [t], which stand in contrast to one another in certain grammatical forms. A third reason may be the lack of a consistent distinction between voiced and voiceless fricatives in the parallel case of the velars [γ] and [x].

Finally, let us examine what happened when the Sogdian script was adapted for writing Turkish (see Fig. 3). Unlike Sogdian, Turkish has a common phoneme [l], but this was never written with the letter *lāmedh*. Instead, it was represented by a new letter, the so-called "hooked *resh*", which was added at the end of the alphabet.[5] Nevertheless, the letter *lāmedh* is very common in Uygur Turkish. Turcologists have traditionally assumed that it represents a voiced plosive [d]. This would be a significant departure from Sogdian usage, where [d], which normally occurs only after a nasal, is written with the letter <t>. That is not in itself a proof that the assumption is wrong: one could suppose that the Turkish-speakers who adopted the Sogdian script felt a need to distinguish the voiced [d] from the voiceless [t] and chose the letter which in Sogdian represents the fricative [δ] as the most

Letter	Pronunciation						
	Aramaic		*Kultobe Sogdian*		*Later Sogdian*		*Uygur Turkish*
tau <t>	[t/θ]	→	[t/θ]	→	[t]	→	[t]
nun+tau <nt>					[nd]	→	[nd]
lāmedh <l>	[l]	→	[δ]	→	[δ/θ]	→	[d] or [δ]?

Fig. 3 The usage of *tau* and *lāmedh* in Aramaic, Sogdian and Uygur Turkish

[4] Naveh & Shaked, 2012, p. 17.

[5] See Sims-Williams, 1981, p. 351, Plate I. The hooked *resh* and various other forms of *resh* with a diacritic mark are also found in some later Sogdian texts in order to indicate the sound [l].

suitable for this purpose. However, there do seem to be good reasons for thinking that the letter *lāmedh* continues to represent the fricative [δ] in Uygur Turkish as it does in Sogdian. The strongest reason, in my view, is the spelling of Turkish in Manichaean script.

Manichaean Letter	Pronunciation		
	Sogdian		*Turkish*
< t/ṯ>	[t]	→	[t]
<nd>	[nd]	→	[nd]
<δ>	[δ/θ]	→	[d] or [δ]?

Fig. 4 The usage of Manichaean <t/ṯ, d, δ> in Sogdian and Uygur Turkish

The Manichaean script as used for writing Sogdian has distinct letters for the plosive [d], which occurs chiefly in the combination <nd>, and the fricative [δ], and these letters are distributed in exactly the same way in Manichaean Turkish (see Fig. 4). If the Manichaean letter <δ> represents a Turkish plosive [d], one has to ask: why is this sound not written with the letter <d>? and why is the letter <δ> not used for [d] after a nasal? I drew attention to this and other arguments more than 30 years ago, concluding my remarks by hoping for "a reconsideration of the whole question by a competent Turcologist". [6] This hope was realized in 2004 when Marcel Erdal published his *Grammar of Old Turkic*, surveying the various arguments and concluding that the letter *lāmedh* in Old Turkic stands, at least primarily, for the fricative [δ]. [7]

The purpose of these remarks has been to show the continuity of the writing-system from Aramaic to Sogdian to Turkish and thus the necessity of studying each stage in its development in the light of the preceding stages.

References

Erdal, M. *A Grammar of Old Turkic*, Leiden, 2004.

Naveh J. and S. Shaked, *Aramaic documents from Ancient Bactria (Fourth century BCE.)*, London, 2012.

Podushkin, A. N. *Arysskaya kul'tura Yuzhnogo Kazakhstana (IV v. do n.è. – VI v.n.è.) [The Arys culture of Southern Kazakhstan (4th century BCE - 6th century CE)]*, Turkestan, 2000.

Sims-Williams, N. "The Sogdian sound-system and the origins of the Uyghur script", *Journal Asiatique*, 269, 1981, 347-360.

Sims-Williams N. and F. Grenet, "The Sogdian inscriptions of Kultobe", *Shygys*, 2006/1 [2007], 95-111.

Sims-Williams, N. F. Grenet and A. Podushkin, "Les plus anciens monuments de la langue sogdienne: Les inscriptions de Kultobe au Kazakhstan", *Comptes rendus de l'Académie des Inscriptions et Belles-Lettres*, 2007 [2009], 1005-1034.

Wendtland, A. "Zu <h> im Soghdischen", *Göttinger Beiträge zur Sprachwissenschaft*, 1, 1998, 101-110.

[6] Sims-Williams, 1981, pp. 353-354.

[7] Erdal, 2004, pp. 67-69.

从阿拉米文到满文：粟特文字的前世今生

尼古拉斯·辛姆斯—威廉姆斯　Nicholas Sims-Williams
（伦敦大学亚非学院）

正如其名所示，粟特语（Sogdian）最初是索格底（Sogd）或索格底亚那/粟特（Sogdiana）地区的语言，这是一个以今乌兹别克斯坦的撒马尔罕（Samarkand）为中心的语言与文化区域。不过，现今留存的粟特写本只有少部分是在粟特地区发现的，主要是 8 世纪穆格山（Mount Mug）文书。大部分粟特语写本是在中国西部，主要是敦煌和新疆的吐鲁番绿洲发现的。此外，还有一些粟特语铭文是在更东部的地区如西安和蒙古发现的。遗憾的是，在宁夏近期发掘的粟特人墓葬中，尚未发现任何粟特语铭文，我们希望持续进行的考古工作在这一地区也能发现粟特语铭文。

在中国发现的粟特语文献是用四种不同文字写成的。生活在吐鲁番绿洲说粟特语的基督教徒使用一种改造过的叙利亚文来书写他们的大部分宗教文献。类似的，摩尼教徒经常使用的是所谓的“摩尼文”。这实际是叙利亚帕尔米拉（Palmyra）的人们使用的一种草体文字，因为被摩尼教（Manichaeism）的创立者摩尼（Mani）所使用而成为摩尼教的特定文字。极少数的粟特文书，多为医药文献，是用印度的婆罗谜文（Brahmi）写成的。不过，使用最广的还是粟特文，有时候是指粟特人的“官方文字”，它被信仰不同宗教——摩尼教、基督教、佛教、琐罗亚斯德教（Zoroastrian）——的粟特人广泛应用于文学、宗教和日常生活等各个领域。本文主要讨论的即是粟特官方文字的历史，这种文字作为粟特人对于世界文化最持久的贡献之一而值得表彰。这种文字由粟特人传给突厥人，形成了后世所谓的回鹘文（Uygur script），随后又被借鉴、改造用以书写蒙古语，最终在 16 世纪末用来书写满语。

笔者没有足够的专业知识去讨论这一变化的晚期阶段——即从回鹘突厥文到蒙古文、满文的演变。在本文中，笔者将集中讨论这种文字的早期历史，即从阿拉米文（Aramaic）到粟特文、从粟特语到突厥文的这一过程。在此，笔者有两个目的：一是提请大家注意一些近期发现的阿拉米文与粟特文材料，这些尚不广为人知的材料有助于填补该文字历史上的一些空白；二是展示这种文字在前一种语言中的使用方式是如何影响后一种语言对它的使用。这意味着如果我们想要了解这种文字是如何被用于书写粟特语的，我们就必须知道此前它是如何被用于书写阿拉米语的。如果不知道此前它是如何被用于书写粟特语的，我们也无法理清回鹘突厥人对于这一文字的使用情况。

现今保存最完整的粟特语写本出自敦煌 17 窟，大部分写本属 8—10 世纪，这也是粟特语作为一种书面语言行将结束的时期。在这些写本中，我们可以看到很多粟特文的变形，它们大致可被归为两类，经常被称作“草体”（cursive script）和“正体”（formal script）。“草体”粟特文的一个典型特征是字母趋向于被简化，导致出现了很多含混不清之处。而“正体”又被称作“佛经体”（sūtra-script），因被作为抄写佛教经典的首选字体而得名。实际上，这种字体也是草书（就一个单词内有字母连写来说），但和“草体”相比还是写得十分清楚，几乎不会造成含混歧义。

除了“正体”和“草体”，粟特文还有第三种形式，有时称作 “古体”或“早期”粟特文。这一字体主要是因为所谓的“粟特文古信札”（Sogdian Ancient Letters）而为人所知的，这些信札是 1907 年斯坦因（Aurel Stein）在护卫敦煌至楼兰交通路线的废弃烽燧里发现的。一般说来，这些写于 4 世纪初的书信从任何角度来看都被认为是最古老的粟特语文献。古信札的字体和其后任何形式的粟特文字相比有很大差异：除了一些单独字母的写法外，一个明显的具有古风的特征是，字母之间几乎没有连写情况，经常单独书写。换句话说，这种字体似乎是一种过渡期的产物，尚未发展到草体阶段。

粟特文及其各种变体与用于其他中古伊朗语如中古波斯语（Middle Persian）、安息语（Parthian）和花剌子模语（Choresmian）的文字有着共同的起源。众所周知，所有这些文字都源于阿拉米文的地方变体，阿拉米文是公元前 6 世纪至前 4 世纪通用于阿黑门尼德帝国（Achaemenian Empire）的文字。该帝国的两大官方行政语言似乎是埃兰语（Elamite）和阿拉米语。埃兰语采用楔形文字，最适合用于泥板书写。对于那些不需要从一地搬运到另一地的地方文献保存来说，这是一个极为方便的选择。不过，泥板体积庞大，不便用于那些需要寄送到一个庞大帝国各远方行省的信函和法令。因此，阿黑门尼德帝国采用了阿拉米文，其字母简单，易于用墨水写在莎草纸和皮革之类便携式载体上。

阿拉米文在长距离交流上的应用表明，在阿黑门尼德帝国的各行省都有经过专门训练的使用阿拉米语和阿拉米文的书吏。这也引发了一系列有趣的问题，比如，那些供职于东方行省巴克特里亚/大夏（Bactria）和索格底亚那的书吏是以阿拉米语为母语的人，还是在专业学校接受阿拉米语训练的当地人？如果他们的母语是伊朗语，他们的阿拉米语水平究竟如何？

最近在巴克特里亚发现的一系列阿拉米语文献以及奈维（Joseph Naveh）和谢克德（Shaul Shaked）的研究论著可以帮助我们回答这些问题。这些文献可以追溯至公元前 4 世纪亚历山大大帝征服阿黑门尼德帝国前后，可能是当时巴克特里亚行省和索格底亚那行省档案的一部分。由于书写这些档案的书吏的名字为伊朗语名，因此他们不太可能以阿拉米语为母语。同时，这些文件中还有不少拼写错误和语法错误（尽管一些错误的出现或许在于，大部分文献可能只是匆忙随听随记下来的非正式文稿，而非整理好的定稿）[1]。

或许随着阿黑门尼德帝国的解体，人们对于阿拉米语的了解，特别是在远离阿拉米语学习中心的粟特地区，也毫无疑问在迅速消减。不过，阿拉米文却一直被粟特和其他阿黑门尼德帝国的旧属地继承下来，不同的是，这种文字不再运用于书写阿拉米语，而是用于书写粟特语和其他地方语言。

这一变化看起来是渐进的。最初，书吏们依然试图书写阿拉米语，但是随着他们阿拉米语的语言水平不断退化，他们被迫使用越来越多的母语词汇，将它们转写成阿拉米字母而非译成阿拉米语。最终，就像我们在大部分粟特语文献中看到的那样，绝大多数词汇是音写的粟特语，

[1] Naveh & Shaked 2012, pp. 51-54.

仅有小部分最常用的词汇是阿拉米语。这些阿拉米语形式的词汇并不按阿拉米语读，就像我们将粟特文书写的粟特语文献与摩尼文或叙利亚文书写的粟特语文献进行对比时看到的，它们是被作为“意符”（ideograms）或“简写”（logograms）而使用，每一个符号代表一个粟特单词。在将粟特文转写为罗马文时，通常的做法是，用大写字母来区分阿拉米语意符。

除了半草书的特点和个别字母的写法外，粟特文古信札的另一个古朴之处在于，它们使用了一些后世已经废弃的阿拉米语意符。除了常见的语法词，如介词、代词（如*‘D* = *’t*“到，向着”；*‘L* = *pr*“在……时”；*’Nw* = *’kw*“到，向着”；*ZKyḤMw* = *wyšnw*“那些”）外，还包括许多常用名词（如 *ŠLM* = *’’prywn*“祝福”；*KSP* = *n’krtk*“银”；*YRḤ’*= *m’x*“月份”；*YWM* = *myδ*“日、天”；*’MYh*= *m’th*“母亲”）。而至少一个动词意符（*ḤZYH* = *wyn*“看”）的古风用法则尤显重要，因为与其他中古伊朗语言不同，粟特语基本不使用意符来表示动词。

直到最近，我们仅知的比“粟特文古信札”年代更早的粟特语文献都非常简短，没有提供太多信息，比如早期粟特钱币上的铭文，有些被认为是早到前 2 世纪；刻在一件饮器上的两个名字，可能出自前 1 世纪，以及巴基斯坦北部印度河沿岸岩石上过往旅人留下的少数铭文。

不过，近年来在哈萨克斯坦北部的考古工作披露了一组破碎的烘干泥板，其上刻有脱胎于阿拉米字母的铭文。已经发现的碎片有十四块，其中几件似乎是同一文本的副本。这些碎片都来自普杜什金（Alexander Podushkin）领导发掘的阿雷斯河（River Arys）河谷地带奇姆肯特（Chimkent）附近的库尔托贝（Kultobe）遗址，遗址位于古代粟特王国境内，即汉文文献中的“康居”。最早的考古发现在 2000 年就已公布，收入普杜什金教授有关哈萨克斯坦南部古代“阿雷斯文化”的书中。当时这些文献尚未被释读，现在则已很清楚这些铭文是粟特文的，不过是用一种明显早于古信札的形式写成的[2]。遗憾的是，考古学家尚不能告诉我们它们到底有多早：铭文发现的考古地层只能大致推断为 1—4 世纪。由于所用文字要比古信札的文字古朴得多，看起来比较合理的推测是，库尔托贝铭文肯定比古信札至少早一个世纪，如此看来其年代下限应是 3 世纪初。不过，也可能比这个年代还要再早一个世纪或更多。无论如何，它们都有助于填补从巴克特里亚和索格底亚那总督的阿拉米文档案文献到粟特文古信札之间六个世纪的空白。

库尔托贝铭文是非常重要的历史文献，它们可能是为了纪念一座城市的兴建而制作的。该城市位于粟特极靠北之地，是由来自撒马尔罕、布哈拉（Bokhara）、那黑沙不（Nakhshab）和渴石（Kesh）四座粟特主要城邦的殖民者在“赭时（Chach，即塔什干/Tashkent）人民的守将”带领下建立的。不过本文的关注重点并不是它的内容，而是这些铭文的文字和语言。

库尔托贝铭文中出现了许多其他任何粟特语文献甚至包括古信札都没有的意符，包括有名词和形容词（如 *ḤLYK* = *βxt*“被分配的（土地）”；*GNZ* = *γzn-*“财宝”；*KL’* = *wysp-*“所有”；*NPŠ[H?]*= *xypδ*“自己的”）、副词及连词（如 *TMH* = *’wδ*“那里”；*’P* = *’t*“和”，KZY“以便”（?））。此外，与其他粟特语文献非常不同的是，在库尔托贝铭文中，所有的，或者说几乎所有的动词都由意符表示（如 *HWH* = *’st*“是”；*‘BDt* = *krt*“制作了”；*LKḤt*“拿走了”；*KTLt*“杀死了”）。一般说来，库尔托贝铭文书写体系中的阿拉米语和伊朗语因素的相对比例，与我们在其

[2] Sims-Williams & Grenet, 2007; Sims-Williams, Grenet and Podushkin, 2009.

他粟特语文献中看到的情况正好相反。后来的用粟特文书写的文献，甚至包括古信札，都是以音写为主，仅有少量是使用意符，但库尔托贝铭文大量使用意符，仅有少部分采用音写。

由于铭文中的大部分词汇采用了阿拉米语意符而非语音拼写，很难一眼看出这种语言真的是粟特语的一种变体还是其他伊朗语言。不过，我们还是可以看出一些具有粟特语语言学的特征，如用粟特语后缀 *-c* 表示民族的形容词形式，如 *symrknt-c*“撒马尔罕的”，以及最明显的使用小品词[əti]（用阿拉米语意符 *ZY* 表示）来标记从句的第一个词。一些字母，特别是<γ><y><p><c>和<š>，也采用了典型的粟特语写法（图 1），与同是源自阿拉米文的其他语言如中古波斯文和其他伊朗语文字中见到的写法十分不同。

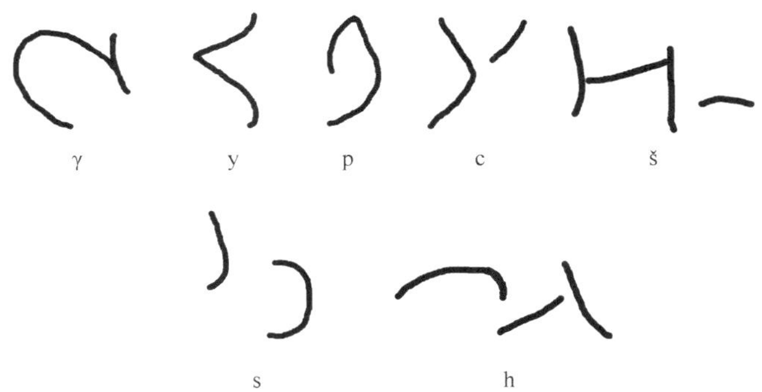

图 1　库尔托贝铭文中一些字母的写法

尽管一些字母已经采用了典型的粟特文写法，但尚未发现古信札中见到的那种向草体转变的趋势：每个字母都是像在阿拉米文文献中那样分开书写的。此外，一些字母并未彻底脱离其阿拉米文原型，从而比古信札保留了更多具有古风的形式。比如，字母<h>和<s>的写法就与阿黑门尼德时代的阿拉米文文献中的很接近，而与后世粟特文的写法相去甚远。一些正字法原则也和其他粟特语文献中的不同。一个例证就是，字母<t>被用来表示语音[θ]。在更晚的粟特语中，这一语音习惯上是用源自阿拉米字母<l>的字母<δ>来换写的。在此情况下，我们从库尔托贝铭文中见到的用法与阿拉米文更相符，即字母<t>根据其在词中的位置而读作爆破音[t]或是擦音[θ]。因此，我们需要解释的是更晚的粟特语中的用法，而非库尔托贝铭文中的。

使用字母<t>来表示语音[θ]的最好例证是“城市”一词与音[θ]之间的对应。粟特语的“城市”是 *kanθ*（晚期形式*-kand* 或*-kent*，出现在城市名如 Samarkand 和 Tashkent 中），在库尔托贝铭文中是拼作 *knth*。这个例子也能很好地解释经常没有被正确理解的粟特语字母<h>的用法[3]。阿拉米语中有许多阴性名词都以[-ā]（习惯上是写作<h>）为词尾。碰巧粟特语的前身古伊朗语（Old Iranian）也有很多词尾为[-ā]的阴性名词。因此，当这些单词需要用阿拉米文书写时，很自然地就会被按照既定规范加上词尾<h>。在粟特语中，一些这样的名词，如古伊朗语的**wanā* “树”，就保留了它们词末的元音，并用词尾的*-h* 来表示，在粟特语中写作 *wnh* = [waná]。其他原本与之同类的阴性名词，如古伊朗语的**kanθā*“城市”，词末元音则被省去，以致于词尾 *-h* 仅作为一种历史的拼法（historical spelling）而保留了下来：如粟特语的 *knth*，后来写作 *knδh* = [kanθ]。

[3] 参看 Wendtland, 1998。

在此重要的一点是，不仅粟特语字母<h>是承自阿拉米语，以[-ā]作为阴性名词词尾标记的用法也是如此。一种文字不只是如阿拉米语字母表 22 个字母一般的一组符号，也是一套约定俗成的语言体系，它规定了正在讨论的语言中符号与语音间的对应关系。因此，当一种文字系统被借鉴时，其相应的很多使用规则也就很自然地随着这些符号本身被借入。

到目前为止，笔者一直在讨论阿拉米语到粟特语的转化，同样的观点也适用于晚期的从粟特语到突厥语的演变。众所周知，最早的突厥碑铭是用粟特文而非突厥文写成的。所有碑铭中最早的要数蒙古发现的《布古特碑》（Bugut inscription），其年代大概是在 6 世纪晚期。仅仅比其稍晚几年的是 7 世纪初的小洪那海（Mongolküre 或 Little Khonakhai）石人铭文，正好就在中国边境线以内的新疆昭苏。这些早期的突厥铭文完全是用粟特文写成，除了突厥姓名和头衔是根据粟特文的一般规则进行转写。因此，我们可以确定，当突厥人开始采用粟特文书写本民族语言时，他们十分熟悉粟特文及其书写传统，其中的大部分也为他们所采用了。

为了阐明阿拉米文、粟特文和回鹘文之间的关系，笔者想举这样一个例子，即阿拉米字母 *lāmedh*（图 2）的演变历史。在阿拉米语中，这个字母表示语音[l]。在粟特语及粟特方言中，有充足的证据表明，可能除了一些外来语外，语音[l]已经不再使用。因此，阿拉米字母 *lāmedh* 明显是多余的，大家可能会认为不会用它来写粟特语中的非外来语。但实际上，粟特人确实还在使用这个字母，起初只用于表示浊擦音[δ]，后来也用于表示相应的清擦音[θ]。这种用法相当出人意料，特别是考虑到这些语音在阿拉米语中也存在，是用不同的字母来表示的：浊音[δ]用字母 *dāleth*，清音[θ]则用字母 *tau*。于是问题就出现了：为何粟特人放弃字母 *dāleth* 而用字母 *lāmedh* 来表示[δ]音？

字母	读音				
	阿拉米语		库尔托贝铭文		晚期粟特语
tau<t>	[t/θ]	→	[t/θ]	→	[t]
dāleth<d>	[d/δ]				
lāmedh<l>	[l]	→	[δ]	→	[δ/θ]

图 2　阿拉米语和粟特语中 *tau*、*dāleth* 和 *lāmedh* 的用法

在笔者看来，这个问题的答案可能与我们从阿拉米语文献中发现的一个事实有关，即在阿黑门尼德时代末期，粟特地区处于巴克特里亚行省的控制之下。事实上，索格底亚那和巴克特里亚在那时合并成了一个行省[4]。大夏语（Bactrian language）最显著的一个特点是古伊朗语（Old Iranian）的[d]很规则地变作了[l]，而不是像粟特语那样变作[δ]。比如“军队”一词，古伊朗语作**spāda-*，粟特语作 *spāδ*，大夏语则作 *spāl*。因此，如果阿黑门尼德时代的一个巴克特里亚人写信时必须音写这个词（也许是作为人名的一部分），他毫无疑问地会使用字母 *lāmedh*。而当这封信被一个粟特人收到时，这个单词已经不再被读作 *spāl* 而是 *spāδ*。很多这样的例子就会使得字母 *lāmedh* 被读作浊舌尖擦音[δ]的用法被认可。

正如我们所见，在库尔托贝铭文中，与阿拉米文相同，清擦音[θ]依然被写作 *tau*。后来，就

[4] Naveh & Shaked, 2012, p. 17.

像其对应的浊擦音[δ]一样，这个音被用字母 *lāmedh* 表示。这一变化可能有很多原因，首先可能在于这样一个事实，即[δ]和[θ]似乎在某些情况下，特别是在词尾出现时，可以相互替代。其次可能是因为人们觉得书写时区分清擦音[θ]和清塞音[t]十分重要，在一些语法结构中，这两个音互为对照。最后的原因可能是，就像缺乏对腭音[x]和[γ]的明确区分一样，在对清浊擦音的区分上可能也缺乏一致的明确标准。

最后，让我们来看一下当粟特文被用来书写突厥语时会出现什么状况（图 3）。与粟特语不同，突厥语中[l]是一个常见的音素，但从不写作 *lāmedh*，而是用一个新字母——所谓的“钩状的 *resh*”表示，这一字母也被添加到了字母表的末尾[5]。不过，字母 *lāmedh* 在回鹘突厥语中十分常见，突厥学家习惯上假设它表示浊塞音[d]，这与粟特语中的用法截然不同。在粟特语中，[d]通常只出现在鼻音后，写作字母<t>。不过，这本身并不能证明假设是错的：我们可以假定，采用了粟特文的说突厥语者觉得有必要区分浊音[d]和清音[t]，并认为在粟特语中表示擦音[δ]的字母最为适合。不过，似乎有充分的理由认为，字母 *lāmedh* 在回鹘突厥语中一直被用来表示擦音[δ]，就像在粟特语中那样。在笔者看来，最有力的证据莫过于用摩尼文书写的突厥语了。

字母	读音						
	阿拉米语		库尔托贝铭文		晚期粟特语		回鹘突厥语
tau <t>	[t/θ]	→	[t/θ]	→	[t]	→	[t]
nun+tau <nt>					[nd]	→	[nd]
lāmedh <l>	[l]	→	[δ]	→	[δ/θ]	→	[d]或[δ]?

图 3　阿拉米语、粟特语和回鹘突厥语中 *tau* 和 *lāmedh* 的用法

用于书写粟特语的摩尼文用不同的字母表示主要出现在[nd]组合中的塞音[d]，以及擦音[δ]，与这些字母在摩尼突厥文中的用法完全一致（图 4）。如果摩尼文字母<δ>代表突厥语中的塞音[d]，人们就会问：为什么这个音不写作字母<d>？为什么<δ>不用来表示鼻音后的[d]？三十余年前笔者曾注意到这一问题及其他一些观点，并用希望有“一名杰出的突厥学家能够重新考虑整个问题”[6]作为笔者文章的结语。这一愿望随着 2004 年埃达尔（Marcel Erdal）著作《古突厥语语法》（*A Grammar of Old Turkic*）的出版得以实现。该书在考察多方观点后得出了字母 *lāmedh* 在古突厥语中（至少是主要）代表擦音[δ]的结论。[7]

摩尼文字母	读音		
	粟特语		突厥语
<t/ṯ>	[t]	→	[t]
<nd>	[nd]	→	[nd]
<δ>	[δ/θ]	→	[d]或[δ]?

图 4　摩尼文<t/ṯ, d, δ>在粟特语和回鹘突厥语的应用

[5] Sims-Williams 1981, p. 351, pl. I。其他后期的粟特语文书也用钩状的 *resh* 和带有发音符号的 *resh* 的其他变形以表示［l］音。

[6] Sims-Williams 1981, pp. 353-354.

[7] Erdal, 2004, pp. 67-69.

以上所言旨在说明从阿拉米文到粟特文再到突厥文诸书写系统的一脉相承，因此，对每一发展阶段的研究都必须建立在对上一阶段的了解之上。

参考书目

Erdal, M. *A Grammar of Old Turkic*, Leiden, 2004.

Naveh J. and S. Shaked, *Aramaic documents from Ancient Bactria (Fourth century BCE.)*, London, 2012.

Podushkin, A. N. *Arysskaya kul'tura Yuzhnogo Kazakhstana (IV v. do n.è. – VI v.n.è.) [The Arys culture of Southern Kazakhstan (4th century BCE - 6th century CE)]*, Turkestan, 2000.

Sims-Williams, N. "The Sogdian sound-system and the origins of the Uyghur script", *Journal Asiatique*, 269, 1981, 347-360.

Sims-Williams N. and F. Grenet, "The Sogdian inscriptions of Kultobe", *Shygys*, 2006/1 [2007], 95-111.

Sims-Williams, N. F. Grenet and A. Podushkin, "Les plus anciens monuments de la langue sogdienne: Les inscriptions de Kultobe au Kazakhstan", *Comptes rendus de l'Académie des Inscriptions et Belles-Lettres*, 2007 [2009], 1005-1034.

Wendtland, A. "Zu <h> im Soghdischen", *Göttinger Beiträge zur Sprachwissenschaft*, 1, 1998, 101-110.

（鲁鸣柳 译　毕波 校）

20 世纪早期粟特语的发现和解读

厄修拉・辛姆斯—威廉姆斯　Ursula Sims-Williams
（英国图书馆）

在本文中笔者将讲述一段关于粟特语（Sogdian）文书的历史：它们在 20 世纪初的发现过程、它们是用一种伊朗语书写的认识过程，以及随后的解读过程。这些在伦敦的英国图书馆（British Library）、牛津的包德利图书馆（Bodleian Library）、布达佩斯的匈牙利科学院（Hungarian Academy of Sciences in Budapest）所藏的斯坦因收集品档案中都有记录。

第一批粟特语写本是由柏林民俗学博物馆印度部（Indian Department of the Berlin Ethnological Museum）主管格伦威德尔（Albert Grünwedel, 1856－1935）于 1903 年带回柏林的，是德国吐鲁番探险队第一次考察所获收集品的一部分。它们是一些摩尼教残片，缪勒（F.W.K. Müller, 1863－1930）很快就认出其字体与福音体叙利亚文（Estrangelo Syriac script）有密切关系。粟特语文献的第一次公布，是 1904 年缪勒发表的 M172 的一张照片，包括一份摩尼教文献的中古波斯语和粟特语平行文本。尽管缪勒认为第二种语言是中古波斯语的一种方言，但安德列斯（F. C. Andreas）在他的笔记中已经将其称作粟特语（Müller 1904, 111 页）。

三年之后，斯坦因（Aurel Stein, 1862－1943）在他第二次中亚考察（1906－1908）时发现了已经废弃的敦煌长城烽燧遗址 T.XII.a（图 1）。他的助手奈克（Naik）在那里发现了一个残存的邮包，内有七个纸卷，其中三个仍然捆扎完好。这些就是被称作粟特文古信札（T.XII.a.ii.1-9, Or.8212/92-101）的商业文书，年代在 4 世纪初。正如斯坦因在田野考察日志中关于 4 月 18 日的记载[1]：

图 1　带有界墙的敦煌长城烽燧 T.XII.a 遗迹，从北边看到的（摄于 1907 年 4 月 17 日）

[1] Bodleian Stein MS 199：1907 年 3－8 月考察日志，f. 31。

下午 6 点 30 回到营地。7 点刚过不久奈克带着从 T.XII.a 得到的令人惊喜的发现回来了。在沿着炮台南角堆满废弃物的狭窄通道地面以上约 3 英尺处，发现了七个纸卷，其中三个仍然捆在一起，内为完好保存的阿拉米（Aramaic）文写本。在这些下面，是三支标准长度的汉文木简。

4 月 19 日的日记：

打开了两片阿拉米文的纸片，一个残片显示的部分宽 4 英寸，完整高度为 8 英寸。另一个是 8 × 16 英寸，中间折叠了两次。[2]

尽管斯坦因最初指出文书中出现了阿拉米文，早在 1909 年 3 月他就推测“这些可能是某种伊朗语，它们是不是一些为了获得远方赛里斯国（*Seres*）的丝绸从波斯或中亚而来的商人留下的呢？”（Stein 1909, p. 35）。这也是牛津包德利图书馆闪语（Semitic）学者考利（A. Cowley）博士的观点，斯坦因曾将它们送到他那里进行研究。考利的初步研究成果发表在《英国皇家亚洲学会会刊》（*Journal of the Royal Asiatic Society*）上（Cowley 1911），同时发表的还有一张 T.XII.a.ii.4 (Or.8212/93)的照片，是一份词汇表及一份字母表（图 2）。

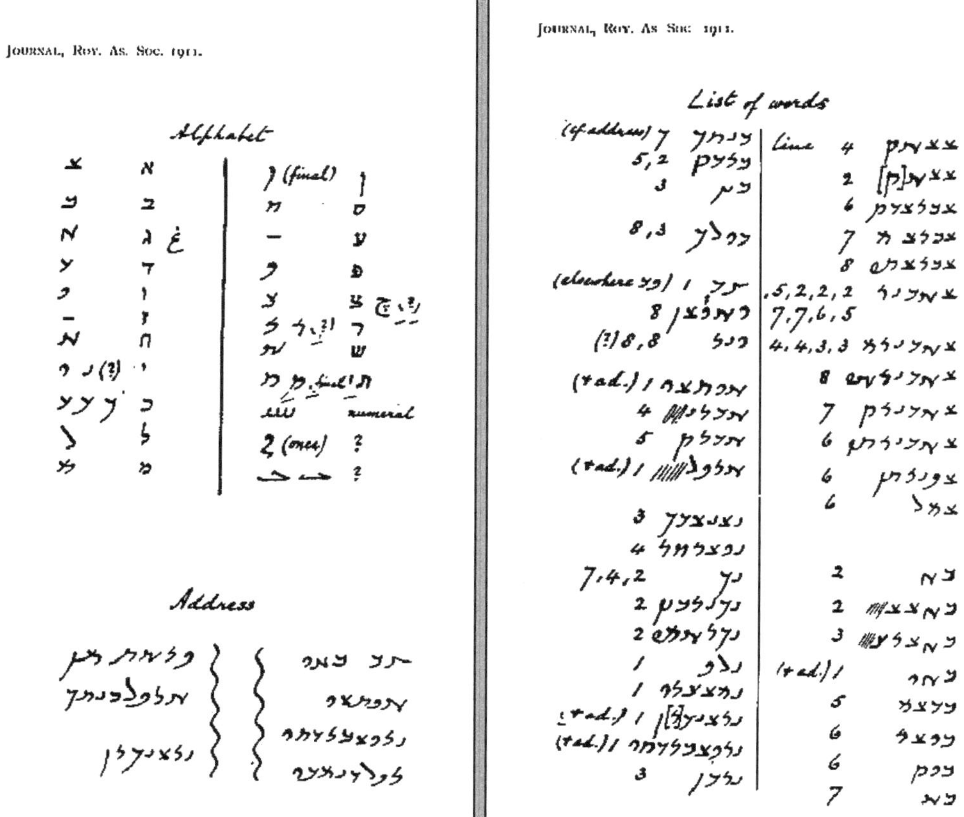

图 2　考利爵士（Sir Arthur Ernest Cowley，1861－1931）1911 年公布的粟特字母表

［2］Bodleian Stein MS 199, f. 33.

1911 年 1 月，考利的发表引起了哥廷根（Göttingen）的安德列斯（Carl Friedrich Andreas, 1846—1930）与巴黎的高狄奥（Robert Gauthiot, 1876—1916）的注意，后者当时正在拜访安德列斯。在一封未公布的 3 月 27 日写给斯坦因的信（图 3）中，安德列斯写道，他已经立即认出这种字体与布哈拉（Bukhara）地区统治者所发行钱币上的字体是相同的，他曾经在柏林的出版物及钱币收藏品中见过。他认出了粟特语<*xwt'w*>“领主（lord）”一词，不过考利是将最后一个字母转写为<*y*>，这是他从钱币及吐鲁番写本中得知的。由此他总结道[3]：

> 您所获文书上的字体和语言一定是粟特语，高狄奥教授也同意我的看法。我们现在完全可以接受，就像钱币上的情况一样，粟特地区的古老阿拉米文，后来演变成了用于粟特语佛教翻译的草体以及后来的回鹘文。这种草书体与您所获文书及 Buxār-Xuδāvs 钱币上的字体之间的关系，就和莎草纸书上的草体婆罗钵文（Pahlavi）与萨珊波斯碑铭上的字体的关系一样。

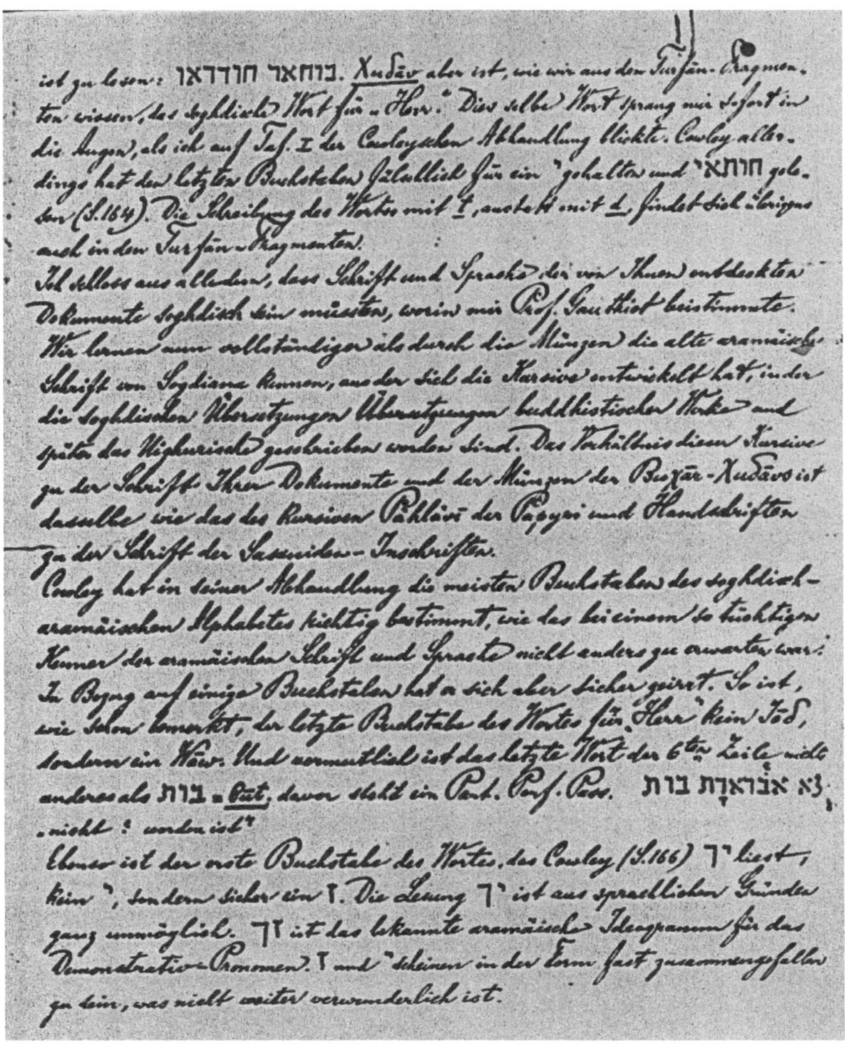
ist zu lesen: בוחאר חודדאו. Xuδāv aber ist, wie wir aus den Turfān-Fragmenten wissen, das soghdische Wort für „Herr." Dies selbe Wort sprang mir sofort in die Augen, als ich auf Taf. I der Cowleyschen Abhandlung blickte. Cowley allerdings hat den letzten Buchstaben fälschlich für ein ʾ gehalten und חותאי gelesen (S.164). Die Schreibung des Wortes mit ṭ, anstatt mit d, findet sich übrigens auch in den Turfān-Fragmenten.

Ich schloss aus alledem, dass Schrift und Sprache der von Ihnen entdeckten Dokumente soghdisch sein müssten, worin mir Prof. Gauthiot beistimmte. Wir lernen nun vollständiger als durch die Münzen die alte aramäische Schrift von Sogdiana kennen, aus der sich die Kursive entwickelt hat, in der die soghdischen Übersetzungen Übersetzungen buddhistischer Werke und später das Uighurische geschrieben worden sind. Das Verhältnis dieser Kursive zu der Schrift Ihrer Dokumente und der Münzen der Buxār-Xuδāvs ist dasselbe wie das des kursiven Pahlavī der Papyri und Handschriften zu der Schrift der Sasaniden-Inschriften.

Cowley hat in seiner Abhandlung die meisten Buchstaben des soghdisch-aramäischen Alphabetes richtig bestimmt, wie das bei einem so tüchtigen Kenner der aramäischen Schrift und Sprache nicht anders zu erwarten war; In Bezug auf einige Buchstaben hat er sich aber sicher geirrt. So ist, wie schon bemerkt, der letzte Buchstabe des Wortes für „Herr" kein Jōd, sondern ein Wāw. Und vermutlich ist das letzte Wort der 6ten Zeile nichts anderes als בות = Βūt, davor steht ein Part. Perf. Pass. נא אבֿראדֿת בות; „nicht ? worden ist"

Ebenso ist der erste Buchstabe des Wortes, das Cowley (S.166) ך׳ liest, kein ʾ, sondern sicher ein ז. Die Lesung ך׳ ist aus sprachlichen Gründen ganz unmöglich. ךז ist das bekannte aramäische Ideogramm für das Demonstrativ-Pronomen. ז und ʾ scheinen in der Form fast zusammengefallen zu sein, was nicht weiter verwunderlich ist.

图 3　1911 年 3 月 27 日安德列斯致斯坦因的信（Bodleian Stein MS 63, f. 189）

[3] Bodleian Stein MS 63, f. 189：安德列斯致斯坦因信（1911 年 3 月 27 日）。

与此同时，高狄奥将 T.XII.a.ii.4 的照片与伯希和收集品中他已经研究了很长时间的佛教粟特语写本进行了对比。他有能力在解读文字方面做出重大进步，并且认出了几个粟特语常用词与阿拉米语表意符号（aramaeograms）（Gauthiot 1911）。因此，斯坦因将所有信札的照片寄给了高狄奥和安德列斯，于是高狄奥在下一年就发表了第二篇论文（Gauthiot 1912A）。

斯坦因正确地将古信札与他在楼兰的另一个发现联系了起来，这是一件以相同字体写在同类纸上的残片。然而，他却没有意识到在敦煌获得的材料中也有粟特语写本，尽管事实上在巴黎的伯希和收集品中就有几件。说起来是罗斯（Edward Denison Ross）在 1910 年最先注意到这个的，当时他正在加尔各答效力于印度政府，1909 年他给斯坦因写信表示愿意致力于突厥语材料的研究。斯坦因同意寄给他一些写卷的照片，其中包括了 Ch.ci.001 (Or.8212/85)，该写卷后来被缪勒认出是一种佛教的形而上学专著，最终是由松涛诚廉（S. Matsunami）比定为《佛说观佛三昧海经》（*Buddhadhyānasamādhisāgarasūtra*）的一部分。收到照片的罗斯在 1910 年 4 月 21 日给斯坦因的答谢信中写道[4]：

> 送来的照片上的一些写卷并不是回鹘语，如果我没有弄错的话，应该是粟特语。我希望可以为我拍摄更多的同类照片。

几个月之后，罗斯报告他的进展时写道[5]：

> 这个“粟特语”（？）写卷相当难弄，它可能是某种比较新的语言。无论如何，它看起来确定无疑是伊朗语，而且内容肯定是佛教的。

此时在对伦敦的敦煌收集品清理后斯坦因发现，其中有更多的粟特语写卷，他急于将其交给柏林的缪勒进行整理编目。对此罗斯如此回应[6]：

> 在交给缪勒之前，我想要亲自解决这个难题，并且我已经做出了一份完整的初步转写。

罗斯不情愿地接受了斯坦因的提议，但是，值得指出的是，几年之后当他和高狄奥一起检查他的解读时，他这么写道[7]：

> 前几天我很惊讶同时也很高兴（和高狄奥在这儿一起翻阅旧笔记本）发现除一个字母（词尾“h”）之外，我正确地转写了一件粟特语文献，它和其他回鹘语文献的照片都是您给我寄到印度的，尽管我没有认出这种语言是粟特语，但我已经通过雅格诺比语（Yaghnobi）方言的标本辨识出了很多单词。

[4] Hungarian Academy of Sciences, Stein 8, ff. 202-3：罗斯从加尔各答致斯坦因信（1910 年 4 月 21 日）。

[5] Hungarian Academy of Sciences, Stein 8, ff. 213-14：罗斯从加尔各答致斯坦因信（日期不明）。

[6] Hungarian Academy of Sciences, Stein 8, f. 216：罗斯从加尔各答致斯坦因信（1910 年 8 月 18 日）。

[7] Hungarian Academy of Sciences, Stein 8, ff. 238-39：罗斯从巴黎致斯坦因信（1912 年 12 月 18 日）。

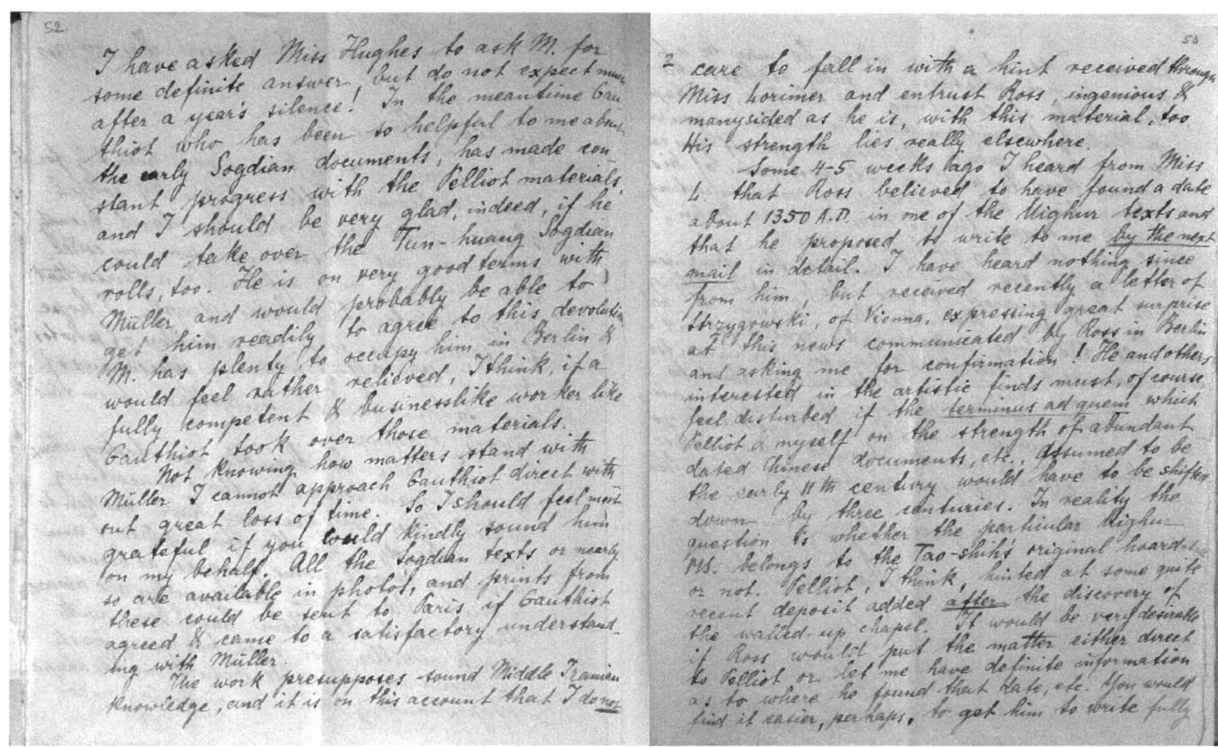

52

I have asked Miss Hughes to ask M. for
some definite answer, but do not expect mu
after a year's silence! In the meantime Gau-
thiot who has been so helpful to me abou
the early Sogdian documents, has made con-
stant progress with the Pelliot materials,
and I should be very glad, indeed, if he
could take over the Tun-huang Sogdian
rolls, too. He is on very good terms with
Müller and would probably be able to
get him readily to agree to this devolutio
M. has plenty to occupy him in Berlin &
would feel rather relieved, I think, if a
fully competent & businesslike worker like
Gauthiot took over those materials.
Not knowing how matters stand with
Müller I cannot approach Gauthiot direct with-
out great loss of time. So I should feel most
grateful if you would kindly sound him
on my behalf. All the Sogdian texts or nearly
so are available in photos, and prints from
these could be sent to Paris if Gauthiot
agreed & came to a satisfactory understand-
ing with Müller.
The work presupposes sound Middle Iranian
knowledge, and it is on this account that I do not

53

2 care to fall in with a hint received through
Miss Lorimer and entrust Ross, ingenious &
manysided as he is, with this material, too.
His strength lies really elsewhere.
Some 4-5 weeks ago I heard from Miss
L. that Ross believed to have found a date
about 1350 A.D. in one of the Uighur texts and
that he proposed to write to me by the next
mail in detail. I have heard nothing since
from him, but received recently a letter of
Strzygowski, of Vienna, expressing great surprise
at this news communicated by Ross in Berlin
and asking me for confirmation! He and others
interested in the artistic finds must, of course,
feel disturbed if the terminus ad quem which
Pelliot & myself on the strength of abundant
dated Chinese documents, etc., assumed to be
the early 11th century would have to be shifted
down by three centuries. In reality the
question is whether the particular Uighur
MS. belongs to the Tao-shih's original hoard
or not. Pelliot, I think, hinted at some quite
recent deposit added after the discovery of
the walled-up chapel. It would be very desirable
if Ross would put the matter either direct
to Pelliot or let me have definite information
as to where he found that date, etc. You would
find it easier, perhaps, to get him to write fully

图 4　1912 年 12 月 29 日斯坦因从斯利那加发给英国博物馆巴内特的信，标有“私信”字样
（英国图书馆藏 MS Or.13114, ff. 52-53）

原则上说来，尽管斯坦因成功地使缪勒成为合作者，但实际结果却是，缪勒由于太过忙碌而未能给他提供任何实质性的、可以发表的成果。斯坦因开始对从“这个学识最渊博的人”[8]那里获得消息失去了希望，在给英国博物馆管理员巴内特（Lionel Barnett）的信（图 4）中他写道[9]：

> 我急切地希望粟特语残片的研究能有所进展。你很清楚它们的照片寄给缪勒已经两年了，但却没有什么实质性成果，无论是以初步报告还是编目的形式。我已经请休斯女士（Miss Hughes）询问缪勒，想要得到一些明确的答复，但期待了一年也没有得到答复！与此同时，在早期粟特语研究文书方面给予我很大帮助的高狄奥，却在伯希和收集品的研究方面不断推出成果，的确，如果他能够接手敦煌粟特语写卷的话，我将会非常高兴。他和缪勒有很好的交情，他或许能让他同意移交。缪勒在柏林事务缠身，我想，如果一个像高狄奥一样绝对能胜任又高效的学者接手这些材料的话，他应该也会感到安心吧。

事实上正是高狄奥（Gauthiot 1912B）第一个刊布了斯坦因所获佛教写本中的第一件，即《吠桑檀多本生经》（*Vessantara Jātaka*）的数叶，编号 Ch.0093a (Or 8212/80A)，以及伯希和收集品

[8] British Library MS Or.13114, ff. 60-61：斯坦因从斯利那加致巴内特信（1913 年 3 月 2 日）。

[9] British Library MS Or.13114, ff. 52-53：斯坦因致巴内特信（1912 年 12 月 29 日）。

中余下的写本。高狄奥还与瓦雷 • 普散（L. De la Vallée Poussin）一同刊布了 Ch.0092 (Or.8212/175)，它是梵文《孔雀陀罗尼》（*Nīlakaṇṭhadhāraṇī*）的残片，是用婆罗谜文书写，行间有粟特文转写（De la Vallée Poussin and Gauthiot 1912）。

与此同时，从 1912 年 4 月到 1913 年 4 月，罗斯利用一年的休假时间，在英国博物馆整理斯坦因收集品。起初，他主要是做回鹘语写本，但很快就将注意力转移到了粟特语材料上。罗斯的抱负造成了不小的冲突，以至于斯坦因这样跟他的助手安德鲁斯（Fred Andrews）坦露心声[10]：

> 罗斯从来不借助我的知识来研究粟特语文本，对于我没有将它们交付给他，他也没觉得伤心。他没有能力处理它们，因为他没有掌握婆罗钵语及中古伊朗语的知识。

斯坦因尤为恼怒罗斯的是，他抱怨罗斯的信都是些社交闲谈，并没有提供任何他“希望得到的”信息。他也被罗斯随意发表自己观点的做法所激怒，那使得他总是通过间接的渠道听到它们。这最终使得斯坦因向罗斯直言其怨[11]：

> 你将包括明显的粟特语文本的数片残件中辨识为竹纸，并且通过它们（Ch.00284）中一片的墨迹鉴定其年代为 14 世纪，关于这样的迹象，我应该有能力自知。当然，我同样对那些被你认为是“明代桑皮纸”的粟特语残片（Ch.00289 [Or.8212/84，琐罗亚斯德教祷文]）感到费解。

在给巴内特的信中他抱怨道[12]：

> 我已经收到了来自罗斯的第一份成果，但是，坦白说，我发现它们相当浅陋，缺少精确的测量或者详细信息。与霍恩雷（Hoernle）或普散（Pousssin）的目录相比，它们看起来惊人地不足。我猜测，等这话传到他那里时，他已经不见人了。

直到 1914 年战争爆发，斯坦因收集品中的粟特语写本的研究只有些微进展。缪勒已经病入膏肓并且完全不与人交流，高狄奥则跑到粟特本土转而去研究雅格诺比语了（Muller 2013），而罗斯在英国博物馆被任命到特别负责斯坦因收集品的一个新岗位上，在伯希和计划访问之前他忙着整理出汉文写卷的清单。

战争使得有关斯坦因收集品的所有工作停止，直到 1926 年粟特语写本的研究工作才得以重新开始。汉堡大学比较语文学教授赖歇尔特（Hans Reichelt）写信给斯坦因，请求得到允许对佛教写本和古信札进行研究。他在 1928 年和 1931 年出版的成果，是斯坦因收集品中粟特语写本的第一个系统性出版物；紧随其后的是 1938 年邦旺尼斯特（E. Benveniste）的著作，以及更晚些的 1976 年麦肯吉（D. N. MacKenzie）与辛姆斯一威廉姆斯（N. Sims-Williams）的合作研究。

---

［10］Bodleian Stein MS 41, ff. 99-100：斯坦因致安德鲁斯信（1913 年 4 月 14 日）。

［11］British Library MS Or.13114, f. 57：斯坦因从斯利那加致罗斯信的副本（1913 年 2 月 2 日）。

［12］f.60-61：斯坦因从斯利那加致巴内特信（1913 年 3 月 2 日）。

总之，此处所援引的信函和论著证实了斯坦因在1909年时的敏锐，当时他就推测他从敦煌长城烽燧发现的可能是一种新的伊朗语，并将其定年在3世纪末或4世纪初。这些信函和文章也说明了他的工作方式及他对同事如罗斯的褊狭。罗斯后来成为东方研究学院（School of Oriental Studies，即伦敦大学亚非学院前身——译者注）的第一任院长。斯坦因认为他的热情与他的学识所具备的适当系统的学术方法并不相配，考虑到高狄奥明显是赞同罗斯的，甚至与他合作了一篇关于粟特语字母表的论文（Ross and Gauthiot 1913），斯坦因的评价可能过于苛刻了。

参考书目

Cowley, A. 1911. “Another unknown language from Eastern Turkestan.” In: *JRAS*, pp. 159-166.

De la Vallée Poussin, L and Gauthiot, R. 1912. “Fragment final de la Nilakanthadharani en brahmi et en transcription sogdienne.” In: *JRAS*, pp. 629-645.

Gauthiot, R. 1911: “Note sur la langue et l’écriture inconnues des documents Stein-Cowley.” In: *JRAS*, pp. 497-507.

Gauthiot, R. 1912A. “A propos de la datation en Sogdien.” In: *JRAS*, pp. 341-353.

Gauthiot, R. 1912B. “Une version sogdienne du Vessantara Jataka.” In: *Journal Asiatique*, pp. 163-193; 430-510.

Müller, F.W.K. 1904. “Handschriften-Reste in Estrangelo-Schrift aus Turfan, Chinesisch-Turkistan II. Teil.” In: *Anhang zu den APAW*, pp. 1-117.

Muller, Jean-Claude 2013. “Un centenaire : l’expédition de Robert Gauthiot dans la vallée du Yaghnôb (Tajikistan) en 1913 dans sa perspective historique et linguistique.” In: *Journal des Savants*, 2013.2 pp. 309-366.

Ross, E. D. and R. Gauthiot. “L’alphabet sogdien d'après un témoignage du XIIIe siècle,” *Journal Asiatique* series II 1(1913), pp. 521-533.

Sims-Williams, Ursula. “Behind the scenes: some notes on the decipherment of the Sogdian manuscripts in the Stein Collection,” in *Exegisti monumenta: Festschrift in honour of Nicholas Sims-Williams* (Wiesbaden: Harrassowitz, 2009), pp. 469-478.

Stein, M. A. 1909. “Explorations in Central Asia, 1906-8 [1].” In: *The Geographical Journal* 34.1, pp. 5-36.

（王雪利 译 毕波 校）

吐蕃统治下敦煌的一个粟特人家族*

——以莫高窟第359窟供养人画像为中心

沙武田

（陕西师范大学历史文化学院）

作为丝路重镇，“华戎所交一都会”的敦煌，活跃于“文明十字路口”的商业民族粟特人的研究，一直以来是国际显学敦煌学的热点话题。从历史和敦煌文献层面出发的探讨，成果颇丰，以20世纪60年代日本学者池田温先生对8世纪中叶敦煌的粟特人聚落从化乡相关的研究为起点[1]，经过以姜伯勤、陈国灿、荣新江、陆庆夫、郑炳林等为代表的专家学者半个世纪的梳理[2]，敦煌粟特人的历史面貌比较清晰地呈现出来。沙州城东的从化乡作为中亚移民及其后裔流寓汉地后在丝路重镇敦煌的聚居地[3]，是唐代最盛时期胡人入华的一个缩影。学者据成作于武周、后在开元、永泰年间修订的敦煌文献P.2005《沙州都督府图经》卷三“四所杂神”所记[4]，再参以P.2748V《敦煌廿咏》之“安城祆咏”，认为“安城”应是从化乡所在地，这里有体现粟特人宗教信仰的“其院周回一百步”、设有祆神“二十龛”的“神祠”[5]。既然在他们的生活区专设祆祠，说明8世纪中叶这些入籍沙州从化乡的粟特人基本上保留了他们本土的宗教，至少有相当一部分人仍保持着传统的宗教信仰。

---

* 本文为国家973计划项目（2012CB725306）、2013年年度国家社科基金项目（13CKG017）、教育部基地重大项目（13JJD780005）“敦煌石窟粟特美术研究”的阶段性成果。

［1］池田温《8世紀中叶における敦煌のソグド人聚落》，《ユーラシア文化研究》第1号，1965年，49—92页；中译本见辛德勇译《八世纪中叶敦煌的粟特人聚落》，载《日本学者研究中国史论著选译》第9卷《民族交通卷》，北京：中华书局，1993年，140—220页；另载池田温《唐研究论文选集》，北京：中国社会科学出版社，1999年，3—67页。

［2］该问题学界研究成果颇多，可参考相关学术综述与回顾性的文章：程越《国内粟特研究综述》，《中国史研究动态》1995年第9期，13—19页；陈海涛《敦煌粟特研究历史回顾》，《敦煌研究》2000年第2期，160—167页；杨富学《敦煌与中外关系史研究三十年——纪念中国中外关系史学会成立三十周年》，载敦煌研究院信息资料中心，《信息与参考》总第15期，2011年，11—21页；森安孝夫 “Japanese Research on the History of the Sogdians along the Silk Road, Mainly from Sogdiana to China”, *Acta Asiatica: Bulletin of the Institute of Eastern Culture*, 94, 2008, pp.1-39；中译本见徐婉玲译《日本研究丝绸之路的粟特人的成就之回顾和近况》，《西域文史》第3辑，北京：科学出版社，2008年，325—353页。

［3］荣新江《胡人迁徙与聚落》，载氏著《中古中国与外来文明》，北京：生活·读书·新知三联书店，2001年，54—59页。

［4］池田温《沙州图经略考》，载《榎博士还历记念东洋史论丛》，东京：山川出版社，1975年，70页；季羡林主编《敦煌学大辞典》李正宇撰“沙州都督府图经”辞条，上海：上海辞书出版社，1998年，325页；李正宇《古本敦煌乡土志八种笺证》，兰州：甘肃人民出版社，2008年，25—26页。

［5］季羡林主编《敦煌学大辞典》李正宇撰“敦煌”辞条，上海：上海辞书出版社，1998年，325页。

但是好景不长，由“杂胡”安禄山一手操纵的安史之乱，不仅使唐帝国由盛而衰，也使得当时活跃在唐王朝上上下下的粟特胡人大受影响[6]，随着安西、陇右、河西相继沦陷为吐蕃人的势力范围，丝路上的粟特胡人也成为“落蕃”人。沙州的从化乡解体了，但由于石城镇康艳典领导下粟特人的并入，敦煌的粟特人有增无减[7]，他们散入敦煌的各个阶层，且颇为活跃[8]。

对于吐蕃统治时期的敦煌粟特人而言，有一个重要的现象引起了我们的注意，那就是粟特人与佛教的密切关系，据敦煌写本反映出来的信息可以看到，这一时期越来越多的粟特人从事与佛教或佛教信仰有关的活动，这大概也是受吐蕃统治影响的结果。从化乡解体后，粟特人不再聚族而居，失去了可以凝聚他们传统本土民族祆神信仰的聚居中心[9]。于是作为曾经是唐帝国沙州下辖一乡入籍纳税服役的这些粟特人，如同沙州的汉人一样，同样面临着如何应对和适应吐蕃统治的问题，于是在构成当时敦煌社会重要内容的佛教活动则成了这些粟特人新的选择[10]，本文对此现象拟从洞窟图像资料的视角再加审视，或有不同之心得。

近年来，笔者在前人研究的基础上，以敦煌石窟图像资料为中心，本着“石窟皆史”的理念[11]，遵从“图像证史”的基本原则和方法[12]，在前贤对敦煌石窟图像相关粟特美术研究的启示下[13]，试图从不同的视角即石窟图像和粟特美术入手，探讨中古时期敦煌粟特人的历史问题。另外，作为“区域史地”命题背景下的敦煌，和同为丝路重镇、长安北大门的固原一样，粟特人问题的研究，应该有可相互补证的方面，罗丰先生对固原盐池何氏唐墓石门胡旋舞图像的研究，以小见大，由一组舞蹈图像引发的对中西文化交流史上一个大家熟悉而又

[6] 荣新江《安史之乱后粟特胡人的动向》，纪宗安、汤开建主编《暨南史学》第2辑，广东：暨南大学出版社，2003年，102—123页。不同和类似的情况另可参考毕波《中古中国的粟特胡人——以长安为中心》，北京：中国人民大学出版社，2011年，148—156页。

[7] 陆庆夫《唐宋间敦煌粟特人之汉化》，《历史研究》1996年第6期，25—34页；郑炳林《吐蕃统治下的敦煌粟特人》，《中国藏学》1996年第4期，43—53页；后收入兰州大学敦煌学研究所编《敦煌归义军史专题研究》，兰州：兰州大学出版社，1997年，374—390页。

[8] 郑炳林、王尚达《吐蕃统治下的敦煌粟特人》，《中国藏学》1996年第4期，43—53页；收入《敦煌归义军史专题研究》，兰州：兰州大学出版社，1997年，374—390页。

[9] 虽然敦煌的祆祠一直到晚唐五代归义军时期仍存在，但在8世纪中叶以后不再是粟特人的集中居住中心所在，因此也似乎渐渐失去了其作为宗教纽带联结敦煌粟特人的作用和地位。

[10] 参见郑炳林、王尚达前揭《吐蕃统治下的敦煌粟特人》文。

[11] 马德《敦煌学史上的丰碑——史苇湘〈敦煌历史与莫高窟艺术研究〉编校手记》，《敦煌学辑刊》2002年第2期，119—124页；马德《一代尊师，学界楷模——史苇湘先生的献身精神与学术成就》，《敦煌研究》2000年第3期，177—182页。

[12] 曹意强《包罗万象史的观念与西方美术史兴起》，《思想学术文评述》1997年第2辑；《图像与历史》，《新美术》2000年第1期；《可见之不可见性：论图像证史的有效性与误区》，《新美术》2004年第2期；《倾听历史的寂静之声》，《中华读书报》2002年5月15日；《丹纳与图像证史》，《中华读书报》2004年9月15日；《布克哈特的艺术观》，《中华读书报》2004年8月4日；《图像证史——两个文化史经典实例》，《新美术》2005年第2期；《历史与艺术》，杭州：中国美术学院出版社，2001年。

[13] 对于敦煌石窟粟特美术研究，成果颇丰，可参见综述论文：李国、沙武田《粟特人及其美术影响下的敦煌壁画艺术成分》，《丝绸之路》（理论版）2012年第4期，73—81页。

陌生话题的宏论，可视为粟特美术研究的典范[14]，启示我们粟特美术和图像研究的无限空间。

敦煌石窟是中古艺术的宝藏，其中与粟特人或粟特美术有关的壁画图像，并不鲜见，但是如何把这些隐藏于佛教石窟图像背后作为佛教经典诠释的画面，具体地和活跃在中古敦煌社会或丝路上的独特面孔粟特人紧密联系起来，一直以来受资料的限制，进展不够理想。但是莫高窟吐蕃期第359窟较为完整的粟特石姓家族供养人画像和题记的发现与考释[15]，可以认为是敦煌粟特人的考古新资料，更是目前在浩繁的敦煌文献和石窟图像中保存下来的一个较为完整粟特人家族男女四代群体形象资料，也是颇为典型的敦煌粟特胡人写真画像[16]，弥足珍贵。

对于这一重要的粟特人图像资料，笔者已就其所反映的时代背景、在洞窟中的历史关联、作为敦煌胡人画像的代表图像等问题，分别在前述两篇文章中作过较为详细的探讨[17]，但是觉得仍有进一步讨论的必要。本文则主要着眼于吐蕃统治时期敦煌的这个粟特人家族，从面貌写真、服饰选择、家族女性群体、家族信仰等角度再作诠释，或可发现一些有趣的话题，不当之处，敬希方家教正。

一、中古敦煌一个粟特石姓家族供养群像

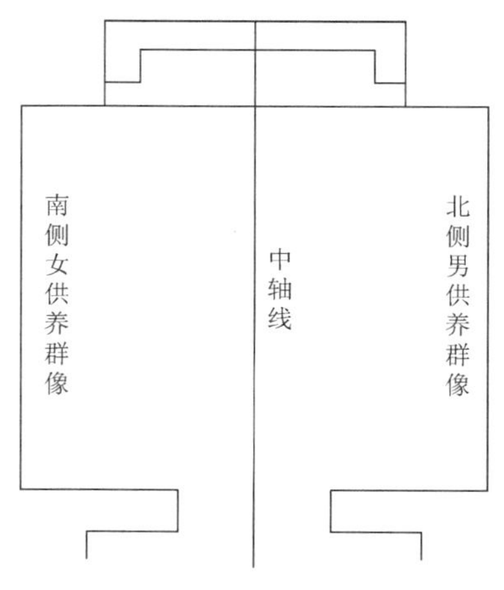

图1　莫高窟第359窟供养人布局排列图示（图1－图34均由敦煌研究院提供）

从莫高窟第359窟保存完好的供养人画像及题记可以非常清晰地看到，在吐蕃统治时期一个粟特石姓家族男女成员四代人供养像共存一窟的现象（图1），有窟主、窟主的父母、与窟主同辈的“男”、窟主的“侄男”和“孙”子辈以及对应的女性“新妇”“女”“孙”女辈，这在敦煌石窟中并不多见，即使是到了晚唐五代宋张氏和曹氏归义军时期，虽然洞窟中的供养像规模不小，画像和题记相对保存较好，家族成员相对集中，代表如莫高窟第156、98、61等窟（图2），但其中的家族成员最多者也不过三代，且没有如此密集，辈分的前后顺序亦没有如此清晰。

[14] 罗丰《隋唐间中亚流传中国之胡旋舞——以新获宁夏盐池唐墓石门胡舞图为中心》,《传统文化与现代化》1994年第2期，50－59页；另载《唐文化研究论文集》，上海：上海人民出版社，1994年，335－354页；收入氏著《胡汉之间——“丝绸之路”与西北历史考古》，北京：文物出版社，2004年，280－298页。

[15] 沙武田《莫高窟吐蕃期洞窟第359窟供养人画像研究——兼谈粟特九姓胡人对吐蕃统治敦煌的态度》,《敦煌研究》2010年第5期，12－24页，后又收入《中国美术研究年度报告2010》，北京：人民美术出版社，2011年，3－25页；另见沙武田《吐蕃统治时期敦煌石窟研究》中篇第三章，北京：中国社会科学出版社，2013年。

[16] 沙武田《敦煌的粟特胡人画像——莫高窟第359窟主室东壁门上新释读一身石姓男供养像札记》，樊锦诗、荣新江、林世田主编《敦煌文献、考古、艺术综合研究——纪念向达教授诞辰110周年国际学术研讨会论文集》，北京：中华书局，2011年，262－276页。

[17] 本文主要是在笔者前揭二文对莫高窟第359窟供养人画像全面研究基础上的再思考，基本资料来源于前二文，为了行文的简明，后引此二文不再特别作注。

图2 莫高窟第61窟曹氏家族女供养群像

图3 莫高窟第359窟东壁门上夫妇对坐供养像

第 359 窟供养人画像可以归为三个部分：

（1）主室东壁门上的夫妇对坐供养像（图 3），是这个家族在洞窟中辈分最高者，应属已亡故祖辈。

（2）主室西壁龛下以供器为中心南北相对而列左右各 7 身共计 14 身僧尼供养像（图 4），是这个家族出家在沙州各个寺院的僧和尼。

（3）分别跟在僧尼之后按辈分次序依次排列在中轴线南北两侧的供养像列，分别为北侧即由西壁龛下比丘之后→北壁下→东壁门北下→圈现存男性供养像 31 身（图 5），南侧即由西壁龛下比丘尼之后→南壁下→东壁门南下→圈现存女性供养像 30 身（图 6），他们的供养方向非常一致，均前后相跟随，指向相对而立的僧尼供养中心即龛内主尊所在位置，完全符合洞窟供养之主体和常例。

以上共计 77 身供养像，其中男性 39 身，女性 38 身，考虑到南北壁各有两处被后期穿洞破坏至少各有 2 身被毁，如此男女均可达到不少于 40 身的规模，因此在这个洞窟中的供养人总数应该不少于 80 身，且男女人数基本上相等，相差不过 2—3 数，故可以认为在当时的敦煌，这是一个规模可观的粟特人家族。

图 4　莫高窟第 359 窟西壁龛下僧尼供养像

图 5　莫高窟第 359 窟中轴线北侧男性供养群像

图 6　莫高窟第 359 窟中轴线南侧女性供养群像

在此之前，据P.2657、P.3018、P.3559《天宝十载（751）敦煌县差科簿》的记载，8世纪中叶敦煌粟特胡人聚落中心从化乡有人口300余户1400余口[18]，单从数量上反映，石姓位居第三，仅次于康、安两姓之后，这一点正是中亚各国实际情况的记载，康、安、石、曹等姓是中亚胡人流寓中原的主体。莫高窟第359窟据樊锦诗、赵青兰二先生断代为吐蕃统治的晚期，即9世纪40年代[19]。当然该石姓四代人并不是在短时间内形成的一个大家族，从供养人画像服饰中的唐服特征及窟主供养像题记中的“前沙州”字样，可以推断该家族辈分最高的夫妇和窟主均生活在陷蕃之前的沙州，应该是从化乡人口的延续。因此，应该说从吐蕃统治敦煌之前这个家族已经形成初步的规模，到了家族功德窟第359窟完工的9世纪40年代，达到80余口的规模，成为众多流寓敦煌的粟特人群中一个较为独特的群体。至少可以认为，该家族并没有太大程度上受吐蕃的冲击而像池田温、姜伯勤[20]等先生研究的那样，从化乡解体后如同其他多数沙州的粟特人一样沦为寺院寺户，而是保持了完好的家庭和家族发展方向。

作为一个完整的家族群体，我们之所以肯定其为粟特人家族，依靠的不仅仅是姓氏的启示，还有东壁门上男供养像明显的胡人面貌特征，以及在男供养像中出现的“石万十”“石神主”等带有深厚粟特人取名特征的题名，当然在中唐吐蕃时期活跃在沙州的石姓家族，加上以上的粟特语境，推断其为来自中亚的粟特人应该是没有问题的。长期以来，在敦煌文献的研究过程中，学术界多单纯依靠姓氏来判断敦煌地区粟特民族的属性，颇受治粟特研究学者像荣新江[21]、魏义天（Étienne de la Vaissière）[22]等先生的质疑，而斯加夫（Jonathan K. Skaff）先生则在具体研究7－8世纪高昌吐鲁番地区粟特社会的过程中，让我们看到了粟特人取汉名和汉人取粟特名存在的情况[23]。因此，我们在研究敦煌地区粟特人画像的问题时也常常存在这样的疑惑，单纯地依据姓氏和人名判断是否为粟特人是有一定的困难[24]，除非姓氏和人名的粟特特征非常明显，就像本文所论第359窟的石姓，因为有面貌的佐证，可以说一锤定音。从这个意义上讲，第359窟粟特人家族供养像的考古新发现，作为敦煌地区粟特人研究的重要资料，或可启示我们对8世纪中叶沙州从化乡之后粟特人的问题作新的思考。

---

[18] 池田温前揭《唐研究论文选集》，14页。

[19] 樊锦诗、赵青兰《吐蕃占领时期莫高窟洞窟的分期研究》，载敦煌研究院编《敦煌研究文集·敦煌石窟考古篇》，兰州：甘肃民族出版社，2000年，182－210页。

[20] 姜伯勤《唐五代敦煌寺户制度》，北京：中华书局，1978年。

[21] 荣新江《敦煌归义军曹氏统治者为粟特后裔说》，《历史研究》2001年第1期，收入氏著《中古中国与外来文明》，北京：生活·读书·新知三联书店，2001年，258－274页，荣先生指出简单地“根据人名来判断是否是粟特人”还是有些“武断”；另见荣新江《敦煌学十八讲》，北京：北京大学出版社，2001年，239－240页；类似观点见毕波《中古中国的粟特胡人》，荣先生在该书的序文中提出目前学术界有“泛粟特论”的倾向，大概有前文之意在其中。

[22] 参见荣新江等编《粟特人在中国——历史·语言·考古的新探索》（《法国汉学》第10辑），北京：中华书局，2005年，500－501页。法国学者魏义天先生在会议总结中强调了“不能仅仅使用姓氏上的证据”来判断粟特人的民族归属，而是“应该使用其他的资料”。

[23] 斯加夫（Jonathan K. skaff），《公元7－8世纪高昌粟特社会的文献记载：唐朝户籍所见文化的差异和演变》，载前揭《粟特人在中国》，141－177页。

[24] 沙武田《敦煌石窟粟特九姓胡人供养像研究》，《敦煌学辑刊》2008年第4期，132－144页。

二、面貌写真的民族认同

粟特人聚落[25]或者说粟特人建立的国际商业网络[26]在敦煌的情况，时间比较早，在三国时期，敦煌就有大量的“西域杂胡”生活于此，《三国志》卷一六《仓慈传》记：

> 又常日西域杂胡欲来贡献，而诸豪族多逆断绝；既与贸迁，欺诈侮易，多不得分明。胡常怨望，慈皆劳之。欲诣洛者，为封过所，欲从郡还者，官为平取，辄以府见物与共交市，使吏民护送道路，由是民夷翕然称其德惠。数年卒官，吏民悲感如丧亲戚，图画其形，思其遗像。及西域诸胡闻慈死，悉共会聚於戊己校尉及长吏治下发哀，或有以刀画面，以明血诚，又为立祠，遥共祠之。

相同记载另见于敦煌藏经洞写本 P.3636[27]。

斯坦因于 1907 年在敦煌西北的长城烽燧遗址获取的粟特文古信札，一直以来是研究丝路胡人商业活动和聚居地的重要考古资料，长期以来引起国际学术界的关注，大量的研究表明在 4 世纪初期粟特人漫长丝路商业贸易网络中，敦煌具有突出的地位[28]。至于到了隋、唐前期、中唐吐蕃时期和晚唐五代宋初归义军时期敦煌的粟特人历史，学术界的研究成果极其丰富，属学界共识，诸多史实是清晰的。

敦煌作为中古粟特人重要的聚居地和他们在漫长丝路上的活动重镇，长期的历史演进，到了五代宋时期，由粟特人后裔建立曹氏归义军政权[29]，把敦煌的粟特人历史推进到政治高峰。敦煌五代宋归义军曹氏的粟特胡人后裔的民族属性作为敦煌粟特人研究的前沿问题，应该说已被学界接受。但是由于大量敦煌石窟壁画中曹氏众多供养人像面貌的标准汉人画像特征的形象展示，也使得学术界有不同的意见产生[30]。此问题的讨论焦点，其实存在着图像研究中的陷阱问题。我们认为，要单一从洞窟壁画中的供养人画像面貌特征上来确定其族属虽有一定的道理，

---

[25] 荣新江《北朝隋唐粟特人之迁徙及其聚落》，《国学研究》第 6 卷，1999 年；收入氏著《中古中国与外来文明》，54—59 页。

[26] 魏义天《粟特商人史》，南宁：广西师范大学出版社，2012 年。

[27] 施萍婷《敦煌随笔之二》，《敦煌研究》1987 年第 1 期，47 页。

[28] Franz Grenet & Nicholas Sims-Williams, The Historical Context of the Sogdian Ancient Letters, *Transition Periods in Iranian History (Studia Iranica, Cahaier 5),* Leuven 1987, pp.47-48；陈国灿《敦煌所出粟特文信札的书写地点和时间问题》，《魏晋南北朝隋唐史资料》第 7 辑，1985 年，10—18 页；《魏晋至隋唐河西胡人的聚居与火祆教》，《西北民族研究》1988 年第 1 期，201—202 页；二文俱收入氏著《敦煌学史事新证》，兰州：甘肃教育出版社，2002 年，56—72 页，73—97 页。

[29] 荣新江《敦煌归义军曹氏统治者为粟特后裔说》，冯培红《敦煌曹氏族属与曹氏归义军政权》，俱载《历史研究》2001 年第 1 期。二文分别载荣新江《中古中国与外来文明》，北京：生活·读书·新知三联书店，2001 年，258—274 页；郑炳林主编《敦煌归义军史专题研究续编》，兰州：兰州大学出版社，2003 年，163—189 页。相同意见另见郑炳林《晚唐五代敦煌地区的胡姓居民与聚落》，载前揭《粟特人在中国》，179 页。

[30] 李并成、解梅《敦煌归义军曹氏统治者果为粟特后裔吗——与荣新江、冯培红先生商榷》，《敦煌研究》2006 年第 6 期，109—115 页。

但从方法论上是值得进一步讨论的，实要注意图像证史的陷阱。本着这样的思路，笔者撰文分析了曹氏供养像之写真性概念，然后逐一揭开附着于曹氏供养像表面的非写实因素，最后参证以洞窟、文献和藏经洞纸绢画等相关资料，结果表明从供养像的角度判定归义军曹氏粟特胡人的族属关系是可能的[31]。这个简单的例证告诉我们在粟特人研究过程中人物画像研究的重要性及其方法论意义。

敦煌有自十六国北朝到元代的洞窟壁画、绢画、麻布画、纸本画，数量丰富，其中的供养人画像统计多达9000余身[32]，据供养人题记中的姓氏可以初步推断，其中有一定数量的粟特九姓胡人画像[33]，也经常被大量相关的研究文章引用。但是具有胡人面貌特征者除笔者讨论过的第359窟东壁门上男性供养像之外，另有莫高窟北周第290窟位于供养人行列的驯马的胡人（图7），其他像莫高窟西魏第288窟供养像列后车马侍者（图8）、五代第100窟曹议金出行图最后打猎队伍中的胡人（图9）等均属功德主供养像后的随从、侍者等身份的下层人物。隋代第390窟供养像列中两身着团花纹服饰的小孩形象（图10），姜伯勤先生认定为粟特人身份[34]，似乎得做重新的检讨，因为我们在其他洞窟和绢画、麻布画与纸画中可以看到类似的供养人像比较多。而作为洞窟窟主、施主功德主类供养像中，明确为胡人形象者即是第359窟此身男性供养像。

图7　莫高窟第290窟中心柱西向面供养人行列中的胡人驯马图

[31] 沙武田《敦煌石窟归义军曹氏供养像与其族属之判别》，《西部考古》第7辑，西安：三秦出版社，2012年，204－234页；另载中央文史馆、敦煌研究院、香港大学饶宗颐学术馆编《庆贺饶宗颐先生95华诞敦煌学国际学术研讨会》，北京：中华书局，2012年，142－167页。

[32] 张先堂《莫高窟供养人画像的发展演变——以佛教史考察为中心》，《敦煌学辑刊》2008年第4期，93－103页。

[33] 沙武田《敦煌石窟粟特九姓胡人供养像研究》，《敦煌学辑刊》2008年第4期，132－144页。

[34] 姜伯勤《敦煌莫高窟隋供养人胡服服饰研究》，载郝春文主编《敦煌文献论集》，沈阳：辽宁人民出版社，2001年，354－368页。

图 8　莫高窟第 390 窟供养人后的车马图

图 9　莫高窟第 100 窟东壁门南出行图后的胡人狩猎场景

图10　莫高窟第390窟北壁供养中的两身小孩供养像

另外，透过图案、图像等可以看到粟特人及其所代表的“粟特画派”对敦煌石窟艺术有不可磨灭的影响与贡献，以姜伯勤先生为代表，分别通过对莫高窟西魏第285窟、隋代第244窟、第390窟、初唐第322窟相关图像的研究[35]，深刻揭示出敦煌石窟艺术史和中国美术史上这一

[35] 分别参见姜伯勤《敦煌艺术宗教与礼乐文明》，北京：中国社会科学出版社，1996年；《中国祆教艺术史研究》，北京：生活·读书·新知三联书店，2004年。

非常有趣而又至关重要的现象。张元林先生以莫高窟第 285 窟为个案，揭示出了该洞窟与粟特人密切的关系[36]。笔者近年来也致力于敦煌石窟中粟特美术的探索，集中就粟特人与洞窟营建的关系努力钩沉，曾就莫高窟初唐第 322 窟[37]、中唐第 158 窟[38]，以及本文所论中唐第 359 窟与粟特人的关系，分别作过尝试性的讨论。综合以上学界研究成果，如果再联系到归义军曹氏对石窟营建的热情，充分表明了粟特人在敦煌石窟营建历史长河中的积极态度和杰出的贡献。而像莫高窟晚唐第 196 窟“何法师窟”，第 129 窟五代归义军小吏安氏某家族集体重修时的壁画，均保存有完整的何姓（图 11）和安姓家族男性供养人群像（图 12），但非常遗憾的是，以上诸多与粟特人有密切关系或本身即属粟特人功德窟的大量供养人画像中，我们看到的具有粟特胡人典型面貌写真特征的画像也仅是第 359 窟的该身男像。

图 11　莫高窟第 196 窟何姓男供养像

[36] 张元林《粟特人与莫高窟第 285 窟的营建——粟特人及其艺术对敦煌艺术的贡献》，云冈石窟研究院编《2005 年云冈国际学术研讨会论文集·研究卷》，北京：文物出版社，2005 年，394－406 页；《论莫高窟第 285 窟日天图像的粟特艺术源流》，《敦煌学辑刊》2007 年第 3 期，161－169 页；《观念与图像的交融——莫高窟 285 窟摩醯首罗天图像研究》，《敦煌学辑刊》2007 年第 4 期，251－256 页。

[37] 沙武田《莫高窟第 322 窟图像的胡化因素——兼谈洞窟功德主的粟特九姓胡人属性》，《故宫博物院院刊》2011 年第 3 期，71－96 页。

[38] 沙武田《敦煌莫高窟第 158 窟与粟特人关系考》（上、下），《艺术设计研究》2010 年第 1、2 期，16－22、29－36 页；另见沙武田《吐蕃统治时期敦煌石窟研究》“中篇”第二章。

图12　莫高窟第129窟安姓男供养像

如此有趣的现象，其实最终是要归结为胡人的汉化和汉文化圈中胡人受歧视的历史现象，这一点已是学界的共识。至于涉及画像方面，笔者已在对第359窟该身供养像及归义军曹氏供养像相关研究中多次论及，不再重复。

更为有趣的是，即使是在第359窟供养像中，具有胡人面貌写真者目前从壁画中能够明确看到的也只有东壁门上的这一身，其他则属汉人面貌写真（图13），或因壁画退色和残损而不明确。总体而言，第359窟内粟特人的面貌写真可以概括为三类特征：

图13　莫高窟第359窟男供养像面部特写

图 14　莫高窟第 359 窟东壁门上夫妇对坐供养像之男像

图 15　莫高窟第 359 窟东壁门上夫妇对坐供养像之女像

（1）胡人面貌：主要即是东壁门上的男性供养像，该人物体型颇为独特，胡跪，身体极显肥胖，粗腰，高大魁伟。该身男供养像面貌特征为蓝眼睛，高额头，高鼻梁，一圈络腮胡须，显得较为浓密，脖颈圆满，完全属肥胖型人之特征，人物相貌特征极具中亚西域胡人气象（图 14），正是唐代诗人笔下描述的胡人形象："碧玉炅炅双目瞳，黄金拳拳两鬓红"、"琉璃宝眼紫髯须"[39]。

（2）唐人面貌：即是指除了上述胡人面貌形象以外的中轴线北侧的其他男性供养像，以及所有的女性供养像——包括与胡像对坐之夫妇供养像之女性（图 15），当然也包括僧尼供养像，这些人物群体在面貌特征上有千人一面之特征[40]，正是绝大多数各时期洞窟供养人群像的基本特征和绘画现象，从现存的洞窟壁画各供养人面貌上，还看不到可勉强辨认属于像唐墓中看到的那些胡人俑面貌形象者，基本上是唐人形象，代表如男供养像第一身即窟主（图 16）。至于女性的面貌则完全是唐人形象，是符合部分题名如南壁下第一身"新妇南阳张氏"（图 17）的族属规范的，其他女性的情况也可以肯定是以唐人面貌形象出现的，因为胡人女性在中国的文化中是受歧视的。《朝野佥载》《太平广记》《唐人小说》《唐传奇》等所记"狐女"多被隐涉为胡人[41]。李白诗

[39] 李白《上去乐》，《全唐诗》卷一六二；张说《苏摩遮》，《全唐诗》卷八九。

[40] 郑炳林《敦煌写本相书理论与敦煌石窟供养人画像——关于敦煌莫高窟供养人像研究之二》，《敦煌学辑刊》2006 年第 4 期，1—23 页。

[41] 王青《西域文化影响下的中古小说》，北京：中国社会科学出版社，2006 年。

图16 莫高窟第359窟西壁龛下男供养像第一身（窟主）

图17 莫高窟第359窟南壁女供养像之“南阳张氏”

“胡姬貌如花，当炉笑春风”“胡姬招素手，延客醉金樽”[42]，所描写的胡女，恐怕不会被稍有社会地位者所认同。唐人诗歌中描述的能歌善舞，富有异域风情的“酒家胡”，多是通过奴婢贸易入华的胡人女子[43]。我们在大量的墓葬等胡人画像、三彩、陶俑等资料中，看到的全为胡人男子像，几乎看不到有关胡女的资料，当系时人对胡女的偏见。对此孙机先生有自己独到之见解，颇具启发意义[44]。法国葛乐耐（Frantz Grenet）先生通过对安伽墓石棺、Miho 粟特人石棺、安阳粟特人石棺的观察，敏锐地指出一个现象：作为这些社会地位较高的粟特人墓主（像萨保），均穿粟特胡服，而他们的妻子却总是穿着汉人服饰[45]。史君墓画像也不例外。其实仔细观察会发现，包括一些侍女人物也为汉装，充分表明入华的粟特人对汉文化的认同，汉人社会对胡女的偏见和轻视，也不得不使这些来自中亚的移民在本属自己的墓葬画像艺术中有所选择，实属不得已而为之。但有意思的是，学者的研究表明，入华的粟特人多半保持着族类通婚的习俗[46]。在这样的情况下，即使是有可能为胡女者仍不愿意被画成地道的胡人形象，其原因是相同的，仍属社会认同的价值取向所左右。

[42]《李太白全集》卷三、卷一八。

[43] 芮传明《唐代酒家胡述考》，《上海社会科学院学术季刊》1993年第2期，159－166页。

[44] 乾陵博物馆编《丝路胡人外来风：唐代胡俑展》孙机先生撰写“序言”，北京：文物出版社，2008年，10页。

[45] 葛乐耐（Frantz Grenet）《粟特人的自画像》，《粟特人在中国——历史、考古、语言的新探索》，305－323页。

[46] 程越《从石刻史料看入华粟特人的汉化》，《史学月刊》1994年第1期，24－25页；蔡鸿生《唐代九姓胡与突厥文化》，北京：中华书局，1998年，22－23页；荣新江《北朝隋唐粟特聚落的内部形态》，《中古中国与外来文明》，132－135页；陈海涛、刘惠琴《来自文明十字路口的民族——唐代入华粟特人研究》，北京：商务印书馆，2006年。

如此，则敦煌也不能例外，池田温先生在研究敦煌从化乡人名的胡式和汉式现象时非常精辟地指出："众所周知，由中亚移居中国的人几乎都是男性，很少有女性相伴随。这些移居中国的男子，大多应与汉族女子通婚，繁衍子孙。因为到敦煌定居之后，他们所能找到的结婚对象，只有敦煌附近的汉族女子。所以该乡主体居民九姓胡姓男子的配偶一定以汉族女子居多。"[47]

（3）吐蕃人形象：第 359 窟的男性供养群像，一直以来是敦煌石窟吐蕃供养人的代表，也是吐蕃服饰研究的典型资料[48]。因为在该窟内保存了吐蕃装男供养像多达近 30 身，他们均头戴用红色或浅红色，间有灰白色头巾裹成的"绳圈冠"，系于脑后；分于面颊两边的头发扎成髻，垂于耳际，末梢饰一绿色宝石（又似耳坠类饰品）；身着大翻领长袖袍或小翻领直袖袍衣（服饰详后）。无疑集中展示的是作为吐蕃统治下受吐蕃制度约束下的沙州百姓的日常形象。

作为一个粟特人家族营建的功德窟，在供养人面貌写真的表达上，出现如此复杂的景象，仅以一身胡人面貌写真象征性地追溯了其家族的中亚移民和粟特人背景，而且该像出现在主室东壁门上，如同学界讨论较多的同时期莫高窟第 231 窟"阴家窟"[49]相同位置即主室东壁门上出现的窟主父母阴伯伦夫妇对坐供养像一样，基本上是以亡故祖先的身份展示，也强烈表达了家族成员对家族祖辈的追念、祭祀意义[50]。其余的供养像无论男女老幼、僧俗两界，均以大量的唐人面貌写真形象集体出现在洞窟中，明显地反映出该粟特人家族在民族认同方面的倾向性，至于男供养像吐蕃装形象的出现，无疑是独特时代背景下产物，对此现象笔者有过相关的研究[51]，不能作为该家族民族认同的证据。

三、唐蕃服饰的文化归属

服饰作为人们日常生活中不可或缺的内容，不仅展示着一个社会的时代风貌，更是区别不同文化和民族习俗的标志性符号，长期的生活习俗和所处环境的影响，不同时期不同民族有代表各自民族特征的服饰，这一现象在古代世界各民族中均有明确的反映，也是大家熟知的社会历史现象。因此，有学者指出"人们对服饰的要求有生理方面的物质性和心理方面的精神性……精神性表现为审美的艺术性和象征性……而人的审美意念和象征意念不仅受时代意念的制约，而且受民族意念的制约，这是服饰文化具有时代特色和民族特色的原因"[52]。另

[47] 参见池田温前揭《唐研究论文选集》，27—28 页。

[48] 沙武田《吐蕃统治时期敦煌石窟供养人画像考察》，《中国藏学》2003 年第 2 期，80—93 页；另见《吐蕃统治时期敦煌石窟研究》"上篇"第三章。

[49] 记载莫高窟第 231 窟营建的功德记写本 P.4640《大番故敦煌郡莫高窟阴处士公修功德记》（又名《阴处士碑》）记载原应俗称"报恩君亲窟"。参见郑炳林《敦煌碑铭赞辑释》，兰州：甘肃教育出版社，1992 年，分别见 33—38 页、238—254 页。

[50] 白天佑、沙武田《敦煌莫高窟第 231 窟阴伯伦夫妇供养像解析》，《敦煌研究》2006 年第 2 期，6—10 页；王中旭《阴嘉政窟》，中央美术学院博士学位论文，2009 年；王中旭《敦煌吐蕃时期"阴嘉政父母供养像"研究》，《中国国家博物馆馆刊》2012 年第 2 期，99—119 页。

[51] 沙武田《吐蕃统治时期敦煌石窟供养人画像考察》，《中国藏学》2003 年第 2 期，80—93 页。另见笔者前揭对第 359 窟供养人画像研究两篇论文。

[52] 黄能馥、陈娟娟《中国服饰史》，上海：上海人民出版社，2004 年，1 页。

外，社会制度的变革、政权的交替、民族的融合、宗教信仰的变化等都会使一个民族本来的服饰发生或大或小的变化，这在历史时期是司空见惯的史实。即使是到了今天，中国的56个民族，除了汉族以外，其余各民族大多都有代表本民族特征的传统服饰。有唐一代，本来是大唐天下的河西地区，因安史之乱的影响，吐蕃人乘机占领了窥视已久的陇右、河西、西域的大片土地，使得这些地区的各类民众也成了吐蕃治下的蕃民，在敦煌文献中他们往往自称"落蕃户""落蕃官""落蕃僧"[53]。其中服饰的变化比较大，吐蕃在这些新占领区施行严格的民族统治政策，其中包括易服辫发、黥面文身[54]，服饰方面的变化对于一个被军事强行占领区的民众是一件痛苦的事情，更重要是的大唐帝国仍然是当时世界格局中的重要的一员，大唐文治武功下的盛世景象和完善的典章制度仍然是吐蕃无法媲美的。在这样的背景下，吐蕃统治下对服饰的改变对这些陷蕃区的大唐子民而言，生理和心理上都产生了一定的影响，从内心深处他们是不愿意的。《五代会要》卷三〇《吐蕃传》中记述说：

> 及安禄山犯阙，肃宗在灵武，尽召河西戍卒，收复两京，吐蕃乘虚，遂取凉、陇，华人百万，陷于腥膻。开成之际，朝廷遣使还番，过凉、肃、瓜、沙，城邑如故，华人见汉旌使，齐夹道泣诉，问皇帝还念陷番生灵否？当时已经再世，虽语言小讹，而衣服未改。

类似的记载也见于《旧五代史》卷一三八《外国列传》第二"吐蕃"条，这些陷蕃区的百万华人，向唐朝使节表达了对唐朝的感情，"虽语言小讹，而衣服未改"，服饰的守护大概最能体现对文化的追念。白居易《缚戎人》中描述一位"大历年中没落蕃"的汉人"一落蕃中四十载，遣着皮裘系毛带。唯许正朝服汉仪，敛衣整巾潜泪垂"，这种现象在敦煌文献中也得到反映，

---

[53] 参见敦煌文献P.3201王锡撰《呈吐蕃赞普奏章》，载唐耕耦、陆宏基主编《敦煌社会经济文献真迹释录》第4辑，北京：全国图书馆文献缩微复制中心，1990年，358页。详细研究见法国戴密微著，耿昇译《吐蕃僧诤记》，兰州：甘肃人民出版社，1984年；赵晓星《吐蕃统治敦煌时期的落蕃官初探》，《中国藏学》2003年第2期，53－62页。

[54] 这方面的研究诸如有：藤枝晃《吐蕃支配时期的敦煌》，《东方学报》31，京都，1961年，199－292页；山口瑞凤《吐蕃支配时代》，《讲座敦煌》2《敦煌的历史》，东京：大东出版社，1980年，1－52页；姜伯勤《唐敦煌"书仪"写本中所见的沙州玉关驿户起义》，《中华文史论丛》1981年第1辑，157－170页；安家瑶《唐永泰元年（765）—大历元年（766）河西巡抚使判集（伯二九四二）研究》，北京大学中国中古史研究中心编《敦煌吐鲁番文献研究论集》，北京：中华书局，1982年，232－264页；史苇湘《河西节度使覆灭的前后——敦煌遗书伯2942号残卷的研究》，《敦煌研究》创刊号，119－130页；史苇湘《丝绸之路上的敦煌与莫高窟》，敦煌文物研究所编《敦煌研究文集》，兰州：甘肃人民出版社，1982年，43－121页；史苇湘《吐蕃王朝管辖沙州前后——敦煌遗书S.1438背〈书仪〉残卷的研究》，《敦煌研究》创刊号，131－141页；王尧、陈践《敦煌吐蕃文献选》，成都：四川民族出版社，1983年；戴密微著，耿升译《吐蕃僧诤记》，兰州：甘肃人民出版社，1984年；姜伯勤《唐五代敦煌寺户制度》，北京：中华书局，1987年；邵文实《沙州节儿考及其引申出来的几个问题——八至九世纪吐蕃对瓜沙地区的汉人的统治》，《西北师大学报》1992年第5期；邵文实《尚乞心儿事迹考》，《敦煌学辑刊》1993年第2期；前田正名著，陈俊谋译《河西历史地理学研究》，北京：中国藏学出版社，1993年；杨铭《吐蕃统治敦煌研究》，台北：新文丰出版公司，1997年；刘进宝《吐蕃对敦煌的统治与研究》，《敦煌文书与唐史研究》，台北：新文丰出版公司，2000年；史苇湘《丝绸之路上的敦煌与莫高窟》，载敦煌文物研究所编《敦煌研究文集》，兰州：甘肃人民出版社，1982年，43－121页。

P.3451《张议潮变文》记述了归义军初期唐中央使节在河西敦煌的见闻时写道：

尚书授敕已讫，即引天使入开元寺，亲拜我玄宗圣容。天使睹往年御座，俨若生前。叹念敦煌虽百年阻汉，没落西戎，尚敬本朝，余留帝像。其于（余）四郡，悉莫能存。又见甘、凉、瓜、肃，雉堞凋残，居人与蕃丑齐肩，衣着岂忘于左衽；独有沙州一郡，人物风华，一同内地。[55]

敦煌文书 P.3633《沙州百姓一万人上回鹘天可汗书》中记：

太保弃蕃归化，当尔之时，见有吐蕃节儿镇守沙州，太保见南蕃离乱，乘势共沙州百姓同心同意，穴白趁却节儿，却着汉家衣冠，永抛蕃丑。[56]

文书所反映的是沙州人民对推翻吐蕃统治的心情，“永抛蕃丑”，经过 60 余年的异族统治生活，可以再次“着汉家衣冠”，服饰的回归，是对唐文化的回归。同样的历史情结也通过供养人服饰图像的形式反映在莫高窟第 359 窟当中。

在第 359 窟粟特石姓家族功德窟中，整体上是以吐蕃服饰为特征的供养人群像，长期以来成为藏学界认识吐蕃服饰的重要资料。对于该窟供养人画像的服饰现象及其特征，笔者已在相关的研究中有详细的描述和分析，在此需要我们特别关注的有两点。

1. 多民族服饰表现

第 359 窟供养人画像的服饰虽然以吐蕃装为主要特征，但吐蕃装并不是该窟供养人群像的唯一服饰，其中除僧尼的法服之外，女供养像全是唐装，高腰裙，直袖衫，部分有披帛，头束各类发髻，有的上饰花，面部特征不十分清楚。男性的服饰则比较复杂，分两种服饰：唐装和吐蕃装。具体情况如下：

（1）唐装分别是前述东壁门上胡人面貌形象者、西壁龛下男供养像第一身即窟主、北壁第 6 身（图 18）和第 8 身，他们头戴软脚幞头，身着圆领红色长袍，腰束革带，典型的唐装形象，其中东壁门上者腰系鞊韘七事，又属胡装形象。

（2）吐蕃装有以下两种情况：

第一类：属典型的吐蕃装。内穿交领衣，外披白色大翻领对襟长袍，饰绿边云肩，下半身开衩，显露加绣绿色缘边的裤子；长袍直袖长短不一，右侧短，左侧长，下垂至于膝下委地，形成左衽穿法；袖边饰似花边一圈，或为虎皮饰；腰系带，上是否有饰物不清；足蹬皮靴。代表为北壁第 5、9、15 身人物像（图 19）。

[55] 王重民等《敦煌变文集》上，北京：人民文学出版社，1957 年，124 页；唐耕耦、陆宏基《敦煌社会经济文献真迹释录》二，全国图书馆文献缩微复制中心，1990 年，320 页；上海古籍出版社、法国国家图书馆合编《法藏敦煌西域文献》第 24 册，上海：上海古籍出版社，2002 年，252－254 页。

[56] 王重民《金山国史事坠拾》，载《敦煌遗书论文集》，北京：中华书局，1984 年；唐耕耦、陆宏基，《敦煌社会经济文献真迹释录》二，全国图书馆文献缩微复制中心，1990 年，377 页；上海古籍出版社、法国国家图书馆合编《法藏敦煌西域文献》第 26 册，上海：上海古籍出版社，2002 年，156－158 页。

图18 莫高窟第359窟北壁第6身唐装供养像

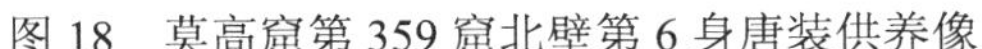

图19 莫高窟第359窟典型吐蕃装男供养像

第二类：属受唐装影响的蕃装（图20）。内穿交领衣，外穿红色或白色间有灰色小翻领（绿色）长袍（是否对襟或斜襟则不清），下半部或开衩或不开衩，直袖，袖无饰，腰束革带。此类袍衣如果没有小翻领则完全是唐装男像常服圆领袍衣，明显地表现出受唐代服饰影响的因素。这种现象的出现，当是自文成公主入藏以来，长时期内受汉文化影响所致[57]，代表为西壁最后1身（白色开衩长袍），北壁第1身（红色不开衩长袍）、第3身（白色不开衩长袍）、第4身（红

[57] 阿米·海勒撰，杨清凡译《拉萨大昭寺银瓶——吐蕃帝国（7世纪至9世纪）银器及服饰考察》，载四川大学中国藏学研究所编《藏学学刊》第3辑，成都：四川大学出版社，2007年，194—223页。

图 20　莫高窟第 359 窟唐装影响下的吐蕃装男供养像

色开衩长袍)、第 10 身（白色开衩长袍)、第 11 身（灰色不开衩长袍)、第 12 身（红色开衩长袍)。其中，北壁第 2 身较为独特，总体上属此类蕃装，但是又有云肩装饰。

在以上吐蕃装服饰中，个别像腰佩鞊鞢七事，其中北壁第 5 身、第 9 身、第 15 身典型吐蕃装人物像最为明确，其余不清，但受唐装影响的服饰人物像中似无此装饰。这一发现颇为重要，因为对吐蕃人佩七事装饰，虽然按照其民族特性与服饰影响和渊源关系，吐蕃服饰中当有此饰物，但长期以来除在敦煌壁画赞普礼佛图之外，在供养人画像中没有看到过，因此可补此方面之空白。

2. 女性的唐装形象

对于敦煌吐蕃石窟中女性供养像顽强保持唐装的现象，学术界还没有深入的研究，之前的研究我们只是以简单的吐蕃人对女性的限制相对宽松为由，现在看起来有些简单，毕竟男女完全不同的服饰形象所显示出来的民族象征和政治归属，定会有独特的社会或历史原因，可能不单单是吐蕃人政策的问题。

因为有“新妇南阳张氏”供养像的存在，表明该家族与敦煌汉人张氏等大家族的联姻关系，以及家族辈分最高者夫妇对坐像之女性的明显的汉人特征，可以说该粟特人家族的汉化到了第359窟营建之时已经非常的深刻，因此作为汉人的女性虽然因为婚姻的关系进入粟特人家族，但是对汉文化和传统的坚持仍代表着她们内心深处的文化和政治取向。

另外，如同我们在前面有关胡人女性面貌写真问题上所指出的那样，作为汉文化圈中受歧视的胡人——特别是那些胡人女性，在文人笔下经常出入于酒肆、妓院等浮俗轻薄场合，这些靠歌舞、陪酒等取乐客人的胡人女子，一度是中亚康国、石国等进贡中原的“方物”“胡旋女”，与猎豹、狮子、名马、细狗、葡萄酒、舞筵等一道被输入到长安，供唐代上层社会享受[58]。陈寅恪先生考证了“狐臭”与胡人的关系[59]，黄永年先生则进一步指出中国语言上对女性侮辱性词语“狐狸精”，即属和胡人女子有一定关联的语言演变可能[60]。受此影响，在全国各地北朝、隋唐墓葬壁画与各类随葬俑形象中，形形色色的男性胡人形象大量展现在中古时期各阶层的生死世界中，他们的角色基本上是家奴性质，如常见于北朝时期女主人牛车的驾驭者，隋唐时期为主人养马、驯马、牵马的马夫，或供主人打猎时架鹰走狗、驱使猎豹的猎手，或像唐代诗人刘言史笔下为主人唱歌跳舞助兴的石国“胡腾儿”，等等[61]，极少见到有女性形象者[62]。而粟特人入华后最擅长的商人、手工业者、军人形象中，就更见不到女性的形象，大概长途贩运、精细的手工业、打仗这些工作对她们并不适合。即使是最应该出现粟特胡人女子的舞蹈图像中，我们在宁夏盐池何姓墓葬中的墓门男性胡旋舞图像[63]，在北朝到隋唐流行的扁壶中的舞蹈形象[64]，以及像天水石马坪石雕一组演奏乐器胡人[65]，唐鲜于庭诲墓出土骆驼身上的一组乐舞胡人（图 21）[66]，都没有看到有女性的形象出现。西安中堡村唐墓中的骆驼所载乐舞虽然中间唱歌者为一女子，却是唐人形象，演奏者也全是唐人（图22）[67]。因此，可以看到在漫长的中古历史长河中，胡人女子颇受社会歧视，因此大量涉及粟特胡人的考古图像资料中，极难有她们的踪影，即使有像前述葛乐耐先生指出的那样，粟特人也会有意避开世俗的眼光，把粟特女性的形象通过汉人服饰的装扮而以完全不同的文化背景登场[68]。同样的道理，作为已经在敦煌至少有半个世纪时间的该石姓家族，通过长时间的汉

[58] 蔡鸿生《唐代九姓胡与突厥文化》，北京：中华书局，1998年，46—70页。

[59] 陈寅恪《狐臭与胡臭》，国立清华大学中国文学会编《语言与文学》，北京：中华书局，1937年。

[60] 黄永年《唐史十二讲》，北京：中华书局，2007年，181—190页。

[61] 对大量考古胡人形象资料反映出来的深层的社会历史的研究，参见葛承雍《唐韵胡音与外来文明》，北京：中华书局，2006年。

[62] 感谢葛承雍先生提醒笔者在研究粟特人问题时注意这一重要的历史现象。

[63] 罗丰《隋唐间中亚流传中国之胡旋舞——以新获宁夏盐池唐墓石门胡舞图为中心》，《传统文化与现代化》1994年第2期，50—59页；另载《唐文化研究论文集》，上海：上海人民出版社，1994年，335—354页；收入氏著《胡汉之间——“丝绸之路”与西北历史考古》，北京：文物出版社，2004年，280—298页。

[64] 冯恩学《胡风扁壶的时代风格》，《北方文物》2013年第2期，26—30页。

[65] 天水市博物馆《天水发现隋唐屏风石棺床墓》，《考古》1992年第1期，46—54页。

[66] 1957年发现于陕西西安，现藏中国国家博物馆。

[67] 陕西省文物管理委员会《西安西郊中堡村唐墓清理简报》，《考古》1960年第3期。

[68] 葛乐耐《粟特人的自画像》，《粟特人在中国——历史、考古、语言的新探索》，305—323页。

图 21　唐鲜于庭诲墓出土骆驼载舞
（采自《中国美术全集雕塑编》4《隋唐雕塑》图版 139）

图 22　西安中堡村唐墓骆驼载舞
（采自《中国美术全集雕塑编》4《隋唐雕塑》图版 145）

化，与敦煌汉人世家大族的联姻，在这个家族更多体现出来的是唐文化的情绪而非胡文化的面貌，集中体现在几身唐装男供养像和全部唐装的女供养像形象中。

据学者研究，作为吐蕃服饰主流的三角形大翻领斜襟左衽、对襟束腰长袍、圆领直襟束腰长袍，受粟特服饰的影响比较大，当然同时也受突厥服饰的影响[69]，特别是前者，我们可以在青海都兰吐蕃墓棺板画中吐蕃人服饰上繁缛的联珠纹（图 23）[70]，以及吐蕃墓马鞍等金银饰物中吐蕃人形象（图 24）中可以深刻体会到[71]。对于粟特人而言，吐蕃服饰的特征，在一定程度上是可以体现本民族传统服饰特色的，特别是第 359 窟出现的男性供养像服饰中受唐装影响下的小翻领直袖束腰长袍，不仅仅有唐装的特色，同时也有粟特胡服的本色，我们可以将其和同时期长安洛阳大量的胡人翻领束腰紧身长袍衣（图 25）做一比较，三者之间有联系，也有区别，唐文化、粟特文明、吐蕃时代的三重影响似可反映在第 359 窟供养人服饰当中，或

[69] 吐蕃服饰研究，主要参考德金桑姆《敦煌壁画中的吐蕃王室服饰》，《西藏评论》1978 年 2—3 月号；休·黎吉生《再论古代吐蕃人的服饰》，《西藏评论》1975 年 5—6 月号；Karmay Heather, Tibetan clothes——Seventh to Eleventh Centuries, in A. Macdonald and Y. Imadea, *Art du Tibet*, Paris, 1977，p. 72. 台建群译文见于《敦煌研究》1994 年第 4 期，胡文和译文见于《西藏研究》1985 年第 3 期；杨清凡《藏族服饰史》，西宁：青海人民出版社, 2003 年；杨清凡《从服饰图例试析吐蕃与粟特关系》上，《西藏研究》2001 年第 3 期。

[70] 参见《华夏地理》2006 年第 3 期“青海专辑”刊载了这批墓葬的棺板画照片和相关内容的介绍，本文图片来源于此。

[71] 霍巍《吐蕃系统金银器》，《考古学报》2009 年第 1 期，88—128 页。图版见香港中文大学《梦蝶轩藏中国古代金饰》第 2 册，2013 年，图版，附有霍巍先生介绍吐蕃金银装饰专文。

图23　青海都兰郭里木墓棺板画宴饮图中的吐蕃人服饰

（采自《华夏地理》2006年第3期“青海专辑”）

图24　青海都兰吐蕃墓葬中马饰上的吐蕃人（采自《梦蝶轩藏中国古代金饰》第二册）

图25　唐墓中的胡人俑

（乾陵博物馆编《丝路胡人外来风：唐代胡俑展》101、102页）

许正是这个粟特人家族在吐蕃统治时期仍未忘本，同时对唐朝、对唐文化向往有加的心态。

刘言史在《王中丞宅夜观舞胡腾》中对石国的粟特人服饰有形象的描述：

石国胡儿人见少，蹲舞尊前急如鸟。织成蕃帽虚顶尖，细氎胡衫双袖小。
手中抛下蒲萄盏，西顾忽思乡路远。跳身转毂宝带鸣，弄脚缤纷锦靴软。

蔡鸿生先生以此精妙的诗句详细钩沉了粟特胡人服饰的基本特征[72]。我们结合在中亚片治肯特发现的粟特遗址壁画中粟特人的形象与服饰特征，基本上是紧身的圆领或翻领对襟束腰长袍，多饰联珠纹，脚蹬高筒皮靴，头带各式胡帽（图 26）[73]；再结合大量北朝到隋唐墓葬中出现的胡人俑服饰——基本上是翻领长袍，其他变化不大，但很少见联珠纹装饰（图 27）；以及像粟特人墓葬如安阳粟特人墓、安伽墓、史君墓等重要的考古发现（图 28），粟特人的服饰特征明显：头戴各式毡帽（或尖顶、或圆顶、或有宽边沿），在新疆有实物发现（图 29）；身穿紧身的圆领或翻领对襟束腰长袍，脚蹬高筒皮靴。作为吐蕃统治下的粟特胡人，应该说同为胡族服饰，吐蕃服饰又深受粟特服饰影响，因此按常理推论，吐蕃统治时期的敦煌，“从化乡”解体后的这些粟特胡人（也应包括从石城镇并入敦煌的粟特人），如果穿上本民族的服饰，或许可以得到吐蕃统治者的认同。如同都兰、乌兰等地吐蕃墓葬中棺板画及马鞍装饰上的吐蕃人服饰一样，粟特服饰常见的联珠纹成了主要而醒目的服饰特征（图 30）[74]。但是种种迹象表明，第 359 窟的粟特人家族并没有要特意保持本民族传统服饰的意思，而更加倾向于对唐服的钟爱。至于吐蕃装则可理解成时代的需要。

图 26　中亚片治肯特粟特遗址壁画中粟特人的形象与服饰
（采自东京国立博物馆《丝绸之路大美术展》图版 107、108；*Expedition Silk Road:Journey to the West—Treasures from the Hermitage*，116,117）

［72］蔡鸿生《唐代九姓胡与突厥文化》，北京：中华书局，1998 年，28－31 页。

［73］图版参见 2014 年 5－9 月在荷兰的丝绸之路展，*Expedition Silk Road: Journey to the West—Treasures from the Hermitage*, Hermitage Amsterdam, 2014.

［74］Amy Heller, Preliminary Remarks on Painted Coffin Panels from Tibetan Tombs, in: *Scribes, Texts, and Rituals in Early Tibet and Dunhuang*, Brandon Dotson, Kazushi Iwao & Tsuguhito Takeuchi, in: Wiesbaden, 2013, pp. 11-23.

图27　唐墓胡人俑

（乾陵博物馆编《丝路胡人外来风：唐代胡俑展》，103、105页）

图28　安伽墓石棺床上的胡人形象

（采自《西安北周安伽墓》）

图 29　新疆吐鲁番唐墓中的胡人俑及新疆发现的胡帽
（采自《丝绸之路——大西北遗珍》图版 102，文物出版社，2010 年）

图 30　青海都兰墓吐蕃人服饰特写
（采自《华夏地理》2006 年第 3 期“青海专辑”）

通过以上的分析，从男供养像的服饰上我们可以感受到该石姓粟特人家族对于唐服的深刻眷恋和历史坚守，同时也在一定程度上展示了本民族即粟特胡人的翻领、小袖、腰系鞊韘七事等服饰传统。但是作为吐蕃统治下完全唐装的供养男像的出现，以及像北壁第 6 身有可能是从蕃装改为唐装的现象，加上女性供养像清一色的唐装，最终给我们展示的是吐蕃统治下一个完全汉化了的粟特人家族，在他们的内心深处是割舍不断的唐人情结，对唐文化的认同感和对大唐帝国的政治归属感等心理情结。通过该家族供养像服饰历史信息的解读，以图证史，观瞻这些供养像，似乎如同阅读同时期莫高窟洞窟功德记文如 P.4640《阴处士碑》、P.4640《吴和尚碑》、P.2991《报恩吉祥之窟记》等写本文献描述的情景一样，“陇上痛闻于豺叫”“事遇此年，屈膝两朝之主”，“复旧来之井赋，乐已忘亡”（《阴处士碑》），“时属黎甿失律，河右尘飞；信义分崩，礼乐道废；人情百变，景色千般；呼甲乙而无闻，唤庭门而则诺；时运既此，知后奈何”（《报恩吉祥之窟记》）。无论是供养人画像，还是洞窟营建的写本功德记，均反映出这些陷蕃唐帝国的子民，不分民族，心向大唐的历史情结，如果套用白居易的诗句，正是“汉心汉语吐蕃人”，唯一不同的是，该家族本身是粟特胡人的后裔。

另外，作为第 359 窟功德主的粟特家族的文化归属和政治倾向性，我们也可以从洞窟中的壁画题材与艺术风格中得其一斑。该洞窟保存完好，窟内各壁经变画内容均是中唐的原作，主室窟顶藻井画狮子莲花井心，卷草幔帷铺于四披，西披上画说法图一铺、赴会佛十铺，下帐顶图案、迦楼罗、迦陵频伽，南、北、东披画千佛，千佛中央说法图各一铺。西壁盝顶帐形龛内清塑三身（一菩萨、二胁侍），马蹄形佛床，龛顶中央画棋格团花，西披画趺坐佛五身、化生二身，南、北披各画趺坐佛三身、化生二身，东披画立佛五身。龛内屏风画观音经变，龛外南侧画普贤变，龛外北侧画文殊变。南壁西起画阿弥陀经变一铺、金刚经变一铺，北壁西起画药师经变一铺、弥勒经变一铺，东壁门南、北画维摩诘经变[75]。总体来看，以上经变画、千佛尊像、屏风画、图案等均是中唐时期流行的题材内容，组合关系也是颇为典型的莫高窟初唐、盛唐和中唐洞窟图像的组合关系，艺术风格上更是典型的敦煌传统的手法与图像表现方式（图 31）[76]，和汉人世家大族如阴嘉政功德窟莫高窟第 231 窟等大多数洞窟大同小异，区别不大，并没有因为功德主是粟特人而出现粟特美术的强烈影响，也没有因为属于吐蕃时期而像榆林窟第 25 窟[77]、莫高窟第 93 窟[78]一样表现出强烈的吐蕃特色的图像与艺术特征。而以维摩诘经变中吐蕃赞普礼佛图（图 32）与汉族帝王礼佛图为代表的唐蕃图

[75] 敦煌研究院编《敦煌石窟内容总录》，北京：文物出版社，1996 年，145－147 页。龛内屏风画原定为药师经变之九横死情节画面，后经学者考证，实为观音经变内容，参见张元林、夏生平《“观音救难”的形象图示——莫高窟第 359 窟西壁龛内屏风画内容释读》，《敦煌研究》2010 年第 5 期，36－46 页。

[76] 沙武田《敦煌石窟历史的重构——敦煌吐蕃期洞窟诸现象之省思》，《圆光佛学学报》第 11 期，2007 年，25－90 页；另载谢继胜等主编《汉藏佛教美术研究——第三届西藏考古与艺术研究国际学术讨论会论文集》，上海：上海古籍出版社，2009 年，47－78 页。

[77] 沙武田《一座反映唐蕃关系的“纪念碑”式洞窟——榆林第 25 窟营建的思想、动机与功德主试析》（上、下），《艺术设计研究》2012 年第 4 期、2013 年第 1 期，10－17、16－23 页。

[78] 沙武田、赵蓉《吐蕃人与敦煌石窟营建——以莫高窟第 93 窟为中心》，《藏学学刊》第 7 辑，成都，四川大学出版社，2011 年，26－48 页。

图 31　莫高窟第 359 窟主室内景

图 32　莫高窟第 359 窟维摩诘经变吐蕃赞普礼佛图

像的共绘，实有政治图像选择的意图，吐蕃赞普的出现除了当时统一粉本的原因之外，也刻写着时代的烙印，而汉族帝王的描绘，则如同唐装一样暗示该家族的文化认同。

正因为有这样的社会原因、历史背景及洞窟壁画的图像佐证，大中二年（848）张议潮举众起义，推翻吐蕃统治，积极回归大唐，其中与张议潮一道起义举事的，还有安景旻率领的一支九姓胡军和阎英达为代表的通颊部落[79]。也就是说张议潮是借助了包括粟特人在内的另两支力

［79］荣新江《归义军及其与周边民族的关系初探》，《敦煌学辑刊》1986 年第 2 期，24—44 页。

量才得以成功。《资治通鉴》卷二百四十九唐宣宗大中五年胡三省注引《资治通鉴考异》：

按《实录》："五年，二月，壬戌，天德军奏沙州刺史张议潮、安景旻及部落使阎英达等差使上表，请以州降"。

从第359窟石姓家族的种种迹象表明，他们或许即是这支粟特九姓胡人的力量之一，至少对于推翻吐蕃的行为，会得到该家族的支持，至于具体的参与和支持形式，则不得而知。

四、余　论

（一）该粟特人家族祆教崇拜的残留

莫高窟吐蕃期洞窟第359窟80余身供养人群像，除我们重要讨论的男女供养像之外，另有西壁龛下相向排列的、作为引导僧尼的7身比丘和比丘尼供养像，分别为7身相向而立，这个数字比较奇特。据不同时期敦煌石窟供养像中僧尼供养像题名可判断，像这种出现在家窟中的僧尼，基本上即是洞窟功德主本家族出家者[80]，作为这个家族出家的僧尼，不大可能刚好是僧人7身、女尼7身，除非是巧合，但是这种可能不大。似乎有更复杂的背景或思想，据研究，祆教神话思想中对像3、5、7等数字有特殊的含义和崇拜，其中与代表原型数字的3可作联系的有："三善""三恶"，善恶之间的关键分为"三阶段""三道关口""三联神"；教主琐罗亚斯德排行老三，有三个妻子、有三儿三女；祆教寺庙均供奉三级火坛，中亚纳骨器和粟特壁画上经常装饰有三级火坛。与代表原型的数字5有关的有：五时辰、五大元素等。与代表原型数字7有关的有："七天创世说""七层天""七位一体神"等，表现在图像上如有纳骨器装饰七火舌火坛图案[81]。粟特祆教对此类数字的崇拜思想，可表现在中国境内发现的粟特人墓葬石棺床图像当中，对此腾磊先生专门就安伽墓、安阳粟特人墓、日本Miho石棺床、虞弘墓石床所含数字作过统计，结果是以3和7为常见的数字图像表现于粟特人的墓葬图像中，并肯定了其与祆教思想象征的关联意义[82]。确如此说，则第359窟龛下分别安排7身僧尼相向供养的做法，联系到功德主粟特人的原始宗教背景，实是刻意的布局。如此说不致大谬，则或多或少反映出该粟特家族在集体信仰佛教的同时，往往还残留着原始的祆教成分的蛛丝马迹，就如同东壁门上男供养像唐装腰间革带中系鞊韘七事有异曲同工之妙。对此数字的对应关系所暗示出来的粟特本民族习性的探讨，同时也可以剖析该粟特人家族在佛教信仰方面的信息，至少他们的佛教信仰不那么单纯。

（二）由洞窟崖面位置看第359窟所在崖面洞窟群相关历史信息

莫高窟的石窟崖面长达1700余米，又分南北两区，洞窟分布密如蜂房，若仔细观察会发现，

[80] 主要参考敦煌研究院编《敦煌莫高窟供养人题记》，北京：文物出版社，1986年。

[81] 元文祺《二元神论——古波斯宗教神话研究》，北京：中国社会科学出版社，1997年；龚方震、晏可佳《祆教史》，上海：上海社会科学院出版社，1998年。

[82] 腾磊《西域圣火——神秘的古波斯祆教》，北京：人民美术出版社，2004年，106－109页。

在莫高窟崖壁上，各个时代的洞窟开凿的位置布局是有规律性的、相对集中的，也就是采取化整为零的方法，把莫高窟共计 735 座洞窟分作各个时代的洞窟，然后在崖面位置上进行排列，便会有一个系统性，有一条洞窟营建的线索与发展的脉络，一目了然，这就是莫高窟洞窟“崖面使用理论”[83]。此理论的运用，往往有助于石窟断代。事实上 10 世纪中期的 951 年，由僧政道真法师公布的于当年腊月八日夜在莫高窟遍窟燃灯的社人文书、现藏于敦煌研究院的《腊八燃灯分配窟龛名数》，就已经充分运用了崖面使用理论，把莫高窟分成了 10 个燃灯的区域，成为我们今天了解莫高窟营建史重要的资料，学术界已有大量的成果可供参考[84]。在此分区中第 359 窟所在的崖面是由“安押衙”和“杜押衙”二人来共同负责，其中安押衙无疑具有粟特背景。因为如果按照崖面理论，在同一时期相互有关系的家族会有可能选择在相近或相同的崖面位置开凿洞窟，第 359 窟与作为邻窟的同时期洞窟第 358、360、361 窟在洞窟大小规模、形制、窟内壁画题材内容、结构布局关系等方面均表现出高度的一致性，以至于郭祐孟先生研究认为第 360、361 窟为一组洞窟（图 33），相互之间搭配共同反映了吐蕃时期在敦煌流传的密教及其图像[85]，同时郭先生提出了第 359 窟也是与此二窟连续的洞窟，其中以中轴线表现维摩图像和纯粹显教图像世界，与第 361 窟法华图像的关系如何，值得探讨。此疑问的提出，正是我们把这几个洞窟联系比较研究的起点。另外，赵晓星博士对第 361 窟供养人画像作过深入的研究，

图 33　莫高窟第 359 窟所在崖面位置

[83] 初世宾《石窟外貌与石窟研究之关系——以麦积山石窟为例谈石窟寺艺术断代的一种辅助方法》，《西北师范学院学报》1983 年第 4 期。马德《莫高窟崖面使用刍议》，《敦煌学辑刊》1990 年第 1 期总第 17 期，110—115 页；马德《10 世纪中期的莫高窟崖面概观——关于〈腊八燃灯分配窟龛名数〉的几个问题》，《1987 年敦煌石窟国际讨论会文集 · 石窟考古编》，沈阳：辽宁美术出版社，1990 年，40—52 页；又见马德《敦煌莫高窟史研究》各章节相关论述，兰州：甘肃教育出版社，1996 年。

[84] 吴曼公《敦煌石窟腊八燃灯分配窟龛名数》，《文物》1959 年第 5 期，49 页；金维诺《敦煌窟龛名数考》，《文物》1959 年第 5 期，50—54、61 页；另见金维诺《敦煌窟龛名数考补》，载敦煌研究院编《1987 年敦煌石窟研究国际讨论会文集 · 石窟考古编》，32—39 页；孙修身《敦煌石窟〈腊八燃灯分配窟龛名数〉写作时代考》，丝绸之路考察队编《丝路访古》，兰州：甘肃人民出版社，1982 年，209—215 页；马德《10 世纪中期的莫高窟崖面概观——关于〈腊八燃灯分配窟龛名数〉的几个问题》，载敦煌研究院编《1987 年敦煌石窟研究国际讨论会文集 · 石窟考古编》，40—51 页；马德《敦煌莫高窟史研究》，兰州：甘肃教育出版社，1996 年；马德《敦煌石窟营建史导论》，台北，新文丰出版公司，2003 年。

[85] 郭祐孟《敦煌吐蕃时期洞窟的图像结构——以莫高窟 360 和 361 窟为题》，载敦煌研究院编《敦煌吐蕃文化学术研讨会论文集》，兰州：甘肃民族出版社，2009 年，126—145 页。

图34 莫高窟第361窟供养人画像

她同时把第360窟作为一组洞窟对待，又与第359窟作了紧密的联系，显示出这三所洞窟的相互关联性，在具体的第361窟供养人研究结果中，明确地提出供养人与洞窟实际传供法会的实践意义，并且从高僧身后侍从高缠头吐蕃装供养像（图34）的出现进而推断第361窟有地位较高的吐蕃人参与营建的情况[86]。如果按照赵晓星的研究，第361窟确属有吐蕃人参与洞窟的营建，在结合第358窟底层的唐装供养像（有可能是中唐时期的作品），那么在此组洞窟的功德主中，有粟特人家族、有吐蕃人、有汉人家族，实是吐蕃统治时期敦煌各民族营建洞窟时相互紧密联系的有趣话题，可作为同一组洞窟营建时粟特人、吐蕃人、唐人的关系与互动现象。

五、结　论

莫高窟第359窟粟特人石姓家族供养像的整体呈现，可以认为是池田温先生揭示之8世纪中叶从化乡解体之后粟特人在敦煌集体活动及其群体面貌的再现，且是以一个家族的形式出现在洞窟中，不仅为敦煌陷蕃后粟特人的动向提供有趣的话题，更可作为中古商业民族的粟特人在丝路重镇敦煌历史演进即汉化的重要例证，成为理解吐蕃统治时期多元文化和民族互动背景下粟特人历史的影像。透过该家族粟特人在面貌写真方面的民族认同和服饰上的文化归属，最终以图像的形式，非常形象地诠释了该家族在吐蕃统治下深厚的唐文化情结，应该说代表了有唐一代入华胡人在汉化方面较为普遍的现象，第359窟胡貌者及吐蕃装石姓男供养像，确有马驰先生在研究唐代蕃将时论及蕃将汉化时指出的“形夷”而“华心”之特征[87]，亦同于韩香[88]、毕波[89]等先生所论隋唐长安粟特胡人的基本文化认同与身份归属。同时，第359窟粟特胡人家族的婚姻关系、完全唐装形象的出现，也是理解吐蕃统治后期无论是粟特人还是汉人在政治上的归唐倾向的重要图像资料，暗示吐蕃的统治走向末路；另外，如此强烈的“华心”展示，也为敦煌的粟特人发展到晚唐五代时归义政权最终落入粟特胡人出身的曹氏家族作了一个有趣的历史注脚。

[86] 赵晓星《莫高窟第361窟的中唐供养人——莫高窟第361窟研究之三》，《艺术设计研究》2010年第3期。另见敦煌研究院编《敦煌吐蕃统治时期石窟与藏传佛教艺术研究》，139－157页。

[87] 马驰《唐代蕃将》，西安：陕西出版集团，三秦出版社，2011年，167－204页。

[88] 韩香《隋唐长安与中亚文明》，北京：中国社会科学出版社，2006年。

[89] 毕波《中古中国的粟特胡人——以长安为中心》。

天水石马坪石棺床墓的若干问题

沈睿文
（北京大学考古文博学院）

天水石马坪石棺床墓位于该市秦州区石马坪文山顶，距市区约1公里。1982年6月，天水市上水工程指挥部施工时发现，经天水市文化馆清理、整理，1992年发表发掘简报[1]。其墓志文书以朱砂，因已无法辨析致墓主及年代不清，综合石棺床屏风画的诸种因素，发掘者认为墓主是一有身份的贵族阶级，墓葬年代上限约在隋代，下限约为初唐。

沉寂多年以后，随着虞弘[2]、安伽[3]、史君[4]、康业[5]等粟特裔贵族墓葬的相继发掘，石马坪石棺床墓的问题重新得到讨论[6]，所论主要集中在石棺床背屏图像与祆教信仰[7]的关系与否，以及墓葬年代[8]等方面。

石马坪石棺床墓墓向朝北（图1），此与安菩墓[9]一样，该跟墓主的种族文化有关[10]。其

---

[1] 天水市博物馆《天水市发现隋唐屏风石棺床墓》，《考古》1992年第1期，46—54页。

[2] 山西省考古研究所、太原市考古研究所、太原市晋源区文物旅游局《太原隋代虞弘墓清理简报》，《文物》2001年第1期，27—52页；又《太原隋虞弘墓》，北京：文物出版社，2005年。

[3] 陕西省考古研究所《西安北郊北周安伽墓发掘简报》，《考古与文物》2000年第6期，28—35页；又《西安发现的北周安伽墓》，《文物》2001年第1期，4—26页；又《西安北周安伽墓》，北京：文物出版社，2003年。

[4] 西安市文物保护考古所《西安市北周史君石椁墓》，《考古》2004年第7期，38—49页；又《西安北周凉州萨保史君墓发掘简报》，《文物》2005年第3期，4—33页；西安市文物保护考古研究院编著《北周史君墓》，北京：文物出版社，2014年。

[5] 西安市文物保护考古所《西安北周康业墓发掘简报》，《文物》2008年第6期，14—35页。

[6] A. L. Juliano & J. A. Lerner, “Cultural Crossroads: Central Asian and Chinese Entertainers on the Miho Funerary Couch”, *Orientations*, 1997, pp.72-78; 周晶的汉译文载周伟洲主编《西北民族论丛》第1辑，北京：中国社会科学出版社，2002年，275—287页。

[7] A. L. Juliano & J. A. Lerner, “The Miho Couth Revisited in Light of Recent Discoveries”, *Orientations*, 2001, pp.54-61; 陈永耘的汉译文载周伟洲主编《西北民族论丛》第1辑，288—305页。李永平《天水出土围屏石榻刻绘图案的内容及相关的几个问题》，《陇右文博》2001年第2期，28—32页；姜伯勤《隋天水“酒如绳”祆祭画像石图像研究》，原载《敦煌研究》2003年第1期，13—21页；此据所撰《中国祆教艺术史研究》，北京：生活·读书·新知三联书店，2004年，155—170页。

[8] 学者多认为该墓葬年代在北朝晚期至隋代，宋莉则进一步将它推定为北周至隋大业年间，详所撰《甘肃天水石棺床年代考》，《西北美术》2006年第1期，44—47页。

[9] 洛阳市文物工作队《洛阳龙门唐安菩夫妇墓》，《中原文物》1982年第3期，21—26、14页，图版三—图版九。

[10] 沈睿文《重读安菩墓》，《故宫博物院院刊》2009年第4期，34—39页。案，今知，墓道朝北的墓葬尚有两座。其一是1955年在洛阳老城区北郊邙山岳家村发现的一座晚唐时期墓葬（M30）（赵国璧《洛阳发现的波斯萨珊王朝银币》，《文物》1960年第8、9期合刊，94页；朱亮《洛阳30号墓出土的三角缘画像镜》，《华夏考古》1994年第3期，33—35页）。其二是1987年7月山西大同振华南街发现一座长方形土坑唐墓，墓主头向南。该墓随葬四件器物，有三彩器和白瓷器及铜镜。铜镜纹样颇具异域色彩。该墓很可能也是一座胡裔墓葬（白艳芳《山西大同振华南街唐墓》，《文物》1998年第11期，65—66页）。

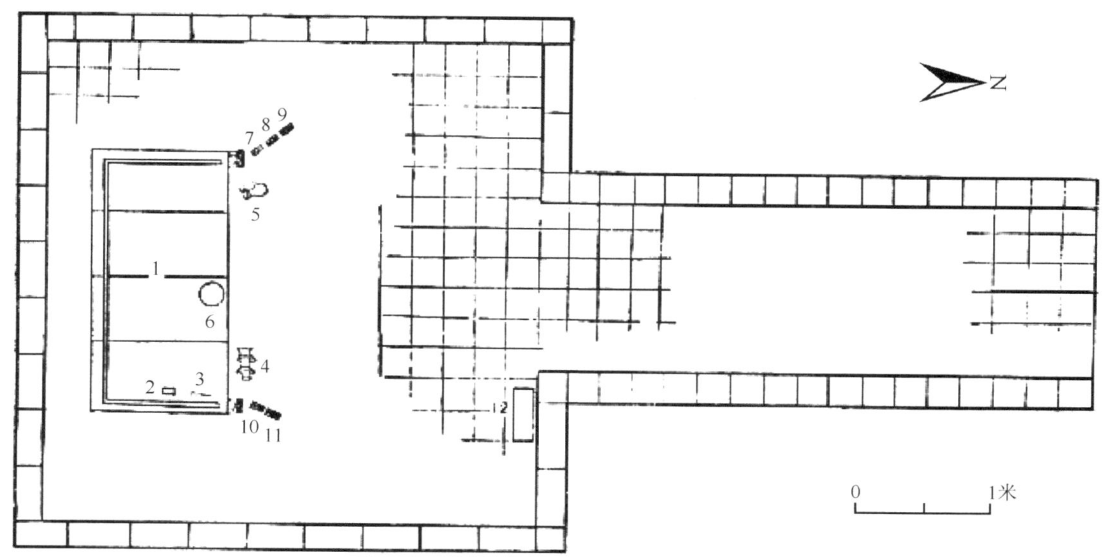

图1 天水石马坪石棺床墓平面图

表1 隋唐时期萨宝（保）情况统计表[11]

姓名	国别	时代	任职州县	萨宝（萨保）	其他官职	资料出处
虞弘	鱼国	隋	并州	萨保	领并、代、介三州乡团，检校萨保府	《隋虞弘墓志》[12]
康和	康国	隋	定州	萨宝		《隋康婆墓志》[13]
曹遵	隰城	初唐	介州	萨宝府车骑骑都尉		《曹君墓志》[14]
龙润	焉耆	殁于永徽六年（655）九月十日		萨宝府长史		《唐龙君墓志》[15]
郑行谌		唐		萨保果毅		《新唐书》卷七五上《宰相世系表》[16]

[11] 案，天水市在隋代属秦州天水郡。本表据杨军凯《北周史君墓双语铭文及相关问题》，《文物》2013年第8期，53页表一增订。该表后收入西安市文物保护考古研究院编著《北周史君墓》，197页表一“北朝、隋唐时期萨宝（保）情况统计表”。案，初唐以后，粟特裔尚有称作“大首领”的，如殁于麟德元年（664）、迁葬于景龙三年（709）的安菩为“六胡州大首领”（详洛阳市文物工作队同上揭文），以及卒于天宝元年（742）、葬于天宝三载的米萨宝为“故米国大首领”（米氏墓志文详见向达《唐代长安与西域文明》，北京：生活·读书·新知三联书店，1957年，92页）。荣新江认为“六胡州大首领”是六胡州地区胡人领袖的真正名号，而非唐朝给予的刺史官衔，其原因之一，应当就是这里的胡人保持着原本的部落组织，所以才称安菩为“大首领”，这原本是“大萨宝”的意义。此详见所撰《唐代六胡州粟特人的畜牧生活形态——2007年西北农牧交错地带城址与环境考察纪略》，原载北京大学中国古代史研究中心编《舆地、考古与史学新说：李孝聪教授荣休纪念论文集》，北京：中华书局，2012年；此据所著《中古中国与粟特文明》，北京：生活·读书·新知三联书店，2014年，75页。

[12] 山西省考古研究所、太原市考古研究所、太原市晋源区文物旅游局《太原隋虞弘墓》，91页。

[13] 吴钢主编《全唐文补遗》第6辑，西安：三秦出版社，1999年，240—241页。

[14] 王仲璋主编《汾阳市博物馆藏墓志选编》，太原：山西出版传媒集团·三晋出版社，2010年，3页。

[15] 吴钢主编《全唐文补遗》第5辑，西安：三秦出版社，1998年，111页。

[16]《新唐书》，北京：中华书局，1975年，3306页。

中，石棺床背屏图像中的西方因素也得以揭示[17]。基于上述结论，并参较虞弘等墓葬，则石马坪墓葬墓主同为胡裔贵族可无疑义（表 1）。这显然给该墓的进一步讨论提供了重要基础。

2010 年 7 月至 2011 年 10 月，陕西省文物保护研究院对石棺床进行保护与修复[18]。此次修复又新勘测到若干信息[19]，本文拟据此参互此前简报对该墓及此类墓葬图像的相关问题略作申论。

一、葬　　具

石马坪墓的葬具为所谓石棺床，亦称围屏石榻（图 2）。关于粟特裔[20]使用该类葬具所蕴含的种族文化意义此前已有阐述[21]，本节拟从墓葬建制的角度再做讨论。

图 2　石马坪石棺床背屏

[17] 马尔沙克敏锐地指出其中背屏 9 的图像与罗马 Santa Costanza 拱顶 4 世纪的马赛克图案相似。详见 B. I. Marshak, "The Sarcophagus of Sabao Yu Hong, a Head of the Foreign Merchants (592-98)", *Orientations*, 35, 7, 2004, pp. 57-65.中译文见李润渊译《胡商首领萨保虞弘石椁研究》，《信息与参考》总第 6 期，2005 年，162－165 页。沈睿文则辨析背屏 10 的图像表现冥河渡神，详沈睿文《天水石马坪石棺床所见希腊神祇》，荣新江、朱玉麒主编《西域考古、史地、语言研究新视野——黄文弼与中瑞西北科学考察团国际学术研讨会论文集》，北京：科学出版社，2014 年，497—511 页。

[18] 杨栋《（天水）市博物馆隋唐屏风石棺床保护修复项目开工》，《天水日报》2010 年 7 月 19 日第 1 版；马琳燕，《甘肃天水隋唐彩绘围屏石榻的保护与修复》，《文物》2013 年第 7 期，83－89 页。

[19] 李宁民《天水出土屏风石棺床再探讨》，《中原文物》2013 年第 3 期，85－91、105 页。案，本文所用数据皆参互此文及此前简报，恕不再一一指出。

[20] 案，蔡鸿生首倡“粟特裔”的概念，详见陈春声主编《学理与方法——蔡鸿生先生执教中山大学五十周年纪念文集》，香港：博士苑出版社，2007 年，10－13 页，特别是 11 页。

[21] 张广达认为安伽墓出土的石榻当是与安伽身份相应的“重床”，就是中亚西亚的王公显贵所坐的 g's/gāh/座/王座。详见张广达《再读晚唐苏谅妻马氏双语墓志》，原载袁行霈主编《国学研究》第 10 卷，北京：北京大学出版社，2002 年；此据所撰《张广达文集 · 文本、图像与文化流传》，桂林：广西师范大学出版社，2008 年，268－269 页。

为宦中土王朝，自约束于后者之体制，等级制度森严的墓葬制度亦不例外[22]。石马坪石棺床整幅画面以背屏6夫妇对坐宴饮为中心，二人均坐于亭中床榻上，持杯待饮。背屏7、4为对称的鞍马出行与犊车出行。两幅画面均以绝大篇幅表现鞍马与犊车出行的场面，其他部分则绘制出楼阁、小桥等建筑图案填充。上述三屏构成中土丧葬图像的核心“宴乐+出行”。

从墓葬建制的角度来看，围屏石榻的出现与墓室屏风（实物）、墓室屏风式壁画有关。汉唐时期，在墓室中绘制模仿屏风的壁画或摆放屏风实物的做法一直得到传承，唯期间的内容及表现形式有异。

墓室北壁正中绘墓主夫妇在帷帐[23]中坐于床榻之上宴饮，后面衬以联扇屏风。其两侧为鞍马出行仪仗和犊车出行仪仗（图3）。这种现实性图像布局方式在东魏北齐的邺城、并州、青州一带的皇室、高官、贵族壁画墓中已成为一种流行的模式[24]。但该模式并不见于山东临朐天保二年（551）崔芬墓（图4）[25]以及济南东八里洼北朝壁画墓（图5）[26]，可见二者的设计理念有异。至于北周政权虽然“托古改制”，但从所见粟特裔墓葬中围屏石榻的内容及构图来看，实是与北齐地区墓葬壁画大同。即，把后者墓室北壁正中墓主画像所在的座床（榻）与背屏直接以石质葬具（所谓围屏石榻）的形式置于墓室之中，同时，在葬具的背屏上又同样表现出墓主“宴乐+出行”的图像，其上或也可见墓主坐于衬以联扇屏风的床榻之上。此如，美秀美术馆藏石棺床E屏（图6）。可见，北朝东西政权的丧葬图像实同且皆源于北魏，粟特裔墓葬围屏石榻葬具的采用实是根据墓主的种族文化而调适的一种变形。

图3 太原市王家峰北齐徐显秀（502－571）墓壁画

[22] 沈睿文《论墓制与墓主国家和民族认同的关系——以康业、安伽、史君、虞弘诸墓为例》，载朱玉麒主编《西域文史》第6辑，北京：北京大学出版社，2012年，205－232页。

[23] 小帐一般置于室内，帐下有床，床后部有屏，床上或有几、枕，供主人凭倚而坐。帐是一种高级设置，一般只供王公贵族使用，有时还有等级制的规定。详见萧默《敦煌建筑研究》，北京：机械工业出版社，2003年，311－315页。

[24] 李星明《唐代墓室壁画研究》，西安：陕西人民美术出版社，2005年，24页。案，根据《周礼·天官·掌次》“设皇邸”贾公彦疏，结合汉墓画像及壁画题记，可推知墓室北壁坐于有背屏之床上者应为墓主人画像。

[25] 山东省文物考古研究所、临朐县博物馆《山东临朐北齐崔芬墓壁画》，《文物》2002年第4期，4－26页；临朐县博物馆《北齐崔芬壁画墓》，北京：文物出版社，2002年。

[26] 山东省文物考古研究所《济南市东八里洼北朝壁画墓》，《文物》1989年第4期，67－78页。

图 4　山东临朐崔芬墓东壁壁画摹本

图 5　济南东八里洼北朝壁画墓墓室屏风画

图 6　美秀美术馆藏石棺床 E

北齐墓室壁画的程式在隋代仍得以再现。山东嘉祥英山隋开皇四年（584）徐敏行墓的墓室壁画[27]构图并没有采取山东临朐崔芬墓及济南东八里洼北朝墓的壁画样式。徐敏行生于梁武帝大同九年（543），卒于隋文帝开皇四年，曾任职梁、北齐、北周和隋四朝，隋文帝时任晋王杨广部下的驾部侍郎，因称徐侍郎。墓室后壁为《徐侍郎夫妇宴享行乐图》（图 7），图中墓主夫妇坐于帐内的床榻上宴饮，其后屏风绘山水。西壁绘《徐侍郎出行仪仗图》（图 8），东壁绘《徐侍郎夫人出游图》（图 9）。二者实分别对应鞍马出行和犊车出行。《徐侍郎夫妇宴享行乐图》中墓主所持透明杯子形制与萨珊银

图 7　徐侍郎夫妇宴享行乐图

[27] 山东省博物馆《山东嘉祥英山一号隋墓清理简报——隋代墓室壁画的首次发现》，《文物》1981 年第 4 期，28—33 页。

图 8　徐侍郎出行仪仗图

质酒杯相似，应是萨珊朝的制品，墓主面前的蹴鞠者应是一位舞人，舞姿与西域舞蹈有关[28]。徐敏行墓壁画中男女墓主并坐、饮酒、欣赏乐舞的构图与隋虞弘石椁正壁中央的画像（椁壁浮雕之五）接近。二者屏风、榻上均装饰粟特美术中常见的联珠纹。徐敏行墓原画像左侧还有奏乐者，人物左右绘树木，树上有鸟，这些细节均可在虞弘墓的这幅画像中找到对应的图像[29]。在《徐侍郎夫人出游图》中最后为饲犬人和双犬。类似的场景也可见于已发现的粟特裔石葬具图像中，后者表现的是祆教徒丧葬中的犬视。徐敏行为南朝以来的医术世家，很可能是奉天师道世家[30]。所以，徐墓丧葬图像与粟特裔石葬具图像的雷同应可排除墓主信仰祆教，恐是受到当时承自旧俗的北齐胡风影响所致。徐敏行墓葬壁画的上述情形提醒或可从该角度重新考量山东青州傅家画像石的内容与性质。

到了唐代，墓室屏风画的内容及形式为之一变。墓室壁画中《徐侍郎夫妇宴享行乐图》的构图方式不再，即北朝以来墓主坐于背屏之前的帐内床榻的模式完全被临朐崔芬墓、济南东八里洼北朝壁画墓墓室屏风画的树下人物形式所替代。后者的构图形式很可能源于南朝帝陵墓室壁画“荣启期和竹林七贤”屏风壁画（图 10）[31]，并分别以长安（图 11）、太

图 9　徐侍郎夫人出游图

[28] 罗丰《固原漆棺画に见えるペルシヤの风格》，《古代文化》第 44 卷第 8 号，1992 年，45－46 页；中文题作《北魏漆棺画中的波斯风格》，收入所撰《胡汉之间——“丝绸之路”与西北历史考古》，北京：文物出版社，2004 年，61－65 页。

[29] 郑岩《崔芬墓壁画初探》，载临朐县博物馆《北齐崔芬壁画墓》，28 页。

[30] 陈昊《墓志所见南北朝医术世家的身份认同与宗教信仰》，《文史》2008 年第 2 辑，77－104 页；章红梅《六朝医家徐氏考辨——以墓志为主要材料》，《史林》2011 年第 3 期，50－55 页。

[31] Mary H. Fong, “T’ang Tomb Wall Painting of The Early Eighth Century”, *Oriental Art New Scenes*, XXIV.2, Summer 1978, p. 190. 案，司马光《司马氏书仪》卷五“魂帛”条载：“世俗或用冠帽衣屦装饰如人状，此尤鄙俚，不可从也。又世俗皆画影，置于魂帛之后。男子生前有画像，用之，犹无所谓。至于妇人，生时深居闺闼，出则乘辎軿，拥蔽其面。既死，岂可使画工直入深室，揭掩面之帛，执笔望相，画其容貌，此殊为非礼。”详见所撰《司马氏书仪》，丛书集成初编据雪津讨原本排印，1040 册，上海：商务印书馆，1936 年，54 页。唐朝屏风式壁画墓屏风构图形式除了跟取法南朝有关外，恐还与此说有关。

图 10 南京西善桥宫山墓竹林七贤与荣启期画像

图 11 长安县南里五村唐墓西壁屏风图

图 12 太原焦化厂唐墓西壁树下高士图

原（图 12）为中心各形成树下仕女和高士两种墓室屏风画样式。棺床象征坐榻，屏风仅画在棺床所靠的墓壁上方，与棺床边缘相齐，如同树立于榻上。因此，墓中屏风画的绘画内容与装饰手法，可能就来源于日常生活中的实用屏风装饰[32]，主要表现的是卧榻之后或周围呈

[32] 赵超《“树下老人”与唐代的屏风式墓中壁画》，《文物》2003 年第 2 期，74 页。

“—”“[”或者“⊓”“Γ”状安置的屏风[33]。

由此墓葬礼制的空间布局也发生了相应变化。因为略去了墓壁上的围屏坐榻，所以在太原地区原来坐榻上的帷帐便被转而绘到墓室顶部。例如，太原金胜村 M6 墓墓室覆斗形顶绘莲花和幔帐流苏[34]，金胜村焦化厂墓墓顶正中绘挽结花幔，其间以弧形联珠纹相接[35]。太原晋源镇温神智墓穹隆顶四周绘挽结幔帐[36]。这都表明墓室的空间意义也随之发生变化，墓室的棺床及墓主替代原先壁画中的墓主画像成为供奉的中心[37]。

从上述屏风式壁画墓建制的阶段性，特别是隋唐之际的变化以及石棺床图像与墓葬壁画的互动，可以判断天水石马坪墓的年代在唐代以前。

二、背屏的廊庑图像

既然该墓建制受制于中土王朝体制，那便可由此角度来解读石榻背屏的图像内容。

安伽等粟特裔围屏石榻皆可见墓主夫妇宴坐于中心背屏的亭榭之下，当然，石马坪者也不例外。《龙润墓志》载，贞观二十年（646），萨宝府长史龙润回到晋阳，“盛修第宇，偀俙南阳樊重之家；子孙就养，仿像西晋安仁之孝。妍歌妙舞之乐，常在闻见之中；肥醲甘膬之馔，不离左右之侧”[38]。

又刻于永徽四年（653）的《安延墓志》云：“（安延）去昭昭之华屋，处寂寞之玄堂。”[39]所谓“昭昭之华屋”应即《龙润墓志》所云之“盛修第宇”。这是否可以说明入唐粟特裔热衷于“盛修第宇”？上述围屏石榻中心背屏的亭榭图像是否即是粟特裔热衷于“盛修第宇”的反映？

相比较而言，石马坪围屏石榻图像中最为特殊的便是曲尺形长廊占据了背屏的主要篇幅。这不见于安伽、康业等其他围屏石榻的背屏图像中。其具体形式是：

屏风 3，画面左侧为方形楼阁建筑，楼前连理树、山石相互掩映，楼阁中有两人，似为一中年女性和一小儿，正在眺望风景。

屏风 5，整个画面以一曲尺形长廊占据了主要的篇幅，两侧景致宜人，尽收眼底。左侧分布着树木、花草、假山石墩，右侧则是荷花满池。

屏风 8，画面中仍然以曲尺形水榭建筑占据了大量篇幅，水榭与转角走廊以木柱相连，廊顶为人字形坡脊。

---

[33] 马晓玲《北朝至隋唐时期墓室屏风式壁画的初步研究》，西北大学硕士学位论文，2009 年，34 页。

[34] 山西省文物管理委员会《太原市金胜村第六号唐代壁画墓》，《文物》1959 年第 8 期，19—22 页。

[35] 山西省考古研究所《太原市南郊唐代壁画墓清理简报》，《文物》1988 年第 12 期，50—59、65 页。

[36] 常一民、裴静蓉《太原市晋源镇果树场唐温神智墓》，陕西历史博物馆编《唐墓壁画国际学术研讨会论文集》，西安：三秦出版社，2006 年，209—213 页。

[37] 巫鸿认为屏风能够衬托死者并加强其中心性；同时，屏风移至象征着墓主肉体的单室墓棺床之前，而不是像以往一样搁置在象征墓主人灵魂的墓主画像之前，这表征着自 6 世纪以来死者魂、尸二元存在观念逐渐瓦解的趋势在唐朝已经演变出关于死者灵魂的一种新概念，即尸魂合一的单一整体性。详见巫鸿《空间性》，载所撰《黄泉下的美术：宏观中国古代墓葬》，北京：生活 • 读书 • 新知三联书店，78—81 页。

[38]《龙润墓志》，《全唐文补遗》第 5 辑，111 页。

[39] 案，安延殁于贞观十六年（642）七月廿日，夫人刘氏殁于永徽四年四月七日，是月廿八日与其合葬。故知。详吴钢主编《全唐文补遗》第 4 辑，西安：三秦出版社，1997 年，328 页。

廊在古代普遍用于各类建筑，包括佛寺。从壁画所见廊子的具体形式大致有两种：第一种进深一间，第二种进深两间。前者又有两种做法，其一是完全敞开，柱外沿台基或架空的平座边沿都有栏杆，俯临平地或水面。这种做法的廊只作走廊和划分空间之用，但分而不隔，十分通透。天水石马坪石棺床背屏中的廊子应该属于这一种。其二是仅向院内一面开敞，向外一面则以墙或每隔一间开直棂窗的墙封闭，外实内虚，兼具寺院外墙的功能。古代也或称这种廊子为“轩”[40]。天水石马坪石棺床背屏廊子的建筑形式在敦煌石窟的初唐壁画中尚可见到，如敦煌莫高窟第341窟、第205窟北壁的阿弥陀经变壁画中佛寺之间的廊子（图13、图14）。但是，此后莫高窟壁画中所见廊子便替代以“人”字形栱了。

图13 莫高窟第341窟阿弥陀经变（初唐）

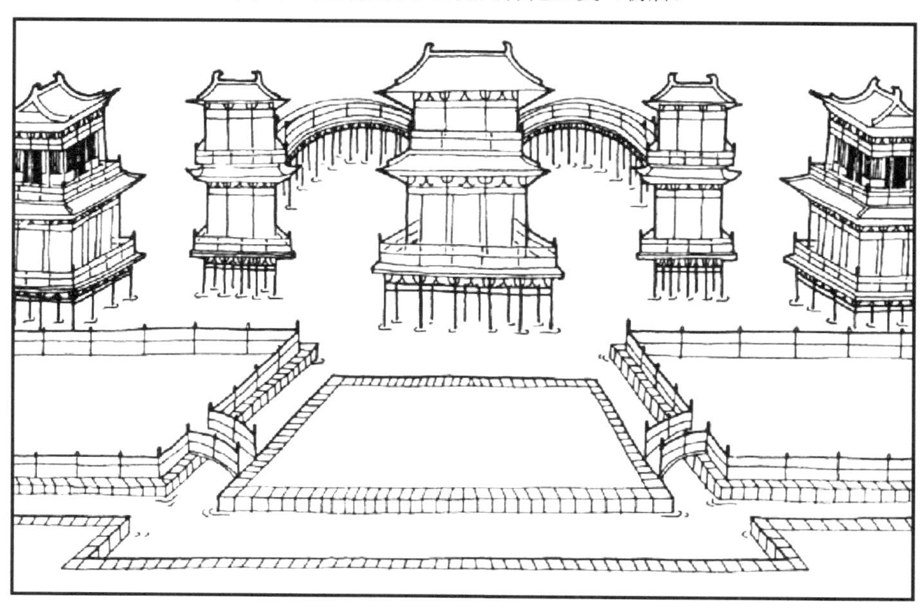

图14 莫高窟第205窟北壁阿弥陀经变中的佛寺（初唐）

[40] 萧默《敦煌建筑研究》，76页。

研究表明，具有屏风式壁画的墓室可能是主人居室的象征，也可能象征一处庭院。对于太原附近一些屏风式壁画墓来说，其穹顶多绘有星象图或四神图，有些在屏风画外绘有牛车、驼马等，用墓室象征一所庭院（天井）来解释则更为适当。特别是太原金胜村 M337 [41] 等处将屏风画与仿木结构建筑壁画结合起来，形成一种介乎纯屏风式壁画与纯仿木建筑壁画之间的形式，更适于表现居室与小型庭院组合的象征意义 [42]。

同样的，对于使用石椁的唐墓，墓室也是庭院的象征，而棺椁应该是具体象征居室建筑的。墓室四壁上的壁画，有些也具有表现庭院四周廊庑、侧院等庭院建筑，从而展现更大的虚拟空间的作用。墓葬壁画中的木结构建筑更像是庭院四周的廊庑建筑，环绕成一处前庭或天井。这是等级高的大型贵族墓葬墓室壁画多绘制仿木结构建筑形式的根本原因，也是墓室壁画参与表现墓葬等级制度的证据 [43]。至于中小型的墓葬中，墓室则可能只近似于表现一个天井甚至一间居室，由此体现出墓葬的不同等级。例如大部分使用屏风式壁画的墓室，其象征意义就与大型墓葬中有仿木结构壁画的墓室有所不同，特别是太原地区的屏风式壁画墓，基本上是小型砖室墓，墓主的身份等级较低，在世时也不可能拥有宏达的殿堂或庭院 [44]。这说明石马坪背屏中的廊庑建筑相当于墓葬壁画中的木结构建筑，即影作木构画面。天水石马坪既使用石棺床，又表现廊庑（相当于仿木构壁画表现）。前者应该是对同种种族文化及政治身份的葬具的承继，后一种则应该是一种新情况，可资说明该墓的年代要晚于安伽者。

由此推论，石马坪背屏中的花石等点缀就相当于在影作木构间布局的山石花鸟。这如同章怀太子墓壁画中的影作木构没有表现纵深的宫室封闭空间，而是在影作木构间布局了山石、花鸟（图 15），造成观者的视线可以透过影作木构而瞭望户外的园苑的错觉 [45]。今隋墓中可以确知在墓室及墓道两壁绘有影作木构壁画的墓葬是陕西潼关税村隋废太子勇墓。该墓为长斜坡墓道多天井和壁龛的圆形单室砖墓，平面呈“甲”字形，坐北朝南。其过洞东、西两壁绘朱红色影作木构，皆为四柱三开间，没有其他内容。甬道东、西两壁绘朱红色影作木构，柱头上有斗拱。甬道的拱形顶壁上绘朱红色天花。墓室四壁的壁画已全部脱落。根据在墓室地面上采集的墙皮残块推测，墓室四壁原本绘朱红色影作木构，柱间绘有侍女，有的手捧烛台 [46]（图 16）。

唐玄宗天宝以前的唐墓也在墓道绘影木作结构象征廊庑，甚而绘画影木作结构于墓室四壁。点缀其间的为各种花树和流云禽鸟组成的较为复杂的背景。

---

[41] 山西省考古研究所、太原市文物管理委员《太原金胜村 337 号唐代壁画墓》，《文物》1990 年第 12 期，11－15 页。

[42] 赵超《从太原金胜村唐墓看唐代的屏风式壁画墓》，载陕西历史博物馆编《唐墓壁画国际学术研讨会论文集》，西安：三秦出版社，2006 年，208 页。

[43] 赵超同上揭文，207 页。

[44] 赵超同上揭文，207－208 页。

[45] 杨效俊《影作木构间的树石——懿德太子墓与章怀太子墓壁画的比较研究》，《陕西历史博物馆馆刊》第 6 辑，西安：陕西教育出版社，1999 年；后收入陕西历史博物馆编《唐墓壁画研究文集》，西安：三秦出版社，2001 年，333－347 页。

[46] 陕西省考古研究院《陕西潼关税村隋代壁画墓发掘简报》，《考古与文物》2008 年第 5 期，28－29 页；陕西省考古研究院编著《潼关税村隋代壁画墓》，北京：文物出版社，2013 年，114 页。案，关于该墓墓主的勘定，可参沈睿文《废太子勇与圆形墓——如何理解考古学中的非地方性知识》，载包伟民、刘后滨主编《唐宋历史评论》第 1 辑，北京：社会科学文献出版社，2015 年，35－55 页。

图 15　章怀太子墓壁画

1. 墓道西壁马毬图局部　2. 墓道西壁打马毬图局部　3. 前甬道西壁影作木构侍女图
4. 墓道东壁狩猎出行图局部　5. 前室东壁北铺影作木构侍女图

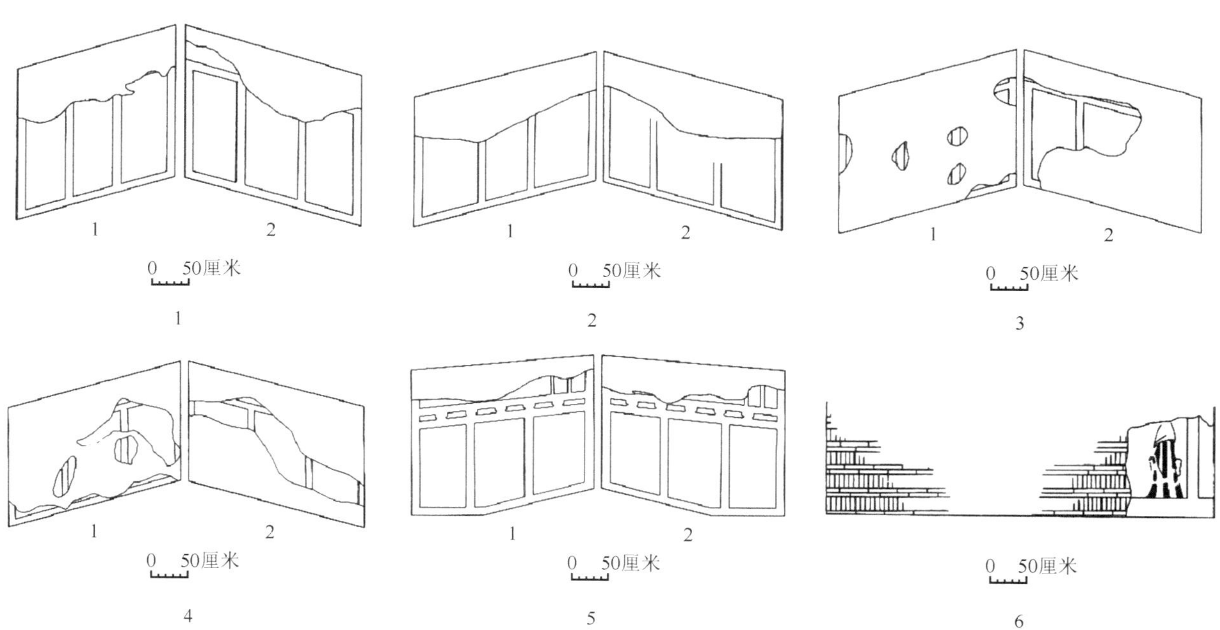

图 16　陕西潼关税村隋废太子勇墓影作木构壁画

1. 第一过洞东壁、西壁壁画　2. 第二过洞东壁、西壁壁画　3. 第三过洞东壁、西壁壁画　4. 第四过洞东壁、西壁壁画　5. 前甬道东壁、西壁壁画　6. 墓室西壁残存壁画

长乐公主李丽质墓的影作木构是已见唐墓中最早的。贞观十七年（643），长乐公主殁葬于昭陵陪葬墓区，其墓道、天井东西壁、过洞均有壁画；甬道东西壁绘文吏进谒、捧物侍女；墓室残存上部影作木构，瑞禽及顶绘天象图[47]。葬于710年的节愍太子墓则处于影作木构式壁画盛行的最后阶段，影作木构仍然是连缀全墓壁画的基线，墓室的屏风画亦被统于此框架之下[48]。但是，如上所言，初唐之后的影作木构便出现“人”字形拱了。

综上，根据现有考古资料判断，石马坪墓葬的年代应为隋大业年间。

三、背屏中的阙、楼阁

由上可知，石马坪围屏石榻背屏5、8实是墓道壁画影作木构部分代表的廊庑，背屏4中的阙便与墓道南端的阙顺理成章地相对应。

于此可见，石马坪围屏石榻的意蕴实与所谓双阙屏风型石榻[49]（有的称石棺床），如安阳（图17）、美秀的石棺床屏风同（图18）。后者的双阙应表示壁画墓中墓道南前端的双阙，只不过是将图像中的阙以建筑实体的形式表现出来。

图17　科隆博物馆藏
安阳出土北齐石棺床双阙

图18　美秀藏石棺床

［47］昭陵博物馆《唐昭陵长乐公主墓》，《文博》1988年第3期，10—30页。

［48］陕西省考古研究所、富平县文物管理委员会《唐节愍太子墓发掘报告》，北京：科学出版社，2004年，176—177页。

［49］张庆捷依照葬具将这批墓葬分作两大类：第一类，石椁墓，如虞弘、史君；第二类，围屏石榻墓，如安伽、康业等。其中第一类又可分作两型，Ⅰ型为史君墓石椁，特点是制作精细，雕绘有斗拱、“人”字形拱等建筑构件，椁内另有石榻；Ⅱ型为虞弘墓石椁，特点是制作简单，有专门带双壶门的椁座，起着石榻的作用。第二类也可分作两型。Ⅰ型是屏风式石榻（或称石棺床），如安伽墓、天水石马坪等地出土的石棺床；Ⅱ型是双阙屏风型石榻。详张庆捷《入乡随俗与故土难忘——入华粟特人石葬具概观》，荣新江、张志清主编《从撒马尔干到长安——粟特人在中国的文化遗迹》，13－14页；后题为《入华粟特人石葬具图像初探》，收入所撰《民族汇聚与文明互动——北朝社会的考古学观察》，北京：商务印书馆，2010年，435页。张氏又认为青州和纽约大都会所展出的石棺床座，不明白原先葬具的构造，暂时划在这两类之外，等将来有证据时再重新归属。姜伯勤则将入华粟特人石葬具分作三种类型，即双阙屏风型石棺床、石屏风石棺床和石椁型石屏风石棺床。详姜伯勤《中国祆教画像石的“语境”》，原载荣新江、李孝聪主编《中外关系史：新史料与新问题》，235页；后收入所撰《中国祆教艺术史研究》，28页。

在此构图中，石马坪围屏石榻背屏 3 中的楼阁亦可与墓道北壁楼阁相对应。换言之，石棺床背屏 3 中的楼阁与背屏 4 中的阙构成墓葬中墓道北壁楼阁及其两旁门阙的意象。

背屏 3 的图像内容为妇女、婴孩于楼阁上凭栏。楼前连理树、山石相互掩映。在这一部分中，我们先重点讨论墓葬中的妇女、婴孩题材。

从考古材料看，在北齐墓葬壁画中便见有妇女、婴孩的绘画题材。安阳北齐文宣帝高洋妃颜玉光墓为带斜坡墓道、甬道的近方形单室洞室墓，其墓室南壁墓门内左侧为一男侍，头束发，红衣白袍，腰系带，双手作捧物状，面西而立，高 0.92 米；右侧为一女侍，头梳双髻，红衣白裳，脚穿黑色鞋，双手拱于胸前，面向东而立，高 0.84 米。墓室北壁残存二幅壁画，一为带盔披甲骑马之武士，但马形多半已剥落；一为鹰鸟，其下部已漫漶不清。西壁二幅壁画也已残缺不全，一幅为一妇女怀抱婴孩；另一幅似为骑马之武士[50]。于此处，位于出行仪仗序列之中，妇女怀抱婴孩的壁画恐并非表示墓主人颜玉光的幼年，反倒很可能是下文所言之乳母抱婴孩图。

唐节愍太子墓墓道东壁前端壁画中也出现有小孩的图像。据报告称，在墓道最南端青龙残存的尾部之后，中部为主体画面，多已脱落，只存其中的几位骑马人物和左上角的围观人群画面。前者画面残存两位人物，骑马者，红袍黑靴，跨于棕色马上，马首朝南。马前一人也是袍服黑靴、横佩长刀的装束，其余情况及画面不明。左上角的人群现存六位，只存胸部以上，形体皆较小，体现出近大远小的透视感。六人前后参差插空排列，皆半侧向南方，均戴黑色幞头，圆领窄袖袍。袍色脱落已不可辨。最前面一位怀抱小孩，小孩顶发两分，似梳双丫髻，右臂垂搭于揽在其腰的抱者臂上，左臂抬起指点，一幅天真好奇的神态（图 19）[51]。在墓道西壁相对位置的中心场面是打马球图，其旁有两组人物画面。发掘者认为其一或许是在赛场外勒马观看的侍从或等待上场的替补队员，其一是纵马驰向球场的参赛者或预备参赛者[52]。

图 19 节愍太子墓墓道东壁左上角婴孩图

[50] 安阳县文教局《河南安阳县清理一座北齐墓》，《考古》1973 年第 2 期，90 页。

[51] 陕西省考古研究所、富平县文物管理委员会《唐节愍太子墓发掘报告》，40 页。

[52]《唐节愍太子墓发掘报告》，42 页。

嗣虢王李邕墓后室东壁北部壁画绘有童子、贵妇图（图 20），此乃东壁整幅画面所表现之中心主题，乐队及舞女皆为该妇人而演奏。该妇人面南侧身盘坐于砖红色木榻之上，左侧榻下站立一相貌十岁左右的童子，头转向右侧，红唇开启正对妇人讲话[53]。有学者认为章怀太子李贤墓后室游园图中的贵妇是雍王妃（靖妃）房氏[54]，如果该结论成立，则上述李邕墓壁画中的贵妇有可能表现的是嗣虢王妃扶余氏。可见该童子并非墓主夫妇，至于是否是墓主嗣虢王的子嗣，《报告》认为该童子不蓄长发，意境奇特，身上衣着也与众不同，其身份恐为沙弥等佛教中少年[55]。

1

2

图 20　唐嗣虢王李邕墓后墓室东壁壁画

1. 后墓室东壁壁画全图　2. 后室东壁北部童子特写图

虽然从现有的墓葬壁画材料中仅于颜玉光、节愍太子、嗣虢王李邕等墓葬见有相关壁画题材，但是应可排除在墓葬绘图该题材中的婴孩表现墓主幼年的可能性。开元六年（718）韦顼石椁线刻更是力证。

韦顼石椁中的两块线刻画，画面宫女身后各有童子，一个持弓欲射，另一个右手举蝴蝶、左手执花环（图 21）[56]。此处童子显然是跟墓主韦顼无关的图像内容。

妇女、婴孩绘画题材的出现应该跟当时画题的新变化相关。例如，史载，唐时画家便有以善画妇女、婴孩而闻名的。这其中要以张萱最为知名。张彦远的《历代名画记》卷九载：

> 杨宁、杨升《望贤宫图》《安禄山真》、张萱，以上三人并善画人物。（杨）宁以开元十一年（723）为史馆画直，（张）萱好画妇女婴儿。有《妓女图》《乳母将婴儿图》《按羯鼓图》《秋千图》《虢国妇人出游图》传于代。[57]

[53] 陕西省考古研究院编著《唐嗣虢王李邕墓发掘报告》，北京：科学出版社，2012 年，81 页。

[54] 宿白《西安地区唐墓壁画的布局与内容》，《考古学报》1982 年第 2 期，145 页及该页脚注 [1]；此据所撰的《魏晋南北朝唐宋考古文稿辑丛》，北京：文物出版社，2011 年，166、172 页尾注（19）。

[55] 陕西省考古研究院编著《唐嗣虢王李邕墓发掘报告》，81 页。

[56]《中国美术全集》第 20 卷《绘画编·石刻线画》，52－53 页。

[57]（唐）张彦远撰《历代名画记》，杭州：浙江人民美术出版社，2011 年，149 页。

图 21　唐韦顼墓石椁人物线刻展开图

又《宣和画谱》卷五《张萱》载：

> 张萱，京兆人也。善画人物，而于贵公子与闺房之秀最工。其为花蹊竹榭，点缀皆极妍巧。以“金井梧桐秋叶黄”之句，画《长门怨》，甚有思致。又能写婴儿，此尤为难。盖婴儿形貌态度自是一家，要于大小岁数间，定其面目髫稚。世之画者，不失之于身小而貌壮，则失之于似妇人。又贵贱气调与骨法，尤须各别。杜甫诗有“小儿五岁气食牛，满堂宾客皆回头”，此岂可以常儿比也！画者宜于此致思焉。旧称萱作《贵公子夜游》、《宫中乞巧》、《乳母抱婴儿》、《按羯鼓》等图。今御府所藏四十有七：……《乳母抱婴儿图》一、……《楼观士女图》一、……《虢国夫人夜游图》一、《虢国夫人游春图》一、《七夕祈巧士女图》三、《写太真教鹦鹉图》一、《虢国夫人踏青图》一。[58]

《新唐书·艺文志》亦载，张萱“画《少女图》《乳母将婴儿图》”[59]。现实绘画题材对墓葬壁画内容有着深刻的影响[60]，张萱所绘的《楼观仕女图》具体构图不清，若仅从画名来看，很可能

[58]《宣和画谱》，王群栗点校，杭州：浙江人民美术出版社，2012 年，55－56 页。

[59]《新唐书》卷五九《艺文志》，北京：中华书局点校本，1975 年，1560 页下栏。

[60] 沈睿文《唐代丧葬画像与绘画的关系》，载《于阗六篇》，北京：北京大学出版社，2014 年，171－207 页。

便是类似石马坪背屏 3 之类的图像。

初唐墓葬壁画的布局可上溯到东汉魏晋[61]，如唐墓照墙即墓道北壁绘画楼阁图的做法便是[62]。在墓道北壁门楼处加绘人物并非没有案例。该现象见于唐新城长公主墓和让皇帝李宪墓墓道北壁，即第一过洞南面两旁及上部壁面。

葬于龙朔三年（663）的唐新城长公主墓墓道北壁过洞口外饰赭红宽边，其上绘阙楼图，大部分已脱落，仅存零星残块。东侧残存的一个画面，上绘卷帘，下有栏杆，内绘一宫女。头梳单刀半翻髻，穿白襦及白色半臂，袖头皆饰红锦边，身着深褐色束胸长裙，面向东坐于竹榻之上，右手抚膝，左臂屈肘抬起，面容似怠倦，欲作小憩状。其西侧相连的一个残块上也绘有红色檀窗及卷帘等。人物仅高 10 厘米左右（图 22）[63]。

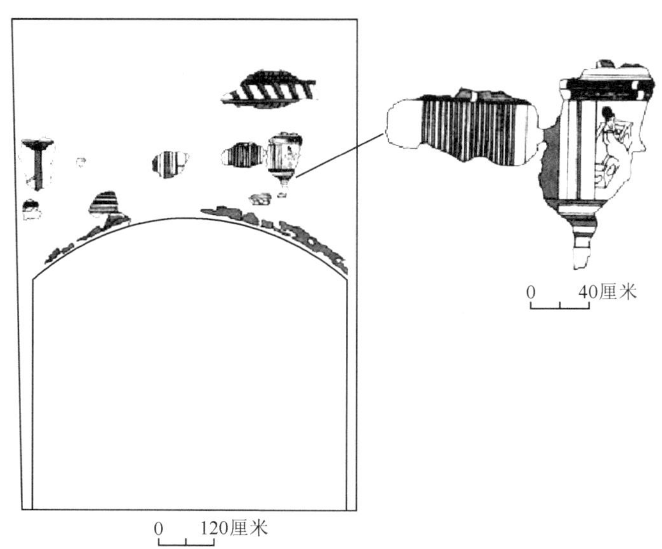

图 22　唐新城长公主墓墓道北壁壁画局部阙楼图

[61] 宿白《西安地区唐墓壁画的布局与内容》，《考古学报》1982 年第 2 期；此据所撰《魏晋南北朝唐宋考古文稿辑丛》，160－178 页。

[62] 裴建平《唐墓壁画中的楼阙图及其反映的相关问题》，《文博》2011 年第 3 期，24 页。

[63] 陕西省考古研究所、陕西历史博物馆、礼泉县昭陵博物馆编著《唐新城长公主墓》，北京：科学出版社，2004 年，78－79 页。

让皇帝李宪墓墓道北壁画面通高5.9米，幅宽2.1米，第一过洞的拱形门恰似城门，门两旁画砖券门框，其上耸立砖木结构二层楼阁式建筑，画面似楼阁正面视人，一层立柱上绘倒置扁梯形木质框架，二者皆涂朱，木结构上面画 0.6 米高的砖砌底座，二层出平坐勾栏一周。正视图为四柱三开间式，柱间施栏额，自上而下挂细密竹帘，柱上斗拱分两层，下层设斗拱 7，由“人”字拱与“一斗三开”拱相间组成，属开间斗拱，上层两端铺作转角斗拱，中间为“一斗三开”拱 8 个，分四组由 4 根短柱相隔，又称四柱五白式结构。楼顶为重檐庑殿式，脊两端设鸱吻，翼角翘起，上挂风铃，脊与双翼以重墨勾绘，顶覆筒瓦，重檐出头皆画梅花瓦当。楼阁勾栏、立柱、柱间栏额、斗拱均施朱红色彩。在二层楼东开间内隐见戴硬脚幞头躬身下眺之书生侧影轮廓，楼阁东北角天空有自东向西飞翔的雀鸟一只。这寥寥数笔点缀，无疑给整个画面平添几分灵气与活力（图 23）[64]。

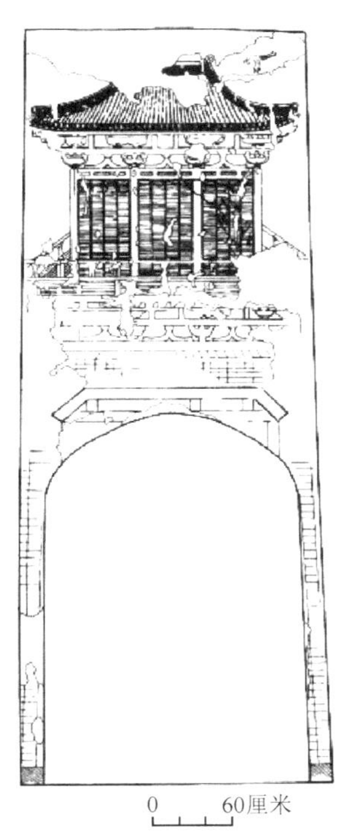

图 23 唐李宪墓墓道北壁门楼图

唐新城长公主墓和李宪墓在墓道北壁壁画中表现出了若干共性，如从新城长公主墓该处壁画残存的情况，推测其上所绘阙楼很可能与李宪者同，只不过前者较后者要写实些。二层建筑皆为多开间，且挂有珠帘，所绘人物皆位于东开间内。唯新城长公主画的是女性，而李宪墓绘的则是男性。此应与墓主人的性别有关。唐新城长公主墓以“后礼下葬”，李宪墓则称“惠陵”。二墓出现这种共性，是否与此有关尚不得而知。

综上，石马坪石棺床屏风 3 中一妇人携一幼儿于二层阙楼上，从其所处的位置来看，便是所谓墓道北壁的位置。换言之，它表现的意境与新城长公主墓、李宪墓同。在此场景下，实难

[64] 陕西省考古研究所编著《唐李宪墓发掘报告》，北京：科学出版社，2005 年，130－131 页。

与墓主生平相结合，以写实的意蕴来解释[65]。

众所周知，唐代墓道北壁照墙周围绘饰的纹样也见有山峦和丛树，如李寿墓道北壁双阙旁绘有山峦和丛树，长乐公主墓道北壁双层楼下层檐下两边空间还绘以大树。懿德太子墓的楼阙图，其一侧的阙楼背靠险峻的高山，从画面效果看，距离很近。而另一侧阙楼背后的山峦连绵逶迤，但不是平视的效果，好似从高空俯视群山（图 24）。这种图像布局正可达成石马坪背屏 3 中楼前连理树、山石相互掩映的点缀效果。

1

2

图 24　懿德太子墓墓道阙楼图

1. 东壁阙楼图　2. 西壁阙楼图

李宪、长乐公主墓道照墙这类建筑，准确说是亭榭楼阁的结合体，门楼特性可能仅是其兼具的功能。敦煌莫高窟唐代壁画中，也有不少城池、建筑图，从初唐到晚唐，门楼建筑基本不见双层楼建筑，其形制也是较为统一的。而且李寿、李宪墓楼阁下层都是由木柱支撑，同敦煌第 217 窟观无量寿经变图中的一种建筑相似（图 25）[66]。值得注意的是，在新疆阿斯塔那唐墓中还出土有类似的木台（图 26），应该便是随葬品中象征该楼阁者。唐墓中的该元素当可上承自汉代墓葬中随葬的陶楼，汉墓中此类陶楼也多表现有人物。

我们知道，在隋代墓葬壁画建制中，墓道南前的门阙是成对出现的，因此我们便可以理解为何在石马坪背屏 9 中，也刻绘了一个带堞雉的高台建筑，其意便在于与石马坪背屏 4 中出现的门阙相对应，二者共同达成模仿墓道南前壁画中的对阙。

---

[65] 裴建平认为唐让皇帝李宪墓照墙楼阁人物着硬脚幞头，据此裴建平认为该人物很可能为墓主李宪的形象。而新城长公主照墙楼阁内的女性人物，因坐于榻上，不可能是侍女宫女一类，很可能也是墓主形象。裴建平《唐墓壁画中的楼阙图及其反映的相关问题》，《文博》2011 年第 3 期，25 页。另外，将该楼阁（门楼）的功能与墓主灵魂升仙亦不存在必然之关系。详见〔美〕巫鸿著，施杰译《黄泉下的美术：宏观中国古代墓葬》，北京：生活 • 读书 • 新知三联书店，2010 年，220—222 页；裴建平同上揭文，26 页。案，有学者以为史君石堂图像表现史君的一生，相关讨论请参沈睿文《北周史君石堂 W1、N5 的图像内容》，即刊。

[66] 裴建平同上揭文，25 页。

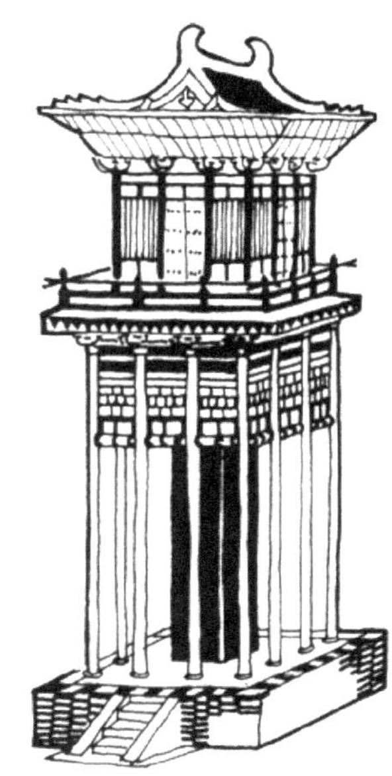

图 25　莫高窟第 217 窟北壁观无量寿经变画中的高台及线图（盛唐）

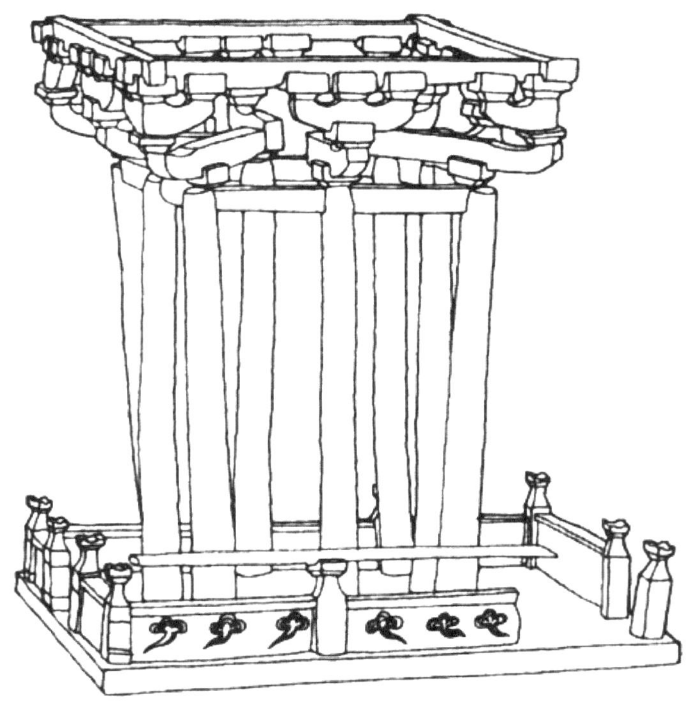

图 26　吐鲁番阿斯塔那唐墓出土的木台

此外，石马坪石棺床背屏 5 在长廊左侧的围墙旁，隐约可见一童子，下半身隐于墙内，只将头与上身向墙外探出。同样，这是为了增加图像的生气、生动性的艺术表现，而与墓主人、或墓主人子嗣无关。

四、背屏中的日、月

石马坪围屏石榻背屏 2、10，画面中绘制出对称的日、月图案，位置也正好是在左、右屏的正中间。背屏 2（图 27）上端为一轮满月高照，可见桂树和捣药玉兔，月下火山、星云围绕。背屏 10（图 28）则以水为中心，上首红日高照，云气环绕。

北朝屏风式壁画墓中，墓室顶部皆有天象图，至隋唐仍是。例如，隋徐敏行墓墓室穹隆顶，东方绘星星和太阳，涂朱色，画面已残；南北两方都绘天体星辰，西方画有星辰和月亮，月亮里还可见残半的桂树和捣药玉兔[67]。结合该背屏图像的表达手法，可以进而推知石马坪石棺床墓的建造者是借助此二屏中的日、月来表示原本应绘于墓室顶部的天象。

至于太阳于西、月亮在东的布局，则与《史记 • 历书》所载的“日归于西，起明于东；月归于东，起明于西”[68]有关。换言之，石马坪围屏石榻背屏 2、10 的月亮、太阳分别表示各自降落的状态。

图 27　天水石马坪石棺床背屏第 2 屏

图 28　天水石马坪石棺床背屏第 10 屏

[67] 山东省博物馆《山东嘉祥英山一号隋墓清理简报——隋代墓室壁画的首次发现》，《文物》1981 年第 4 期，29 页。

[68]《史记》卷二六《历书》，北京：中华书局，1959 年，1255 页。

五、夫妇合葬问题

若细检《通典》卷一〇七开元礼纂类二所载各类卤簿，不难发现犊车是女性出行卤簿特有之物，并不见于男性出行卤簿之中[69]。此现象实是北朝以来女性犊车、男性鞍马出行定则的承袭。这说明墓葬壁画中若出现该组合，则应该是夫妇合葬墓。

但是，经过考古发掘的安伽、康业、天水石马坪墓其石葬具图像有墓主夫妇的表现，在墓葬中却并没有墓主夫人骨骸的存在。而史君、虞弘则为夫妇合葬墓，史君墓石葬具的图像情况一如安伽、康业、天水石马坪等墓葬，但是在虞弘石葬具图像中唯见墓主虞弘的表现，其夫人却未能有一席之地。

安伽墓墓志旁的人骨（图29），经韩康信鉴定为一年龄在50岁以上的男性个体，其种族为高加索人种中亚两河类型或帕米尔——费尔干类型，与墓志中关于安伽的记载相符，应该就是安伽本人的遗骨[70]。安伽墓志并未言及安伽夫人，在墓葬中也未发现女性骨骸。安伽墓并未被盗，这说明安伽没有跟他夫人合葬。既然如此，却为何在安伽石重床围屏图像中出现了墓主夫妻二人的形貌？

图29　安伽墓墓志及骨架出土位置

康业墓“围屏石榻上有骨架一具，头西脚东，仰身直肢”[71]。其墓志文并未言及其夫人[72]。同样，在康业墓中没有发现墓主夫人骨骸的一点儿蛛丝马迹。

天水石马坪石棺床墓“棺床上有残存木棺痕和人骨痕迹”[73]。简报没有明示棺床孑遗的人骨是否属于不同个体。该墓出土墓志1件，长、宽各43厘米，厚4.5厘米，纵横各刻方格9行，遗憾的是，出土时志文不清，隐约可见朱砂痕迹[74]。所以，我们无从判断是否是夫妻合葬。不过，从使用同类石葬具的安伽、康业来看，天水石马坪墓中的石葬具上恐只有墓主人的骨骸而已。

史君墓，“骨架散乱于石堂内外。经初步鉴定，出土的骨架有人骨和兽骨，人骨分属

［69］（唐）杜佑撰，王文锦等点校《通典》，北京：中华书局，1988年，2784、2787、2790页。

［70］陕西省考古研究所《西安北周安伽墓》，12页。

［71］西安市文物保护考古所《西安北周康业墓发掘简报》，《文物》2008年第6期，15－16页。

［72］程林泉、张翔宇、山下将司《北周康业墓志考略》，《文物》2008年第6期，82－84页。

［73］天水市博物馆同上揭文，46页。

［74］天水市博物馆同上揭文，53页。

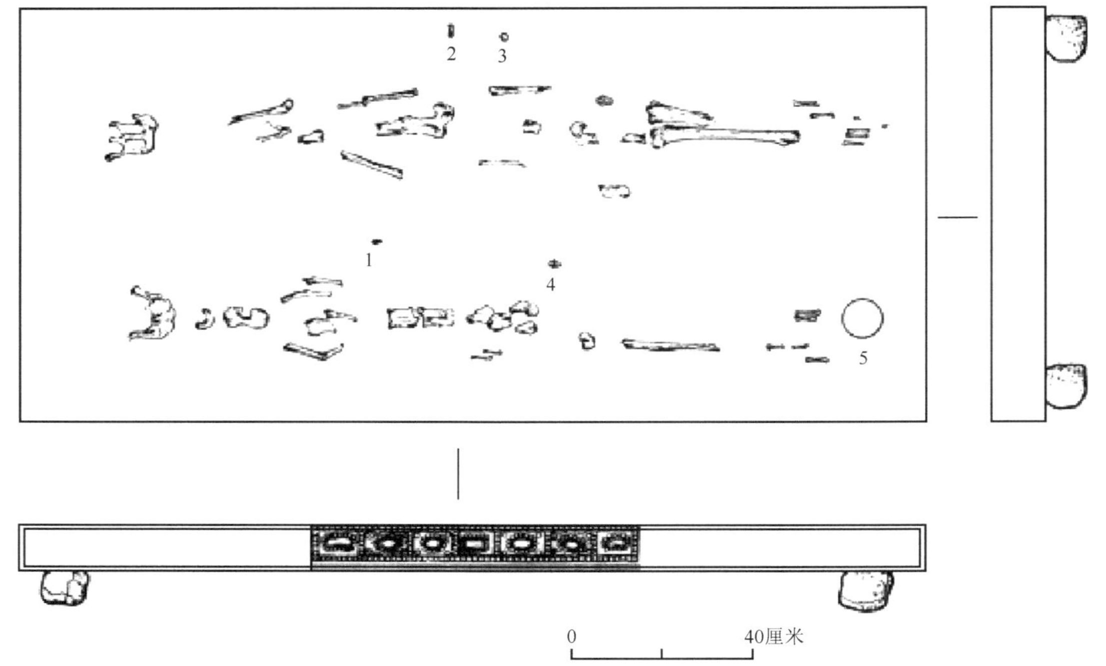

图 30　史君石堂石榻俯视、正视、侧视图及人骨和出土器物分布图

两个个体，其中一具为男性，另一具为女性”（图 30）[75]。根据史君墓所出粟特文墓志，可知史君 Wirkak 死于 579 年 6 月 18 日，其夫人 Wiyusī（维耶尉思）死于 579 年 7 月 15 日[76]。史君夫妇二人的殁日相去不到一月。其汉文墓志又称，史君夫人康氏大象二年正月廿三日（580 年 2 月 23 日）合葬[77]，这时史君夫妇已殁七、八个月。这说明史君夫妇应该是同时下葬该墓的。所以，在史君石堂的图像上出现墓主夫妇也就可以理解。

虞弘墓，“不见棺木痕迹和任何木器痕迹，也不见棺钉，再加上此墓早年被盗和破坏，人骨散见于椁内、墓室和椁座盖板下，似乎没有用棺。人骨经鉴定为两具，一男一女，多成碎渣”（图 31）[78]。虞弘墓志和虞弘夫人墓志共出，说明该墓是虞弘夫妇合葬墓。虞弘墓志云：“春秋五十九，薨于并第。以开皇十二年（592）十一月十八日葬于唐叔虞坟东三里。”[79] 据此并不能断定虞弘薨于开皇十二年。明万历《太原府志》记载：唐叔虞墓在县西南十五里[80]。即，今太原市晋源区王郭村西[81]。虞弘墓位于太原市晋源区王郭村村南。综上可知，开皇十二年虞弘所葬墓穴便是今之虞弘墓。该墓所出虞弘夫人残墓志可知，虞弘夫人死于“开皇十七年”（597），

[75] 西安市文物保护考古所《西安北周凉州萨宝史君墓发掘简报》，《文物》2005 年第 3 期；《北周史君墓》，62－65 页。

[76] 吉田豊《西安新出土史君墓志的粟特文部分考释》，载荣新江等编《粟特人在中国——历史、考古、语言的新探索》，北京：中华书局，2005 年，29 页；此据《北周史君墓》，303 页。

[77] 吉田豊同上揭文，303 页。孙福喜《西安史君墓粟特文汉文双语题铭汉文考释》，《粟特人在中国——历史、考古、语言的新探索》，19 页；此据《北周史君墓》，297 页。

[78] 山西省考古研究所、太原市考古研究所、太原市晋源区文物旅游局《太原隋虞弘墓清理简报》，《文物》2001 年第 1 期，32 页；同作者《太原隋虞弘墓》，47 页；韩康信《虞弘墓人骨鉴定》，载《太原隋虞弘墓》，183－188 页。

[79]《太原隋虞弘墓》，91 页。

[80]（明）《太原府志》卷二四，杨淮点校，太原：山西人民出版社，1991 年，399 页。

[81] 张庆捷《隋虞弘墓志考释》，载《太原隋虞弘墓》，225 页。

图 31 虞弘石椁残存人骨

次年十一月窆于是墓。这说明开皇十八年（598），虞弘后人又重开墓穴，将虞弘夫人置于石椁（石堂）之中。显然，石椁是开皇十二年专为虞弘准备的，此刻虞弘夫人尚在人世，所以也就可以理解为何在虞弘石椁的图像中没有虞弘夫人的表现了。

从上述情况来看，是否可以依照葬具的不同而将此类墓葬夫妻合葬的情况同样分作两类？即，使用围屏石榻（石重床）的墓葬只埋葬墓主人（男性），而使用石椁（石堂）的墓葬则墓主夫妇并置于葬具之内。后者的现象说明墓主夫妇是同时下葬或者是重新开启墓室而实现合葬。

从史君和虞弘墓的情况来看，在石葬具图像中出现墓主夫妇的画像似可表明墓主下葬时，墓主夫人也已亡殁。据此，则上述安伽、康业、天水石马坪等墓葬，在墓主下葬时，其夫人也已亡殁。如此，便随之存在两个问题。其一，既然墓主夫人也已亡殁，为何不将其骨骸合窆于墓主墓穴之中？其二，既然不与墓主夫人骨骸同穴合窆，却为何又要在石葬具的图像中来表现墓主夫人？

从婚姻情况来看，粟特人实行内婚制。据统计，除了有三例之外，所有已知的唐朝前期粟特人的婚姻资料，都表明是内部通婚[82]。此乃种族文化使然。这说明安伽等粟特裔贵族的夫人为粟特种族的可能性极大，亦即其宗教信仰应与墓主同为祆教。

安伽墓两道封门砖完好，其《报告》亦称“发掘时所见基本反映了当时安葬的情况”，这都说明安伽墓并未被盗。人类学鉴定表明，在安伽墓甬道中堆放的人骨，无论在其性别、年龄及种族特性方面都和出土墓志的记载相符，这些人骨应该属于墓主安伽本人而非其他。更为重要的是，骨骼呈现单个游离状态，证明这些骨骼安置在甬道时，已经没有软组织的支持[83]。这意味着人骨当如《报告》所言为二次葬，并非是在甬道中焚烧所致。综上所述，看来确是将天葬后的安伽人骨取来，再于墓志处举行突厥烧葬。而在此之前，已在墓室有了一次烧物的行为[84]。

[82] 荣新江《中古中国与外来文明》，北京：生活·读书·新知三联书店，2001 年，134 页。

[83] 韩康信《北周安伽墓人骨鉴定》，《西安北周安伽墓》附录一，101、93 页。

[84] 沈睿文《夷俗并从——安伽墓和北朝烧物葬》，《中国历史文物》2006 年第 4 期，4—17 页。

这说明在这批粟特裔政教首脑中，仍存在天葬的行为。由此视之，我们并不能轻易排除墓主夫人早已在他处天葬的可能。

这一点可从史君石堂中，对史君夫妇尸体的不同处理方式可证。史君胸腔、腹部全有水银，这是对其尸骸进行防腐处理后的结果。琐罗亚斯德教徒的殡葬方式，似乎一如以往两个王朝一样，即普遍采用天葬，但王族例外，他们仍继续把遗体防腐后，置于陵墓中[85]。可知北周是以对待王族的葬俗来安葬史君的，如同我们在康业墓中见到的那样。墓志载康业“其先康居国王之苗裔也”[86]，可知康业是康居国王的后裔，自属于王族之列。而安伽、史君等粟特裔皆为北朝本种落的政教首领，在北朝本种落的地位恰可比拟于上述王者、显贵或首领人物[87]。但是，同样的尸体防腐方式却未见于同样置于石堂之中的史君夫人。这说明在丧葬中很可能是区别对待史君夫妇的。因此，我们也就不能排除采取围屏石榻（石重床）葬式的粟特裔贵族墓葬，其墓主夫人另择他处天葬的可能，而且很可能是她们要早于其夫君而亡。如此，待其夫君亡故，其骨殖恐已天葬而踪迹无存了。

从墓志来看，入唐粟特裔确实存在天葬的行为。例如，康枕，“以显庆元年（656）二月十八日先天而逝，春秋六十有五。夫人曹氏，……以永隆二年（618）六月一日终于私第，春秋七十有五。还以其年八月六日改祔于邙山”[88]。“改祔”二字似可说明曹氏歿后起初并不葬于北邙夫君康枕墓穴，而其歿时距改祔康枕墓穴仅两个月零五天。这种状况很可能说明曹氏歿后首先是采用了天葬的形式处理尸骸。前引《龙润墓志》载，永徽四年九月十日，龙润薨于安仁坊之第后，“潜灵殡室，待吉邀时。永徽六年（655）二月二十日，附身附椁，必诚必信，送终礼备，与夫人何氏，合葬于并州城北廿里井谷村东义井村北”。中土虽有将尸体暂厝的习俗，但龙润身为萨宝府长史，自当崇信祆教。由此种族文化视之，所谓“潜灵殡室”很可能便是为龙润举行天葬葬仪之后，再收其骨殖暂厝一处、择时合葬（二次葬）。于此，亦可知入唐祆教徒暂厝天葬所剩骨殖之处亦可称作“殡室”。

宁夏盐池窨子梁墓地 M3（图 32）所出墓志载，“大周……都尉何府君墓志之铭并序”“君□□□□□□大夏月氏人也。……粤以久视元年九月七日，终于鲁州□鲁县□□里私第，君春秋八十有五。以其月廿八日，迁窆于□城东石窟原，礼也”[89]。可知该墓墓主何府君为昭武九姓之一的何国人后裔[90]，即粟特裔。何府君“歿”后仅 11 天便迁窆，则此处的“迁窆”应可说明在此举之前有天葬的行为。

---

[85] Mary Boyce, *Zoroastrians: Their Religious Beliefs and Practices*, London and New York: Routledge & Kegan Paul Ltd., 1979, pp. 120-121；林悟殊《波斯拜火教与古代中国》，台北：新文丰出版公司，1995 年，89 页。

[86] 关于康业墓志文的研究，可参程林泉、张翔宇、山下将司《北周康业墓志考略》，《文物》2008 年第 6 期，82－84 页；吕蒙、张利芹《北周〈康业墓志〉释文校正》，《宜宾学院学报》2009 年第 2 期，96－97 页。

[87] 沈睿文《论墓制与墓主国家和民族认同的关系——以康业、安伽、史君、虞弘诸墓为例》，载朱玉麒主编《西域文史》第六辑，北京：科学出版社，2011 年，210－211 页。

[88]《康枕墓志》，《全唐文补遗》第 3 辑，西安：三秦出版社，1996 年，452－453 页。

[89]《何府君墓志》，《全唐文补遗》第 6 辑，349 页。

[90] 罗丰《隋唐间中亚流传中国之胡旋舞——以新获宁夏盐池唐墓石门胡舞图为中心》，《传统文化与现代化》1994 年第 2 期，50 页；后收入所撰《胡汉之间——“丝绸之路”与西北历史考古》，280 页。

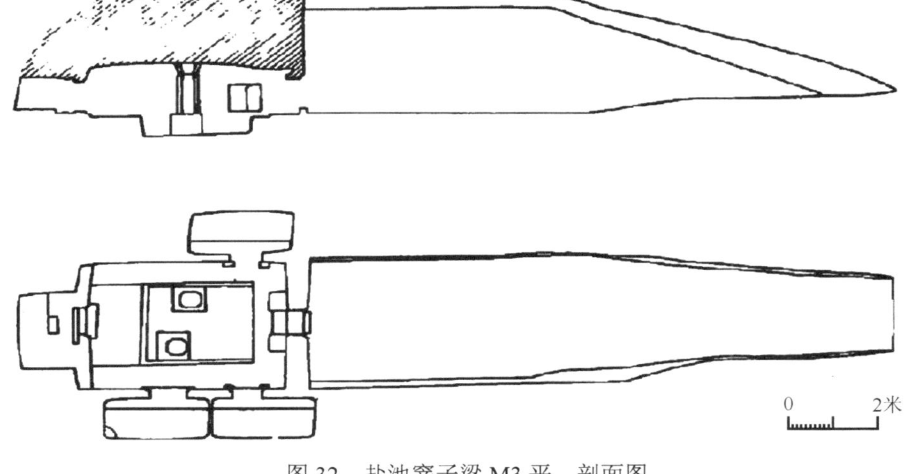

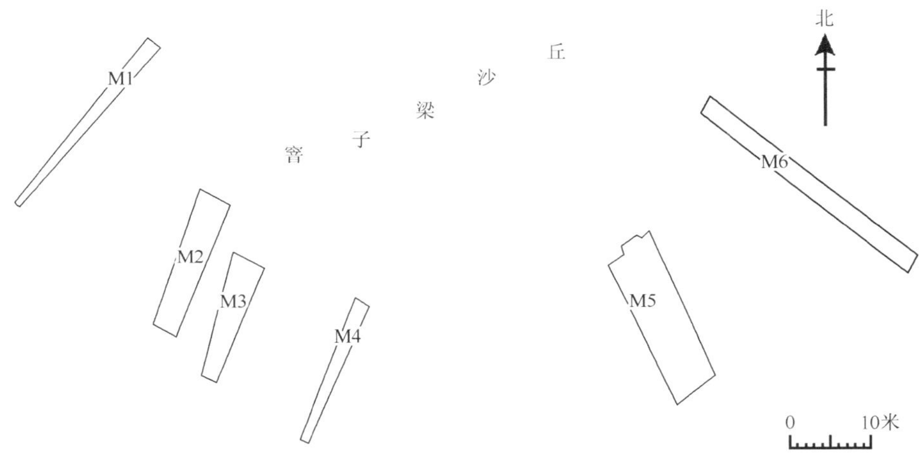

图 32　盐池窨子梁 M3 平、剖面图

图 33　窨子梁墓地平面图

窨子梁墓地六座唐墓皆为依山开凿的平底墓道石室墓，皆为石棺床，被盗严重。这六座墓的墓葬形制、墓室结构基本一致，它们排列有序（图 33），显然是同一族属的墓葬[91]，即粟特何国人后裔的家族墓地。这六座墓中有单人葬、双人葬，还有多人聚葬于一室的现象，M4 葬尸骨四具，M5 尸骨多达十余具，应是一种聚族而葬的现象。在葬俗方面，除 M1 使用木棺之外，其余各墓均未发现葬具。其中 M4、M5、M6 内的尸骨直接陈放在石棺床上或壁龛内，M6 后龛头西脚东并置二尸骨。

窨子梁墓地地处唐代六胡州之一的鲁州辖境，墓地的实际环境及“石窟原”的地名则表明该粟特裔有意选择岩穴式的石制坟墓为其最后归宿，这除了避免天葬后的遗骸与兽类接触、不玷污雨不带水[92]之外，恐还与沿袭了古代伊朗王族和贵族的丧葬传统[93]有关。正如玛丽·博伊斯指出的那样，从居鲁士开始，阿契美尼德王朝及其后的安息、萨珊王朝，国王以下的显贵

[91] 宁夏回族自治区博物馆《宁夏盐池唐墓发掘简报》，《文物》1988 年第 9 期，43－56 页。

[92] 龚方震、晏可佳《祆教史》，上海：上海社会科学出版社，1998 年，8 页。

[93] 该传统的梳理，详张小贵《中古华化祆教考述》，北京：文物出版社，2010 年，162－163 页。

所筑石室主要是为曝尸之后的瘗骨之用[94]。

另，据悉，1949 年以后，在郑州某地尚有翟姓村民，死后将尸体露天置于野外某处的习俗[95]。翟姓为粟特裔，可能来自伐地或戊地[96]。因此，我们不能轻易排除此乃天葬习俗的孑遗。

六、随葬品与围屏石榻图像组合

在石马坪石棺床墓中，与石棺床同出的随葬器物有坐部伎乐俑 5 件、鸡首壶 1 件、烛台 1 件、金钗 1 件、石枕 1 件、铜镜 1 件、墓志 1 件。

其中坐部伎乐俑分成南二北三两列置于围屏石榻前的墓室地面，与后者壸门内的 6 位坐部伎（图 34）共同构成伎乐的场景。鸡首壶（图 35）、烛台（图 36）一南一北置于坐部伎乐俑内侧的石榻前。铜镜、金钗、石枕则散落于石榻之上，很显然是墓主人使用、佩戴之物。

图 34　石马坪石棺床壸门坐部伎与随葬乐伎俑

图 35　鸡首壶

图 36　烛台

[94] M. Boyce, *op. cit.*, pp. 59-60.

[95] 此承北京大学考古文博学院 2010 级本学生李楠告知，谨致谢忱！

[96] 罗丰、荣新江《北周西国胡人翟曹明及其墓门图像》，载《第二届丝绸之路国际学术研讨会粟特人在中国：考古发现与出土文献的新印证》，银川，2014 年，308－309 页。

随葬品中的坐部伎乐俑、鸡首壶、烛台，以及石榻壸门内的坐部乐伎共同构成一个怎样的场景？

石马坪围屏石榻背屏9中有一位一手伸进大缸，一手持盛酒器的胡人，手中所持器物由于原报告不清，无法辨认。经这次仔细观察，清晰见到这位胡人所持的是一件细颈盘口壶，盘口较宽，颈部较细长（图37）。这表明盘口壶为酒器。

我们不妨先来分析一下虞弘石堂椁壁浮雕第五幅下部歌舞场景的图像元素（图38）。在该图像的中部为一跳胡旋舞的舞者，其左右两侧为6位坐部乐伎。舞者的身后放置一果盘，其前放置一盏灯——该灯被忽视而不见报道于考古报告中。同时，在画面的右侧放置一个大得有些不合比例的酒器。可见，伎乐、胡旋舞、灯、酒具是跳胡旋舞的几个因素。

与虞弘石堂上述灯具相类的图像尚见于史君石堂N2夫妇宴乐场面之中（图39）。在该场景中，乐伎与墓主夫妇同被安排在石屏上部的亭榭之中。在图像的下部，右侧为水池，左侧可见一胡旋舞者，其身前地面放置一灯具，其身后地面则依次放置一胡瓶、大型酒器。此二者皆为酒具。

图37　石马坪石棺床背屏9修复后正面

图38　虞弘石椁椁壁浮雕第五幅摹本线图及灯具细部

图 39　史君石堂 N2 宴饮图及灯具细部

同样的情况也见于安伽的围屏石榻图像中。在正面屏风 6（图 40）的下部中，除了坐部乐伎被替代以 3 位站立打节拍的人之外，其他元素同样可见。在正面屏风 2（图 41）的上部图像中，可见二位舞者对舞于一盏树灯的左右。在该图像中同样可见坐部伎，而图像主角所持酒杯则预示着酒具的存在。灯具的同样出现似乎表明该宴会是在夜晚举办的。

上述隋徐敏行墓主夫妇宴乐图中的宴乐观蹴鞠（与胡旋舞有似）也是在夜晚举行。该墓西墙壁画《备骑出行图》中侍者分别持伞、扇和高柄行灯；东墙壁画《徐侍郎夫人出游图》最前列女侍则执宫灯前导。该构图很可能是将宴乐观蹴鞠的灯具在左右两壁表现，由此可见宴乐图与出行图实际是共同构成一个完整的意蕴。

唐代诗歌的描述支持了这个判断。李端《胡腾儿一作歌》云：

> 扬眉动目踏花毡，红汗交流珠帽偏。
> 醉却东倾又西倒，双靴柔弱满灯前。
> 环行急蹴皆应节，反手叉腰如却月。[97]

---

[97]《全唐诗》卷二八四，北京：中华书局，1960 年，3238 页。案：文中着重号为笔者所加，下同。

图 40　安伽围屏石榻正面屏风第 6 幅及灯具局部

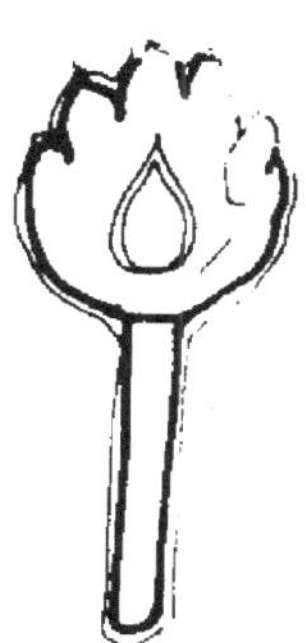

图 41　安伽围屏石榻正面屏风第 2 幅及灯具局部

这表明是在夜灯之下表演胡腾舞的。又刘言史《王中丞宅夜观舞胡腾》云：

石国胡儿人见少，蹲舞尊前急如鸟。
织成蕃帽虚顶尖，细氎胡衫双袖小。
手中抛下蒲萄盏，西顾忽思乡路远。
跳身转毂宝带鸣，弄脚缤纷锦靴软。
四座无言皆瞪目，横笛琵琶遍头促。
乱腾新毯雪朱毛，傍拂轻花下红烛。
酒阑舞罢丝管绝，木槿花西见残月。[98]

该诗的题目即点明夜观胡腾舞，诗中又有“红烛”“残月”，可证当时胡腾舞表演多在夜晚，此处的“红烛”便是上述安伽墓石棺床中6屏下、史君墓石堂N2和虞弘墓椁壁画第5幅，以及天水石马坪隋墓中的烛台。

结合文献及图像，可知上述场景表现的都是夜晚的宴乐，恐怕应称为“夜宴”为宜。

这批石葬具图像中，还有一种场景，除了舞者之外，其他元素与上述“夜宴”同。因为灯具的出现，此类场景犹如教会野餐，或仍可称之为“夜宴”[99]。如，史君石堂N4宴饮图[100]及波士顿美术馆所藏安阳石棺床“园林宴饮”石屏，二者的场景皆置于葡萄架下。在前者图像的上半部分可见宴饮、伎乐、酒具等元素，图像下半部分同样可见伎乐、酒具。在这两部分之间可见地面摆放一灯具。在该场景中，没有出现胡旋舞者。相同的元素也见于后者图像中，只不过灯具置于该图像下部的中间部位。

石马坪墓葬中的墓室地面随葬品与围屏石榻前档壶门的伎乐共同构成上述的夜宴场景，唯在该场景中缺失了一位胡旋舞者。此与史君石堂N4宴饮图及波士顿美术馆藏安阳石棺床园林宴饮图构图同。但若从夜宴场景构图的完整性来看，也不能轻易排除当初下葬时随葬品中有胡旋舞者的表现，只是该随葬品以其他易腐材质制成，因保存不佳而消逝。

当然，还有一部分歌舞的场景，因为没有灯具元素的出现而无法判定其时间是否为夜晚，此类场景则仍以“宴乐”名之即可。

七、余　论

石马坪石棺床与同类墓葬的葬具图像表现出某种共性，如石马坪石棺床的风格与安伽石棺床类似。除了二者的形制基本相同以外，图像上也有密切的联系，如安伽石棺床“后屏之三”刻一歇山顶的房屋内两人坐在榻上交谈，房屋前有流水与桥，这一画像与天水石马坪屏风6的图像比较接近；安伽石棺床“右侧屏之一”的射猎画像也见于石马坪石棺床屏风11；石马坪石

[98]《全唐诗》卷四六八，5323、5324页。

[99] 沈睿文《天水石马坪石棺床所见希腊神祇》，《西域考古、史地、语言研究新视野——黄文弼与中瑞西北科学考查团国际学术研讨会论文集》，497—571页。

[100] 西安市文物保护考古所《西安市北周史君石椁墓》，《考古》2004年第7期，42—43页；西安市文物保护考古所《西安北周凉州萨保史君墓发掘简报》，《文物》2005年第3期，14、25、29页。

图 42 史君石堂 N2 图像

图 43 史君石堂 W2 图像

棺床屏风 1 下部的画像与虞弘石棺西壁南部内面画像以及傅家第二石图像类似。这些图像之间的相似性可以证明，北朝前后有一些具有鲜明粟特文化色彩的粉本在汉地流传使用[101]。

除了上述场景的类似之外，天水石马坪屏风 6 还与史君石堂 N2、W2 场景同。同时，我们还注意到史君石堂 N2、W2 图像中尚出现一幼儿，而同样幼儿的场景也可见于石马坪屏风 3，在后者中一妇人携一幼儿在亭台中，而史君石堂 N2 左侧侍者怀抱一有失比例的婴孩（图 42），其 W2（图 43）则一男性（墓主）怀抱幼孩与妻子宴坐于亭榭之中。在史君石堂 E2 中，亦可见二小童前后伴随史君夫妇于钦瓦特桥的最前端（图 44）。

石马坪石棺床屏风 9 槽酿图的内容与虞弘石堂椁座浮雕第二幅内容同，二者皆意在以酒神再生的方式表现墓主人亡灵的再生[102]。从虞弘石堂来看，槽酿图是粟特裔石葬具在隋代新出现的内容，可知石马坪石棺床的年代应与虞弘墓相当。

[101] 郑岩《青州北齐画像石与入华粟特人美术——虞弘墓等考古新发现的启示》，所撰《逝者的面具——汉唐墓葬艺术研究》，北京：北京大学出版社，2013 年，275 页；李永平《天水出土围屏石榻刻绘图案的内容及相关的几个问题》，《陇右文博》2001 年第 2 期，28－29 页。

[102] 沈睿文《天水石马坪石棺床所见希腊神祇》，《西域考古、史地、语言研究新视野——黄文弼与中瑞西北科学考查团国际学术研讨会论文集》，497－571 页。

图 44　史君石堂东面 E1－E3

同样的，在这批石葬具图像中，所谓墓主人坐于筌蹄之上的图像见于山东青州傅家画像石第二石（图 45）、吉美石重床背屏第四石（图 46）、虞弘墓石堂椁壁浮雕之八（图 47），以及石马坪石棺床背屏 6 中。但是，在上述四者中，又以天水石马坪者构图最为草率，似是表明该图像为此类葬具构图一必须元素而不得不表现。这应该是该墓时代要晚于其余三者的表现。换言之，石马坪石棺床墓的年代要晚于虞弘墓。

此外，这里尚有两点需要注意的。其一，其背屏 11 刻画的是狩猎题材，画面中山林沟壑，上首有一身披甲，头戴盔，手提戟的男子，骑马似乎在山林中寻觅猎物。中部则有一身着紧身短袖的男子，正拉弓射向迎面扑来的老虎。下部也有一男子，正在山谷口拉弓射箭追赶逃跑的鹿。从背屏

图 45 青州傅家画像石第二石

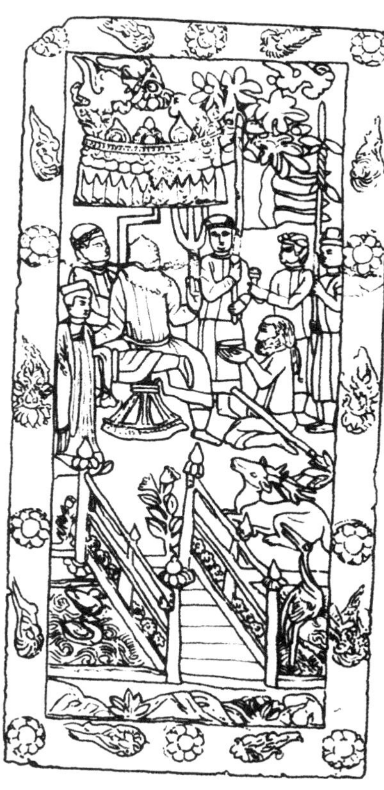

图 46 吉美石重床背屏第四石

图 47 虞弘椁壁浮雕第八幅摹本线图

图像“宴乐+出行”的构图原则看，背屏 11 上首身披甲，头戴盔，手提戟的男子，应该便是墓主的画像。而从戟在此类葬具图像中的意义来看[103]，该“戟”很可能表示墓主战将的身份。

其二，石马坪石棺床墓墓底铺地砖下垫一层厚约 1 厘米的沙土，沙土下复有一层厚约 2 厘米的木炭。这显然是有意的埋葬行为。同样对墓室地面进行特殊处理的还有魏博节度使何弘敬墓。

何弘敬是一粟特裔已无可疑[104]，其墓葬结构比较特殊，其墓室位于距现地表 6 米深的沙水中，砖墙内有四根横断面呈八棱形的石柱。墓室地面是一层平铺的石板，石板长度不等，厚约 20 厘米。其下压叠了两层厚木板，板长约 8 米，宽 30－40 厘米，厚 20 厘米，均东西向并排拼成，相互挤得很紧，劈开缺口或撬动木板，有浓烈的松节油气味，可能铺好木板后用松香灌注。木板下是砖砌的圆形基址[105]。

何弘敬墓葬的特殊建筑方式与其种族文化有关。其圆形墓室铺以石板以及特意涂松香的木板，共同置于距现地表 6 米深的沙地之上，显然跟防止尸体污染土壤的习俗有关，是一种有意识的建筑行为。石马坪石棺床墓对墓底的处理跟何弘敬墓有异曲同工之妙。

总之，天水石马坪石棺床墓很可能建筑于隋大业年间。其情况进一步说明石棺床屏风上的图像是跟同时期的壁画墓建制同步的，是对后者的浓缩和变形的表现，唯在适当之处添加墓主种族文化的标签。从该墓例可知，墓葬壁画、随葬品和葬具图像三者之间是如何巧妙地转换、交融，共同表达墓葬规划者的意愿。天水石马坪石棺床墓的案例提醒我们应该从更为广阔的视野思考墓葬制度，而非一如既往地将墓葬建制分割成若干孤立的单元、甚或元素进行研究；否则，所得的学术研判便易于陷入片面、误解的境地。

---

[103] 沈睿文《吉美博物馆藏石重床的几点思考》，《三夷教研究——林悟殊先生古稀纪念文集》，兰州：兰州大学出版社，2014 年，426－483 页。

[104] 荣新江《安史之乱后粟特胡人的动向》，《暨南史学》第 2 辑；后收入所撰《中古中国与粟特文明》，104－107 页。〔日〕森部豊《〈唐魏博节度使何弘敬墓志铭〉试释》，吉田寅先生古稀记念论文集编集委员会《吉田寅先生古稀记念アジア史论集》，1997 年 2 月 28 日，139 页；高文文《唐河北藩镇粟特后裔汉化研究——以墓志材料为中心》，中央民族大学博士论文，2012 年，80 页。

[105] 邯郸市文管所《河北大名县发现何弘敬墓志》，《考古》1984 年第 8 期，721 页。案，据说何弘敬墓资料的发表缘于何弘敬墓志的特殊性，其墓葬结构是该文发表时撰稿人回忆补充的。尽管如此，以常情视之，关于墓葬结构的这些简单描述应不致于有误，当可信从。

中国境内金属下颌托的源流与演变

——兼谈下颌托与流寓中国粟特人的关系

宋　馨

（慕尼黑大学东方研究所汉学系）

自从20世纪50年代起，在陕西、河南一带北朝至唐的墓葬中已发现一种附在人头骨下颌的金属物件，但此器物并未引起任何文物考古界的注意，导致收藏界对同一器物有时产生误解，甚至称之为“冠饰”。1982年在宁夏固原唐代史道德墓中发现的金面饰加下颌托可算是当时最著名的一件[1]。但是自从1988年在大同南郊北魏墓地发现一批不同保存程度的下颌托后——其中数件在发现时仍保持在下颌原位，人们开始注意此一在中国内地发现的金属器物[2]，尤其最近数年，考古学界开始针对金属“下颌托”与葬俗，甚至宗教信仰作了不同方向的研究[3]。

所谓“下颌托”是指一种固定死者下颌[4]，避免面部嚼肌因死后松弛而造成下颌下落，口

[1] 宁夏固原博物馆《宁夏固原唐史道德墓清理简报》，《文物》1985年第11期，21—30页。报告内称之“护嘴饰”（22，23页，图九），此外文中并无论证。罗丰编著的《固原南郊隋唐墓地》中已改称之为“护颌饰”（北京：文物出版社，1996年，91页）。2000年亚洲协会在纽约举办的丝路展中针对该面饰的下颌托做出相对的诠释，见Judith Lerner, “Elements of a Mask”, in: Annette L. Juliano and Judith A. Lerner (eds.), *Monks and Merchants: Silk Road Treasures from Northwest China*. New York: Asia Society, 2001, p. 266.

[2] 山西省考古研究所、大同市博物馆《大同南郊北魏墓群发掘简报》，《文物》1992年第8期，3页；王银田、王雁卿《大同南郊北魏墓群M107发掘报告》，《北朝研究》第1辑，1999年，143—162页；山西省考古研究所《我国历代古墓出土下颌托登记表》，收于山西大学历史文化学院、山西省考古研究所、大同市博物馆编著《大同南郊北魏墓群》，北京：科学出版社，2006年，492—495页。

[3] 除注2所述论文外，请参见Shing Müller, “Chin-straps of the Early Northern Wei: New Perspectives on the Trans-Asiatic Diffusion of Funerary Practices”, *Journal of East Asian Archaeology* 5, 1-4, 2003［2006］, pp. 27-71；吴小平、崔本信《三峡地区唐宋墓出土下颌托考》，《考古》2010年第8期，91—96页；冯恩学《下颌托——一个被忽视的祆教文化遗物》，《考古》2011年第2期，62—67页；吴小平《论我国境内出土的下颌托》，《考古》2013年第8期，97—104版；王春燕、佰嘎力《内蒙伊和卓北魏下颌托的前世今生》，《中国文物报》2014年8月15日，6页；王春燕《关于吐尔基山辽墓金下颌托的一点思考》，《北方文物》2014年第2期，22—29页；付承章《中国古代北方民族下颌托问题初探》，《赤峰学院学报》（汉文哲学社会科学版）2014年第35卷第7期，9—13页；王银田、王亮《再议“下颌托”》，《暨南史学》第九辑，2014年，50—56页；王银田《下颌托与祆教无关》，《中国文物报》2014年10月24日，第6版。

[4] 王银田、王雁卿《大同南郊北魏墓群M107发掘报告》与山西大学历史文化学院等《大同南郊北魏墓群》均指出今日常用“颚”字使用不当。“颚”字据《玉篇》《广韵》《集韵》等均有“恭严、严敬”等义，与面部解剖无关。汉代称此部脸面为颔、颐、颌。《方言·十》说明颔与颌通，颔为南楚之称，颐为秦晋之谓，而颐为通语。六朝以后《玉篇》、《集韵》等则称此部位为颏，均指今日俗语的“下巴”。今日整形或植牙等医技词汇亦称“下巴”为“下颌”。所以本文将据医学术语以及王银田、王雁卿先生建议，也称此物为“下颌托”。

部大开的特别器物[5]，可为纺织品、可为皮带、亦可为金属器。人死后，肌肉失去神经刺激不再收缩，因而快速松弛，造成下颌下坠的现象。如果要防止此现象，必须尽快在咽气后将死者下颌绑紧。此外，人死后2—4小时内会出现所谓的“尸僵”（*rigor mortis*）状态，全身肌肉绷紧。在此以前一旦下颌坠落，除非以暴力将死人嘴部强制关闭，否则必须等24—48小时，或更长时间，等尸僵过后，肌肉开始被自身酶素分解自溶而再度软化时（尸解），才有可能再将口部闭合。可是当尸体开始自溶时，因为体内消化管道内微生物分解人体，产生气体，将血水向身体孔窍及四肢末梢推压，使得尸体膨胀并出血，同时因为体腔内压力强大，所以舌头会被向外推挤，而再度造成嘴部大开的现象。某些发掘报告曾叙述尸体“面部表情痛苦，张嘴似欲狂呼”。这并非由于他们死前曾受恐怖折磨，而是所有大小型动物死后尸体自溶的共通生理现象[6]。在中国所发现金属下颌托的早期形制构造基本一致：均有一置于下颌处类似汤勺的主体（“颌勺”），以及连接在勺两端的左右颊带。颊带有长有短，或与一条额带相连（图1），或直接绑在头顶上（图3：Ⅰb）。

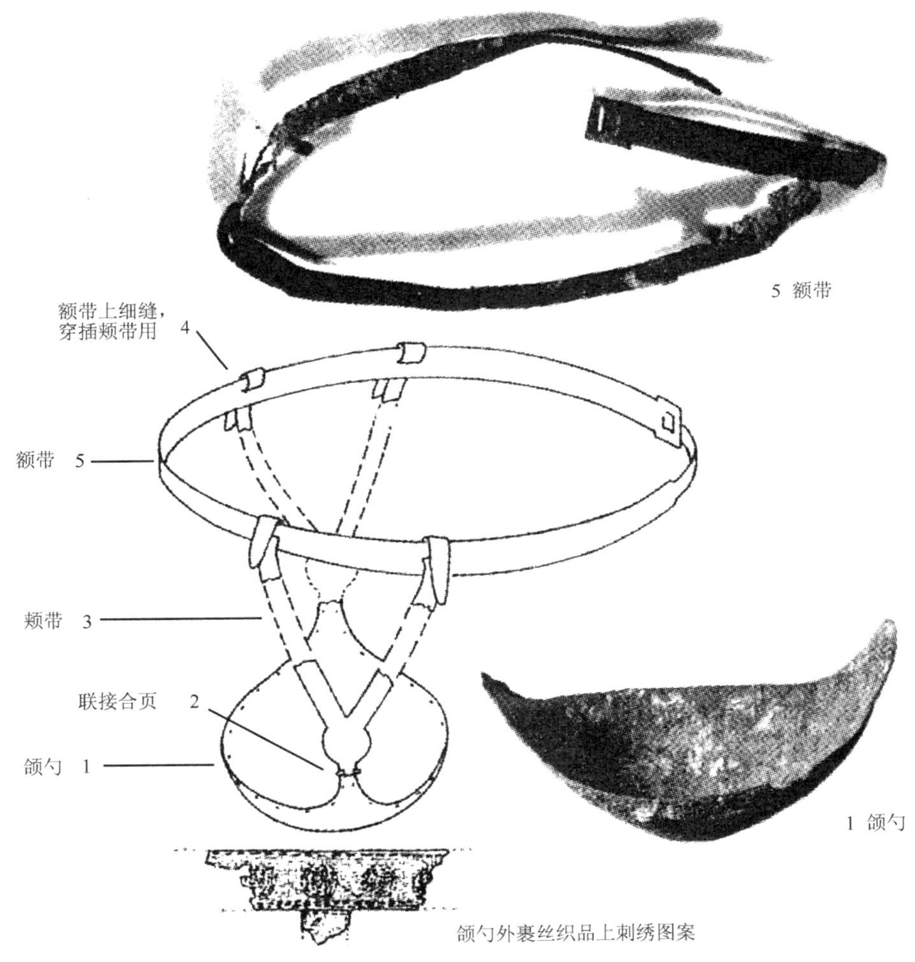

图1　大同南郊电焊厂M107出土下颌托（1—4）、额带（5）
（采自王银田、王雁卿《大同南郊北魏墓群M107发掘报告》，156页，图15）

[5] 周大成《我国古代的“下颌托”——介绍一种防止死后下颌骨脱落的特殊装置》，《口腔医学纵横》1986年第2期，39—40页。（此文感谢张庆捷教授赐告）

[6] 根据中医史专家Ursula Holler女士的详细病理解释。

考古发现指出，中国境内金属下颌托的习俗始于北魏，消失于元代；北魏以前使用下颌托的葬俗仅见于古代西域，亦即今日的新疆，甚至更西方的中亚、近东与南欧。新疆的发现均为纺织品；干燥的沙漠气候保存了古代绿洲墓葬群中的有机物质，部分古墓中干尸头上从下颌缠绕到头顶的丝巾或毛织品仍然存在，其目的显然与金属下颌托相同。这个器物不见载于古代中文文献，所以显然是个不为汉人所知的葬俗。因此也不知道它的中文传统名称，下颌托仅为一个现代名称。由于这个器物相当特别，所以本文将根据考古的发掘资料来观察下颌托在中国境内的缘起、演变以及针对近年来祆教的讨论，对下颌托与粟特人葬俗作一约略的探讨[7]。

一、已知当今中国境内金属下颌托的出现时间与分布地点

1999年发表的《大同南郊北魏墓群M107发掘报告》之附表内整理出最早的国内当时已知之下颌托发现。根据此表，加上其余散布于诸考古报告中之资料，笔者曾在2006年文章做出新表，现再加入《大同南郊北魏墓群》内《我国历代古墓出土下颌托登记表》（492－495 页）以及近年来冯恩学、吴小平、崔本信等先生们有关下颌托论文的资料以及最新发现，将迄今经过考古发掘而出土的金属下颌托资料列于附表一。虽然仍有众多遗漏，但相信可由此表看出中国境内经考古发掘金属下颌托的大概。

如前所述，中国境内金属下颌托最早出现于北魏平城期，最早一件相当定都于平城的时间（398；附表1：1）；至493年迁都洛阳时，在大同及周围发现的千余北魏墓葬中，共出土十几件保存情况不佳的铜与铅质下颌托，多数集中在今大同城南电焊厂的墓葬区内（附表1：1－6、9－11、14－16）[8]，大同东郊与其余南郊地带也有零星发现（附表 1：12－13）；除平城外，内蒙古锡林郭勒依和卓尔北魏墓葬中也发现金与鎏金铜下颌托两件（附表 1：7－8）[9]。此外大同古玩店有因盗墓而出土的银质下颌托，国外收藏也见纯金下颌托（见下），显示平城时期金属下颌托的出现频率应高于目前所知。经过考古发掘出土的平城期金属下颌托有超越半数出现在孝文帝太和年之前。

自平城迁都洛阳后，平城的下颌托几乎失去踪迹，仅余一例（附表1：16），这当然与平城地区北魏墓葬急剧减少有关。虽然在洛阳期河南、陕西、河北、山东一带的北魏后期墓葬相对增加[10]，但在以汉人为主的华东地区内完全不见任何金属下颌托的例证，而仅出现于洛阳与长

[7] 此文乃以笔者2006年英文著作 Müller, Chin-straps of the Early Northern Wei 为底。由于国内已有数位先生在不提名的方式下作了大幅至部分的引用，所以在此仅作节译，再添增考古新发现以及一些细节看法。研究下颌托最大的困难在于此物以往不为考古发掘者注意，除了少数金下颌托可以得到重视之外，余者在考古简报中有时甚至仅标注在平面图中，而文内只字不提，所以资料收集不易。本文修改过程中，承蒙张庆捷教授提出若干宝贵修正意见，此外，此一题目最先由王银田教授与王雁卿研究员两位开始研究（《大同南郊北魏墓群M107发掘报告》，《大同南郊北魏墓群》），他们的成果给我很大的启示，在此一并致上诚挚谢意。文中任何错误均由笔者个人承担。

[8] 其发掘简报与正式报告分别为：山西省考古研究所《大同南郊北魏墓群发掘简报》，《文物》1992年第8期，1－10页；王银田、王雁卿《大同南郊北魏墓群M107发掘报告》文及山西大学历史文化学院等《大同南郊北魏墓群》。《大同南郊北魏墓群M107发掘报告》一文内报道在电焊厂墓群发现了15件下颌托，但《大同南郊北魏墓群》则仅注明12件（490页）。由于《大同南郊北魏墓群》一书资料较全，在此采用该报告之数据。

[9] 北魏出土下颌托图可见图3，隋唐至元代者亦见图3，后不再一一说明。

[10] Shing Müller, *Die Gräber der Nördlichen Wei-Zeit (386-534)*, Ph.D. Dissertation, München: Ludwig-Maximilians-Universität München, 2000, pp. 179-182。

安二地（附表 1：17－19）。目前尚未发现东西魏与北齐、北周时代的金属下颌托，也就是说 534 北魏分裂后至隋兴起的近半个世纪内，中国域内的墓葬虽然有了明显的族属与文化的多元化，却不见金属下颌托踪迹，自隋起，在西北边境的原州（今日固原），此器物才再次出现。

目前至少已发现 29 具隋唐代金属下颌托。由于多数的唐墓无法准确断代，所以只能推测大致有如下发展：隋至中唐为止，除了固原的 3 件金下颌托外（附表 1：20－21、23），其余仍集中在政治经济文化中心的长安与洛阳两京。固原与长安两地的下颌托出现时间似乎又较洛阳为早。自盛唐起，使用金属下颌托的习俗有了向四川移动的迹象。晚唐时四川、湖北、湖南一带出现多件金属下颌托。通辽吐尔基山辽墓中的金属下颌托为迄今众多辽墓中唯一发现的一件，王春燕指出由此可看出下颌托并非契丹文化的一部分[11]。至宋朝起，金属下颌托才普遍分布于江南，同时金属下颌托在江北，甚至华北已完全消失。最后一例为安徽安庆的元代墓葬。此时金属下颌托形制已远离最初样式。此后金属下颌托基本上从中国本土消失。

总的看来，北魏 137 年（398－534）历史中至少发现 18 件，隋唐代 327 年间（581－618, 618－907）出现 30 件，可见唐代使用金属下颌托的频率已较北魏时期显著下降。而宋代金属下颌托的出现频率更是大幅度降低。而金属下颌托出现最频繁的时间在北魏平城期的中段，相当于统一北方到献文帝让位给孝文帝的这段时间内。

二、性别·年龄·社会地位

整体看来，从北魏初到唐末止，金属下颌托大多出土于单人葬中，而且每一朝代女性使用下颌托的频率都略高于男性[12]，目前仍无法解释此一现象。至盛唐为止，下颌托仅出现于少数双人葬中。大同电焊厂 M214、固原九龙山 YKJM33、西安灞桥区马家沟阎识微裴氏合葬墓、金乡县主三墓中均仅有一人戴下颌托。电焊厂 M214 为双棺，可能为不同时埋葬。其中仅南棺有下颌托，而死者性别年龄不清（附表 1：11）；固原九龙山 YKJM33（附表 1：20）为男女无葬具合葬，由二骨架的相互关系看来似乎同时下葬，而仅男性有下颌托并带日月额饰，阎识微裴氏合葬墓中仅裴氏有一银下颌托（附表 1：26），金乡县主与于隐合葬墓中也只见金乡县主之一具鎏金铜下颌托（附表 1：27）。但此类资料数量仍太少，无法作出任何结论，以族属来说，阎婉与阎识微（附表 1：25，26）同属阎氏家族，均为阎立德之后，二人仅差一代，但阎婉使用银下颌托，而阎识微无，反而他的妻子裴氏戴有下颌托。不知是否至盛唐为止，某些家庭的女系（妻或女儿）使用金属下颌托？可以支持这个想法的例如附表 1 中的 22、25－29、31－33。但是这并不排除某些族属中男性使用金属下颌托的可能性，其中固原九龙山 M33 与史道德（附表 1：20－21, 23；图 3：Ⅰb）形成特例，此二件以及固原征集的一件金下颌托均与金额饰带配用（图 3：Ⅰb），但此后类似者不再出现。中唐后出现夫

[11] 王春燕《关于吐尔基山辽墓金下颌托的一点思考》，《北方文物》2014 年第 2 期，26 页。

[12] 据附表 1 北魏考古出土者 19 件，其中属女性者 10 件，属男性者 1 件，性别不明者 8 件；隋唐共出土约 33 件，其中属女性者 14 件，属男性者 6 件，性别不明者 13 件。辽宋元共出土 10 件，其中属女性者 3 件，属男性者 2 件，属不明者 5 件。许多仍存在的骨架仍有待性别的鉴定。

妻葬中男女均戴金属下颌托的现象（附表 1：31、33），显然下颌托成为某些家庭的共用葬俗（附表 1：36），个人因素已不突出。北魏平城期使用下颌托者有老有少，但自隋唐起已不见少年人使用。也就是说观念上起了基本的转变，变成为成年人的丧葬专用品。

再者，下颌托使用的金属与性别年龄无关，反与时代关系较为紧密；北魏以铜为主，少数为铅、银与纯金（附表 1：8、14－15、17－19）[13]。铅可能为银的代替品，因为金银器皿在北魏人们心目中地位高，邵真与河南偃师二墓（附表 1：18－19）出土者即为银质。另一方面，大同出土的铜下颌托外常附有丝织品，或饰以刺绣（附表 1：1、5；图 1），所以当年可能色彩鲜艳、华丽无比。

电焊厂的发掘者认为该葬区出土下颌托的墓葬都有较多的随葬品[14]，其中最具代表者为 M107 与 M109，死者均为女性，墓中随葬珍贵西方金银以及玻璃器皿（图 2），墓主显然具有相当的地位及财富。发现于内蒙古锡林浩特正镶白旗伊和卓尔 M1（附表 1：8；图 4）的随葬器物组合与 M107、M109 极其类似，可见三者丧葬习俗相当接近，而墓主显然也属上层人物。

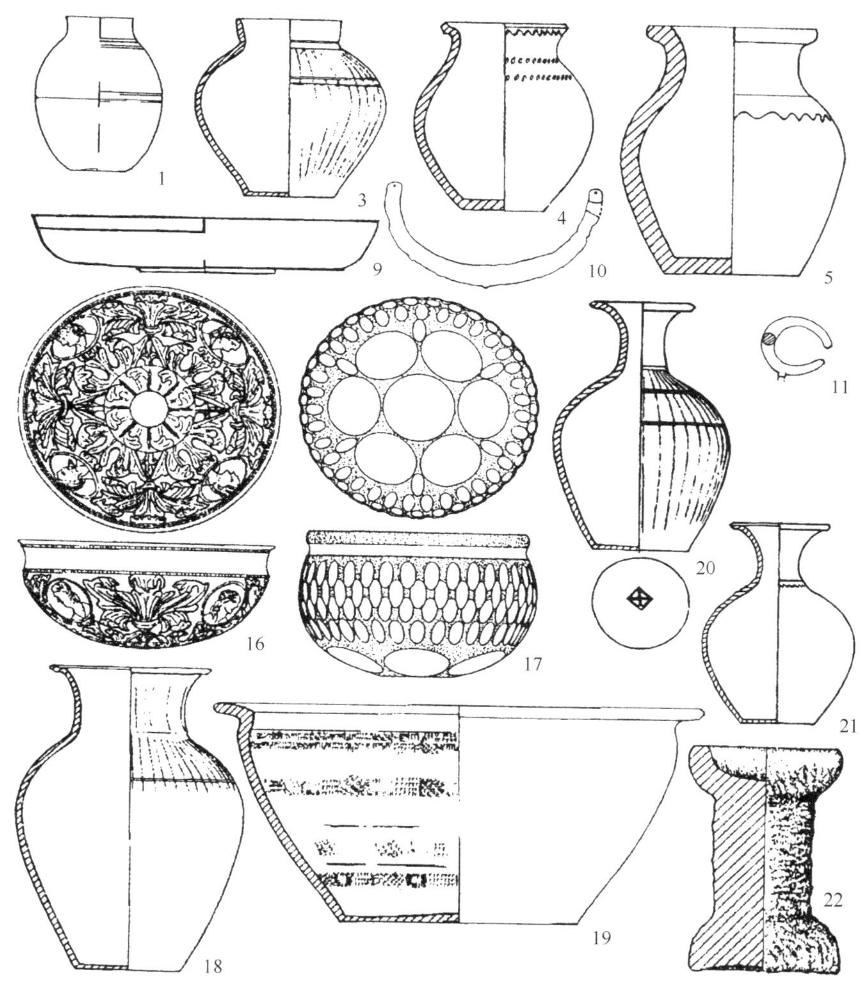

图 2　大同南郊电焊厂 M107 随葬器物组合（采自 Müller，“Chin-straps”，P. 32，Fig.3）

[13] 报告中均只提“铜质”，由于不知所用的合金成分，无法断定到底是青铜或黄铜。若是黄铜，南北朝时称为“鍮”，为当时极贵重之合金。

[14] 王银田、王雁卿《大同南郊北魏墓群 M107 发掘报告》，160 页。

唐代前半期则以金下颌托为主，西安发现的几位使用下颌托的初唐死者均为李姓皇室支裔（附表 1：24、27、29），甚至都可追溯至太祖，也许暗示唐代使用下颌托为太祖某支系的特权。中唐以后湖北四川地区发现铜银并用的下颌托，至宋代银下颌托成为主流。如此看来，至少唐宋间，下颌托的材料与当时社会通行的贵重金属同步变动。

三、下颌托的形制演变与构造细节

根据目前已知形制可将中国境内出土的金属下颌托大略分成三类（图 3）[15]。

图 3　中国境内出土的金属下颌托类型（北魏—宋）

	Ⅰa 型	Ⅰb 型	Ⅱ型	Ⅲ型
北魏	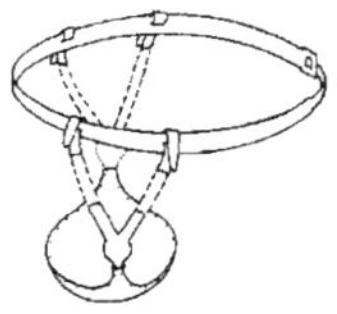 电焊厂 M107, M109（470 年左右）；伊和卓尔（5 世纪下半）；尉迟定州（457）？		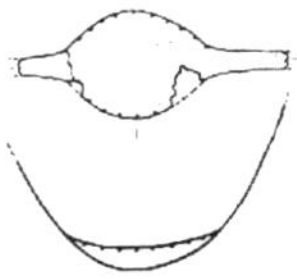 电焊厂 M214（470 左右） 邵真下颌托（520）颊带数条（根据报告，无图）	
隋唐		 固原南塬九龙山		
隋唐		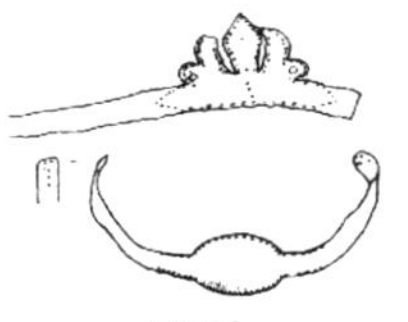 固原 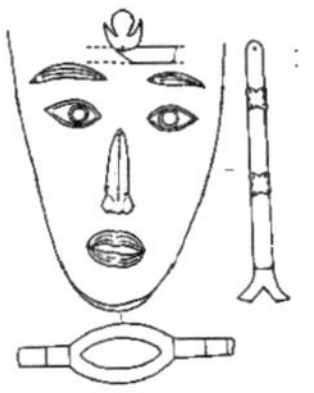 固原史道德（678），下颌处开口	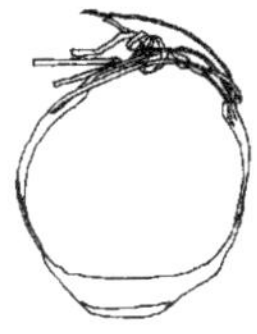 贺若氏（621），下颌处开口  金乡县主（722）	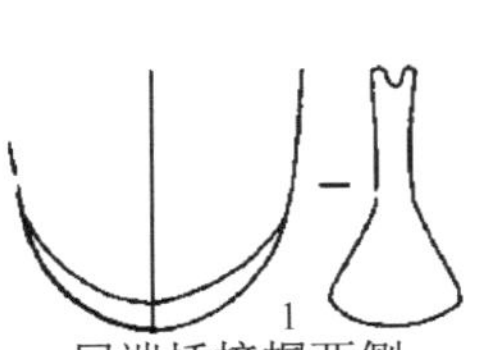 1 尾端插接帽两侧 阎婉（690）、郑洵（768）、王氏（776）

[15] 根据 Müller, “Chin-straps”, p. 43, Tab. 2，大同 M214 图像取自山西大学历史文化学院等《大同南郊北魏墓群》。该报告中有关下颌托的描写不甚详细，故只能针对此部分出土资料作形制上之大略归类分析。

续表

	Ⅰa型	Ⅰb型	Ⅱ型	Ⅲ型
辽／五代		 内蒙古吐尔基山辽墓	 雷府君夫人宋氏（745） 卢氏（750） 皇帝冈（唐末）  西安东郊（Michaelson）  王建（918）	
宋				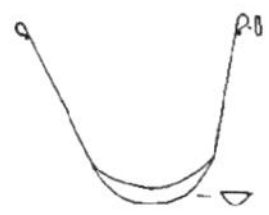 耒阳M60 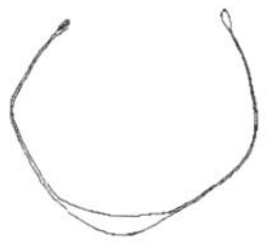 衡阳

基本说来，金属下颌托形制的演变乃由繁至简。Ⅰ型的特点在于下颌托与额带组成一套，又可分为二亚型：Ⅰa亚型为北魏平城期的下颌托，形制最复杂：颌勺两端狭窄，与V形颊带末端的一圆形饰连接，连接法或经合页，或用铆钉或金属线（图4－6）。双颊带的末端扣入额带内或搅绕额带上。这种型式应该是平城期工艺最繁缛者。属于此亚型的包括大同南郊电焊厂M107、M109，内蒙古锡林格尔伊和卓M1等（附表1：5、6、8）。尉迟定州墓（附表1：12）出土的下颌托并无明确绘图，但根据照片看来似乎也属此型。此型最早出现时间约在5世纪中左右。Ⅰb亚型出现于隋，沿用至唐初。最大特点是额带正中部位加上特别花饰。其余的变异为：颌勺缩小、两端直接延长为单条颊带、合页构以及平城时代普遍出现的颌勺（包括Ⅰa及Ⅱ型）周围打细小穿孔的现象消失。颊带长度均不及头顶，而颌勺边缘穿孔的问题将在后文讨论。

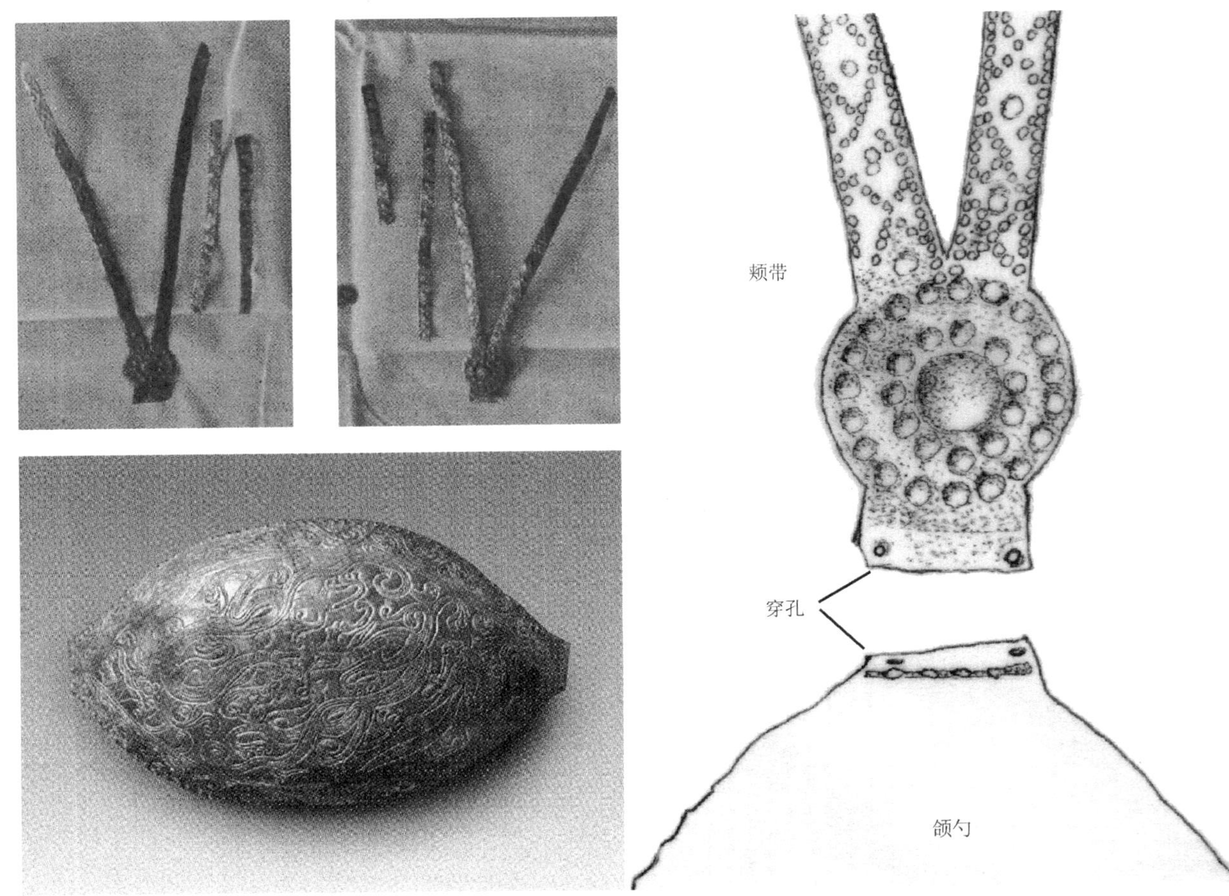

图 4　内蒙古锡林郭勒盟正镶白旗伊和卓尔 M1 出土金下颌托（5 世纪）

左上：颊带与断落额带；左下：颌勺（放大）；右：颊带与颌勺以铆钉或金属线联系；左图采自王春燕、佰嘎力《内蒙伊和卓北魏下颌托的前世今生》；右图笔者根据照片描绘

乍看之下，Ⅰa 与Ⅰb 二亚型类似。但根据对九龙山、固原征集品以及史道德出土物的仔细观察[16]，似乎此三下颌托并不与额带连接，仅在长单条颊带末端穿有数小孔，可能用于固定在覆面织物上。由于此种固定法的强度较弱，所以Ⅰb 的装饰性较Ⅰa 大，而真正固定下颌的可能为一纺织品面罩。至于通辽吐尔基山出土的一件（图 3，Ⅰb），目前为止仅有两张不甚清楚的照片可供参考，颌勺两端直接延长为颊带，颊带上端似乎又直接焊接在头饰的额带上，近似Ⅰb 类型，额带却经过十字头带如同头盔一般紧紧扣在脑上[17]。不论如何，由于资料未详细发表，只能在此提过。

此外，北魏平城期也同时出现较简单的Ⅱ型（图 2）：颌勺均大，但形状不一。颌勺两端如同Ⅰb 一般，直接延长为颊带；颊带末端为单支或分成多支。使用此类下颌托者，绝不使用额带。

唐代金属颌勺中心开口的类型同见于Ⅰ与Ⅱ型，使用者有男（史道德）有女（贺若氏），分别见于固原与西安（附表 1：22、23；图 3：Ⅰb，Ⅱ）。

---

［16］在此特别感谢宁夏考古研究所所长罗丰教授以及宁夏博物馆准许笔者观察九龙山金下颌托实物。其余二件均在固原博物馆展出。

［17］王春燕《关于吐尔基山辽墓金下颌托的一点思考》，图二 1, 2。

III型较II型更进一步简化：颊带明显的缩短，长度仅及耳部，颊带末梢或插入耳际发梢，或形成一钩，固定在耳蜗上方。这种下颌托固定力微薄，仅能保持尸僵前下颌不下坠松脱，而不能抗拒尸解时由体内送至嘴部的巨大压力。最早见于初唐的阎婉墓中（附表1：24；图3：III）。

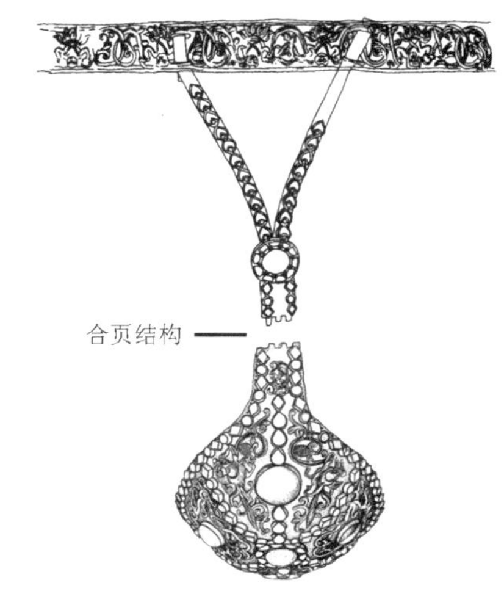

图5　比利时私人收藏金下颌托（5世纪）
（采自Müller, "Chin-straps", p. 34, Fig. 5（细节））

目前所知最华丽的几件下颌托均为金质，其中仅内蒙古锡林浩特伊和卓尔M1、M3中者为考古发现，M1者为经盗掘后追缴而得，但至少知道墓中随葬品的组成，余二件均为收藏品：一为比利时私人收藏（图5），另一件为瑞士Pierre Uldry所藏（图6）[18]。三者形制、构造均与考古出土物非常类似，其中比利时一件为典型的Ia型，因为它的两件V型颊带经合页结构与颌勺两端连接，方法与大同南郊电焊厂M107完全相同（图1），而Uldry藏品则与伊和卓尔M1颊带类似，二者均以金属线将V型颊带与颌勺两端连接。不过Uldry藏品颌勺两端延伸后变成圆环（图6右），然后再与V型颊带连接，而伊和卓尔的较近似M107，V型颊带下延长成圆环后，再直接与颌勺两端相连（图4右）。三者表面并均经锤揲、黏金珠，以及镶嵌琉璃宝石（后二者仅见于比利时下颌托）等不同金饰工艺，而使用部分纹饰与云冈第二期者相同，所以两件收藏品均极可能为北魏平城时代文物。

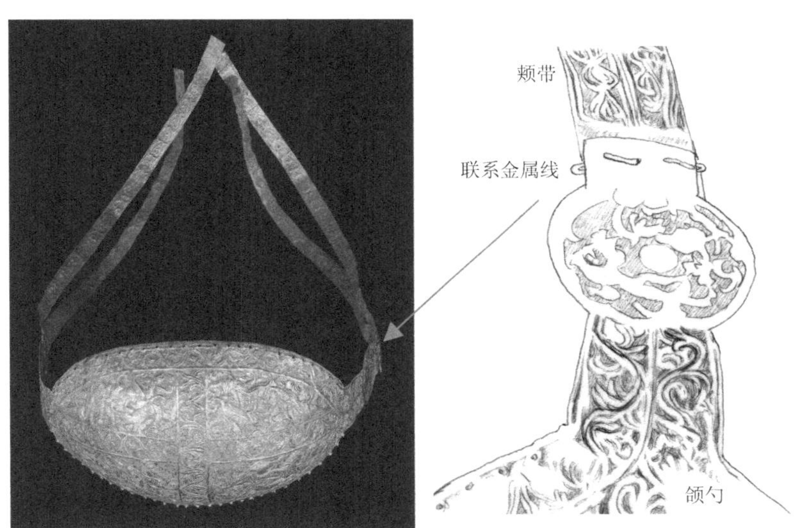

图6　瑞士Pierre Uldry藏金下颌托（5世纪）
（采自Uldry and Lutz, *Chinesisches Gold und Silber*, p. 141，细节为笔者根据博物馆观察自绘）

[18] Jean-Paul Desroches, *L'Asie des Steppes d'Alexandre le Grand à Gengis Khan*, Paris: Réunion des Musées Nationaux, 2000, pp. 164-166, pl. 153; Pierre Uldry and Albert Lutz, *Chinesisches Gold und Silber. Die Sammlung Pierre Uldry*, Zürich: Museum Rietberg, 1994, 141, pls. 120-121 ; François Louis, "Gold and Silver from Ancient China: The Pierre Uldry Collection on Show at the Museum Rietberg Zürich", *Arts of Asia* September/Octorber (1994), pp. 91-93。二者原均被认为是冠饰。在笔者2006年文章中已确认两件实际为北魏平城期金下颌托。

在此特别值得提出的是合页构造[19]。合页在中国虽早已用来连接门与门框，或屏风等具有可移动部位的家具，可是从未用于首饰。在中亚地区此种首饰技术早在公元零年前后出现，至公元5世纪已有相当历史：例如顿河畔罗斯托夫东部发现的公元1世纪萨马特（Sarmatian）文化墓葬中出土有合页的项饰与腕饰[20]；这几件首饰被认为可能制造于古代的大夏一带（Bactrian），以及阿富汗公元前后一世纪的黄金之丘 Tillya tepe 墓葬（见后）出土的首饰亦多使用此连接技术[21]。因为比利时收藏的下颌托上均锤揲有在葡萄忍冬纹中穿杂回首翼兽的图案，相当于云冈 9、10 窟前室门框上的纹饰，同时额带上的纹饰又近乎乌浒河（Oxus）发现的象牙雕饰图案[22]，暗示此件，甚至平城期Ⅰa 型制品，可能由受过此类首饰传统训练的，同时又熟悉中亚或南亚与云冈纹饰的中亚匠人或者工匠集团在平城当地制成[23]。Ⅰa 型的简化式——以金属线穿联颌勺与颊带的方式取代合页——则应是平城当地金匠的模仿制品。如此从工艺角度看来，应该 M107 者最早，然后变成伊和卓尔式，然后再简化成 Uldry 式（图 4：6），但后二者不一定晚得很多，因为颌勺上的纹饰仍然相近。而从其上浓厚的云冈纹饰看来，依和卓尔 M1 的下颌托可能是在平城作好后再运到墓地去的。可是进入洛阳期后，Ⅰa 式的工艺技巧完全被放弃。其原因为何？是否这批工匠没有跟随孝文帝迁至洛阳？或是人们口味大幅度改变？或有其他原因？目前的考古资料并无法解答此一问题。

大同电焊厂 M107 的铜下颌托看似简单，但发掘报告说明颌勺外原覆有刺绣丝织品，刺绣纹饰为圆珠型饰（图 1），颌勺内原也衬有丝绵与毡等纺织品或甚至其他纤维[24]。大同电焊厂出土的部分其他下颌托例如 M24、M214、M239 等原来也应包有或衬有纺织品[25]，因为颌勺边缘均打有细穿孔，显然为固定织品之用。此外，以上所提两件西方收藏以及内蒙古依和卓尔 M1 的颌勺边缘也均打有细孔，说明不论金属材料贵重与否，平城期的下颌托，不论Ⅰ型或Ⅱ型，至少在

[19] 合页详细构造见大同 M107，王银田、王雁卿《大同南郊北魏墓群 M107 发掘报告》，154－156 页。

[20] 萨马特文化是属于欧亚草原游牧民族的文化，承接北方草原斯基泰型与萨罗马特型文化，下限约至公元 3 至 4 世纪左右。

[21] 见 Vladimir Guguev, “The Gold Jewelry Complex from the Kobyakov Pit-Burial”, in: Adriana Calinescu (ed.), *Ancient Jewelry and Archaeology*, Bloomington: Indiana University Press, 1996, p. 59; Victor Sarianidi, *The Golden Hoard of Bactria. From the Tillya-tepe Excavations in Northern Afghanistan*, Leningrad: Aurora, 1985, p. 122，所示为 M4 男墓主的一条镶宝石金项链。亦见 S.I. Rudenko, *Die sibirische Sammlung Peters I.* Leningrad, 1962.（H. Pollems 俄文译德文, Wuppertal-Barmen, 1966, pls. XII.3, XIII, XVIII.8.）

[22] 乌浒河发现的宝藏多被定为古波斯的阿契美尼德帝国的时间（约公元前 6－前 3 世纪），但同样的纹饰在整个印度沿用长久，多用来装饰佛教洞窟。在此感谢慕尼黑大学印度美术史教授 Monika Zin 相告。

[23] 在此王银田认为比利时私人收藏下颌托在中亚制作，见王银田、王亮《再议“下颌托”》，53 页。笔者认为这个可能性不大。中亚目前尚未发现如此复杂的金属下颌托。再考虑到纹饰问题，此下颌托应在平城制成比较合理。同时 M107 之铜下颌托与之构造完全相同，可见当时平城确有一批中亚工匠专门负责制作这种工艺品。

[24] 报告不提有关下颌托外表丝织品送颜色、刺绣技术等细节。笔者于 2011 年 10 月访问大同市博物馆时，大同博物馆慷慨允许笔者观察实物，看见至少有一部分为疏松的平纹组织，残余刺绣纹饰为圆环形，部分呈粉红色，某些地方尚有极微小的金箔残余；在此感谢大同博物馆院方。同时并承蒙王雁卿研究员赐告曾有日本学者显微观察过该颌勺的内部，并发现内有植物纤维。但可惜该成果尚未公布，在此一并感谢此信息。

[25] 山西大学历史文化学院等《大同南郊北魏墓群》，160、300、328 页。

颌勺内均衬有垫物。也就是说，此器物虽然给人死后用，人们仍然考虑到使用的舒适问题。

隋唐与北魏的最大区别在于隋唐代下颌托颌勺边缘的小孔完全消失，隋唐时期的 Ib 型，如固原九龙山者以及征集品，颌勺与颊带边缘均从背面向表面锤揲出小圆珠状纹饰，但均未穿透，显示自隋唐代起下颌托勺已不加绵绒毛絮之类的衬里，一来显然与唐代较多使用金质下颌托有关，表示人们对死者、或死的态度可能有所转变；希望让死者舒适的想法已不重要，更重要的是财富与地位的炫耀。再者是下颌托可能与覆面或额饰合用。最明显的是唐史道德下颌托。与该物同时出土的眉、眼、鼻、唇金属罩边缘均有少数穿眼，显然用以固定在布帛之上。可见史道德的下颌托和眉、眼、鼻、唇罩等属于两套不同的器物：金属五官罩为固定在覆面上的附属品，然后再加上有宗教意义的额饰。在此，下颌托颊带仅固定在覆面上额的两侧，象征性支撑下颌，所以没有再在颌勺中添加内衬的必要。

四、下颌托非汉人传统

大同发现的金属下颌托集中在东郊与南郊电焊厂墓葬区的东西向单人墓葬中，仅 M87 与 M211 属南北向墓葬（附表 1：3、13）。目前为止尚不见于汉人的墓葬内，如司马金龙与宋绍祖墓[26]。讨论至此时，最容易想到的反议是：如果不用金属下颌托，是否其他所有死者均用纺织品作的下颌托呢？古代墓葬中的纺织品大多无法留存，所以无法得知汉人或其他族属的人在下葬时是否也用下颌托。我们先从汉人习俗看起。

中国出土的几具保存良好的古尸均口唇大张、舌头外吐。以马王堆 M1 轪侯夫人（公元前 168 年后）尸体为例：身躯几乎保持完美，舌头却已被推挤出口腔[27]。我们再来观察轪侯夫人头部的殓葬仪式：出土时，她的前额、双眼，以及鼻均覆盖有织锦与夹絮素绢，最上原来可能再覆盖着一张面巾[28]。下颌部位则不见有任何织品。河北满城中山王墓中虽然刘胜窦婉已尸骨无存，但在相当于口部的位置各发现了一件玉口含[29]。放置在口中时，上下牙床咬在口含上下两侧（图 7）[30]，也就是说，口部实际并未闭合。武威磨咀子出土的几座尸体保存较好的汉墓也均只报道了覆面，而不提下颌有被布巾围绑的情形[31]。汉以前的例证可见湖北江陵马山一号墓出土的女性尸体（公元前 4 世纪末至 3 世纪初）。出土时，在脸部覆盖有一张绢，仅双眼部位开隙缝，嘴部剪一三角形小洞，报告内并不提下颌部有任何织品的存在[32]。

[26] 司马金龙墓见大同市博物馆、山西省文管会《山西大同石家寨北魏司马金龙墓》，《文物》1972 年第 3 期；宋绍祖墓见刘俊喜、张志忠、左雁《大同市北魏宋绍祖墓发掘简报》，《文物》2001 年第 7 期；刘俊喜主编《大同雁北师院北魏墓群》，北京：文物出版社，2008 年，71－162 页。

[27] 湖南省博物馆、中国科学院考古研究所编《马王堆一号汉墓》，北京：文物出版社，1973 年，上册，28 页；下册，图版 70。

[28] 湖南省博物馆等《马王堆一号汉墓》，32－33 页。

[29] 中国社会科学院考古研究所编《满城汉墓发掘报告》，北京：文物出版社，1980 年，139－140 页。文中称之为“七窍孔塞”中的一件。

[30] 夏鼐《汉代的玉器——汉代玉器中传统的延续和变化》，《考古学报》1983 年第 2 期，135 页。

[31] 甘肃省博物馆《武威磨咀子三座汉墓发掘简报》，《文物》1972 年第 12 期，11－12 页。

[32] 湖北省荆州地区博物馆编《江陵马山一号楚墓》，北京：文物出版社，1985 年，16－17 页。

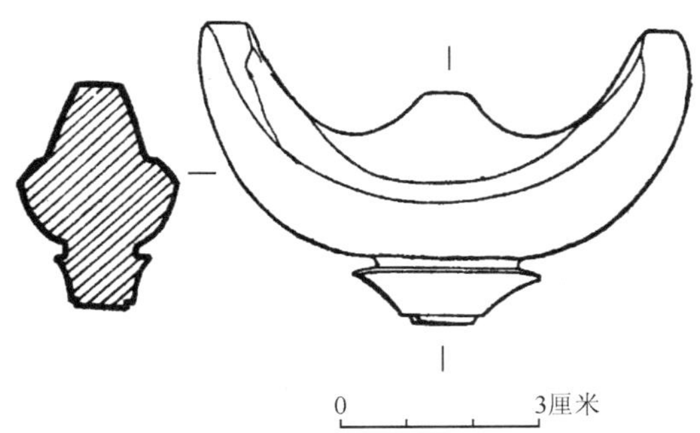

图 7　西汉满城中山王墓刘胜（公元前 113）玉口含
（中国社会科学院考古研究所编《满城汉墓发掘报告》，139 页，图 97）

中国先秦与汉时期中上层人士如何处理其亲人尸体呢？根据《仪礼》，人死后未亡人最先做的几件事之一就是“楔齿”，也就是用一件角质的小匙（角柶）放在上下排牙齿间，让牙齿不会闭得太紧[33]。然后头部必须裹上布巾（“掩”），眼部必须覆盖以方形黑面红底的覆面，双耳塞以新绵[34]。然后必须进行“饭”的仪式，用角柶将过世双亲的口齿撬开，然后再用同一角柶将“含”喂到死者口内[35]。如果是士的阶级，孝子得先掀开覆面[36]，死者身份若在大夫或大夫以上，行“饭”礼时，覆面不应被揭开，只可在口部开一孔，将“含”经过小孔喂到死者口中[37]。马山女墓主似乎即属于此一社会阶级。

“饭”礼的原意，根据郑玄的解释，在于孝子恐怕双亲在冥界受饥饿，所以必须进行仪式性的喂哺[38]。从考古发掘的角度来看，这个解释至少可以追溯到湖北随州战国时代的曾侯乙墓（约卒于公元前 433 年）。他的尸体虽只存留下骨架，但口腔部位发现 21 小件动物形（牛、羊、猪、狗、鸭、鱼等）的玉晗，表示“饭”礼曾经确实据有象征性的“喂食”意义。以此看来，“饭”礼在战国到汉代的中国社会，至少在上层阶级生活中，属于丧礼中的一个重要部分。郑玄注《仪礼》中的“掩”为“裹首也。析其末，为将结于颐下，又还结于项中”[39]。也就是说，“掩”（包头用的布）的下角在颌下打结，然后再绕到脑后绑紧。形式虽然有点像下颌托，但其目的实为裹头，不在绑紧下颌。大夫以上的饭礼甚至不掀开覆面，只在嘴部剪个小洞，更可见下颌有意不被绑紧，也就表示人死后固定下颌不是周汉时期的汉人传统。

南朝时期的南方大型墓葬内也多发现有玉质口含，可见此时期的南方汉人大族仍多继续汉代丧葬传统，北朝后期汉族文化重新获得地位后，墓葬中虽然少见口含，但《颜氏家训》内所

[33]（清）胡培翚注《仪礼正义》卷二六《士丧礼》：“楔齿用角柶”，郑玄注：“为将含，恐其口闭急也。”（《四部备要》刊本，上海：中华书局，1936 年）

[34]《仪礼正义 • 士丧礼》：“掩，练帛广终幅，长五尺，析其末。瑱，用白纩。幎目，用缁，方尺二寸，䞓里，著，组系。”（叶一六 a）。

[35]《仪礼正义 • 士丧礼》：“主人左扱米，实于右，三，实一贝。左、中亦如之。又实米，唯盈。”（16a 页）但根据考古发现，使用的“含”的质量种类显然与死者身份等级有关。

[36]《仪礼正义 • 士丧礼》，叶一六 a。

[37]《仪礼正义 • 士丧礼》，叶一六 a。

[38] 关于饭含仪式，学者们已多方考究，在此不多述。可以参考的文章如方琳《古代葬俗中的饭含之礼》，《文史杂志》2001 年第 3 期，80 页。

[39]《仪礼正义 • 士丧礼》，叶一六 a。

述的北朝丧礼也完全不提绑紧死人下颌的仪式。唐代正式规定饭含的等级以及含的种类[40]，《酉阳杂俎》内也不提任何绑下颌的事，却记载了崔生兄下棺时的故事，崔生忘记先在面衣上开口，匆忙之下以剪刀剪一个洞，而误伤其兄唇。此记载生动地反映出《士丧礼》中所描述的汉人传统在唐代仍然忠实的保存着[41]，但亦可见使用下颌托这种习俗甚至到了唐代仍然分布不广。

五、下颌托在古代欧洲

在转眼观看欧亚大陆另一端时，我们可见到另一个完全不同的传统。公元前2000年左右近东地区已开始使用唇盖，并传至黑海与地中海地区。欧洲古希腊文化中的迈锡尼（Mycenaean）与几何风格（Geometric）时期（相当于前1200—前800）墓葬中也出现黄金唇盖，同期的阿提卡（Attica）与雅典（Athens）地区墓葬内也发现金质以及铅质的下颌托[42]。这个传统在古希腊的远古（Archaic）以及古典（Classical）时期（前8—前4世纪）仍继续保持，在此段时期的阿提卡地区墓葬内发现数件金质下颌托，与唇盖并存[43]。根据流传下来的文献与文物来推测，古希腊大部分的下颌托应属纺织品。古希腊文献内已提及下颌托的使用，并称之为othone（复数othonai），原意是女性穿着用的白色亚麻布。古希腊前6—前5世纪时期祭墓用的黑底红花或红底黑花陶瓶上常绘有哭丧仪式（prothesis）的图像：死者被陈于床上，家属妇女们围绕着尸床做仪式性嚎哭。死者头部有时从下颌到头顶绑有一布条[44]。布条的形制不一：有时等宽，有时下颌处较宽（图8）。黑海地区公元前斯基泰等游牧民族墓葬中虽有时可见金属唇盖，但至今未出土下颌托，中、西欧地区一直到民族大迁徙时期结束，也任何没有使用下颌托的征象，可见这并非游牧民族的习俗。现代欧洲人死后有绑紧下颌的习俗，可能是古希腊习俗后期向欧洲各地传播的结果。

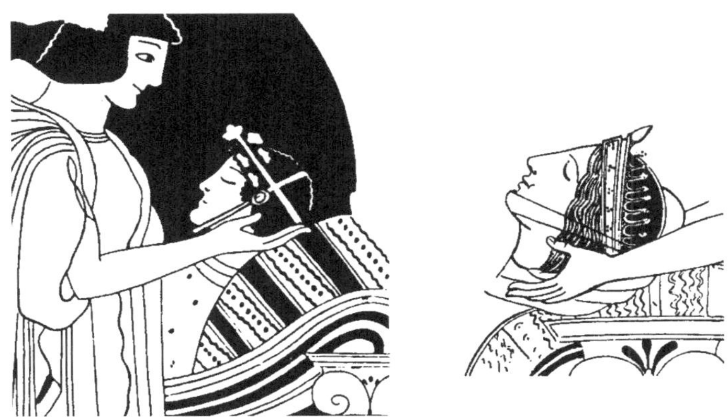

图8　希腊陶祭瓶上哭丧仪式中死者头绑下颌托的情景
（采自von Salis, “Antiker Bestattungsbrauch”, pp. 4-5）

[40] 见方琳《古代丧葬中饭含之礼》一文。

[41] 有关此故事以及其他唐代使用覆面习俗的记载见罗丰《固原南郊隋唐墓地》，104页。

[42] 见Arnold von Salis, “Antiker Bestattungsbrauch”, *Museum Helveticum* 14, 1957, p. 97.

[43] 见Dieter Ohly, *Griechische Goldbleche des 8, Jahrhunderts v. Chr*, Berlin: Gebr. Mann, 1953, pp. 68-69.

[44] 见D. C. Kurtz and J. Boardman. *Greek Burial Customs*, London: Thames and Hudson, 1971, pp. 144, 211; Robert Garland, *The Greek Way of Death*, Ithaca: Cornell University Press, 1985, p. 23.

图 9　阿富汗席巴尔甘金丘墓葬出土金下颌托带（墓 4）（采自 Sarianidi, *The Golden Hoard of Bactria*, p. 58）

John Boardman 解释古代希腊人的想法，绑紧下颌不仅是为了使尸体不开口，也是为了防止人死后灵魂从身体孔窍（主要从口部）逸出，危害世人；而陶瓶上所绘的陈尸哭丧礼中并非所有死者均使用下颌带，其原因在于有其他方法抑制下颌的脱落，例如将死者头部下垫高枕，使下颌尽量靠近胸部，或者将一块草皮放在下颌下方，顶住下颌，不让下落等，都具有类似下颌托的功效[45]。

中亚地区只有极少数的古代墓葬经由科学性的考古发掘，所以很难了解此地区古代丧葬习俗。1979 年苏联考古学家萨尼亚尼迪（Victor Sarianidi）在今阿富汗北部席巴尔甘（Shibarghan）金丘（Tillya-tepe）所发掘的六座墓葬中有四座均发现下颌托（图 9）。这批墓葬的年代可以根据出土金币定为公元前 1 世纪至公元后 1 世纪，而男性墓主人可能为月支或贵霜初期的国主[46]。墓葬同时出土的许多物品，例如口含金币用来贿赂冥河渡者查戎（Charon），金属制的象征性鞋底用来帮助死者踏上冥间的旅程等，均显示这几座墓的葬俗强烈地受到了古希腊丧葬文化影响。这个影响当源自于马其顿的亚历山大大帝的东征，将古典希腊习俗与文化移植到了相当于战国代时期的大夏，亦即今日阿富汗。

六、新　　疆

中亚东部——亦即今日的新疆——的古代墓葬也一如古代希腊，同步地从公元前 1000 年至公元后 1000 年间，间断地发现有使用纺织品下颌托的葬俗，王银田与王雁卿在《大同南郊北魏墓群 M107 发掘报告》（162 页）中已有叙述。根据李吟屏，这个习俗至今在新疆地区仍流传不断[47]。附表二列出在新疆所发现的下颌托例证[48]，由此可见新疆地区使用纺织品下颌托的习俗历史源远流长。虽然居住在各区的人种与文化可能都不相同，而且其间时间差距也相当的大，但此葬俗在新疆地区似乎跨越文化、种族与政治的差距，而为数个沙漠绿洲地区居民所接受。由一般葬俗看来，扎滚鲁克与克里雅河下游地区的居民享有类似的丧葬文化。营盘、尼雅、山普拉等地文化又各有特色[49]。从中国文献记载的政治系统看，营盘属于汉代的墨山国、尼雅为汉代的精绝，隶属于鄯善，而山普拉属于于阗国。Kennith J. Hsü 提出人群移动与环境冷却有关

[45] John Boardman, “Painted Funerary Plaques and Some Remarks on Prothesis”, *The Annual of the British School at Athens* 50, 1955, p. 57.

[46] Sarianidi, *The Golden Hoard of Bactria*, p. 58; Pierre Cambon, “Tillia tepe, la connexion de l’Est”, in: Pierre Vallaud (ed.), *Afghanistan : les trésors retrouvés*, Paris : Musée Guimet, 2006, pp. 295-297.

[47] 李吟屏《新疆和田出土彩棺及其相关问题》，《考古与文物》2002 年汉唐考古增刊，53 页。

[48] 新疆出土墓葬虽多，但发掘报告多不完全，在此仅能做约略的整理。

[49] 一般相信扎滚鲁克与克里雅河下游地区的青铜器时代早期居民可能为吐火罗（Tocharian）人前身，营盘属于古印度语系的人，山普拉地区的文化与塞种有关，尼雅地区根据出土佉卢文书推断可能原居民为吐火罗，但参有犍陀罗的移民，尤其极具特点的双横格短剑鞘（尼雅 M8）显示与西方的萨马特文化相当的联系。

的看法，并认为约在公元前2000年、前800年，以及其后，印欧人群经由西伯利亚南部进入塔里木盆地[50]。根据此看法，约公元前800年第二批的人类移动与扎滚鲁克居民（以及其使用下颌托的习俗）的出现配合得相当好，而其中一部分移民也进入当时仍然可居的克里亚河下游，所以当地也发现织品下颌托。同时在扎滚鲁克多人葬的M14中发现两具尸体有在下颌放一木块的现象[51]，让人联想起前述古代希腊人防止下颌脱落的种种方法，似乎隐射着扎滚鲁克的居民中部分持有类似古代希腊人对处理死者的传统以及信仰。

应当注意的是，并非所有的新疆绿洲古居民均有使用下颌托的习俗，同一绿洲内的居民也并不一律地使用下颌托。例如鄯善地区苏贝希（公元前5至前3世纪）地区的墓葬即不见任何下颌托的使用。苏贝希地区人死后丧葬穿着衣物以皮质为主。韩建业认为苏贝希的文化性质与欧亚草原骑马民族文化如斯基泰等的关系密切，可能为其后裔或新近移入新疆的居民[52]。特别有意思的是一座发现于尼雅的墓葬，其衣着式样与葬俗大致保持了苏贝希的传统，但已弃置皮革而采用丝料，最重要的是也使用了下颌托[53]，可见下颌托是个新疆地区定居民族的习俗。此外，使用下颌托的墓葬通常有较丰盛的随葬物，显示使用下颌托在塔里木盆地某些绿洲属于一种地位象征[54]。为了表示属于上层人士，即使外来种族也会为其葬礼采用下颌托。

附表2显示下颌托在新疆地区不同时间的分布：最早的可以追溯到后来属于且末的扎滚鲁克以及克里雅河下游，然后主要出现在天山南沿东段，最后转移至昆仑山北沿的中段。总的看来，新疆下颌托的使用也不受年龄、性别的限制。早期下颌托为毛编绳，因为前1000年的前半期丝绸显然尚未传入。von Salis 在古希腊图绘瓶上观察到下颌托为红色，他解释成血色[55]。早期的扎滚鲁克下颌托为深红色，不知是否巧合。2、3世纪的多数下颌托转变为素绢。绢虽为简单的丝料，当时西域仍仰靠中国进口，属贵重货品。此外，营盘地区的下颌托常与额带共同使用。额带上并常饰有圆铜牌。尼雅地区的下颌托虽不与额带共同使用，但用双条绢包扎。这种方式多使用在男性，以将长须整洁的展示在外（图10）。3、4世纪的山普拉地区（古代于阗）在再度出现毛料下颌托的同时也出现了十分奢华的以织锦缝制而成的下颌托，内有衬里，有时在面上另加刺绣，颌托部分也作出立体勺状，可以完美的罩在下颌上。男性下颌托特别开出洞口，使得美髯可以从此洞露出，十分的讲究（图11）。同时山普拉的M49（3－4世纪）也残留下类似大同南郊电焊厂M107下颌托上的圆环锁针刺绣[56]。仅从外形看来，从营盘与山普拉

[50] Kenneth J. Hsü, "Did the Xinjiang Indo-Europeans Leave Their Home Because of Global Cooling?" in: Victor H. Mair, (ed.), *The Bronze Age and Early Iron Age Peoples of Eastern Central Asia*, Vol. 2. Philadelphia: The University of Pennsylvania Museum Publications, 1998, pp. 683-696.

[51] 新疆博物馆等《新疆且末扎滚鲁克一号墓地》，《新疆文物》1998年第4期，14页。

[52] 韩建业《新疆青铜时代——早期铁器时代文化的分期和谱系》，《新疆文物》2005年第3期，80、86－87页。

[53] 见 Müller, "Chin-straps", p. 48.

[54] 最明显的例子是尼雅 M8。林梅村教授根据该墓出土的佉卢文推测该墓墓主可能为国王，同时认为一号墓地为东汉时期精绝王族的墓地，见林梅村《精绝佉卢文材料中国藏品调查记》，《西域研究》2011年第2期，121页。

[55] von Salis, "Antiker Bestattungsbrauch", p. 96.

[56] 新疆维吾尔自治区博物馆、新疆文物考古研究所《中国新疆山普拉——古代于阗文明的揭示与研究》，乌鲁木齐：新疆人民出版社，2001年，图版425（84LS I M49: 75b）。

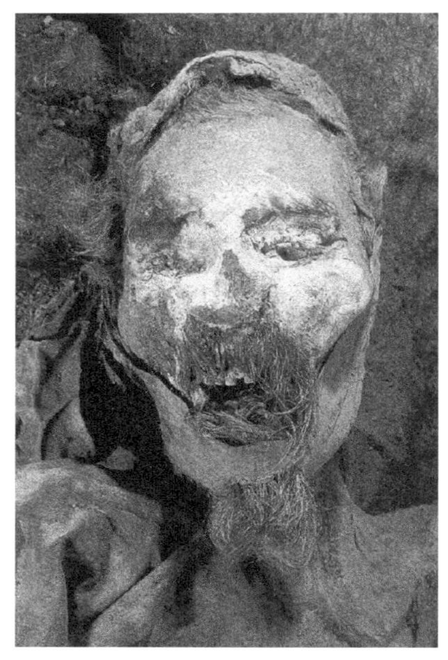

图 10　尼雅 97MN1 M2（3－5 世纪）墓主使用双条绢下颌带（采自中日日中共同尼雅遗迹学术调查队《中日日中共同尼雅遗迹学术调查报告书》，第三册，图版 105.3）

图 11　山普拉墓葬 M1 出土男性用绣锦下颌托，中有“胡须洞”（采自：新疆维吾尔自治区博物馆暨新疆文物考古研究所编《中国新疆山普拉》，227 页，图 426[84LS I M01: 210]）

的装饰性下颌托到北魏平城期的金属下颌托似乎仅仅为一步之遥。

目前北魏平城期出土的下颌托尚未发现有勺底开孔者。这也许与目前考古资料的缺乏有关。直到唐初才出现颌勺底有底洞的例证，但不仅史道德（男），甚至贺若氏（女）的下颌托也有洞。似乎这个“胡须洞”的原意至唐初时已不为人所知。史道德的下颌托洞显然与展示胡须无关，因为如前所述，史道德的面部先罩上了一张具五官的面罩，然后才套上下颌托。

七、族属 · 粟特人 · 宗教与结论

从考古资料看来，新疆早期的下颌托习俗似乎与古希腊同步，阿富汗黄金之丘金箔下颌托的习俗可能是由亚历山大大帝东征带入，所以新疆塔里木盆地的下颌托远早于此发现。新疆的传统源远流长，并且似乎不断地有新文化加入，他们或者带来新的下颌托的传统，或者采用当地已有的葬俗。从时间上看来，北魏平城金属下颌托的开始时间应该可以衔接上新疆的织品下颌托。那么北魏时期的下颌托是否可能是由新疆传来的呢？

但到目前为止，从现有发掘看来，新疆与中国境内的下颌托传统只有时间的关系，但无法证明北魏平城期的下颌托直接来自新疆某地区。但大致说来，似乎 Ⅰa、Ⅰb 与Ⅱ型各有源流或传统。如前所述，从形式看来，平城的Ⅰa 型下颌托与营盘与山普拉下颌托有类似之处，也许可以推测此平城的Ⅰa 型下颌托可能为营盘加上山普拉下颌托的金属诠释；但是由织品跳到金属仍是很大的一步，所以此处的关键在于来自中亚阿富汗一带的金匠。可是这个问题很大，必须与平城时代的金属首饰工艺一起考虑，本文无法顾及。

从考古的角度来观察，比较看得出有规律性者为大同南郊电焊厂 M107、M109、M116，大

同东郊齐家坡墓[57]与内蒙古锡林郭勒盟依和卓尔M1、M3：其中电焊厂M116、齐家坡墓、与依和卓尔二墓之棺形与棺外装饰极类似，只是伊和卓尔二棺棺饰更为繁缛[58]。由于这种棺饰在大同已发现数次，表明它们是属同一类型的葬式，依和卓尔M1出土的随葬品搭配又与电焊厂M107、M109十分近似，例如它们均有鎏金錾花银碗、玻璃碗，漆耳杯或金属耳杯，同时依和卓尔M1、M3的下颌托均一同电焊厂M107，M109均与额带组合成一套，同时死者均也挂有同类型弯月形金属项饰。类似组成也见于大同市古玩店收购的银质下颌托与新月形项饰以及小银碗。这些细节均指出某种特定的葬仪。发掘者认为M107、M109、M116三墓可能有家族关系[59]，其葬仪反映着一个固定的族属传统。由于这几座墓均发现下颌托，表示Ia型下颌托的使用确实与拓跋鲜卑联盟中某族群有关。电焊厂M109的头冠饰一方面承接今阿富汗黄金之丘公元1世纪前后的M6女墓主的头冠型制，显示受到中亚贵霜或月支一定的文化影响，另一方面也与辽西北票房身M2出土的金牌类似[60]，只是无摇叶，似乎说明三者间微妙的关系。伊和卓尔M3头冠上装饰纹饰与电焊厂M109类似，但为皮制[61]。可以支持这个想法的是电焊厂M214，该墓的下颌托虽然属于II型，但出土的铜带扣与带銙形式以及矮领陶罐均与东部的慕容相近，所以大略指出这几个带下颌托的墓主可能源自辽河一带。虽然三燕一带迄今尚不见任何下颌托的报道，但是三燕、高句丽与阿富汗一带文化关系密切却无可厚非。可能是这些人士在进入平城后接受了某些目前尚不了解的，来自新疆带下颌托的传统，再使用他们熟悉或喜好的中亚金匠技术，做出金属式的版本。依和卓尔M3死者似为一年轻人，存留完好的细腻头发为棕栗色[62]，不似东亚一般的棕黑色。虽然人类体质与文化无绝对关系，但多少可以指出该死者或其家族原本来自于一个不属于东亚的地区。所以，目前可大略推测：部分慕容族属或其他辽河一带的高层人士在入平城后使用金属下颌托。但是其他的平城例子除了尉迟定州墓的发现外，目前仍看不出一定系统。

尉迟定州墓墓主的尉迟姓可与于阗相连。但已如郝军军指出[63]，铭文中所提的死者与实际

[57] 1993年发掘，见王银田、韩生存《大同市齐家坡北魏墓发掘简报》，《文物季刊》1995年第1期，14—18页。此墓只剩1件衔环铜铺首，28件鎏金铜泡钉。此墓发掘时棺内仍存不少金银以及琥珀首饰，但未提及下颌托。理论上此墓应该也出土一件下颌托才对。文中叙述头部附近有二件“金饰件，船形”（简报16页），各长6厘米，宽1.8厘米，不知是否为下颌托颌勺的残片，但未见及图片或实物，只好在此存疑。

[58] 内蒙古锡林郭勒盟正镶白旗伊和卓尔M1 2010年被盗，然后部分器物被追回。内蒙古自治区第三次全国文物普查领导小组办公室编《内蒙古自治区第三次全国文物普查新发现》，北京：文物出版社，2011年，67—68页。就现已知资料，此墓木棺外至少有14件衔环铜铺首以及44件鎏金铜泡钉。大同电焊厂M116有5件铜铺首，4件衔环，以及56件鎏金铜泡钉（见山西大学历史文化学院等《大同南郊北魏墓群》，246页）。

[59] 山西大学历史文化学院等《大同南郊北魏墓地》，486页。王银田、韩生存《大同市齐家坡北魏墓发掘简报》又指出该墓与电焊厂部分墓葬类似，可能即指此数墓。

[60] 陈大为《辽宁北票房身村晋墓发掘简报》，《考古》1960年第1期，图版3、4。

[61] http://photocdn.sohu.com/20140317/Img396739104.jpg，2015年6月29日查看。可惜至目前为止该墓出土的衣物冠饰尚未作任何研究分析，无法得知是否符合当时流行的鲜卑服饰与冠帽。

[62] 此点感谢2015年7月6日参观锡林浩特博物馆依和卓尔墓葬特别展时内蒙古考古研究所第二研究室宋国栋主任与夫人特别指出。

[63] 郝军军《北魏尉迟定州墓墓主身份再考》，《文物》2014年第12期，89、91页。

被葬者并非同一人，据石椁门上铭文看来，尉迟定州应为一男子名，并拥有“莫堤”的职位[64]。而死者的尸骨被鉴定为女性，但铭文上又不提及其他葬者，所以被葬者应不是尉迟定州本人，而是他的配偶。如此也可解释墓道中大量马牛羊狗头骨的北方草原葬俗可能是为实际的女墓主所拥有。这种砖室墓与牲畜头骨的配合法乃平城时代唯一的发现；暗示下颌托习俗与原为尉迟定州制造的石棺床与石椁的葬俗并无直接关系。

参照前论，可见在平城地区使用下颌托的族群来源杂乱。一如新疆的先例：使用下颌托虽然与族群有关，但是也与身份地位有关，所以使用者的族群限制仍有相当大的伸缩性，导致外人加入一团体后也可以/愿意使用下颌托。至于在中国境内（不包括新疆）使用下颌托族群的这些死后信仰为何，是否与希腊原产地怕死者灵魂逃逸而对生人作害的想法相同，在无文字的记载前提下，我们实际上并不知道。只有尽量以考古方法找出规律性。此外另一可考虑的是删除法：将不可能使用下颌托的人群成分一一删除。由附表1也可看出，金属下颌托在北魏时期不见于同棺双人葬中。西安北周婆罗门李诞墓隐约显示同棺双人葬乃与来自罽宾地区人物在中国产生的葬俗有关[65]。李诞墓中的葬式与电焊厂部分墓葬内同棺双人葬式类似，均一死者将一手搭在另一死者臀部（图12）[66]，所以可以删除来自中亚罽宾部分地区人士在中国境内使用金属下颌托的可能性。而目前平城出土的金属下颌托墓葬尚看不出与粟特人有任何关系。这方面的研究思路必须经过详细的考古发掘与分析后才能逐渐展开。

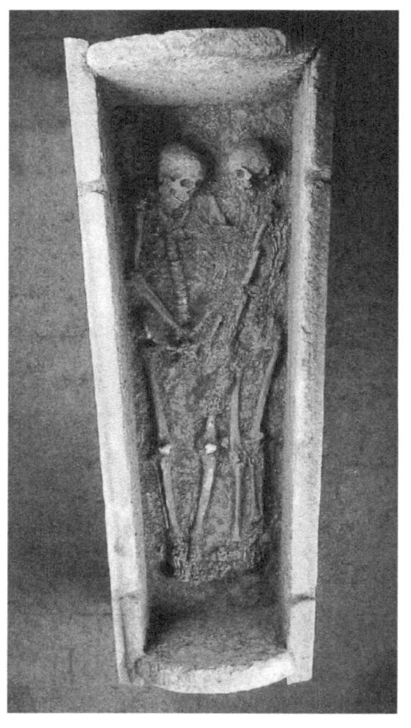

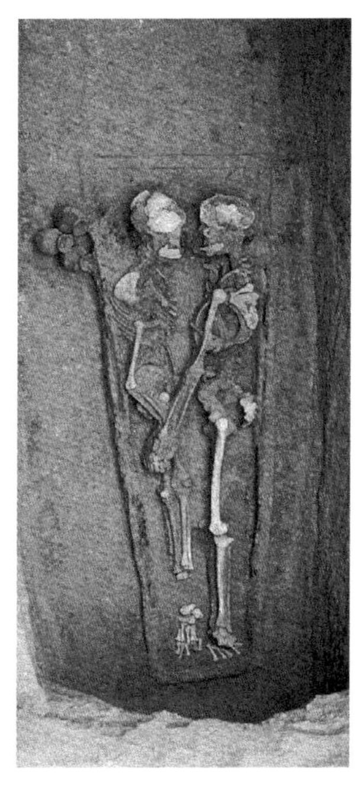

图12　双人葬式　左：西安北周李诞墓（564），右：大同电焊厂M67（5世纪中）（左：采自国家文物局《2005中国重要考古发现》，124页；右：采自山西大学历史文化学院《大同南郊北魏墓地》，图版二，2）

［64］殷宪、刘俊喜《北魏尉迟定州墓石椁封门石铭文》，《文物》2011年第12期，48－49页。

［65］婆罗门属人物在古印度或古克什米尔（罽宾）等地所发现的古代墓葬极为稀少，其葬俗至今不详。李诞墓资料见国家文物局《西安北郊北周李诞墓》，收入《2005中国重要考古发现》，北京：文物出版社，2006，123－128页；图见124页右下。

［66］电焊厂中M67、M81（山西大学历史文化学院等《大同南郊北魏墓群》，65、71页）以及迎宾大道墓葬M54（大同市考古研究所《山西大同迎宾大道北魏墓群》，《文物》2006年第10期，52页，图3）的葬式与之完全相同。

到目前为止，隋唐出现的Ib型只见于固原一带，韩康信的研究显示，九龙山带下颌托的男性死者与其同墓的女性均属于高加索白种人种[67]，此二死者是否可定为粟特人仍有讨论余地，但至少是与史道德一般，均源自中亚。所以这个地域性的Ib特型可能与集中于固原的中亚人及其地方信仰有关。固原征集的额饰为忍冬纹，其可能的宗教意义尚需讨论，但九龙山的额饰与唐史道德的额饰为新月拥日的纹饰，可能已融入中亚地区粟特或花剌子模（Choresmia）袄教信仰或其丧葬礼俗[68]。

一个较大的问题是为何北魏之后华北地域内直到唐初金属下颌托才再次出现？当然，这个情形可能与考古的发掘或下颌托的保存有关。如果华北有一大部分的下颌托是如同新疆墓葬一般，由纺织品制成，则他们存留至今的机会非常的低。虽然有此时间上的空缺，我们可以相当肯定的认为北朝至唐朝粟特人后裔使用下颌托的机会很小。粟特人在中亚粟特地区使用天葬，实际上没有使用下颌托的必要；直到移民黄河地区后粟特人才改为土葬，但仍相当的保留了其丧葬礼节，仅做出了一些针对中国习俗的应变[69]。康业墓被发掘时，尸体被发现裹在数层丝织品中，但发掘者并未提及下颌托[70]。其余几座可以确定为粟特墓葬的北朝墓均不见下颌托的迹象。固原粟特后裔的史氏家族墓葬区内唯一使用金属下颌托以及金面饰的仅有史道德。其余如粟特人的集中区如太原、西安等地也均不见粟特人使用下颌托的迹象。如前所述，Ⅰb型的三件下颌托似乎均不附着于额带上，而是缝在覆面上，所以属于一种装饰品。由此观之，此三件下颌托与额带实际上并未形成一套，只是一起发现。所以不能把额带的袄教意义附加到下颌托的上面，而最近认为下颌托为袄教特色的论点实有商讨的余地。

王银田与吴小平已确切指出，袄教祭司用的口罩不应与下颌托混为一谈[71]。目前唯一所知的是下颌托的使用者有多种来源，至少自唐起，部分粟特人也采纳这种葬俗。至于萨满教的说法，笔者看法如下：至目前为止，在萨满仪式活动分布最广泛的南西伯利亚以及中国东北一带尚未发现任何使用下颌托的例证；虽然契丹人根据文献记载已有萨满的仪式，但王春燕已说明吐尔基山是众多辽墓中所发现的唯一件，明确显示这个下颌托并非契丹人的丧葬习俗。

北魏时期的Ⅱ型颌托用者看不出有何共同葬俗，此外，唐的Ⅱ型用者与北魏是否有承接关系也不明。为何几个唐高祖李渊的后代都用下颌托的原因仍需考究。目前所知道的是几件唐代贵族女性所用者，如贺若氏、金乡县主、韩森寨宋氏以及李倕等，均与花冠共同出现（附表一：25－27，29)，这似乎又是一种新的发展。目前仅有李倕的花冠可依出土情况大致复原。但其余

---

[67] 韩康信《固原九龙山——南塬出土高加索人种头骨研究》，收于宁夏文物考古研究所《固原南塬汉唐墓地》，北京：文物出版社，2009年，137、146页。

[68] Lerner, “Elements of a Mask”, p. 266.

[69] 但史氏家族以及宁夏其他发现的粟特族群墓葬仍然多少保持了其粟特文化的特性，见 Luo Feng, “Sogdians in Northwest China”, in: Annette L. Juliano and Judith A. Lerner (eds.), *Monks and Merchants: Silk Road Treasures from Northwest China*, New York: Asia Society, 2001, pp. 239-245.

[70] 康业墓见西安市文物保护考古所《西安北周康业墓发掘简报》，《文物》2008年第6期，14－35页。

[71] 王银田《下颌托与袄教无关》；吴小平《论我国境内出土的下颌托》，102页。

几位均只剩下分散的花饰。所以很难根据花冠形式来推断这种新发展从何而来[72]。

从中唐开始，可以根据墓志铭确定汉人也开始用下颌托，最明显例子为是郑洵妻王氏。琅琊王氏为东晋以来山东豪族，似乎说明中唐以后部分汉人也认可了这种葬俗所代表的特殊社会地位。这些唐宋时代使用下颌托的人的身份地位与祖籍均必须详细地考虑，但已不在本文讨论范围内。虽然如此，下颌托在中国似乎一直局限在极少数家庭中，以至于文献对这个器物只字不提。

有趣的是，2006 年笔者在印第安纳大学演讲时，一位韩国的学者提到，韩国现亦有将尸体下颌绑紧的习俗。这似乎也暗示着高句丽、新罗与平城某些葬俗的关系。笔者尚未进一步追求韩国此习俗的源流，但我们很容易想到三国时代出土不少与中亚有关的金饰品，目前在学界中有不少人提出中亚古文化直接经由漠北对朝鲜半岛产生文化冲击的论点[73]。也许从下颌托的使用可更进一步地看出亚洲中古时期中亚与东亚文化的密切关系以及漠北在文化交流上的重要地位。

---

［72］李倕的花冠见 Annegret Gerick, "'… Filigrane Blüten fielen zu Boden …' - Der Kopfschmuck der Li Chui. Freilegung, Restaurierung, Rekonstruktion," in: Susanne Greiff, Romina Schiavone, Zhang Jianin, Hou Gailing, Yang Junchang (eds.), *Das Grab der Li Chui. Interdisziplinäre Detailstudien zu einem Tang-zeitlichen Fundkomplex*, Mainz: Römisch-Germanisches Zentralmuseum, 2013, pp. 187-240; 陕西省考古研究院、德国美因兹罗马·日耳曼中央博物馆《西安市唐代李倕墓冠饰的室内清理与复原》，《考古》2013 年第 8 期，36－45 页。

［73］Pierre Cambon, *Tillia tepe*, 2006, pp. 295-297.

附表1 墓葬出土的下颌托

	墓主	地点	葬式	墓制；墓向	性别	金属	死龄	年代	发掘报告	备注
1	不明	大同南郊电焊厂 M24	单人葬 仰身直肢	长斜坡墓道梯形土洞墓；278°	女	铜	50—55	北魏 398前	山西大学历史文化学院等《大同南郊北魏墓群》，北京：科学出版社，2006年，160、472页	下颌托表面涂蓝色颜料，其外并附有织物痕迹；长13厘米，宽4.5厘米
2	不明	大同南郊电焊厂 M170	单人葬 仰身直肢	长斜坡墓道梯形土洞墓；285°	不明	铜？	不明	北魏 398—439	《大同南郊北魏墓群》，272、472页	此墓下颌托仅根据头骨残余绿色锈痕推断
3	不明	大同南郊电焊厂 M211	单人葬 仰身直肢	梯形竖穴土坑墓；350°	女	铜	15—20	北魏 398—439	《大同南郊北魏墓群》，25、472页	已残
4	不明	大同南郊电焊厂 M35	单人葬 仰身直肢	长方形竖井式墓道梯形土洞墓；280°	女	铜	25—30	北魏 439—476	《大同南郊北魏墓群》，36、472页	已残
5	不明（图1）	大同南郊电焊厂 M107	单人葬	长斜坡墓道梯形土洞墓；108°	（女）	铜	未成年（?）	北魏 439—476	《大同南郊北魏墓群》，230、472页；王银田、王雁卿《大同南郊北魏墓群M107发掘报告》，《北朝研究》第1辑，1999年，154、156页；山西省考古研究所、大同市博物馆《大同南郊北魏墓群发掘简报》，《文物》1992年10期，3页	下颌托与额带形成一套。颔勺长13厘米，宽9厘米 《大同南郊北魏墓群M107发掘报告》第145页推测死者"可能是一小孩子"，诸报告中均未说明性别。由于头簪与剪刀多属女性随葬品，故此处推测为女性
6	不明（图2）	大同南郊电焊厂 M109	单人葬、仰身直肢	长斜坡墓道梯形土洞墓；110°	女	铜	20—25	北魏 439—476	《大同南郊北魏墓群》，243、472页	死者有三角形铜头饰，关系与额带不明 下颌托与额带形成一套。下颌托已残
7	不明	内蒙古锡林郭勒盟正镶白旗伊河卓尔 M3	单人葬、仰身直肢		女	鎏金铜	青年（?）	北魏 439—476（?）	王春燕、佰嘎力《内蒙依和卓北魏下颌托的今生前世》，《中国文物报》2014年8月15日，第6版；庄永兴、佰嘎力《内蒙古发现的北魏完整贵族墓漆棺进行开棺保护》，《中国文物报》2014年3月26日，第1版	"下颌托长13厘米，宽9厘米，系带长18厘米"

续表

	墓主	地点	葬式	墓制；墓向	性别	金属	死龄	年代	发掘报告	备注
8	不明（图 5）	内蒙古锡林郭勒盟正镶白旗伊河卓尔 M1			不明	金		北魏 439—476（?）	内蒙古自治区第三次全国文物普查领导小组办公室编《内蒙古自治区第三次全国文物普查新发现》，67－68 页；《奢华的草原——内蒙古正镶白旗伊和淖尔墓群》，《中国文物报》2015 年 4 月 21 日	下颌托有二 V 型颊带以及一额带。 墓中随葬品乃追缴回
9	不明	大同南郊电焊厂 M116	单人葬 仰身直肢	长斜坡墓道梯形土洞墓，墓室有二层台；110°	不明	铜	不明	北魏 439—476	《大同南郊北魏墓群》，248、472 页	已残
10	不明	大同南郊电焊厂 M208	单人葬 仰身直肢	长斜坡墓道梯形土洞墓；280°	不明	铜	不明	北魏 439—476	《大同南郊北魏墓群》，290、472 页	已朽
11	不明（南棺，图 3）	大同南郊电焊厂 M214	男女双棺双人葬、仰身直肢	长斜坡墓道梯形土洞墓；280°	不明	铜	不明	北魏 439—476	《大同南郊北魏墓群》，298、472 页	已残。颌勺长约 10 厘米，宽约 7.4 厘米
12	不明	大同阳高尉迟定州墓	单人葬，葬式不明	长斜坡墓道砖单室墓；272°；屋型石椁与石棺床	女	铜	成年	北魏 457	大同市考古研究所《山西大同阳高北魏尉迟定州墓发掘简报》，《文物》2011 年第 12 期，11 页、7 页图 9	已残。根据遗迹具有额带，形制与大同南郊电焊厂 M107 者类似。 457 年为尉迟定州之死亡日期。但墓中仅一女尸骨，不知二者之关系。见郝军军《北魏尉迟定州墓墓主身份再考》，《文物》2014 年第 12 期，89、91 页
13	不明	大同东郊迎宾大道 M37	单人葬、仰身直肢	长斜坡墓道梯形土洞墓；293°	女	铜	不明	北魏 466—496	大同市考古研究所《山西大同迎宾大道北魏墓群》，《文物》2006 年第 10 期，53 页	迎宾大道北魏墓群内出土一“天安元年（466）”纪年砖（M70），此外所有墓葬形式均具有迁都以前的特色，所以将迎宾大道墓 M37 的年代局限在此范围内。该墓详细资料尚未发表，其形制、大小与制作等均不明
14	不明（图 4）	大同南郊电焊厂 M53	单人葬 仰身直肢	梯形竖穴墓；293°	女	铅	50—55	北魏 476—496	《大同南郊北魏墓群》，13、472 页	已残

续表

	墓主	地点	葬式	墓制；墓向	性别	金属	死龄	年代	发掘报告	备注
15	不明	大同南郊电焊厂 M87	单人葬、仰身直肢	长斜坡墓道梯形墓室；200°	不明	铅	10—15	北魏 476—496	《大同南郊北魏墓群》，197、472页	已朽
16	不明	大同南郊电焊厂 M239	单人葬	长斜坡墓道梯形墓室；284°	不明	铜	不明	北魏 496后	《大同南郊北魏墓群》，328、472页	形制不清
17	不明	陕西西安韩森寨	不明	不明	不明	铅	不明	北魏 494—534	张正岭《西安韩森寨唐墓清理记》，《考古》1957年第5期，62页	在当地六朝至唐墓葬中发现过数件
18	邵真	陕西西安	单人葬头西向	长斜坡墓道方形单室砖墓，南向	男	银	99	北魏 520	邹景璧《西安任家口M229号北魏墓清理简报》，《文物参考资料》1955年第12期，62页	邵真为阿阳令假安定太守
19	不明	河南偃师 YDIIM926	单人葬	竖井墓道方形单室砖墓，南向	（女）	银	不明	北魏 494—534	王竹林《河南偃师南蔡庄杏园村的四座北魏墓》，《考古》1991年第9期，830页	墓中尸骨已朽，但出铁剪。根据此物本人推测死者为女性
20	不明（图7）	宁夏固原九龙山 2004YKJM33	男女双人葬头东南向，无葬具。	带天井长斜坡墓道单室土洞墓；51°	男	金	35—40	隋	宁夏文物考古研究所《宁夏固原九龙山隋墓发掘简报》，《文物》2012年第10期，62—63页；《固原九龙山汉唐墓葬》，北京：科学出版社，2012年，129页	与额带形成一套。额箍上有类似日、月、鸟翅与鹦鹉的图案纹饰。颌勺根据《固原九龙山汉唐墓葬》长11厘米，宽4.1厘米。总长根据简报为40厘米
21	征集（图6）	宁夏固原	不明	不明	不明	金	青少年（?）	唐	宁夏固原博物馆编《固原文物精品图集》下册，银川：宁夏人民出版社，2013年，20页	与额带形成一体套。下颌托总长35.5厘米，颌勺小，长径仅约5厘米。由于总长略短，故本人推测墓主为青少年
22	贺若厥（图8）	陕西咸阳	单人葬，仰身直肢头北向	长斜坡天井墓道土洞墓，南向	女	金	63	唐621	负安志《陕西长安南里王村与咸阳飞机场出土大量隋唐珍贵文物》，《考古与文物》1993年第6期，50页	与珠玉冠饰一起发现。颌勺有孔。贺若氏为北周柱国大将军独孤信之子独孤罗之妻。大姐为北周明帝宇文毓皇后、四姐为李渊父李昞（元皇帝）妻、七妹为隋文帝皇后。贺若原属鲜卑北地代人中的一支，见姚薇元《北朝胡姓考》，北京：中华书局，1962年，94—95页。元魏迁洛后，贺若为唯一未改为单姓的一族，似享有拓跋皇室之殊遇。据文献与出土文字考据，贺若可能即为鲜卑语“忠贞”；见杨娟、王菁《新见〈乙速孤行俨夫人贺若氏墓志〉考略》，《文博》2011年第1期，66页

续表

	墓主	地点	葬式	墓制；墓向	性别	金属	死龄	年代	发掘报告	备注
23	史道德（图 9）	宁夏固原	单人葬，葬式不明	长斜坡天井墓道单室土洞墓，160°	男	金	66	唐 678	宁夏固原博物馆《宁夏固原唐史道德墓清理简报》，《文物》1985 年第 11 期，22 页；罗丰《固原南郊隋唐墓地》，北京：文物出版社，1996 年，91 页；《固原文物精品图集》下册，18 页	与额带形成一套。颌勺有孔。根据《固原南郊隋唐墓地》，下颌托总长约 42 厘米。同书 213—215 页说明史道德生世
24	李徽	湖北郧县	不明	长斜坡墓道方形单室砖墓，南	男	不明	40	唐 683	湖北省博物馆、郧县博物馆《湖北郧县唐李徽阎婉墓发掘简报》，《文物》1987 年第 8 期，31 页，图 1，物品号 50	该报告内并未提及下颌托，但图 1 明显标志出此物。 李徽为唐太宗李世民第三子李泰次子，高祖李渊之孙。李泰于龙门宾阳南洞外曾立大碑一座，为父亲太宗祈福（Amy, McNair, *Donors of Longmen: Faith, Politics, and Patronage in Medieval Chinese Buddhist Sculpture*, Honolulu: University of Hawai'i Press, 2007, pp. 84-87.）。后因涉嫌谋取太子位，与子李徽同被流放湖北郧县，并同葬于该处。李泰墓不见报道
25	阎婉（图 10）	湖北郧县	单人葬，葬式不明	长斜坡墓道方形单室砖墓，南	女	银	69	唐 690	湖北省博物馆、郧县博物馆《湖北郧县唐李徽阎婉墓发掘简报》，37－38 页，图 16.1	阎婉头上有冠饰。 阎婉为阎立德之女，李泰之妻。先葬于河南龙门，722 年迁葬于李泰墓附近。阎立德父亲为阎毘，其先世阎善曾为拓跋的云中镇将以及敦煌镇都大将，见 Edwin G.,Pulleyblank, "The 'High Carts': A Turkish-Speaking People before the Türks", *Asia Major* 3.1, 1990, p. 26
26	裴氏	陕西西安灞桥区马家沟	双人双棺葬，裴氏仰身直肢	长斜坡墓道多天井单室土洞墓，186°	女	银	45	唐天授二年（691）	西安市文物保护考古研究院《西安马家沟唐太州司马阎识微夫妇墓发掘简报》，《文物》2014 年 10 期，35 页，图 35	墓中仅出土裴氏下颌托一件。裴氏头上有冠饰 河东闻喜裴氏为阎识微妻，阎识微为阎立德孙，699 年与其余阎氏宗族被夷族。二人于 706 年合葬于长安万年县崇道乡

续表

	墓主	地点	葬式	墓制；墓向	性别	金属	死龄	年代	发掘报告	备注
27	金乡县主（图11）	陕西西安	夫妇双人葬，葬式不明	长斜坡天井单室土洞墓，南向房屋式石椁	女	鎏金铜	71	唐开元十年（722）	西安市文物管理局《西安唐金乡县主墓清理简报》，《文物》1997年第1期，14页，图34；王自力、孙福喜编著《唐金乡县主墓》，北京：文物出版社，2002年，78页	金乡县主头上有冠饰。 金乡县主为唐高祖李渊孙女，李元婴之女，于隐之妻。于隐尸体不见下颌托。 金乡县主葬入于隐墓穴中（《唐金乡县主墓》，97页）
28	张氏	陕西西安南寨子村XAGJSNZM4	单人葬，仰身直肢，头北	长斜坡天井单室土洞墓	女	银	17	唐开元十九年（731）	西安市文物保护考古研究院《西安南郊唐代张夫人墓发掘简报》，《文博》2013年，13页	张氏卒于蜀地，二年后归葬祖茔。母亲属拓跋元氏一支
29	李倕	陕西西安		长斜坡天井单室土洞墓，南向	女	银	24	唐开元二十四年（736）	Sonja Filip, “Kulturhistorische Einordnung der Befunde und Funde aus dem Grab der Li Chui,” in: Susanne Greiff, Romina Schiavone, Zhang Jianin, Hou Gailing, Yang Junchang（eds.）, *Das Grab der Li Chui. Interdisziplinäre Detailstudien zu einem Tang-zeitlichen Fundkomplex*, Mainz: Römisch-Germanisches Zentralmuseum, 2013, pp. 102-107	李倕头上有冠饰。 为唐高祖李渊之五代孙、侯莫陈氏之妻（同书，43、69页）
30	M34	重庆奉节上关		土洞墓		铜		玄宗期	重庆市文物考古所《奉节上关遗址发掘简报》，收于《重庆库区考古报告集1998卷》，北京：科学出版社，2003年（引自吴小平、崔本信《三峡地区唐宋墓出土下颌托考》，91、96页以及冯恩学《下颌托——一个被忽视的祆教文化遗物》，63页）	
31	宋氏（图12）	陕西西安韩森寨	单人葬，仰身直肢，北	长斜坡刀把型单室土洞墓，南向	女	金	不明	唐天宝四年（745）	张正岭《西安韩森寨唐墓清理记》，60页	宋氏为内侍雷府君夫人
32	卢氏	河南洛阳	单人葬，仰身直肢，头北	带墓道长方形土洞墓，南向	女	铜	不明	唐天宝九年（750）	洛阳博物馆《洛阳关林唐墓》，《考古》1980年第4期，382页，图1、383页	卢氏为唐中散大夫、景城郡别驾卢廷芳幼女

续表

	墓主	地点	葬式	墓制；墓向	性别	金属	死龄	年代	发掘报告	备注
33	郑夫人	河南偃师杏园M5019	单人葬，头北	铲形土洞墓，南向	女	铜	63	唐天宝十三（754）	中国社会科学院考古研究所《偃师杏园唐墓》，北京：科学出版社，2001年，97页	郑夫人为李全礼妻，晚全礼死（墓志见同书291页）。二人分穴葬，但共用一条墓道，郑夫人墓紧贴在李全礼墓穴上方。李全礼尸体不见下颌托
34	郑洵、王氏	河南偃师杏园M5036	双人双棺葬，头北	竖穴式墓道土洞墓，南向	男 女	铜 铜	53 51	唐大历三年（768） 唐大历十一年（776）	徐殿魁《河南偃师市杏园村唐墓的发掘》，《考古》1996年第12期，11页；中国社会科学院考古研究所《偃师杏园唐墓》，98页	郑洵，荥阳人，唐监察御史，被贬岳州。五代祖郑伟为后魏尚书左仆射（墓志见《偃师杏园唐墓》，301页） 王氏为武后宰相琅琊王芳庆曾孙女。 郑洵先葬于湖南巴陵，王氏后葬于河南万山。778年，二人迁于河南偃师杏园村祖坟合葬。 王氏下颌托“全长15厘米，最宽处5.4厘米”（《偃师杏园唐墓》，135页）
35	韦河暨夫人	河南偃师杏园M2003	双人葬，头北	铲形土洞墓，南向	不明	铜	47（韦河）	唐大和三年（829）	《偃师杏园唐墓》，168页	韦河生前为偃师县主簿。根据墓志（同书321页）该墓为一双人葬，但不知何者用下颌托。该墓出土下颌托“用薄铜片捶打而成，中部凹窝，两侧长条形，插入发际，长26.7，最宽处5厘米”（同书第209页）
36	李郃暨夫人	河南偃师杏园M2443	（夫妻同墓或更多人）	铲形土洞墓，189°，4件下颌托	男 女	铜 铜	45（李郃）	唐会昌三年（843）	《偃师杏园唐墓》，169页	李郃生前为贺州刺史（墓志见同书，332—335页）。墓葬平面图画有4件下颌托，故笔者推测该墓为多人葬。但四件的位置非常相近，不知是否因为被盗扰之故
37	李归厚暨夫人	河南偃师杏园M1819	合葬墓，头北	梯形土洞墓，南向，一件下颌托	不明	铜	42（李归厚）	唐大中十二年（858）	中国社会科学院考古研究所《偃师杏园唐墓》，172页	李归厚，陇西成纪人，生前为鹿邑县主簿（墓志见同书352页）。妻为范阳卢氏（第355页）。二人合葬，但不知何者使用下颌托
38	M0954	河南偃师杏园	单人葬，头北	近刀把形土洞墓，南向，175°	（女）	铜	不明	唐晚期	中国社会科学院考古研究所《偃师杏园唐墓》，185页	根据随葬品内有粉盒、铁剪等物，可推测死者为一女性

续表

	墓主	地点	葬式	墓制；墓向	性别	金属	死龄	年代	发掘报告	备注
39	2001I M1006	重庆奉节宝塔坪	单人葬，头南	土洞墓	男	乌银	成年	唐晚期	吉林大学边疆考古研究中心、重庆市文物局、奉节县白帝城文物管理所《2001年唐宋明清墓发掘报告》，收于《重庆库区考古报告集2001卷》上，北京：科学出版社，2007年，440页；重庆市文物局、重庆市移民局《奉节宝塔坪》，北京：科学出版社，2010年，127页，130页，图133，彩版18.1。（二文引自吴小平、崔本信《三峡地区唐宋墓出土下颌托考》，91页）	报告中对下颌托的描写如下："该器绕在耳后，在颅顶绕一小环，而且在下颌处变宽，成勺状"（《重庆库区考古报告集2001卷》上，440页）。 此外，此件为中国所见最早之乌银（niello）工艺，应由西方传入（同书，326页）
40	不明	广州皇帝岗	单人葬，直肢，北	长方形竖穴坑木椁墓，北向	女	鎏金银	不明	唐末	广州市文物管理委员会《广州皇帝岗唐木椁墓清理简报》，《考古通讯》1959年第12期，668页，图1，物品编号4	椁内仅有一无字砖墓志
41	2000I M1010	重庆奉节宝塔坪	单人仰身直肢	土洞墓，木棺，159°	不明	铜	不明	唐	吉林大学边疆考古研究中心、重庆市文物局、奉节县文物管理所《奉节宝塔坪墓群唐宋墓葬的发掘》，收于《重庆库区考古报告集2000卷》上，北京：科学出版社，2007年；《奉节宝塔坪》，97—98页，图96.4。（二文引自吴小平、崔本信《三峡地区唐宋墓出土下颌托考》，91、96页）	
42	M44	重庆奉节上关				铜		唐	重庆市文物考古所《奉节上关遗址发掘简报》（引自吴小平、崔本信《三峡地区唐宋墓出土下颌托考》，91、96页）	
43	？（图13）	西安东郊王三村			？	金	？	唐		西安东郊王三村与下一项长安县出土品迄今未见发掘报告，物品描述见Carol, Michaelson, *Gilded Dragons. Buried Treasures from China's Golden Ages*, London: British Museum Press, 1999, cat. no. 41

续表

	墓主	地点	葬式	墓制；墓向	性别	金属	死龄	年代	发掘报告	备注
44	?	陕西长安县			?	铜	?	唐		Michaelson, *Gilded Dragons*，同页
45	M1	湖北巴东雷家坪				银		唐	湖北省荆州博物馆《巴东县雷家坪遗址2003年发掘报告，收于《湖北库区考古报告集》第四卷，北京：科学出版社，2007（引自冯恩学《下颌托——一个被忽视的袄教文化遗物》,63页）	
46	M6	湖北秭归登天包			不明	银		唐		引自吴小平、崔本信注1文，第91页。正式资料尚未发表
47	II M5	重庆巫山江东咀	单人葬，头北	长方形券顶砖室墓，305°	女	银	不明	唐	南京大学历史系、重庆市文物局、巫山县文物管理所《巫山江东嘴遗址发掘报告》，收于《重庆库区考古报告集2001卷》上，30—31页（引自吴小平、崔本信《三峡地区唐宋墓出土下颌托考》，91页）	“上部为银丝状”
48	王建（图14）	成都	直肢	南向	男	银	72	前蜀918	冯汉骥《前蜀王建墓发掘报告》，北京：文物出版社，1964年，33页，图版37.5	王建为前蜀王
49	辽贵族（图15）	内蒙古通辽吐尔基山	单人葬，仰身直肢	带甬道左右耳室石室墓	女	金	30-35	辽早期	王春燕《关于吐尔基山辽墓金下颌托的一点思考》，《北方文物》2014年第2期，28页，图2	死者年龄估计以及墓葬年代见内蒙古文物考古研究所，《内蒙古通辽市吐尔基山辽代墓葬》，《考古》2004年第7期，53页
50	M90	湖北秭归庙坪				银		北宋晚	湖北省文物事业管理局、湖北省三峡工程移民局《秭归庙坪》，北京：科学出版社，2003（引自吴小平、崔本信《三峡地区唐宋墓出土下颌托考》，92页）	

续表

	墓主	地点	葬式	墓制；墓向	性别	金属	死龄	年代	发掘报告	备注
51	M60（图 16）	湖南耒阳	单人仰身直肢	竖穴土坑砖室墓，西向	不明	银	不明	北宋末	衡阳市文物工作队《湖南耒阳城关六朝唐宋墓》，《考古学报》1996 年第 2 期，259、267、270 页，图 22，34.12	
52	M277	湖南耒阳	同上？	竖穴土坑石椁墓，西向	不明	银	不明	北宋末	同上	
53	不明（图 17）	湖南衡阳	仰身直肢	竖穴土坑墓，北向	男	银	48	北宋末	陈国安、冯玉辉《衡阳县何家皂北宋墓》，《文物》1984 年第 12 期，74 页，图 3	文中称为“银饰”
54	IM5001	重庆奉节宝塔坪		竖穴土坑墓，北向	不明	铜	不明	北宋	吉林大学边疆考古研究中心、重庆市文物局、奉节县白帝城文物管理所《2001 年唐宋明清墓发掘报告》，455—456 页（引自吴小平、崔本信《三峡地区唐宋墓出土下颌托考》，91 页）	
55	M22	湖北秭归老坟园				铜		北宋	黑龙江省文物考古研究所《秭归老坟园墓群发掘报告》，收于《湖北库区考古报告集》第三卷，北京：科学出版社，2006 年（引自吴小平、崔本信《三峡地区唐宋墓出土下颌托考》，96 页）	
56	周氏	江西德安	直肢	长方形砖室墓，北向	女	银	35	南宋咸淳十年（1274）	江西省考古研究所《江西德安南宋周氏墓清理简报》，《文物》1990 年第 9 期，11 页；周迪人、周旸、杨明《德安南宋周氏墓》，南昌：江西人民出版社，1999 年，15 页	周氏为南宋新太平州通判吴畴妻。根据《德安南宋周氏墓》“两端有穿，系于死者下颌下……长约 15，宽约 5 厘米”（无图）
57	陈氏（图 18）	安徽安庆	夫妇合葬墓	砖室券顶墓，分左右二室，男东女西	女	银	79	元大德九年（1305）	山西大学历史文化学院等《大同南郊北魏墓群》495 页（引自冠西《安庆市棋盘山发现的元墓介绍》，《文物参考资料》1957 年第 5 期，55—56 页）	该颌托较不寻常，颌托勺两端用链子连接到一横杠。横杠可能原插入头顶的金冠中。原报告并不明了该物之用。但因颌托相当典型，所以可以确认为下颌托无疑。陈氏为枢密院漕运事范文虎妻。范文虎《元史》有传

附表 2　新疆出土的下颌托

墓号	葬式	墓制	性别	织品	死龄	分期	发掘报告	备注
扎滚鲁克 85M2	多人葬	土坑墓	男/女	毛/红色	成年	公元前 8 世纪	新疆博物馆文物队《且末县扎滚鲁克五座墓葬发掘报告》，《新疆文物》1998 年第 3 期，5—6 页	
扎滚鲁克 89M2	同上	同上	不明	毛/黄色	婴儿	同上	J. P. Mallory and Victor H. Mair（eds.）, *The Tarim Mummies. Ancient China and the Mystery of the Earliest Peoples from the West*, London: Thames & Hudson, 2000, p. 194	
克里雅河下游					成年	公元前 1000 年上半期	Corinne Debaine-Francfort and Abduressul Idriss, "Djoumboulak Koum, une cité fortifiée", in: Corinne Debaine-Francfort and Abduressul Idriss （eds.）, *Keriya, mémoire d'un fleuve. Archéologie et civilisation des oasis du Taklamakan*, Paris: Editions Findakly, 2001, p. 140	
营盘 M15	单人葬	土坑墓	男	绢		公元 2—3 世纪	新疆文物考古研究所《新疆尉犁县营盘墓地 15 号发掘简报》，《文物》1999 年第 1 期，7 页	
营盘 M14、M18、M19、M22、M26、M6、M8、M13、M59		土坑竖穴墓；土坑侧室墓	男/女 老/少	绢	成年	公元 2—3 世纪，多与额带共同使用	M14、M18、M19、M22、M26：新疆文物考古研究所《新疆尉犁县营盘墓地 1995 年发掘简报》，《文物》2002 年第 6 期，4—45 页 M6、M8、M13、M59：新疆文物考古研究所《新疆尉犁营盘墓地 1999 年发掘简报》，《考古》2002 年第 6 期，58—74 页	
尼雅 95MNI M5、M6	单人葬		女	绢	成年	下限公元 3 世纪	新疆文物考古研究所《95 年民丰尼雅一号墓地船棺墓发掘简报》，《新疆文物》1998 年第 2 期，25 页	

续表

墓号	葬式	墓制	性别	织品	死龄	分期	发掘报告	备注
尼雅 95MNI M3、M4、M8	单人葬		男	绢	成年	下限公元 3 世纪；双条下颌带（M8）	M8： 新疆文物考古研究所《95 年民丰尼雅一号墓地船棺墓发掘简报》，《新疆文物》1998 年第 2 期，25 页；中日日中共同尼雅遗迹学术调查队编《中日日中共同尼雅遗迹学术调查报告书》，第二册，京都，1999 年，118 页；新疆文物考古研究所《新疆民丰县尼雅遗址 95MN1 号墓地 M8 发掘简报》，《文物》2000 年第 1 期，4—40 页。 M3, M4： 《中日日中共同尼雅遗迹学术调查报告书》，第二册，91、111 页	
尼雅 97MNI M2	男女双人葬		男	绢	成年	下限公元 3 世纪；双条下颌带，露出长须	《中日日中共同尼雅遗迹学术调查报告书》，京都，1999 年，图版 105.3	
和田山普拉 M01、M24、M49	多人葬		男 / 女	绢（19 例）/ 毛（5 例）	成年	M01（公元前 1 世纪至后 1 世纪）绢质下颌托中有一孔；M24 与 M49 可能至公元 3 至 4 世纪	新疆维吾尔自治区博物馆暨新疆文物考古研究所编《中国新疆山普拉——古代于阗文明的揭示与研究》，乌鲁木齐：新疆人民出版社，2001 年，37, 39 页，图版 316、317、426、427、428、433	M01 的年代乃根据墓中木器物断定，但本 103 人葬墓的使用可能有一段相当的时间。M01 下颌托的刺绣技法与纹饰与 M49 差异并不大，二者时代甚至可能相距不远
和田伊玛目·木沙·卡兹木麻扎（Imammusakazim）墓葬 82HBYM1, 83HBYM1, 84HBYM1			女 / 女 / 男	绢 绢 绢	儿童 中年 老年	于阗国；相当于盛唐至五代	Mallory and Mair, *The Tarim Mummies*, p. 200；李吟屏《新疆和田出土彩棺及其相关问题》，《考古与文物》2002 年汉唐考古增刊，52—61 页	赵丰、王乐、万芳、李蔻《和田布扎克彩棺墓出土的织物与服饰》，收于赵丰、伊弟利斯·阿不都热苏勒编，《大漠联珠：环塔克拉玛干丝绸之路服饰文化考察报告》，上海：东华大学出版社，2007 年，90—99 页。赵丰文中分别称三墓为 M70、M83、M84，并将三墓依出土织物而定为晚唐至宋初之期

前燕的两个粟特家族

田立坤
（辽宁省文物保护中心）

西汉武帝时张骞凿空西域，开通了与西域各国的官方交往通道——丝绸之路，从此西域来华胡人不绝于途，流布中原各地。西晋末年，西域胡人就已经深入到辽海地区，如前燕的安屈、康迁两家即为中亚粟特人。

一、辽东胡人安氏家族

辽东胡人安氏家族事迹，主要见于《魏书·安同传》：

> 安同，辽东胡人也。其先祖曰世高，汉时以安息王侍子入洛。历魏至晋，避乱辽东，遂家焉。父屈，仕慕容暐，为殿中郎将。苻坚灭暐，屈友人公孙眷之妹没入苻氏宫，出赐刘库仁为妻。库仁贵宠之。同因随眷商贩，见太祖有济世之才，遂留奉侍。[1]

这是辽海地区有西域胡人活动的最早文献记录。

安同“先祖曰世高”，即安同为安息入华质子安世高后裔的说法，虽然有人相信，但是并不为学界所接受。安同家族实为中亚粟特地区的安国人，东来入华后以国为姓，攀附安息质子安世高为其先祖，是为抬高自家门第[2]。此乃不移之论，无需再费笔墨。但是，安氏家族的迁徙及安屈、安同的事迹还有必要作进一步的讨论。

安氏家族何时东来入华已不可考，仅知“历魏至晋”始“避乱辽东，遂家焉”。西晋前后有两次大乱，先是惠帝司马衷即位第二年（291）三月爆发的“八王之乱”，接踵而至的又是“永嘉之乱”。《晋书·慕容廆载记》称：

> 自永嘉丧乱，百姓流亡，中原萧条，千里无烟，饥寒流陨，相继沟壑。[3]

辽海地区因相对中原则比较安定，遂成为中原流民的避乱之地。《晋书·慕容廆载记》又称：

---

[1]《魏书》卷三〇《安同传》，北京：中华书局，1973年，712页；《北史》卷二〇《安同传》同，北京：中华书局，1973年。

[2] 荣新江《质子安世高及其后裔》，《中古中国与外来文明》，北京：生活·读书·新知三联书店，2001年，427－440页；吴玉贵《凉州粟特胡人安氏家族研究》，《唐研究》第3卷，北京：北京大学出版社，1997年，295－338页。

[3]《晋书》卷一〇九《慕容皝载记》，北京：中华书局，1974年，2823页。

> 时二京倾覆，幽冀沦陷，廆刑政修明，虚怀引纳，流亡士庶多襁负归之。廆乃立郡以统流人，冀州人为冀阳郡，豫州人为成周郡，青州人为营丘郡，并州人为唐国郡。[4]

故安氏家族所避之“乱”应是指“永嘉之乱”，所避之地“辽东”，应泛指辽海地区，亦非一定是汉魏之辽东郡地。战国燕昭王时置上谷、渔阳、右北平、辽西、辽东五郡，以医巫闾山为辽西、辽东两郡之分界，所以一般而言，辽东指医巫闾山以东之地。但是也不尽然，如项羽灭秦之后，徙燕王韩广为辽东王，《史记集解》徐广曰：“都无终。”[5]无终为右北平郡属县，在今天津蓟县，可见辽西郡和右北平郡都应包括在辽东国的范围之内。再有，东汉安帝时从辽东、辽西各划出三县置辽东属国[6]，三国曹魏又在辽东属国基础上置昌黎郡，范围更向西扩展至今山海关一线，辽西郡地大部改属昌黎郡。西晋咸宁二年（276），又将昌黎郡和辽东、玄菟、带方、乐浪五郡国从幽州划出置平州[7]。平州治辽东襄平，昌黎为平州属郡，所以昌黎郡也被纳入辽东范围，如《晋书·载记序》：“慕容氏先据辽东称燕。”[8]《魏书·吐谷浑传》：“吐谷浑，本辽东鲜卑徒河涉归之子。”[9]都是将实据辽西的慕容鲜卑称为“辽东鲜卑”，其因盖源于此。所以“辽东”一词并非仅指医巫闾山以东的燕秦汉时辽东郡地区，更不是今天的辽河以东，医巫闾山以西的大凌河流域有时也在广义的辽东范围之内。安氏家族“避乱辽东”时，崔毖为平州刺史，驻辽东襄平，慕容廆据辽西大凌河中下游地区，驻棘城。因中原流人多归慕容廆，崔毖唆使高句丽、宇文、段氏三国围攻棘城，结果反被慕容廆各个击破，崔毖也被逼逃亡高句丽，慕容鲜卑乘机占领了辽东地区[10]。安氏家族是先到辽东襄平，然后再到辽西棘城，还是直接到棘城，这里就难以说清了。

安屈，“仕慕容暐，为殿中郎将。苻坚灭暐，屈友人公孙眷之妹没入苻氏宫，出赐刘库仁为妻。库仁贵宠之”[11]。慕容暐为前燕三世，360－370年在位，此时已是前燕以邺城为都的后期，上距安氏家族避“永嘉之乱”遂家辽东已50多年。据此推算，安氏家族初来辽东者应是安屈之父或其祖父，安屈应出生于辽东，前燕灭冉魏后，随慕容鲜卑从辽西迁到中原。曾与安屈为友从事商贩的公孙眷，可能是辽东公孙氏后裔：大概在没有出仕之前，安屈也应该是以商贩为业，最后不知所终。

安屈之子安同，是北魏开国初的重臣，历道武帝拓跋珪、明元帝拓跋嗣、太武帝拓跋焘三世，“神䴥二年（429）卒，追赠高阳王，谥曰恭惠”[12]，荣耀至极。“安同传”所记大都是他出仕北魏后及其子孙的行迹，入魏前的早期经历仅“同因随眷商贩，见太祖有济世之才，遂留奉

[4]《晋书》卷一〇八《慕容廆载记》，2806页。

[5]《史记》卷七《项羽本纪》，北京：中华书局，1975年，316页。

[6]《后汉书》志第二三《郡国五》，北京：中华书局，1965年，3530页。

[7]《晋书》卷一四《地理志》平州条，426－427页；卷三《武帝纪》记在泰始十年二月，63页。

[8]《晋书》卷一〇一《载记序》，2644页。

[9]《魏书》卷一〇一《吐谷浑传》，2233页。

[10]《晋书》卷一〇八《慕容廆载记》，2806－2807页。

[11]《魏书》卷三〇《安同传》，712页。

[12]《魏书》卷三〇《安同传》，713页。

侍”一句带过，由此可知安同曾随公孙眷一起经商，并得以认识并追随了拓跋珪。安同何以能随同一起经商的公孙眷得识拓跋珪？如果与所承接的上文联系起来看，可能与公孙眷之妹先入苻坚宫，后又被赐予刘库仁为妻一事有关。据《魏书·刘库仁传》，刘库仁出自独孤部，为代国的南部大人，苻坚东晋太元元年（376）灭代国后，令其与刘卫辰分统代国旧地。

> 自河以西属卫辰，自河以东属库仁。于是献明皇后携太祖（拓跋珪）及卫、秦二王自贺兰部来居焉。库仁尽忠奉事，不以兴废易节，抚纳离散，恩信甚张。[13]

表明代国灭亡后，尚为六岁幼童的拓跋珪[14]，随母亲依附于刘库仁，刘库仁对拓跋珪母子亦极尽忠节。如此，安同随同一起经商的刘库仁妻兄公孙眷在刘库仁处接触到拓跋珪就顺理成章了。但是，与《魏书》所记截然不同的是，《晋书·苻坚载记》却称：

> 翼犍战败，遁于弱水。苻洛逐之，势窘迫，退还阴山。子翼圭缚父请降，洛等振旅而还，封赏有差。坚以翼犍荒俗，未参仁义，令入太学习礼。以翼圭执父不孝，迁之于蜀。[15]

“翼犍”即代王什翼犍，“翼圭”即拓跋珪。此则不同于《魏书·序纪》所记什翼犍死于代国灭亡之前[16]，而是被其子拓跋珪所执，降于前秦；拓跋珪亦不是随母亲依附于刘库仁，而是因“执父不孝”[17]被迁到蜀地。《宋书》卷九五《索虏传》亦称：

> 其后（什翼犍）为苻坚所破，执还长安，后听北归。鞬（犍）死，子开字涉珪代立。”[18]

“子开字涉珪”者即拓跋珪。《南齐书·魏虏传》则称：

> 太元元年，苻坚遣伪并州刺史苻洛伐（什翼）犍，破龙庭，禽犍还长安。为立宅，教犍书学。分其部党居云中等四郡。诸部主帅岁终入朝，并得见犍，差税诸部以给之。
>
> 坚败，子珪字涉圭，随舅慕容垂据中山，还领其部，后稍强盛。[19]

“子珪字涉圭”即拓跋珪。苻坚败于淝水之战后，拓跋珪曾先依附于慕容垂，后还代北。上引诸书所记内容虽然不尽相同，但是在前秦灭代时代王什翼犍并没有死，代亡之后，拓跋珪也没有投奔刘库仁，而是与什翼犍都到了长安这一点上是一致的。周一良先生在《关于崔浩国史之狱》一文中就此认为，《魏书》“前半大多本于北魏旧史，故本纪中皆不免于粉饰，抹去昭成（什翼犍）被擒入长

---

[13]《魏书》卷二三《刘库仁传》，604—605页。

[14]《魏书》卷二《太祖纪第二》：“以建国三十四年（371年）七月七日，生太祖于参合陂北。”（19页）

[15]《晋书》卷一一三《苻坚载记》，2898—2899页。

[16]《魏书》卷一《序纪一·昭成帝》，什翼犍卒于建国三十九年，即太元元年（376）十二月，16页。

[17] 什翼犍之子拓跋寔死后，什翼犍娶了拓跋寔之妻，故造成拓跋珪为什翼犍之子的误会。见周一良《崔浩国史之狱》，《魏晋南北朝史札记》，北京：中华书局，1985年，342—350页。

[18]《宋书》卷九五《索虏传》，北京：中华书局，1974年，2321页。

[19]《南齐书》卷五七《魏虏传》，北京：中华书局，1972年，983页。

安及道武（拓跋珪）流放至蜀等事”[20]。李凭先生则进一步论证了代国灭亡后，拓跋珪先随什翼犍等迁到长安、又因“执父不孝”而流放蜀地、再迁回长安、投奔慕容垂、重返代北的大致经历。认为拓跋珪被俘到长安，随即又罪徙蜀地是在太元二年（377）初，何时从蜀地再到长安不详；在长安期间可能依附于慕容垂；太元八年十二月后，随慕容垂到中山；从中山重返代北的时间不晚于太元十年八月[21]。

上面所述拓跋珪的经历可分为三个大的阶段，一是代亡国（太元元年十二月）后被徙在蜀地期间，二是从蜀地回到长安之后至从中山返回代北（太元十年八月）之前，三是返回代北之后至登国元年（386）正月即代王位。第一阶段拓跋珪还是幼童，且没有任何可资研究的信息；第三阶段拓跋珪重返代北时刘库仁已经被慕容文所杀[22]，因此我们认为，安同随公孙眷在拓跋珪从蜀地迁回长安至从中山返回代北期间，最有可能接触到拓跋珪，此时拓跋珪无论在长安还是在中山，都是依附于慕容垂。慕容垂在前燕灭亡前投奔前秦，王猛称其“世雄东夏，宽仁惠下，恩结士庶，燕赵之间咸有奉戴之意”[23]。劝苻坚杀之，苻坚不纳，还予以重用，授京兆尹之职。公孙眷与安同都是前燕遗民，与“恩结士庶”的慕容垂在长安或中山就已经有联系，并由此开始接触到拓跋珪是极有可能的。再有，登国元年（386）、二年，安同曾两次奉拓跋珪之命出使后燕慕容垂求援[24]，“频使称旨，遂见宠異”[25]，说明安同已深得拓跋珪的赏识，并熟悉后燕情况，也得到慕容垂的信任。这也可作为前面推测安同与慕容垂、拓跋珪之间关系的积极佐证。安同卒于北魏太武帝拓跋焘神䴥二年（429）[26]，距其第一次出使时（386）已44年，而且当初安同“见太祖有济世之才”时，当已成年或接近成年，由此推算安同应在360年前后生于邺城，与前面推断其父安屈“永嘉之乱”后生于辽东正相吻合。根据上面的分析，我们可以初步勾勒出一个中亚粟特商人家族来华之后的迁徙路线：“永嘉之乱”时从中原迁到辽东，平州刺史崔毖亡命高句丽后又归属辽西慕容鲜卑（也可能从中原迁到辽西就依附于慕容鲜卑了），然后随前燕再回到中原，前燕灭亡后又被前秦迁往关中，最后因追随了拓跋珪而定居平城。

二、前燕归义侯康迁家族

“前燕归义侯康迁”，见出土于西安的唐代宗永泰元年（765）《康晖墓志》：

大唐故赠左武卫翊府左郎将康府君墓志铭并序

[20] 周一良《崔浩国史之狱》，《魏晋南北朝史札记》，342—350页。

[21] 李凭《北魏平城时代》，北京：社会科学文献出版社，2000年，17—36页。

[22]《魏书》卷二《太祖纪第二》：道武帝“七年（383年），冬十月，苻坚败于淮南。是月，慕容文等杀库仁，库仁弟眷摄国部”（20页）。《资治通鉴》卷一〇五，晋孝武帝太元九年（384年）十月条：“燕太子太保慕舆句之子文、零陵公慕舆虔之子常时在库仁所，知三郡兵不乐远征，因作乱，夜攻库仁，杀之，窃其骏马，奔燕。”（北京：中华书局，2011年，3335页）慕舆文即慕容文。两书所记刘库仁被杀相差一年，当以《资治通鉴》为是。

[23]《晋书》卷一一三《苻坚载记上》，2891页。

[24]《魏书》卷二《太祖纪》21页；卷一五《窟咄传》，385页。

[25]《魏书》卷三〇《安同传》，712页。

[26]《魏书》卷三〇《安同传》，713页。

> 公讳晖，字怀智，其先颍川人也。昔成王封康叔于卫，其后枝派因为氏焉。故前燕有归义侯康迁，从此因官卜居，今为长安人也。[27]

据《晋书·慕容儁载记》晋穆帝永和七年（351）：

> 是岁丁零翟鼠及冉闵将刘准等率其所部降于儁，封鼠归义王，拜准左司马。[28]

可知前燕确曾给予其他归顺部族的首领以“归义”为名的封爵。《康晖墓志》的发现说明，前燕除封丁零翟鼠为“归义王”之外，还曾封康迁为“归义侯”，由此亦可说明康迁定为少数部族的首领，据其康姓判断，应为从中亚康国来华的粟特人[29]。“其先颍川人也，昔成王封康叔于卫，其后枝派因为氏焉”之说，与安氏称为安息质子安世高后裔同样都是攀附高门，以抬高门第的假托。所谓“从此因官卜居，今为长安人”的真实背景，应该是前燕灭亡后，康氏作为前燕的遗民被前秦迁到关中，定居长安。康迁被前燕封为“归义侯”，表明康迁仍是本部族的首领，对前燕只是归顺而已，还不是编户齐民，与前面提到的安屈当有所不同。安屈“仕慕容暐，为殿中郎将”，已是释褐出仕的官员，说明在前燕境内的粟特人的身份不尽相同，既有编户齐民，也还保留有粟特人的聚落。

晋成帝咸康三年（337），慕容廆在辽西棘城称燕王建国，史称前燕，晋废帝太和五年（370），前秦攻破邺城，前燕亡。期间前燕先都棘城，后迁龙城，又从辽西龙城迁到蓟城，再迁邺城。康迁何时被前燕封为归义侯不明，也就是说，康迁家族是否与安氏家族一样，也曾在辽西地区活动难以确定。与安屈家族的经历相同，康迁家族在前燕灭亡后，也被前秦迁到了关中。淝水之战后，安屈、康迁两家都没有再参与慕容鲜卑的复国活动，安氏追随拓跋珪去了平城，康氏则留在关中长安定居下来。

三、与粟特有关的考古发现

前燕时期最具特色的遗物是马具，其中最为精美的铜鎏金鞍桥包片上多饰以六方连续纹样。例如，朝阳十二台乡砖厂 88M1 出土的铜鎏金鞍桥包片（图 1）[30]、北票喇嘛洞墓地和西沟墓地出土的铜鎏金鞍桥包片[31]，都是以一个大六边形内置的交颈对凤纹为中轴，左右是斜置、呈反射对称向两翼连续展开的六方连续纹样，每个纹样都自成一个单元，内置龙、凤等单独纹样。每个单独纹样又是左右两方两两对称，朝向正中的对凤纹。这种六方连续纹样即源自于西域，是通过粟特人传入中原的。

---

[27] 吴钢主编，王京阳等点校，陕西省古籍整理办公室编《全唐文补遗》第 5 辑《康晖墓志》，西安：三秦出版社，1998 年，408 页。

[28]《晋书》卷一一〇《慕容儁载记》，2833 页。

[29] 荣新江《安史之乱后粟特胡人的动向》，《暨南史学》第 2 辑，广州：暨南大学出版社，2004 年，102—123 页。

[30] 辽宁省文物考古研究所、朝阳市博物馆等《朝阳十二台乡砖厂 88M1 发掘简报》，《文物》1997 年第 11 期，19—32 页。

[31] 田立坤、李智《朝阳发现的三燕文化遗物及相关问题》，《文物》1994 年第 11 期，20—32 页。

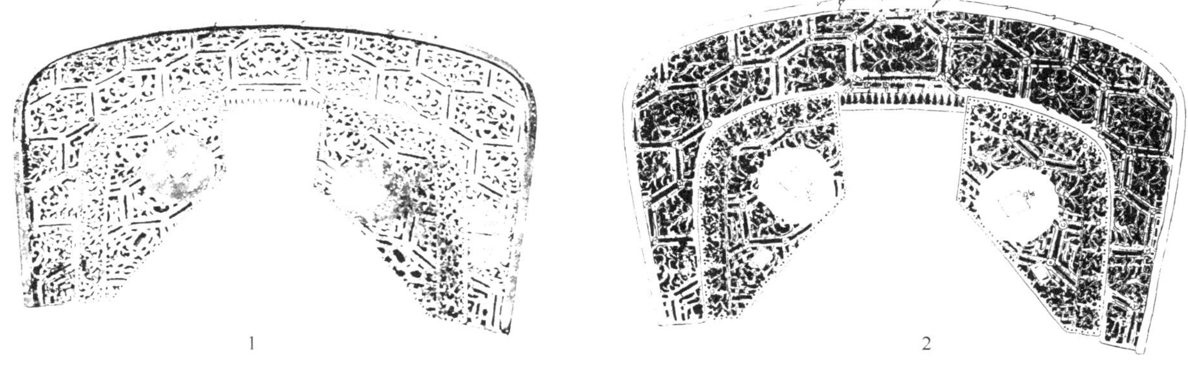

图1 朝阳十二台乡砖厂88M1铜鎏金鞍桥包片

1. 摘自《文物》1997年11期，封二：2；2. 摘自《三燕文物精粹》辽宁人民出版社，2002年，48页

关于六方连续纹样，以往多认为属于佛教美术题材，北朝时期传入中原地区，被称作“龟背纹”或“龟甲纹”。近年随着对河南密县打虎亭东汉墓中六方连续纹样和胡旋舞的辨认，将六方连续纹样与胡旋舞联系起来，其传入中原的时间也提前到不晚于东汉晚期，更为三燕文化的六方连续纹样找到了源头[32]。

河南密县打虎亭汉墓两座（M1、M2），1959年发现，1993年出版考古报告《密县打虎亭汉墓》。报告中称刻在各扇石门上的“界格图案”即为六方连续纹样：

> 用纵、横、斜三种双直线条相互衔接，形成许多形状不同的界格框，在各种双直线条相交接处，又雕刻出一个不甚规整的方圆体变形云纹图案。图案两端各有三、四个尖，并在图案面上刻划出细线纹和中间刻一圆圈。在双直线条界隔出的许多框格内，分别各雕刻出一组异禽怪兽画像。[33]

由纵、横、斜直线相互衔接构成的“界格图案”，完整的单体都是纵长的六边形，整体即构成了规整的斜置六方连续纹样（图2）。

M2后室东扇石门背面刻的六方连续纹样内的“踏盘舞”即胡旋舞：

> 一人在跳踏盘舞，舞人头挽发髻，身着短衣，两手上举过顶合十，一足抬起，一足踏于盘面上，姿势十分优美。[34]

舞者头微低、上身向右侧前倾，重心在右腿，裸腹，赤足。左小腿后抬与臀部平、足心朝上、足尖后勾，右足尖立于圆毯之上。双臂各系一似铃的椭圆形物。面似年轻女性，颈部有饰物，但不能确指（图3）。

---

［32］田立坤《六方连续纹样考》，《新果集——庆祝林沄先生七十华诞论文集》，北京：科学出版社，2009年，466－481页。

［33］河南省文物研究所《密县打虎亭汉墓》，北京：文物出版社，1993年，29页。

［34］河南省文物研究所《密县打虎亭汉墓》，237页。

图 2　密县打虎亭 M1 北耳室石门东扇背面

1. 拓本（摘自《密县打虎亭汉墓》，152 页图一二〇）　2. 摹本（摘自《密县打虎亭汉墓》，153 页图一二一）

图 3　密县打虎亭 M2 后室石门东扇背面

1. 拓本（摘自《密县打虎亭汉墓》，238 页图一八七）　2. 摹本（摘自《密县打虎亭流墓》，239 页图一八九）

这种双手高举握于头顶、上身前倾、后抬左腿，舞于一小圆毯上的舞姿，即流行于中亚地区的胡旋舞，在北朝、隋唐时期的遗迹遗物上比较多见，尤其是粟特人墓葬中常有发现。如宁夏盐池县苏步井乡窨子梁唐代墓地 M6 出土的石门上也有类似的胡旋舞图（图 4）：

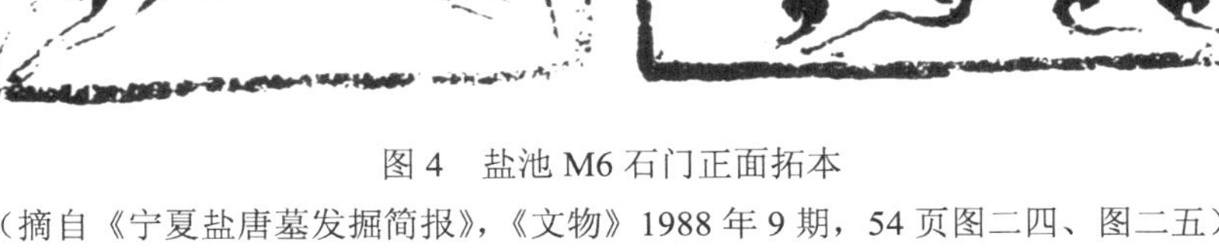

图4　盐池M6石门正面拓本
（摘自《宁夏盐唐墓发掘简报》，《文物》1988年9期，54页图二四、图二五）

> 右扇石门，舞者左腿站立，脚外移，似虚步，脚跟着地，左（右）腿后勾。臀部外移，出胯，腰身前顷，胸部凸起……造型呈S型……左扇石门，舞者右腿单立，脚外撇，似脚尖着地，左腿起翘，略曲，出右胯，腰下部系一长裙，腹部似裸露，细腰，胸部隆起，束胸，双手合举于头顶之上，头部略向右视，整个身体呈旋转状。[35]

宁夏盐池县苏步井乡窨子梁唐代墓地墓主人是中亚地区的何国人。

上述六方连续纹样纵、横、斜线的节点上都饰“有三四个尖”的“不甚规整的方圆体变形云纹图案”，“图案面上刻画出细线纹和中间刻一圆圈”的结构特征，与葡萄单叶互生，枝蔓、花、叶对生的生物形态相同，因此我们认为六方连续纹样是葡萄藤架的艺术表现形式。葡萄原产于西域，汉代丝绸之路开通之后始传入中原。密县打虎亭汉墓取材于葡萄藤架的六方连续纹样与起源于中亚的粟特人胡旋舞共存，表明六方连续纹样与胡旋舞很可能都是随粟特人东来传到中原的。

再有，1949年春天朝鲜发现的安岳M3，根据墨书题记，该墓葬于东晋永和十三年，即升

[35] 宁夏回族自治区博物馆《宁夏盐池唐墓发掘简报》，《文物》1988年第9期，43－56页；罗丰《隋唐间中亚流传中国之胡旋舞》，北京：文物出版社，2004年，280－290页。

平元年（357），墓主人为辽东人冬寿[36]。冬寿墓后室东壁绘有四人，北侧三人演奏乐器，另一人面向奏乐者，双腿交叉、足尖着地、拍手起舞。奏乐者头梳高髻，面容不清；起舞者高鼻，发式、面型、服饰均似胡人（图 5）。冬寿原为慕容皝的司马，被派随军讨辽东慕容仁时，战败没于慕容仁。咸康二年（336）正月，慕容皝亲征辽东，大败慕容仁，冬寿逃亡高句丽[37]。根据这一背景，结合墓室结构和壁画题材，宿白先生认为："有理由相信它应该划归我国墓葬系统之内。"[38] 杨泓先生也认为，冬寿墓的平面布局承袭着中原北方汉末魏晋墓葬传统，特别是在壁画的题材和细部描绘方面，也呈现出东晋十六国时期的时代特征[39]。因此，上述壁画内容也可以作为探讨辽海地区胡人问题的一个重要线索。

图 5　朝鲜冬寿墓壁画中的乐舞人物形象

（摘自《考古》1959 年 1 期，33 页图 13）

钩稽史籍，求证考古，可知中亚粟特人不晚于西晋末年即已来到了辽海地区。

四、结　　语

慕容廆庶长子慕容翰为慕容皝所忌，慕容皝即位，翰先奔段辽，再投宇文归。《晋书·慕容皝载记》称：

> 皝遣商人王车阴使察翰，翰见车无言，抚膺而已。车还以白，皝曰"翰欲来也"。乃遣车遗翰弓矢，翰乃窃归骏马，携其二子而还。

这是唯一的一条与前燕时期商业有关的文献，其中至少透露了两点重要信息：一是当时有的商人拥有很高的社会地位，能够接触到上层社会；二是当时的商人比较多，不太惹人注意，所以商人王车才能从容往返于慕容与宇文两敌国之间，传递信息，甚至运送武器。以善于经商著称

[36] 洪晴玉《关于冬寿墓的发现和研究》，《考古》1959 年第 1 期，27－35 页。

[37]《晋书》卷一〇九，2815－2816 页；《资治通鉴》卷九五，晋成帝咸康二年正月条，3005－3006 页。

[38] 宿白《朝鲜安岳所发现的冬寿墓》，《文物参考资料》1952 年第 1 期，101－104 页。

[39] 杨泓《冬寿墓再研究》，《中国考古学会第十四次年会论文集》，北京：文物出版社，2011 年，421－437 页。

的中亚粟特人进入辽海地区后，也必然会对当地的社会经济乃至政治、文化产生影响，这是我们全面认识前燕社会的一个新视角。

自西晋末年以来，辽海地区，尤其是辽西成为多民族错居杂处之地，其中辽东胡人安屈、柳城杂胡安禄山、史思明，以及后晋出帝石重贵等中亚粟特人或其后裔都曾在此留下或多或少的足迹。龙城作为中亚粟特人在中国所到达的最东边的城市，我们相信并期待着今后能有更多新的考古发现，弥补文献记载之不足。

汉晋的“舍利”与“受福”

——域外图饰元素融入本土图饰系统的一例

邢义田
（中研院历史语言研究所）

一、引　　论

这几年出土了一些新材料，可以帮助我们思考一些存在的老问题。例如，东汉魏晋图像榜题中的“猞猁”有些学者认为即“舍利”，和佛教有关，有些有保留，认为须待进一步研究[1]。要进一步讨论这个问题，似乎最好先能确认所谓的“舍利”究竟是什么？又所谓的“舍利”是出现在什么样的图像符号脉络里？在不同的图饰或文化脉络里，即便名称和图像相同或类似，也可能会有不同的意义。

汉魏晋墓葬图饰中无疑存在着不少已可辨识和尚待解读的域外元素。不论从文献或图像看，学者认为“舍利”和这时进入中土的佛教有关，不是毫无缘由和理据的。现在已有出土的新材料可以证明佛教流传中土，确实如文献所载，至迟应在东汉初或西汉某一时期[2]。五年前，张德芳先生公布了一件敦煌悬泉置房址 F13c 出土的东汉初简，其上出现字迹清晰的“小浮屠里”四字（图 1）[3]：

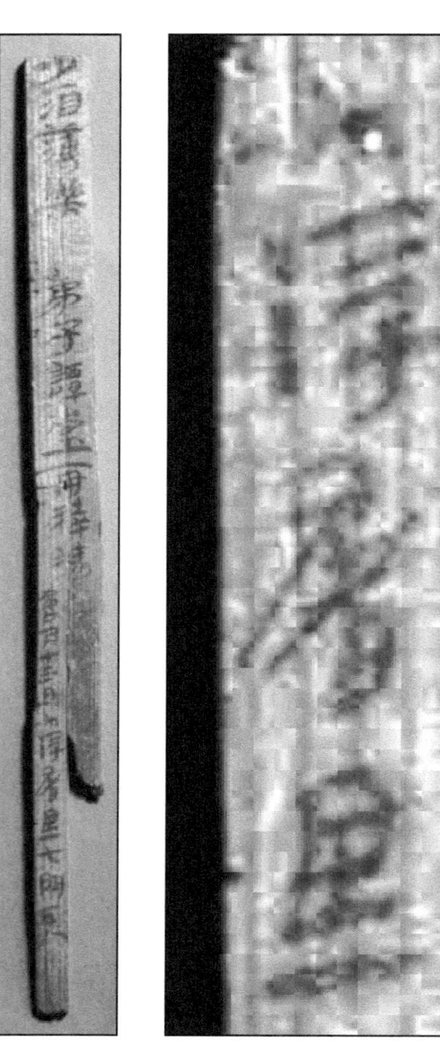

图 1　悬泉简及局部“小浮屠里”

少酒薄乐弟子谭堂再拜请

会月十三日小浮屠里七门西入

（VI91DXF13C②:30）

吴丽娱、赵宠亮认为此简应是请柬一类。“少酒薄乐”是请人赴宴的客套话。“弟子谭堂再拜请”是主人谭堂

[1] 例如俞伟超认为和佛教有关，郑岩则持保留态度。参俞伟超《东汉佛教图像考》，《先秦两汉考古学论集》，北京：文物出版社，1985 年 157－158 页；郑岩《魏晋南北朝壁画墓研究》，北京：文物出版社，2002 年，168－170 页。

[2] 参郝树声、张德芳《悬泉汉简研究》，兰州：甘肃文化出版社，2009 年，185－194 页。

[3] 感谢张德芳兄提供彩色照片。

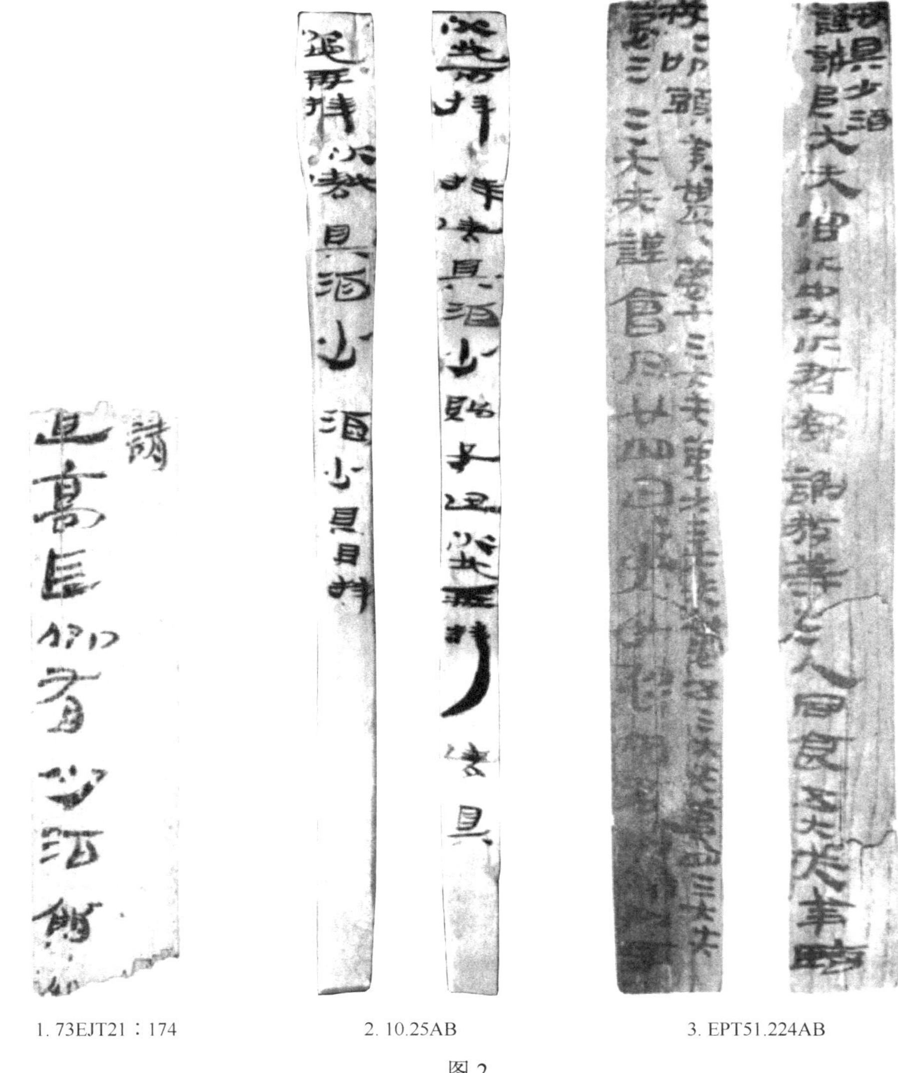

1. 73EJT21：174　　2. 10.25AB　　3. EPT51.224AB

图 2

请客的谦词，“小浮屠里七门西入”是聚会的地点和走法[4]。其说可信。由于有学者曾提出不同意见，以下先举几个汉简中有“少酒”等语的请柬，证明请柬说可从。“少酒薄乐”颇像今天“敬备菲酌”“粗茶淡饭”这样的客套话，简中之例最少有三（图 2）：

（1）肩水金关汉简（二）73EJT21：174：

请

迫高长卿有少酒愿□

（按：“迫”字上半残，或另有笔画而是其他字）

[4] 郝树声、张德芳《悬泉汉简研究》，194 页。此简公布后，有一些释文上的不同意见，可参张德芳文后记及李永平《敦煌悬泉置遗址 F13 出土部分简牍文书性质及反映的东汉早期历史》，《敦煌研究》2010 年第 5 期，105－109 页；赵宠亮《“悬泉浮屠简”辨正》，《南方文物》2011 年第 4 期，33－36 页；邓天珍、张俊民《敦煌汉简札记》，《敦煌研究》2012 年第 2 期等。愚意以为郝、张之释基本正确，“七门西入”之释可从。赵宠亮也指出是请柬。

（2）居延汉简 10.25AB：

伏地再拜　拜请具酒少赐子建伏地再拜请具（A）
伏地再拜　伏地请具酒少酒少具具拜（B）
（按：此简内容重复，疑为习字简）

（3）居延新简 EPT51.224AB：

戎具少酒
谨请邑大夫官仄中功、仄君都、谢敖等三人同食。五大夫幸临（A）
戎。戎叩头幸甚幸甚。第七三大夫、第六三大夫、第五三大夫、第四三大夫
第三三大夫，谨会月廿四日日中，毋忽。何君、刑褚、刑房（B）

目前尚无法判定悬泉所出这一残简的准确年代。张德芳根据同出年号简，估计在 51－108 年，也就是明帝以后约半个世纪内。笔者猜想“小浮屠”能成为一地的里名，必在佛教信仰进入河西一段不算太短的时间，拥有一定规模的信仰人口，并得到统治阶层的认可以后。满足这些条件，当地政府或聚居的信众才有可能以小浮屠作为里名。如此一来，佛教入河西的时间必早于 1 世纪，甚至早到西汉中晚期。《魏书·释老志》说西汉“哀帝元寿元年，博士弟子秦景宪受大月氏王使伊存口授浮屠经”。这一记载，过去令人将信将疑，现在看来应有所据。《释老志》又谓武帝“遣张骞使大夏还，传其旁有身毒国，一名天竺，始闻有浮屠之教”。浮屠二字和简上所见一模一样，应非偶然。《释老志》这个说法如今也不得不更加重视。

然而即使佛教于西汉已入河西敦煌，东汉魏晋图像数据中的“舍利”或“猞猁”就一定是南北朝文献和佛经中所说的佛骨“舍利”吗？却不一定。因为域外的信仰、文化或图饰元素在进入中土以后，可能会出现下列几种不同的情况：

第一，保留其原始面貌和意义；

第二，保留若干原始风貌和意义，又在新环境中融入了在地因素，而出现变化后的或多重的面貌和意义；

第三，会被较全面地纳入了在地的思想或图饰系统，以新的姿态出现在与原本不同的观念或图饰系统和意义脉络里。

以前笔者曾论证希腊大力士赫拉克利斯的狮皮帽和棍棒在南北朝隋唐时期随着佛教艺术进入中土，仍相当顽强地保存其变身后的造型和意义，大致上可归入第一种情况[5]；笔者也曾讨论草原游牧民所喜的“猴与马”图饰母题自战国进入中土后，出现了图式和意义的多重化，可算是第二种情况[6]；本文要谈的“舍利”和“受福”，尽管“舍利”原本或许源自域外，在所有

[5] 邢义田《赫拉克利斯在东方——其形象在古代中亚、印度和中国造型艺术中的流播与变形》，《画为心声》，北京：中华书局，2011 年，458－513 页。

[6] 邢义田《“猴与马”造型母题——一个草原与中原艺术交流的古代见证》，《画为心声》，514－544 页。

迄今可考的文献和图像材料里，都只能证明它已完全融入了一个和佛教无关，极富中土色彩的图饰和意义系统，大致上可归属于上述第三种情况。

以上三种情况只是为便于说明而作的大略分类，并不表示只有这三类，或三类不可再细分，或这三类就没有重叠互见的地方。实际的案例往往较为复杂多变，有时并不能完全简单归于某一类。

二、问题缘起

近二三十年有关“舍利”的讨论基本上是由内蒙古和林格尔小板申壁画墓中出现所谓的“猞猁”榜题引发的。俞伟超先生在《东汉佛教图像考》一文中曾引用李作智先生有关和林格尔墓壁画较早的调查记录：

> 前室的壁画保存较好，色彩鲜艳。顶部所画云气纹中绘有四神。南边靠中间画一凤鸟动物，傍题“朱爵”；在“朱爵”西边稍偏下一些，画有一人骑白象，左上傍题“仙人骑白劵（俞先生按：应为‘象’字）”。北边中间画有一绕蛇于龟身，傍题“玄武”。东边墓门上方绘有一蛇形动物，傍题“青龙”。“青龙”之上画有一盘腿坐于云雾之中的人物，傍题“东王公”。在“东王公”的北侧稍偏下一些的地方**绘有一盘状物内放有四个圆球形的东西，在其左上方题有“猞猁”二字**。西边顶部画有一动物，傍题“白虎”。其上与“东王公”相对称的位置上，也画有一人物盘腿坐于云气纹中，傍题为“西王母”。“东王公”与“西王母”的身子上好像还画有羽翼状物，因当时光线太暗，看不太清楚。……
>
> 上述情况系墓刚打开时所见情景，于1972年5月份第二次去调查时，该墓前室顶部的壁画已脱落一部分，北边的“玄武”，尚残留一个“武”字，“东王公”“西王母”已剥落，**“猞猁”二字尚在**。“仙人骑白劵（俞先生按：应为‘象’字）”的“仙”字还残存大部分。

俞先生根据李作智较原始的调查记录，参证《大正藏》中的《法苑珠琳》《金光明经》《佛说兴起行经》《佛说未曾有经》，认为“猞猁”就是佛经中的“舍利”，也就是梵语佛骨的对音，“这个‘猞猁’图像的发现，又说明‘舍利’说传入中土的时间，不会晚于桓、灵时期”[7]。俞先生另引佛经，证明佛经中也称佛为“仙人”，和林格尔墓壁画的“仙人骑白象”榜题也与佛教有关。

俞先生大作原发表于1980年，引起很多关注，造成不小的影响。此后讨论佛教入中土的学者，即有人引俞说作为考古学上的新证据[8]。2002年，郑岩先生发表《魏晋南北朝壁

[7] 俞伟超《东汉佛教图像考》，《先秦两汉考古学论集》，160页。

[8] 巫鸿《早期中国艺术中的佛教因素（2—3世纪）》，郑岩等中译本下卷《礼仪中的美术》，北京：生活·读书·新知三联书店，2005年，295页。

画墓研究》，曾较全面地检讨了魏晋河西墓葬图饰题材，并婉转地指出“猞猁”即“舍利”的说法是根据和林格尔墓正式清理前目击者的笔记，画面在清理时已被破坏，无从核对，因此“和林格尔墓‘猞猁’图像性质是什么，它与佛爷庙湾的‘舍利’图像有无关系，似乎都有待于进一步的讨论”[9]。

诚如郑岩所说，在清理后所作的壁画摹本或出版的图录里，都找不到猞猁的图画和榜题的踪影[10]。而李作智记录中所说盘中盛四颗圆球和榜题“猞猁”的关系如何?未见说明。如果舍利即佛骨，是不是意指盘中的四颗圆形球呢？圆形球大小如何？形状像所谓的佛骨吗？李作智和俞伟超先生都没有明说，迄今似也无人继续追问。

三、安阳出土的新材料

这一公案未见了结。幸好最近有新材料提供了进一步追索的基础。2012 年夏，笔者有幸到安阳参观曹操墓。在曹操墓旁特建的展厅里，见到几方由公安追回的画像石。当时展厅甚暗，曾借手电筒的光，大致一部分一部分地观看了石质和画面。石面打磨光滑，阴线刻工十分细致成熟。由安阳回郑州，承河南省考古研究所曹操墓发掘人潘伟斌先生盛意，在考古所他的研究室中见到了拓本。拓本极精，纤毫毕露。综合原石和拓本的观察，可以毫不迟疑地说，这几方画像石，不论是否出自曹操墓[11]，都是货真价实的东汉石刻。从刻工和画像风格看，和鲁西南所出汉代画像石极为接近，大胆推估有可能就出自今山东西南的汉代石匠之手[12]。

本文所关切的不是这几方画像和曹操墓的关系，而是画像石上刻有“舍利也”“舍利禽”“受福禽”“辟邪禽也”“阳遂鸟”榜题的禽兽画像。这部分画面十分完整清晰，为我们提供了“据榜识图”绝好的材料（图 3：1—5；图 4：1—3）。这样的榜题从不见于已刊布的汉代画像石，其为后世伪仿的可能性几乎没有。

---

[9] 郑岩《魏晋南北朝壁画墓研究》，169—170 页。

[10] 1978 年正式发表的《和林格尔汉墓壁画》（文物出版社）曾表列所有的榜题文字，没有“猞猁”；2009 年陈永志和黑田彰所编的《和林格尔汉墓壁画孝子图辑录》（文物出版社）曾补刊不少壁画资料，也没有“猞猁”。

[11] 有关曹操墓的争论颇多，因非本文重点，不多论。请参河南省文物考古研究所、安阳县文化局《河南安阳市西高穴曹操高陵》，《考古》2010 年第 8 期；《河南安阳市西高穴曹操高陵》（修订本），《曹操高陵考古发现与研究》，北京：文物出版社，2010 年，1—13 页；徐光冀《曹操高陵的几个问题》，收入《中国考古学会第十四次年会论文集》，北京：文物出版社，2012 年，395—402 页。

[12] 曹操因拥青州兵而大起，其后转战各地。其手下有青州工匠，似可想象。安阳去鲁境甚近，豫、鲁、苏交界在画像石分布上本属一区，因此这一墓画像石和鲁西南所出者风格一致，十分自然。这一点须要另文详论，本篇不赘。杨爱国已指出这些画像石的风格和山东地区的关系，认为它们“应该来自山东”。参河南省文物考古研究所编《加强基础研究，回归学术探讨——曹操高陵考古发现专家座谈会发言摘要》，《曹操高陵考古发现与研究》，北京：文物出版社，2010 年，262 页。笔者十分同意杨爱国的看法。

1 2 3 4 5 6

图 3　安阳出土的画像石

1. 原石　2. 拓本　3、4. 拓本局部“阳遂鸟”　5. 拓本局部“辟邪禽也”　6. 拓本局部“舍利也”

图 4　安阳出土的画像石

1. 原石照片　2. 拓本　3、4. 拓本局部“舍利禽”　5. 拓本局部“受福禽”

原石图版采自贾振林《文化安丰》，郑州：大象出版社，2011 年；拓片全部及局部 2012 年作者摄于河南省考古研究所，感谢潘伟斌、贾振林先生提供

安阳所出这两方画像上各有刻画和榜题十分清晰的“舍利也”“舍利禽”，虽说是“禽”，实为兽。不论禽或兽，由此可以确证汉人想象中的“舍利”是一种山猫类的动物，也就是“猞猁”，不是佛骨[13]。画像中这种动物的造型特征是头上有双角，背上有翼，有单或双尾，口吻部似龙，口中衔珠或璧。类似造型的兽也可在甘肃敦煌佛爷庙湾的西晋画像砖上见到（图 5：2）。而这和李作智报导的和林格尔壁画墓的“猞猁”榜题旁不见动物，反有盛着四粒圆球形东西的盘状物，大不相同。因无动物，李作智的报导很自然引导俞伟超先生认为猞猁指的是四颗圆球形东西，而联想到舍利或佛骨。现在有了安阳的带榜画像，应可大大澄清过去的误会。

再看所谓的“受福”。榜题作“受福禽”（图 4：3），其造型其实也像四足兽类，特征是头部圆耳圆首，背有翼，双尾，前脚前伸向上，捧着若干略呈椭圆的球状物品。有趣的是，在甘肃敦煌佛爷庙湾也可见到带榜题“受福”的魏晋画像砖（图 5：1）[14]，造型上极其相似，唯一的不同是双尾变成了单尾。由于现在带榜“舍利”和“受福”的画像最少已有特征类似的各两件可考，我们就不难据此去推证其他汉晋画中没有榜题的“舍利”和“受福”。

1

2

图 5　甘肃敦煌佛爷庙湾出土的画像砖

1. 画像砖上有榜题的“受福”　2. 画像砖上无榜题的“舍利”画像

[13] 按《魏书·释老志》明确指称火化后的佛骨为舍利，此与汉画榜题舍利及《后汉书·安帝纪》“罢鱼龙曼延百戏”条引《汉官典职》谓“舍利之兽自西方来”的舍利是一种动物，指涉完全不同。又舍利二字加犬旁，为时甚晚，不见于古代文献。颇疑李作智先生所见“猞猁”二字或应作“舍利”。

[14] 敦煌市博物馆《敦煌文物》，兰州：甘肃人民美术出版社，2002 年，59 页。

在作这类推证以前，还必须注意“舍利”和“受福”在画中出现的相对位置和脉络。非常幸运，佛爷庙湾西晋画像砖墓有良好的正式出土报告[15]，附有墓门照墙上画像砖原本的位置图，我们可以准确掌握各画像砖的相对位置及砖上图饰的意义脉络。这个意义脉络可分两层：一层是“舍利”和“受福”砖本身出现的位置和相互关系；另一层是“舍利”和“受福”砖和其他画像砖的关系和整体照墙图饰的意义。

佛爷庙湾共出土墓葬六座，其中四座保存较为完好，时代皆属西晋早期。这些墓的共同特点是墓门设于墓道末端照墙底部，均用青砖起三层拱券。墓门券顶以上照墙壁面垂直，宽、深与墓道同，以青砖夹嵌雕刻砖和画像砖以仿门楼。“舍利”和“受福”画像砖即出现在编号37、39、133号墓这样仿门楼的照墙上（图6：1—3）。

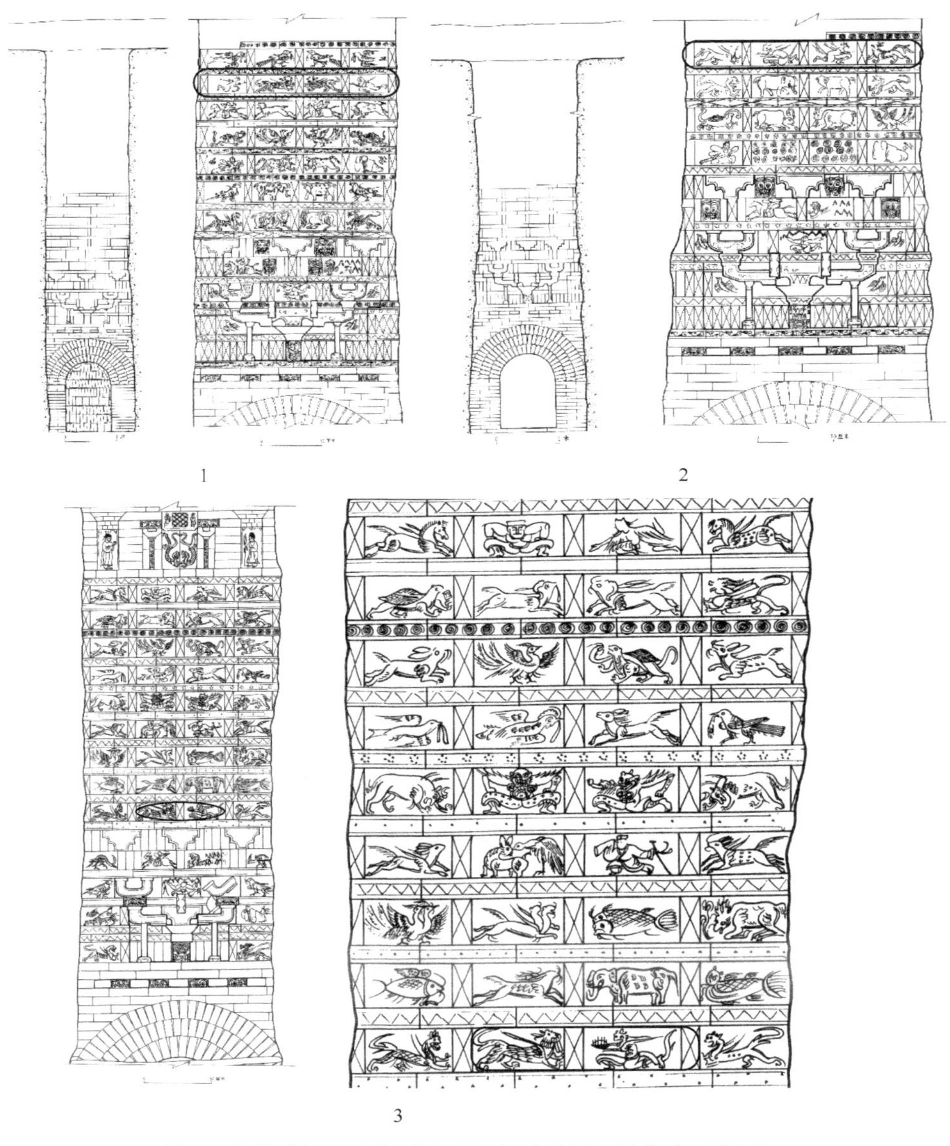

图6　佛爷庙湾出土的“舍利”和“受福”画像砖（墓门）

1. M37　2. M39　3. M133（《敦煌佛爷庙湾——西晋画像砖墓》18—19、37页）

［15］甘肃省文物考古研究所《敦煌佛爷庙湾——西晋画像砖墓》，北京：文物出版社，1998年。

这些照墙上的装饰砖，一砖一画，从画像内容，诸如青龙、白虎、朱雀、玄武、麒麟、辟邪、天鹿、神马、双头鱼、带翼神兔、白象、鸡首人身、牛首人身神等，可以看出全属汉代以来视为祥瑞，有趋吉避邪作用的神禽或瑞兽，其属于同一个意义脉络可以说毋庸置疑。郑岩曾据邻砖画面迭压的现象，论证这些砖应是在墓室筑成后所绘，并指出“在当时画工眼中，这些看似独立于每块砖上的画面是统一设计，互相关联的”[16]。“舍利”和“受福”出现在其中，其可能具有的意义基本上不可能越出“祥瑞”这一范畴。

在这个大的意义脉络下，还须要指出“舍利”和“受福”砖总是成组出现，它们彼此在意义上应另有特殊的关联。M37 照墙上的“舍利”和“受福”砖出现在顶部第二排，有相同的两组，左侧一组的“舍利”和“受福”头都朝右，右侧一组的头都朝左，形成朝中央，左右对称的两组。M39 的“舍利”和“受福”出现在顶部第一排，也有两组，但各组的舍利和受福是头对头相对，但也构成左右对称。M133 的“舍利”和“受福”砖位置比较不同，出现在底部中央，只有头对头的一组。它们在照墙上出现的位置虽有高低不同，二者成组对称却基本一致。这一点十分重要，后文将再讨论。

比对一下安阳所出的两方画像石上舍利和受福画像出现的位置。十分遗憾，这两方画像石是由公安追回，早已丧失它们原本在墓室中的位置以及和其他画像之间可能存在的关系。因此，仅能说说它们在单块画像石上所居的位置。两块都有少许残损，但“舍利”和“受福”的位置仍十分清楚，都出现在整方画像石的最下层。其上或分三，或分四层，都是人物故事，各层有隔线或纹饰带分隔开来。因此最下一层可以看成是具有独立意义的单元，不必和上层画像有意义上的牵扯。

以最下一层的布局来说，一件呈现“舍利”和“受福”一左一右，相互对望的构图（图 4：2）。另一件只见舍利兽出现在一连串朝左前进，带榜禽兽“避邪禽”“阳燧鸟”的前端，其前还有一禽或兽，可惜已残去（图 3：2）。这两件的布局不同，因此其意义脉络可能也稍有出入。前件只见“舍利”和“受福”左右相对，它们彼此似应有着意义上的关联，这情形和佛爷庙湾的相似。

什么关联呢？或许应先从“舍利”和“受福”之名讨论起。这两个名称可有两种不同的理解:“舍”字可有“捨”和“舍”二义，“受”也可有“授予”和“接受”二义。一则可读作“捨利”和“受福”，因捨弃名利而后得享福份。如此“捨利”和“受福”反映一种人生态度或哲学，在意义上密切关联。

或者，读“舍”如舍；舍者，《说文》说是“市舍”，也就是市中居舍，如作动词则是“居之、置之”。因此“舍利”也可解作“居利”或“利之所居”，“受福”的“受”作“授予”解；如此，这两兽意味着为利之所在，授予人以福分，也就是说凡见此二兽，人们可从之得利并受福。不论何说为是，二兽寓意相连，它们是自成一组，为人带来福和利的瑞兽。根据这样的理解，也就可以说明为何舍利口中衔着象征“利”的圆珠或环璧，而受福前肢捧着象征“福”的球状宝物。

[16] 郑岩《魏晋南北朝壁画墓研究》，146 页。

在另一幅画像石上，“舍利”和“受福”并不单独存在，而是出现在更广泛包括“辟邪”和“阳燧”等的祥瑞图饰脉络中。汉代有很多成组成套意味着趋吉避凶，求利去恶的祥瑞图饰，如青龙、白虎、朱雀、玄武大概是最具代表性的一组，可以出现在吉礼和凶礼的不同场合。目前所能找到“舍利”“受福”“辟邪”“阳燧”可以重出互见的场合是东汉郑众笔下的婚礼和三国曹植所作歌颂“众吉咸集”的《大魏篇》。《通典》卷五八引东汉郑众《百官六礼辞》，婚礼纳采女家的答辞中提到：

> 礼物案以玄纁、羊、雁、清酒、白酒、粳米、稷米、蒲、苇、卷柏、嘉禾、长命缕、胶、漆、五色丝、合欢铃、九子墨、金钱、禄得香草、凤皇、**舍利兽**、鸳鸯、**受福兽**、鱼、鹿、乌、九子妇、**阳燧**。总言物之所象者。玄象天，纁法地。羊者祥也，群而不党。雁则随阳，清酒降福，白酒欢之由，粳米养食，稷米粢盛，蒲众多性柔，苇柔之久，卷柏屈卷附生，嘉禾须禄，长命缕缝衣延寿，胶能合异类，漆内外光好。五色丝章采屈伸不穷。合欢铃音声和谐，九子墨长生子孙，金钱和明不止。禄得香草为吉祥，凤凰雌雄伉合俪。**舍利兽**廉而谦，鸳鸯飞止须匹，鸣则相和。**受福兽**体恭心慈，鱼处渊无射，鹿者禄也，乌知反哺，孝于父母。九子妇有四德，**阳燧**成明安身。[17]

曹植所作《大魏篇》歌辞见《宋书》卷廿二陈思王《鼙舞歌》五篇：

> 大魏应灵符，天禄方甫始。圣德政泰和，神明为驱使。左右宜供养，中殿宜皇子。陛下长寿考，群臣拜贺咸说喜。积善有余庆，荣禄固天常。众善填门至，臣子蒙福祥。无患及**阳遂**，辅翼我圣皇。**众吉咸集会，凶邪奸恶并灭亡**。**黄鹄**游殿前，**神鼎**周四阿。**玉马**充乘舆，**芝盖**树九华。**白虎**戏西除，**舍利从辟邪**。**骐驎**蹑足舞，**凤凰**拊翼歌。丰年大置酒，玉尊列广庭。乐饮过三爵，朱颜暴己形。式宴不违礼，君臣歌鹿鸣。乐人舞鼙鼓，百官雷抃赞若惊。储礼如江海，积善若陵山。皇嗣繁且炽，孙子列曾玄。群臣咸称万岁，陛下长乐寿年！[18]

不论是以上哪一种脉络，都和中土古代的吉礼有关，而无关乎佛教。必要稍稍一提的是，安阳画像上看到，也出现在上述婚礼答辞和歌辞脉络里的阳燧鸟，它到底是何吉祥物？阳燧不是一种取火的凹透镜吗（图 7）[19]？

其实自西汉中期以后，汉德已由水、土转而为火，直到东汉末[20]。取火的阳燧显然从此成为一种火德的象征，而与富贵相关。在一枚成帝阳朔三年（前 22）正月戊寅的士吏政视事文书简上曾明确记载“视事，日直（值）**赤帝**，三阳长日，利以入官视事。视事大吉，福禄日□，□□□事，数得察举，**阳燧**高迁”等语（图 8）[21]。戊寅据研究正是三阳吉日[22]。从此可

[17] 杜佑《通典》，台北：商务印书馆，1987 年，1649－1650 页。

[18]《宋书》，北京：中华书局点校本，627 页。

[19] 穆红梅、焦玉云《山东新泰出土青龙四年阳燧》，《文物》年 2012 第 7 期，78－79 页。

[20] 杨权《新五德理论与两汉政治》，北京：中华书局，2006 年。

[21] 甘肃省文物考古研究所编《肩水金关汉简（二）》，上海：中西书局，2012 年，简 73EJT23：966-967。

[22] 参刘增贵《〈汉书·奉翼传〉数术考论——以“时日”为中心》，待刊稿。

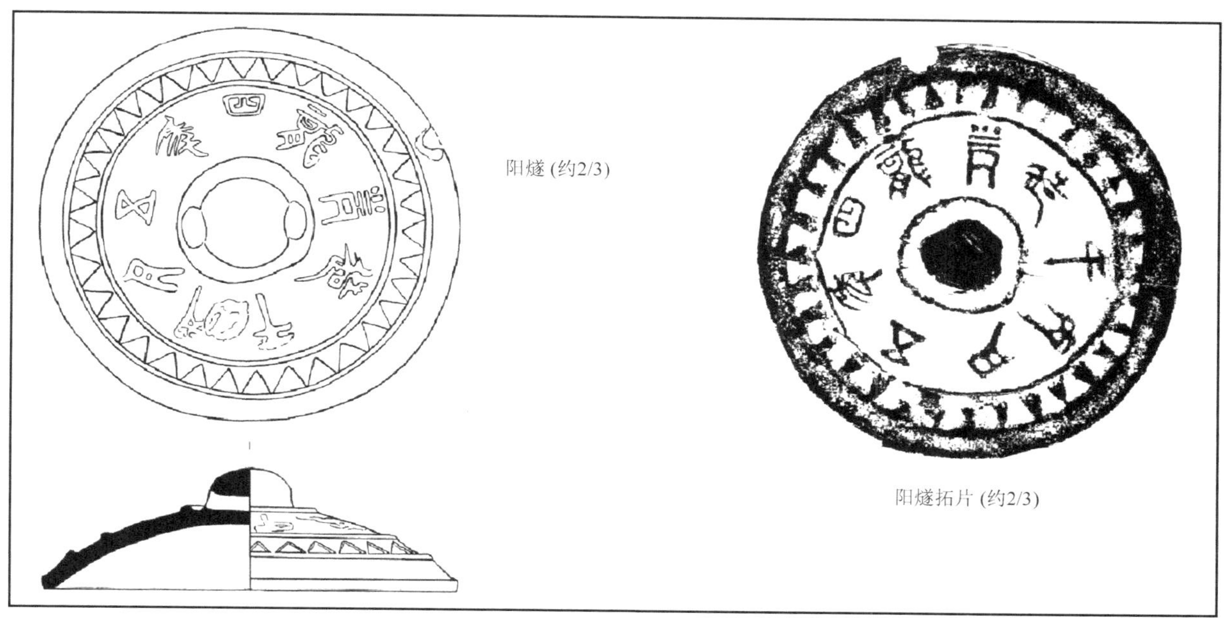

图 7 山东新泰出土青龙四年阳燧（《文物》2012 年第 7 期，78—79 页）

以清楚看见入官视事和“赤帝所值”之吉日、“阳燧”、“高迁”、大吉福禄等被想象成相互关联。这也可和在山东嘉祥宋山东汉祠堂画像、江西许昌画像砖上出现的“阳遂富贵”（图 9）、“阳燧富贵大吉祥”题记或题铭相互呼应[23]。

在汉代象征火德的还有朱雀。《汉书·地理志》河南郡“雒阳”条，师古注引鱼豢云：“汉火行忌水，故去‘洛’‘水’而加‘隹’。”（1555 页）“隹”即鸟，朱鸟或朱雀属火，以“隹”代“水”，就是以火代水。阳燧取火被想象成鸟，因而也象征着火行和富贵。时代变更，这类象征图饰每每滞后，没能与时俱进。在 5 世纪初，高句丽德兴里幽州十三郡太守墓壁画上仍然能看到阳燧鸟和“阳燧之鸟，履火而行”的榜题（图 10）[24]。

---

[23] 黄留春编《许昌汉砖石画像》，郑州：河南美术出版社，1994 年，图 94、图 95：“阳燧富贵大吉祥”“阳燧富贵”铭砖。

[24] 高句丽文化展实行委员会编《高句丽文化展》，1985 年，34 页。

陽朔三年正月丁卯朔戊寅肩水
士吏政即日視事日直赤帝三陽長日利以

73EJT23：966

入官視『事』大吉福禄日□□□□事數得
察舉陽遂高遷□□□敢言之

73EJT23：967

图 8　简 73EJT23：966-967

图 9　嘉祥宋山东汉祠堂画像及局部（2004 年作者摄）

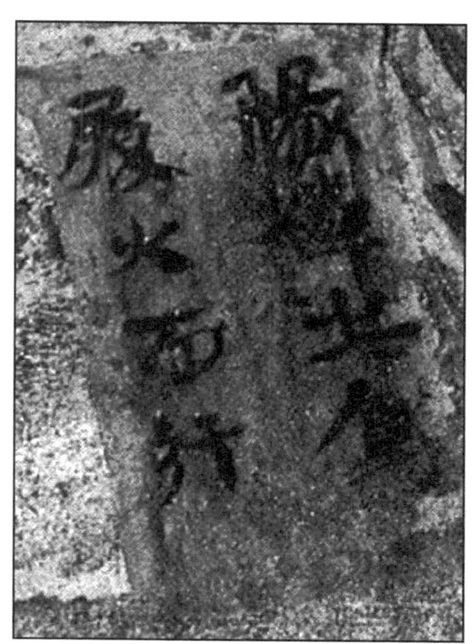

图 10　高句丽德兴里幽州十三郡太守墓壁画及局部“阳燧之鸟，履火而行”

图 11　欧亚猞猁（Lynx lynx）
（采自维基百科）

以目前可考的资料看，“舍利”和“受福”不是禽，就是兽，都出现在东汉至西晋流行的各式祥瑞图饰脉络中，其基本意义不外乎求取富贵和获得福分，甚或被添上某些道德价值（如“受福”兽“体恭心慈”，“舍利兽”“廉而谦”）。总体而言，汉代百戏颇受域外文化影响，而鱼龙曼延戏中的“舍利兽”又被认为来自西方[25]，此说可信。根据现在动物学的动物分布知识，猞猁这种山猫类动物主要分布在北美洲和欧亚大陆较北的寒温带森林；在中国，主要分布在四川、云南、西藏、青海山区和东北森林地带而为中原地带所无（图 11）。古代文献形容它是一种来自西方的兽，出现在汉代百戏中，应有根据。可是迄今可考的“舍利”和“受福”不论在文献或图像材料里，都和佛教找不到相关的痕迹。

由于“舍利”曾被认为和佛教有关，我们不能不特别注意佛爷庙湾西晋墓照墙上出现的所谓白象。佛爷庙湾考古报告曾征引佛经的白象和莲花，以专节指出白象和藻井上的莲花纹“带有佛教色彩”[26]。对此，郑岩早已正确指出象和莲花在西汉和东汉的图饰中都已普遍存在，并不能证明和佛教有关[27]。要特别强调的是，即便白象和莲花和佛教有关，但它们和“舍利”、“受福”一样，都被完全纳入了一个明显具有本土色彩的祥瑞图饰系统；在这样的系统里，当时的人恐怕也仅仅视它们为诸般祥瑞之一，而不会觉得和佛教有什么关联。

附记： 本文得以完成，首先必须感谢慷慨提供并同意本人使用画像石数据的潘伟斌先生。修改期间，承林圣智兄提醒可用的材料，得以及时补充修正。又承熟于中古美术的郑岩兄电示高见。为不掠他人之美，谨将郑兄来电附于文后，供大家进一步讨论。

附录：郑岩先生 2014.2.25 电邮意见

图二虽组合更复杂，但“舍利”前面的残缺的一动物依稀可以看到卷起的尾巴和翅膀，有无可能也是“受福”？所不同的是，它与“舍利”同向，而不是相向。有没有一种可能性，即这两种动物搭配出现，在汉代是一种定则？如果不总是如此，至少常常如此。如这一猜测成立，那么，当年李作智先生关于和林格尔的记述，或许还是可以理解的。即当时和林格尔墓中有一对相邻的“舍利”和“受福”，残破严

[25]《后汉书·安帝纪》“罢鱼龙曼延百戏”条引《汉官典职》曰：“作九宾乐。舍利之兽从西方来，戏于庭，入前殿，激水化成比目鱼，嗽水作雾，化成黄龙，长八丈，出水遨戏于庭，炫耀日光。”（中华书局点校本，205 页）

[26] 甘肃省文物考古研究所《敦煌佛爷庙湾——西晋画像砖墓》，77－79 页。

[27] 郑岩《魏晋南北朝壁画墓研究》，168－170 页。

重，舍利部分只余榜题，受福部分只余手中的圆球，李先生将位置相近的这两部分混为一谈，所以他的记述便是“在‘东王公’的北侧稍偏下一些的地方绘有一盘状物内放有四个圆球形的东西，在其左上方题有‘猞猁’二字”。而图三曹操墓受福的双手，恰似圆盘。当和林格尔墓正式发掘时，这些残破的部分也不复存在，我们便无从对证了。附件中，我将大作图二用 photoshop 修改了一下，略为示意。

军府与家业

——北朝末至唐初的粟特人军府官和军团

山下将司

（日本女子大学文学部）

自20世纪后半期至21世纪，中国发现了一系列从北朝至唐初之间生活于中国的粟特人的汉文墓志。根据对其释读结果，并非素来所知的“商业之民”，而是作为中原王朝武官而活跃的粟特人的风姿浮现于世。他们多数在西魏即开始被任命为所谓的“府兵制”军府的府主，参与作为其基础战斗力的军团编制，根据这些事例，可以认为当时在各地形成了粟特人的军府、军团编制。但是，这并不单纯止于战乱时期为自卫而进行的武装化，而是以其军事力量为背景，积极关涉到了唐王朝的建立。

在本文中，笔者将尝试对迄今已经明朗的北朝末至唐初之间的粟特人军府、军团的实际情况及其动向进行阐述。

一、粟特军府与军团的出现

作为提示粟特人军府、军团存在的史料而最早受到瞩目者，是出土于宁夏回族自治区固原市的固原史氏墓志[1]。这些墓志，发掘于1982－1995年，是来自粟特地区绿洲城市之一的Kish（史国）的移民的墓志，有史射勿系和史索严系两个系统，墓志总数共计7方（图1）。

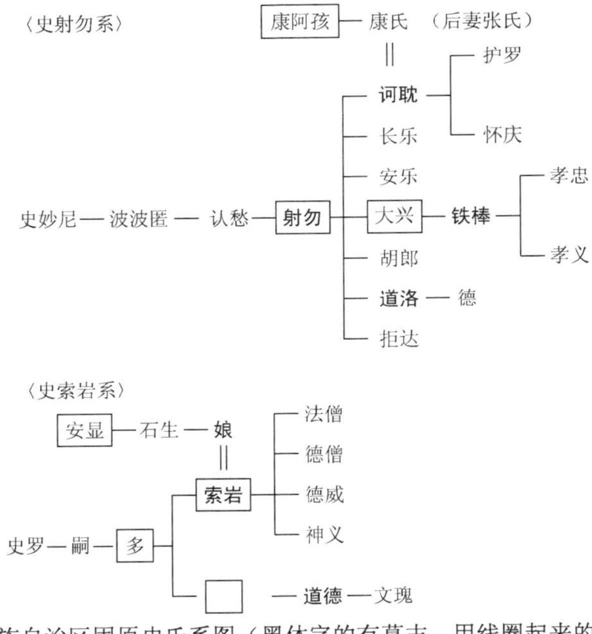

图1　宁夏回族自治区固原史氏系图（黑体字的有墓志，用线圈起来的是军府府主）

---

[1] 罗丰《隋唐史氏墓志》，《胡汉之间——“丝绸之路”与西北历史考古》，北京：文物出版社，2004年，423－491页；粟特人汉文墓志研究研讨会《ソグド人汉文墓志译注（1）～（7）》，《史滴》26－32，2004－2011年。

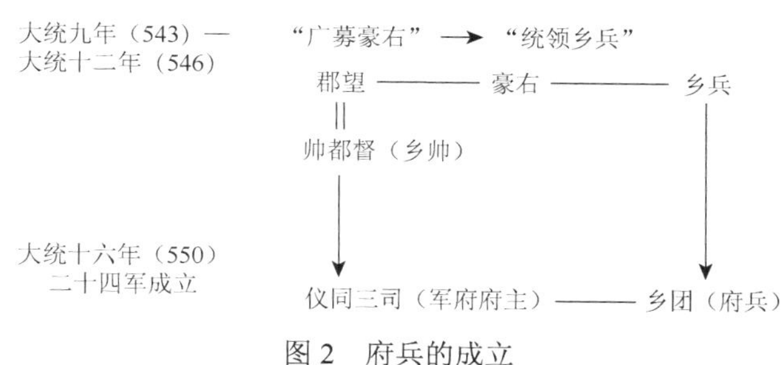

图 2　府兵的成立

在这些记载中，可以看到不少在北朝末到唐初担任府兵制地方军府府主的粟特人（图 1 所示的人名及表 1 的①、②、④、⑤、⑦、⑰）。如按照所谓府兵制的军制的本身状态，则这些军府并非仅仅是府主为粟特人，而是由他们率领的以粟特人为士兵的军队。在此，首先要确认一下关于府兵制的成立（图 2）。

表 1　北朝至唐初间担任府兵军府府主及副府主的粟特人、西域人

	氏名	本贯	时代	官名	军府所在地	备考	出处
①	**史多**	建康飞桥	北周	掌设府骠骑将军	原州？	固原史氏。⑤之父	史索岩墓志
			隋	安化府骠骑将军	原州？		史道德墓志
②	安显	岐州岐阳	北周	掌设府车骑将军	？	⑤之外祖父	安娘墓志
③	虞弘	鱼国尉纥驎城	北周	仪同大将军、领乡团	并州？		虞弘墓志
				仪同大将军、领并代介三州乡团	并州？		
④	**史射勿**	原州平高	隋	左领军骠骑	？	固原史氏	史射勿墓志
⑤	**史索岩**	建康飞桥	隋	安丘府鹰扬郎将	？	固原史氏。①之子	史索岩墓志
			隋	平凉都尉	原州		
			唐初	立功府骠骑将军	原州？		
⑥	安子	雍州盩厔	隋	雍北府车骑将军	岐州		安范墓志
⑦	康阿孩	甘州张掖	隋	合黎府鹰扬郎将	甘州张掖	史诃耽之舅	史诃耽墓志
⑧	康清	河南洛阳	隋	屯卫鹰扬郎将	？	早先杨广之屈咥真	康子相墓志
⑨	康仁	张掖→太原	隋	三川府鹰扬郎将	鄜州		康武通墓志
⑩	安仁	河南洛阳	隋	鹰扬郎将	？		安师墓志
⑪	安君恪	姑臧→新安	隋	永嘉府鹰扬郎将	河南府		安神俨墓志
⑫	曹谅	济阴定陶	隋	湉城府鹰扬郎将	泾州	夫人为安姓	曹谅墓志
⑬	罗季乐	阴山	隋	鹰扬郎将	？	夫人为康姓	罗甑生墓志
⑭	龙求真	并州晋阳	隋	黎阳总管府鹰扬郎将	黎阳	焉耆胡（吐火罗人）	龙润墓志
⑮	康洛	河南伊阙	隋	通远府鹰击郎将	许州	⑲之父	康达墓志
⑯	安陁	长沙	隋	青林府鹰击郎将	滁州		安度墓志
⑰	**史大兴**	原州平高	唐初	安化府军头	原州？	固原史氏。④之子	史铁棒墓志
⑱	康朝	汲→长安	唐初	骠骑将军	长安？		康令恽墓志
⑲	史盘陀	陇西成纪	唐初	新林府车骑将军	扬州	与安姓婚姻	安怀墓志
⑳	康达	卫→河南	唐初	金谷府统军	河南府	⑮之子	康达墓志

府兵制始于北朝时期西魏乡兵集团的集结。与东魏相比，军事处于劣势的西魏，通过地方豪族（豪右）募集乡兵（大统九年，即543年的“广募豪右”），并令豪族中有影响力的各郡望族（郡望）进行组织、统帅。当时，望族被作为乡兵集团之长（乡帅），给予帅都督之职（大统十二年，即546年之后的“统领乡兵”）[2]。

最终，这些帅都督晋升为仪同三司，在各地开设称为仪同府的军府[3]，并将乡兵编为乡团那样的军团，组成军府的基本军力，形成了西魏的二十四军制（大统十六年，即570）[4]。这就是隋唐府兵制的原型。

此后，军府及府主的名称发生了种种变迁（表2），进入隋代之后，文帝开皇十年（590）诏以及炀帝鹰扬府制的施行（大业三年，即607）等，均曾试图进行改革，将已如军户般存在

表2　西魏至唐初府兵制军府与府主的变迁

	设置年代		军府名	府主名	副府主名	变更点
①	西魏	大统十六年（550）	仪同府	仪同三司		二十四军制成立
②	北周	？	开府府	（领兵）开府仪同三司		开府府与仪同府并设
			仪同府	（领兵）仪同三司		
③	隋	开皇十七年（597）	骠骑府	（领兵）骠骑将军		更换官名与散官号
			车骑府	（领兵）车骑将军		开府→骠骑、仪同→车骑
④		仁寿四年（604）为止	骠骑府	（领兵）骠骑将军	车骑将军	统一作骠骑府。以车骑为骠骑府之副
⑤		大业三年（607）	鹰扬府	鹰扬郎将	鹰扬副郎将	改称：骠骑→鹰扬郎将、车骑→鹰扬副郎将
⑥		大业五年（609）	鹰扬府	鹰扬郎将	鹰击郎将	改称：鹰扬副郎将→鹰击郎将
⑦	唐	武德元年（618）	？	军头	府副	改称：鹰扬郎将→军头、鹰击郎将→府副
⑧			骠骑府	骠骑将军		改称：军头→骠骑、府副→车骑
			车骑府	车骑将军		军府中两者并设。变为③的状态
⑨		武德六年（623）	骠骑府	骠骑将军	车骑将军	废车骑府、以车骑为骠骑府之副。与④设置相同
⑩		武德七年（624）	统军府	统军	别将	改称：骠骑→统军、车骑→别将
⑪		贞观十年（636）	折冲府	折冲都尉	果毅都尉	改称：统军→折冲都尉、别将→果毅都尉

［2］谷川道雄《西魏二十四军の成立と豪族社会》，《增补隋唐帝国形成史论》，东京：筑摩书房，430—450页。

［3］滨口重国《西魏の二十四军と仪同府》，《秦汉隋唐史の研究》上卷，东京：东京大学出版会，1966年，169—250页。

［4］唐长孺《魏周府兵制度辨疑》，《魏晋南北朝史论丛》，北京：生活·读书·新知三联书店，250—288页；菊池英夫《唐初军用语としての“团”の用法——日本律令制下の“军团”に触れて（1）》，《中央大学文学部纪要史学科》39，1994年，39—70页。

的府兵与普通郡县民众同一化。但是，开皇十年诏在主张军籍与民籍一体化的同时，也因为认可原有的军府存在方式，使不易动摇的府主与府兵之间的血缘、地域上的结合关系残留了下来，府兵的军户性质也得到了延续[5]。即使在鹰扬府体制下，军府府主仍然被任命为当地领导层，而兵民一体化的尝试也因为远征高句丽的失败而短期内遭到挫折，故隋末唐初再次呈现出兵民分离的状态[6]。如果归纳以上情况，可以说，从西魏到唐初的府兵制，一直是中央政权想要通过军府收纳地方势力的一种军制。

关于固原史氏就任粟特聚落统治者萨宝一事，可以认为最迟是在北魏末固原（原州）成立了粟特人移民聚落之后[7]。假如根据迄今有关萨宝的研究，北朝、隋等诸政权给予了粟特移民聚落一定的自治权，委任萨宝对其进行统治[8]。如此一来，根据上述的府兵制性质可以推测，粟特人首领层就任府主的军府，就是组织统帅着由作为他们乡人的粟特移民组成的府兵[9]。

后来，这种推测得到了相继发现的其他粟特人墓志的证实。首先，《北周翟曹明墓志》中可见如下记载[10]：

君讳曹明，西国人也。祖宗忠列，令誉家邦。受命来朝，遂居恒夏。……伤魏载之衰泯，慨臣下之僭凌。是以慕义从军，诛除乱逆。巨猾摧峰，六军振振。

翟姓是粟特姓之一[11]，且墓主所带称呼天主相当于唐朝的祆主，可见这是管理设置在粟特聚落内的琐罗亚斯德教神殿的职务[12]。如果再加上“西国人”这一点，则墓主翟曹明为粟特人无疑。他在北魏东西分裂之际从军于西魏一方，并担任所谓仪同三司之相当于军府府主的官职。由此可知，这是于中国分裂之际，粟特聚落的领导层在参与中国国内战争的同时，与固原史氏一样，

[5] 菊池英夫《唐初军用语としての“团”の用法——日本律令制下の“军团”に触れて（2）》，《中央大学文学部纪要史学科》41，1996 年，21－65 页；气贺泽保规《隋炀帝期の府兵制をめぐる一考察》，《府兵制の研究》，东京：同朋舍，197－238 页。

[6] 气贺泽保规《府兵制史再论——府兵と军府の位置づけをめぐって》，《府兵制の研究》，东京：同朋舍，419－445 页。

[7] 石见清裕《西安出土北周〈史君墓志〉汉文部分译注・考察》，森安孝夫主编《ソグドからウイグルへ——シルクロード东部の民族と文化の交流》，东京：汲古书院，2011 年，67－92 页。

[8] 藤田豊八《西域研究》，《东西交涉史の研究・西域篇及附编》，东京：冈书院，1933 年，279－307 页；羽田明《ソグド人の东方活动》，《岩波讲座世界历史》6，东京：岩波书店，1971 年，409－434 页；荒川正晴《北朝隋・唐代における“萨宝”の性格をめぐって》，《东洋史苑》50・51，1998 年，164－186 页。

[9] 山下将司《新出土史料より见た北朝末・唐初间ソグド人の存在形态——固原出土史氏墓志を中心に》，《唐代史研究》7，2004 年，60－77 页。

[10] 陕西省靖边县出土。荣新江（森部豊译）《新出石刻史料から见たソグド人研究の动向》，《关西大学东西学术研究所纪要》44，2011 年，121－151 页。

[11] 荣新江《隋及唐初并州的萨保府与粟特聚落》，《中国中古与外来文明》，北京：生活・读书・新知三联书店，2001 年，169－179 页。

[12] 山下将司《北朝时代后期における长安政权とソグド人——西安出土〈北周・康业墓志〉の考察》，《ソグドからウイグルへ——シルクロード东部の民族と文化の交流》，113－140 页。

还组织、率领自己的移民聚落成为军府、军团的例子[13]。

而且，在下面的《隋虞弘墓志》[14]中，明示了兼任军府府主和萨宝的粟特人实际上统帅着乡团的事实：

武平既鹿丧纲颓，建德遂蚕食关左。收珠弃蜯、更悛琴瑟。乃授使持节、仪同大将军、广兴县开国伯、邑六百户。体饰金章，衔辔簪笏。诏充可比大使，兼领乡团。大象末，左丞相府，领并代介三州乡团，检校萨保府。

关于把虞弘看做粟特人观点，已经有很多论述说明，在此不再赘言。北周吞并北齐之后的大象年间（579—580），虞弘作为仪同统帅着山西三州的乡团。这个时期，虞弘在兼任萨保（萨宝）职掌、统治粟特聚落的基础上，还被任命统率三州的乡团，这些乡团都可以认为是由粟特人乡兵所组成[15]。

其次，作为军府的基础战斗力的乡团，原本是由集结、组织乡兵而成的这一事实已如前文所述，而这种通过乡兵的组织化对府兵战斗力加以扩充的方式，在进入隋代后也得到了继承与延续。例如，下述之《隋书》卷六四《张奫传》：

张奫字文懿，自云清河人也，家于淮阴。…… 高祖作相，授大都督，领乡兵。贺若弼之镇寿春也，恒为间谍，平陈之役，颇有功焉。

此处列举了北周末在前线对阵南朝陈的张奫，以大都督之职"领乡兵"，于隋时从军征讨陈而立了战功。由此可见，所谓"领乡兵"，并非简单的统率乡兵的意思，而应该解释为集结和组织乡兵而扩大军备的行动[16]。与此张奫之例几乎完全一致的乡兵集结，也有经由粟特人之手而进行的实例。《唐安修仁碑》可以看到如下这般的记载[17]：

隋开皇中，起家为蜀王秀库真。还都督检校仪同兵。及秀废，又为大都督领本乡兵。

根据安修仁自命安姓这一事实，可知他是出身布哈拉（安国）的粟特人。这一族从北魏以来代代担任河西武威的萨宝职务，在隋末也是代表着当地"诸胡种落"即粟特聚落利益的存在（见《旧唐书》卷五五《李轨传》）。因此，安修仁所"领"的"本乡兵"，无疑为住在武威的粟特人众[18]。

最后，作为在此所列举的粟特人墓志中最新发表的材料，《唐曹怡墓志》明确显示了粟特人

---

[13] 苏航《北朝末期至隋末唐初粟特聚落乡团武装述论》，《文史》2005年第4期，173—185页。

[14] 粟特人汉文墓志研究研讨会《ソグド人汉文墓志译注(8)〈虞弘墓志〉》，《史滴》33，2011年，205—237页。

[15] 山下将司《唐の太原举兵と山西ソグド军府——〈唐・曹怡墓志〉を手がかりに》，《东洋学报》93—4，2012年，31—59页。

[16] 谷川道雄《府兵制国家论》，《增补隋唐帝国形成史论》，451—472页。

[17] 日本天理图书馆藏《文馆词林》卷四五五断简。

[18] 山下将司《隋・唐初の河西ソグド人军团——天理图书馆藏〈文馆词林〉・〈安修仁墓碑铭〉残卷をめぐって》，《东方学》110，2005年，1—14页。

移民聚落设置府兵制军府一事。其记载如下[19]：

> 君讳怡，字愿憹，隰城人也。曹叔振铎，周文之贻。建国命氏，即其后也。祖贵、齐壮武将军。父遵，皇朝介州萨宝府车骑、骑都尉。君禀灵海岳，感气星辰。家著孝慈，国彰忠烈。起家元从，陪翊义旗。后殿前锋，殊功必致。于是授公骑都尉，用旌厥善。

墓主曹怡乍看似乎是汉人，但其父遵担任着介州萨宝府的车骑将军。根据迄今所判明的萨宝府府寮任职事例的探究，仅能看到粟特人或西域人的身影（表3）。曹姓是以出身于Kaputana（曹国）而命名的粟特姓之一，从这一点出发，可以判断，曹怡及其父亲当为粟特人[20]。如果根据这一记载，唐初的介州萨宝府内设置有车骑将军，这在当时是相当于地方军府的府主或副府主的官职（表 2 的⑧⑨）。因为是设置的统辖粟特部落的萨宝府的军府府主，故可以认为，其麾下的士兵应该是由当地粟特聚落编成的。不过，前述虞弘所统率的乡团其所在地之一也有地名叫做介州者。严密的来讲北周末的介州与唐初的介州在管辖范围上是稍有不同的，北周的介州治

表3　北朝时期在萨宝及萨宝府属僚者

	王朝	任官者	官职名	种族	出处	年代
①	北魏	史尼	（原州？）摩诃大萨宝	粟特姓	《唐史诃耽墓志》	670
②	北魏	安但	摩诃萨宝	粟特姓	《唐安万通砖志》	654
③	北魏	安难陀	凉州萨宝	粟特姓	《元和姓纂》卷四	812
④	西魏	康某	（京师）大天主	粟特姓	《北周康业墓志》	571
⑤	西魏	翟曹明	夏州天主	粟特姓	《北周翟曹明墓志》	579
⑥	梁（后梁？）	康拔达	凉州萨宝	粟特姓	《唐康阿达墓志》	?
⑦	北齐	康仵相	□州摩诃萨宝	粟特姓	《唐康元敬墓志》	673
⑧	北周	史君	凉州萨宝	粟特姓	《北周史君墓志》	579
⑨	北周	康业	（京师）大天主	粟特姓	《北周康业墓志》	571
⑩	北周	史多思	京师萨宝	粟特姓	《唐史诃耽墓志》	670
⑪	北周	安伽	同州萨保	粟特姓	《北周安伽墓志》	579
⑫	北周	何永康	定州萨甫司录	粟特姓	《隋惠郁造像记》	585
⑬	北周	虞弘	检校并代介三州萨宝	粟特姓	《隋虞弘墓志》	592
⑭	隋？	安盘娑罗	凉州萨宝	粟特姓	《元和姓纂》卷四	812
⑮	隋	康和	定州萨宝	粟特姓	《唐康婆墓志》	647
⑯	隋	翟娑	并州摩诃大萨宝	粟特姓	《隋翟突娑墓志》	615
⑰	隋	龙润	并州萨宝府长史	吐火罗姓	《唐龙润墓志》	653

[19] 王仲璋主编《汾阳市博物馆藏墓志选编》，太原：三晋出版社，2010年，2页。

[20] 关于是否粟特人的判断标准，请参照福岛惠《唐代ソグド姓墓志の基础的考察》，《学习院史学》43，2005年，135－162页；前注荣新江（森部豊译）《新出石刻史料から见たソグド人研究の动向》，121－151页。

所是在曹怡一族所居住的隰城。从它们的共同点来看，可以认为唐初介州的粟特军府和军团是来源与北周末虞弘在介州所组织、统率的乡团[21]。

进一步说，此处的介州事例可以认为是显示统治粟特聚落之萨宝府本身军府化的例证。据《隋书》卷二八《百官志》下，在隋代，与车骑将军的正五品相对，“诸州胡二百户以上萨保”不过是视正九品，难以认为在萨宝之下设置了作为其幕僚的车骑将军。因此，这不是在萨宝府内置有车骑将军的军府，而应该看做是萨宝府本身的军府化，以及就任萨保的粟特人首领层转变为军府府主。这一事件意味着，由萨宝府统治的粟特人聚落，转为由新的军府来加以统治。

印证这一推测的，是固原史氏在史射勿开皇十七年（597）就任军府府主之骠骑将军（表2的③）以后（见《隋史射勿墓志》），于墓志中再也见不到就任萨宝一职的人物的记载[22]。并且，武威安氏也一样，在安修仁这一代之后，无法从现存史料中确认其族中有就任萨宝一职的人[23]。固原史氏及武威安氏表现出来的这些倾向，都喻示着粟特首领阶层所就任的官职从萨宝向军府官的更替。

昭示这种萨宝府的军府化及粟特聚落的军团化的过渡期者，是北周安伽的事例。《北周安伽墓志》（《大周大都督同州萨宝安君墓志》，大象元年，即579年刻）中有如下记载[24]：

> 君讳伽，字大伽，姑臧昌松人。……绩宣朝野，见推里闬，遂除同州萨保。君政抚闲，远迩祇恩。俄除大都督，董兹戎政，肃是军容。

安伽是从布哈拉移居武威的粟特人，被看做是与安修仁不同的一族。他是在就任同州萨保（萨宝）之后，加了大都督的官衔。北周的大都督作为散官的同时，还属于二十四军制的地方军府之仪同府和开府的军府官之一[25]。另外，他担任萨保的同州，西魏以来设置了宇文氏的霸府，是对东魏、北齐作战的最重要的军事据点。因此，志文所说的“董兹戎政，肃是军容”，恐怕并非简单的修辞，而很有可能是安伽担任的大都督就是作为军府幕僚的大都督。如果真是这样的话，则可以认为他作为大都督所统率的兵力，是同州粟特聚落所组成的粟特乡兵[26]。

这样，原来是萨宝之职的粟特人首领，以兼职军府官之一的形式将粟特聚落编成乡兵（北周）。接下来，出现了前述虞弘为例的萨宝兼任军府府主的阶段（北周、隋的交替期）。再进一步发展，萨宝之职更替为府主以及军府官等（隋—唐初期）。可以认为，经过这样一个过程，提高了萨宝府的军府化以及粟特聚落的军团化（乡团化）。在此背景下，粟特乡兵（粟特聚落）的

---

[21] 山下将司《唐の太原举兵と山西ソグド军府——〈唐・曹怡墓志〉を手がかりに》，31—59页。

[22] 罗丰《隋唐史氏墓志》，423—491页；粟特人汉文墓志研究研讨会《ソグド人漢文墓志译注（1）～（7）》，《史滴》26—32，2004—2011年。

[23] 山下将司《隋・唐初の河西ソグド人军团——天理图书馆藏〈文馆词林〉・〈安修仁墓碑铭〉残卷をめぐって》，1—14页。

[24] 粟特人汉文墓志研究研讨会《ソグド人汉文墓志译注（9）西安出土〈安伽墓志〉》，《史滴》34，2012年，138—158页。

[25] 滨口重国《西魏の二十四军と仪同府》，184、196—200页。

[26] 粟特人汉文墓志研究研讨会《ソグド人汉文墓志译注（9）西安出土〈安伽墓志〉》，138—158页。

规模扩大和关中政权（北周、隋）中粟特集团的影响力有所增大（粟特人首领层的地位上升）的情形应该是显而易见的了。

根据以上粟特人汉文墓志的诸记载可以确认，北朝末至唐初出现了设置于粟特聚落的军府，统率着以其聚落民众为基础编成的军团。将北周至唐初粟特人或者西域人就任军府府主的事例从墓志中收集并制定一览表如表1所示。对于在此所列举的全部事例都断定为粟特军府的实例，以及确认当地粟特聚落的存在等，都需要进一步的探讨。但是，除上述事例之外，如与粟特聚落的所在地一致的表1中的②、⑥、⑦、⑩、⑱、⑳等，把它们看做是粟特军府可能会比较合适吧。

二、唐之建国与粟特军府

假如仅存在构成府兵制的军府及军团的粟特人，并不值得瞩目。因为这只是看到了移居中国的粟特人的另一个侧面。重要的一点是，即就任军府府主又关系到以乡团编成的粟特人，以及粟特人集团转化为府兵制的军团，而且积极参与了唐朝的建国，展开了对其统治的确立可以说极有贡献的活动。而且这一点遍及所谓的李渊举兵太原、占据长安、平定关中的三个阶段。

前示的《曹怡墓志》关于墓主曹怡有如下记载：

> 君禀灵海岳，感气星辰，家著孝慈，国彰忠烈。起家元从，陪翊义旗。后殿前锋，殊功必致。于是授公骑都尉，用旌厥善。

曹怡是曾跟从李渊太原举兵（“义旗”）之人。他的父亲曹遵在此之后被唐朝授予军府府主（或副府主）之职，可知曹怡的从军应非个人行动，而可以看做是介州粟特军府全体从军。也就是说，在李渊的太原举兵队伍中，就有从北周起即已存在的山西粟特军府、军团从军了。

其次，《唐康令恽墓志》是刻于天宝四年（745）的墓志[27]，虽说对关于其祖先的记载的可信性还存在疑问，但是其中有能够解释李渊占据长安时粟特军府扮演了重要角色的内容：

> 君讳令恽，字善厚，其先汲人也。……虽三秦汉京，而漆沮周土。不忘旧国，家于长安。曾祖朝，王佐岳秀，侯度玉立。属隋季天压，唐初日跻。天子龙飞于晋阳，诸侯骏奔于寰宇。亦犹高祖起沛，先议萧何之功，成汤自陑，必酬伊尹之效。以公折冲樽俎，拜为骠骑将军。

菊池英夫认为，入关后的李渊给予关内出身者的骠骑将军、车骑将军（表2的⑧、⑨）的任命，是以关内土著兵的统帅者即鹰扬府官为对象的措施[28]。如果遵从这一观点，则可以认为，我们看到的李渊入关后担任骠骑将军（武德元年至六年间的军府府主）的康朝，在隋代即处于军府府主（鹰扬郎将）的地位，这意味着他不是个人归顺了李渊，而是连他麾下的军府、军团

[27] 王育龙《唐长安城出土的康令恽等墓志跋》，《唐研究》第6卷，北京：北京大学出版社，2000年，395－405页。

[28] 菊池英夫《唐初军用语としての“团”の用法——日本律令制下の“军团”に触れて（1）》，62－65页。

也一起归顺。因此，根据此墓志的记载可以推知，康朝率领长安的粟特人军府、军团归顺了李渊，这一集团在李渊占领长安的过程中，承担了一些交涉联系的任务（“以公折冲樽俎”）。

最后，李渊占领长安之后，历任军府府主的固原史氏以及参与军府基础战斗力乡兵之编成的武威安氏相继归顺，对唐朝关中统治的确立做出了巨大的贡献。关于固原史氏的归属于唐，《唐史诃耽墓志》及《唐史索岩墓志》中有如下记载[29]：

> 属隋祚栋倾，猬毛俱起，黠贼薛举，剖斫豳岐。拥豕突之奇兵，近窥京辅，假狐鸣以挻祸，充仞王畿。高祖太武皇帝建旗晋水，鞠旅秦川。三灵之命，有归万叶之基。爰肇君遂间行险阻，献款宸极。义宁元年，拜上骑都尉，授朝请大夫，并赐名马杂彩（见《史诃耽墓志》）。
>
> 大业九年，又授公平凉都尉。自炎历数极，隋纪告终，逐鹿者多，瞻乌靡定。……公资忠殉节，固守危城。耻面伪庭，确乎不拔。义宁二年，献款宸极。武皇帝拜公朝请大夫，兼授右一军头，仍与平凉郡太守张隆同讨薛举。扬旌节而犬羊授首，援浮鼓而鲸鲵暴鳃（见《史索岩墓志》）。

大业十三年（617）四月，在陇西金城出现了薛举政权；十一月，李渊占据了长安。固原形成了东李渊、西薛举两雄对挟之势。在这样的状况下，固原史氏决定归顺李渊，派遣史诃耽前往长安。处于以隋平凉郡都尉而统辖固原一带诸军府地位的史索岩，在归顺之后，被建国后的唐朝任命为唐独特的军府府主职务的军头（表 2 的⑦），与薛举对战[30]。另外，史诃耽的兄弟史大兴也在唐初被任命为安化府军府的军头（表 1⑰）。关于此安化府，隋文帝时期史索岩之父史多曾为府主（表 1 的①，表 2 的③、④），固原史氏又继承了此府主之职。所以，这个安化府正是属于固原粟特人乡团的军府，在征战薛举之时由史大兴所率领。如果与史索岩所任职的军府相累加，则可知固原一带也有存在两个粟特军府的可能性。

建立比介州曹氏以及固原史氏更高之显著贡献的是武威安氏。隋末大业十三年（617）七月，武威安氏的安修仁与同郡其他强有力者一起在武威拥立了李轨政权。其举兵之际，安修仁率领胡人集团一举占领了武威。《旧唐书》卷五五《李轨传》有如下记载：

> 拜贺之（李轨），推以为主。轨令修仁夜率诸胡入内苑城，建旗大呼。轨于郭下聚众应之，执缚隋虎贲郎将谢统师，郡丞韦士政。轨自称河西大凉王，建元安乐，署置官属，并拟开皇故事。

这之后，至唐朝建立的武德二年（619），安修仁与受唐朝派遣的兄长安兴贵谋划，颠覆了拒不

[29] 罗丰《隋唐史氏墓志》，423－491 页；粟特人汉文墓志研究研讨会《ソグド人汉文墓志訳注（2）·（5）》。

[30] 隋末的都尉问题请参照平田阳一郎《隋炀帝期府兵制の再检讨——统管制废止と都尉官设置について》，《早稻田大学大学院文学研究科纪要》45，第 4 分册，1999 年，87－97 页。

臣服唐朝的李轨政权。当时两人也是率领胡人集团攻击了李轨。同书同卷记载如下：

兴贵知轨不可动，乃与修仁等潜谋引诸胡众起兵图轨，将围其城，轨率步骑千余出城拒战。

以上李轨政权的确立及颠覆之时，被安修仁作为战力所率领的胡人集团本身，可以认为是他在隋代作为大都督所组织的"本乡兵"，即武威的粟特军团。

安兴贵、安修仁兄弟将扩大至九州的李轨政权的地盘完整地献给了唐朝，唐朝毫不费力地在版图上增加了河西地区，得到了西方的安定。可以说，固原和武威的粟特集团相继归顺唐朝绝不是偶然的。之所以如此，是因为固原位于连接河西地区首屈一指的都会武威与长安通路的位置上、对与武威的交通有着密切关系的缘故[31]。

三、粟特人军府官阶层的动向——以武威安氏、固原史氏、洛阳康氏为例

在隋至唐初之间就任军府官的三处粟特人首领阶层，即武威安氏、固原史氏、洛阳康氏（表1的⑧）的经历中，应该注意存在着不止一次地出现的共同点，这就是以下四点。①隋代时入仕作为有鲜卑来历的近侍官的亲王府；②炀帝时期就任"府兵制"的军府官；③唐初仕于李世民的秦王府，在玄武门之变中支持李世民的阵营；④太宗即位确立唐朝的统治之后，回归自己的"家业"。下面按照顺序加以论证。

首先，关于①，固原史氏的《史索岩墓志》中有如下记载：

开皇中，解巾为晋王广库真。虽材称拔萃，而职滞下寮。顿挫于门栏，驱驰于警卫。

另外，《唐康子相墓志》对洛阳康氏有如下记载[32]：

君讳子相，河南洛阳人也。其先出自康居，仕于后魏为颉利发。陪从孝文粤自恒安入都瀍洛，积德重胤，著于州闾。祖翻以累叶魏臣，耻于齐霸。既遇周帅入洛，拥众先降，蒙授上仪同，左骁卫中郎将。……父清，隋左勋卫，晋王府屈咥真。

康子相一族是康国即撒马尔罕出身的粟特人，在北魏时期移居中国，曾跟从孝文帝迁都洛阳。祖父翻之时，北周曾侵攻洛阳，翻率"众"（粟特集团？）投降了北周一方。

史索岩就任的库真，康清就任的屈咥真（驱咥真），也都是源自鲜卑（北魏、北齐）的亲卫武官[33]，两者都曾入仕杨广的晋王府。

---

[31] 石见清裕《唐代の国际关系》，东京：山川出版社，2009年，40－41页。

[32] 曹建强、马旭铭《唐康子相墓出土的陶俑与墓志》，《中原文物》2010年第6期，107－109页。

[33] 池田温《唐朝处遇外族官制略考》，《隋唐帝国と东アジア世界》，东京：汲古书院，1979年，251－278页。严耀中《唐初期的库真与察非掾述论》，《史林》2003年第1期，45－49页。

更进一步，《安修仁墓碑》中记载着“开皇中，起家为蜀王库真”，武威安氏的安修仁在杨秀蜀王府以库真之职起家。应该注意的是，无论哪方墓志都是将“库真”“屈咥真”的末字写作“真”。虽然《旧唐书》等记做“库直”“屈咥直”，但根据此处的墓志可以认定，正确者当为“真”字。

其次，关于②，固原史氏的《史索岩墓志》中有如下记载：

> 大业元年，炀帝握图御历，先录宫臣，拜公左御卫安丘府鹰扬郎将。既司戎律，委以专征。控马扬旌，除凶遏涤暴。大业九年，又授公平凉都尉。

炀帝即位，史索岩因晋王府旧臣之故被任命为安丘府的鹰扬郎将。虽然安丘府的所在地不明，但如前所述，隋末他所担任的平凉都尉，是统辖平凉郡即固原一带的诸军府的官职（556页）。据此类推，安丘府所在地也应当认为是在固原一带。

关于洛阳康氏，前面提到的《康子相墓志》志文中有如下记载：

> 以旧左右，加建节尉，守屯卫鹰扬郎将。忠勤奉主，谨直见称。驱侍蕃朝，执参驷之羁靮，攀援栏陛，作钩陈之爪牙。

康清也与史索岩一样，是以晋王府旧臣之故而被任命为鹰扬郎将。隋代任命亲王府库真的例子非仅出现一例（表4），以同样原因晋升地方军府府主之事则并无其他类似的例子，故可以认为，史索岩及康清的事例是揭示着粟特人首领阶层独特的晋升途径吧。

表4　隋代就任库真者

人名	授官年代	官名	出处
史索岩	开皇中	晋王库真	《唐史索岩墓志》
安修仁	开皇中	蜀王府库真	《唐安修仁碑》
张须陀	开皇中	蜀王府库真都督	《隋张须陀墓志》
元成寿	文帝期	秦王库真车骑	《隋书》卷三九
长孙行布	文帝期	汉王谅库直	《隋书》卷五一
长孙敞	文帝期	晋王库直	《新唐书》卷一〇五
张晓	?	□王府库直	《唐张晓墓志》

另外，关于武威安氏，如前所述，安修仁以大都督之职集结“本乡兵”即粟特人乡兵一事可见于《安修仁碑》，由于流传至今的墓碑是断片，所以其后的事迹并不明了。但是，根据前述《隋书》之《张奫传》，与安修仁一样以大都督衔集结乡兵的张奫，之后以军功晋升为军府府主，则安修仁也存在循例而有同样事迹的可能性。

最后，关于③，武威安氏的《唐安元寿墓志》记载如下[34]：

[34] 福岛惠《〈安元寿墓志〉（唐・光宅元年）译注》，《ソグドからウイグルへ——シルクロード东部の民族と文化の交流》，141－174页。

武德五年，奉秦王教，追入幕府，即授右库真。托身凤邸，沢厚命车。……于时皇基肇建，二凶构逆。公特蒙驱使，委以腹心。奉勅被甲于嘉猷门宿卫。

安修仁之兄安兴贵之子安元寿，于武德五年（622）进入秦王府担任右库真，在玄武门之变时作为李世民方的一员将领，守卫宫中的嘉猷门。另外，洛阳康氏的康子相也是与安元寿一样，在武德五年进入秦王府，以担任秦王府监司牧圉之职迎来了玄武门之变。《康子相墓志》中有如下这般的记载：

武德五年，直秦王府监司牧圉。劳力忘食，督察工徒，竭心无懈。太宗抚运，乃加优奖以旧左右，蒙赐荣班。

康子相所担任的秦王府“牧圉”是什么样的官职呢？虽然新旧《唐书》中完全没有出现，但“牧圉”之言可见于《春秋左氏传》的僖公二十八年（前632）传文：

今天诱其衷，使皆降心以相从也。不有居者，谁守社稷；不有行者，谁扞牧圉。

关于“牧圉”，杜注云：“牛曰牧，马曰圉。”另外，同书昭公七年（公元前566）传文也可见“牧圉”一词：

天有十日。人有十等。下所以事上，上所以共神也。故王臣公、公臣大夫、大夫臣士、士臣皁、皁臣舆、舆臣隶、隶臣僚、僚臣仆、仆臣台。马有圉，牛有牧，以待百事。

关于“马有圉，牛有牧”的杜注中记载有“养马曰圉，养牛曰牧”。若遵从上述杜注，则所谓秦王府监司“牧圉”，可以理解为饲养秦王府所有牛马的人们的监督者吧。这种情况下，因为马理所当然地被理解为军马，所以康子相就是担当着有关秦王府军事的重要职务。

关于固原史氏，《史诃耽墓志》中存在着如下记载：

义宁元年，拜上骑都尉，授朝请大夫，并赐名马、杂彩。特勅北门供奉进马。武德九年，以公明敏六闲，别勅授左二监。

在这里可以看到，关于史诃耽与李世民的关系，以及他在玄武门之变中的行动一切都没有提及。但是，①“北门供奉、进马”被认为是玄武门长上，管理进贡给唐朝的马匹的职务；②仅带有勋官（上骑都尉）、散官（朝请大夫）的史诃耽在武德九年（626）突然担任了五品抑或是六品的左二监。根据以上两点所能提示的解释是，史诃耽在玄武门之变中站在了李世民一方，论功行赏受到了②这样的待遇[35]。也就是说，在玄武门之变中，武威安氏、固原史氏、洛阳康氏，都无一例外的属于李世民阵营。这真的只是偶然吗？

[35] 粟特人汉文墓志研究研讨会《ソグド人汉文墓志译注（2）》。李锦绣《史诃耽与隋末唐初政治——固原出土史诃耽墓志研究之一》，宁夏文物考古研究所编《丝绸之路上的考古、宗教与历史》，北京：文物出版社，2011年，49－60页。

在这四点共通点中，最为引人注目的是最后的第四点。之所以这么说，是因为此事意味着粟特人首领阶层在隋（或者北朝末）到唐初的这段时期里，一方面积极地参与目眩神迷的战乱及宫廷斗争，另一方面还要坚持着自己的家业。

关于玄武门之变中支持李世民、作为太宗即位功臣之一的安元寿，其后来的事迹《安元寿墓志》有如下记载：

（贞观）三年，凉公（安兴贵）以河右初宾，家业殷重，表请公归贯检校。有诏听许。公优游乡曲十有余年。

贞观三年（629），元寿之父兴贵以“（武威）河右初宾，家业殷重”为由，令元寿归乡，并监督家业十余年。关于此家业，《旧唐书》卷一三二《李抱玉传》有如下记载：

李抱玉，武德功臣安兴贵之裔。代居河西，善养名马，为时所称。

李抱玉是安兴贵四世孙，原名重璋，以平定安史之乱而立下功绩。在列传的开头，武威安氏在河西以代代从事养马而闻名。据此可知，武威安氏的家业就是军马的饲养买卖，一直将其延续至玄宗朝。安元寿在高宗时期也曾担任夏州牧使，在管理着鄂尔多斯一带监牧的同时，监督着唐朝军马的全部生产[36]。

洛阳康氏也和武威安氏一样，在贞观年间向家业回归。《康子相墓志》中续有如下记载：

贞观十年，敕授陪戎校尉，任连七萃，职典五营，外立戊己之功，内恣步兵之赏。年登让秩，归老旧庐。旱则资舟，方在陶之润屋，智而好殖，同赐也之駈驰。

虽然洛阳康氏代代与当时的权利密切结合，但贞观以降，康子相的官职仅是散官陪戎校卫。而且可以看到，正如下划线部分所引用的范蠡与子贡（端木赐）两位的故事所揭示的那样，康子相的晚年是在洛阳从事商业。他这一族自北周以降，没有关于移居长安的记录，如“归老旧庐”所示的那样，后来也在洛阳维持着商业据点。

此外，关于固原史氏，即使确认了相关的七方墓志，也无法看出明示其家业的记载。但是与此同时，全部如笔者及李锦绣等所指出的那样，应该注意史诃耽在唐朝监牧制施行的同时担任其牧监官一事[37]。《史诃耽墓志》中有如下记载：

武德九年，以公明敏六闲，别勅授左二监。奏课连最，简在屡间。

但是，作为固原史氏本贯的原州，是唐代牧监制的中心地域，史诃耽之后的史铁棒（史诃耽之侄）与史道德（史索岩之侄）两人都曾历任牧监，这一事实可以根据墓志得到确认[38]。根据以

［36］山下将司《唐の监牧制と中国在住ソグド人の牧马》，《东洋史研究》66－4，2008年，1－31页。

［37］山下将司《唐の监牧制と中国在住ソグド人の牧马》，1－31页；李锦绣《史诃耽与唐初马政——固原出土史诃耽墓志研究之二》，《欧亚学刊》10，北京：中华书局，2012年，261－276页。

［38］罗丰《隋唐史氏墓志》，423－491页；粟特人汉文墓志研究研讨会《ソグド人汉文墓志译注（4）·（7）》。

上情况可以知道，固原史氏也与武威安氏一样，原本是从事军马生产的粟特集团。

那么，在以上考察的基础上可以注意到的事情是，此三氏无一不是与马有着深切的关系。武威安氏与固原史氏都是以军马生产为家业，而且固原史氏和洛阳康氏也都是在唐宫廷内从事有关马的职务。在此事实基础上，假如再加上三氏都是在玄武门之变中支持李世民阵营这一点的话，可以推导出以下这样的结论。即，在中国从事军马生产、买卖的粟特集团，全部归属于李世民阵营，并为他提供了军马。这为秦王府的势力扩大做出了贡献，成为玄武门之变中李世民阵营获得胜利的一个原因。

四、结　　语

综上所述，从北朝末到唐初，军团（乡团）化了的军府所统治的粟特聚落在各地出现。作为军府府主的首领阶层，以宫廷侍卫等官职进一步强化与中央的结合[39]，据此保障其本族的军府府主地位的同时，努力维持自己所率领的军团。

以出现这样的情况为背景，关中政权重视粟特集团及他们所持有的商业网、情报网，并着手把握它们。印证这些的就是不论在北周、隋交替时期，还是隋、唐交替时期，军团化的粟特集团为新政权的成立作出了直接的贡献。

若从粟特方面来看，一方面，他们以自己的军团为基础深入参与中国范围内的对抗及宫廷内部的斗争；另一方面，他们坚持着继续自己的家业。他们活动的终极目的及结局，应该还是其家业的维持吧。

（田卫卫 译　荣新江 校）

[39] 关于隋代有库真及驱咥真之外的宫廷宿卫官也有很多粟特人进出一事，参照毕波《北朝末至唐初胡人的动向与步入宫廷》，《中古中国的粟特胡人——以长安为中心》，北京：中国人民大学出版社，2011年，81－123页。

北周凉州萨保史君墓研究综述

杨军凯[1]　荣新江[2]

（1. 西安市文物保护考古研究院　2. 北京大学中国古代史研究中心）

2003年6—10月，西安市文物保护考古所在西安市未央区井上村东，西安市中级人民法院新征地范围内，发掘清理了北周凉州萨保史君墓，出土了石门、石堂（椁）、石榻、金戒指、金币和金耳坠等珍贵文物。尤其是石堂上粟特主题的图像和门楣上方粟特文汉文双语墓铭，都是中国考古史上重大的发现，也是继虞弘墓、安伽墓之后中国发现的重要胡人首领墓葬，为考古学、美术史、西域语言文字、粟特人东渐，乃至中西文化交流史研究的许多方面，都提供了丰富的研究素材。

一、发现与报道

在发掘还没有结束的时候，主持发掘的杨军凯先生就以《西安又发现北周贵族史君墓》为题，做了简要报道[1]。随后他又在《关于祆教的第三次重大发现——西安北周萨保史君墓》一文中，对史君墓的发掘情况作了更为详细的介绍[2]。

2004年，西安市文物保护考古所发表的《西安市北周史君石椁墓》，对史君墓墓葬形制和石堂浮雕图像做了描述[3]。同年发表的《西安北周史君墓》也对史君墓的发掘和石刻图像予以介绍[4]。2005年，西安市文物保护考古所正式刊出《西安北周凉州萨保史君墓发掘简报》，较详细地介绍了史君墓的墓葬形制、墓门石刻、石堂石刻和随葬器物等情况[5]。

2014年，西安市文物保护考古研究院出版正式考古报告《北周史君墓》，全面详细地介绍了史君墓的自然和人文环境、发掘经过、墓葬形制、出土器物、浮雕彩绘图像等一系列信息，并就涉及的相关问题进行了探讨[6]。

二、史君墓粟特文汉文双语铭文考释

史君墓石堂门楣上方，镶嵌一块长方形的石板，上面用粟特文和汉文刻写着史君的墓志铭。据铭文可知，史君葬于北周大象二年（580），这条史料不仅是中原本土发现的最早的粟特语文

---

［1］杨军凯《西安又发现北周贵族史君墓》，《中国文物报》2003年9月6日。

［2］杨军凯《关于祆教的第三次重大发现——西安北周萨保史君墓》，《文物天地》2003年第11期，26—29页。

［3］西安市文物保护考古所《西安市北周史君石椁墓》，《考古》2004年第7期，38—49页。

［4］西安市文物保护考古所《西安北周史君墓》，《2003年中国重要考古发现》，北京：文物出版社，2004年，132—139页。

［5］西安市文物保护考古所《西安北周凉州萨保史君墓发掘简报》，《文物》2005年第3期，4—33页。

［6］西安市文物保护考古研究院《北周史君墓》，北京：文物出版社，2014年。

献，而且还有汉文对照；从世界范围留存的粟特文材料来看，这方铭文也是继塔什干铭文（Kultobe inscriptions）、敦煌粟特文古信札（Ancient Letters）之后，较为早期的粟特文字，和蒙古布古特碑（Bugut Inscription）、印度河上游摩崖题记（Indus inscriptions）的年代相仿；不论从哪个方面来讲，都是异常珍贵的资料。

2004 年 4 月 23－25 日，在北京召开的“粟特人在中国”国际学术讨论会上，孙福喜发表《西安史君墓粟特文汉文双语题铭汉文考释》，对题铭涉及的地名、官职及史君生卒时间等问题做了初步考释工作。最后指出在史君墓石堂门楣上刻写双语铭文，既是粟特人在盛骨瓮上刻划图画、文字遗风的反映，又受到汉文化墓志的影响，进一步推断当时长安城内曾有一个入华粟特人及其后裔的居住区[7]。吉田豊的《西安新出史君墓志的粟特文部分考释》，转写和翻译了史君墓石堂门楣上的粟特文铭文，释读粟特文记载的史君家族成员人名，排列出家族谱系，考订相关事件发生时间，推测史君与固原史氏家族或有联系，从语言学和语文学角度对粟特文铭文中难以理解的单词和表达方式做相关注解。他指出粟特文铭文刻写不甚规范，认为刻写粟特原文的石匠不懂粟特语[8]。2008 年，韩理洲等编辑的《全北齐北周文补遗》，收录了史君墓志的汉文部分[9]，但由于仅根据《2003 年中国重要考古发现》中发表的石堂铭文石刻照片录文，在词语及断句方面存在一定的问题。

2011 年，石见清裕发表《西安出土北周〈史君墓志〉汉文部分译注·考察》一文，根据墓志拓片和对原石的调查，做出新的录文，并根据用典与粟特文部分的相关文句，另外做出复原文本。文章还从历史学的角度，认为墓志的撰写者是具有中国古典知识素养的汉人，而刻写者则是不太懂汉文的粟特人。墓志作石板状，可能是为了与石堂形制相符，第一行作篆文可能来自志盖。从内容来讲，作者按照墓志文字的顺序，认为“水运应期”是指北魏为水德，因此其祖阿史盘陀“为本国萨保”的“本国”是指北魏，则其家入居中国在北魏末年。他还对史君与康氏结婚的时间（519）和地点西平做了讨论，并由“萨保判事曹主”讨论了萨保府的属官问题，但对史君出任凉州萨保和迁居长安的时间问题，没有得出明确的结论[10]。在石见氏论文的后面，附有吉田豊的《西安出土北周〈史君墓志〉粟特语部分译注》，大部分内容与前述英文论文的相同，墓志粟特文部分的翻译改动不大，有些词汇注释则根据新的研究和材料略有增订，最后对粟特人名的汉字音译方式有所讨论[11]。

2013 年，杨军凯撰写了《北周史君墓双语铭文及几个相关问题》，对史君墓双语铭文出现

---

[7] 孙福喜《西安史君墓粟特文汉文双语题铭汉文考释》，荣新江等《粟特人在中国——历史·考古·语言的新探索》，北京：中华书局，2005 年，18－25 页。

[8] Yutaka Yoshida，“The Sogdian version of the Xi’an inscription”, Les Sogdiens en Chine, sous la direction de Étienne de la Vaissiere et Éric Trombert, Paris: École française d'Extrême-Orient, 2005, pp. 57-72. 吉田豊《西安新出土史君墓志的粟特文部分考释》，《粟特人在中国——历史·考古·语言的新探索》，26－41 页。

[9] 韩理洲《全北齐北周文补遗》，西安：三秦出版，2008 年，47－48 页。

[10] 石见清裕《西安出土北周〈史君墓志〉汉文部分译注·考察》，森安孝夫编《ソグドからウイグルへ——シルクロード东部の民族と文化の交流》，东京：汲古书院，2011 年，67－92 页。

[11] 吉田豊《西安出土北周〈史君墓志〉ソグド语部分译注》，《ソグドからウイグルへ——シルクロード东部の民族と文化の交流》，93－111 页。

汉文不规范、粟特文书写不认真等问题，推测是因其书写者为入华第二代或第三代粟特移民，虽有一定的汉化程度和汉语书面表达能力，但并不善于写讲究韵文的墓志铭，同时也会粟特语。作者还对史君及家族成员、萨保语源、萨保判事曹和凉州萨保进行考证，结合安伽墓、康业墓、李诞墓的葬地情况，指出史君等的葬地范围可能为北周时期聚居于长安的粟特人、中亚人的墓葬区。最后指出入华粟特人除了保持本族内部通婚以外，也与汉人等其他外族联姻，这可能是中亚粟特人与中原人商贸、文化长期交往的结果[12]。

三、史君墓石堂图像考释

（1）史君墓中的祆教图像，是首先吸引学者眼球的珍贵画面。

2003 年，杨军凯发表《北周史君墓石椁东壁浮雕图像初探》，选取石堂东壁图像，结合相关文献、祆教经典、教义和神话传说，以及历年来出土和分散于世界各地的有关图像，对其内容作初步解读。同时与日本 Miho 石棺中的丧葬仪式画面分析研究，探讨了粟特人的葬俗特点，以及入华后的变化[13]。2004 年，杨军凯的《入华粟特聚落首领墓葬的新发现——北周凉州萨保史君墓石椁图像初释》，依南、西、北、东的顺序对石堂四壁构成、形制大小及浮雕图像内容进行描述及解析[14]。同作者的《西安北周史君墓石椁图像初探》一文对史君墓石刻图像也有介绍和描述[15]。又《论西安北周凉州萨保史君石堂的图像程序》对石堂浮雕图像顺序做了解读。南壁图像主要题材有四臂神、伎乐、祭祀火坛和狮子等，西、北、东三壁图像主要表现了墓主人出生、成长、狩猎、出行、宴饮、会盟、贸易，直至死后经过神的审判，升入天国的不同场景。南北壁图像采用对称分布，东西壁图像按顺时针方向排列[16]。

2004 年，葛乐耐（F. Grenet）、黎北岚（P. Riboud）与杨军凯合作撰写的《中国北方西安新发现的粟特墓葬中的祆教画面》一文，集中讨论了史君石椁南壁和东壁两幅画面，指出其祆教内涵在已知粟特系统石棺或石椁中是独一无二的。他们认为南面左右下角的人面鸟身的祭司应当是琐罗亚斯德教的 Srōš 神的象征，他在死者去世后的“第四天”早上帮助其灵魂通过钦瓦特桥（Chinwad）。东壁描绘的死者的灵魂之旅，更是和琐罗亚斯德教的文献一一相符。图像分上下两部分，分别都是从右向左阅读：下部在钦瓦特桥头的山石后面，有两只守护桥的犬；桥旁的火焰是帮助灵魂越过黑暗；两位祆教祭司在桥头举行送别灵魂的仪式[17]；墓主夫妇率领驼队

---

［12］杨军凯《北周史君墓双语铭文及几个相关问题》，《文物》2013 年第 8 期，49－58 页。

［13］杨军凯《北周史君墓石椁东壁浮雕图像初探》，《艺术史研究》第 5 辑，广州：中山大学出版社，2003 年，189－198 页。

［14］杨军凯《入华粟特聚落首领墓葬的新发现——北周凉州萨保史君墓石椁图像初释》，《从撒马尔干到长安——粟特人在中国的文化遗迹》，北京：北京图书馆出版社，2004 年，17－26 页。

［15］杨军凯《西安北周史君墓石椁图像初探》，《粟特人在中国——历史・考古・语言的新探索》，3－17 页。

［16］杨军凯《论西安北周凉州萨保史君石堂的图像程序》，《西安文物考古研究》，西安：陕西人民出版社，2004 年，192－202 页。

［17］关于祆教祭司，参看 F. Grenet, “Where Are the Sogdian Magi?”，Bulletin of the Asia Institute, new series, 21, (2007), pp.159-177.

走在桥的前面，并且已经越过张血盆大口的怪兽，表明即将进入天界。上部上方是粟特人崇拜的主神——风神（粟特文作 Wešparkar，对应佛教之摩醯首罗/Maheśvara），其下是女神 Dēn（Daēnā）在接引跪在前面的墓主夫妇；左侧的另外两个画面描绘两匹天马来迎接墓主夫妇，而后者乘骑着牠们进入天国的“日界”，周边是伎乐天神伴随而行。作者没有能够完满解说的是下部随墓主夫妇后面的童男童女，以及上面从天国坠落的那个人物[18]。

2005 年，姜伯勤的《北周粟特人史君石堂图像考察》，对史君石堂北壁（后壁）墓主人“灵体”图像做了研究，对浮雕图像进行解说，并对其中一些人物、动物形象赋予神祇之意。在解说石堂东西外壁祆神图像时，重点考释西壁第一幅上部神像，并推测此神为祆教密特拉神。同时对东壁第一幅手持三叉戟的神深入研究，认为可能是密特拉之三联神中的一位，负责审判钦瓦特桥上的过桥者。作者还将史君墓所出石堂与波士顿馆藏“宁懋石室”比较研究，指出史君墓石堂既有祆教的宗教内容，又从一定程度上接受了道教葬俗与传统画像石棺葬俗的影响[19]。

（2）随着研究的深入，史君石堂上一些特别的画面引起学者的兴趣

2005 年，魏义天（É. de la Vaissière）在《公元六世纪中国的摩尼》一文中指出，西壁第 1 幅（W1）上部主神像是光明之神——摩尼，其下面有三个带着山高帽的摩尼教僧侣，它们正在主持史君夫妇的忏悔仪式，因为他们杀生而对各种狩猎过的动物忏悔；东壁钦瓦特桥一边有肉体堕落，也是摩尼教教义所说的“身体残渣、黑暗部分将坠入地底”，因此认为这是北周时进入中国的摩尼教图像[20]。这种看法没有得到学界的多少回应，但却得到另一位学者吉田豊的赞同，他利用大和文华馆所藏摩尼教《六道图》，对魏义天的看法加以补充，指出西壁图像僧侣和动物对面史君夫妇之外的三人是他们的三个儿子；又从 6 世纪哌哒统治下的巴克特里亚地区有摩尼教流行，而史君图像表明他在经商时与哌哒首领有过交往，认为可能在他往巴克特里亚贸易时皈依了摩尼教[21]。但这些看法尚未定论。

2005 年，郭物的《中国祆教艺术中的鱼马兽》讨论了虞弘、史君石椁图像中的鱼马兽（海马），指出了来自亚述文化的鱼羊兽和来自波斯文化的卡拉鱼，后来融入琐罗亚斯德教，这些都对粟特文化产生了影响，并带到了中国[22]。不同的看法是，2007 年发表的石渡美江《史君墓石椁上的各种动物》一文。她专门讨论史君石椁上用唐草纹或蛇鱼纹描写的动物（狮子、羊、山羊、骆驼），指出这些被一些学者看做是祆教图像的动物，其实在琐罗亚斯德教图像中并不存在，而是中亚、中国北朝以来的图像或佛教图像的构成部分，其渊源则来自希腊和罗马。她列举了中亚、印度、希腊罗马的例证，来说明史君石椁东壁第 3 幅升天图中导引的下身为唐草纹的动

---

［18］F. Grenet, P. Riboud and Yang Junkai, “Zoroastrian Scenes on a Newly Discovered Sogdian Tomb in Xi’an, Northern China”, Studia Iranica, XXXIII/2, 2004, pp. 273-284.

［19］姜伯勤《北周粟特人史君石堂图像考察》，《艺术史研究》第 7 辑，广州：中山大学出版社，2005 年，281－298 页。

［20］É. de la Vaissière, “Mani en Chine au VIe siècle”, *Journal Asiatique*, 293, 1, 2005, pp. 357-378.

［21］吉田豊《宁波のマニ教画：いわゆる〈六道图〉の解释をめぐって》，《大和文华》第 119 号，2009 年，10－12 页。

［22］郭物《中国祆教艺术中的鱼马兽》，《新世纪的中国考古学——庆祝王仲殊先生八十华诞论文集》，北京：科学出版社，2005 年，667－680 页。

物是希腊的克托斯（Ketos）大鱼，而石椁北壁底座上的海马，都不是所谓祆教的图像，而是粟特人借自佛教的图像，它们是作为佛教文化要素传入中亚、西域和中国内地的[23]。

2006 年，尹夏清发表《北周史君墓石墓门及其相关问题研究》，文中认为门楣中心出现的“四臂神”形象与同出现在石门东、西两门框下部的“守护神”有某些相似之处。手趾呈鹰爪形，均怒发冲天，面目狰狞，獠牙外露，形象与北朝时期墓葬中出现的“畏兽”形象基本一致，应是以畏兽守护，以达到辟邪驱魔的作用[24]。2009 年，赵晶也讨论同样的问题，他的《北周史君墓“四臂神”图像的相关研究——兼谈与“天王俑”的关系》一文，将石堂南壁脚踏小鬼的四臂神形象与镇墓武士俑、天王俑进行了比较，认为除去四臂这个造型来看，四臂神与北朝、隋唐时期出现的“天王”形象有几分相似之处，如头戴冠、穿铠甲、手执戟、脚踩小鬼，两者在艺术造型上存在相似，重点在于它吸收的宗教文化因素及融合这些文化因素后与“天王俑”造型之间的关系[25]。2013 年，杨军凯在《北周史君墓“四臂神”研究》一文中，进一步讨论了史君墓石刻图像中出现的四臂神，他将其分为两类：一类位于门楣和北壁基座中间，呈蹲坐式姿势，有头光和背光，应为祆教神祇形象，这种图像在敦煌第 148 窟中也有出现，题榜为“火天神”；一类是位于石堂南壁，脚踏小鬼，具有守护、辟邪的作用，与美国大都会博物馆等处所藏石棺床，以及山西北魏丹扬王墓墓道壁画中的武士形象，在位置和功能上有相似之处。多臂神在祆教和佛教图像中均有出现，史君墓“四臂神”的形象，应是源于印度和中亚多臂神的信仰，随着丝绸之路的传播，逐渐融合佛教和中原文化等因素形成的[26]。

（3）史君石椁上也保留了许多与历史相关的绘画题材，引起学者的兴趣。

2005 年，荣新江的《北周史君墓石椁所见之粟特商队》一文讨论了商队图像。他就史君墓石堂图像中所见的粟特商队，参考其他文字史料和图像材料，进行整理分析，对商队的规模、人员的族属构成及身份、商队的运载工具，以及商队的运营方式等诸多方面进行了探讨[27]。

2006 年年末，毛民在《史君石堂上所见哌哒形象初探》中指出，史君石椁北壁毡帐中的胡人首领，应当是哌哒王，他头戴萨珊波斯式的日月宝冠；她还认为北壁、西壁在亭子中宴饮的主人也是哌哒王[28]。前一看法颇有见地，后者则有悖整个有关主人为史君的图像逻辑。2007 年，影山悦子发表《中国新出粟特人葬具所见鸟翼冠与三面三日月冠——哌哒的中亚统治的影响》一文，根据中亚出土的哌哒钱币上的王冠图案，史君图像中（N2）的三面三日月冠是 460－490 年哌哒王所戴王冠的样式，这里是戴在粟特首领史君的头上（与葛乐耐和黎北岚的解说不同）；

[23] 石渡美江《史君墓石椁における动物たち》，《古代オリエト博物馆纪要》XXVII，2007 年，101－116 页。褚玉娟汉译文载敦煌研究院信息资料中心编《信息与参考》2009 年第 11 期，139－145 页（注释略）。

[24] 尹夏清《北周史君墓石墓门及其相关问题研究》，《考古与文物》2006 年 2 期，73－75、88 页。

[25] 赵晶《北周史君墓“四臂神”图像的相关研究——兼谈与“天王俑”的关系》，《陕西历史博物馆馆刊》第 16 辑，西安：三秦出版社，2009 年，292－298 页。

[26] 杨军凯《北周史君墓“四臂神”研究》，《西安文物考古研究》第 2 辑，西安：三秦出版社，2013 年，179－191 页。

[27] 荣新江《北周史君墓石椁所见之粟特商队》，《文物》2005 年第 3 期，47－56 页。

[28] 毛民《史君石堂上所见哌哒形象初探》，张庆捷等主编《4－6 世纪的北中国与欧亚大陆》，北京：科学出版社，2006 年，199－214 页。

萨珊波斯卑路斯所带鸟翼冠也是由㘓哒作为中介东传的，北壁第1幅（N1）坐在毡帐中的就是佩戴此冠的㘓哒，正在接受粟特萨保的拜访。这种㘓哒的三面三日月冠也在统万城发现的翟曹明墓门天王像上见到。这表明史君等粟特首领活跃在丝绸之路上的年代，正是㘓哒统治中亚的事情，粟特首领受其影响而采用㘓哒王冠形式。而这两种冠式又进一步影响到隋唐佛教美术中菩萨冠式的画法[29]。

早在2005年，吉田豊在释读史君墓铭的粟特语部分时，就简要阐释了西壁、北壁上顺时针描绘着史君夫妇和他们的三个儿子的生活场景，并指出毡帐中的游牧首领是㘓哒王[30]。

2007年发表的丁爱博（A. E. Dien）《关于史君墓的考察》一文，针对大多数学者都是从粟特学的角度来看史君墓，所以特别是从中国学的角度来考察史君的墓志、图像和墓葬形制。作者提出一些与《简报》和孙福喜的墓志汉文录文的不同意见，并加以英译；认为石椁图像从W2到N5描绘的是史君一生的生平，从刚出生的孩童（W2）开始，率商队外出经商、狩猎，有三个儿子陪伴（W3），商队休息（N1下部）和535年被授予萨保府判事曹主（N1上部），最主要的画面则展示565年史君被任命为凉州萨保，其中还有其可能的三个女儿的形象（N2），然后是史君夫妇及三子、三女离开凉州入居长安（N3），在长安隐退后的画面（N4），最后是天使从湍急的河流中拯救史君夫妇。上部则是一个隐士在洞窟中的样子，或许表明其重生的画面。作者还对比西魏、北周的其他十一座重要的墓葬，来分析史君墓以及另一位粟特首领安伽的墓葬为何如此规模，从而讨论了萨保的身份、地位及进入中国职官系统的问题[31]。

在同一期刊物上述丁爱博文章的后面，随即刊布的是葛勒耐（F. Grenet）和黎北岚（P. Riboud）合撰的文章《一幅㘓哒帝国景象图：萨保史君墓葬浮雕上的生平叙事》。正如标题所示，两位作者也认为史君石椁图像表现的是㘓哒帝国晚期粟特首领史君的生平叙事。这些叙事画面从西壁第2幅开始，由右向左读，第1幅描述在一个西式的亭子中带着有翼王冠的主人夫妇抱着刚出生的小孩，有仆人致送礼物（a=W2）；第2幅上半是一个带有翼王冠的首领在狩猎，下面是商队行进图（b=W3）；第3幅上面是两位首领在毡帐内外对饮，下面是商队休息图（c=N1），其中的年轻人表现了史君在青年时随父祖外出经商，经历了很多地区和国家；第4幅表现了王者（史君）夫妇在庭院宴饮，周边是乐舞，旁边还有三位女性（d=N2）；第5幅上下是男女主人出行图（e=N3），作者认为这是位于中部最重要的画面，表现了史君被任命为凉州萨保；第6幅上面是五个男人在庭院宴饮，下面是他们的五位夫人宴饮图（f=N4），说明史君作为聚落首领不必再四处奔走，表现的可能是粟特新年节庆。作者就宝树、王冠、夫妇宴饮等图像的时代和地域

[29] 影山悦子《中国新出ソグド人葬具に见られる鸟翼冠と三面三日月冠——エフタルの中央アジア支配の影响》，《オリエント》第50卷第2号，2007年，120—140页。又见其英文论文：Kageyama, Etsuko, "The Winged Crown and the Triple-crescent Crown in the Sogdian Funerary Monuments from China: Their Relation to the Hephthalite Occupation of Central Asia", *Journal of Inner Asian Art and Archaeology*, II, 2007, pp. 11-22.

[30] Y. Yoshida, "The Sogdian version of the Xi'an inscription", *Les Sogdiens en Chine*, p. 63；吉田豊《西安新出土史君墓志的粟特文部分考释》，《粟特人在中国——历史·考古·语言的新探索》，32页。

[31] A. E. Dien, "Observations Concerning the Tomb of Master Shi", *Bulletin of the Asia Institute*, new series, 17, 2003 (2007), pp. 105-115.

特征做了详细考察，指出史君图像在表现粟特文化之外，也反映了哌哒的文化[32]。2007 年，葛勒耐还发表了《公元六世纪入华粟特商人的宗教多样性：祆教、佛教、摩尼教和印度教》一文，除了重复他和黎北岚对史君图像的解说外，还基本肯定了魏义天关于摩尼教画面的比定，但不同意把钦瓦特画面上部主神（风神）解释为月神。他还利用其他图像和文献资料，讨论了佛教、印度教、基督教与入华粟特人的关系，以及它们在粟特首领墓葬中表现和缺失的原因[33]。对此，2009 年丁爱博又发表《粟特人史君墓：萨宝生活管窥》一文，对于上述二位法国学者对图像的许多解说不能认同，如主人所带头冠不是表示王家，而是表示高尚。他阐述了自己进一步的观察：W2 上孩童的史君被其祖父抱在怀里；W3 描述史君在任职之前的经商、狩猎活动；N1 的长胡须者可能是史君的父亲，面对刚刚任职的史君；N2 表示被授予凉州萨保后的宴庆，三位女性也可能是缺席的三个儿子的夫人。最后，作者讨论了萨保的原语问题，仍然坚持自己对于很早以前对萨保的解说，认为与佛教有关[34]。

（4）对于上述史君墓图像中的祆教内涵和世俗生活场景的揭示，也有不同的意见。

2007 年，齐东方发表《现实家园还是理想家园？——安伽、史君墓的宴饮图》，认为安伽墓和史君墓的墓葬形制、墓志、葬具和埋葬方式，与粟特人的丧葬习俗和祆教丧葬基本精神无关联，他们丧葬活动的主要方面实现了中国本土化。安伽和史君墓石刻图像内容是中外文化的重组、改造或融合，表达了墓主人对理想、对信仰的讲述和追求，并不完全是现实生活的反映，而是理想中的家园[35]。这一观点，在 2011 年其发表的《现实与理想之间——安伽、史君墓石刻图像的思考》一文中，得到了更大的发挥，并进而讨论了出行图、商旅图等，认为应当区分图像的“象征符号”与“真实生活”[36]。

和大多数学者强调史君图像的祆教色彩不同，石渡美江认为应当关注史君图像中的佛教要素，她 2011 年发表的《北朝中国居住的粟特人墓葬——以史君墓为中》一文指出，最近发现的北朝粟特人的石棺或石椁图像，既有北魏以来传统的图像，也有从印度来的佛教图像，只从琐罗亚斯德教的角度来研究，对于理解入华粟特人的墓葬是有困难的。她以史君墓图像为例，举出门楣中间四臂神是中亚、印度表示丰饶、再生的俱毗罗，相当于希腊的狄俄尼索斯神；门框

---

[32] F. Grenet & P. Riboud, “A Reflection of the Hephtalite Empire: The Biographical Narrative in the Reliefs of the Tomb of the *Sabao* Wirkak (494–579)”, *Bulletin of the Asia Institute*, new series, 17, 2003 (2007), pp. 133-143.

[33] F. Grenet, “Religious Diversity among Sogdian Merchants in Sixth-Century China: Zoroastrianism, Buddhism, Manichaeism, and Hinduism”, *Comparative Studies of South Asia, Africa and the Middle East*, XXVII/2, 2007, pp. 463-478.

[34] A. E. Dien, “The Tomb of the Sogdian Master Shi: Insights into the Life of a Sabao”, *The Silk Road*, VII, 2009, pp. 42-50; 师俊杰汉译文载敦煌研究院信息资料中心编《信息与参考》2010 年第 13 期，212－215 页（注释略）；原文又载李肖主编《吐鲁番学研究——第三届吐鲁番学暨欧亚游牧民族的起源与迁徙国际学术研讨会论文集》，上海：上海古籍出版社，2010 年，387－393 页。作者此前发表的关于萨宝的论文是 A. E. Dien, “The Sa-pao Problem Re-examined”, *Journal of the American Oriental Society*, 82, 3, 1962, pp. 336-346. 笔者也有详细讨论，见拙文《萨保与萨薄：北朝隋唐胡人聚落首领问题的争论与辨析》，叶奕良编《伊朗学在中国论文集》第 3 集，北京：北京大学出版社，2003 年，128－143 页。

[35] 齐东方《现实家园还是理想家园？——安伽、史君墓的宴饮图》，《丝绸之路艺术与生活》，香港：艺纱堂/服饰出版，2007 年，25－30 页。

[36] 巫鸿、郑岩主编《古代墓葬美术研究》第 1 辑，北京：文物出版社，2011 年，204－218 页。

上也有他的形象，而葡萄唐草纹常常作为佛寺入口的装饰，表示进入乐园；门扉上描绘的飞天和散花也是受到佛教的影响，而为琐罗亚斯德教所无；石椁是贵族邸宅或佛殿的样子，铭文有似寺院的匾额；南壁雕刻有身着铠甲、脚踏小鬼的四臂神，与石窟寺院入口的门神相似。作者也不否认南壁的祆教祭司形象和东壁的祆教神祇，但仍然强调史君夫妇乘天马升天与佛教图像相似；北壁第一幅（N5）上部描述有似佛教的兔本生，下部是从帮助舍身者积累善行，下面描绘的是印度的摩羯鱼；西壁第一幅（W1）是一幅“帝释窟说法图”，人和动物都在听如来说法，与摩尼教无关。另外，她对一些生活画面的解释与其他人也不尽相同，如西壁第3幅上面为狩猎下面为商队的图像，她认为下面的图像是表现为狩猎后的宴饮而驮着炊饭工具的马驼。她极力强调史君墓图像既有琐罗亚斯德教图像，也有佛教的和北朝以来的图像描写[37]。

这些看法，似乎没有考虑史君石椁图像的整体性。

（5）仍然有学者从祆教的角度来看史君的图像，但持祆教图像说的学者也并没有否定中国传统因素和佛教的影响。

2011年，乐仲迪（J. A. Lerner）的《中国粟特墓所示琐罗亚斯德教丧葬信仰与仪式》，依据琐罗亚斯德教经典所叙述的丧葬顺序，讨论史君等粟特墓葬中的“犬视”（sagdīd）、持神圣的衣衫（sedra）、过钦瓦特桥（Chinvat）等过程，指出虽然个别图像在粟特本土可以发现，但整个丧葬场景只有中国发现的粟特墓葬才完整展现[38]。

2012年，孙武军在《北朝隋唐入华粟特人死亡观研究——以葬具图像的解读为主》中，讨论了史君、Miho、青州等葬具上的丧葬图像，认为入华粟特人的死亡观包括：从犬视尸毒到视死如生，从善恶二元观到钦瓦特桥审判，圣火与善神崇拜，灵魂不死与天国享乐[39]。

2012年，黎北岚的《公元六世纪中国发现的中亚墓葬中的鸟形祭司及其在丧葬中的意义》，对于史君、安伽、虞弘、安备及美国所藏两件石棺底座上的对称地护持火坛的人面鸟身祭司形象，对比粟特本土瓮棺、壁画上的同类图像，指出这种祆教祭司在粟特人丧葬中扮演的重要角色。她还探讨了佛教中同类的紧那罗形象和中国传统墓葬墓门上的神鸟，指出北朝末年埋葬在中国的胡人如何把中亚传统与中国传统糅合在一起[40]。

2010年，张庆捷的《北朝唐代粟特的“胡腾舞”》中认为史君墓石门门框上飞天伎乐和石堂北壁第二幅舞蹈者，均在表演“胡腾舞”[41]。2012年发表的周伟洲《6－7世纪中国相关粟特人墓

[37] 石渡美江《北朝における中国在住のソグド人墓——史君墓を中心にして》，《日本考古学》第31卷，2011年，21－37页。

[38] Judith A. Lerner, “Zoroastrian Funerary Beliefs and Practices Known from the Sino-Sogdian Tombs in China”, *The Silk Road*, IX, 2011, pp. 18-25. 马兆民汉译文载敦煌研究院信息资料中心编《信息与参考》2012年第17期，149－154页（注释略）。

[39] 孙武军《北朝隋唐入华粟特人死亡观研究——以葬具图像的解读为主》，《考古与文物》2012年第2期，89－97页。

[40] Pénélope Riboud,“Bird-Priests in Central Asian Tombs of 6th-Century China and Their Significance in the Funerary Realm”, *Bulletin of Asia Institute,* new series, 21, 2007 (2012), pp. 10-23.

[41] 张庆捷《北朝唐代粟特的“胡腾舞”》，《民族汇聚与文明互动——北朝社会的考古学观察》，北京：商务印书馆，2010年，369－398页。

葬出土乐舞图像研究》，指出史君、安伽、虞弘等墓葬中的乐舞，一类是祆教祭祀中的乐舞，一类是日常生活中的宴饮时的乐舞，与粟特安国、康国乐最为接近；其中的舞蹈可以称之为“胡舞”，但无法判定为胡旋舞还是胡腾舞；他还具体考释了其中所用的各种乐器[42]。几乎同时，2013 年杨军凯发表的《北周史君墓飞天、乐舞探讨》，指出史君墓石门和石堂上彩绘、浮雕图像内容丰富，有大量飞天、音乐和舞蹈场面。史君墓中飞天形象分无翼和有翼两类。无翼飞天即类似于云冈和敦煌等石窟中常见的飞天形象；有翼飞天与希腊神话中的天使极为相似。有翼飞天很大程度上是粟特祆教受到了希腊有翼天使的影响；无翼和有翼飞天同时出现在北周史君墓中，正是粟特人融合祆教、佛教和希腊艺术的反映。史君墓石刻图像中，还有多处乐舞场面。文中对史君墓中出现的乐器组合分析研究，指出其主要为康国乐，同时还有中原的排箫和笙。可见史君长期居住并担任萨保的凉州地区，文化的多元化。仅有的一处舞蹈场面，由于只是舞蹈动作的瞬间定格，难以具体指明舞蹈名称，但应来自于西域。史君墓的飞天、乐舞场面烘托出一种祥和的气氛，与粟特人表示痛悼的“剺面截耳，断发裂裳”画面有所不同[43]。

四、石葬具和埋葬制度的观察

2004 年，影山悦子《中国北部居住的粟特人的石制葬具浮雕》，对包括史君石椁在内的葬具基本情况做了概要介绍[44]。2005 年，乐仲迪的《粟特人在中国——历史 · 考古 · 语言的新探索与西安新发现的两座粟特人墓葬》，也在第一时间介绍了她参加 2004 年北京粟特会后参观西安新发现的史君墓的情况[45]。

2005 年，乐仲迪发表长文《同化：入华胡人的丧葬习俗与表现形式》，综论北朝后期中国的粟特人墓葬，从采用中国的墓葬形制、使用石棺床和石椁、尸体的处理方式、石棺床和石椁的形制和图像、自传和叙事图像的应用等几个方面，讨论哪些因素来自中国传统，哪些来自粟特（伊朗）系统，特别是对于宴饮、狩猎、歌舞、祭祀等图像都做了仔细的分析[46]。

2006 年，曾布川宽的《中国出土的粟特石刻画像试论》，指出从来有关的研究偏重于西域的风俗和民族，而忽视了北朝的因素。不论是史君、虞弘墓使用的石椁，还是安伽、天水墓使用的围屏石塌，都是北朝以来的中国传统的葬具，粟特人利用这些葬具，在其上用图像表现墓主生前生活场景和死后灵魂升入天国的过程。他根据前人研究成果，按顺时针方向，也阐述了从西壁到北壁，再到东壁，墓主人一生事迹的描绘，以及死后灵魂受审，升入天国的过程[47]。

---

[42] 周伟洲《6—7 世纪中国相关粟特人墓葬出土乐舞图像研究》，《文史》2012 年第 4 期，15—40 页。

[43] 杨军凯《北周史君墓飞天、乐舞探讨》，《西安文物考古研究》第 2 辑，165—178 页。

[44] 影山悦子《中国北部に居住したソグド人の石制葬具浮雕》，《西南アジア研究》第 61 号，2004 年，67—79 页。

[45] Judith A. Lerner, "'Les Sogdien en Chine—Nouvelles découvertes historiques, archéologiques et linguistiques' and Two Recently Discovered Sogdian Tombs in Xi'an", *Bulletin of Asia Institute,* new series, 15, 2001 (2005), pp. 154-160.

[46] J. A. Lerner, "Aspects of Assimilation: The funerary practices and furnishings of Central Asians in China", *Sino-Platonic Papers*, 168, 2005, 1-51.

[47] 曾布川宽《中国出土のソグド石刻画像试论》，《中国美术の图像学》，京都：京都大学人文科学研究所，2006 年，97—182 页。林保尧的汉译文，载台湾《艺术学》第 27 期，2011 年，339—422 页。

他对图像的解释基本上没有太多新意，但他强调粟特首领如何处理采用北朝以来中国的墓葬形制和用图像表现自己的宗教信仰、生活方式的关系，是值得称道的。2011年，曾布川宽的《中国出土粟特石刻画像的图像学》，其基本内容与《试论》相同，但也利用粟特本土的资料，补充了有关史君图像中生活场景和审判图像的情况[48]。2007年，苏哲的《北周安伽墓·史君墓画像石的相关问题一考察》，也是尝试从粟特和中国不同丧葬方式上对这两座胡人首领的墓葬及其图像加以解释[49]。2009年，稻垣肇的《试论中国北朝石制葬具的发展与Miho美术馆石榻围屏风门阙的复原》，首先清理了汉以来石塌、石椁的来源和图像表现；进而说明粟特人接受这种新葬具并采用一些新的葬俗；在石塌围屏和石椁四周，刻画与中国传统的宴饮、出行相似的图像，同时也用葡萄园的形式表现西亚、中亚的乐园氛围；他还论证了代表 “正业”的瑞鸟，以及审判与救济等粟特祆教的图像[50]。

2006年发表的杨泓《北朝至隋唐从西域来华民族人士墓葬概说》一文，从考古学的角度，强调从墓葬形制、葬具规制、墓志设置等主要方面，认为这些入华的粟特人都与中华文明保持一致，只是在中国式葬具上依据一些外来的粉本制作了装饰图像[51]。其观点代表了一部分中国学者的看法。

2010年林圣智发表的《北朝晚期汉地粟特人葬具与北魏墓葬文化——以北齐安阳石棺床为主的考察》，总体思路延续自曾布川宽的《中国出土的粟特石刻画像试论》，在细节的讨论和材料的发掘上有相当多的进步。首先复原王子云刊布的一套北魏围屏石棺床原本顺序，并且讨论了与石棺床同组的北魏石棺床中的双阙及其意义，以此为依据，来说明安阳北齐粟特人葬具图像配置、双阙的意义、床座的佛教因素的来历等问题，区分出哪些是从北魏的传统而来，哪些是粟特文化的表现[52]。作者在阐述安阳石棺床图像的“三人成组”构图模式时，也把史君墓北壁、东壁的图像放到这个模式中去解释，似乎有点勉强。

2011年，沈睿文的《论墓制与墓主国家和民族认同的关系——以康业、安伽、史君、虞弘诸墓为例》，从国家和民族认同角度解释这些信奉祆教的粟特首领为何采用了中国葬制，即他们认同北朝政府，但保持自己文化与民族认同；他们采用的石棺床和石堂的不同石质葬具，其图像分别表现现实纪功和神性图像[53]。

---

[48] 曾布川宽《中国出土ソグド石刻画像の图像学》，曾布川宽、吉田豊《ソグド人の美术と言语》，京都：临川书店，2011年，216－317页。

[49] 苏哲《北周安伽墓·史君墓の画像石に关する一考察》，茂木雅博《日中交流の考古学》，东京：同成社，2007年，527－540页；收入作者《魏晋南北朝壁画墓の世界——绘に描かれた群雄割据と民族移动の时代》，东京：白帝社，2007年，242－268页。

[50] 稻垣肇《中国北朝石制葬具の発达とMiho Museum石榻围屏风门阙の复元试论》，《Miho Museum研究纪要》第9号，2009年，93－124页。按，稻垣肇《Miho Museum所藏中国北朝石榻围屏门阙の样式渊源と复元试论》，《国华》第114编第10册，2009年，19－36页，内容大致相同而稍微简略。

[51] 杨泓《北朝至隋唐从西域来华民族人士墓葬概说》，饶宗颐主编《华学》第8辑，2006年，218－232页；收入作者《中国古兵与美术考古论集》，北京：文物出版社，2007年，297－314页。

[52] 林圣智《北朝晚期汉地粟特人葬具与北魏墓葬文化——以北齐安阳石棺床为主的考察》，《“中央”研究院历史语言研究所集刊》第81本第3分，2010年，513－596页。

[53] 沈睿文《论墓制与墓主国家和民族认同的关系——以康业、安伽、史君、虞弘诸墓为例》，朱玉麒主编《西域文史》第6辑，北京：科学出版社，2011年，205－232页。

五、其他随葬品和历史背景的考察

2005年，罗丰的《北周史君墓出土的拜占庭金币仿制品析》随考古简报一起发表，针对史君墓出土的金币进行考释，认为它是拜占庭金币的仿制品。与一般拜占庭金币仿制品按真币制作，双面打押，有正、背面图案的情况不同，这枚金币的两面均仿拜占庭金币的背面。根据粟特人墓葬的考古发掘资料，口含、手握金银币是粟特人流寓中国后的一种重要葬俗。史君墓发现的金币，再次表明这一葬俗是特定人群的习俗，且这种习俗有向非粟特人群拓展的倾向或与文献中“随身诸物,皆置昉内”的记录颇相吻合[54]。

2008 年，王维坤发表的《论西安北周粟特人墓和罽宾人墓的葬制和葬俗》，在强调包括史君墓在内的粟特、罽宾人在墓葬形制上采用汉制外，特别讨论了史君等口含钱币的葬俗，认为这是来自中国土生土长的葬俗，是中华文化对粟特人影响的结果[55]。

2011 年，毕波出版的《中古中国的粟特胡人——以长安为中心》一书，对北周的胡人及其影响作为深入探讨，为史君等一批粟特胡人首领在长安的生存提供了丰富的历史背景，并讨论了北周宫廷内外的胡化风潮。她还讨论了史君任职萨保的凉州的胡人和胡化情况，对史君的生平事迹有进一步的深入研究[56]。

六、总　　结

史君墓自2003年发现以来，由于提供给我们一些前所未知的图像材料，如粟特语汉语双语墓志、祆教丧葬和升天的全景图像等，而且也是已知粟特首领墓葬中图像内容最为丰富的一座，因此引起中外学者的广泛兴趣，在不足十年的时间里，各自从自己的专长领域出发，对整体的墓葬制度、葬具、整体或局部的图像等问题，加以有益的探讨。但许多讨论同一问题的作者，并没有及时看到其他学者的文章，因此有许多文章都是各说各自的话，并没有交流或交锋。这种做法并非有意为之，而的确是时间很短，大家写作时并不知道其他人的看法，虽然在一年半载中不同的文章都发表出来，但观点有的相去甚远。我们的综述也只能照作者的观点加以陈述，而不对各自观点的优劣加以评判。

正是由于这样的原因，虽然我们在综述时也大体上把相对集中的问题放到一起来加以介绍，但总体上还是按照时间的先后顺序来陈述各位学者的观点。我们把不同的观点都介绍出来，百家齐放，以利于今后学者的进一步探讨。

这十年来的讨论，无论是对于理解史君墓葬的整体，还是图像的内涵，都取得了巨大的进步。综合各位学者的意见，辅以我们的看法，基本上可以认为：进入中国的史君，被北周皇帝

[54] 罗丰《北周史君墓出土的拜占庭金币仿制品析》，《文物》2005年第3期，57－65页。

[55] 王维坤《论西安北周粟特人墓和罽宾人墓的葬制和葬俗》，《考古》2008年第10期，71－81页。作者还有《关于西安发现的北周粟特人墓和罽宾人墓之我见》，《碑林集刊》第19辑，西安：三秦出版社，2013年，161－176页，内容与上文基本相同。

[56] 毕波《中古中国的粟特胡人——以长安为中心》，北京：中国人民大学出版社，2011年，40－68页。

任命为凉州萨保，最后由其儿子将其夫妇埋葬在长安城东郊。其墓葬形式完全是中国式的长斜坡墓道、五天井、单室土洞墓，而且等级很高。墓室内部放置的石堂，也是北朝以来中国已经流行的葬具。但粟特人利用石堂上的图像，来表现这位粟特首领的生平事迹以及他作为祆教徒的粟特传统丧葬习俗。南壁是石堂的正面，史君夫妇的遗骨应当从这里被送进这座“石堂”，石堂门的两边是脚踏小鬼的四臂守护神；在外是窗子，对称刻画，上面是伎乐，下面是半人半鸟的祭司护持着火坛，这是典型的祆教送葬时的祭祀场景；门楣上是长条石板，上面刻写着粟特文和汉文的双语墓志铭，记载着史君的出身、履历和去世的时间。石堂其他三壁的图像，从西壁第 2 幅开始，一直到北壁第 4 幅，是描写史君从出生，经过经商、狩猎、会谈等的成长过程，到进入中国，成为萨保，并享受在粟特聚落中的美好生活。北壁第 5 幅可能是史君夫妇去世而被拯救的样子。延续到东壁，则是祆教描述的从死后第四日，到升入天国的情景。这些图像是和南壁的祭祀图以及墓志铭相辅相成的，共同构成粟特祆教徒与北周地方首领萨保的完整墓葬场景。最难解释的还是西壁第 1 幅，即被有些学者指认为摩尼教的忏悔场面的一幅，恐怕还需要从整个石堂图像的氛围来加以解说。

回鹘时代：10—12世纪的塞北丝绸之路

杨 蕤
（北方民族大学文史学院）

关于陆上丝绸之路史的研究主要集中于汉唐时期，研究成果也颇为丰硕[1]，而10－12世纪丝绸之路的研究则略显寂寥，虽然这一状况正在有所转变[2]，尤其是20世纪80年代以来，随着考古资料的丰富，一些具有明显异域特征的辽代文物不断进入学界视野，学者也意识到这些文物表明丝绸之路的特征和发生的变化[3]，但由于这些文物提供的仅是一些片段性的信息，仍有一些问题需要进一步地梳理和澄清。唐末、五代以来，“无数铃声遥过碛，应驮白练到安西”的陆上丝路盛况不在，西域九姓胡主宰丝路贸易的局面也发生了变化，并且基本退出了丝路贸易的舞台，而回鹘、吐蕃、党项、契丹等民族或政权共同分享了陆上丝绸之路的利益。值得注意的一个现象是，回鹘在这一时期陆上丝绸之路上的表现活跃，尤其是在沟通辽朝与西域及中亚地区的交往方面发挥了积极作用。从历史文献、文物考古等方面的信息看，唐末、五代以来，回鹘人在陆上丝绸之路发挥了主导地位与作用。

徐苹芳先生曾将中国境内的丝绸之路概括为四条：一是汉唐两京经河西走廊至西域路，这是丝绸之路的主道，包括原、会北道和青海道，它因通过新疆的塔克拉玛干沙漠和中亚的若干沙漠地区而被称为丝绸之路的沙漠路线；二是中国北部的草原丝绸之路；三是中国四川、云南和西藏的西南丝绸之路；四是中国东南沿海的海上丝绸之路[4]。这种提法也基本为学界所接受，但如果在具体的时空框架下来讨论丝绸之路的话，我们会发现实际情况要比设想的复杂许多。就辽代而言，很难将丝绸之路的沙漠路线与草原丝绸之路分割开来，如回鹘、吐蕃与辽朝的交往路线使得丝绸之路沙漠路线与草原丝绸之路形成了网络状的格局。回鹘与辽朝的交往甚至需要依靠穿越西夏境内、西夏北缘或者更北的路线，这些道路大多数处于旧长城以北，即为“塞北”这一地理范畴。从自然地貌的角度看，这一地区不全是草原景观，在今蒙古国南部戈壁区

---

［1］荣新江《20世纪的唐代中西关系史研究》，氏著《中国中古史研究十论》，上海：复旦大学出版社，2005年；李明伟《丝绸之路研究百年历史回顾》，《西北民族研究》2005年第2期。

［2］杨蕤《五代、宋代时期陆上丝绸之路研究述评》，《西域研究》2011年第3期；陈爱峰、赵学东《西夏与丝绸之路研究综述》，《西北第二民族学院学报》2007年第2期。

［3］马文宽《辽墓辽塔出土的伊斯兰玻璃——兼谈辽与伊斯兰世界的关系》，《考古》1994年第8期；安家瑶《试探中国近年出土的伊斯兰早期玻璃器》，《考古》1990年第12期；傅宁《内蒙古地区发现的辽代伊斯兰玻璃器——兼论辽时期对外贸易和文化交流》，《内蒙古文物考古》2006年第2期；黄雪寅《散落于内蒙古草原上的古玻璃器》，《内蒙古文物考古》2005年第1期；张松柏《西域驯兽对辽代的影响及其在辽境的传播》，《内蒙古文物考古》1994年第1期；许晓东《辽代琥珀来源探讨》，《北方文物》2007年第3期；张景明《辽代金银器中之西方文化和宋文化的因素》，《内蒙古大学艺术学院学报》2006年第1期等。

［4］徐苹芳《中国境内的丝绸之路》，《文明》2007年第1期。

基本为荒漠、半荒漠地貌类型，因此不应笼统地称之为草原地貌。10世纪的阿拉伯地理学家也认识到这一点[5]，事实上我们很难将10－12世纪塞北网状格局的丝路归属于丝绸之路沙漠路线或者草原丝绸之路，尤其是长城地带的中西交通路线。因此，本文称之为“塞北丝绸之路”，在地理层面既囊括了长城地带，又将丝路东段与西段区别开来。

回鹘民众对于塞北丝绸之路的积极开拓是陆上丝绸之路的重要内容和特征。本文在学界研究的基础上，梳理了回鹘与塞北丝绸之路的相关背景，同时就回鹘对于塞北丝绸之路的开拓、10－12世纪塞北丝路交通等问题进行探讨。

一、回鹘与契丹的交往

回鹘积极开拓塞北丝绸之路的一个重要背景就是回鹘与辽朝的密切关系。这一论题学界已有深入广泛的研究和讨论[6]，此不赘述。梳理这一历史现象的原因，无外乎内在因素和外在因素两种情况。从内在因素看：

一是回鹘与契丹不仅存在较长的交往史，有一些回鹘民众融入契丹社会。王小甫先生对此有深入细致的讨论[7]。事实上，宋人就已认识到回鹘与契丹的特殊关系，如《挥麈前录》卷四讲道：“次历拽利王子族，有合罗川，唐回纥公主所居之地，城基尚在，有汤泉池，传曰，契丹旧为回纥牧羊，达靼旧为回纥牧牛，回纥徙甘州，契丹、达靼遂各争长攻战。”[8]不仅如此，连同奚等东部民族亦为回鹘役使。《资治通鉴》卷二四六，会昌二年九月载：“初，奚、契丹羁属回鹘，各有监使，岁督其贡赋，且诇唐事。”[9]杨富学先生曾发现契丹族祖先发源于土河和湟水的传说，而回鹘也流传其发源于同样的两条河流的传说。可见契丹的族源传说是借自回鹘的[10]。不管此说是否能够成立，但有一点是肯定的，就是通过漠北回鹘与契丹等民族的长期交往，回鹘对于契丹等民族的影响已经不仅仅局限于贸易、臣属等表象上，而是具有较强的渗透力和影响力。此外，在辽朝扩张的过程中，也曾经掳掠回鹘民众。正因为辽朝境内回鹘民众较多，辽朝以回鹘户置薛特部[11]。又《金史》卷一二一《粘割韩奴传》载：“咸平府旧有回纥人中安置。”[12]吴松弟先生推测此咸平

[5] 成书于10世纪的阿拉伯地理著作《世界境域志》第七章载“另一荒漠位于中国之北。其东为东洋，南为中国各省，西为库车河，北为九姓古思和黠戛斯”。参见佚名《世界境域志》，王治来译，上海：上海古籍出版社，2010年，44页。文中的荒漠当指今蒙古国南部戈壁。

[6] 苏北海《辽朝回鹘族女杰述律月里朵》，《西北民族大学》1984年第3期；肖之兴《回鹘后裔在辽朝“共国任事”》，《民族研究》1980年第4期；刘正民《辽朝杰出的回鹘后妃》，《新疆师范大学学报》1990年第2期；杨富学《回鹘语文对契丹的影响》，《民族语文》2005年第1期。

[7] 王小甫《契丹建国与回鹘文化》，《中国社会科学》2004年第4期，同载氏著《中国中古的族群凝聚》，北京：中华书局，2012年。

[8]（宋）王明清撰《挥麈录》卷四，上海：上海古籍出版社，2012年，25—26页。

[9]（宋）司马光编《资治通鉴》卷二四六，北京：中华书局，1963年，7967页。

[10] 杨富学《契丹族源传说借自回鹘论》，《历史研究》2002年第2期。

[11]《辽史》卷三三《营卫志》载：“薛特部。开泰四年，以回鹘户置。隶北府，居慈仁县北。”（北京：中华书局，1974年，392页）

[12]（元）脱脱撰《金史·粘割韩奴传》卷一二一，北京：中华书局，1975年，2637页。

府的回鹘人可能是辽代住在临潢或永州的回鹘移民的后裔[13]。由于这一特殊的历史背景，回鹘在辽朝有着不同其他民族的“礼遇”，甚至专门为回鹘商人设置了“回鹘营”。

二是回鹘之于辽朝的政治上层的影响。

《辽史》卷七一《后妃列传》记载：“太祖淳钦皇后述律氏，讳平，小字月理朵。其先回鹘人糯思，生魏宁舍利，魏宁生慎思梅里，慎思生婆姑梅里，婆姑娶匀德恝王女，生后于契丹右大部。婆姑名月椀（碗），仕遥辇氏为阿扎割只。”[14]显然表明，淳钦皇后的高祖糯思即为回鹘人。有学者推测述律氏本为回鹘的一个氏族，后来，述律太后的内侄“小汉”被辽太宗赐名萧翰，从此他家改为姓萧。担任辽朝最高统治者的，共有三位萧太后，其祖先并非是契丹人，而是回鹘的后裔[15]。萧氏家族在辽朝的政治生活根基尤深，影响甚大。《契丹国志》卷一七记载：“太宗曰：‘太后族大如古柏根，不可移也。’”[16]在辽朝的十个皇后中，只有穆宗皇后肖氏，其父肖知璠的氏族未写明为述律氏外，其余九个皇后，都出于述律氏[17]。而与后族有关的一些萧氏家族的人也在辽朝大权在握。当然，契丹萧氏的来源较为复杂，蔡美彪先生认为萧氏虽是审密之汉译，但以萧为姓的家族并不仅限于古老的契丹审密集团,而还有回鹘血统的契丹人和奚族分子；辽朝后族萧氏并非一个整体,而是包含着述律与审密两大族系[18]。此外，还有一些朝贡的回鹘人留在辽朝，孩里就是其中一例。《辽史》卷九七《孩里列传》载：“孩里，字胡辇，回鹘人。其先在太祖时来贡，愿留，因任用之。孩里重熙间历近侍长。清宁九年，讨重元之乱有功，加金吾卫上将军，赐平乱功臣。累迁殿前都点检，以宿卫严肃称。大康初，加守太子太保。二年，加同中书门下平章事。三年，改同知南院宣徽使事。”[19]孩里从基层的侍卫官升迁于宰相的职位，参与到辽朝的核心政治圈。这一方面是由于孩里本身具有较高的政治素养，另一方面恐怕与其回鹘人的背景有一定关系。

除了以上两点外，回鹘人与粟特人的密切交往也是促使其开拓塞北丝绸之路的一个重要因素。回鹘本是漠北游牧部落，不擅长商业，但其依靠粟特人来从事大规模的东西方贸易，甚至将摩尼教奉为国教[20]，具有了一定的商业意识和经商能力，因而从唐朝的官方贸易中获取了巨大的商业利益，同时也锻炼了其贸易能力。

从外在条件看，回鹘具有控扼丝绸之路要道的有利地缘条件。

回鹘西迁、党项崛起是导致唐末以来西北地区民族格局变化的最重要的两大事件。周伟洲先生也曾指出，唐代开始西北地区民族融合的三大趋势：汉化、吐蕃化、回鹘化[21]。出现这些

---

[13]《辽史·后妃列传》卷七一，1199页。

[14]《辽史·后妃列传》卷七一，1199页。

[15]肖之兴《回鹘后裔在辽朝“共国任事”》，《民族研究》1980年第4期。

[16]（宋）叶隆礼《契丹国志》卷二六，上海：上海古籍出版，1985年，168页。

[17]苏北海《回鹘族在辽代的贡献》，《新疆大学学报》1986年第2期。

[18]蔡美彪《试说辽耶律氏萧氏之由来》，《历史研究》1993年第5期；氏著《辽代后族与辽代后妃三案》，《历史研究》1994年第2期。

[19]《辽史·孩里列传》卷九七，1408页。

[20]林悟殊《回鹘奉摩尼教的社会历史根源》，氏著《摩尼教及其东渐》，北京：中华书局，1987年，83—95页。

[21]周伟洲《中国中世纪西北民族关系研究》，西安：西北大学出版社，1992年，417页。

历史现象的重要原因就是民族分布格局发生了很大的变化。就回鹘而言，不仅西域大部分为其所踞，而且在河西走廊乃至辽朝境内均有回鹘民众分布，尤其是高昌回鹘和喀喇汗王朝，控制了陆上丝绸之路的咽喉地带，成为西方从陆上进入辽朝或者北宋境内的西大门。《辽史》卷三七《地理志》记载："（辽境）东至于海，西至金山，暨于流沙，北至胪朐河，南至白沟，幅员万里。"[22]从西域与辽朝毗邻，中间无政权阻隔，分布的部族亦臣服于辽朝，这要比从西域进入北宋境内更为便捷，因此为回鹘开拓塞北丝绸之路提供了极大的方便。

二、回鹘对塞北丝绸之路的继承和开拓

在上述背景下，回鹘人通过塞北丝绸之路与辽朝的联系十分紧密，以下从人员往来、商品交换、文化影响等三个角度来分析这一问题。

（一）人员往来之频繁

回鹘人前往辽朝，带有官方色彩的"上层交往"，这主要表现为朝贡使团的往来；由于辽时存在着甘州回鹘、沙州回鹘、高昌回鹘、龟兹回鹘等不同个回鹘集团，他们占有有利的地理位置，因此回鹘是来自西方向辽朝进贡的最为重要的贸易伙伴之一。这一点前贤亦有讨论，如王日蔚先生在新中国成立前就曾注意到平均 3 年零 5 个月回鹘便向辽朝朝贡一次的现象[23]。有迹象表明基层民众间亦有交往和往来，这一点尤需关注。

《辽史》卷三七《地理志》载："南门之东回鹘营，回鹘商贩留居上京，置营居之。"[24]这条学界甚为熟悉的史料至少向我们透漏出以下信息：回鹘民众包括回鹘商人的确在辽朝享有不寻常的待遇，专门为异族兴建居留地，恐辽朝只为回鹘为之。这一方面与回鹘和契丹之间特殊的文化渊源有一定关系，另一方面我们又必须承认，这条史料又反映了历史的真实状况，那就是前去辽朝贸易的回鹘商人数量十分可观，必须设置专门的区域安置，便于管理和贸易。成书于 11 世纪维吾尔族的古典名著《福乐智能》也有一些反映西域商人与辽朝交往的信息，其中提到：

世间倘若无商人奔走四方，怎能穿到紫貂皮的衣装。
倘若契丹商队的路上绝了尘埃，无数的绫罗绸缎又从何而来？
倘无商人在世间东奔西走，谁能看到成串的宝石珍珠？[25]

《福乐智慧》是 11 世纪时中亚社会的真实写照，其中对中西方的贸易交往做了生动的描述。值得一提的是，诗中讲道他们与中国商队有交往。这里的契丹商队应有两种理解，一种是契丹商人组织的商队，另一种则是前往契丹进行贸易的商队。从诗文的语境来判断，表达的是后者的意思，因为作者在突出贸易路线这一中心意思而非贸易者的身份。这正是辽代塞北丝路通商

[22]《辽史·地理志》卷三七，438 页。

[23] 王日蔚《契丹与回鹘关系考》，《禹贡》第 4 卷第 8 期，1935 年。

[24]《辽史·地理志》卷三七，441 页。

[25]《福乐智慧》，574 页。

的真实写照。由于喀喇汗王朝及高昌回鹘政权居东西方的枢纽位置，过境贸易一直很发达，这一地区有着经商、重商的传统，商业在社会生活中据有较高的地位。《福乐智慧》讲到统治者主张对商人以礼相待，而且“要将城镇乡野的盗贼扫清，让行旅和商队皆平安无虑”[26]。还需要注意的是，1986 年在内蒙古自治区哲里木盟辽陈国公主墓中不仅出土了大量伊斯兰风格的玻璃器，同时还出土了一件西域胡人形象的驯狮浮雕琥珀佩饰[27]。从文物上的任务形象看，驯狮人显然不是契丹人。无独有偶，在宁夏西夏陵北端建筑遗址中也出土了三尊具有西域风格的泥塑人像，有研究推断为回鹘僧人的形象[28]。对比西夏陵出土的泥塑人像与辽墓出土的胡人形象，二者均深目、高鼻等体制特征，极为相似，因此不排除上述辽墓出土琥珀佩饰上的人物为回鹘人形象的可能。这也能从另一个侧面反映回鹘民众在契丹活动的状况。还需要指出的是，在西夏文文献《天盛改旧新定律令》卷五“军持兵器供给门”中将“回鹘通译”作为一类职业列出，应为类似翻译的职业，显示出回鹘在中西贸易和交往的中介作用[29]。

此外，我们也能从回鹘文书记录中发现一些普通回鹘民众前往契丹进行丝路贸易的端倪。例如，在哈密顿编号 23 号回鹘文书中记载：“我们的岳父粟特匐、岳母夫人和家中/老小：匐·叶干、拜·都督，我们从远方写去问安的信……由于巴班啜带来了货物。/巴班啜（又）去了契丹。你满意了吧？/货物称心如意因而很高兴。他为何要把/这些货物换成它物呢，请来信写明。……这头骆驼/在东面的商队中。请您把这头骆驼/两块丝和两只坎土曼一同带回家中。”[30] 这份回鹘文书表达了回鹘民众随商队前去契丹贸易的信息。这种情况在其他回鹘文书中也有体现。例如，在一件名为《依伯干拜都督给岳父母的信》的回鹘文书载：“现在，在这（封信）中我们有那么多的话要说；拨班褚为了带来的货物，拨班褚已经到了契丹去了……” 这是一封回鹘商人问候家人的信件；在另一件名为《财产纷争议定书》的文书中讲：“我道音楚克、吐西克（和）般赛，……共同商定：若今天以前吐西克在唐古特（即为西夏）（或）契丹还有何种债务，我道音楚克和般赛不负责，我吐西克责……”[31]。文书提到回鹘商人与党项和契丹发生着经济上的联系。

以上几份回鹘文书均是回鹘商人写给家人的信件。关于这些回鹘文书的时代问题，学界尚有不同看法。耿世民先生认为这些回鹘公私文书最早属于 8 世纪，但大部分属于 13—14 世纪。目前已知全世界收藏了 200 多件回鹘文书，除四五件文书外，大部分文书的年代仍然无法确定[32]。一些前苏联学者认为这些回鹘文书应该属于 10—13 世纪维吾尔族经济生活的完整图录[33]。德国学者也认为大多数(回鹘)文书都无法弄清其具体的撰写年代，只有在极少数情况下才有可能[34]。上述几份回鹘文书中出现了“契丹”“唐古特”“东面的商队”“骆驼”“货物换成它物”“来信”

[26]《福乐智慧》，719 页。

[27] 内蒙古自治区考古所、哲里木盟博物馆《辽陈国公主墓》，北京：文物出版社，1993 年，100 页。

[28] 杨蕤《浅析西夏陵北端建筑遗址出土的泥塑人像》，《宁夏社会科学》2005 年第 4 期。

[29] 史金波、聂鸿音、白滨译注《天盛改旧新定律令》，北京：法律出版社，2000 年，224 页。

[30] 牛汝极《四件敦煌回鹘文书信文书》，《敦煌研究》1989 年第 1 期。

[31] 两件文书均见李经伟《回鹘文社会经济文书研究》，乌鲁木齐：新疆大学出版社，1996 年，150、247 页。

[32] 耿世民《回鹘文社会经济文书研究》，北京：中央民族大学出版社，2006 年，28—35 页。

[33] 刘戈《回鹘文契约文书初探》，台北：五南图书出版有限公司，2000 年，159 页。

[34]〔德〕茨默著，桂林、杨富学译《佛教与回鹘社会》，北京：民族出版社，2007 年，168 页。

等重要信息，体现了一幅完整的丝绸之路贸易商队的图景，并且呈现出浓烈的民间气息。事实上，不少回鹘世俗文书直接反映了普通回鹘民众在丝绸之路上的贸易状况，尤需学界关注。即便这几份回鹘文书的时代略微靠后，我们也能够看出契丹对回鹘贸易的影响及回鹘民众对于丝路贸易的热情。因为辽朝灭亡后，陆上丝路贸易并未停歇。魏良弢先生曾指出：西辽时期的国际贸易至少不会比前一时期衰落，一般应有发展，这可由这一时期城市生活的高涨，特别是大量供商队使用的旅店及有关设施的出现得到说明[35]。

辽朝官方派遣使臣前往回鹘地区进行贸易的状况尚不清楚[36]，但在稍后时代的回鹘文书中存有不少契丹人进行贸易或其他活动的迹象。例如在回鹘文书中发现有契丹人的人口买卖文书、典押文书、诉讼文书及做生意的协议等，反映出在高昌回鹘地区居住有不少契丹人[37]。当然，由于回鹘文书的断代问题，尚不能判断这些契丹民众属于辽朝还是西辽政权。此外，伊本·阿西尔《全史》记载了契丹人随喀喇汗王朝的一次出征活动：408年（1017－1018）《记叙突厥人从中国出征和托干汗之死》：这一年，大批突厥人即超过30万帐突厥各部族人，从中国（向外）侵略，其中有（后来）统治河外之地的契丹人，他们的统治情况以后有机会再叙述[38]。在一些阿拉伯文献中的"中国"并不一定是指中原王朝，这里的"中国"应该是指西域地区。辽朝统治的最西端不超过今阿尔泰山，"河外之地"是指今阿姆河和锡尔河的以西区域还是另指他地，令人费解。不过文献明确指出，跟随喀喇汗王朝一道出征的有契丹人[39]。

以上我们把"人员往来"当做观察回鹘与辽朝之交往一个的窗口；事实上，"物流"也是反映回鹘与辽朝交往的一个重要方面，二者之间不仅存在着带有官方色彩的朝贡贸易，同时还存在着互市贸易、民间贸易等多种形式。

（二）商品交换

高昌和辽朝"亦有互市，其国主亲与北主评价"[40]。《辽史》卷六〇《食货志》记载："雄州、高昌、渤海亦立互市，以通南宋、西北诸部、高丽之货，故女直以金、帛、布、蜜、蜡诸

---

[35] 魏良弢《西辽史研究》，银川：宁夏人民出版社，1987年，155页。

[36] 虽然文献阙载，考古发现表明辽朝曾向回鹘派遣使臣，不过这当属官方的外交行为。例如1989年，在内蒙古巴林左旗羊场乡罕大坝村发现一辽墓，根据出土墓志铭中的"宣以回纥国国使"等信息判断，该墓应该辽朝派往回鹘国信使的墓葬。根据报告撰写者推测，该墓葬主人应为辽朝权臣胡末里。参见韩仁信《罕大坝辽"回纥国国信使"壁画墓的抢救性清理报告》，《内蒙古文物考古》2001年第1期。但辽朝出使远国的使臣多不见史籍记载。《辽史》卷一六《圣宗本纪》载："国家旧使远国，多用犯徒罪而有才略者，使还，即除其罪。"（188页）即是回鹘信使亦是如此，反映了回鹘与辽朝在总体上维系着和平友好的局面，但也有复杂多变的一面。

[37] 刘戈《回鹘文契约文书初探》，206－209页。

[38] 转引自华涛《高昌回鹘与契丹的交往》，《西域研究》2000年第1期。葛铁鹰在《阿拉伯古籍中的中国（七）》（《阿拉伯研究》2003年第5期）一文对此事件的转述为："这一年，超过30万的各种血统的突厥人从中国出兵，其中包括占据河外地区的契丹人，但愿我们在下文中会讲到他们的国王。"

[39] 有学者指出：10世纪后期至11世纪初期,基马克部落联盟瓦解，库蛮部和钦察部从联盟中分裂出来，库蛮人向西迁徙,在中亚草原上引发了古思的迁徙运动。这次迁徙运动改变了10世纪末期欧亚草原的游牧布局。参见蓝琪《论11世纪初期欧亚草原上的迁徙运动》，《新疆大学学报》2008年第2期。

[40]（宋）叶隆礼《契丹国志》卷二六，246页。

药材及铁离、靺鞨、于厥等部以蛤珠、青鼠、貂鼠、胶鱼之皮、牛羊驼马、毳罽等物，来易于辽者，道路襁属。”[41]雄州位于今河北雄县，属于宋辽交界地带；渤海应为渤海国的延续。《辽史》卷三四《兵卫志》：“天显元年，灭渤海国，地方五千里，兵数十万，五京、十五府、六十二州，尽有其众，契丹益大。”[42]虽然辽朝击灭渤海政权，渤海靺鞨仍然具有一定的势力，由于渤海的势力范围处于高丽与辽朝统治核心区之间，在其故地设立互市为了方便与高丽的贸易与交流。

雄州与渤海基本上处于辽朝核心统治区的周边地区，设立互市互通有无，容易理解。但辽朝在统治西缘地带的高昌设立互市却是一件值得思考的现象。高昌即高昌回鹘政权，其势力范围大致今新疆的北疆大部，以及南疆的塔里木河中下游地区，东北部毗邻辽朝的上京道。辽朝上京道多为部族分布的辽阔区域，控制力较弱，《辽史》中经常出现辽朝征讨这些部族的记载即为明证，因此与辽朝的核心政治区存在着一些区别[43]。辽朝在距离统治中心遥远的高昌设立互市显然要克服部族反叛等诸多困难，但辽朝此举显然是为了获得巨大的经济利益。高昌互市的设立能够源源不断地将西方的商品中转到辽朝去。辽朝不断征讨上京道部族的目的亦是为了掌握这条商道的控制权，显然它的经济目的远远超出了政治意图。从表面上理解“亦有互市，其国主亲与北主评价”这句话的意思是高昌国王与辽朝皇帝亲自商定互市物品的价格问题，但就一般的互市而言，无须两国最高统治者亲自商谈价格等事宜，显然高昌与辽朝的互市已经不再是一般意义上的贸易行为，有一种可能就是高昌与辽朝之间互市的交易量过大或对两国的经济均有重大影响，因此才需要两国国主来商谈此事。这正是辽朝苦心经营西北路招讨司的重要目的之一。

文献显示，辽朝曾通过武力不断加强对其领土西缘的控制，如“大中祥符九年十二月，契丹即日多益兵马于沙州往来，未知何计使即目断绝”[44]。大中祥符九年为1016年，此时西夏政权还尚未占据沙州地区。在1020年前，尚有沙州通贡辽朝的记录。但笔者认为，辽朝在沙州实行武力，并不仅仅出于维护沙州与辽朝之间朝贡关系的目的，而是具有由于阗进入内地丝路通道的目的。这一点可由下面一段学界熟知的文献得以佐证：“于阗贡方物，见于延和殿。上问曰：‘离本国几何时？’曰：‘四年。’……又问：‘道由诸国，有无抄略？’曰：‘惟惧契丹耳。’又问：‘所经由去契丹几何里？’曰：‘千余里。’”[45]沙州本为回鹘的势力范围，于阗入贡中原途经沙州而惧怕契丹劫略，笔者怀疑这恐非基层契丹民众能力所及，极有可能是辽朝官方的“越境”行为。这与上面契丹在沙州行使武力的史实相吻合。《西夏书事》记载辽重熙十七年（1048）三月：“铁不得在伊吾西，素不通契丹。曩啸据瓜、沙，尝以兵掠其境，国主畏之，不敢御。是时曩霄死，遣间使由敦煌山谷间至契丹，献毡、玉、马、驼等物，请以本部兵攻夏国，乞以师援。契丹主谓其‘道里远，声应不及。’谢之。”[46]可见即使在西夏政权时期，依然存在着契丹与吐

[41]《辽史·食货志》卷六〇，929页。

[42]《辽史·兵卫志》卷三四，396页。

[43] 杨蕤《历史上的夏辽疆界考》，《内蒙古社会科学》2003年第6期。

[44]（清）徐松《宋会要辑稿》蕃夷四之八，北京：中华书局，1997年，7717页。

[45]（宋）李焘撰《续资治通鉴长编》卷三三五，北京：中华书局，1990年，8061页。

[46]（清）吴广成撰、龚世俊等校证《西夏书事》卷十八，兰州：甘肃文化出版社，1995年，216页。《辽史》卷二〇《兴宗纪三》对此事的记载为：“丁卯，铁不得国来使，乞以本部军助攻夏国，不许。”（238页）

蕃等西部民族经由敦煌的联系，不过这种联系由于西夏政权在河西的介入而受到不小影响。通过这些史实的梳理，我们不难发现辽朝在高昌设立互市有其深刻的历史背景和目的。

回鹘与辽朝交流的丝路商品也十分广泛。这一点宋人洪皓在《松漠纪闻》中有所体现："回鹘自唐末浸微，本朝盛时，有人入居秦川为熟户者；女真破陕，悉徙之燕山。甘、凉、瓜、沙，旧皆有族帐，后悉羁縻于西夏，唯居四郡外地者，颇自为国，有君长。其人卷发深目，眉修而浓，自眼睫而下多虬髯。土多瑟瑟珠玉，帛有兜罗锦、毛氎、狨锦、注丝、熟绫、斜褐，药有腽肭脐、硇砂、香有乳香、安息、笃耨；善造宾铁刀剑、乌金银器。多为商贾于燕，载以橐驼，过夏地，夏人率十而之一必得其最上品者，贾人苦之……又善结金线相瑟瑟为珥及巾环，织熟锦、熟绫、注丝、线罗等物。又以五色线织成袍，名曰克丝，甚华丽。又善拈金线别作一等背织花树，用粉嫩，经岁则不佳，唯以打换达靼。"[47]"狨锦"应为宋代文献中的"胡锦"；笃耨及笃耨香，实际上为笃耨树的树脂。其树状如杉桧之类，而香藏于皮，树老而自然流溢者，色白而莹，故其香虽盛暑不融，名白笃耨。至夏月以火环其株而炙之，令其脂液再溢，冬月因其凝而取之。故其香夏融而冬凝，名黑笃耨。因此，在宋代文献中有"白笃耨"和"黑笃耨"之记载[48]。依洪皓的看法，回鹘的"土产"可以分为珠玉、纺织、药物、香料、金属制品等种类，而纺织品的品种尤为繁多，这一点在回鹘文书中也多有反映，还有一些汉地丝绸也通过塞北丝绸之路输入西方[49]。需要注意的是，洪皓认为上述物品均为回鹘的"土产"显然不够准确，如乳香等物品非回鹘出产，当属外来商品，是回鹘的中转贸易商品。其他民族或者政权亦有这一现象。《辽史》卷一四《圣宗本纪》载："沙州敦煌王曹寿遣使进大食国马及美玉，以对衣、银器等物赐之。""大食马""美玉"非沙州出产，显然是中转获得。10－12世纪，陆上丝绸之路的商品大致有"动物及其相关产品""药品及香料""纺织品和装饰品"等种类[50]，而《松漠纪闻》中的物品应仅是回鹘与辽朝交易品的一部分，事实上应该更丰富一些，只是文献鲜有反映而已。

（三）文化影响

回鹘在塞北丝绸之路活动中还充当了重要的文化中介之角色[51]。回鹘与辽朝之间通过陆上丝绸之路的经济交往是为一种看得见的，或者说是显性的活动。事实上，随着回鹘在塞北开展的频繁贸易活动，回鹘文化也逐渐在塞北地区有所渗透和影响。学界熟知的契丹小字就是回鹘文化影响的成果。回鹘职官制度也曾对契丹产生过深刻的影响，这不仅表现在官号的借用上，而且表现为回鹘"左右杀"制度对契丹南、北院制的影响上。此外，在宗教等方面回鹘文化均

[47]（宋）洪皓撰，阳羡生校点《松漠纪闻》，载《宋元笔记小说大观》，上海：海古籍出版社，2001年，2791－2792页。

[48]（宋）赵汝适著，杨博文校释《诸蕃志校释》，北京：中华书局，2000年，168页。

[49]《福乐智慧》载"褐色大地上披了绿色丝绸，契丹商队又将桃花石锦缎铺陈"（13页）。

[50]杨蕤《五代、北宋时期陆上丝绸之路输入品辑考》，《丝绸之路》2009年第6期。

[51]文献显示回鹘曾是印度僧人、波斯商旅的中介者，一同前往宋朝或者辽朝入贡，如《宋史》卷四九〇《回鹘传》载："雍熙元年四月，西州回鹘与婆罗门僧永世、波斯外道阿里烟同入贡。"（北京：中华书局，1977年，14114页）《宋史》卷四《太宗本纪》载："西州回鹘与波斯外道来贡。"（71页）

对契丹所有渗透和影响，学界对此专有论述[52]，兹不赘述。值得注意的是，出土文物也是观察回鹘文化对辽朝影响的一个重要窗口。兹举一例：《辽史》卷五四《乐志》记载：“会同三年端午日，百僚及诸国使称贺，如式燕饮，命回鹘、燉煌二使作本国舞。”[53]辽会同三年为940年，敦煌应指归义军政权，为节度使曹元深在位时期[54]。从文献推测，当时敦煌与回鹘的舞蹈似乎有所不同。文献中虽然对回鹘舞蹈在辽代社会中的影响状况鲜有记述，不过辽墓中曾有西域舞狮子形象的文物出土，如在陈国公主墓中就出土了一件西域胡人驯狮的琥珀饰件[55]。这些信息或许表明西域回鹘的舞蹈或杂耍在辽朝具有一定的“市场”，这种状况显然跟回鹘与辽朝之间频繁的贸易联系有一定关系，是回鹘开拓塞北丝绸之路的客观影响。

回鹘对于辽朝在文化方面的另一个需要关注的就是伊斯兰教的问题。随着伊斯兰教的向东扩张，回鹘人由原来的佛教改信为伊斯兰教，使得西域的许多地方都成为伊斯兰教的势力范围。辽朝与皈依伊斯兰教的回鹘及其他政权有着频繁的接触和交往，这种状况势必会引起伊斯兰教在辽朝的传播，问题是，衡量一种宗教在某一地区的发展不应仅仅局限于与该宗教有关的文物或者其他实体，而应该看到是否拥有的一定数量的信徒或者皈依者。应该将“经济交往”或者“政治交往”等行为与“宗教传播”区别开来，信教民众是否存在着一个从“客人”到“主人”的转换过程。如果单从出土文物的角度去论证伊斯兰教已经深入辽朝境内，略显单薄[56]。这一问题对于西夏政权同样存在。10世纪以后西北地区的伊斯兰教与佛教等宗教的势力范围如何划分？佛教与伊斯兰教势力范围的分界线在哪里？西夏和辽朝境内是否确有伊斯兰教的信徒发展？规模如何？这些问题都是西北地区历史宗教地理研究中的重大问题，很值得探讨和思考。目前关于的伊斯兰教在西夏或者辽朝传播的研究多是从经济、政治交往的角度企图阐明伊斯兰教已经有了传播和发展。在辽朝、西夏佛教有着广泛影响的区域内，伊斯兰教是否有一定的发展空间？笔者注意到：西夏的西缘疆界曾经存在着伸缩现象[57]。一些西方学者也曾注意到10—12世纪西域地区几种宗教彼此消长关系，认为西辽时期佛教和伊斯兰教尚处于势均力敌的状态[58]。因此，纵然我们看到10—12世纪塞北丝绸之路兴盛的一面，伊斯兰教势力对于这一时段的丝绸之路贸易也发挥了关键作用[59]，但对于伊斯兰教在辽朝或西夏传播的问题应持谨慎态度。

---

[52] 杨富学《回鹘文献与回鹘文化》，其中下篇设专章讨论“回鹘文化对契丹的影响”之问题，分为回鹘—契丹之历史关系、回鹘职官制度对契丹的影响、回鹘宗教对契丹的影响、回鹘语文对契丹的影响、契丹对回鹘族源传说的借用等几个问题进行论述（北京：民族出版社，2003年，431—469页）。

[53]《辽史·太宗本纪下》亦载：“会同三年五月庚午，以端午宴群臣及诸国使，命回鹘、敦煌作本俗舞，俾诸使观之。”（47页）

[54] 荣新江《归义军史研究》，上海：上海古籍出版社，1996年，110页。

[55] 内蒙古自治区考古所、哲里木盟博物馆《辽陈国公主墓》，157页。

[56] 也有一些研究认为西夏时期，其境内活动有不少阿拉伯人，伊斯兰教也因此已传入西夏，只不过伊斯兰教在西夏的影响远远不及佛教和道教而已（陈广恩《试论伊斯兰教在西夏的流传》，《回族研究》2005年第1期）。

[57] 参见杨蕤《西夏地理研究》，北京：人民出版社，2008年，106页。

[58] Johan Elverskog, *Buddhism and Islam on the Silk Road*, University of Pennsylvania Press, 2010, pp. 128-129.

[59] Richard C. Foltz, *Religions of the Silk Road: Overland Trade and Cultural Exchange from Antiquity to the Fifteenth Century*, St. Martin’s Press, 1999, pp. 104-105.

三、余　论

10－12世纪陆上丝绸之路的一个重要特点就是在塞北掀起了一股东西方物质文化交流的浪潮，一些西方学者将之为“第二次复兴（A Second Flowering）”[60]。这种状况在一定程度上也弥补了唐末以来陆上丝绸之路渐趋衰落的缺憾。同时也应当看到，10－12世纪的塞北丝绸之路的兴盛与回鹘的积极参与和推动有着密不可分的关系，因此用“回鹘时代”来归结这一时期塞北丝绸之路甚至陆上丝绸之路东段的基本特征和内涵[61]。这一现象的出现，既有地缘政治与民族格局变化的因素，也与回鹘民族本身的一些特点尤其是商业素质、所处的地理位置密切相关。

检阅中世纪西北民族关系格局，不难发现其有两个明显的特点：一是党项在河套地区的扩展和兴起，极大地改变了中世纪西北地区的政治格局；二是漠北回鹘的西迁加速了西北地区回鹘化的进程。诚如耿世民先生所言，回鹘人迁居西域后，通过通婚，一个不同族群的同化融合过程发生了。由于回鹘和其他突厥人不论在政治上和人数上都占有优势，所以当地原居民逐渐被回鹘化，同时回鹘语战胜当地居民的语言。当然，在这一过程中，当地民族也在人种、文化和语言方面给予回鹘人影响[62]。而逐渐回鹘化的西域地区又是陆上丝绸之路的重要枢纽，加之异军突起的契丹民族将中国东北与中亚之间的狭长地带置于自己的统治之下，北中国不再有割据之碍。这些因素无疑给回鹘民众对于丝绸之路的操控创造了极大的便利条件。

10－12世纪是陆上丝绸之路发展史上的一个特殊时期，承接了唐代丝绸之路繁盛的余晖，也为后世丝绸之路的发展奠定了基础。两千余年来，陆上丝绸之路虽然经历了汉唐的兴盛和宋明的低落，但两千多年以来或者更长的时间，以沟通中西物质文化交流为主要内涵的丝绸之路并未有过中断，只是随着政治形势和民族格局的变化，中西交往的形式与表征亦有不同体现。西方学者吴芳思（Frances Wood）就从大尺度的角度梳理了两千余年丝绸之路的发展里程，总结了不同时期丝绸之路的特点[63]，为我们重新反思和考察丝绸之路发展与嬗变提供了很好的参考。“抽刀断水水更流”，两千多年来，陆上丝绸之路在不断地发展，不断注入新的内涵，10－12世纪的陆上丝绸之路即是如此。

[60] Irene M. Franck & David M. Brownstone, *The Silk Road: A History,* Facts On File Publications, 1986, p. 185.

[61] 杨蕤《北宋时期陆上丝路贸易初探》，《西域研究》2003年第3期。

[62] 耿世民《中国吐鲁番、敦煌出土回鹘文献研究》，氏著《维吾尔古代文献研究》，北京：中央民族大学出版社，2003年，17页。

[63]（英）吴芳思著，赵学工译《丝绸之路2000年》，济南：山东画报出版社，2008年。

北朝晚期至隋入华粟特人葬俗再考察

——以新发现的入华粟特人墓葬为中心

姚崇新

（中山大学人类学系）

近年来，随着虞弘墓、安伽墓、史君墓和康业墓的发现，北朝晚期至隋入华粟特人的葬俗问题引起了中外学术界的广泛关注，陆续形成了一批研究成果。而且经过学者的对比解读，上述墓葬中的图像资料与早年出土的安阳石阙上的图像以及天水石棺床上的图像实现了互动，从而激活了这些流散海外的入华粟特人石葬具上的图像信息。这些成果大大推进了入华粟特人葬俗的研究。不过，仔细阅读起来，笔者觉得其中仍存在一些问题。比如，强调上述墓葬葬俗的祆教属性的学者，主要侧重于对墓葬中相关图像的解读；而强调上述墓葬葬俗的本土化属性的学者，主要侧重于考察墓葬形制、土葬的做法及葬具等。有的甚至仅据墓葬中出现的某一习俗，如死者手握、口含钱币的习俗，来判断整个墓葬葬俗的属性。而我们现在可以确定的是，上述墓葬所反映的葬俗应是粟特祆教葬俗与中土葬俗中和的产物[1]，因此过于强调其祆教属性或本土化属性都是不合适的。因此，以往研究存在的问题主要在于缺少将墓葬中所有有关葬俗的信息进行通盘考察。基于以上认识，笔者以为目前亟待做的一项工作是，在全面考察墓葬中所包含的所有有关葬俗的信息的基础上，对其祆教属性和本土化属性进行综合研究，从而对其葬俗的属性做出更准确的判断。本文即就此尝试展开一些讨论，内容涉及墓葬形制、葬具、尸体处理方式及随葬品，以及与葬俗有关的图像等方面。

一、墓葬形制

康业墓（北周天和六年，571）：该墓为斜坡墓道单室土洞墓，无天井、过洞，由墓道、甬道和墓室三部分组成，墓室平面近方形，穹隆顶（图 1）[2]。

安伽墓（北周大象元年，579）：该墓为长斜坡墓道多天井砖砌单室墓，由斜坡墓道、5 个天井、5 个过洞、甬道和墓室组成，墓室平面近方形，边略弧，穹隆顶（图 2）[3]。

---

[1] 荣新江先生指出，这批入华粟特人墓葬，特别是安伽墓，反映的葬式既不是中国传统的做法，也不是粟特本土的形式，应当是入华粟特人糅合中原土洞墓结构、汉式石棺以及粟特浮雕骨瓮的结果。这一思路无疑是正确的，只是还可以做更细化的研究。参看荣新江《粟特祆教美术东传过程中的转化——从粟特到中国》，初载巫鸿主编《汉唐之间文化艺术的互动与交融》，北京：文物出版社，2001 年，收入氏著《中古中国与外来文明》，北京：生活·读书·新知三联书店，2001 年，318 页。不过，也有学者提出上述认知以外的主张，如沈睿文先生认为安伽墓所反映的是与鲜卑葬俗有关的“烧物葬”习俗，安伽墓的火焚缘于与烧物葬相似的突厥烧葬仪式，观点颇新颖。但是，他并没有对该墓所包含的所有有关葬俗的信息，特别是图像所反映的葬俗信息，做全面解读，因此这一看法目前只能视为一种假说。参看沈睿文《夷俗并从——安伽墓和北朝烧物葬》，《中国历史文物》2006 年第 4 期，4—17 页。

[2] 西安市文物保护考古所《西安北周康业墓发掘简报》，《文物》2008 年第 6 期，14 页。

[3] 陕西省考古研究所《西安北周安伽墓》，北京：文物出版社，2003 年，6—15 页。

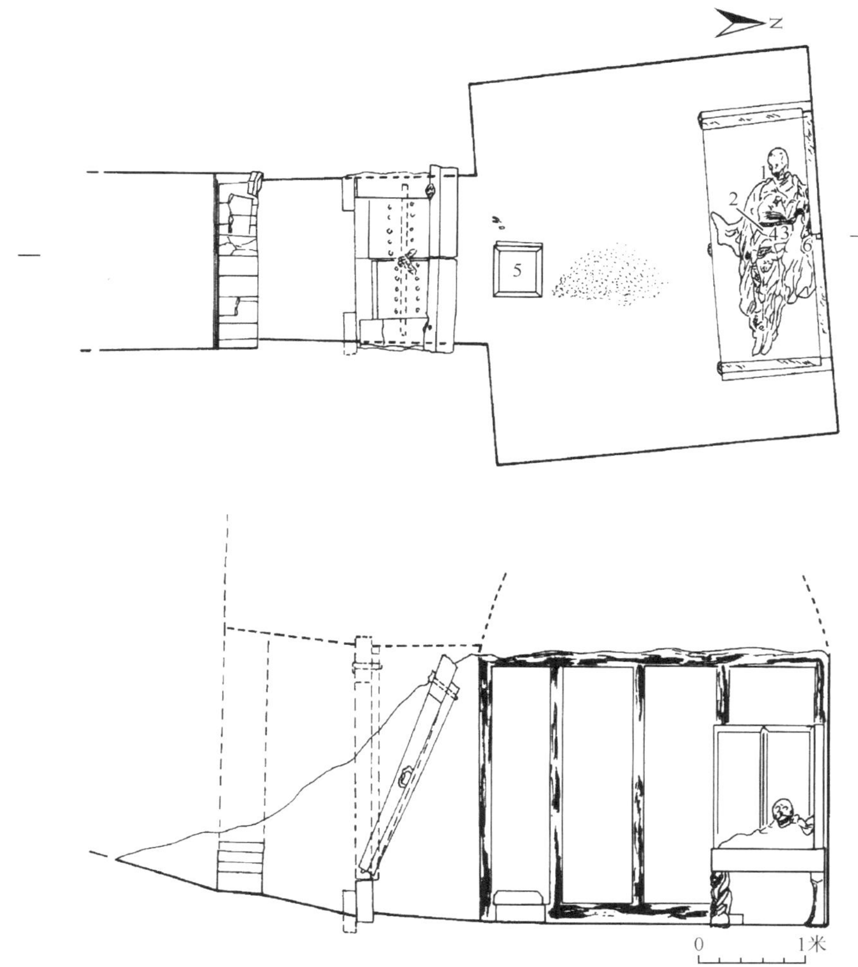

图 1　康业墓平、剖面图
（采自《西安北周康业墓发掘简报》，图二）

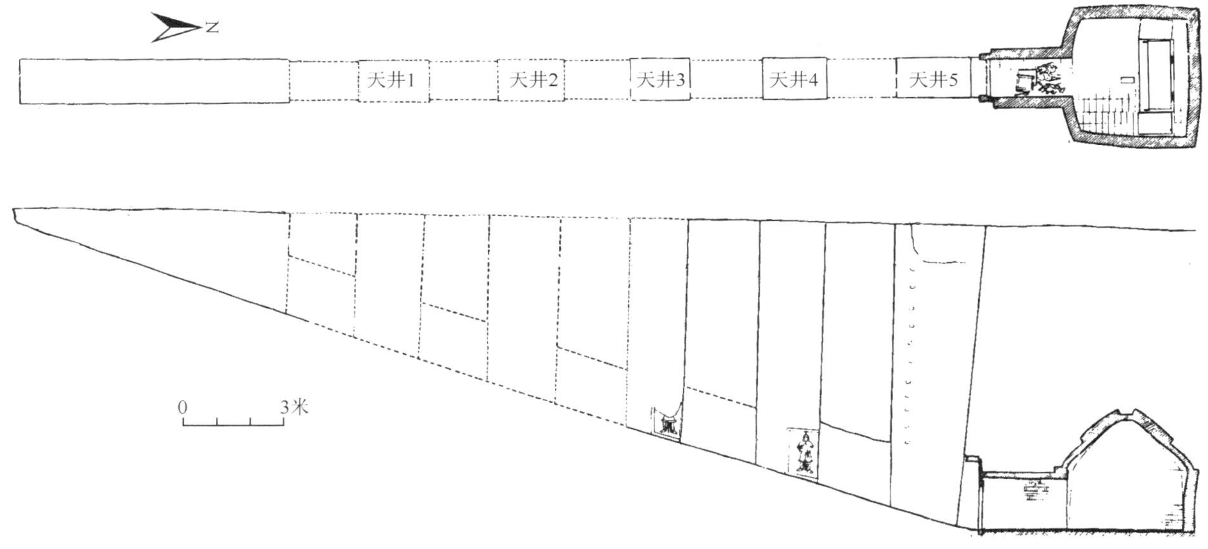

图 2　安伽墓平、剖面图
（采自《西安发现的北周安伽墓》，图二）

史君墓（北周大象二年，580）：该墓为长斜坡墓道多天井单室土洞墓，由斜坡墓道、5 个天井、5 个过洞、甬道和墓室组成，墓室平面呈方形（图 3）[4]。

虞弘墓（隋开皇十二年，592）：该墓为砖砌单室墓，墓顶已毁，由墓道、甬道和墓室三部分组成，墓室平面近方形，边略弧（图 4）[5]。

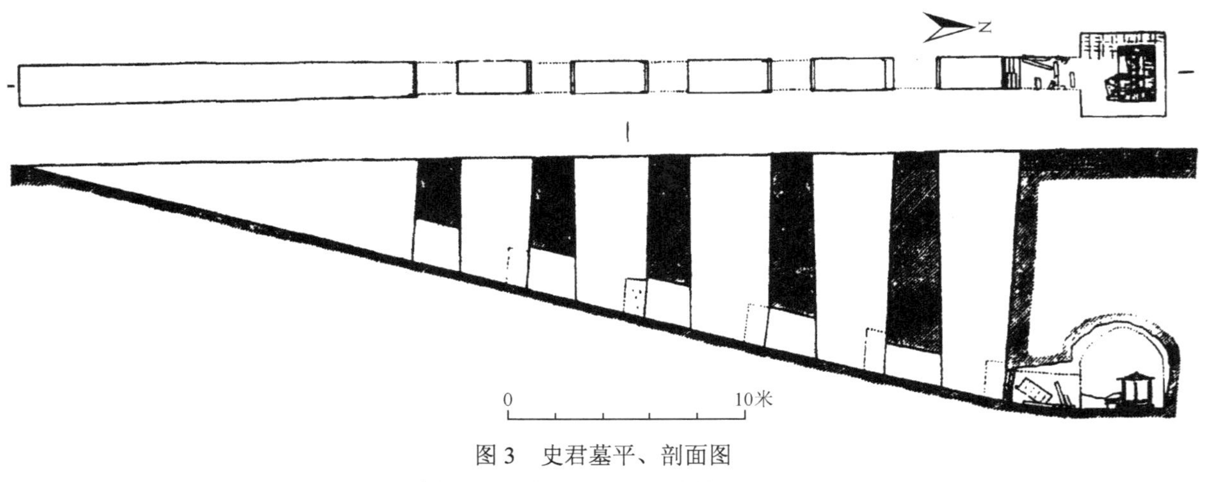

图 3　史君墓平、剖面图

（采自《西安市北周史君石椁墓》，图二）

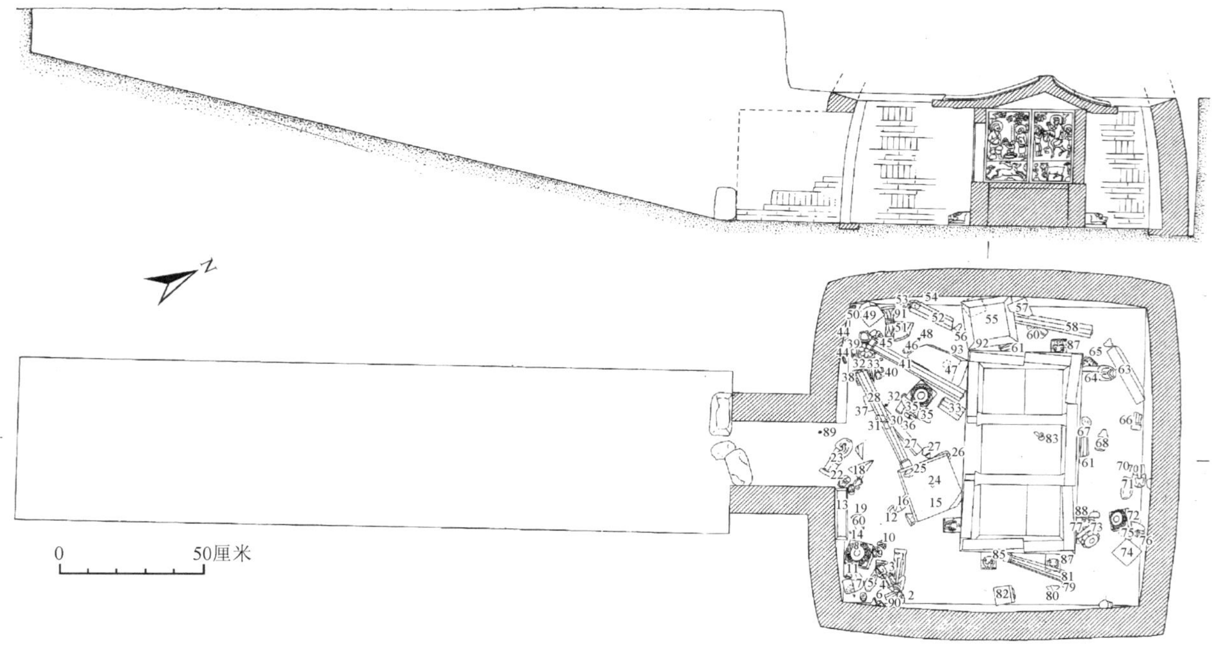

图 4　虞弘墓平、剖面图

（采自《太原隋代虞弘墓清理简报》，图二）

[4] 西安市文物保护考古所《西安市北周史君石椁墓》，《考古》2004 年第 7 期，38－39 页。

[5] 山西省考古研究所、太原市考古研究所、太原市晋源区文物旅游局《太原隋代虞弘墓清理简报》，《文物》2001 年第 1 期，29－30 页；山西省考古研究所、太原市考古研究所、太原市晋源区文物旅游局《太原隋虞弘墓》，北京：文物出版社，2005 年，11－14 页。

学者已指出，康业墓的形制与西安高望堆村发现的张猥墓、张政墓、张盛墓等四座北周时期的家族墓的形制一致。与康业墓一样，这四座家族墓均为长斜坡墓道单室土洞墓，墓室平面呈方形，自南向北依次由墓道、甬道、墓室三部分组成。巧合的是，张盛与康业卒于同一年，同卒于北周天和六年。说明此种墓形是当时西安地区流行的形制。

安伽墓与史君墓的形制特点主要表现在多过洞、多天井，其形制与宇文俭（宇文泰第八子）墓、宇文通（宇文泰第十四子）墓、权白女（宇文泰妃、宇文俭生母）墓、尉迟运墓等北周皇室与显贵墓葬属同一类型，其中史君墓形制与宇文俭墓完全一致。宇文俭墓也为长斜坡墓道多天井单室土洞墓，同样由斜坡墓道、5个天井、5个过洞、甬道和墓室组成，墓室平面略呈方形[6]。除了整体形制与上述墓葬相似外，安伽墓还有一些自身特点，主要表现在甬道和墓室为砖结构，这在北周墓葬中尚属首例，考古报告认为，这或许与其特殊的身份有关[7]。但无论如何，安伽墓形制与上述诸墓无疑仍属同一类型。

在墓道内凿天井的做法，西汉早期已出现，如徐州狮子山楚王陵[8]，但其时凿天井的礼制和等级意义尚未显现。将这种做法上升为礼制和身份等级标志是从北周开始的，盛行于隋唐，天井的数量与死者的身份等级成正比[9]。可见，安伽墓、史君墓不仅在墓葬形制上承袭了北周的传统[10]，同时还承袭了北周以天井数与死者身份等级相对应的观念。

此外，出自西安地区的安伽墓、史君墓和康业墓的朝向均为坐北朝南，这与上文提到的当地其他北周贵族墓的朝向完全一致，这从另外一个角度再次证明北周丧葬观念对它们的影响。

而虞弘墓的形制在当地也不乏较早的实例，如太原北齐娄叡墓（武平元年，570）、太原南郊北齐墓（无确切纪年，北齐后期）[11]等。娄叡墓为砖构单室墓，由斜坡墓道、甬道、墓室三部分组成，墓室平面略呈方形，四边略弧[12]。虞弘墓不仅形制与这批北齐墓相近，而且与其属同一区域，即都位于太原南郊，因此可以肯定，虞弘墓的形制当承袭自当地北齐的墓葬形制。不过，此种墓形早在北魏中期就已在山西地区出现，如大同北魏宋绍祖墓（太和元年，477）的平面呈“甲”字形，墓室平面呈方形，四边略弧，因而与虞弘墓的形制极为相似[13]。因此可以认为，虞弘墓的形制近承齐制，远绍魏规。

由此可见，这批粟特墓葬在形制上完全承袭了北齐、北周的传统，出自北周的墓葬同时还接受了北周以天井数与死者身份等级相对应的观念，从而使这批墓葬中的安伽墓、史君墓跻身

---

［6］陕西省考古研究所《北周宇文俭墓清理发掘简报》，《考古与文物》2001年第3期，28页。

［7］陕西省考古研究所《西安北周安伽墓》，北京：文物出版社，2003年，14页。

［8］参看王恺、葛明宇《徐州狮子山楚王陵》，北京：生活·读书·新知三联书店，2005年。

［9］雷依群《西魏北周制度是隋唐制度的重要一源》，《光明日报》2003年11月11日。

［10］王维坤《论西安北周粟特人墓和罽宾人墓的葬制和葬俗》，《考古》2008年第10期，74页。

［11］山西省考古研究所、太原市文物管理委员会《太原南郊北齐壁画墓》，《文物》1990年第12期，2页图二，10页。

［12］山西省考古研究所、太原市文物管理委员会《太原市北齐娄叡墓发掘简报》，《文物》1983年第10期，2页图二、图三。

［13］山西省考古研究所、大同市考古研究所《大同市北魏宋绍祖墓发掘简报》，《文物》2001年第7期，22页图六。

北周高等级贵族墓葬之列。因此可以认为，采用土葬的方式，并且在墓葬形制上完全仿照中国本土的做法，以及墓葬中置入墓志的做法，构成了这批粟特人墓葬墓主人丧葬观念本土化的最重要的改变。学者已正确指出，这些做法均出自中国本土的丧葬传统[14]。只是，通常来讲，上述诸要素仅是墓葬所反映的丧葬观念的一部分。

二、葬　具

这批粟特人墓葬都采用了石葬具，而且从外部形态看，并非石棺，而是石棺床（学者又称围屏石榻，安伽墓、康业墓、天水石马坪墓均属此类）和房形石椁（又称石堂，虞弘墓、史君墓均属此类），只是史君墓石椁内又置石榻[15]，可见石棺床更为流行。学者根据这些新发现，最终将流散在海外，出土于安阳、天水等地，年代约当北齐至隋时期的石葬具亦确定为出自入华粟特人墓葬的石棺床。另外，出土地点不明、现分别收藏于日本Miho博物馆的一组石屏风和收藏于美国大都会博物馆的两件石棺床座的性质也得以确认——它们都属于上述石棺床类葬具的构件。可见北齐、北周及隋时期，以石棺床为主兼用石椁为葬具的做法，普遍流行于入华粟特贵族墓葬中。据学者统计，截止2004年年初，连发掘带确认出的入华粟特人石葬具，共有8组，若加上青州傅家画像石，则成为9组[16]。2004年4月，西安又发现了康业墓，至此石葬具总数增加到10组。近年又有舍尔拜•怀特（S. White）与雷恩•列维（L. Levy）所藏的两件石棺床座，以及瓦赫德•库罗斯（V. Kooros）收藏的围屏石棺床进入学术界的视野[17]。那么迄今，整个世界范围这类石葬具目前共有13组，其中大部分为石棺床。

这种不以棺为葬具的做法，多数学者认为是粟特本土葬俗的反映,这无疑是正确的。众所周知，粟特本土最重要的葬具是陶质纳骨瓮（Ossuary），不用棺椁，中亚纳骨瓮的广泛存在已为考古发现所证实。中亚这种不用棺椁的做法也得到了文献的印证，隋代韦节的《西蕃记》明确记载康国葬俗“无棺椁”（这条记载后文还将分析，此不赘）。

以石棺床、石椁为葬具的做法出自中国本土的传统，这是大多数学者的看法[18]。不过姜伯

[14] 杨泓《北朝至隋唐从西域来华民族人士墓葬概说》，《华学》第8辑，北京：紫禁城出版社，2006年，223－227页；罗丰《北周史君墓出土的拜占庭金币仿制品析》，《文物》2005年第3期，63页。

[15] 史君墓石椁内置石榻的情况，初发简报中一笔带过，正式报告中有详细介绍，参看西安市文物保护考古研究院《北周史君墓》，北京：文物出版社，2014年，62－65页，图59、图60。

[16] 这9组石葬具分别是：青州傅家墓出土画像石（北齐武平四年，573）；西安安伽墓石榻（北周大象元年，579）；西安史君墓石椁（北周大象二年，580）；Miho博物馆藏石棺床屏风（北齐，具体年代不详）；安阳出土的石棺床屏风（北齐，具体年代不详。分藏于美国波士顿美术馆、华盛顿佛利尔美术馆、巴黎集美博物馆和德国科隆东亚艺术博物馆）；太原虞弘墓石椁（隋开皇十二年，592）；甘肃石马坪石棺床（年代不详，北朝至隋），以及美国大都会博物馆收藏的两件石棺床座。参看张庆捷《入乡随俗与故土难忘——入华粟特人石葬具概观》，载荣新江、张志清主编《从撒马尔干到长安——粟特人在中国的文化遗迹》，北京：北京图书馆出版社，2004年，10页。

[17] 参看林圣智《北朝晚期汉地粟特人葬具与北魏墓葬文化——以北齐安阳粟特石棺床为例》，《历史语言研究所集刊》第81本第3分，2010年，注2。

[18] 张庆捷《入乡随俗与故土难忘——入华粟特人石葬具概观》，10页；杨泓《北朝至隋唐从西域来华民族人士墓葬概说》，223－227页。

勤先生认为，石棺床的制作深受波斯崖墓和中原北朝石棺床制度的影响[19]。随着近年对这批入华粟特人墓葬中的石棺床、石椁来源问题讨论的深入，现在看来，这样的看法需要重新审视。

石椁因外形近屋形，学者又称其为屋形椁或房形椁。目前考古发现的最早的房形石椁也出自山西地区，即出土于山西大同近郊的北魏官员宋绍祖墓（477）中[20]，而出土于河南洛阳的北魏宁懋石椁（527，现藏美国波士顿美术馆）[21]，无论是年代还是形制都更接近虞弘墓石椁，因此学者在探讨虞弘墓石椁的渊源时多以宁懋石椁相参照。尽管已达成初步共识，但学者仍希望知道这种葬具更确切的来源，因为这不仅仅是来源问题，还涉及对此种葬具的礼仪功能的理解。郑岩先生认为，可能影响北朝和隋代房形石椁的丧葬建筑是汉代墓园中的石祠堂，他解释说，虽然这两种建筑的功能不同，但其建筑风格和装饰主题却十分相似，他还解释了为什么北齐的石椁能够受到四五百年前的祠堂建筑形式的影响的问题[22]。巫鸿先生除了对郑岩的观点表示认同以外，还指出，可能影响北朝和隋代房形石椁的丧葬建筑还包括：以前 2 世纪西汉中山王刘胜墓及刘胜妻窦绾墓为代表的崖洞墓中所建造的石室；前 1 世纪出现于山东、江苏地区，1 世纪后只在四川地区留存下来的“画像石棺”[23]。不过，由于目前考古所见最早的“房形石棺”发现于四川地区，即四川乐山肖壩出土的房形石棺，年代为 2 世纪末 3 世纪初，且此种石棺在 2—3 世纪的四川地区颇为流行，因此他倾向于认为，四川地区的房形石棺可以看作北朝和隋代房形石椁的原型。他解释道，北朝的丧葬观念和形式与四川地区发生联系可能与五斗米道由四川向北方的播迁有关[24]。以上探讨加深了我们对房形石椁来源的认知。不过他又认为，5—6 世纪的房形椁并不是世代居于中原和南方的汉人所使用的传统葬具，而是受到鲜卑、粟特和其他从西域迁徙到中原北方的汉人和胡人的喜爱[25]。这一看法似乎与他前面的主张有些自相矛盾，我们仍倾向于他前面的主张。

近年来专门针对棺床的讨论也比较活跃，内容涉及此类葬具的来源、图像配置及丧葬功能等，尤以林圣智最为用力[26]。最近，林氏利用 1957 年王子云所编的《中国古代石刻画像选集》中刊载

[19] 姜伯勤《中国祆教艺术史研究》，北京：生活·读书·新知三联书店，2004 年，118 页。

[20] 山西省考古研究所、大同市考古研究所《大同市北魏宋绍祖墓发掘简报》，24 页图八。

[21] 按宁懋石椁，系 1931 年盗墓者在洛阳汉魏故城北邙山半坡盗掘出土，并有墓志伴出。石椁出土后不久就被盗卖国外，后入藏美国波士顿美术馆。参看郭建邦《北魏宁懋石室和墓志》，《中原文物》1980 年第 2 期，33—40 页，石椁形制特别参看 34 页图二。

[22] 郑岩《青州北齐画像石与入华粟特人美术》，载巫鸿主编《汉唐之间文化艺术的互动与交融》，北京：文物出版社，2001 年，82—83 页。

[23] 巫鸿著，郑岩译《华化与复古——房形椁的启示》，3—4 页。

[24]《华化与复古——房形椁的启示》，3—4 页。

[25]《华化与复古——房形椁的启示》，5 页。

[26] 林圣智《北朝时代における葬具の图像と功能——石棺床围屏の墓主肖像と孝子传图を例として》，《美术史》第 154 号，2003 年，207—226 页；同氏《北朝晚期汉地粟特人葬具与北魏墓葬文化——以北齐安阳粟特石棺床为例》，513—596 页；贺西林《北朝画像石葬具的发现与研究》，载巫鸿主编《汉唐之间的视觉文化与物质文化》，北京：文物出版社，2003 年，341—376 页；李永平、周银霞《围屏石榻的源流和北魏墓葬中的祆教习俗》，《考古与文物》2005 年第 5 期，72—77 页；山本忠尚《围屏石床の研究》，《中国考古学》第 6 号，2006 年，45—67 页；郑如珀《再论石材——以北朝墓葬为中心》，载巫鸿、郑岩主编《古代墓葬美术研究》第 1 辑，文物出版社，2011 年，191—204 页。

的 12 幅围屏拓片，成功复原了一组出土于洛阳地区的北魏石棺床围屏。他以此为基础，将其与安阳出土的北齐粟特人石棺床进行比较研究，得出安阳粟特人石棺床部分遵循了北魏石棺床围屏配置上的成规的结论，并进而指出，北周康业墓、安伽墓围屏中以墓主画像为中心的图像配置，无疑是延续北魏围屏的成规，并非汉地粟特人的发明。他还强调，北魏石棺床围屏不但是作为汉地粟特人葬具的形式，也提供了葬具图像的题材、内容及表现范围的框架。汉地粟特人葬具图像的表现，是在参照这类北魏墓葬图像的基准点上，配合其独特的世俗与宗教图像发展而成[27]。林圣智的研究是近年石棺床问题研究的重大突破，他基本解决了北齐、北周及隋代入华粟特人墓葬中的石棺床的具体来源问题，这对我们进一步研究这批石棺床图像的布局机制及题材内容具有启发意义。

事实上，北魏墓葬以石棺床做葬具并不鲜见，据学者统计，迄今发现有二十余件[28]。河南沁阳北魏墓出土的画像石棺床可视为其中一件。据考古报告，这座年代与宁懋石室年代接近的北魏晚期墓葬采用的葬具是围屏式石棺床，床面由三块石板铺成，其左、后、右三边围以石板，形成围屏，围屏内侧线刻人物形象，棺床前部及腿部饰以动植物图案[29]。而山西大同北魏太和八年（484）司马金龙墓的葬具亦为画像石棺床[30]。值得注意的是，这两座墓葬中还都发现了已朽毁的棺木的痕迹，可知北魏此类墓葬葬具除了石棺床外，还包括盛殓尸骸的木棺。但由于此两墓均早期被盗扰，棺木已移位，以理度之，应厝于石棺床之上。

研究者认为，沁阳墓石棺床从形制到刻画内容，从画幅布局到装饰图案等方面都与司马金龙墓的相似度很高，因此二者之间有承继关系[31]。司马金龙墓石棺床或可视为北魏石棺床的早期形态。由此可见，从较宏观的角度看，北齐、北周以来入华胡人墓葬中以围屏式石棺床做葬具应是承自北魏的传统。

综合上述前人的研究，我们可以进一步明确粟特人房形石椁和粟特人石棺床的具体来源：前者可能来自四川地区，后者是对北魏石棺床的继承与发展，与波斯崖墓应该没有关系。那么，当然也可以这样理解：它们都来自中国本土的传统[32]。

这批粟特人墓葬选择石葬具的原因一直是学界关注的焦点，因为这涉及对这批石葬具的功能的理解。有学者将石葬具与纳骨瓮的功能相联系，郑岩认为，虞弘墓石棺底部空虚，似可起到纳骨瓮的作用[33]。珍妮 • 罗丝（J. Rose）认为，石床的作用和琐罗亚斯德教教义中尸体不与火或水接触相联系，早先收纳尸骨的陶制纳骨瓮，是没有内棺或者外棺的，所以周边

［27］林圣智《北朝晚期汉地粟特人葬具与北魏墓葬文化——以北齐安阳粟特石棺床为例》，513－596 页。

［28］参看贺西林《北朝画像石葬具的发现与研究》一文附录，载巫鸿主编《汉唐之间的视觉文化与物质文化》，北京：文物出版社，2003 年，341－376 页。

［29］参看邓宏里、蔡全法《沁阳县西向发现北朝墓及画像石棺床》，《中原文物》1983 年第 1 期，4－12 页。

［30］山西省大同市博物馆、山西省文物工作委员会《山西大同石家寨北魏司马金龙墓》，《文物》1972 年第 3 期，21－22 页。

［31］参看邓宏里、蔡全法《沁阳县西向发现北朝墓及画像石棺床》，10 页。

［32］有学者认为，棺床和阳宅之床的形制接近，二者皆有可能是汉末至南北朝时期流行的胡床的仿制品（参看邓宏里、蔡全法《沁阳县西向发现北朝墓及画像石棺床》，10 页）。如果这一看法成立，对讨论床与棺床的渊源具有启发意义。但这并不妨碍我们仍将北魏石棺床的做法视为本土传统——可视为吸收、改造外来文化因素后形成的本土文化传统。

［33］郑岩《魏晋南北朝壁画墓研究》，北京：文物出版社，2002 年，260－261 页。

被围起来的石葬具的作用暗示着它们有纳骨瓮的功能[34]。耶鲁大学的韩森（V. Hansen）教授将围屏石榻和石椁与纳骨瓮做了比较，认为像纳骨瓮一样，他们的石椁是在外部装饰的，但是和纳骨瓮不同的是，图像反映的内容不一样，中国的石葬具多反映其现实生活[35]。将这批石葬具的功能与纳骨瓮相比附的最大问题是，有的墓葬中的骨殖根本就没有放在石棺床上，如安伽墓，有的墓葬中骨殖可能只有部分放在石棺床上或石椁内，如虞弘墓和史君墓（对这批墓葬中骨殖信息的分析详后文），所以笔者认为纳骨瓮说值得商榷。

张庆捷认为这些入华粟特人选择石葬具的原因有二：一是入华粟特人的葬俗，随着大环境的改变而不得不发生变化；二是不论石椁也好，石榻也好，都是石质葬具，这些石质葬具，比木葬具更接近于他们传统的盛骨瓮葬具，在木葬具与石葬具之间选择，自然选择了与盛骨瓮相对更接近的石葬具[36]。罗丰认为，粟特人本身是偏好石制品的，用石棺床、石椁的风俗，很可能是中亚富人"累石为藏"传统的延续[37]。林圣智将北朝晚期粟特人对石葬具的偏好归结为受北魏墓葬文化影响的结果[38]。从中国传统葬制的角度看，使用石葬具无疑代表了极高的墓葬等级，因此也有学者认为，这批粟特人选择石葬具是北朝政府优待的结果，北朝政府的优待使他们的墓葬规格超越了一般皇室贵族，因而这批墓葬应该属于别敕葬[39]。

但是，以上解释仍然难以回答下面的问题：为什么单单在北齐、北周和隋这一短暂时期入华粟特人选择石葬具？如果这仅仅是受北朝政府优遇的结果，在北齐、北周和隋粟特贵族均受到如此高优待，岂不太巧合了？而且，至为关键的是，究竟是什么原因使他们获得如此高的优待？为什么此前和此后都未见？入唐以后，尽管考古发现的粟特人墓葬有一定数量，尽管石椁类葬具一度在唐代皇室和高级贵族官僚墓葬中颇为流行[40]，尽管考古发现的唐代粟特墓葬中墓主身份等级也有较高者，却罕见粟特人墓葬中再使用石葬具[41]。难道是入唐

[34] J. Rose, *Zoroastrianism*, IB Tauris, 2011, p.159.

[35] V. Hansen, *Silk Road*, New York, 2012, p.143.

[36] 张庆捷《入乡随俗与故土难忘——入华粟特人石葬具概观》，10页。

[37] 罗丰《北周史君墓出土的拜占庭金币仿制品析》，63页。

[38] 林圣智《北朝晚期汉地粟特人葬具与北魏墓葬文化——以北齐安阳粟特石棺床为例》，513－514页。

[39] 沈睿文《论墓制与墓主国家和民族认同的关系——以康业、安伽、史君、虞弘诸墓为例》，《西域文史》第6辑，北京：科学出版社，2011年，212页。

[40] 唐代皇室及高级贵族官僚使用石葬具的情况，参见王静《唐墓石室规制及相关丧葬制度研究——复原唐〈丧葬令〉第25条令文释证》，《唐研究》第14卷，北京：北京大学出版社，2008年，442－443页。

[41] 姜伯勤先生将唐洛阳龙门粟特人安菩墓（709）中的葬具称为石棺床（参看氏著《中国袄教艺术史研究》，25页），但检视发掘简报可以发现，姜先生所指的安菩墓"石棺床"其实是一面靠墓壁、其余三面用石头包边的长方形棺台，棺台上置棺（参看洛阳市文物工作队《洛阳龙门唐安菩夫妇墓》，《中原文物》1982年第3期，21页）。将这样的棺台称为棺床当然也可以，但是如果称"石棺床"则不太妥当，因为其材料与结构跟我们现在讨论的由若干块石板拼合而成、下部中空、形似床榻的石棺床显然不同。唐代粟特裔墓葬的棺床除安菩墓的做法外，还有砖砌的，如安元寿墓（683，参看昭陵博物馆《唐安元寿夫妇墓发掘简报》，《文物》1988年第12期，37页），还有将生土台表面稍加夯筑而成的，如史道德墓（678，参看宁夏固原博物馆《宁夏固原唐史道德墓清理简报》，《文物》1985年第11期，21页）。类似上述墓葬以石、砖垒砌棺床或直接以生土构筑棺床的做法其实也出自中国本土的传统，更早的实例可参看太原北齐娄叡墓和磁县湾漳北朝壁画墓的做法。参看山西省考古研究所、太原市文物管理委员会《太原市北齐娄叡墓发掘简报》，4页；中国社会科学院考古研究所、河北省文物考古研究所《磁县湾漳北朝壁画墓》，北京：科学出版社，2003年。可见唐代此类棺床的做法当源自北朝。

以后朝廷对粟特人的优遇突然消失了？当然，这种情况我们也可以理解为唐代墓葬规制较严，但事实并非如此[42]。因此笔者认为，北齐、北周和隋这一时期入华粟特贵族不约而同地选择石葬具，应当与他们彼时的文化心态有关，也就是说，我们必须考虑他们不约而同地选择汉地传统石葬具的心理因素。而他们彼时的文化心态应当包括对自身原有的丧葬习俗的坚持与调适、对自身原有的宗教信仰的坚持与调适。因此，他们不约而同地选择源于汉地丧葬传统的石葬具作为自己的葬具，并不一定完全是为了接续或因袭汉地石葬具的丧葬功能，而是同时想表达其自身的某种心理诉求，这种心理诉求应当与其对自身原有的丧葬习俗的坚持与调适有关。也就是说，如果说这批粟特贵族给石葬具赋予了新的丧葬文化内涵的话，这种新内涵一定与粟特人自身的丧葬文化传统有关，一定与他们对自身的丧葬文化传统的坚持与调适有关。只是，目前我们还无法准确解读出他们的心理诉求究竟是什么，因而也就无法准确归纳出这些进入粟特人墓葬的石葬具的功能究竟是什么，这应该是我们今后努力的方向[43]。

不过有一点可以肯定，这些源于汉地丧葬传统的石葬具在进入这些粟特贵族墓之后，它们汉地墓葬中所固有的丧葬功能大大弱化了——它们本来是这批墓葬中最重要的构件，本来是妥善安置墓主人遗体的地方，却似乎没有很好地加以“利用”[44]。安伽墓石棺床上空无一物，墓主骨骸畏缩于甬道中，而史君墓、虞弘墓中的石椁也并未体现其安放死者遗体传统功能，椁内既无敛尸的棺，甚至尸骨是否全在椁中也存疑（这方面的问题后文将专门讨论，这里不赘）。这些现象足以说明，除康业墓外，这些高档石葬具的汉地传统功能在这批粟特人墓葬中并没有被很好地加以“利用”。这更说明这一时期入华粟特贵族们普遍选用石葬具别有深意。

[42]《唐会要》卷三八《葬》载长庆三年（823）浙西观察使李德裕奏文称时下“丧葬僭差，祭奠奢靡”，建议“今百姓等丧葬祭，……其葬物涉于僭越者，勒禁”。又同书同卷载会昌元年（841）御史台奏请条流京城文武百寮及庶人丧葬事称丧葬之礼“士庶之家，近罕遵守，逾越既甚，靡费滋多”（上海古籍出版社，1991 年，815－817 页）。上述记载表明，唐代的墓葬规制也并非铁板一块，违制的情况多有发生，特别是中后期以后。此种现象也得到了考古材料的印证。最近发掘的唐代幽州卢龙节度使刘济（757－810）墓，就采用了大型须弥座式彩绘石棺床做葬具。墓葬位于北京市房山区长沟镇，2012—2013 年由北京市文物研究所主持发掘。考古简报尚未见刊发，此据媒体报道。又，前揭史道德墓天井多达 7 个（《宁夏固原唐史道德墓清理简报》，21－22 页）；安元寿墓的天井也多达 5 个（《唐安元寿夫妇墓发掘简报》，37－38 页）。按照唐代规制，比照墓主身份，此二墓绝对是逾制的，可见逾制现象在号称墓葬规制执行甚严的唐代前期就已出现。

[43] 一种观点认为，这些石棺床犹似“胡床”，缘因中亚胡王有坐“重床”的传统，安伽墓围屏石榻类似于安禄山所坐的重床（参看张广达《再读晚唐苏谅妻马氏双语墓志》，原载《国学研究》第 10 卷，北京：北京大学出版社，2002 年，此据氏著《文本、图像与文化流传》，桂林：广西师范大学出版社，2008 年，268－269 页；沈睿文《论墓制与墓主国家和民族认同的关系——以康业、安伽、史君、虞弘诸墓为例》，219－220 页）。这一观点富有启发意义，如果成立，则可将入华粟特人墓葬选择围屏石榻的做法视为本土传统与中亚胡俗的有机结合。但遗憾的是，这一解释仍不能有效回答为何这批粟特人都在这一时期不约而同地选择围屏石榻的问题。

[44] 这方面只有康业墓表现稍好，因为墓主的遗体完整地置放在石棺床上。

三、葬式及随葬品

（一）葬式

这几座入华粟特人墓葬中，康业墓属一次葬，且尸体较完整地保留在石棺床上，这应是中国本土的做法。史君墓由于被盗扰的缘故，属一次还是二次葬难以究明，其余虞弘墓、安伽墓均有二次葬的痕迹，其中安伽墓对尸体的处理更加特殊。

考古报告称，安伽墓甬道内放置墓志一合，墓志北侧和东侧放置遗骨及铜带具一副，骨架基本完整，但分布较凌乱，部分骨头表面局部为黑色，可能是火烧烟熏痕迹，估计应为二次葬。甬道内显然曾遭火焚，顶、壁白灰表面焦黑并大面积脱落，墓志、人骨甚至地砖底、侧面都有黑色烟炱。人骨经鉴定，可以肯定是安伽本人的遗骨[45]。甬道内出土鎏金铜带具一副。报告还称，虽然甬道、墓室顶、壁及砖封门等处烟熏痕迹明显，但围屏石榻表面不见明显的烟熏痕迹，似乎墓葬内的大火对围屏石榻没有一点影响。报告者对此的理解是：火主要是在甬道内燃烧的，烟从封门砖的空隙流向地势较高的甬道口，这样，位于墓室较低位置的围屏石榻所受影响也就很小了[46]。

针对该墓的火焚现象，有学者提出一个大胆的推测，怀疑在甬道内燃火是盗墓者所为，但考古报告并没指出该墓曾被盗扰过。事实上，墓内火焚现象在这批粟特人墓葬中并非孤例，在没有被盗扰的康业墓中也存在火焚的痕迹，据考古报告称，在该墓墓室中部存在约 1 平方米的烧土面[47]。至于安伽墓是否被盗扰过是很容易判明的，事实上，在关中及中原北方从事考古工作的人，只要稍有墓葬发掘经验，对北方地区墓葬盗扰的痕迹还是能够识别出来的，因为盗洞虽经回填，但痕迹虽经千年也会依然存在。因此，报告中既然明确指出该墓未被盗扰[48]，这就意味着该墓的确不曾被盗。因此，火焚行为应是墓主入葬时所为。

报告既然称人骨局部为黑色，表明遗骨并没有被全部过火，而墓葬又未被盗过，这进而表明，墓主尸体进入墓葬之前就已经只剩骨殖了[49]。从骨殖分布较凌乱的情况也能说明这一点，如果尸体是完整地放入墓葬的，即便经过火焚，身体各部位的骨骼也应保留在大致相应的位置上，毕竟该墓未被盗扰过，因此报告推测为二次葬是有道理的[50]。甬道内发现的

---

[45] 遗骨的体质人类学鉴定结果，参看韩康信《北周安伽墓人骨鉴定》，载《西安北周安伽墓》附录一，100－101 页。

[46] 陕西省考古研究所《西安北周安伽墓》，12－13、63 页。

[47] 西安市文物保护考古所《西安北周康业墓发掘简报》，14 页。

[48] 关于该墓是否存在盗扰的情况，报告有详细的表述："安伽墓第五天井北侧及甬道口两道砖封门保存完好，甬道、墓室顶及砖壁均不见盗洞，封门以内基本没有淤土，因砖砌墙壁下陷造成的地面隆起对墓志、骨架、围屏石榻摆放位置影响不大，发掘时所见应该基本反映了当时安葬的情况。"参看陕西省考古研究所《西安北周安伽墓》，86 页。这说明封门以内（包括甬道和墓室）不存在任何被盗扰的痕迹。

[49] 考古报告也如是判断："墓主人的遗骨比较凌乱地摆放于墓志北侧及东侧，有的骨殖局部有明显的火烧烟熏痕，这说明在埋葬之时，墓主人已由尸体变成骨殖了。"参看陕西省考古研究所《西安北周安伽墓》，86 页。

[50] 人骨鉴定结果也支持这一判断。韩康信先生指出，安伽墓人骨"骨骼之间没有任何自然连接而是呈单个游离状态，证明这些骨骼安置在甬道时，已经没有软组织的支持"。（韩康信《北周安伽墓人骨鉴定》，93 页）这意味着，墓主尸体进入墓葬之前就已经被处理为骨殖了。

一副鎏金铜带具应是在甬道内焚烧墓主人衣物（包括腰带）的遗留物，但腰带不太可能像报告所推测的那样，原系于墓主人腰间[51]，因为墓主人入墓之前已成骨殖。大火对围屏石榻没什么影响，固然有地势的原因，但因此也可以看出，火烧的重点在骨殖而不在墓室内的围屏石榻。

安伽墓为二次葬已不容置疑，但一种观点认为，安伽墓中存在两次焚烧行为，首先在墓中进行了鲜卑式的烧物行为（属于鲜卑烧物葬或别敕葬的内容），其次，再将天葬后的尸骨放置在墓志处焚烧（属于突厥烧葬的内容）[52]。按照这样的逻辑，则安伽葬俗中同时采用了粟特祆教葬俗、鲜卑葬俗和突厥葬俗等三种葬俗，其复杂程度超乎一般人的想象，似乎求之过深。当然，最重要的是，论者无法提供安伽墓中曾有过两次焚烧的确凿证据。

笔者认为，安伽墓火烧骨殖的做法仍然要从粟特祆教葬俗中求解，应当与中亚祆教葬俗有关，中亚的考古材料表明，虽然将尸体置于达克玛上（处）让鸟兽啄噬、肉尽后纳骨殖入瓮是中亚祆教葬俗的普遍做法，但还有其他做法，其中包括焚烧尸体。

为便于分析，这里结合考古材料，对中亚祆教葬俗先稍作回顾，并对中国古籍中的相关记载稍加辨析。

早在 19 世纪晚期，各种外形各异的陶质纳骨器就开始在中亚地区被陆续发现，特别是 20 世纪 30－60 年代，前苏联学者在撒马尔罕附近的阿夫拉西亚阿勃（Afrasiab）、塔吉克斯坦西部的片治肯特（Panjikent）、比什凯克东部楚河流域的克拉斯纳亚 · 雷切卡（Krasnaya Rechka）、阿克 · 贝希姆（Ak-Beshim）等遗址，以及花剌子模地区发现了大量的陶质纳骨器。其形态大小不一，有的外表绘刻图像，其年代，最早的可以到公元前几世纪，大多则属 6－8 世纪。这类纳骨器学界称之为纳骨瓮，值得注意的是，并非所有的纳骨瓮都盛的是二次葬骨殖，有的内装火葬余灰[53]。总之，使用骨瓮的葬俗在索格底亚那（Sogdiana）、花剌子模、塔什干绿洲和谢米列契相沿成风。当死者的肉从骨头上脱尽时，把骨头收集起来放入骨瓮，然后放在一个专门的处所[54]。事实上，在伊斯兰化之前，中亚地区盛行纳骨瓮崇拜[55]。所以，在中亚地区，纳骨瓮不仅仅代表一种葬俗，更代表着一种特殊的丧葬文化。

---

[51] 陕西省考古研究所《西安北周安伽墓》，63 页。这样推测与报告提出的二次葬也自相矛盾。

[52] 参看沈睿文《夷俗并从——安伽墓和北朝烧物葬》，4－17 页；同氏《论墓制与墓主国家和民族认同的关系——以康业、安伽、史君、虞弘墓为例》，223 页；同氏《天水石马坪石棺床墓的若干问题》，提交“粟特人在中国：考古发现与出土文献的新印证”国际学术研讨会论文，2014 年 8 月，银川。

[53] 有关中亚纳骨瓮的发现情况，参看香山阳坪《アオスリについて——中央アジア · ゾロアスター教徒の藏骨器》，《史学杂志》第 72 编第 9 号，1963 年，54－68 页。20 世纪 90 年代，有学者对中亚纳骨瓮进行了更深入的分类研究，参看 G. A. Pugachenkova, “The Form and Style of Sogdian Ossuaries”, *Bulletin of the Asia Institute,* new series, 8, 1996, pp. 227-243.

[54] B. A. 李特文斯基主编，马小鹤译《中亚文明史》第三卷第十八章《宗教与宗教运动（二）》，北京：中国对外翻译出版公司，2003 年，367 页。

[55] M. Niekum, “The Role of Shrines and Temples in the Urban Sogdian Community: An Ethno-Archaeological Perspective From Contemporary Bukhara”, in A. Gritsina & K. Tashbaeva, *Civilizations of Nomadic and Sedentary Peoples of Central Asia*, Samarkand and Bishkek, 2005, p. 286.

前苏联著名中亚史专家巴尔托里德（V. V. Barthold）很早就指出纳骨瓮与中亚拜火教有关联，并将其视为区别中亚拜火教与萨珊波斯拜火教的重要标志："中亚的拜火教有一些不同于萨珊朝波斯拜火教的地方特点。其特点之一为一种骨匣。这是些绘有画（有时为浮雕）的小黏土匣子，里面装有肉体腐烂后的骨头，因为土地不允许被腐烂的尸体所玷污。这种骨匣只在俄属突厥斯坦发现。"[56]其后很多学者也将其与粟特祆教葬俗相联系。但近期也有学者对此提出不同看法，认为古代中亚地区在伊斯兰化之前，是中西文明汇聚之地，各种宗教或原始信仰并行，因此用陶器殡葬还可能出于其他文化背景，未必都是基于原始琐罗亚斯德教的戒律[57]。诚然，由于此种纳骨瓮在中亚地区出现得比较早[58]，且持续的时间很长，将其全部视为粟特祆教徒的葬具似乎不妥。不过，将6—8世纪的中亚纳骨瓮视为粟特祆教的葬俗大致不误，因为学者对纳骨瓮上的绘刻的图像题材做过研究考释，考释的结果大多指向祆教。

法国学者葛乐耐（F. Grenet）对粟特、花剌子模地区发现的6—7世纪的纳骨瓮上绘刻的图像进行了深入研究，认为包括火坛祭司在内的这些图像与祆教葬仪有关，特别是他对粟特故地比雅-乃曼（Biya-Nayman）出土的纳骨瓮画面上的六位神祇的考释，引起人们的普遍关注。葛乐耐认为这是一组稳定的人物形象，即三个男神和三个女神，至少有几个与祆教葬仪密切相连。葛乐耐与其他一些学者将他们锁定为自然界"六大不朽元素"（Amesha Spentas），即天空、水、土地、植物、动物和火的保护神，他们伴随在祆教主神阿胡拉·马兹达（Ahura Mazda）身边，成为他的六大从神，在祆教经典中他们也投身于祈祷仪式。每一位神祇与六大元素之一和某一特定物质世界相关联：Vahman（手托一盘，盘中立小兽者），意为"好的思想"，在天国代表马兹达的智慧和善良，是掌管动物世界和月亮的神；Ardvahisht（端着火坛和灰铲者）,火的守护神；Shahrevar（被画作大胡子武士形象者）,掌管金属和武器的神、天空的守护神；Amurdad（画面中手捧丰饶角的女神），植物的保护神；Hordad（画面中紧抱研钵的女神），水神；Spandarmad（画面中手持骨灰盒的女神），土地女神，又被称为"骨殖的保存者"（图5）[59]。

---

[56]（俄）维·维·巴尔托里德著，耿世民译《中亚简史（外一种）》，北京：中华书局，2005年，8页。该书原名《东突厥斯坦简史》，为作者20世纪20年代在前塔什干中亚大学的讲义，1922年在塔什干初版。

[57]林悟殊《西安北周安伽墓葬式的再思考》，《考古与文物》2005年第5期，67页。

[58]最早出现于前2世纪，在贵霜时代型式最多，参看蔡鸿生《唐代九姓胡与突厥文化》，北京：中华书局，1998年，135页。

[59]葛乐耐著，毛民译《北朝粟特本土纳骨瓮上的祆教主题》，载张庆捷主编《4—6世纪的北中国与欧亚大陆》，北京：科学出版社，2006年，195—196页；葛乐耐著，毛民译《粟特盛骨瓮上的歌舞和神祇》，《内蒙古大学艺术学院学报》2008年第1期，101—106页；葛乐耐《比雅纳尔曼与米安卡尔纳骨瓮装饰考释》，载《古代及早期中世纪的大夏—吐火罗斯坦—粟特城市文化》，1987年。原文为俄文，此据姜伯勤《中国祆教艺术史研究》，191页。有关阿胡拉·马兹达六大从神的详细解释，参看元文琪《〈阿维斯塔〉导读》，载贾利尔·杜斯特哈赫选编，元文琪译《阿维斯塔——琐罗亚斯德教圣书》，北京：商务印书馆，2005年，417—423页。

图 5　比亚—乃曼出土的有印章的 7 世纪纳骨瓮线描图
（采自葛乐耐《粟特纳骨瓮上的歌舞和神祇》，毛民译，图六）

当然，针对葛乐耐的解释，中亚本地考古学者有不同意见，他们大多倾向于认为这些自然界的神是各自独立的神祇，是在祆教亡灵死后的不同阶段中所分别遇到的，因而没有组合关系。无论如何，尽管目前对这组图像的解读还有分歧，但与祆教和祆教葬仪有关则是大家的共识。此外，俄国学者马尔沙克（B. I. Marshak）、普加琴科娃（G. A. Pugachenkova）、帕夫琴斯卡娅（L. V. Pavchinskaia）等在对粟特本土纳骨瓮的专题研究中都涉及其表面的图像研究，认为这些图像与当地的琐罗亚斯德教教义和仪式有关[60]。

中国史籍对粟特本土 6—7 世纪的葬俗也有一些记载，《隋书·石国传》载石国葬俗谓：

> 正月六日、七月十五日，以王父母烧余之骨，金瓮盛之，置于床，巡绕而行，散以花香杂果，王率臣下设祭焉。礼终，王与夫人出就别帐，臣下以次列坐，享宴而罢。[61]

又韦节的《西蕃记》载康国葬俗："国城外别有二百余户，专知丧事。别筑一院，院内养狗。每有人死，即往取尸，置此院内，令狗食之，肉尽收骸骨埋殡，无棺椁。"[62]

上述记载中以瓮盛骨的做法以及"无棺椁"的做法在中亚地区考古发现中都得到了印证，因此，学者多倾向于认为上述记载反映了石国和康国的祆教葬俗。但是，也有学者质疑上述葬俗的祆教属性。

针对石国葬俗的记载，有学者认为这表明石国粟特人实行火葬[63]。但也有学者认为火葬习俗世界范围内比较普遍，并非某一民族某一宗教专有，因此石国的做法未必一定与祆教有关，并认为石国葬俗类似突厥法[64]。按"烧余之骨"，字面意思理解为"尸体焚烧之后所余之骨"大致不误，那么"烧余之骨"就是指骨灰，骨灰最后用"金瓮盛之"。而根据前文

[60] B. I. Marshak, "On the Iconography of Ossuaries from Biya-Naiman", *Silk Road Art and Archaeology*, 4, 1995/1996, pp. 299-321; G. A. Pugachenkova, "The Form and Style of Sogdian Ossuaries", pp. 227-243; L. V. Pavchinskaia, "Sogdian Ossuaries", *Bulletin of the Asia Institute,* new series, 8, 1996, pp. 209-226.

[61]《隋书》卷八三，北京：中华书局，1973 年，1850 页。

[62]《通典》卷一九三引，北京：中华书局，1989 年，5256 页。

[63] 韩伟《北周安伽墓围屏石榻之相关问题浅见》，《文物》2001 年第 1 期，93—94 页。

[64] 林悟殊《西安北周安伽墓葬式的再思考》，67—68 页。

的提示，骨灰盛于瓮中的做法，即先焚烧尸体，再纳骨灰入瓮的做法，在中亚并不鲜见。所不同者，身份高贵的石国王父母享用的是金瓮，而更多的普通民众只能享用陶瓮，所以考古发现的绝大部分为陶瓮。虽然，正如学者指出的那样，中亚使用纳骨瓮的做法不能完全与祆教画等号，但前文所揭示的相关研究已充分表明，6—7 世纪的纳骨瓮遗物几乎都与祆教葬俗有关，而《隋书·石国传》所反映的时代恰当 6—7 世纪。因此我们认为，结合考古材料，将这条文献记载置于祆教葬俗的背景下考虑能得出更合理的解释。

至于突厥葬俗，虽然也流行火葬，但与石国的做法有明显区别。《周书·突厥传》载突厥葬俗云："死者，停尸于帐……择日，取亡者所乘马及经服用之物，并尸俱焚之，收其余灰，待时而葬。春夏死者，候草木黄落，秋冬死者，候华叶草茂，然始坎而瘗之。……葬讫，于墓所立石建标。其石多少，依平生所杀人数。"[65] 据此可知，突厥葬俗是先将尸体并死者生前所用之物俱焚之，然后收余灰埋瘗（土葬），而祆教葬俗在火烧尸体后，将骨灰纳入骨瓮（石国的做法正与此同），可见二者的做法有明显不同[66]。

针对康国葬俗的记载，有学者质疑狗噬尸体的做法有违琐罗亚斯德教教义，且认为阿契美尼德时期的原始祆教中也没有有意让狗噬尸体的葬俗，缘因狗被琐罗亚斯德教视为神圣的动物。该教认为，人死后尸体附有一种致命的尸毒（Drug nasu），需要借助狗来驱除，这一过程称为"犬视"。学者因此认为，祆教葬仪中不可能让狗噬尸体，而达克玛（Dakhma，专门为暴尸体于其上的高层葬尸台）的结构也使得狗及其他兽类无法靠近尸体。因此他们或认为这条记载有误，或认为属天葬、野葬之类，与祆教葬俗无关。笔者认为上述观点还有商讨的余地。

由于缺少达克玛的早期遗存作参照，以往学者多将印度帕尔西人的寂静塔作为波斯、中亚地区达克玛结构形制的参考。但根据学者的研究，陈尸以供猛禽啄食的寂静塔实际上到了很晚阶段，即大约在 17 世纪，才开始修建。事实上，中古时期的达克玛既可以是一种塔状建筑，这是这种用途的建筑物的习见形式，也可以是一处四周边缘比较分明的天然高地。但是，即便是前一种形式，其建筑时所遵循的模式也随时代、地域、气候和相关的社会条件之不同而呈现种种地方性的变异[67]。在中古时期，一块沼泽地也可以被圈划出来当做达克玛使用，穆格山（Mugh）

---

[65]《周书》卷五九，北京：中华书局，1971 年，910 页。

[66] 当然，这并不等于说，粟特葬俗与突厥葬俗完全无关。事实上，自 6 世纪 60 年代突厥入侵中亚开始，粟特人与突厥人的关系一直非常密切，约 7 世纪中期突厥汗国瓦解之后，突厥人已有某种程度的祆教化（参看蔡鸿生《唐代九姓胡与突厥文化》，134—136 页）。反过来讲，粟特葬俗受到突厥葬俗的影响也并非不可能，但针对具体材料需要具体分析。日本 Miho 美术馆所藏石棺床后壁第三块石板 J 上的粟特丧葬仪式图中，以及在片治肯特发现的粟特丧葬仪式壁画中，都出现了送葬者剺面的情形。学者已正确指出，这是受突厥葬俗影响的结果（参看姜伯勤《入华粟特人祆教艺术与中华礼制艺术的互动——Miho 博物馆所藏北朝画像石研究》，载氏著《中国祆教艺术史研究》，84—85 页；荣新江《北朝隋唐粟特聚落的内部形态》，载氏著《中古中国与外来文明》，154—156 页）。但是，这里我们想强调的是，这并没有改变这些葬仪的祆教属性，因为很显然，整个葬仪仍以祆教内涵为主导。因此，比照考古资料提供的信息，我们认为对《隋书》卷八三《康国传》所载"婚姻丧制，与突厥同"的理解不能过于绝对。

[67] 参看 M. Molé, *L'Iran ancien*, Paris: Bloud & Gay, 1965, p. 63. 此据张广达《祆教对唐代中国之影响三例》，原载龙巴尔、李学勤主编《法国汉学》第 1 辑，北京：清华大学出版社，1996 年；收入氏著《文本、图像与文化流传》，桂林：广西师范大学出版社，2008 年，242 页注 10。

出土的一件粟特丧葬契约中涉及的一处达克玛就是“askase”，即沼泽地[68]。由此可见，由于达克玛形式的多样性，并不能完全排除狗及其他肉食性兽类能接触到尸体的可能性。事实上，琐罗亚斯德教也并没有绝对禁止狗及其他兽类食噬尸体。现存唯一的琐罗亚斯德教经典《曾德-阿维斯塔》（*Zend-Avesta*）的第一部分《闻迪达德》（*Vendidad*）第三章第4—5节，训示琐罗亚斯德教徒要把死者放在鸟兽出没的山顶上，让狗噬鸟啄[69]。

根据中亚葬俗专家葛乐耐等的研究成果[70]，张广达先生将中亚祆教葬仪程序归纳为三个时间段：第一时间段——这只是在天气恶劣或时辰过晚而不能在人死之后立即将尸体运往尸肉处理场的情况下的变通处理——可以把尸体放在屋内挖成的坑穴中，或暂厝于专为这种用途而建造的室内；第二时间段，尸体被运到应暴露给食肉禽兽的地点，尸体被放置到尽可能高处，以确保有狗和噬腐肉的猛禽的光顾，此处旨在用以去除尸肉的建筑物和天然场地被称为达克玛；第三时间段，即最后时间段，为处理去除肌肉之后的骸骨的阶段，有两种并行不悖的做法：一是骨骸留置原地，暴露于光天化日之下，因为尸肉已去，引起病疫的危险已经消除；二是加以收殓，安置到一个封闭的构筑物中，或放到一个叫“骨瓮”的器皿内[71]。由此可见，现代研究也显示，中亚祆教葬俗中并没有有意排斥包括狗在内的肉食性兽类食噬尸体的情况。

综合以上分析，并结合贞观初年玄奘途径飒秣建（康国）时所见[72]，我们认为《西蕃记》的记载是可靠的，如果是作者的道听途说，其内容不可能与今天通过考古材料的研究结果如此契合。用今天的研究成果反观《西蕃记》的记载，就不难发现，该记载为中古中亚祆教葬俗中的达克玛形式的多样性提供了一个很好的注解——康国别院无疑可视为达克玛形式的一种。

选择天然场地（如上文提到的沼泽地）或类似“康国别院”的场所作为达克玛，或可视为中亚达克玛的变异形式。将尸体置于这些变异的达克玛中是否严格遵循了琐罗亚斯德教尸体不接触土壤（地面）的规定值得怀疑，因为“康国别院”是人工建筑，其中若建有使尸体隔绝地面的台状建筑尚可理解，但未经人工处理的“天然场地”如沼泽地被作为达克玛时，尸体未必不接触地面。这提示我们，中古中亚祆教葬俗似乎也有其复杂、多元的一面，火葬形式的存在似乎能说明这一点。

---

［68］参看张广达《祆教对唐代中国之影响三例》，242页。

［69］*The Sacred Books of the East*, Vol. IV, *The Zend-Avesta*, Part I, pp. 72-73.

［70］这些成果包括：F. Grenet, *Les pratiques funéraires dans l’Asie centrale sédentaire de la conquête grecque à l’islamisation*, Paris: CNRS, 1984, pp. 34-37; F. Grenet, “Les pratiques funéraires dans l’Asie centrale préislamique”, in *Grand atlas de l’archéologie,* Paris: Encyclopaedia universalis, 1985, pp. 236-237.

［71］参看张广达《祆教对唐代中国之影响三例》，241页。

［72］玄奘所见飒秣建“王及百姓不信佛法，以事火为道”。（慧立、彦悰著，孙毓棠、谢方点校《大慈恩寺三藏法师传》，北京：中华书局，2000年，30页）参照后来慧超的记载，可知这里的“事火”应是指“事火祆”。这种情况直到大食征服粟特地区后仍然没有马上改变。开元年间，慧超在经行粟特地区时，看到包括康国在内的粟特诸国虽已“并属大寔所管”，但仍“总事火祆，不识佛法”（参看慧超著，张毅笺释《慧超往五天竺国传笺释》，北京：中华书局，1994年，118页）。从中亚现存的佛教遗存看，当时佛教在中亚地区流行的区域主要在今吉尔吉斯斯坦境内的楚河流域至今塔吉克斯坦境内的阿姆河上游地区。

中亚祆教葬俗火葬形式的存在，不仅被盛有骨灰的纳骨瓮所证实，前苏联考古学者在布哈拉绿洲的谢塔拉克（Сеталак）所做的发掘工作也为我们提供了新线索。据考古报告，谢塔拉克一期遗址第二阶段，修建的是正方形建筑物。其中心建有一个四花瓣形的高台地，直径达30多米，吸收了原先的建筑形式。在其北墙西侧还发现了3米×2米的篝火灰烬，灰中有人的骨骼。对此学者认为，琐罗亚斯德教所进行的丧葬仪式是埋葬洁净的骨骼，但在冷却的篝火中保留骨骼，则是这种丧葬仪式的变异形式[73]。对于谢塔拉克一期庙宇的用途，发掘者认为，这是一所具有明显的圣火崇拜及篝火灰烬盲目崇拜的圣殿[74]。

根据以上学者的分析和发掘者对遗址属性的判断，再次证实中亚琐罗亚斯德教存在火葬习俗——将尸体焚为灰烬，仅余少许骨骼。尽管学者已指出，琐罗亚斯德教经典中有禁止火葬的文字，因为火烧尸体会污染火，但面对考古材料，我们不得不承认，这些多少带有一些原教旨主义色彩的教义在中亚粟特地区有所变通。

新疆地区的考古发现也值得注意。1983年7月，焉耆县文管所工作人员在七个星（Shikshin）佛寺遗址北区发现了三个陶棺，其中一残陶棺中有经火烧过的碎人骨。由于当时工作人员未带发掘工具及绘图纸等，遂对三陶棺进行了就地掩埋。遗憾的是，当1986年工作人员再次前往该处时，三陶棺均已不存，仅采集到几片较大的陶棺残片，残片现藏焉耆县文管所[75]。日本学者影山悦子根据残存陶棺的形制与表面刻画的纹饰，比照其他地区出土的同类文物，确定其为粟特祆教徒的葬具，即通常所说的粟特纳骨瓮[76]。这一看法已为学界普遍接受。那么，如果上述火烧骨殖的行为确系骨骸置入纳骨瓮之前所为，则焉耆的发现可视为祆教葬俗中存在焚烧尸体的做法的又一例证。

中亚焚烧尸体的习俗可能源自古老的花剌子模传统。花剌子模最引人注目的遗址，是前2000年末期的阿米拉巴德（Амирабад）文化中的塔吉斯干（Тагискен）大墓穴。该墓葬遗址由数十座大坟墓组成，而且这些坟墓的构造各不相同。值得注意的是，所有的墓葬都被盗过，而且有过燃火的痕迹[77]。一些研究者认为，火灾是由于焚烧尸体的变异风俗引起的[78]。这样的分析有一定道理，因为如果火灾是盗墓者所为，不可能所有的墓葬都遭火焚，可见火葬习俗在花剌子模很早就存在。

---

[73] И.札巴罗夫、Г.德列斯维扬斯卡娅著，高永久、张宏莉译《中亚宗教概述》，兰州：兰州大学出版社，96－97页。

[74] P. A.默哈迈德扎诺夫《谢塔拉克1期发掘工作》，载《公元3－8世纪古代布哈拉绿洲文化》，塔什干，1983年，56、121页。此据前揭《中亚宗教概述》，97页。

[75] 相关情况的详细介绍，参看毕波《粟特人在焉耆——从七个星发现的纳骨器说起》，提交“粟特人在中国：考古发现与出土文献的新印证”国际学术研讨会论文，2014年8月，银川。

[76] 参看影山悦子《东トルキスタン出土のオツスアリ（ゾロアスター教徒の纳骨器）》，《オリエント》40（1），1997年，84页。

[77] 前揭《中亚宗教概述》，45页。

[78] 参看С. П.托斯托夫、Т. А.日丹科、М. А.伊吉娜《1958－1960年苏联科学院花剌子模考古人类学考察报告》，第6卷，1963年。此据前揭《中亚宗教概述》，45页。

同属花剌子模的较晚期遗址科依—克雷尔干—卡拉遗址（前4—4世纪）中也发现了火葬的遗迹。该遗址是一座圆形建筑，直径达80米左右。发掘资料使人们仿佛看到了中央建筑物中的停尸房，在这里，丧葬仪式与尸体的焚烧有关[79]。这很容易让人联想起上述阿米拉巴德文化中的塔吉斯干大墓火葬的做法，应是塔吉斯干大墓火葬习俗的延续。

再结合谢塔拉克遗址的情况，我们有理由相信，源自古老的花剌子模火葬传统，后来被中亚拜火教吸收了。总之，中亚古老的火葬习俗一直与祆教葬俗如影随形，以至于学者甚至认为，纳骨瓮葬俗的形成，是东伊朗部落两大葬仪，即天葬（陈尸供凶兽和鸟啄食）与火葬（收骨埋灰）合流的结果[80]。

综合以上分析，我们认为，既然排除了安伽墓被盗墓者纵火的可能，火焚的做法应是埋葬时有意而为；而既然这种奇异的做法在中土丧葬语境中难以解释，那么不妨与中亚祆教丧葬习俗相联系，当然，证据是最重要的，所幸我们还能为这种联系找到一些证据。一言以蔽之，安伽墓中火烧尸骨的做法应是源自中亚拜火教的火焚尸体的传统，而这一传统可能源自中亚更古老的花剌子模火葬习俗[81]。

如前所述，史君墓的葬式由于被盗扰的缘故难以究明。考古报告称，由于墓室已被严重盗扰，骨架散乱于石椁内外。经初步鉴定，出土的骨架有人骨和兽骨，人骨分属两个个体，其中一具为男性，一具为女性。从出土的骨骸看，未发现火烧的痕迹[82]。由“骨架散乱于石椁内外”一语，可以知道部分骨架其实散落于墓室中。“骨架散乱于石椁内外”的原因有两种可能：一是盗墓者扰动所致。如果是这样，则可以认为骨架原本位于石椁内，那么一次葬（即将尸体直接置入石椁内）的可能性比较大。二是该墓被盗扰前骨架即如此散乱分布，参照虞弘墓的情况（详下文），这种可能性也是存在的。如果是这样，则可以认为入葬前死者遗体已处理为骨骸了，那么二次葬的可能性比较大。

同样被盗扰过的虞弘墓人骨散见于椁内、墓室和椁座盖板下，多已朽毁破碎。经专家鉴定，零散人骨原为两个个体，一为男性，已不完整，一为女性，尸骨也不完整。据测定，男性年龄在50—60岁，与墓志中虞弘死于59岁的记载正相吻合，应为墓主虞弘；女性年龄在40—60岁，应为虞弘夫人[83]。至于尸体原来所在的位置，报告者推测说，由于该石椁形制特殊，椁座较高，椁座盖板均为汉白玉石板，形成一个平滑的台面，因此也有可能墓主人夫妇尸体系直接放在平台之上[84]。

---

[79] 参看С. П.托斯托夫、Б. И.瓦因别尔格《科依—克雷尔干—卡拉——公元前4世纪至公元4世纪花剌子模文化遗迹》，载《花剌子模民族志学考古调查团丛刊》第5卷，莫斯科，1967年。此据前揭《中亚宗教概述》，127页。

[80] 拉波波尔特（Y. A. Rapoport）《花剌子模的盛骨瓮（花剌子模宗教史）》，《苏联民族学》1962年第4期，80—83页。此据蔡鸿生《唐代九姓胡与突厥文化》，135页。

[81] 姜伯勤先生认为，安伽墓火焚的做法是粟特祆教葬俗与突厥火葬习俗的折中，参看姜伯勤《西安北周萨保安伽墓图像研究——伊兰文化、突厥文化及其与中原文化的互动与交融》，原载《华学》第五辑，广州：中山大学出版社，2001年，此据氏著《中国祆教艺术史研究》，118页。但通过上文的分析，我们更倾向于与祆教葬俗相联系。

[82] 西安市文物保护考古所《西安市北周史君石椁墓》，40页；西安市文物保护考古研究院《北周史君墓》，62—65页。

[83]《太原隋虞弘墓》，24、47页。

[84]《太原隋虞弘墓》，47页。

如果按照报告者的推测，那么虞弘墓应是一次葬（即将尸体直接置入石椁内），散落在墓室内的骨骸可视为盗墓者所为，但是椁座盖板下出现人骨则不好理解，这一点已引起学者的注意[85]。据考古报告，椁座盖板共6块，均为汉白玉质，上面光滑，下面粗糙，6块盖板刚好拼合成一个闭合的、光滑的平台，平台可能用来安放尸骨。但出土时，仅有3块完整，其余的已破碎[86]。破碎者当是盗墓者所为，他们希望在椁座盖板下找到“宝物”。盗墓者虽然砸碎了其中的几块，但似乎没必要将墓主人骨骸撒入椁座盖板下，因为他们只关心“宝物”，因此椁座盖板下的骨骸应该不是盗扰的结果。那么只有一种可能，即一部分骨骸一开始就被置放到椁座盖板下了。也就是说，虞弘夫妇的遗体在入葬前就已处理为骨骸了，因此虞弘墓属二次葬的可能性较大。

史君墓是否为二次葬，我们还可以通过康业墓、李诞墓的葬式加以认识。

康业墓的葬式，据考古报告，应为一次葬，且尸体保存基本完好。报告称，墓主康业的遗骸位于围屏石榻上，头西脚东，仰身直肢，口内含罗马金币1枚，右手握铜钱1枚。墓主身着锦袍，腰间束带，袍服虽已腐朽，但丝绸痕迹清晰，纹饰依稀可辨[87]。很显然，康业墓的葬式是中土的做法，而且手握、口含钱币的做法也属中土的传统（详后文）。

康业墓尸体的保存情况提示我们，由于史君墓与康业墓距离相近（仅相距2千米），两墓的地下地质水文环境应相近，所以如果史君墓也采用一次葬，那么尸体应如康业墓，能较好地保存下来。而实际情况是，史君墓的人骨与兽骨相混[88]，十分散乱。当然，考虑到该墓曾被盗扰的情况，也可以把散乱理解成盗扰的结果。但是，史君墓尸骨的整体残碎程度比康业墓严重得多，这不能简单归为盗扰的结果吧？另外，与史君墓相距仅 2 千米、同属北周时期的李诞墓的情况也可资参考。该墓属一次葬，未被盗扰，墓主夫妇遗骸存于汉式石棺中，保存完好[89]。人骨与兽骨相混，不排除入葬时已然如此。值得注意的是，康业墓中也出现了动物骨骼[90]。两墓均出现动物骨骼，说明这样做不是率意为之，应当与祭祀和葬仪有关，只是目前我们还无法解释。

综合以上分析，我们认为，从这几座入华粟特人墓葬的葬式来看，似乎以二次葬为主，即墓主人遗体在进入墓葬之前就已处理为骨骸了。这种做法，当然可以与中亚祆教葬仪中先去肉再收余骨的做法相仿佛，可以视为中亚祆教葬式在中国的变通，只是，葬具发生了根本改变——纳骨瓮变成了围屏石榻、石椁，但通过前文的分析可以看出，围屏石榻、石椁又不能简单视为纳骨瓮的替代品。

---

[85] Wu Hong, “A Case of Cultural Interaction: House-shaped Sarcophagi of the Northern Dynasties”, *Orientations,* 34, 5, 2002, pp. 39-40; 郑岩中译文改名为《华化与复古——房形椁的启示》，《南京艺术学院学报》2005年第2期，5页。

[86]《太原隋虞弘墓》，24－27页。

[87] 西安市文物保护考古所《西安北周康业墓发掘简报》，15－16页。

[88] 经鉴定，兽骨为绵羊的右股骨，参看韩康信《北周史君墓人骨鉴定》，载西安市文物保护考古研究院《北周史君墓》附录，314页注86。

[89] 程林泉《西安北周李诞墓的考古发现与研究》，《西部考古》第1辑，西安：三秦出版社，2006年，392－393页。

[90] 西安市文物保护考古所《西安北周康业墓发掘简报》，14页。

由于没有直接证据，为谨慎起见，我们仍将史君墓、虞弘墓部分骨骸散落于墓室的原因归为两个方面：或是盗扰的结果，或是原来即如此。如果是后一种情况，则需要思考另一个问题，即祆教葬仪要求避免尸体直接接触地面，以免污染土壤，这样做岂不是与祆教教义相抵触了？安伽墓将尸骨直接放在甬道的做法，使后一种情况完全成为事实。对此笔者的理解是：安伽墓可以确定为二次葬，而史君墓、虞弘墓如果确属后一种情况的话，其前提也应是二次葬。这里所谓的二次葬，即是前文一再强调的，指墓主人遗体在进入墓葬之前就已处理为骨骸的做法。既然墓主人遗体入葬之时就已成为骨殖，则不构成对地面的污染，因为按照祆教教义，污染土地的主要是尸体，而不是骨殖。此外，前文已指出，中古中亚祆教葬俗中的达克玛形式具有多样性，将未经人工处理的“天然场地”如沼泽地作为达克玛时，尸体未必不接触地面。所以，在考察粟特版祆教的葬俗时，面对中亚地区的复杂情况，我们似乎不能把祆教教义的理解绝对化。所以有意将骨殖置于甬道内，或有意将部分骨殖抛撒在墓室地面上的做法，从祆教葬俗的角度，未必就完全无法理解。

（二）随葬品

这几座墓中，史君墓、虞弘墓曾被盗扰，随葬品的具体数量不明。从没有被盗掘的安伽墓和康业墓的情况看，随葬品很少。安伽墓随葬品仅有铜带具 1 副、墓志 1 合，别无其他随葬物；康业墓随葬品除铜钱 1 枚、罗马金币 1 枚、墓志 1 合及墓主人腰带铜饰外，也无其他随葬物[91]。两墓更不见陶俑等中土传统的随葬品。这种几乎不放任何随葬品的做法应是出自粟特本土的传统，纳骨瓮是中亚粟特祆教徒的主要葬具，大量的考古发现表明，中亚纳骨瓮中只盛有火烧尸体后的骨灰或脱肉后的骨殖，别无他物。

虞弘墓虽遭盗扰，但目前仍然是出土随葬品最丰富的墓葬，除墓志 2 合外，还出土了一批汉白玉石俑，经修复，计有 16 件。此外，还出土了白瓷碗、残陶羊、残陶马、残陶碗、残陶罐等遗物[92]。考虑到这些仅是劫后残余，所以可以肯定，虞弘墓的随葬品还是比较丰富的。从随葬品比较丰富的情况以及随葬品的内涵看，虞弘墓在随葬品的摄入方面，已经摒弃了中亚祆教传统，而接受了中国本土的做法。

这几座墓除史君墓外，均置入了墓志，墓志的书式和内容一如中土，毫无疑问，置入墓志的做法应是中土葬俗的影响，这属常识，无须辨析。

随葬品最值得注意的是康业墓出土的铜钱和东罗马金币，因为出土时它们均保持在原位，因而具有葬俗意义。据考古报告，铜钱（布泉）握于墓主康业的右手中，而东罗马金币则含于墓主口中。按针对死者手持、口含金属货币的葬俗，过去学界已有所讨论，对其起源存在不同意见，故在此须稍加辨析。

最早斯坦因（A. Stein）认为，吐鲁番古代墓葬中存在的死者口含金币的习俗是古代希腊人的习俗[93]。夏鼐先生的看法恰好相反，认为吐鲁番的这种习俗当源于我国内地，因为口中

[91] 陕西省考古研究所《西安北周安伽墓》，59—64 页；西安市文物保护考古所《西安北周康业墓发掘简报》，16 页。

[92]《太原隋虞弘墓》，49—82 页。

[93] A. Stein, *Innermost Asia*, Vol. 2, Oxford, 1928, p. 646.

含币的风俗在我国先秦时代就已存在。他指出，我国在殷周时代已有死者口中含贝的风俗……当时贝是作为货币的。秦汉时代，贝被铜钱所取代。将铜钱和饭及珠玉一起含于死者口中，成了秦汉及以后的习俗[94]。这一观点得到学者的支持，王维坤先生认为，包括康业墓在内，这一风俗是受到了中国传统葬俗死者口中含币和手中握币的影响[95]。但罗丰先生从死者手握、口含外国金币习俗的分布区域和入华粟特人的迁徙流动情况观察，认为口含、手握金银币应是粟特人流寓中国后演进出的一种葬俗，与中亚的拜火信仰有一定关系[96]。这样，罗先生将这一习俗的渊源指向了中亚的粟特人。

的确，从世界范围来看，死者口中含币的习俗在欧洲具有古老的传统，由于西亚、中亚经历过希腊化时代，所以许多西方学者将流行于中亚地区的这一习俗的源头与希腊相联系。但是，正如夏鼐先生指出的那样，这一习俗在中国同样具有更古老的传统，所以这一习俗在世界范围内存在不同的源头。如果把中国境内存在的这种葬俗的渊源指向入华粟特人的话，最大的问题是不能通盘解释中国境内不同时期、不同地域出土的同类考古材料，毕竟，在中国境内不同时期、不同地域的非粟特裔人群中也存在类似的习俗[97]，我们总不能把它们全部归为受入华粟特人影响的结果吧？这在逻辑上不通，因为这一习俗在中国境内的出现远早于粟特人的东来。因此，具体到中国境内出土的这类考古材料，笔者仍倾向于夏先生的观点，即将它们视为中国传统葬俗的反映[98]。

而入华粟特人墓葬中出现的这一习俗，可以视为中国传统葬俗的影响，这样理解至少逻辑上没有障碍。因此，我们仍然将康业墓视为中国传统习俗影响的结果。

四、墓葬图像

图像资料释放的巨大学术信息近年越来越受到学界的重视，不论艺术史界还是历史学界正在将视觉资料视为一类新“史料”。不过，对视觉资料的运用在学界一直存在不同看法。擅长以文献资料立论的学者，有的对图像资料的可靠性持谨慎甚至怀疑态度，因为对图像资料的解读不同于文字资料，对其内容的解读似乎主观色彩较浓。另外也有学者对目前图像的解读方法提出批评，认为没有考虑图像的程式化和滞后性（保守性）问题，而程式化

[94] 夏鼐《综述中国出土的波斯萨珊朝银币》，《考古学报》1974年第1期，106页。

[95] 王维坤《丝绸之路沿线发现的死者口中含币习俗研究》，《考古学报》2003年第2期，219—239页；同氏《试论西安北周粟特人墓和罽宾人墓的葬制和葬俗》，75—80页。

[96] 罗丰《固原南郊隋唐墓地》，北京：文物出版社，1996年，162页；同氏《北周史君墓出土的拜占庭金币仿制品析》，62—63页。

[97] 如咸阳隋独孤罗夫妇墓有口含金币的做法，西安北周李诞墓也有口含金币的做法。例甚多，不备举。

[98] 粟特人的含币习俗中，的确对东罗马金币和波斯银币有所偏好，这可能与他们作为跨境商业民族对罗马金币和波斯银币的感情有关，因为作为贵金属货币，这两种货币曾广泛流通于西亚、中亚一带，成为当时的国际货币，是粟特商人最重要的交易币种之一，也是丝绸之路上长期流通的重要货币。但是，口含金银币的做法也并非粟特人独有。南北朝至隋唐时期，随着这两种外币不断流入中国内地，逐渐为中国人所青睐，一些存在口中含币习俗的汉人墓葬中也开始出现用东罗马金币或波斯银币替代铜钱的现象。而在手持、口含钱币习俗中，入华粟特人虽然对金银币有所偏好，但也并没有完全排斥汉式铜钱，康业墓死者手中持一枚铜钱即是一例。

的东西是 cliché,未必有深意，不能太当真，滞后性（保守性）问题则导致图像不能反映时代脉搏[99]。以上怀疑和批评在理论上都可以成立，只是，上述问题并非绝对不可以避免。比如，只要释读者态度谨慎且能提供足够的释读依据，其对图像内容的释读的主观色彩可以降到最低，事实上，即便是对文献资料的解读，有时也做不到绝对无主观色彩。图像资料固然在一定程度上存在程式化和滞后性问题，但不能绝对化地理解，比如，如果我们绝对化地理解程式化问题的话，就无法解释佛教艺术在中国发生的一系列风格变化，更无法理解中国佛教艺术在不同历史时期所具有的鲜明的时代特征，一言以蔽之，不存在绝对一成不变的“程式”。另外，滞后性问题也不能一概而论，需要对具体对象做具体分析，有的图像内容反映的时代气息其实是很浓的，丝毫看不出“滞后性”，安伽墓、虞弘墓浮雕中表现墓主人生前与突厥人交往的场景就是很好的例证，因为这些图像可以与墓志文字相呼应。

以上理论分析有助于我们准确理解图像的内容与性质。这几座墓葬的图像资料非常丰富，主要雕刻在墓门、椁壁以及围屏石榻的围屏和榻座上，其中康业墓以线刻为主，其余墓葬以浅浮雕为主。从图像内容看，康业墓的做法最接近中国本土的传统，因为线刻内容大部分反映的是墓主人生前的现实生活场景，几乎没有表现与葬仪葬俗以及墓主人宗教信仰有关的内容[100]。这再次证明这批墓葬中康业墓的汉化程度是最深的[101]。但是康业墓的情况并不能代表这批粟特人墓葬的整体情况，恰好相反，康业墓的情况在这批粟特人墓葬中只占少数，其余三座墓葬的图像中，除了包含反映墓主人生前生活场景的内容外，还有包含不少反映墓主人宗教信仰和葬仪葬俗的内容，这些内容成为近年中外学者关注的焦点。学者已经指出，Miho石棺床、安阳石棺床门阙、史君墓石椁、益都石棺床、安伽墓墓门，以及虞弘墓石椁明确展示了与死亡有关的祆教信仰与实践，而这些图像资料在粟特本土没有发现。现结合前人研究成果，将这批墓葬中与祆教葬俗葬仪有关的图像资料梳理如下[102]：

（一）祭司与火坛组合图像

祭司与火坛组合图像在安伽、史君和虞弘墓中都有表现，有的还出现在突出位置，如安伽墓出现在墓门门楣处（图 6）。

---

［99］参看缪哲《以图证史的陷阱》，《读书》2005 年第 2 期，140－145 页。

［100］西安市文物保护考古所《西安北周康业墓发掘简报》，17－34 页。

［101］言其汉化程度最深是相对而言，并不意味着我们认为其完全汉化了。选用围屏石榻做葬具、随葬品稀少、墓室中的火焚痕迹以及随葬动物骨骼的做法等都在提示我们，康业墓仍具有一定的特殊性，而这些特殊性只能与他自身的民族文化传统，特别是宗教信仰和丧葬习俗相联系。

［102］近期对这批墓葬中与祆教葬俗葬仪有关的图像资料的综合研究，可参看孙武军《北朝隋唐入华粟特人死亡观研究——以葬具图像的解读为主》，《考古与文物》2012 年第 2 期，89－97 页。本文图像梳理部分的文字，除特别注明的以外，主要参考了 J. A. Lerner, “Central Asians in Sixth-Century China: A Zoroastrian Funerary Rite”, *Iranica Antiqua*, XXX, 1995, pp. 179-190; J. A. Lerner, “Zoroastrian Funerary Beliefs and Practices Known from the Sino-Sogdian Tombs in China”, *The Silk Road*, Vol.9, 2011, pp. 18-25.特别是第二篇文章。

1

2

3

图 6　祭司与火坛组合图

1. 安伽墓祭司火坛线图（采自《西安北周安伽墓》图十三）　2. 虞弘墓祭司火坛线图（采自《太原隋虞弘墓》，图 181）
3. 史君墓祭司火坛线图（见此图左下方与右下方，采自《西安市北周史君石椁墓》，图三）

安伽墓门上的祭司与火坛组合图像的祆教属性首先得到学者们的肯定[103]，而且认识在不断深入。

毫无疑问，就像许多研究著作指出的那样，这一组合不仅具有一种仪式意义，而且某些特殊元素，如火坛以及侍立于火坛两侧的祭司所带的专门面罩（padām）[104]，也意味着特殊的宗教传统，这一特殊的宗教传统可视为琐罗亚斯德教的中亚变异形式[105]。这种反映丧葬仪式的图像组合亦见于中亚纳骨瓮上，葛乐耐将中亚地区纳骨瓮上所见的这类图像组合的内涵理解为琐罗亚斯德教葬仪中在死者死后第四天早晨为其举行的喀哈罗姆（Čahārom）仪式[106]。中国本土的这类图像的内涵可以此类推。但为什么祭司的形象表现为人首鸟身呢？这样表现意味着祭司从本质上属禽类而非人类。施杰我（O. SkjærvØ）最早将中国发现的人首鸟身祭司与斯劳沙（Sraoša）神相联系，他指出，《闻迪达德》第十八节明确提到阿胡拉·马兹达（Ahura Mazdā）任命公鸡为斯劳沙神，因为它在黎明时分能发出嘹亮的声音，并且通过念诵祷文攻击

[103] 参看姜伯勤《西安北周萨保安伽墓图像研究——伊兰文化、突厥文化及其与中原文化的互动与交融》，97—104 页；韩伟《北周安伽墓围屏石榻之相关问题浅见》，91—93 页；马尔沙克 2001 年 5 月在北京大学的演讲，演讲内容参看姜伯勤、荣新江等学者的转述；荣新江《北朝隋唐粟特聚落的内部形态》，载氏著《中古中国与外来文明》，160—166 页。

[104] 拜火教祭司所戴的面具，在巴列维语中被称为 padaam，是盖在鼻子和嘴巴上用来阻隔污染的面罩。

[105] P. Riboud, “Bird-Priests in Central Asian Tombs of 6th-Century China and Their Significance in the Funerary Realm”, p. 6.

[106] F. Grenet, “L’art zoroastrien en Sogdiane: Étude d’iconographie funéraire”, *Mesopotamia*, 21, 1986, pp. 104-105.

恶魔[107]。黎北岚（P. Riboud）指出，《闻迪达德》第五章提到斯劳沙为琐罗亚斯德教八祭司之一，她还指出中亚考古中也有类似的图像发现：一是在阿富汗境内的苏尔汗·克泰尔（Surkh-Kotal，2 世纪）遗址的编号为寺院 B 的建筑遗址的壁面上绘有一长方形火坛，在火坛的东侧绘有两只公鸡；二是 1999 年在撒马尔罕发现的两件破碎的纳骨瓮上戴着 padām、长着翅膀的祭司形象[108]。

随着研究的深入，我们对这一组合的了解越来越深入，现在可以确定，火坛+人首鸟身祭司图像组合的祖型仍来自中亚地区。另外，参照葛乐耐对粟特本土纳骨瓮上的火坛旁置放的植物的解释[109]，我们是否也可以将插在安伽墓火坛旁的供桌上的瓶子中的植物视为用于仪式的豪麻呢？又，安伽墓的火坛由三匹尾部相连、头部朝向不同方位的骆驼共同承托，这并不是率意为之，在粟特袄教语境中，骆驼具有特殊的宗教意涵[110]。

图 7　Miho 石棺床上的犬视场景
（采自郑岩《魏晋南北朝壁画墓研究》，图 8-23）

（二）犬视（Sagdīd）场景

朱迪斯·勒纳尔（J. A. Lerner）指出，袄教认为狗是仁慈和正义的化身，袄教葬礼的中心环节就是犬视（用狗凝视尸体），在整个葬礼过程中犬视环节要实施三次：第一次是在人死后马上进行；第二次是尸体即将移往达克玛的时候；第三次是尸体运达达克玛之后。犬视仪式被清晰地描绘在 Miho 博物馆藏北齐石棺床居中的那块石板上：在画面的上半部分，一位身着长袍的袄教祭司站在一个火坛前，他的脸的下半部分被 padām 所覆盖，以免人的呼吸污染圣火。祭祀身后有四位男子跪在地上，持刀作割耳剺面状。就在祭司的下方有一只狗，正注视着前方（图 7）。

整个画面表现的是祭司举行阿夫瑞纳干（āfrinagān）仪式，伴以犬视哀悼仪式——圣火已经点燃，狗被带过来凝视尸体。这表明，中国境内的袄教徒即便不暴尸于野，也有犬视的做法。

[107] 施杰我（O. Skjærvø）教授曾口头表达过这一观点，后被葛乐耐等学者加以引用，参看 F. Grenet, P. Riboud and Yang Junkai, “Zoroastrian Scenes on a newly Discovered Sogdian Tomb in Xi’an,Northern China”, *Studia Iranica*, 33/2, 2004, pp. 278-279.

[108] P. Riboud, “Bird-Priests in Central Asian Tombs of 6th-Century China and Their Significance in the Funerary Realm”, p. 8.

[109] 葛乐耐著，毛民译《北朝粟特本土纳骨瓮上的袄教主题》，195 页。

[110] 参看韩森《撒马尔罕和粟特》，9、11 页。但目前学界对骆驼在袄教语境中的具体意涵尚有不同意见。

（三）送灵服（Sedra）场景

依照祆教葬仪，在第三天的最后一次犬视即将结束之际，祭司为一段布祈福，这段布将作为“灵服”献给来世的灵魂，此服被称为 sedra，是每一位成年琐罗亚斯德教徒所穿的圣衫的象征。葛乐耐辨识出了 Miho 博物馆所藏的那块表现犬视情景的石板的画面中有送 sedra 的表现：画面右上方有两位并排而立的妇女，靠外侧的妇女右腋下夹着一卷布状物，这应该就是“灵服”（图 8）[111]。

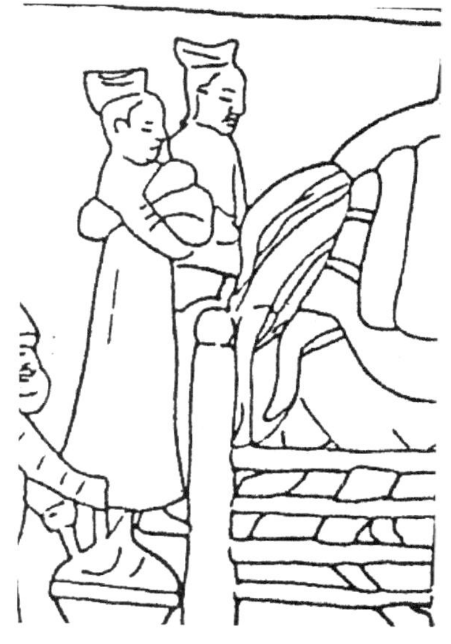

图 8 Miho 石棺床上的犬视场景之局部——送灵服场景

（四）死者灵魂通过钦瓦特（Chinvat）桥的场景

依照祆教葬仪，在第四天的黎明，死者的灵魂将要通过“审判之桥”钦瓦特桥，通过该桥之后，死者的灵魂或由此进入天堂，或由此进入地狱。这一决定亡灵命运的神圣的终极审判特别法庭由密特拉（Mithra）、斯劳沙以及拉施恩（Rashn）诸神组成。拉施恩负责用其心灵之称称量死者灵魂的善业和恶业。称量灵魂的场景见于阿夫拉西亚阿勃壁画，但此全面场景首见于史君墓石椁图像。图像位于石椁的东壁，根据葛乐耐、杨军凯等人的描述，画面中的钦瓦特桥由怪兽的头部顶托，两位祆教祭司立于桥的入口处，在他们的上方有两只狗守护该桥；一支由骆驼及其他善类动物组成的商队正在通过该桥，这些动物种群被认为是适合天堂的。这一干兽众由史君和他的妻子带领着，他俩已成功地到达桥的另一端，并已升向天堂。画面中还有风神伐由—维施帕克（Vayu-Weshparkar）和善神 Dēn（图 9）[112]。

以上所举仅是摘其要者，并不是这些石葬具图像所包含的反映祆教葬俗葬仪的图像母题的全部。当然，考虑到图像的确有程式化的一面，具有滞后性，对这些图像内容和性质的判定就不能回避这样一个问题，即它们是否只是一种程式化的表现？如果仅仅只是一种程式化的表现，那么图像呈现的仅仅是对以往粟特本土祆教葬俗葬仪的追忆，图像的表现仅仅是徒具形式，因而图像所反映的未必就是这些粟特墓主人的真实想法。若果真如此，那么对这些图像就不能太当真，否则就会被它们误导。回答这个问题最好的办法就是参照这些墓葬中所反映的奇特葬式，种种迹象将这种奇特的葬式指向了祆教葬俗，前文已作分析，这里不赘。因此可以肯定，对于祆教的葬俗葬仪，这些粟特墓主人做的不仅仅是图像上的“表面文章”，而是付诸了行动的。因此这些图像应是这些粟特墓主人现实观念的反映，它们与这种奇特的葬式正好相互呼应。

---

［111］F. Grenet, “Le ritual funéraire zoroastrien du sedra dans l’imagerie sogdienne”, *Studia Iranica* 42, 2009, pp. 103-111. 此据 J. A. Lerner, “Zoroastrian Funerary Beliefs and Practices Known from the Sino-Sogdian Tombs in China”, p. 21.

［112］F. Grenet, P. Riboud and Yang Junkai, “Zoroastrian Scenes on a newly Discovered Sogdian Tomb in Xi’an, Northern China”, pp. 276-283.

图 9　史君墓石椁图像之一——死者灵魂通过钦瓦特桥的场景

（采自《西安市北周史君石椁墓》，图六）

也有学者认为，这些图像中羼入了不少佛教美术因素，因此对图像内容所反映的宗教属性的判定需要谨慎[113]。这一看法有一定道理，但需要做具体分析。这批墓葬图像中的确包含了不少佛教美术因素或与佛教美术有关的元素，这一现象已引起学界的关注，近期已有专门讨论。朱安耐（Lerner J. A. 这是将虞弘墓石椁图像中的舒相坐姿人物形象与北齐佛教思维菩萨像进行了比较[114]。的确，二者不论坐姿还是座凳的样式都十分相似：坐姿均为舒相坐，坐凳均为束帛座。林圣智认为，由于北魏石棺床图像中已经可见援引佛教因素的现象，安阳石棺床中转用佛教图像并非粟特人的创新，而是延续了北魏平城时期石棺床图像配置特色。不同之处在于，在安阳石棺床中将佛教主题转化为祆教墓葬图像来使用，运用北齐佛教艺术的语言，来扩充祆教墓葬图像的表现范围[115]。后者的研究告诉我们，佛教因素进入这批粟特人墓葬中跟北魏

［113］参看张小贵《中古华化祆教考述》，北京：文物出版社，2010 年，121－135 页。

［114］J. A. Lerner, “Converging Traditions in the Imagery of Yu Hong’s Sarcophagus: Possible Buddhist Sources”, *Journal of Inner Asian Art and Archaeology*, no.1, 2006, pp. 29-49.

［115］林圣智《北朝晚期汉地粟特人葬具与北魏墓葬文化——以北齐安阳粟特石棺床为例》，513－596 页。

的墓葬美术传统有关，同时，这批墓葬中的图像资料可能存在佛教主题向祆教主题的转换。事实上，吸收佛教、印度教神祇而易变为自己的神祇是粟特祆教美术的传统，实例甚多，不备举[116]。

按一种或一些宗教因素甚至宗教母题被另一种宗教吸收和利用，属常见现象。所可注意者，是影响的程度，所以这必须做具体分析。图像中具有佛教因素和该图像是否可认定为佛教图像是两个概念。就安伽墓的火坛图像的造型而言，虽然骆驼足下的底座为覆莲座，骆驼背部驮扛的火坛底座也是仰覆莲座，但这并没有影响该火坛的祆教性质，因为两侧立着正在举行祭火仪式的祆教祭司。因此这种情况只能视为传统的祆教火坛造型（即萨珊波斯银币上的那种造型）在中国发生了改变，吸收了佛教艺术元素，但火坛的性质丝毫未变。佛教元素在这里只起到装饰作用而已。虞弘墓图像中火坛的造型受佛教博山炉造型的影响，且坛身为三重仰莲，但同样，这并不影响该火坛的祆教性质，因为其两侧同样立着正在举行祭火仪式的祆教祭司。就这几座粟特人墓葬的图像而言，虽然我们还没有足够的证据证明有将佛教主题转化为祆教丧葬主题来使用的情况，但可以肯定，单就佛教因素而言，都是从属于祆教葬俗主题的，起到的只是装饰作用，并没有影响到祆教图像性质的改变。

五、结　论

研究入华粟特人的葬俗问题，需要克服两种偏向：由于入华粟特人的本土化进程从未停止，企图将入华粟特人的葬俗与粟特本土葬俗无缝对接无疑是徒劳的；同样地，由于二者无法做到无缝对接而否认某一时期、某一地域部分入华粟特人葬俗中的粟特本土因素同样也是偏执的观点。本文在前人研究的基础上，从墓葬形制、葬具、葬式及随葬品、墓葬图像等几个方面对北朝晚期至隋全部选用石葬具的几座入华粟特人墓葬所反映的葬俗进行了重新检视。结论认为，除墓葬形制及随葬品所反映的丧葬习俗属中土传统外，其余诸项都或明或暗包含有祆教葬俗的表达。其中，石葬具虽属中土传统，但这批墓葬除个别以外，并没有充分利用其固有的丧葬功能，因此他们不约而同地选择石葬具应别具深意，这一深意只能从其对祆教葬俗的坚持与折中的角度求解。葬式方面，通过本文的辨析，将安伽、史君、虞弘诸墓，特别是安伽墓所反映的奇特葬式进一步指向了祆教葬俗。图像方面，通过回应相关的质疑，如图像的程式化问题、图像中的佛教因素等，进一步明确了部分图像的祆教葬仪性质。综上所述，笔者认为，虽然大部分学者认为这批入华粟特人墓葬反映的是中土葬俗与粟特祆教葬俗的折中（事实也的确如此），但是除康业墓外，其余墓葬的主人对粟特固有祆教葬俗的坚持似乎大过了对中土葬俗的迁就。

最后需要补充的是，有学者指出，异族入华后存在"被体制化"的问题，那么就入华胡人的葬制而言，就有可能被动接受中华葬制的可能。从理论上讲，这种可能性是存在的。但"胡化"或"汉化"更多地表现为一种自然的历史过程，而制度是带有强制性的。制度因素可

[116] 这一现象学界早已注意到，研究信息的提示与综合，参看姚崇新、王媛媛、陈怀宇《敦煌三夷教与中古社会》，兰州：甘肃教育出版社，2013 年，102－116 页。

能会影响种族文化元素的表现，但仍须作具体分析。具体到这几座粟特人墓葬，其所反映的葬制的某些方面（如墓葬形制）与汉地葬制的一致性，究竟是“被制度化”的结果，还是体制下的顺势而为呢？在没有直接证据证明它们是“被制度化”的产物以前，我们宁愿相信它们是体制下顺势而为的结果。总之，在没有找到直接、确切的证据之前，不能仅通过想象，无限放大这批粟特人墓葬所呈现的葬俗的复杂程度，虽然我们不否认这批墓葬所呈现的葬俗的确有其复杂的一面。

于阗的粟特人

——对和田出土的两件犹太波斯语信札的一些新见解

吉田豊

（京都大学文学部）

2004年，中国国家图书馆入藏了一件几乎完好无损的犹太波斯语（Judeo-Persian）信札，这无疑是新疆地区近年来最受人瞩目的发现之一。两位中国学者对此信的迅速刊布[1]在语言学家和历史学家中皆引起了轰动。该信札所呈现的词态学、文书学特点、书信内容，以及当地的保存环境等使人确信，一百多年前斯坦因（A. Stein）从其所雇佣民工处获得的一封与之相似的信也是出自同一犹太商人之手。在斯坦因离开丹丹乌里克（Dandan-Uilik）后，民工们继续发掘了几个遗址，发现了这件犹太波斯语信札残片[2]。笔者认为，即便不能被证实，斯坦因发现的信札也有可能是接着新信的，因为后者包含了明确的书信体的起始标识而前者没有[3]，并且，虽然新信的纸张保留了其底部边缘，但也无法否认新信是不完整的。

根据考古学方面的证据，旧信的年代被比定为 8 世纪末[4]，这也被新信特别提到的在疏勒（Kashghar）的吐蕃人悉数被杀一事所证实。关于这一点，详见下文。最近笔者在与学生一起研读新信时，注意到有几处释读和翻译可以改进[5]。

一、*(p)nb'šy* 及其他汉语因素

信2的第31行描写了吐蕃人被杀一事：*twpyty'n r'p'q by qwštn* [tūpityān rā pāk bi kuštan(d)][6]“他们杀光了吐蕃人”。基于笔者对同时期于阗文书的研究，张湛、时光认为，在疏勒杀光吐蕃人的是回鹘人，而这场战争应该发生在802年[7]。但由于不清楚 *bgdw* 的含义，接下来的 *w-bgdw*

---

［1］张湛、时光《一件新发现犹太波斯语信札的断代与释读》，《敦煌吐鲁番研究》第11卷，上海：上海古籍出版社，2008年，71－99页。韩森（V. Hansen）曾从历史角度讨论过该信札内容，参见 Hansen, *The Silk Road. A new history*, Oxford 2012, pp. 217-219。

［2］关于两件信札的关系参见张湛、时光上引文，75－79页。

［3］笔者一直把旧信第一行中的 *yzyd kwdh 'y y'r b'šd*“愿主保佑你们”默认为是构成书信格式的一部分。然而目前在新信中发现了其完整格式。故情况可能并非如此。第一行的翻译参见 L. Paul, *A grammar of Early Judeo-Persian*, Wiesbaden 2013, p. 122。

［4］参见 A. Stein *apud* D. S. Margolious, “An early Judeo-Persian document from Khotan”, *JRAS*, 1903, pp. 735-761, esp. pp. 735-746。

［5］下文中以信1指代旧信，以信2指代新信。

［6］本文中的转录基本是参考张湛、时光文。

［7］事实上，是施杰我（P. O. Skjærvø）提请他们关注笔者在2006年3月所宣读的一篇论文。此文发表于2009年：Y. Yoshida, “The Karabalgasun Inscription and the Khotanese documenrs”, in: D. Durkin-Meisterernst, Ch. Reck and D. Weber (eds.), *Literarische Stoffe und ihre Gestaltung in mitteliranischer Zeit*, Wiesbaden 2009, pp. 349-360。

bstn 的意思仍不明确。接下来一句的换写和转写如下：

(31) ... w-sb’pwšy šwd (32)[p’] q’šgr ’b’ p’ sd mrnd cy sw’r cy py’dh
[u-sibāpuši šud pa Kāšgar abā pā(n)-sad mrnd či savār u-či piyāda]

保罗（L. Paul）将此句翻译为“军副使带了 100 人前往疏勒，有的骑马有的步行”[8]。根据施杰我的建议，张湛、时光将 *p’ sd* 转写为[pā(n)sad]，意为“500”，但没有翻译下一词 *mrnd*。虽然该词的具体含义尚不清楚，但很明显应是指某种士兵。显然，一支 500 人的军队被派遣到疏勒，用以抵御回鹘对于阗的进军。当时的于阗显然是安全的，因为据《九姓回鹘可汗碑》（Karabalgasun Inscription）的记载，回鹘人并没有进军于阗，而是一路向西将吐蕃人及其盟友葛逻禄（Qarluq）部落赶到了费尔干纳（Ferghana）盆地[9]。

信札随后的内容如下：

（32）... w-sbs ’y sb’pwšy {hb}（33）. . . nb’šy hrb r’ w-sl’m w-kzym r’ bysp’n prstyd
[u-sibas i sibāpuši . . .nb’šy harb rā u-salām u-xazīm rā bayaspān firistīd]

张湛、时光翻译为“军副使之后……*nb’šy* 为了战斗，为了和平和胜利派出了使者”。第 32 行的最后一词看似是 *hb*，但写信人似乎是想通过在其上添加一个新的字母来修改第二个字母。虽然写信人的意图难以捉摸，但至少笔者认为可能读作 *hm*“也”。第 33 行开头部分稍有残损，仅一个字母不存，即 *[.]nb’šy*。其实 *n* 的前面依稀能辨认出第一个字母的左下部分，以笔者所见，此处可复原为 *p*。*pnb’šy* 一词与 IOL Khot Wood 3 中的 *peṃ’ba’ṣī* 一词太过相似以致于没法认为它们没有关系，笔者早先已将 *peṃ’ba’ṣī* 比定为一种汉语官职——兵马使[10]。上下文中战斗的背景与士兵调遣的情况都与这一假设十分吻合。整个句子（（32）... *w-sbs ’y sb’pwšy hm*（33）*(p)nb’šy hrb r’ w-sl’m w-kzym r’ bysp’n prstyd*）可翻译为“军副使之后，兵马使为了战斗、和平和胜利也派出了使者”。

张湛、时光依然遵从施杰我的观点，认为 *sb’pwšy* [sibāpuši] 是由新波斯语的 *sipāh*“军队”和汉语的“副使”一词复合而成。施杰我将构词成分 *pwšy* 比定为《摩尼教赞美诗集》中的 *fwšyy*，

[8] Paul 上引书，105、151、161 页。

[9] 关于《九姓回鹘可汗碑》中这一段文字，参见吉田豊《バクトリア语文书研究の近况と课题》，《内陆アジア言语の研究》ＸＸⅧ，2013 年，56 页。在此可借机讨论一下信 1 第 32 行的 *prw’n* 一词。该词为一个地名，乌塔斯（B. Utas）尝试将其比定为阿富汗喀布尔北部的帕尔万省（Parvan）。参其 “The Jewish-Persian fragment from Dandān-Uiliq”, *Orientalia Suecana*, 17, 1968, pp. 123-136, esp. p. 135。但该词比定为另一个 Parvān 更为合适些，即塔里木盆地位于库车和喀什之间的阿克苏的旧称。《摩尼教赞美诗集》（*Mahrnāmag*）第 77 行提到了 *prw’nc jbγw*（拨换/Parwan 叶护），参 D. Durkin-Meisterernst, *Dictionary of Manichaean Middle Persian and Parthian,* Turnhout 2004, p. 280a，并参看 W. B. Henning, *BSOS* 9, 1938, pp. 567-568. 《新唐书》中记载了一条从阿克苏出发，经由麻扎塔格（Mazar Tagh）到达和田的路线（北京：中华书局，1975 年，1150 页）。

[10] Y. Yoshida, “On the taxation system of pre-Islamic Khotan”, *Acta Asiatica*, 94, 2007, pp. 95-126, esp. p. 112.

参见 Durkin-Meisterernst 上引书，161b 页。尽管张湛、时光将其转写为 [puši]，但摩尼文的字母拼写清楚地显示出最初的辅音已经唇齿音化（dentilabialized），所以此处应读作[fuši]。该词在《摩尼教赞美诗集》中有四处例证：*.twp'fwšyy*（70），*'wlwg*（原文为 *'wlwγ*）*fwšy*（94），*.t'ng fwšyy*（94-95）和 *l'fwšyy*（95）。最末两个被比定为“唐副使”和“罗副使”，这里 *fwšy* 的前面被冠以姓氏，而其他两个似乎包含了突厥语构名成分。因为汉语成分“副使”可能是接在头衔或姓氏之后，这很容易使人联想 *sb'* 指代的是另一个汉人姓氏——司马[11]。无论如何，让人预期一个表示“军队”的波斯语词和一个汉语要素的组合是最不太可能的。

就此而言，整理该信中的所有汉语因素是有必要的。除了*(p)nb'šy* 和 *sb'pwšy* 之外，张湛、时光还发现了如下几个：*šg*（14, 15）<石，*šmsy*（16）< 蚕丝，*pnkw'n*（17）< 判官[12]。就在最近，毕波将信中的 *qynq'k* 比定为 *jin jiao*，即和田出土汉文文书中出现过几次的“筋脚”一词，指的是一种能飞速奔跑的人或承担信息传递工作的人[13]。

上面列举的词中，*šmsy* 出现在如下段落：(15)*... 'z mr syky r'yqy (16) prny'n wyqy šmsy hydyh* [az mar syky rā yakē parniyān u-yakē šamsī hidya]。张湛、时光翻译为“给 *syky* 的礼物是：一份丝绸，一份蚕丝”。然而，高本汉（B. Karlgren）所构拟的“蚕丝”的中古音为**dz'ậm si*[14]，这给比定带来了很大的困难，特别是考虑到词首的辅音 *dz'*-在当时的发音可能是[ts]。在新波斯语中，*parniyān* 意为“一种绘制精美的中国丝绸；或是由这种丝绸制成的衣服”[15]，因此它也可能指一种由特殊丝布制成的服装，被人用作某种贿礼。由此而言，*šmsy* 也可能指代某种产品而非丝线一类的原料。事实上，借自汉语“衫子”的 *š'mtsy* 也见于一件粟特语文书[16]。*šmsy* 和 *š'mtsy* 之间的不同主要在于外来音[ts]的不稳定性，其实 *šamsï* 一词也见于一件回鹘语文书，参看 Sims-Williams and Hamilton 上引书。

信中出现的另一个词尾 -*šy*，如 *cykšy*（12）—*cyk'šy*（11、16），可能表示的是作为以“使”字结尾的某种头衔。《摩尼教赞美诗集》中有一个非常相似的词 *cygšyy*[17]，源自汉语的“刺史”，然而其变体形式 *cyk'šy* 仍需要进一步解释，给出的词源目前也仅是一种猜测。

二、*bgydy* 及粟特语因素

恒宁（W.B. Henning）最先注意到信 1 中的一些粟特语因素，如 *cmkwy*（粟特语 *cmxwy*）“篓

[11] 关于马的［ba］发音，见 *peṃ'ba'ṣī*。然而，其理想读音应为**syb'* 而非 *sb'*。

[12] *šg* 和 *pnkw'n* 由荣新江比定，参张湛、时光上引文，93－94 页。

[13] 毕波《和田新发现汉语、胡语文书所见“筋脚”考》，荣新江、朱玉麒主编《西域考古·史地·语言研究新视野——黄文弼与中瑞西北科学考查团国际学术研讨会论文汇编》，北京：科学出版社，2014 年，339－347 页。考虑到这些汉语的军事头衔，可以重新考虑这些信札的年代，即使是在 8 世纪后半叶吐蕃人成功攻占塔里木盆地期间，他们仍然多次被汉人驻军或回鹘人打败。

[14] 引自 B. Karlgren, *Grammata Serica Recensa*, Stockholm 1957.

[15] 参见 F. Steingass, *A comprehensive Persian-English dictionary*, London 1892, reprint Beirut 1970, p. 244b。

[16] N. Sims-Williams & J. Hamilton, *Documents turco-sogdien du IXᵉ-Xᵉ siècle de Touen-houang*, London 1990, pp. 34-35.

[17] 事实上，仅其复数形式 *cygš'n* 见于《摩尼教赞美诗集》。不过，其单数形式 *cygšyy* 在另一篇文献中数次出现过。参见 Durkin-Meisterernst 上引书，132a 页。

篌”和*'ndryk*（粟特语*'ntr'yk*）“太监”[18]。而新信的整理者发现了更多的粟特语因素。其中有一个用来表示时间的写法：*sgd*（粟特语 *sγt-*）“第……天”，如 *p'dh sgd*“第十天”。另一个是波斯语基数词接的序数词后缀*-my*，如 *ššmy*“第六”，参看张湛、时光上引文，92－93 页。此外，毕波和辛姆斯－威廉姆斯（N. Sims-Williams）还发现了一个粟特语词 *ptkw*，借自 *ptkwk*，意为“千枚铜钱串成的一串钱”，是仿照汉语“贯”字所造的新词[19]。

这里有必要给出 *cmkwy* 出现的上下文，因为其中还出现了一个词义不明的 *bgydy*。张湛、时光文94页试图将该词和信2中出现的*bgdw*等同起来，并将其读作*bgydw*而非乌塔斯的读法*bgydy*。但就笔者从照片中所见而言，他们的新读法不能成立。乌塔斯的读法及他最新的翻译如下：

24　[　　　](.) r' sb'bd ydwn qw(py)d qw mr' cmkwy yqy (.)[　　　　　]
25　[　　　](c)mkwy 'ry mn qnyzq r' 'mwzwm wcnd cwst[　　　　　]
26　[　　　](.)bh byndwm n' b(yn)d'dwm by '(z) nwrbq yqy (c)[mkwy　　]
27　[　　　](.)d dhwm t' bgydy r' by 'mwzd 'ndryq 'y sy(')[h　　　　　]

“[......关于那件事]你告诉管事（？）：给我[带]一把箜篌来，[我有一个女孩！若]你带来了箜篌，我会教那个女孩，然后看她[学得]有多快。我[想]找的[东西]，我没有找到，但从*Nūrbak 那里[我得到了]一把箜[篌，那个]我会[给他，那样他就可以教*Bagīdī。那个黑太监（？）[会照顾其他的]。”[20]

尽管张湛、时光推测 *bgdw* 应该是一个形容某种人的名词，但结合信 2 的上下文内容来看，*bgdw* 应该是某种可以当作礼物的东西，就像 *gnd*“糖”和 *lymcw*“？”一样：*šb'n'n r' bgdw wgnd wlymcw hdyh* [šubānān rā bgdw u gand u-lymcw hidya]“给牧羊人的礼物是：*bgdw*、糖和 *lymcw*。”因此，信 2 中的 *bgdw* 和信 1 中的指代某个被教习演奏箜篌的人 *bgydy* 不能混为一谈。和乌塔斯一样，笔者也认为 *bgydy* 是一个人名，并可以将其比定为一个粟特女性人名 *βγyδ'y*“字面意为：神或密特拉（Miθra）的女奴”，该名也见于《摩尼教赞美诗集》第 134 行，参见 Durkin-Meisterernst 上引书，第 107b 页。

人们不禁要问，为什么信中会提到教一个粟特女孩学箜篌之事呢？关于这一点，笔者想引用韩森论文中一大段用吐鲁番出土汉文文书讨论丝绸之路贸易的文字[21]：

---

［18］参见 W.B. Henning, “Mitteliranisch”, in: *Handbuch der Orientalistik*, 1. Abt., IV. Bd.: Iranistik, 1. Abschnitt: Linguistik, Leiden 1958, pp. 20-130, esp. pp. 79-80。

［19］Bi Bo and N. Sims-Williams, “Sogdian documents from Khotan, I: Four economic documents”, *JAOS*, 130, 2010, pp. 497-508, esp. pp. 506-507.

［20］Bo Utas, *From Old to New Persian*, Wiesbaden 2013, pp. 40-41.

［21］V. Hansen, “The impact of the Silk Road trade on a local community: The Turfan Oasis, 500-800”, in: É. de la Vaissière & E. Trombert (eds.), *Les Sogdiens en Chine,* Paris, 2005, pp. 283-310, esp. 299-300. 译者注：韩森撰、王锦萍译《丝绸之路贸易对吐鲁番地方社会的影响：公元 500－800 年》，收入荣新江、华澜、张志清主编《粟特人在中国：历史、考古、语言的新探索》（《法国汉学》第 10 辑），北京：中华书局，2005 年，113－140 页。此处引文采用王锦萍的翻译。

武则天（690—705 在位）时期的一份名籍列举了以前名籍中遗漏的两户家庭，共七十九口人。这七十九个人的名字包括了一个地位低下的乐事，九个部曲及客女，六十八个奴婢。乐事、部曲、客女都属于唐朝法律规定中地位最底下的贱民阶层，但不同于奴婢的是，他们不可以买卖。

其中一户家庭拥有六十一口人，二十人年龄在十五岁以下。奴婢没有姓，但部曲和客女有姓，有几个来自于中亚；奴婢的名字很像是从另一种语言（很可能是粟特语）音译成汉语的。这份名单很有意思：这些人在一户家庭中做些什么呢？吴震给出了一个大胆的解释："由乐事、部曲、客女对这些奴婢分别进行调习，如听、说日常汉语，熟悉礼仪、习俗，乃至学会某些劳动技术等，目的在于提高这些奴婢的售价。"另外也有可能的是，贱民阶层的人不仅仅培训奴婢，而且也可能被买卖，虽然这是违反唐律的。这户家庭的规模之大很有力地支持了吴震的说法，即这是一个出产奴婢的家庭。

由此看来，训练粟特女奴也被记录下来，因此认为这封信中也是同样的情况，应该不会太离谱。

值得注意的是，信札中出现的粟特语因素并不是一个名词，而是一个序数词后缀 *-my*。在语法上借用词素并不常见，使得我们不得不猜测这反映了波斯语和粟特语之间的语言接触比较深入。换句话说，写信人很有可能是说粟特语和波斯语两种语言。对此，信中有没有其他能反映语言接触的线索呢？笔者认为，下面三句以 *prmy* [farmāy]（动词 *farmāy-*"要求"的第二人称、单数、祈使语气）开头的句子其实是仿自粟特语结构：在粟特语中，动词 *frm'y*"要求"的祈使式加上过去不定式，是一种表达请求的敬语形式：*prm'y 'PZYmy 'wn'kw wyδβ'γ 'krty*"请向我解释一下"[22]。

信 1 第 4 行：*-yš by prmy d'dn* [-iš bi farmāy dādan] 请给它。[23]

信 1 第 32 行：*wkwd 'z 'n swy kw'st'ry prmy qrdn* [u xod az ān sōy xwāstār-ē farmāy kardan]
"关于那件事，请你自己去要。"[24]

信 2 第 24 行：*'š by prmy d'dn* [-aš bi farmāy dādan] "请把（它）给她。"[25]

如果笔者所假设的无误，即写信人是同时说波斯语、粟特语的双语者，那么我们不禁会问

［22］关于这个结构参见 N. Sims-Williams *apud* W. Sundermann, "Probleme der Interpretation manichäisch-soghdischer Brife", in: J. Harmatta (ed.), *From Hecataeus to al-Ḫuwārizmī*, Budapest 1984, pp. 289-316, esp. 296, n. 20 以及吉田豊《ソグド语の敬语について》，《中央アジア古文献の言语学的・文献学的研究》，京都，2006 年，81—94 页，尤其是 82—83 页。

［23］Paul 上引书，98 页将其翻译为"命令把它给（他？）"。

［24］保罗翻译为"命令要求被提出"（Paul 上引书，69、124 页）。

［25］关于句子中 'š 的解释参见 Sh. Shaked, "Classification of linguistic features in Early Judeo-Persian", in: W. Sundermann, A. Hintze and F. de Blois (eds.), *Exegisti monumenta. Festschrift in honour of N. Sims-Williams*, Wiesbaden 2009, pp. 449-461, esp. p. 453，以及 Paul 上引书，98 页，其翻译作"要求把这个东西给她"。

他是一个会说波斯语的粟特人呢，还是正好相反？从他的波斯语中带有粟特语的痕迹来看，波斯语似乎并非他的母语[26]。这个推测也为以下事实所证实：信中的于阗人 *dihgān* 称写信人为粟特人[27]：

信 2，第 11 行：wmr cyk'šy r' prmwd zwd gwspnd yn swgdy by dyh [u-mar cyk'šy rā farmūd kū: zūd gōspand īn sugdī bi dih]

"他命令 cyk'šy（道）：'赶快把羊给这个粟特人！'"[28]

如果说写信人的母语是粟特语，我们不禁要问他是否会写粟特文呢？不过，即使是存在这样的粟特语文献，想要从中分辨是他写的或者他的犹太波斯同伴写的是几乎不可能的。在这一点上，笔者提请大家注意近期由辛姆斯－威廉姆斯和毕波刊布的粟特语文书。

信 2 的开头是 *pnn'm yzyd kwdh yqrbqr*"以神圣的主上帝之名"。这一句的前半部分可以对应敦煌出土的两件晚期粟特语文书的 *pr βγy n'm*。辛姆斯－威廉姆斯和哈密顿（J. Hamilton）（上引书，39-40 页）最先注意到了粟特语的这种格式，并推测是基督教徒或者穆斯林使用的。现在很清楚的是犹太教徒也使用这一短语。值得注意的是，在毕波和辛姆斯－威廉姆斯最近发表的和田出土粟特语文书中，我们也可见到这种特殊的表达[29]。这些文书现藏于北京的中国人民大学博物馆，要讨论的文书编号为 GXW 0434。文书的背面（？）两侧书写有两行倒写的文字，笔者的释读和翻译如下：

1　[　　　pr]βγy n'm 'sty 1LPw ptk(w)k pny xyδ pny pr

2　[　　　　] pcγ'zδ ZY šyr'krtyh s'r zy'mt k'n

"……（日期？）……以上帝之名。在此有钱一千贯文，你们收下(第二人称、复数、祈使语气）这些钱！这样他就可以花掉（它）去做善事。"[30]

---

[26] 关于这一点，Shaked 有如下论断："这些文本中（如犹太波斯语文本）没有一个是可以说是地道的，书写者似乎旨在表现一种规范的书面波斯语。"参其上引文，449 页。

[27] 韩森认为，丝绸之路上的商人大多数为粟特人而犹太人很少，因此 *dihgān* 错将他当成了粟特人（上引书，218 页）。

[28] 翻译引自 Paul 上引书，162、164 页。

[29] 考虑到其出处和年代，作者认为："这些新获得的文书似乎有一个相似的出处（比如犹太波斯信札和其他和田出土的文书），并且它们与那些于阗语文书和汉文文书的年代相当，即八九世纪。参见 Bi Bo and Sims-Williams 上引文，498 页。

[30] Bi Bo and Sims-Williams 上引文，504-505 页的转写和翻译如下：

1a　] (p)γγzym(?) 'sty 1LPw ptk(w)k pny s'δ(?) pny pr

2a　] pc.....(?) ZY šyr'krtyh sky(?) zy'mt k'n

"……我们已经准备好了（？）。这里有 1000 贯 *pny*……这些 *pny* 用以……虔诚地……他会使用它们……"但两位作者指出他们并没有解读出这一部分的文本。

Bi Bo and Sims-Williams 上引文中第 4 号文书背面第十行有一处转写为 *ctβ'r ny'š*，笔者尝试将其转写为 *ctβ'r ywxth*，意为"四个红宝石"。

以上文书是否有可能是一个犹太教徒书写的呢？这当然无法证明或者加以否定。然而，钱的数额非常庞大，即 1000 贯钱或者 1,000,000 枚铜钱。这的确使人想到信 2 中提到的 100 贯钱：(33) ... *wmn hrb r' cyz* (34) *d'dwm p' m'yh 'y sd ptqw pšyz* [u-man harb rā čīz dādum pa māya i sad ptkw pašīz] “我为了战斗付出了 100 贯钱。” 这令笔者无法忽视犹太教徒书写的粟特语文书与犹太波斯信札之间的关系。而这一大笔对战事的捐赠对于粟特语文书的书写者来说是个 *šyr'krtyh* “善事”。

如果写信人具有波斯语、粟特语双语背景的情况属实，可能有人会问这是否意味着粟特地区波斯化的开始，这一转变过程似乎至 10 世纪左右已经完成[31]，不过这一问题已经超出了这篇短文的讨论范围。

三、*dihgān* 是何人？

从历史的观点来看，信 2 反映了几个有趣的问题。其一就是信中提到的 *dyhg'n* 的身份。张湛、时光将其译为“地主”，但基本上只是这个词字面上的意思。塔法佐里（A. Taffazolī）曾经讨论过 *dihgān/dehqān* 的所指，其见解如下：“从不同材料可以推知，在早期伊斯兰时代一些 *dehqān*s 几乎扮演了当地统治者的角色，尤其是在波斯东部。任何拥有财富或者社会威望的人也可以被称作 *dehqān*。” 参见《伊朗学百科全书》（*Encyclopaedia Iranica*, Vol. VII, New York, 1994, pp. 223-225）[32]。事实上，信 2 中 *dihgān* 被看作羊群买卖的关键角色，是犹太波斯商人们最主要的关注对象。从信 2 可知，*dihgān* 的身份可以命令 *cyk'šy* 交出羊，商人们为 *dihgān* 准备的贿礼远远超过给其他头衔可能要低一些的主事的[33]。在他们中间有一个掌管羊群的 *pnkw'n*，荣新江已将其比定为汉语的“判官”。这是一个有一定地位的头衔，在《摩尼教赞美诗集》中以 *p'nxw'n* 的形式出现，在同时代的于阗语文书中以 *phaṃnä kvaṃnä* 形式出现。在一件 798 年的汉语－于阗语双语文书 Hedin 24 中，判官富惟勤以于阗王的名义下牒；而在 801－802 年的 Hedin 15、16 文书中也出现了同一判官的署名，他负责监管税收[34]。

dihgān 的女儿也多次在信 2 中被提到，在写信人的眼里，也应该讨好她以便获得 *dihgān* 的支持，因为后者很宠爱她：

---

[31] 关于粟特人的波斯化参见 Yoshida, “Sogdian”, in: G. Windfuhr (ed.), *The Iranian languages,* London and New York, 2009, pp. 279-335, esp. pp. 329-330。

[32] 8 世纪早期，片治肯特（Panjkent）的国王 Dēwāštīč，就被泰伯里（Ṭabarī）称为 *dihqan*，参 F. Grenet and É. de la Vaissière, “The last days of Panjikent”, *Silk Road Art and Archaeology*, 8, 2002, pp. 178, 192。

[33] 在礼单中有 *gnd* “糖”。目前已经很清楚，粟特商人所贩卖的常见商品中的一种，即汉语中称作“石蜜”的，可以被比定为波斯语的词。关于“石蜜”，参见 E. Schafer, *The golden peaches of Samarkand*, Berkeley 1963, pp. 152-154（〔美〕爱德华·谢弗著，吴玉贵译《唐代的外来文明》，西安：陕西师范大学出版社，2005 年，206－207 页——译者注）。韩森译作“muscado sugar”，参其上引书，101 页。

[34] 关于 Hedin 15、16 的 *panguan* 一词，参见 H. Bailey, *Khotanese texts* IV, Cambridge 1961, p. 108。关于于阗文书的年代参看张广达、荣新江《八世纪下半至九世纪初的于阗》，《唐研究》第 3 卷，1997 年，339－361 页以及 Yoshida, “The Karabalgasun ...”（上引文，注 7）。

(25) [twr](’)[35] cyšm wrwšny’y hm yn dwktr hst dyhg’n r’ wskt sb’s qwn

[turā čišm u-rōšnī-ē ham īn duxtar hast dihgān rā. u-saxt sibās kun]

(26) [wg]r sb’s ’y wr’ qwny cyz gwm n’ bwd ...

[u-agar sibās i varā kunē čīz gum na buvad ...]

“因为你是（我的）眼睛和光，对于 *dihgān* 来说，这个姑娘也是（眼睛和光）。好好感谢她。如果你感谢她，并不会损失任何东西。”

基于所有这些来做判断，我们不禁要将 *dihgān* 比定为某个于阗国王或者至少是一个有一定地位的人，无论如何他绝非仅是一个拥有羊群的地主[36]。如果考虑到信的第 14 至 20 行中接受贿礼的人的地位是按递减顺序排列的，我们就能据此部分复原出当时于阗社会的等级序列来：*dyhg’n* —*syky* —*syky cyk’šy* —掌管羊群的判官—掌管羊群的 *mrnd* — *šwb’n*[37]。顺便提一下，《摩尼教赞美诗集》中提到的周边绿洲王国的统治者们所带头衔如下[38]：北庭（Bešbalïq）= *pnžykndyy xwd’y*（45-46）（北庭城主），高昌（Qočo）=*cyn’ncknδyy xwd’y*（55）（高昌城主），焉耆（Karashahr）= *’rqcyk xwṭ’w*（88-89）（焉耆城主），硕尔楚克（Šorčuq[39]）= *’wcwrcyk xwṭ’w*（110-111）（于术城主），龟兹= *’kwcyk syṛtwšyy*（72-73）[40]（龟兹节度使），拨换（Aqsu）= *prw’nc jβγw*（77）（拨换叶护），疏勒 = *k’šy xšyδ*（75）（佉沙设）。

四、结　　语

这两件犹太波斯信札仍存有许多不明之处，笔者希望所提出的见解能够有助于解读这些费解的部分，哪怕只有分毫。

笔者必须承认，本文尤其是后半部分，有一些冒险的猜测，至少在现阶段很难被证实（或者否定）。然而，我们也必须承认，仅仅只是读懂信并将其肤浅地翻译出来并不能使我们获得深

---

[35] 张湛、时光转写为 *čūn tō*，即 *cwn tw*，但这几乎占了五个字母的间距。我把他们转写的［’gr］改为［wgr］，因为新句子应该以连接词 *w*-开头。

[36] 如果 *dihgān* 可以被比定为某位于阗国王，那么根据信 2 的年代来判断，他应该是 Viśa’ Vāhaṃ或其继任者 Viśa’ Kīrrta。由于 Viśa’ Vāhaṃ在 802 年时已经非常年老，因此后者的可能性更大，那么他的女儿一定很年轻、可爱。关于两位于阗国王，参见 P. O. Skjærvø, *Khotanese manuscripts from Chinese Turkestan in the British Library*, London 2002, p. lxvii。不过，两位国王的统治时间应该有所修正。参见张广达、荣新江上引书。

[37] 根据他们接受贿礼的事实来看，信中提到的 *šwb’n* 不太可能是普通的牧羊人，而应该是为王室照顾羊群的人。

[38] 列表见 Henning 上引文，566 页。

[39] 此处仅为笔者的比定。关于 *’wcwrcyk* 的其他不同观点，参见 Sims-Williams & Durkin-Meistererenst 上引书，34 页。（译者注：作者认为这一地名即《九姓回鹘可汗碑》和《唐书》中出现的“于术”。参见 Y. Yoshida, “Review of N. Sims-Williams and J. Hamilton, *Documents turco-sogdiens du IXe-Xe siècle de Touen-houang*”, *Indo-Iranica Journal 36*, 1993, pp. 366-357.）

[40]关于这一头衔来自节度使，参见 Yoshida, “Sogdian Miscellany III”, R. E. Emmerick and D. Weber (eds.) *Corolla Iranica. Papers in honour of Prof. Dr. D. N. MacKenzie on the occasion of his 65th birthday on April 8th, 1991*, Frankfurt am Main/Bern/New York/Paris, 1991, pp.237-242, esp. p. 242, n. 19。

藏其中的最重要信息。我们一定要在字里行间探究写信人和收信人所共有的背景知识，而这在信中有所反映，但即使有，也是非常模糊。

马祖赫（M. Macuch）教授为张湛、时光提供了信 2 末尾一个关键句子的解释：*cyz b'z m'm' d'ryd* [čīz bāz mā ma dārēd] "千万不要对我们有所保留"[41]。这一句紧接着 *'gr 'mdh b'd p' q'šgr hr cnd kwzynh kw'hnd* [agar āmada bād pa Kāšγar har čand xuzīna xwāhand] "如果他来疏勒了，不论他们要多少花销"。乍一看，这一部分似乎并无深意。但若是考虑到写信人已经为了疏勒之战花费了 100 贯钱的事实，这一句不禁引人猜测，即便非常危险，犹太波斯商人也已下定决心积极介入于阗（或者可能是当时统治于阗的吐蕃）对抗回鹘的军事行动[42]。

在本文结束之际，笔者殷切期望和田发现获得的新文书，无论是汉文、于阗文、藏文、粟特文还是梵文的，都能在不久的将来得以发表。这样，我们将能够更加深入地探究它们之间的相互关系。

（陈丽芳 译 毕波 校）

[41] 参考张湛、时光上引文，97 页。此处英文翻译引自 Paul 上引书，143 页。

[42] 如果这些信札的写作时间比猜想的略早，则汉人驻军也有可能参与其中，关于这一点，注 13 中已有指出。无论如何，这些商人绝不是什么小商贩，因为信 2 第 29 行提到写信人寄了多达 30 封信，这暗示着他的同行们似乎建立了一个广泛的网络。

河西汉简中的大月氏

张德芳
（甘肃简牍博物馆）

一个多世纪以来，有关大月氏的族源、族属、原居地、西迁的时间路线、与希腊—巴克特里亚的关系，以及与大夏、贵霜、中原王朝的关系，都是中外学术界长期关注的热点。本文就悬泉汉简中有关大月氏的材料作一些介绍，以供学术界进一步研究。

20世纪90年代发掘的悬泉置遗址，本质上是汉晋时期一处官方性质的邮驿接待机构。除了日常的公文信件传递外，还有一个重要职能，就是接待官员、使者和一般商客的行旅往来。由于其地处中西交通的孔道和西出东进的门户，大凡东来西往的各类人士都要在这里停留、住宿并留下他们的登记。其中包括西域，中亚很多国家的国王、夫人、质子、贵人、使者、副使，一般商客前来中原朝贡、通使、受封、纳质、和亲、交游、经商、学习，以及汉王朝使节出使上述国家的记录。大月氏的材料即属此类。虽断简残编，弥足珍贵。下面逐一进行介绍（见后附图1—附图4）。

简一：

出马五十六匹，送大月氏客张子文付□□□。（Ⅰ90DXT0114③：145）

木简，长24厘米，宽1厘米。柽柳。右侧有刻齿，刻齿内有“五十六匹”字样。同层共出156简，有纪年者27枚，占17%。最早为本始二年（前72），最晚为初元五年（前44），跨时29年，主要为宣帝时期简[1]。此简为汉简中关于大月氏活动的较早记载，当在此29年时段或者此前此后。宣帝时期，中原与西域的来往极为活跃，最突出的是常惠多次出使乌孙，先是在本始年间与乌孙联手，东西夹击，取得了对匈奴的重大胜利；其次是在甘露年间分立大小昆弥，屯田赤谷，迫使乌孙最终走上了归服汉朝的道路。其时的大月氏已定居于阿姆河以南和阿富汗以北的广大地区，他们与汉朝的来往也具备了相当的规模。简中所谓“出马五十六匹”来护送大月氏客人，说明被送之人至少在数十人之多。

简二：

客大月氏、大宛、踈勒、于阗、莎车、渠勒、精绝、扜弥王使者十八人、贵人□人。（Ⅰ91DXT0309③：97）

木简，长23厘米，宽0.8厘米。完整，柽柳。同层出简337枚，纪年简61枚，占18%。而61枚纪年简中，昭帝元平元年（前74）1枚，其余60枚，都是宣帝元康、神爵、五凤三个年号，

[1] 有一简为大始五年（实为征和元年，前92年），内容为遗失传信要求追查的文件，可能为后来追述前事的记载。

其中神爵最多，47 枚。从元平元年（前 74）到五凤四年（前 54）总共 21 年时段。如果除去元平元年（前 74）一简，纪年简最集中的时段从元康元年（前 65）到五凤四年（前 54），共 12 年。此简的时间当在这 12 年或者 21 年的时段及其前后。

简中所列派来使者和贵人的八个国家，其中踈勒（今作疏勒）、于阗、莎车、渠勒、精绝、扜弥六国，在今新疆境内，疏勒在北道即天山以南塔克拉玛干沙漠以北，其他五国都处在西域南道即昆仑山以北塔里木盆地以南，大月氏和大宛在今新疆境外。从简文的时间上无法判断此时的西域都护府是否设立，但从八国的排列上看，大月氏、大宛及其后面的六国，其地位及接待规格似乎是相等的。

简三：

归义大月氏贵人一人，贵人□一人，男一人，自来龟兹王使者二人，贵人三人，凡□人。（Ⅰ91DXT0309③：98）

木简，长 23 厘米，宽 0.7 厘米。完整，柽柳。此简与上引简二同出一处，时代与前简同。可能为宣帝时期之物。简中言之凿凿，有“归义”二字，说明来者是归顺了汉朝的大月氏；言“归义大月氏贵人”，当是大月氏上层，而不是游离于主体之外的流散人群；同龟兹王使者一同来汉，说明他们代表大月氏国王或者国家意志，而不是个人行为。类似“归义大月氏”的简文在西汉末年的记载中还可见到，说明大月氏与汉朝的关系在公元前的半个世纪里，曾有过类似领属与被领属的关系，或者大月氏的一部分人曾经归属过汉朝。很值得研究。

简四：

甘露二年三月丙午，使主客郎中臣超承制诏侍御史曰顷都内令霸副候忠使送大月氏诸国客，与庠候张寿、候尊俱为驾二封轺传、二人共载。御属臣弘行御史大夫事，下扶风厩，承书以次为驾，当舍传舍，如律令。（Ⅴ92DXT1411②：35）

木牍，长 23.5 厘米，宽 1.5 厘米。松木。有字两栏，上栏三行，下栏两行。有明确纪年，时为前 52 年 5 月 3 日。这是御史大夫府开具的一封传信。要求从扶风厩以西沿途驿站馆舍都要为前送大月氏诸国客的使者提供食宿和车马。时御史大夫杜延年以病免，安车驷马回故里，新任于定国夏历五月才到位。所以“御属臣弘行御史大夫事”。“使客郎中”“都内令”均为官职。超、霸、忠、张寿、尊、弘等均为人名。简中所谓“大月氏诸国客”者，说明除大月氏使者外，还有其他西域国家的客人。上已言及，从史书记载看，宣帝甘露年间（前 53—前 50），汉与乌孙的关系可谓浓墨重彩，而汉与大月氏关系却只能在汉简中才能看到。

简五：

校尉丞义使送大月氏诸国客，从者一人，凡二人，人一食，食三升，东。（Ⅴ92DXT1311③：129）

木简，长 15.6 厘米，宽 0.8 厘米，上残，柽柳。此简亦为朝廷派人护送大月氏诸国客的记录。义，人名；时任校尉丞。简中记录的用饭人员，只有两人。可能护送大月氏诸国客的使命已经完成，此为二人东返记录。“大月氏诸国客”究系多少人？不得而知。时在甘露（前 53）到永光（前 39）这 15 年的时段里。同层出简 354 枚，纪年简 46 枚，分别为甘露、黄龙、初元、永光四个年号，此简当在此段时间及其前后。

简六：

出粟三升。以食守属因送大月氏客，一食，食三升。（Ⅴ92DXT1311③：140）

木简，长 23 厘米，宽 0.8 厘米，柽柳。此简与简五同层共出，时代与上简同。因，人名。守属，官名。一个人护送大月氏客人，亦当在完成使命后东返之中。

简七：

出粟四斗八升，以食守属唐霸所送乌孙大昆弥、大月氏所□（Ⅴ92DXT1712⑤：1）

木简，长 16 厘米，宽 0.7 厘米，柽柳，下部残断，存字 23 个。此简内容亦为朝廷派人护送乌孙、大月氏使者的记录。守属，官职；唐霸，人名。简文残断，只留下部分信息。以一食三升计，“出粟四斗八升”，当为十六人次的饭食记录，如果是一人两食，路过者就是八人。此简的时间无法判断，所送西域客人中除大月氏使者外，还有乌孙大昆弥的使者。大、小昆弥分立于甘露元年（前 53），故此简所记史实只能在甘露以后。

简八：

使大月氏假司马（Ⅴ92DXT1511④：2）

木牍，上下部均残，长 14.5 厘米，宽 1.5 厘米。松木。残存七字。这是朝廷派假司马出使大月氏的记录。时间当在甘露（前 53）到建昭（前 34）这 20 年时间里。出土该简的层位没有发现纪年简，参考第二、第三层所出甘露到建昭纪年简，此简的时间大致应在宣帝后期到元帝时代，是此时汉朝出使大月氏的记录。

简九：

初元二年七月戊辰，使大宛□□者□□□中郎丞汉，承制诏侍御史□□□大月氏□□□□副意与庠侯□敞赵□□为驾二封轺传，二人共载。

御史大夫万年下扶风厩，以次为驾，当舍传舍，如律令。四月□□过东（Ⅴ92DXT1210③：132A）

使大月氏副右将军史柏、圣忠将大月氏双靡翕侯使者万若，山副使苏赖，皆奉献言事诣行在所，以令为驾一乘传。

永光元年四月丁酉朔壬寅，敦煌大守千秋、长史章、仓长光兼行丞事，谓敦煌：以次为驾，当传舍，如律令。四月丙午过，东。（Ⅴ92DXT1210③：132B）

这是一枚完整的木牍，柽柳。长23厘米，宽1.8厘米。上部有裂缝。正反两面书写。两面字体不同，写自不同的时间。前后相隔三年又二百六十一天。正面文字写于“初元二年七月戊辰”，前47年8月27日。文字多有剥蚀，释文或有不确。大意是朝廷派使者出使大宛、大月氏等国。使者总共二人。御史大夫陈万年出具文件，要求从长安以西扶风厩开始，一路厩传提供二封轺传以及食宿方便。是一份传信内容的抄录。

背面文字其实为另一份文件，是敦煌太守府出具的传信。时在“永光元年四月丁酉朔壬寅”，前43年5月12日。四天以后，即5月16日路过悬泉置。这是朝廷派出使者出使大月氏后东返时与大月氏双靡翖侯的使者万若和山国使者苏赖一同路过敦煌悬泉置的记录。他们要“奉献言事诣行在所”，即要面见天子，有事情上奏。至于奉献何物？简中未曾言及。右将军史，官职；柏、圣忠，可能是人名。乘传是四匹马拉的车子，对应于一定身份和级别的客人。有些字意不清，可能有讹夺。但“双靡翖侯使者万若、山副使苏赖”是清晰的。大月氏有五翖侯，此简有双靡翖侯派使者来汉的记载，同康居王以下苏薤王派使者来汉的情况相似，他们事实上是康居王、大月氏领属下并有独立外交的地方君长。至于五翖侯的具体位置，下文一并考述。两件事在相隔三年七个月之后，又将另一件类似事件记录在同一块木牍的背面，说明当时的档案管理，在保存时间上有要求；不同内容的档案还要分类保管。只有严格分类，不同时间的同类内容，才便于检索。把不同时间的同类内容写在一块木板的两面，既方便也节省材料。

简十：

	四封章破诣府	合檄一诣府掾	
	一封广校候印诣府	正月丁亥日未入出西界	
西书十四封合檄一	四封都尉印诣府	·东界毋券刻案之	·西书三封
	一封河内诣郡仓		
	一封章破诣使送大月氏使者（Ⅴ92DXT1210③：97）		

木牍，松木。残长12.8厘米，宽1.9厘米，下部约残缺10厘米。现存文字四栏。十五份西行公文传递交接的记录。按惯例，每件文件发自何处，送达何地，封印如何，何时由何人交接，何时送达出界，都要详细登记。十五份文件中，一封合檄，十四封一般公文。其中一份送往“使送大月氏使者”。说明此送大月氏的使者已经西过悬泉置，当在悬泉置以西的路途上。此简的时间当在初元到永光（前48－前39）的十年间及其前后。该探方出简157枚，其中纪年简14枚，均为元帝初元、永光两个年号。此简当为元帝时汉与大月氏来往关系的记录。

简十一：

□□□遣守候李□送自来大月氏休密翖侯□□□贵人□密贵人□□□□□弥勒弥

□……□□□□□□□□□客皆奉献诣行在所，以次为驾，二乘传。三月戊申东。

建昭二年三月癸巳朔辛丑敦煌大守彊、守部候脩仁行丞事，谓敦煌：以次为驾，如律令（II90DXT0216②：702）

木牍，完整，长 22.3 厘米，宽 1.9 厘米。有文字上、下两栏，上栏四行，下栏两行。字迹模糊，认读困难，但“自来大月氏休密翎侯”以及行文年月是准确的。简中所记敦煌太守府开具的日期是“建昭二年三月癸巳朔辛丑”，前 37 年 4 月 9 日。路过悬泉置的时间是“三月戊申”，4 月 16 日。前后相隔七天时间。上述人等是由西向东，“皆奉献诣行在所”。要提供的车子是二乘传。“李□”是朝廷或西域都护府所派专门护送西域使者的。而简文中所反映的西域客人主要是“大月氏休密翎侯”的使者或者贵人。

上引简九有大月氏“双靡翎侯”，此简又见“休密翎侯”。

按《汉书・西域传》记载：“大夏本无大君长，城邑往往置小长，民弱畏战，故月氏徙来，皆臣畜之，共禀汉使者。有五翎侯：一曰休密翎侯，治和墨城，去都护二千八百四十一里，去阳关七千八百二里。二曰双靡翎侯，治双靡城，去都护三千七百四十一里，去阳关七千七百八十二里。三曰贵霜翎侯，治护澡城，去都护五千九百四十里，去阳关七千九百八十二里。四曰肸顿翎侯，治薄茅城，去都护五千九百六十二里，去阳关八千二百二里。五曰高附翎侯，治高附城，去都护六千四十一里，去阳关九千二百八十三里。凡五翎侯，皆属大月氏。”[2] 关于五翎侯的族属、居地，前人多有研究，也多有分歧[3]。但大体位置应在吐火罗斯坦东南部山区。

关于休密翎侯，《汉书・西域传》：“休密翎侯，治和墨城。”《魏书・西域传》：“伽倍国，故休密翎侯，都和墨城，在莎车西，去代一万三千里。人居山谷间。”[4] 季羡林先生等校注《大唐西域记》，把休密翎侯之地比对为《大唐西域记》之“达摩悉铁帝国（Dharmasthiti）”。认为此地在瓦罕之南，乞特拉尔（Chitral）东北约九十公里处。“瓦罕，《后汉书》作休密，为月氏五翎侯之一；《洛阳伽蓝记》作钵和，《魏书》称伽倍之国都和墨城，一曰钵和，亦曰胡密。”[5]《洛阳伽蓝记》对钵和的记载是：“高山深谷，险道如常。国王所住，因山为城。人民服饰，惟有毡衣。地土甚寒，窟穴而居。风雪劲切，人畜相依。国之南界有大雪山。朝融夕结，望若玉峯。”《魏书》的记载与此略同：“其土尤寒，人畜同居，穴地而处。又有大雪山，望若银峰，其人唯食饼麨，饮麦酒，服毡裘。”[6]《大唐西域记》的描述是：“达摩悉铁帝国在两山间，覩货逻国故地也。东西千五六百余里，南北广四五里，狭则不踰一里。临缚刍河（即阿姆河），盘纡曲折，

[2]《汉书》卷九六《西域传》，北京：中华书局，1962 年，3891 页。

[3] 张星烺《中西交通史料汇编》第 4 册，北京：中华书局，1978 年，31 页；岑仲勉《汉书西域传地理校释》，北京：中华书局，1979 年，222—225 页；季羡林等《大唐西域记校注》，北京：中华书局，1985 年，971—980 页；余太山《塞种史研究》，北京：中国社会科学出版社，1992 年 2 月，30—32 页；杨宪益《大月氏五翎侯疆域考》，收入《译余偶拾》，济南：山东画报出版社，2006 年，163 页。

[4]《魏书》卷一〇二《西域传》，北京：中华书局，1974 年，2274 页。

[5] 季羡林等《大唐西域记校注》，975 页。

[6]《魏书》卷一〇二《西域传》，2280 页。

堆阜高下，沙石流漫，寒风凄烈。唯植麦豆，少树林，乏花菓。多出善马，马形虽小而耐驰涉。俗无礼义，人性犷暴，形貌鄙陋，衣服毡褐。眼多碧绿，异于诸国。伽蓝十余所，僧徒寡少。"[7] 显然，就其地形而言，当为瓦罕峡谷。就其气候和民风习俗，几百年未曾大变，以畜牧为生。翻越葱岭西行，第一个大的族群或君长，就是大月氏所属的休密翖侯。所以《魏书·西域传》载："从莎车西行一百里至葱岭，葱岭西一千三百里至伽倍为一道。"[8]

关于双靡翖侯，《汉书·西域传》："双靡翖侯，治双靡城。"《魏书·西域传》："折薛莫孙国，故双靡翖侯。都双靡城，在伽倍西，去代一万三千五百里。人居山谷间。"季羡林等《大唐西域记校注》将双靡比作商弥，认为"商弥国，《汉书》作双靡，《洛阳伽蓝记》卷五作赊弥，《魏书》作舍弥，《月藏经》作赊摩。《新唐书·西域传》下波斯条后称，商弥亦作俱位。俱位，《悟空行记》作拘纬。其地当在今马斯图吉（Mastuj）和乞特拉尔（Chitral）之间，北与钵和（护密，今瓦罕），东南与小勃律相邻。"按照《魏书》的记载：伽倍即汉时休密，都和墨城，在莎车西，去代一万三千里。而双靡在伽倍西，去代一万三千五百里。即双靡在伽倍以西五百里。但按《大唐西域记校注》的意见，"北与钵和（护密，今瓦罕），东南与小勃律相邻"，其地当在瓦罕以南，在今巴基斯坦境内。余太山《塞种史研究》和冯志文所编《西域地名词典》，均同上述意见，认为双靡，在马斯图吉（Mastuj）和乞特拉尔（Chitral）之间[9]。《洛阳伽蓝记》对赊弥的记载是："此国渐出葱岭，土田峣峭，民多贫困，峻路危道，人马仅通。一直一道。从钵卢勒国向乌场国。铁锁为桥。悬虚为渡。下不见底。旁无挽捉。倏忽之间投躯万仞。是以行者望风谢路耳。"此番描述，显然汉时"悬度"。《大唐西域记》的记载是："商弥国周二千五六百里。山川相间，堆阜高下。谷稼备植，菽麦弥丰。多蒲陶，出雌黄，凿崖析石，然后得之。山神暴恶，屡为灾害，祀祭后入，平吉往来。若不祈祷，风雹奋发。气序寒，风俗急。人性淳质，俗无礼义，智谋寡狭，伎能浅薄。文字同覩货逻国，语言别异。多衣毡褐。其王释种也，崇重佛法，国人从化，莫不淳信。伽蓝二所，僧徒寡少。"[10] 校注者认为："商弥地区的语言正处在伊朗语族和印度亚利安语族的接壤地带，故保持着这两种语言系统的特征。这一地区使用的语言称为 Dardic 语，现在被认为是印度亚利安语系的一个支脉。"

关于贵霜翖侯，《汉书·西域传》："贵霜翖侯，治护澡城。"《魏书·西域传》："钳敦国，故贵霜翖侯。都护澡城，在折薛莫孙西，去代一万三千五百六十里。人居山谷间。"《魏书》之"钳敦"被认为是《大唐西域记》"昏驮多"的对音。《大唐西域记校注》昏驮多城条下注曰："昏驮多城，波斯佚名作者《世界疆域志》作 Khamdādh。其地在瓦罕山谷中潘扎水（Ab-i Panja)南岸冲積扇上之 Khandūd，這一比定已為學者們所接受。"[11]

---

[7] 季羡林等《大唐西域记校注》，974 页。

[8] 冯志文《西域地名词典》（乌鲁木齐：新疆人民出版社，2002 年，144 页）认为，休密之故地当在今阿富汗东北法扎巴德及卡拉查延地区周围。

[9] 余太山《塞种史研究》，30－32 页；冯志文《西域地名词典》，405 页。

[10] 季羡林等《大唐西域记今译》，980 页。

[11] 冯志文《西域地名词典》认为，贵霜故址护澡城，在今阿富汗东北法扎巴德、卡拉查延等地周围（158 页）；而昏驮多城，则在今阿富汗瓦罕地区之瓦罕城（357 页）。可备一说。

关于肸顿翎侯，《汉书·西域传》："肸顿翎侯，治薄茅城。"《魏书·西域传》："弗敌沙国，故肸顿翎侯。都薄茅城，在钳敦西，去代一万三千六百六十里。居山谷间。"此地，学界大都指为今阿富汗东北之巴达赫尚省首府法扎巴德以东地区。余太山《塞种史研究》认为："弗敌沙"，即《大唐西域记》的"钵铎创那"，《慧超往五天竺国传》的"蒱特山"，《新唐书·地理志》作"拔特山"；也可能就是《梁书·诸夷传》的"白题"，《洛阳伽蓝记》引宋云等《行记》的"跋提"。肸顿、薄茅（"茅'，应为"第"之讹）、钵铎创那、蒱特山、拔特山、白题、跋提等均系 Badakhshan 之对译[12]。《大唐西域记》载："钵铎创那国，覩货逻国故地也，周二千余里。国大都城据山崖上，周六七里。山川逦迤，沙石弥漫。土宜菽麦，多蒲陶、胡桃、梨、柰等果。气序寒烈，人性刚猛，俗无礼法，不知学艺。其貌鄙陋，多衣毡褐。伽蓝三四所，僧徒寡少。王性淳质，深信三宝。"校注曰："钵铎创那国：即今日之巴达哈商（Badakhshan）地方，《高僧传》作波多叉拏，其范围基本上等于阿姆河上游 Panj 河及 Kokcha 河流布地区。沙畹认为，大雪山（兴都库什）之北有城亦名 Badakhshan，当是《魏书》之跋底延、《北史》之弗敌沙，其城在今法札巴德（Fayzabad）之东，为昔日大夏、大月氏、𠺝哒之故城。"[13] 此地今译作巴达克山。

关于高附翎侯，《汉书·西域传》："高附翎侯，治高附城。"《后汉书·西域传》把高附单独列为一国，而在大月氏五翎侯中加进了都密。云："高附国在大月氏西南，亦大国也。其俗似天竺，而弱，易服。善贾贩，内富于财。所属无常，天竺、罽宾、安息三国强则得之，弱则失之，而未尝属月氏。《汉书》以为五翎侯数，非其实也。后属安息。及月氏破安息，始得高附。"[14] 余太山认为："此处所谓'高附'应指喀布尔（Kabul），与《汉书》的'高附'并非一地，前者在西汉时曾属罽宾。五翎侯数应从《汉书》。"[15]《魏书·西域传》："阎浮谒国，故高附翎侯，都高附城，在弗敌沙南，去代一万三千七百六十里。居山谷间。"前引余太山认为："阎浮谒"，即《大唐西域记》的"淫薄健"，《慈恩传》作"佉薄健"。高附、阎浮谒、淫薄健、佉薄健均系 Yamgan 或 Hamakan 之对译；其地在今科克恰（Kokcha）河流域。《大唐西域记》："淫薄健国，覩货逻国故地也，周千余里。国大都城周十余里。山岭连属，川田隘狭。土地所产，气序所宜，人性之差，同钵铎创那，但言语少异。王性苛暴，不明善恶。"《大唐西域记校注》认为："淫薄健国：当是 Yamgan 或 Hamakan，位于 Kokcha 河流域，该河自 Jarm 以上之上游旧名 Yamgan 或 Hamakan。"[16]

从上面五翎侯的分布地区看，都在今阿富汗东北、阿姆河上游、瓦罕峡谷、兴都库什山以北地区。

简十二：

入粟三斗，马二匹。鸿嘉三年闰月乙亥，敦煌厩官奴章受县泉啬夫长送こ大月氏（II90DXT0214②：241）

[12] 余太山《塞种史研究》，31 页。

[13] 季羡林等《大唐西域记今译》，971 页。

[14]《后汉书》卷八八《西域传》，北京：中华书局，1965 年，2921 页。

[15] 余太山《塞种史研究》，32 页。

[16] 季羡林等《大唐西域记今译》，972 页。

木简，柽柳。下部残，残长 18.7 厘米，宽 1 厘米。残失约 4.3 厘米。简文有明确纪年，鸿嘉三年闰月乙亥，前 18 年，夏历闰九月，是月庚子朔，无乙亥，可能是原简抄写有误。此简类似一件收据，敦煌厩官奴章收到悬泉啬夫长粟三斗、马二匹而为后者出具的一份收据。此事与大月氏使者的过往有关。简文残废，文义不完，但仍可说明大月氏在成帝鸿嘉年间与汉朝有着正常交往。简中“章”“长”均为人名。

简十三：

出粟一斗八升。以食守属周生广送自来大月氏使者积六食，食三升。六石八斗四升，五石九斗四升。（Ⅱ90DXT0214①：126）

完整木简，柽柳，长 23.7 厘米，宽 0.9 厘米。存字 39 个。字迹清晰，墨色如新。简中“出粟一斗八升，以食守属周生广送自来大月氏使者。积六食，食三升”27 字是该简全文。送大月氏使者的官员是“守属周生广”，周生是当时敦煌复姓。在悬泉置吃过六顿饭（也许是三人食两顿，亦未可知）。简文中间夹小字两行，似与本简内容无关。左行“六石八斗四升”，右行“五石九斗四升”。如果是出粟的数字，总共十二石七斗八升，可供四百二十六人次用饭一顿。但究作何用，不得而知。同层所出纪年简 16 枚，最早河平四年（前 25），最晚为王莽居摄二年（7），最多为元始四年和元始五年简，共 9 枚。所以该简的时段大致可定在西汉末年，公元前后。

简十四：

府移玉门书曰：降归义大月氏闻须勒等　（Ⅰ91DXT0405④A：22）

木简，柽柳，下部残断。残长 11 厘米，宽 1 厘米。仅存上部十六字。同层所出纪年简只建平三年（前 4）一枚。因而此简的年代可能亦在西汉末年公元前后。此时出现“降归义大月氏”，同上引简三中的“归义大月氏”，一在元康元年（前 65）到五凤四年（前 54）的 12 年间，一在公元前后，相差半个世纪。“闻须勒”三字可能是大月氏归义者的名字。也可能“闻”是动词，“须勒”是动词宾语，有错讹。究属何意，尚待研究。

简十五：

大月氏王副使者一人　（II90DXT0114③：273）

木牍，左半残失，右半存字九个。残长 6.6、宽 1 厘米。存字虽少，但仍留下了大月氏使者来汉的信息。此简同层出简 606 枚，有纪年简 72 枚。时段从宣帝元康（前 65）到王莽天凤（18），前后八十多年的年号几乎连续出现，无法把时间范围缩得更小。

简十六：

大守守属禹一食西送大月氏副使者（《敦煌汉简》1328）

此简是 1987－1989 年文物普查时采集于悬泉置遗址。最早的简有武帝元鼎纪年，至于此简为何时之物，尚难判断。简文残缺，大意仍是派官员护送大月氏使者之事。

简十七：

二月丙辰大月氏呼孙从者半大一人，与此五十六人。第一。

此简为敦煌玉门关（即小方盘城）新出之简。与前引十六简不同者，前者是驿置接待记录，而此简则是出入关记录。简中“呼孙”为人名；“半大”，亦人名，抑或对人物形状描述之形容词。此简“五十六人”可能是一同出入关人员或者在一单元时间内总共出入关人数。因为此项出土汉简正在整理中，其他信息无法确知。

简十八：

二月丙辰大月氏伏钺从者餔比等十一人。

此亦玉门关新出之简。伏钺、餔比为人名。此简所记一同出入关的十一人，都是大月氏人。如同上简，其他信息不得而知。

今天的阿富汗长期处在战争和灾难之中。但回望历史，曾经的辉煌灿烂在人类文明的发展史上有过重要篇章。张骞通西域，选择的第一出使目标就是来此定居的大月氏。张骞的到来，“确实进入了一个和中原汉地完全不同的文化环境之中，他的所见所闻，确实包含着希腊化文化的信息。从这个意义上看，张骞不仅是出使西域、由中原走向世界的第一人，而且是把希腊化文化信息带回中原的第一人。他的西域凿空与亚历山大的东征，从不同的方向沟通了欧亚大陆古代诸文明之间的文化交流和经济联系”[17]。五翎侯中的贵霜翖侯经过一个多世纪的发展壮大建立的贵霜帝国，学术界通过各地出土的贵霜钱币已经建立起一个公元以后从丘就却、阎膏珍、迦腻色迦及其后世的世系王统。可是，从希腊-巴克特里亚灭亡到贵霜帝国的建立，也就是大月氏西迁阿姆河流域到公元前后的一个多世纪里，由于材料的缺乏，被学术界称之为“黑暗时代”。

20 世纪 60 年代在阿富汗东北部发现的阿伊-哈努姆遗址，具体位置在阿姆河上游的喷赤河与科克恰河（Kokcha）交汇处。从 1964 年到 1978 年法国考古队在此持续了 15 年之久的大规模发掘。一座希腊化时代的城市遗址，时代在前 4－前 2 世纪。大月氏到来以前，该城已被南下的塞人所摧毁。“它因巴克特里亚希腊人王国的统治而繁荣，也因这个王国的衰亡而遗弃。”[18]远早于上述河西出土的大月氏汉简的年代。

20 世纪 20－30 年代，法国考古队发掘的贝格拉姆遗址，位于阿富汗帕尔万省的东北部，南距喀布尔 60 千米。其中出土的“贝格拉姆宝藏”包括了大量象牙和骨雕、玻璃器、青铜器、

[17] 杨巨平《亚历山大东征与丝绸之路开通》，《历史研究》2007 年第 4 期，161 页。

[18] 杨巨平《阿伊 · 哈努姆遗址与“希腊化”时期东西方诸文明的互动》，《西域研究》2007 年第 1 期，105 页。

石膏制品以及少量的铁器、陶器、石器和漆器碎片。城址和出土物的年代，中外学者都倾向于公元之后的贵霜帝国时代[19]。晚于上述大月氏汉简的年代范围。

1978 年，阿富汗和前苏联合作在其北部朱兹詹省的首府希比尔甘（Sheberghan，亦译作西伯尔罕、席巴尔甘等）东北 5 千米的迪利雅特佩（Tillya-tepe）发掘了古代城市的大墓。时代在前 1 世纪和 1 世纪。六座大墓中仅黄金饰品就出土了 20000 多件，被称之为“西伯尔罕宝藏”。重要的是墓中同时出现了希腊文化、波斯文化、印度文化、欧亚北方草原文化以及中国文化等多种文化的混合因素[20]。其中出土的汉代连弧纹青铜镜，有铭文 34 字。此类铜镜，按李学勤先生的考证，西到乌兹别克斯坦、北到西伯利亚、东到日本的福冈都有广泛的流传[21]。

唯此迪利雅特佩大墓的文化内涵，就其时代和内容而言，当与上述有关大月氏汉简年代相对应。而从出土地点看。朱兹詹省同巴尔赫省东西毗邻，从希比尔甘到巴尔赫（即大月氏都城蓝氏城）100 千米。完全有理由认为，迪利雅特佩大墓很可能就是贵霜帝国建立以前大月氏定都蓝氏城时期的贵族墓地。

一般将前 334 年亚历山大东征到前 30 年的 300 年时间，称之为希腊化时期[22]，就是因为文化的嬗递不同步于政权的更迭。因而在希腊—巴克特里亚、塞伽—巴克特里亚之后，在大月氏的贵族墓葬中出现希腊、波斯、印度、塞人以及中国等多种文化因素是极为正常。

大月氏西迁前，中亚北部草原南下的塞人取代了希腊—巴克特里亚，而后大月氏西迁阿姆河流域，又臣服了占据此地的塞人政权。起初都妫水北为王城，具体地点在飒秣建（今撒马尔罕）[23]。到前 1 世纪中叶迁居蓝氏城（亦称蓝市城、监氏城等，即今阿富汗北部巴尔赫）。六座大墓中出土的文物，当为大月氏在此阶段的文物遗留。

河西出土的关于大月氏的汉简，主要是公元前半个多世纪从宣帝（前 73）到新莽时大月氏与汉王朝使节往来的实时记录，真实反映了大月氏西迁占领大夏（巴克特里亚）到贵霜帝国建立前这段时间里政治外交的重要侧面。它与阿富汗北部的希比尔甘大墓文化东西辉映，成为这段“黑暗时代”夜空中耀眼的星光。

附本文所引简影

[19] 罗帅《阿富汗贝格拉姆宝藏的年代与性质》，《考古》2011 年第 2 期，68－78 页。

[20] 吴焯《阿富汗西伯尔罕墓葬文化》，张志尧主编《草原丝绸之路与中亚文明》，乌鲁木齐：新疆美术摄影出版社，1994 年，220－223 页。

[21] 李学勤《阿富汗席巴尔甘出土的一面汉镜》，《文博》1992 年第 5 期，15 页。

[22] 杨巨平《近年国外希腊化研究略论（1978－2010）》，《世界历史》2011 年第 6 期，119 页。

[23] 杨宪益《大月氏王都考》，159 页。

附图1　简一至简五

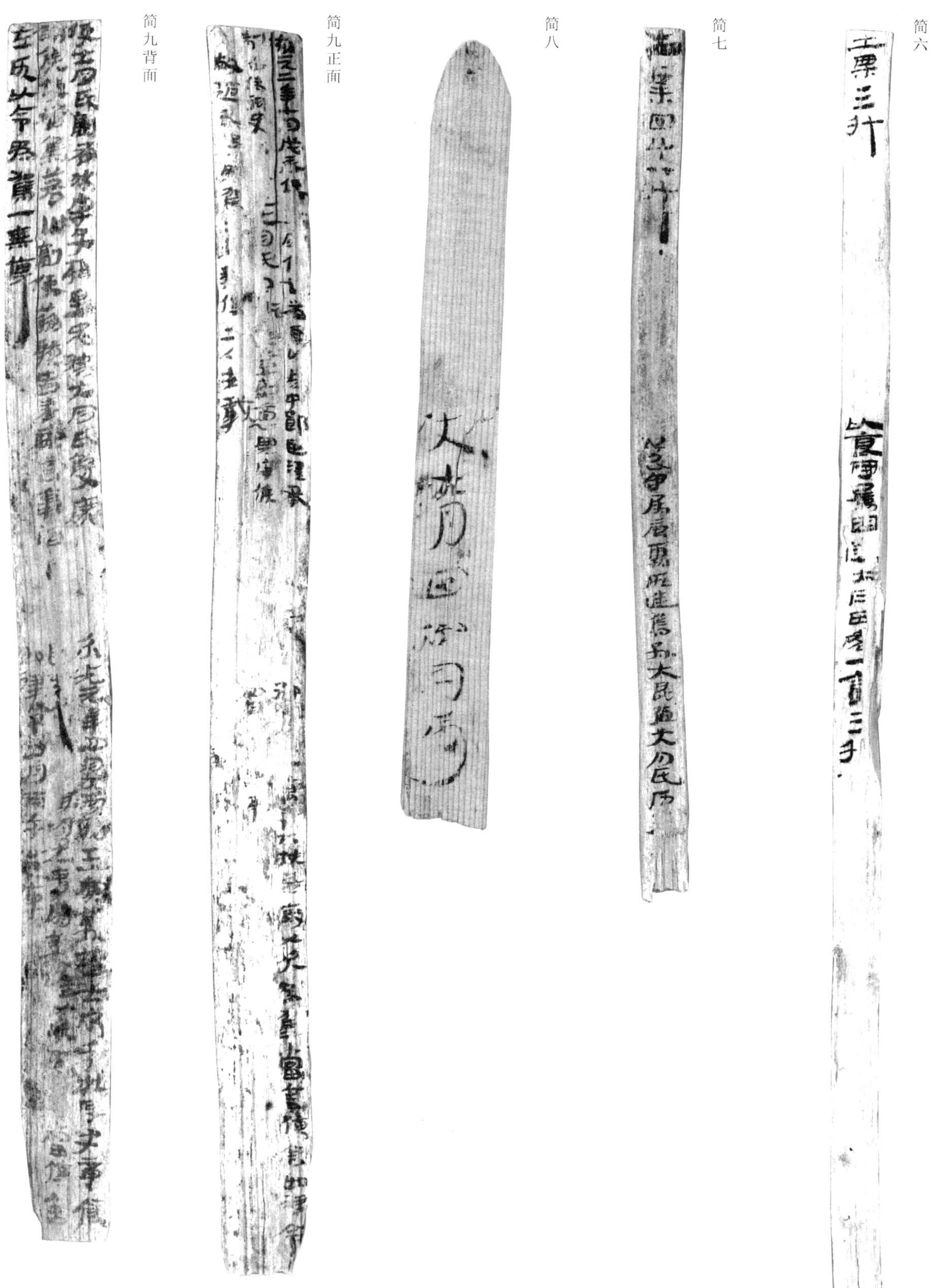

附图2 简六至简九

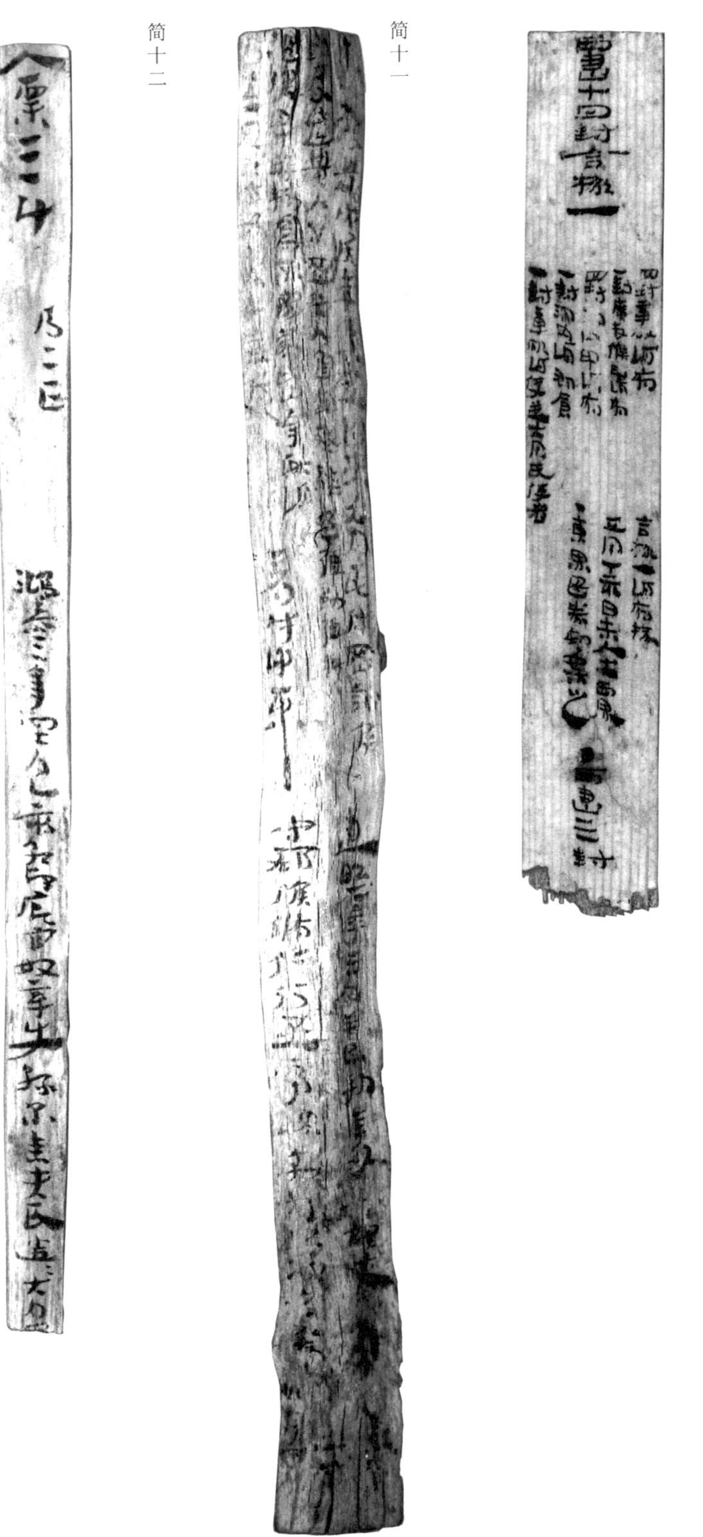

附图 3　简十至简十二

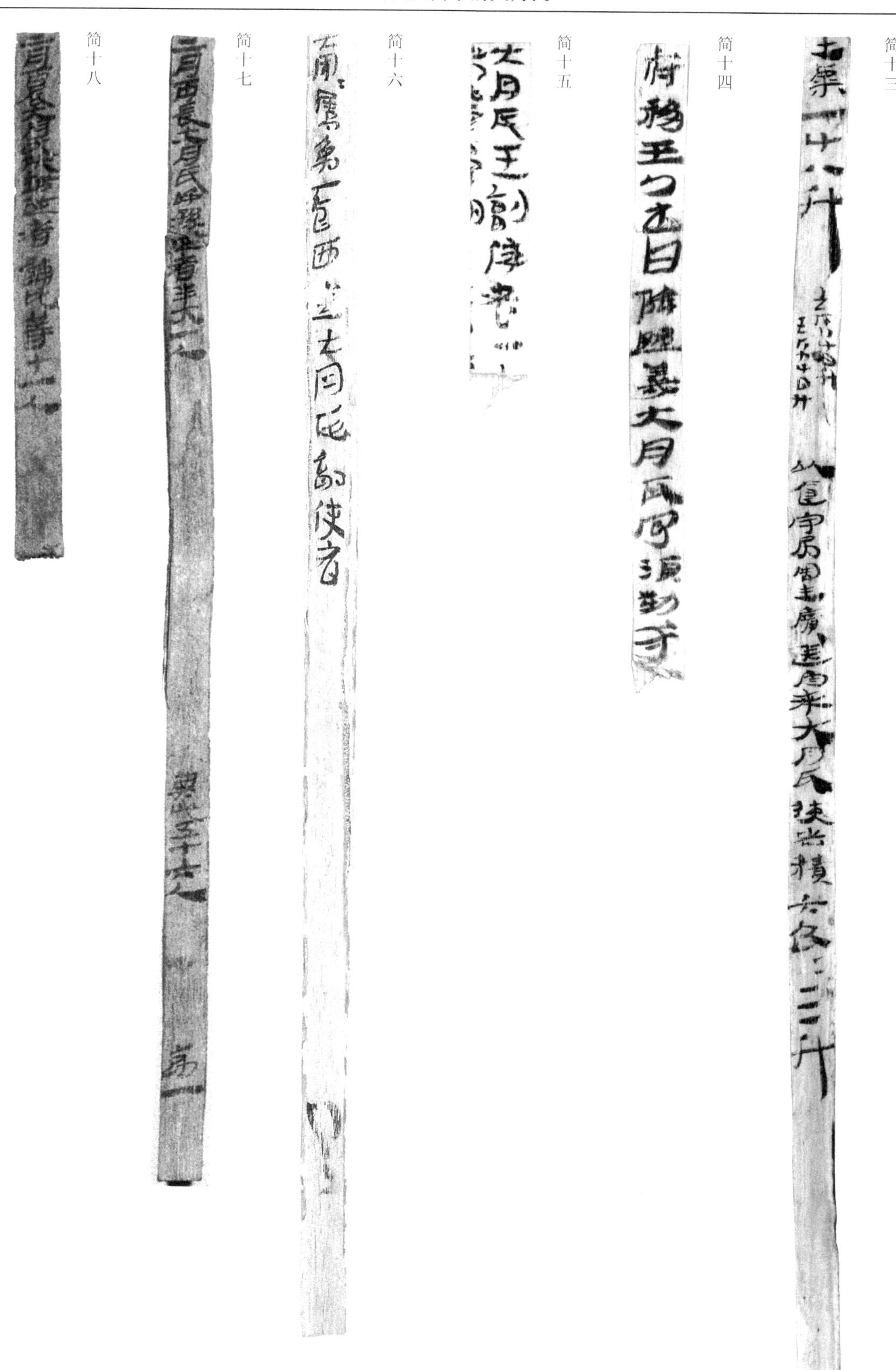

附图4　简十三至简十八

唐代《曹怡墓志》有关入华胡人的几个问题

张庆捷
（山西省考古研究所）

2008 年晚秋，我赴汾阳参观新发掘的宋金墓群，顺便参观市博物馆，喜见馆藏本地所出墓志二百余方，其中唐代墓志就达 130 余方。由于对北朝唐代中西文化交流颇感兴趣，唐永徽六年（655）《曹君墓志》内的“萨宝府车骑骑都尉”八字立刻引起我的注意。两年前，《汾阳市博物馆藏墓志选编》出版，首篇即是《曹君墓志》[1]，遗憾的是，这方墓志可能还没有引起学术界重视，至今无人做过探讨。《曹君墓志》涉及北朝唐代的丝绸之路与中西文化交流，也涉及北齐隋唐胡人的几个问题，价值很大，应该充分重视。本文抛砖引玉，谈谈我对该墓志的认识。

汾阳博物馆王仲璋馆长赐告，《曹君墓志》出土于原汾阳城外西北角的农修厂内，2007 年 10 月，汾阳城改造扩建，于此地修建胜利路，在该街西段农修厂的厂址上，发现一座残损严重的唐代砖室墓，除出土一盒墓志外，还出土有鸡首龙柄壶、瓷罐等器物和十几个陶俑。汾阳博物馆闻讯，立即派人进行抢救性清理，将所有出土器物收归库房。

《曹君墓志》质地为红砂石，长约 45 厘米，宽约 43 厘米，厚约 18 厘米。分志盖和志身两块，志盖作盝顶形，四刹素面，边沿有些残损，顶部为一“田”字形，内有四个篆文，即“曹君墓志”，每字约 12 厘米。墓志大小与志盖一样，志文排列是由上到下，由右至左。先细线刻好方格，然后刻字其中。共竖行 15 行，满行 15 字，楷书，每字约 2 厘米稍强，总共 219 字（图 1、图 2）。

图 1　曹君墓志盖

现将碑文全录如下：

君讳怡，字愿怺，隰城人也。曹叔振铎，周文之贻，建国命氏，即其后也。祖贵，齐壮武将军。父遵，#皇朝介州萨宝府车骑骑都尉。君秉灵海岳，感气星辰，家著孝德，国彰忠烈。起家元从，陪翊#义旗。后殿先锋，殊功必致。于是授公骑都尉，用旌厥善。汪汪挺黄宪之度，谔谔含周舍之风，乡塾挹其轨仪，僚庶𠃓(爽)其俯仰。宜应享其多福，锡以永龄。天不

[1] 王仲璋主编《汾阳市博物馆藏墓志选编》，太原：三晋出版社，2010 年，1 页。

图2　曹君墓志

憖遗，遽沾风烛，粤以永徽六年六月景辰奄卒私第，春秋七十有五。遂年十月一日葬于城西北二里。赗襚接踪，赴吊如林，缨冕悽伤，缁素哀悼。其词曰：#言契诗书，动符礼乐。门笃义方，家崇文学。岂谓梦洹，泣璝淯玉。醼赏停欢，歌钟罢曲。[2]

通览墓志，概述了墓主曹怡的家世演变，突出其祖父曹贵、父亲曹遵以及墓主曹怡的官职与卒年，虽只有寥寥数语，却蕴涵着史书不见的多方面信息，很值得细究。

［2］志文中有＃号处，乃空一字，特此说明。

一、墓主的民族属性

墓志首句是“君讳怡，字愿㤆，隰城人也”，乍看墓主姓曹名怡字愿㤆，是地道的汉人名字。实际上，曹家不是汉族，以墓志后文提到其父担任“介州萨保府车骑骑都尉”一职为据，可知他是一个入华九姓胡的后代，因家族久居汉地，故采用汉族名字。他的真正籍贯，也不是“隰城”，应当是中亚阿姆河和锡尔河两河流域的曹国，详见下文。

西晋至唐，汾阳曾名隰城。墓志称曹家籍贯为“隰城”，表明曹家在隰城定居很久，至少延续了两三代，无意再返故国，因此才自称“隰城人也”。从墓志所载曹怡卒年推断，他死于唐代永徽六年，终年 75 岁。据此往前推算，他生于 581 年，即北周与杨隋兴替之际。以虚岁计，至永徽六年，他正是 75 岁。

墓志第二句紧接首句，在介绍其名字籍贯后又介绍其姓氏由来，是“曹叔振铎，周文之贻，建国命氏，即其后也”。意指其家族出自周文王子振铎，史载周武王灭商建立西周，把他弟弟振铎封在曹国[3]，人称曹叔，为以后华夏曹姓始祖，即墓志追述的“曹叔振铎”。墓主后人这样追述，是有意攀附古代华夏曹氏，拉近本家族与华夏曹姓的距离。实际上，墓主曹家来源与“曹叔振铎”风马牛不相及，同姓不同源，反而与北齐的“曹妙达”同源，其姓来自遥远的西域曹国。曹国地望，在今乌兹别克斯坦的撒马尔罕西北和东北，属于汉唐粟特地区。

《隋书·西域传·曹国条》载：“曹国，都那密水南数里，旧是康居之地也。国无主，康国王令子乌建领之。都城方三里。胜兵千余人。国中有得悉神，自西海以东诸国并敬事之。其神有金人焉，金破罗阔丈有五尺，高下相称。每日以驼五头、马十匹、羊一百口祭之，常有千人食之不尽。东南去康国百里，西去何国百五十里，东去瓜州六千六百里。大业中，遣使贡方物。”[4]

曹国乃康国旧地，听从康国号令，甚至没有国王时，也由康国派人管理，可见双方关系密切。《隋书·西域传·康国条》记载：“康国者，康居之后也。迁徙无常，不恒故地，然自汉以来相承不绝。其王本姓温，月氏人也。旧居祁连山北昭武城，因被匈奴所破，西逾葱岭，遂有其国。支庶各分王，故康国左右诸国并以昭武为姓，示不忘本也。王字代失毕，为人宽厚，甚得众心。其妻突厥达度可汗女也。都于萨宝水上阿禄迪城。城多众居。大臣三人共掌国事。其王索发，冠七宝金花，衣绫罗锦绣白叠。其妻有髻，幪以皂巾。丈夫翦发锦袍。名为强国，而西域诸国多归之。米国、史国、曹国、何国、安国、小安国、那色波国、乌那曷国、穆国皆归附之。有胡律，置于祆祠，决罚则取而断之。重罪者族，次重者死，贼盗截其足。人皆深目高鼻，多须髯。善于商贾，诸夷交易，多凑其国。”[5]

结合康国的记载，就更清楚曹国和康国的关系了。曹国也是“昭武九姓”之一，风俗习惯多同于康国。康国“有胡律，置于祆祠”，说明祆教在康国占有较高地位。曹国信奉的“得悉神”，经多位学者考证，就是祆教的神灵之一。1990 年，在新疆焉耆七星乡老城村曾出土一件银碗，

---

[3]《史记》卷三五《世家第五》：“封叔振铎于曹”，中华书局标点本，1570 页。

[4]《隋书》卷八三《西域传》，北京：中华书局，1973 年，1855 页。

[5]《隋书》卷八三《西域传》，1848—1849 页。

其碗沿下刻一圈粟特铭文，林梅村教授请西姆斯－威廉姆斯博士释读了这行铭文，翻译为汉语，意为“这件器物属于得悉神……达尔斯玛特神，银重 30 斯塔特”，并指出该神名带阴性词尾，表明该神是女神。林教授认为：粟特人以火祆为国教，得悉神当是粟特火祆教神，因此这件提到得悉神的粟特银器可能是粟特火祆教徒的祭器[6]。从得悉神在曹国的地位，推知祆教在曹国也有较高地位。

康国人“善于商贾”，曹国人也善于商贾，《康国传》提到的“米国、史国、曹国、何国、安国、小安国、那色波国、乌那曷国、穆国”等昭武九姓人都善于商贾。从北魏通西域开始，大量昭武九姓人离家入华，从事商贸。昭武九姓之人，都是以具体国名为姓，曹国者姓曹，康国者姓康，安国者姓安，因此在古代也被称为“九姓胡”[7]。因粟特也位于此地区，有时现代史家又泛称此地区人为“粟特人”[8]。在北朝唐代的晋阳城内外，散布着大量九姓胡聚落，长期在此，几代下来，与当地人互为婚姻，逐渐汉化。北朝唐代鼓励丝绸之路贸易，九姓胡入华非常方便，因此大量九姓胡移民入华。汾阳曹家也是随着该时期的入华潮流，由曹国进入北朝，定居并州的。通过以上考证，我们得知曹家一脉的民族属性、原属国籍以及入华后逐渐汉化的情况，对于理解北朝唐代的开放程度和中西文化交流的广度非常有帮助。

二、曹贵官职和北齐政权“西域胡化”

曹怡祖孙三代为官，后人引为自豪，故将三代人的官职罗列于墓志中。炫耀家世、扬善掩过、提升家族地位的词句，普遍存在于古代墓志，毫不奇怪。查其职官，祖孙三代的官品都在五品上下，并不太高，可是对于乡邑或者后人来讲，已经深感殊荣。从三人官职而论，各有特色，具有较高研究价值。如以其祖父姓名及其官职为例分析，曹贵的名字业已汉化，单从其名“贵”看，纯粹汉文化意味，不见九姓胡文化痕迹。根据现在掌握的资料看，入华的第一代胡人很少改名，一般从第二代、第三代起，名字开始汉化。例如出土于宁夏固原的隋代《史射勿墓志》，他家被认为是从父辈入华的[9]，他应是第二代移民。在他的墓志中，他的名字是“公讳射勿，字槃陀”，是原汁原味的胡名。墓志述及他有七子，除长子名诃耽，保持胡名味道外，其余六子则分别名长乐、安乐、大兴、胡郎、道乐、拒达[10]，改为汉名。循此胡人名字汉化规律，曹贵名已汉化，因此断定他是入华九姓胡的后代，他们家在北齐前入华，北齐时他踏上仕途。

曹贵官至北齐“壮武将军”，据《梁书》《陈书》《南史》记载，南朝初设“壮武将军”，始见于萧梁，陈又沿袭，军职，如杜怀宝、韦爱、裴之礼、羊侃、徐敬成、韩子高诸人，均任过

---

[6] 林梅村《中国境内出土带铭文的波斯和中亚银器》，《汉唐西域与中古文明》，北京：文物出版社，1998 年，161－162 页。

[7] 蔡鸿生《唐代九姓胡与突厥文化》，北京：中华书局，1998 年，1－3 页。

[8] 荣新江《西域粟特移民聚落考》，《中古中国与外来文明》，北京：生活·读书·新知三联书店，2001 年，19 页。

[9] 毕波《史射勿墓志》，荣新江、张志清主编《从撒马尔干到长安——粟特人在中国的文化遗迹》，北京：北京图书馆出版社，2004 年，91 页。

[10] 罗丰《固原南郊隋唐墓地》，北京：文物出版社，1996 年，18 页。

壮武将军。《梁书》卷四《简文帝纪》载："在襄阳拜表北伐，遣长史柳津、司马董当门，壮武将军杜怀宝、振远将军曹义宗等众军进讨，克平南阳、新野等郡。"《梁书》卷三九《羊侃传》载："（大同）九年，出为使持节、壮武将军、衡州刺史。"《陈书》卷一二《徐敬成传》载："（光大）二年，以父忧去职。寻起为持节、都督南豫州诸军事、壮武将军、南豫州刺史。"《陈书》卷一二《韩子高传》也载："（天嘉）二年，迁员外散骑常侍、壮武将军、成州刺史。"但是北朝诸史没见壮武将军的记载。由此墓志，知悉北齐曾设有"壮武将军"，弥补了北齐职官记载之阙。

此外，曹贵作为外来胡人后代而在华入仕做官，反映了北朝官场多胡人的时代特色，也是北朝胡人地位上升的真实写照。史载当时许多入华胡人被封官拜爵，典型人物如西域商胡出身的和士开，《北齐书·和士开传》："和士开，字彦通，清都临漳人也。其先西域商胡，本姓素和氏。父安，恭敏善事人，稍迁中书舍人。"[11]从其父开始，和士开一家由商晋官，父死子继，上下弄权，执掌朝政。

入华胡人做官途径不一，多数以武功升迁，少数靠"恭敏善事人"等手段，甚至有的是靠善于乐器表演，如曹妙达、安未弱、安马驹之流，后者形成北齐政权一大特色。《北齐书·恩倖传》载："西域丑胡、龟兹杂伎，封王者接武，开府者比肩……又有史丑多之徒胡小儿等数十，咸能舞工歌，亦至仪同开府、封王……至于胡小儿等眼鼻深险，一无可用。"[12]《隋书·音乐志》叙述北齐音乐概况也载："杂乐有西凉鼙舞、清乐、龟兹等。然吹笛、弹琵琶、五弦及歌舞之伎，自文襄以来，皆所爱好。至河清以后，传习尤盛。后主唯赏胡戎乐，耽爱无已。于是繁手淫声，争新哀怨。故曹妙达、安未弱、安马驹之徒，至有封王开府者，遂服簪缨而为伶人之事。"[13]陈寅恪先生对此评论："曹、安等皆西胡氏族也，北齐之宫廷尤其末年最为西域胡化"[14]。

北齐政权"西域胡化"的现象普遍存在，从宫廷蔓延到朝堂和各级官府，时强时弱，一直延续到唐五代后，总共达四五百年，陈寅恪在《论唐代之番将与府兵》一文中考证指出，从唐到五代，都有不少粟特人担任将领[15]。

很多出土碑刻也证明了陈寅恪先生的论断，仅就有关山西的胡人墓志，如《隋翟突娑墓志》《虞弘墓志》《唐石善达墓志》《龙润墓志》《大晋何公墓志》等[16]，都反映了墓主和家人数代在华为官的情况。本文所谈的曹怡家族，最晚从曹贵起，就在"西域胡化"的历史背景下转为北齐官员。

三、曹遵官职与萨保府职能

曹怡父亲曹遵的官职最令研究者注意，他一度担任"皇朝介州萨宝府车骑骑都尉"。萨宝府

[11]《北齐书》卷五〇《和士开传》，北京：中华书局，1972年，686页。

[12]《北齐书》卷五〇《恩倖传》，685－694页。

[13]《隋书》卷一四《音乐志》，331页。

[14] 陈寅恪《隋唐制度渊源略论稿》，上海：上海古籍出版社，1982年，122页。

[15] 陈寅恪《金明馆丛稿初编》，北京：生活·读书·新知三联书店，2001年，296－310页。

[16] 张庆捷《胡商胡腾舞与入华中亚人》，北岳文艺出版社，2010年，36、69－73页。

即萨保府，萨宝府是中国古代以外国读音设置的官府，是北朝唐代针对大量胡人流寓国内而特设的官府。研究北朝唐代历史的学者都知道，从迄今发现材料看，与中央各级官府不同的是，所谓萨宝府官员，高至萨宝，低到属员，一般都是由入华胡人任职，为的是便于专门管理入华胡人事物。因此，从曹遵有资格出任“介州萨宝府车骑骑都尉”一事即可表明，他家是入华九姓胡。

曹遵为介州萨宝府官员的时间需要搞清。具体时间墓志不载，但通过考察介州兴废有助于搞清这个问题。介州在北朝唐代是时设时废的，《太平寰宇记》汾州条载：“后魏于西河郡兼治汾州，取汾河为名。北齐又改为南朔州，后周改曰介州，隋初亦如之，大业中废州后为西河郡。”[17]唐代李吉甫撰《元和郡县图志》，在介休县条云：“义宁元年于县置介休郡，武德元年改郡为介州，贞观元年废介州，以县属汾州。”[18]《旧唐书·地理志》汾州条也载：“隋西河郡。义旗初，依旧领隰城、介休、孝义、平遥四县。其年，割介休、平遥二县属介休郡。武德元年，以介休郡为介州，西河郡为浩州。三年，改浩州为汾州，仍割并州之文水来属。贞观元年，省介州，以介休、平遥二县来属。文水还并州。”其下“介休县”条又云：“汉县，武德元年，于县置介州。贞观元年，州废，以介休、平遥属汾州。”[19]

据以上记载，介州是屡设屡废，北周始设，隋初沿用，隋大业中改西河郡，唐代武德元年又改郡为介州，贞观元年再次被废。排比下来，唐代介州之名主要存在于武德年间，即618－626年，次年即被废。由介州在唐代存在时间推定，曹遵在介州萨宝府的时间，也当在唐代武德元年至贞观元年，即618－627年。武德共九年，武德二年（619），刘武周趁天下未定之机，占据并州，介州沦陷。武德三年（620）春天，李世民率军东渡黄河，迫敌退介州。两军展开决战，收降尉迟敬德，“于是刘武周奔于突厥，并、汾悉复旧地”[20]。由是观之，介州真正为唐朝掌握，实从武德三年夏季开始，曹遵在介州萨宝府的时间，当在武德三年之后。

就曹遵担任萨宝府官员推析，他家尽管在多方面汉化较深，但是在宗教信仰方面，墓志没有确切记载。中亚人宗教信仰较为复杂，信奉祆教者较多，依惯例来看，萨宝均信奉祆教，其他在萨宝府任职者，如长史、骑都尉等，也当是信仰祆教。

分析墓志，还可以得到如下认识。

首先，证明介州的确有萨宝府，除墓志本身记载清楚、可作信据外，还有太原出土隋代《虞弘墓志》作为旁证。《虞弘墓志》记载：虞弘“大象末，左丞相府，兼领并、代、介三州乡团，检校萨宝府”[21]。这段话表明，虞弘在北周大象年间，一度在左丞相府管辖下，既兼领并州、代州和介州三州的乡团，也兼领三州的萨宝府。两块墓志互为补充，可证北周、隋唐在并州、代州和介州都设有萨宝府，这些萨宝府至少从北周大象年间延续至唐朝。反过来说，萨宝府的

[17] 乐史《太平寰宇记》卷四一，台北：文海出版社，1979年，336页。

[18] 李吉甫《元和郡县图志》卷一三《汾州》，北京：中华书局，1983年，379页。

[19]《旧唐书》卷三九《地理志》，北京：中华书局，1975年，1475页。

[20]《旧唐书》卷二《太宗本纪》，25页。

[21] 张庆捷《隋虞弘墓志考释》，《民族汇聚与文明互动——北朝社会的考古学观察》，北京：商务印书馆，2010年，592页。

存在，表明在这三州，居住着大量胡人。

北周以南朔州改名为介州，治所就在隰城县，说明隰城不仅有萨宝府，而且还可能有祆祠。附近的介休市有宋代始建的祆神楼，据姜伯勤先生考证，这与此地流传的祆教有密切关系，“渊源于北宋仁宗年间文彦博征贝州一事而建立的祆神庙及祆神楼的再发现，向我们昭示了一个重要的事实：在唐武宗会昌年间宣布毁祆以后，在北宋至元代，山西地区的祆神信仰仍然不绝如缕。其中，宋代是一个高潮，元代是另一个高潮”[22]。在毗邻的灵石县，隋唐之际，有个很有名的“贾胡堡”[23]，贾胡即商胡或胡商，意指这里原是胡商居住之堡。该堡地处西去长安要道之侧，面积很大，可以屯驻大军。《元和郡县图志》灵石县下载：“贾胡堡，在县南三十五里。义宁元年，义师次于霍邑，隋将宋金刚拒不得进，屯军此堡。”[24]晋阳城之北，专门建起“捍胡城”[25]，顾名思义，是防御胡人之城。晋阳附近，还遗存着人死后饲鸟兽的天葬风俗。《旧唐书·李暠传》：“太原旧俗，有僧徒以习禅为业，及死不殓，但以尸送近郊以饲鸟兽。如是积年，士人号其地为‘黄坑’，侧有饿狗千数，食死人肉，因侵害幼弱，远近患之，前后官吏不能禁止。”该天葬风俗，据学者考证，“这正是粟特祆教葬俗的孑遗。”[26]在汾阳之西的汉代离石县旧地，“周宣帝大象元年于此置定胡县，隋因之”[27]。定胡县，显然也与安置胡人有关。这些事例，从不同层面反映出，该时期在太原盆地周围，聚集着很多入华胡人部落。

其次，“介州萨宝府车骑骑都尉”的官名首次出现，“车骑骑都尉”之职，不见史书记载，古代与此相近的职官，一是“车骑将军”，二是“车骑都尉”，三是“骑都尉”，没有这样重叠相连的官名。出现这种情况，不像是史书缺载，倒像是书刻墓志时的笔误。分析原因，我认为，墓志原拟记载的不会是“车骑将军”，因为车骑将军是朝廷要官，萨宝府小庙，无权设置这样的高官；也不是“车骑都尉”，同理，车骑都尉是朝廷要职，不可能成为萨宝府属官；剩余下的只有“骑都尉”一职了。汉武帝初设“骑都尉”，历代沿置，初为实职，唐代降为勋官，如《唐代史铁棒墓志》记载：“父大兴，皇朝上骑都尉。”[28]《大唐故朝散大夫上骑都尉郭君墓志》也记载“武德草创，守固赤诚，催弥群雄，殊功莫娓，乃授朝散大夫，又加上骑都尉”[29]。上骑都尉也是勋官，比骑都尉高一级。《旧唐书·官氏志》载：“凡勋，十有二转为上柱国，比正二品。十一转为柱国，比从二品。十转为上护军，比正三品。九转为护军，比从三品。八转为上轻车都尉，比正四品。七转为轻车都尉，比从四品。六转为上骑都尉，比正五品。五转为骑都尉，比从五品。四转为骁骑尉，比正六品。三转为飞骑尉，比从六品。二转为云骑尉，比正七品。一转为武骑尉，比从七品。凡有功效之人，合授勋官者，皆委之覆定，然后奏拟。”唐代授骑都尉者极多，因此墓志中

---

[22] 姜伯勤《中国祆教艺术史研究》，北京：生活·读书·新知三联书店，2004年，281页。

[23]《旧唐书》卷一《高祖本纪》，3页。

[24]《元和郡县图志》卷一三《汾州》，399页。

[25]《元和郡县图志》卷一三《汾州》，365页。

[26] 韩伟《北周安伽墓围屏石榻之相关问题浅见》，《文物》2001年第1期，94页。

[27]《元和郡县图志》卷一三《汾州》，399页。

[28] 罗丰《固原南郊隋唐墓地》，211—213页。

[29] 王仲璋主编《汾阳市博物馆藏墓志选编》，11页。

最应该出现的是“萨宝府骑都尉”。骑都尉主要授给“有功效之人”，由曹遵被授“萨宝府骑都尉”，可知他也是在反隋兴唐过程中取得军功的。

“介州萨宝府车骑骑都尉”也好，“萨宝府骑都尉”也好，皆是一个陌生的官职，它的出现暗示，萨宝府不单单负责入华中亚人的商贸、居住、生活诸事项，还要负责某些与军事有关的事务。与萨宝府有关的军务，必然与入华胡人有关系。入华胡人参与军务，不外两条途径，第一条是直接参加政府军队，成为职业军人；第二条是平时主要从事商业或生产活动，闲居或有情况时，参加地方政府召集的军事训练和维护地方治安等。这样类似民兵的组织，就是《虞弘墓志》提到的“乡团”。从曹遵经历看，似乎不论以哪种途径参与军务，凡在战场上立有军功的胡人，得到政府的认定和颁奖，即可归萨宝府管辖。曹遵虽然只是一个勋官，却是唐朝功臣，有朝廷给他的级别和待遇，有资格成为萨保府一员。

四、曹怡官职与胡人反隋兴唐

墓主姓曹名怡字愿㤗，从名到字，均是汉族色彩，寻不到胡名踪影，可见曹家人在隰城定居数代后，业已融入当地社会，完全汉化，抹去外乡客的所有痕迹。

墓主曹怡也是依靠军功授官的，而且时间有可能与他父亲同期或接近。他父亲在萨保府时间前面已经考订，当在唐代武德年间，即618－626年。墓志记载得很明白，曹怡曾随唐高祖起兵反隋，“起家元从，陪翊义旗。后殿先锋，殊功必致。于是授公骑都尉，用旌厥善”。当李渊父子晋阳起兵时，晋阳周边许多指望军功起家的青壮年云合影从。仅《汾阳市博物馆藏墓志选编》一书所收唐代墓志中，就有几例唐初参加起兵获得战功官职的事例，如《杨君墓志》记载：“九五之初，幸蒙攀附，起家元从，……特敕授以上轻车都尉。”[30]同书的《大唐故朝散大夫上骑都尉郭君墓志》也记载：郭君“武德草创，守固赤诚，催弥群雄，殊功莫娓，乃授朝散大夫，又加上骑都尉”[31]。

起兵行列中，不乏流寓本地的胡人，如太原《龙润墓志》记载龙润发家入仕，靠的是“义旗西指，首授朝散大夫，又署萨宝府长史”[32]。又如洛阳《安度墓志》记载安度“以大唐□义之功，帝授陪戎之职”[33]。曹怡的经历与龙润、安度、杨君、郭君相似，都是凭借军功起家。曹怡生于581年左右，李家晋阳起兵，他已经是壮年，墓志说他“起家元从，陪翊义旗，后殿先锋，殊功必致”的记载可信。推翻暴虐隋朝，大唐建立，必然封赏有功将士，曹怡被授“骑都尉”，就是封赏军功将士的结果。骑都尉是勋官，他的骑都尉与其父的萨宝府骑都尉是否相同，是否也属萨宝府管辖？因为史料过少，只能暂付阙疑。

特别值得注意的是，从曹怡、龙润和安度等胡人参与反隋兴唐的个人经历中，可以看出隋政权对胡人的压迫和对汉族人一样，暴政如虎，所以李家父子首倡起义后，胡人也纷纷投身到

[30] 王仲璋主编《汾阳市博物馆藏墓志选编》，7页。

[31] 王仲璋主编《汾阳市博物馆藏墓志选编》，11页。

[32]《龙润及妻何氏合祔墓志》，张希舜主编《隋唐五代墓志汇编·山西卷》，天津：天津古籍出版社，1991年，8页。

[33] 荣新江、张志清主编《从撒马尔干到长安——粟特人在中国的文化遗迹》，113页。

反隋队伍，构成隋唐改朝换代巨变中的生猛力量。

墓志后半段内容不太重要，几乎尽是古代墓志常见的套话，多为赞誉品行，词句优美而内容空泛。唯墓志记载的埋葬时间和地点值得注意，由时间我们知道了曹怡的生卒年代，由地点“葬于城西北二里”知道墓葬位置在唐代汾阳城外西北，现在墓葬出土位置在汾阳改建前老城外西北角，与墓志记载正相吻合，可知汾阳改建前的老城位置与唐代汾阳城基本一样，没有大的变化。对于研究地方史和汾阳城沿革来说，应有重要参考价值。

祆教“苏鲁支”语源考*

张小贵

（暨南大学历史系）

近年福建霞浦新发现了一批民间宗教科仪抄本，其间多见“苏鲁（路）支佛”之名[1]，甚至有专颂该佛之唱词，证明源于古代波斯的祆教亦为中国民间宗教所吸收，或者说，该教在中国最终亦汇入了中国之民间宗教。本文拟就该教创立者“苏鲁支”一词的语源作一考察，冀为日后解读霞浦抄本所见祆教成分作一铺垫。不妥之处，仰祈学界同仁指教。

一般认为，中古时期流行的祆教乃源于波斯琐罗亚斯德教（Zoroastrianism），不过与其他两个同时期流行中土的夷教，即摩尼教、景教有所不同，其并无汉译经典问世，文献有关该教的记载，多见诸教外典籍，如有关该教创始人的记录，即见于北宋太平兴国三年（978）佛僧赞宁所撰《大宋僧史略》，其第五十五篇《大秦末尼》条有云：

> 火祆火烟切教法，本起大波斯国。号苏鲁支，有弟子名玄真，习师之法，居波斯国大总长，如火山，后行化于中国。贞观五年（631），有传法穆护何禄，将祆教诣阙闻奏[2]。

《僧史略》所记表明，火祆教起源于波斯，其创立者被称为“苏鲁支”。“苏鲁支”是否即为波斯琐罗亚斯德教先知琐罗亚斯德（Zoroaster）？现代火祆教研究的奠基人陈垣先生，早在1923年正式发表的《火祆教入中国考》一文便已指出：“公历纪元前五六百年，波斯国有圣人，曰苏鲁阿士德 Zoroaster，因波斯国拜火旧俗，特倡善恶二原之说：谓善神清静而光明，恶魔污浊而黑暗；人宜弃恶就善，弃黑暗而趋光明；以火以光表至善之神，崇拜之，故名拜火教。……四裔编年表于周灵王二十一年波斯条下曰：是时琐罗阿司得著经立教，为波斯之圣。即指此也。”[3]陈垣先生并引南宋绍兴间姚宽《西溪丛语》卷上的记载：“予长兄伯声，尝考火祆字，其画从天，胡神也，音醯坚切，教法佛经所谓摩醯首罗也。本起大波斯国，号苏鲁支，有弟子名玄真，习师之法，居波斯国大总长如火山，后行化于中国。”[4]就姚氏所记，陈垣先生评论道：

---

* 本文为2012年国家社科基金青年项目（12CZS072）阶段性成果，并受“中央高校基本科研业务费专项资金”（暨南大学启明星项目）资助。

[1] 有关发现的详细报道和论证详参陈进国、林鋆《明教的新发现——福建霞浦县摩尼教史迹辨析》，李少文、雷子人主编《不止于艺——中央美院“艺文课堂”名家讲演录》，北京：北京大学出版社，2010年，343－389页。

[2]（宋）赞宁《大宋僧史略》，日本大正新修《大藏经》(54)，No. 2126，253页中。

[3] 陈垣《火祆教入中国考》，完成于1922年4月，发表于《国学季刊》第1卷第1号（1923年1月），发表后，1923年1月、1934年10月作者进行过两次校订。本文采用1934年10月校订本，据《陈垣学术论文集》第1集，北京：中华书局，1980年，304页。

[4]（宋）姚宽撰，孔凡礼点校《西溪丛语》（《西溪丛语·家世旧闻》，唐宋史料笔记丛刊），北京：中华书局，2006年，42页。

“苏鲁支之说，本于北宋初赞宁《僧史略》（卷下），苏鲁支当即苏鲁阿士德。”[5] 苏鲁阿士德、琐罗阿司得无疑乃为 Zoroaster 的音译，现在一般音译为琐罗亚斯德。“苏鲁支”即为其中古时期的译音，这是目前学界较为通行的观点[6]。不过，对于“苏鲁支”一词的确切语源，学界尚无专门探讨。因此，比较古代诸种语文有关琐罗亚斯德的不同拼写与音读，或许有助于探知汉文“苏鲁支”的语源。

先知琐罗亚斯德一名，首见于该教经典《阿维斯陀经》中最古老的部分《伽萨》（Gāthās）中，写作 zaraϑuštrā，读作 Zarathushtra，如《伽萨》第 3 首 *Ushtavaitī Gāthā* 第 14 节（Yasna 46.14）记载[7]：

zaraϑuštrā kastē a̰šauuā uruuaϑō
mazōi magāi kə̄.vā fərasrūidiiāi vaštī
at̰ huuō kauuā vīštāspō yāhī
yə̄ṇgstū mazdā hadəmōi minaš ahurā
tə̄ṇg zbaiiā vaŋhə̄uš uxδāiš manaŋhō
哦，Zarathushtra，谁是您的真诚盟友，
共襄传教盛举？谁愿借以威名远扬？
这位维什塔斯帕国王，他愿担此重任。
哦，智慧上神，
我愿以善思之言，晓谕他们。

据学者研究，《伽萨》是先知琐罗亚斯德的作品，其用古阿维斯陀语（Old Avestan）写成，其语法结构和风格，以及内容与创作于前 1700 年左右的《梨俱吠陀》（Rigveda）极为接近，时间至少应在前 1 千年之前[8]。复考新阿维斯陀经（Young Avesta）中，先知的名字为 zaraϑuštrā，读作 Zarathushtra，与《伽萨》写法相同，如《诸神颂》第五部《水神颂》（Arədwī Sūrā Anāhitā Yašt）第 17－18 节记载道[9]：

ta̧m yazata yō daδuuå ahurō mazdå airiiene vaējahi vaŋhuii dāitiiaiiå…

---

[5] 陈垣《火祆教入中国考》，《陈垣学术论文集》，305 页。

[6] 林悟殊《摩尼教华名辨异》，原刊香港《九州学林》5 卷 1 期，2007 年春季，180－243 页；此据其著《中古夷教华化丛考》，兰州：兰州大学出版社，2011 年，57 页。

[7] Helmut Humbach & Klaus Faiss, *Zarathushtra and His Antagonists*, Wiesbaden: Dr. Ludwig Reichert Verlag, 2010, p. 137.

[8] Mary Boyce, *A History of Zoroastrianism*, Vol. 1, Leiden: E. J. Brill, 1975, 3rd ed., 1996, p. 3; Jean Kellens, “Zarathustra and the Old Avesta”, in his *Essays on Zarathustra and Zoroastrianism*, transl. and ed. by P. O. Skjærvø, Wiesbaden：Mazda Publishers, Inc., 2000, pp. 31-47.

[9] P. O. Skjærvø, “Zarathustra in the Avesta and in Manicheism. Irano-Manichaica IV”, *La Persia e l'Asia centrale da Alessandro al X secolo* (*Roma, 9-12 novembre 1994*), Roma: Accademia Nazionale dei Lincei, 1996, p. 597.

āaṯ hīm jaiδiiaṯ auuaṯ āiiaptəm dazdi mē vaŋuhi səuuište arəduuī sūre anāhite
yaϑa azəm hācaiiene puϑrəm yaṯ pouruṣ̌aspahe aṣ̌auuanəm zaraϑuštrəm
anumatəe daēnaiiāi anuxtəe daēnaiiāi anu.varštəe daēnaiiāi
造物主阿胡拉·马兹达，在至善雅利安领地礼拜她。
他如此向她祈求道：赐予我力量，哦，善而强大的苏拉·阿娜希塔，
吾将劝诱婆鲁沙斯帕（Pourušaspa）之子，循规蹈矩的 Zarathustra，
谨遵本教善思、善言、善行之律法！

据古伊朗语言学家的研究，新阿维斯陀语比古阿维斯陀语晚两到三百年，如新阿维斯陀经《诸神颂》中的 *Farvardin Yašt* 比《伽萨》晚最少两百年[10]，相当于阿契美尼时期的古波斯文碑铭时间或略早[11]。

中古波斯文帕拉维文（Pahlavi）文书中，先知的名字写作 Zarduxšt，读作 Zardušt. 如创作于 9 或 10 世纪[12]的《宗教行事》（Dēnkard 7.4.63）记载[13]：

wēnābdāg-dwārišnīh ī dēwān pēš az Zarduxšt andar gēhān
Škast kālbod ī-šān pas pad frāz-srāyišnīh ī Zarduxšt dēn
Zardušt 将世上无所不在的恶魔尽收眼底。
Zardušt 念诵本教圣言，立将彼等摧毁。

根据古伊朗语言学家的研究，Zardušt 一词应由米底语（Medean)有关古波斯先知的称谓 *Zarat.uštra 演变而来[14]。对比阿维斯陀语中的 zaraϑuštrā，中古波斯文 Zardušt 一词显然更为简约。

以上所引古波斯先知之名，皆见于琐罗亚斯德教内典。此外，帕提亚文（Parthian）摩尼教文书 M42 也记录了这一波斯先知，写作 zrhwšt，读作 zarhušt[15]：

[10] T. Burrow, “The Proto-Indoaryans”, *Journal of the Royal Asiatic Society*, 1973, p. 139.

[11] Jean Kellens, *Essays on Zarathustra and Zoroastrianism*, pp. 35-39. 新阿维斯陀经中的某些部分与古阿维斯陀经类似，因此亦被称为“仿古阿维斯陀语”（pseudo-Old Avestan），见 K. Hoffmann & J. Narten, *Der Sasanidische Archetypus, Untersuchungen zu Schreibung und Lautgestalt des Avestischen*, Wiesbaden, 1989, p. 89. 也有学者认为古阿维斯陀经与新阿维斯陀经是同时代的，见 I. Gershevitch, “Approaches to Zoroaster’s Gathas”, *Iran*, 33, 1995, pp. 1-29.

[12] M. Macuch, “Pahlavi Literature”, in R. E. Emmerick & M. Macuch ed., *The Literature of Pre-Islamic Iran*, New York: The Persian Heritage Foundation, 2009, pp. 130-131.

[13] M. Molé, *La legende de Zoroastre selon les textes pehlevis*, Paris: Librairie C. Klincksieck, 1967, pp. 52-53.

[14] I. Gershevitch, “Zoroaster’s Own Contribution”, *Journal of Near Eastern Studies*, Vol. 23, No. 1, 1964, p. 38.

[15] Mary Boyce, *A Reader in Manichaean Middle Persian and Parthian, texts with notes*, Leiden: E. J. Brill, 1975, p. 171. 译文参考 Hans-Joachim Klimkeit, *Gnosis on the Silk Road. Gnostic Texts from Central Asia*, Harper San Francisco, 1993, p. 125. 另参阅 D. Durkin-Meisterernst, *Dictionary of Manichaean Middle Persian and Parthian* (*Dictionary of Manichaean Texts*, Vol. III, *Texts from Central Asia and China*, ed. by Nicholas Sims-Williams, Part 1), Turnhout: Brepols, 2004, p. 384.

lwg ’wd zhg’n pdrwft, mn wsn’d ’wsxt zrhwšt ’w p’rs šhrd’ryft, ’wš nm’d r’štyft, wjyd mn hnd’m ’c hft pdgs rwšn’n.

（孩子祈求：）世界面临灾难，孩子们变得恐慌。为了我，zrhwšt 降临波斯。他开示真言，从七域之光明中挑用作吾“四肢”之物。

粟特文摩尼教文书中，亦不乏这位伊朗先知的记载，写作 zr’wšc，读作 Zrušč[16]。如勒柯克在吐鲁番胜金口所获粟特文书（T III S=TM462)18434 号残片正面，即有关于这位先知的传说，德国著名伊朗学家宗德曼（W. Sundermann）教授将其释读为[17]：

...zr’w]šc[h...] tykw[š...] xw zr[...] ’sky s’r LA [...]
xw ’rt’w zr’wšch šw’ kw xrtx’yz s’r. rt[ms...] ’’pryw’nh [...
...] wny’h p’δy kw[ZY *ZKn] zrwry yzδ’ys ’skw[’z. ...
zrwr wyspw [...] ZY ZKw xyp[δ...
…Zrušč 看着…Zarwar 没有…向上
正直的 Zrušč 走向西方。并且……祈祷（赞美）…
在一棵树脚下，Zarwar 的偶像在那儿
Zarwar…每个…和他自己的…

现存大英图书馆的一份粟特文残片（Or.8212.84=Ch.00289），多涉琐罗亚斯德教信息，有关波斯先知的写法与上引粟特文略有差异，但读音并无二致[18]：

1 [....]mwγšt myšt’y wšt’y wšt’’y
2 ’štwγm’y twrt’y ’γwšt’yrtm
3 wyδ’γty ’YKZY ’skw’z ’γw βγ’n MLK’
4 ’βs’yst y γwpw ’δδβγ ’wyh β(w)δ’nt’k
5 rwγšn’ γrδ mnyh prw šyr’kw šm’r’kh
6 pr’ys wr ’γw ’sptk ’rt’w zrwšc
7 šw βr’ nm’c MN s’pt z’nwk’
8 ’kw γw’r’nt MN γw’r’nt z’nwk’
9 ’kw s’pt rtšw m’yδ ptyškwy βγ’
10 [š](y)r’nk’’rk δ’tnm’nn δ’t

［16］参阅 P. B. Lurje, *Personal Names in Sogdian Texts* (*Iranisches Personennamenbuch Band* II, *Mitteliranische Personennamen Faszikel* 8), Wien: Verlag der Österreichischen Akademie der Wissenschaften, 2010, p. 473.

［17］W. Sundermann, “Bruchstücke einer manichäischen Zarathustralegende”, in R. Schmitt and P. O. Skjaervø eds., *Studia Grammatica Iranica. Festschrift für Helmut Humbach*, Munich, 1986, pp. 461-482.

［18］N. Sims-Williams, “The Sogdian Fragments of the British Library”, *Indo-Iranian Journal*, Vol. 18, 1976, pp. 46-47.

当其时，名震遐迩、无所不能的众神之王 ādhvagh，正居住在香氤缭绕的天堂中善思。这时完美正直的 Zrušč 走来，向他祈祷，从左膝到右膝，从右膝到左膝，然后向他祈求道：“哦，神，仁慈的立法者，公正地进行审判……”

此外，琐罗亚斯德之名亦见于摩尼教回鹘文文书，其写法与粟特文相同，见于勒柯克 1905 年在 Idiqut Shahri 发现，并于 1908 年刊布的一份摩尼教文书，其反面 9－14 行内容如下：

9 yäk antaq ölti: qamlar uluγï
10 uvutluγ boltï: ymä Zrušč b[urxan]
11 ärtüki yirdä turup bavï[l balïq]
12 ortusïngaru bardï anta[......]
13 [tn]grilik itilmiš [...]
14[...]

恶魔当场死亡。最伟大的祭司颇感惭愧。从先知 Zrušč 所在之处，他站起来，走进巴比伦[城]的中间。在那儿[…]一座庙建立起来[…][19]

学者早已论及 8、9 世纪之后，回鹘奉摩尼教乃由于回鹘助唐平乱后，依靠粟特人发展商业经济，因而在宗教信仰上亦不得不受到信奉摩尼教的粟特人的左右[20]。因此，回鹘文摩尼教文书受粟特文影响自不难理解[21]。

此外，现在通行的英文 Zoroaster，为拉丁语写法，应借自希腊语 Zōroastrēs，意为“熟知众星者”，源于希腊哲学家对 Zarathushtra 的讹称[22]。在希腊文中，这一名称有以下几种变体：Zathraustēs、Zōroastēr、Zaratas 和 Zarades[23]。

马小鹤先生在讨论霞浦文书中的“苏路支”和“苏鲁支”时，采用了蒲立本（E. G. Pulleyblank, 1922－2013）所构拟的后期中古音（LMC. Late Middle Chinese），并据米克尔森（G. B. Mikkelsen）《摩尼教汉文献词典》注明相应的安息文（Pth. 即 Parthian 帕提亚文）及其读音，以及英文译名，指出苏路支、苏鲁支乃源于帕提亚文 zrhwšt [zarhušt] “zoroaster”。马先生并提到：“琐罗亚斯德在

[19] 文书原编号为 T II D 175，现编号 U4。P. O. Skjærvø, “Zarathustra in the Avesta and in Manicheism. Irano-Manichaica IV”, pp.618-620.

[20] 林悟殊《回鹘奉摩尼教的社会历史根源》，原刊《世界宗教研究》1984 年第 1 期，此据其著《摩尼教及其东渐》，北京：中华书局，1987 年，87－99 页；台北：淑馨出版社增订本，1997 年，83－95 页。

[21] Y. Yoshida, “When Did Sogdians Begin to Write Vertically?”, *Tokyo University Linguistic Papers*, 33, 2013, pp. 375-394.

[22] Helmut Humbach & Klaus Faiss, *Zarathushtra and His Antagonists*, p. 5.

[23] Gh. Gnoli, “Further Considerations on a Manichaean Dating of Zoroaster”, in N. Sims-Williams ed., *Proceedings of the Third European Conference of Iranian Studies*, Part 1, *Old and Middle Iranian Studies*, Wiesbaden: Dr. Ludwig Reichert Verlag, 1998, pp. 16-17; P. O. Skjærvø, “Zarathustra in the Avesta and in Manicheism. Irano-Manichaica IV”, pp. 607-609.

中古波斯文（MP 即 Middle Persian）中作 zrdrwšt，读若 zardrušt；粟特文文书 TM393 作'zr'wšc。”[24] 然未论及“苏路支”和“苏鲁支”直接来自何种语言。根据高本汉（K. Karlgren，1889—1978）构拟的中古音，苏鲁支/苏路支可读作 suo-luo-tþ˜(e(，而根据蒲立本所构拟的中古音，其可读作 sou-lou-cje[25]。从以上所列举诸种语文关于琐罗亚斯德的不同称谓中，窃意粟特文 Zrušč 与“苏鲁支”三字最为接近。而粟特文声母“Z”和汉语苏的声母“S”之差异，则可从中古汉语清浊声母交替运用中寻求解释[26]。日本粟特文专家吉田豊教授曾揭示，汉语“四”的粟特语读音有三种：sy\zy\s[y]”；汉语“谕示”的粟特文读音为“ywzy”[27]，都有助于说明用“苏”来对应粟特文 Zrušč，符合中古粟特文汉文互译的规律。也就是说，汉籍有关古波斯先知名字的音读应来自粟特语。至于选用“苏”字的原因，荣新江先生曾提示笔者，“苏”常作为中古时期入华伊朗系民众的汉译姓氏，其中一个显例便是 1955 年冬西安出土的晚唐苏谅妻马氏墓志。该志文为帕拉维文与汉文双语合璧[28]。汉文志文为：

> 左神策军散兵马使苏谅妻马氏，己巳生，年二十六，于咸通十五年甲午岁二月辛卯建廿八日丁巳申时身亡，故记。[29]

马氏的帕拉维文墓志则表明其是虔诚的琐罗亚斯德教徒。为解读该志文，半个世纪以来，各国学者付出了大量努力，其中不乏歧异之处[30]。张广达先生综合各家成果，概括婆文墓志大意为[31]：

> 1—2 行　此（乃）苏谅（Sūrēn?）家族之故兵马使 XXX 的女儿、故马氏之墓。
>
> 3—4 行　亡于（已）故伊嗣俟之二百四十年（872）、唐朝之二六〇年（874）、永胜之君、至圣天子咸通十五年（874）之 Spandarmat 月 Spandarmat 日
>
> 5—6 行　建卯（？）二十八日。（下句动词 YHWWNT’t/bavād 为祈愿语气）（愿）她归位于阿胡拉马兹达和诸天使（身侧），永生于天堂。愿她安息。

---

[24] 马小鹤《明教“五佛”考——霞浦文书研究》，《复旦学报》2013 年第 3 期，112 页；D. Durkin-Meisterernst, *Dictionary of Manichaean Middle Persian and Parthian*, p. 384.

[25] http://www.eastling.org/tdfweb/midage.aspx.

[26]〔加拿大〕蒲立本著、孙景涛译《古汉语语法纲要》，北京：语文出版社，2006 年，10 页。

[27] 吉田豊《ソグド文字で表记された汉字音》，《东方学报》第 66 册，京都，1994 年，350、339、307 页。

[28] 陕西省文物管理委员会《西安发现晚唐袄教徒的汉、婆罗钵文合壁墓志——唐苏谅妻马氏墓志》，《考古》1964 年第 9 期，458 页。

[29] 作铭《唐苏谅妻马氏墓志跋》，《考古》1964 年第 9 期，458—461 页；又收于《夏鼐文集》下卷，北京：社会科学文献出版社，2000 年，108—111 页。

[30] 有关婆文墓志的语言学研究，可参阅刘迎胜《唐苏谅妻马氏汉、巴列维文墓志再研究》，《考古学报》1990 年第 3 期，295—305 页。

[31] 张广达《再读晚唐苏谅妻马氏双语墓志》，北京大学中国传统文化研究中心编《国学研究》第 10 卷，北京大学出版社，2002 年，16 页；后收入其著《文本、图像与文化流传》，桂林：广西师范大学出版社，2008 年，267 页。

苏谅来自伊朗地区，并信奉琐罗亚斯德教，与汉文将其教主音译为苏鲁支，或许并非文字上的巧合。

上引赞宁《大宋僧史略》在追溯火祆教起源，交代先知名号苏鲁支，其弟子玄真传法的事迹之后，尚记有传法穆护何禄将祆教诣阙闻奏一事：“贞观五年，有传法穆护何禄，将祆教诣阙闻奏。”[32]来华胡人多以国为姓，该何禄应来自中亚粟特地区的何国。史书不乏其时何国与唐朝频繁往来的记载，何禄于贞观五年入朝并介绍祆教当有其事。有关何国祆教流行的情况，及何禄身份穆护的含义，笔者曾撰文讨论，不赘[33]。值得注意的是，《僧史略》将苏鲁支事迹与何禄上奏祆教一事连类而书，或许表明正是何禄向中原王朝的统治者讲述了祆教的起源，其中包括先知之名字及门徒传教事迹。何禄为粟特人，这正与上文所分析的“苏鲁支”之粟特语源相吻合。

中古粟特人以“善商贾”著称于世，“去傍国，利所在，无不至”[34]，其足迹遍及中亚、西亚和东亚，被誉为“亚洲内陆的腓尼基人”[35]。为了顺利地与各个民族进行贸易，掌握一定的语言工具显有必要。有关入华粟特人擅长多种语言，传世文献已见载，如著名的突厥与粟特人后裔安禄山“及长，忮忍多智，善亿测人情，通六蕃语，为互市郎”[36]。史思明“又解六蕃语，与禄山同为互市郎”[37]。表明为了进行贸易，这些粟特人往往掌握多种语言。

擅长语言的粟特人还担任不同民族交往的外交使节。据记载，568 年，出使君士坦丁堡的突厥使节摩尼亚诃（Maniakh），即为粟特人，虽然他的母语是粟特语，但可以用波斯语与拜占庭的同行们进行交流[38]。

除传世文献记载外，近年考古发现亦见粟特人擅长语言翻译的事例。1986 年，固原南郊出土的史诃耽墓志记载了这位在唐为官的粟特人后裔擅长语言翻译：“君讳诃耽，字说，原州平高县人，史国王之苗裔也。……曾祖尼，魏摩诃大萨宝、张掖县令。祖思，周京师萨宝、酒泉县令。父槃陀，隋左领军、骠骑将军。寻奉敕直中书省翻译，朝会、禄赐，一同京职。贞观三年，加授宣德郎。七年，又加授朝请郎。九年，又加授通义郎。十三年，又加授朝议郎。十九年，丁母忧……永徽四年，有诏：‘朝议郎史诃耽，久直中书，勤劳可录，可游击将军、直中书省翻译如故’。名参省禁三十余年，寒暑不易。其勤终始弥彰，其恪属日月休明，天地［贞］观。爰及升中告禅，于是更锡崇班，是用超迁，出临方岳。乾封元年，除虢州诸军事、虢州刺史。”[39]

---

［32］（宋）赞宁《大宋僧史略》，253 页中。

［33］张小贵《“穆护”与〈穆护歌〉考辨》，《文史》2013 年第 2 辑，53－72 页；收入其著《祆教史考论与述评》，兰州大学出版社，2013 年，74－97 页。

［34］《新唐书》卷二二一下，6244 页。

［35］蔡鸿生《唐代九姓胡与突厥文化》，北京：中华书局，1998 年，46 页。

［36］《新唐书》卷二二五上，6411 页。

［37］《旧唐书》卷二百上，5376 页。

［38］〔美〕丹尼斯・塞诺著，党宝海译《中古内亚的翻译人》，收入《丹尼斯・塞诺内亚研究文选》，北京：中华书局，2006 年，197－198 页。关于摩尼亚诃的事迹，可参阅〔法〕沙畹编著，冯承钧译《西突厥史料》，北京：中华书局，2004 年，209－211 页。

［39］罗丰《胡汉之间——“丝绸之路”与西北历史考古》，北京：文物出版社，2004 年，483－484 页；其编著《固原南郊隋唐墓地》，北京：文物出版社，1996 年，68－72 页。

表明这位粟特后裔从贞观初（629 年之前）至乾封元年（666）后近四十年间担任中书省翻书译语直官，是唐代翻书译语直的代表人物[40]。

身为粟特人的何禄，一定和他的族人一样，具备不凡的语言能力。一般来说，祆教祭司在 7 岁时即开始接受专业训练，掌握各种仪式及其重要含义，学习编写经典的艺术，及时向神祈祷，关于今生来世的宗教神学，以及复杂的多神信仰等。到 15 岁时，其已基本掌握全部祭祀仪式。这一宗教传统历经数千年而基本未变[41]。何禄既为职业祭司，一定也经受了这些严格训练，否则其焉能“将祆教诣阙闻奏”？众所周知，祆教具有很强的保守性，其并不热衷翻译本教经典，亦不主张向外民族传教。因此，何禄在向中原王朝上奏本教时，用不着携带本教经典，其凭借出色的语言才能和职业素养，当可向朝廷介绍本教的来龙去脉。而其所述，朝廷职官必有所记录。因此，上揭赞宁所载有关祆教之内容，很可能就是据佚失的相关唐代政书。

[40] 李锦绣《从史诃耽墓志看唐代的翻书译语直官》，提交“暨南大学中外关系史高层论坛”论文，珠海，2013 年 12 月。

[41] Mary Boyce, *A History of Zoroastrianism*, Vol.1, p. 183; “Zoroaster the Priest”, *Bulletin of the School of Oriental and African Studies*, Vol.33, No.1, 1970, pp. 22-23.

粟特商人的接班人？

——管窥丝路上的伊朗犹太商人

张　湛

（哈佛大学近东语言与文明系）

进入 21 世纪以来，一批来自唐代于阗的文书陆续出现，这些文书既丰富了我们对唐代于阗的认识，也给我们提出了许多新的问题。现藏于国家图书馆、编号为 BH1-19 的一封犹太波斯语信札便是这些新出文书中非常引人注目的一件。2008 年，我和时光合作，发表了该信札的初步研究成果[1]。文章发表之后，这件文书受到了各国学者的关注。我们得到了很多非常有启发性的建议，一些悬而未决的问题也借由其他新材料的发现得到了圆满的解决。随着对于阗历史以及于阗文书、特别是 8 世纪末于阗世俗文书理解的加深，之前的一些解读和论断大有修正的必要。此外，信札中透露出的犹太人与粟特人之间的关系亦值得更深一步的讨论。

为眉目清楚，本文将先给出信札的转写和新译文，订正之前的解读，并在此基础上讨论信札中的粟特元素。最后，再透过这封信札及其他相关材料，一窥伊朗犹太商人在丝绸之路上的贸易网络。

一、转写与翻译

为更好地体现原文脉络，本文并未遵照之前的方式逐行转写原文，而是将原文依照其内在逻辑分为 51 节，逐节转写并翻译。行号以上标的形式写在每行第一个词之前。

§1 ^{1}pannām īzid xudah i-kirbakar sad hazār šalamā bi xudā rab Nīsī Čīlāg, bi āzarmī ^{2}Abū Sahak, bi garāmī brādar Šawāpardar, bi Ičhak, u-bi Mōšak, u-bi Harūn, bi ^{3}Xāšak, bi xwāharak Xudēnak, bi hamagīn mardumān iš~mā buzurg u-kōdak, az man.

§1 以仁慈的神主之名，我向主人 Nīsī Čīlāg，向尊敬的 Abū Sahak，向亲爱的兄弟 Šawāpardar，向以撒，向 Mōšak，并向哈伦，向 Xāšak，向小妹 Xudēnak，向你们所有人，年长的与年少的，（致以）十万个问候。

§2 ^{4}rabī, durōd u-durustī.

§2 老师啊，（愿你）平安健康。

§3 āgāhī iš~marā nibēsum kū:

§3 我写（信）告诉你们：

§4 “man u-hakīm u-pairu u-mamzēr Šabilī ^{5}durust u-nēk-um.

[1] 张湛、时光《一件新发现犹太波斯语信札的断代与释读》，《敦煌吐鲁番研究》第 11 卷，2008 年，71－99 页。

§4 “我、Hakīm、随从和私生子 Šabilī（都）健康平安。

§5 u-mardumakān i xāna pa nīrū īzid xudah tā imrūz.”

§5 家里的仆人们因神主之力直到今天（也健康平安）。”

§6 pas az īn, [6]āgāhānum bi brād Šawāpardar kū:

§6 然后，我要告诉兄弟 Šawāpardar：

§7 “Nūrbak andar xutan āmad, u-nāma iš~mā āward u-yāftum.

§7 “Nūrbak 来于阗了，他带来了你们的信，我收到了。

§8 [7]u-bar xwāndum ān-i nibišt būdē.

§8 我读了你所写的。

§9 hamagīn kū iš~mā pa tan i xwaš durust u-nēk [8]hēd.

§9 你们所有人的身体都健康平安。

§10 mā az dūr saxt šād bā~šīm, u-sibās dārī kunīm apīš īzid xudā.”

§10 我们在非常遥远之地感到十分高兴，并在神主前感恩。”

§11 [9]u-pas tō āgāh bāš kū:

§11 然后，你要知道：

§12 mā gōspand ayāftum az dihgān saxt āzādīhā.

§12 我们从地主那里非常轻易地得到了羊。

§13 hidya i [10]farmūdē būdīm iš rāst.

§13 我们吩咐（带去）的礼物是正确的。

§14 čūn tīb andar burdum.

§14 因为我把 Tīb 带进去了。

§15 hamandar zamān tīb pān [11]bi kār dīd, u-mar cyk'šy rā farmūd kū:

§15 他（地主）一看到 Tīb 在那方面起作用了就命令 cyk'šy 道：

§16 “zūd gōspand īn sugdī bi dih!”

§16 “快把这个粟特人的羊交出来！”

§17 [12]u-cykšy u-ān bad paiwastan.

§17 cykšy 和他关系不好。

§18 bi dihgān xišm girift.

§18 但是地主生气了。

§19 u-čīz saxwan i bad mardum [13]na girift.

§19 他没有接受坏人的任何话。

§20 čahār mrnd dād.

§20 他给了四个 mrnd。

§21 Šabilī u-hakīm u-du gulām raftan pa kūh [14]šaš~mi māh pa dah sagd.

§21 Šabilī、Hakīm 和两个奴仆于六月十日去了山上。

§22 dihgān rā yakē gulīk u-yak kafīz kabar u-panj šag [15]dwgbyk u-yak šag dmbyr u-yak satēr būy i čīnī hidya.

§22 给地主的礼物是：一个瓶子，一卡菲兹刺山柑，五石 dwgbyk，一石 dmbyr，一斯塔特中国香料（麝香？）。

§23 az mar syky rā yakē [16]parniyān u-yakē šamsi hidya.

§23 给 syky 的礼物是：一份丝绸，一份蚕丝。

§24 či nēk kardēd!

§24 你们做得真好！

§25 syky cyk'šy i duxtar i dihgān rā [17](……)ryq qr'q nām hast

§25 地主女儿的 syky cyk'šy 名叫…ryq qr'q

§26 yakē parniyān u-du gand u-du lymcw hidya.

§26（给他的）礼物是：一份丝绸，两份糖，两份 lymcw。

§27 yak panxwān [18]i bar gōspand mihtarā yakē lyqyn u-yakē gand yakē lymcw hidya.

§27 给掌管羊的判官的礼物是：一份 lyqyn，一份糖，一份 lymcw。

§28 dō mrnd [19]rā kū sar šumār i gōspand mihtar būdan yak yak lyqyn u-yak yak gand u-du lymcw [20]hidya.

§28 给两个负责数羊的 mrnd 的礼物是：lyqyn 各一，糖各一，以及两份 lymcw。

§29 šubānān rā bgdw u-gand u-lymcw hidya.

§29 给牧羊人的礼物是：bgdw、糖和 lymcw。

§30 u-šudan pa kūh, bi nūz gōspand [21]bi dist mā na rasīd.

§30 他们去了山上，但是羊还没到我们手上。

§31 u-padīriftan kū:"gōspand saxt nēk dihīm."

§31 他们答应道："我们会好好把羊给（你们）的。"

§32 u-pa nāma [22]nibišt būdē kū:

§32 在信中，你曾写道：

§33 "nīz pašīz xwāstan pa gōspand, u-na dādum."

§33 "他们还想要羊钱，我没给。"

§34 u-na nēk kar~dē.

§34 你做得不好。

§35 [23]agar īn nāma bi šumā rasād, u-duxtar i dihgān bē~rūn nāmada bād, [24](har) čand pašīz xwā(hād p)a gōspand aš bi farmāy dādan, u-bā vai bērūn āyē.

§35 如果你收到這封信，而地主的女儿还没出来。无论她要多少羊钱，请给她，和她一起出来。

§36 [25](……) čišm u-rōšnī i ham īn duxtar hast dihgān rā.

§36 对于地主来说，……也是这个姑娘的眼睛和光。

§37 u-saxt sibās kun. [26](aga)r sibās i varā kunē, čīz gum na buvad.

§37 好好感谢她。如果你感谢她，并不会损失任何东西。

§38 man saxt bisyār nāma firistum [27](bi) šumā.

§38 我要寄非常多的信给你们。

§39 pas na dānum kū bi šumā na rasad.

§39 但我不知道（这些信）会不会到你们那里。

§40 (pa pan)j~mi mā pa haždah sagd, [28]Šabilī andar āmad.

§40 五月十八日，Šabilī 进来了。

§41 pa bīst u-panj sagd, du kinkāx dihgān nazdīk i [29]duxtar firistīd.

§41 二十五日，地主把两个筋脚送往（他）女儿那里。

§42 man pa dist i ham ān kinkāx sīh nāma firistīdum [30]bi šumā.

§42 我正是通过这些筋脚之手寄了三十封信给你们。

§43 har či āgāhī i šahr u-nē kāšgar būd hamagīn nibīšt būdum.

§43 我写了除喀什噶尔外所有城市的情况。

§44 āgāhī i [31]kāšgar īn hast kū:

§44 喀什噶尔的情况是这样的：

§45 tūpityān rā pāk bi kuštan u-bgdw bastan.

§45 他们杀光了吐蕃人，绑了 bgdw。

§46 u-sibāfuši šud [32](pa) kāšgar abā pa~sad mrnd či sawār u-či piyāda.

§46 军副使带着五百 mrnd，有的骑马有的步行，去了喀什噶尔。

§47 u-sibas i sibāfuši [33](p)anbašī harb rā u-salām u-xazīm rā bayaspān firistīd.

§47 军副使之後，兵马使为了战斗，为了和平和胜利派出了使者。

§48 u-man harb rā čīz [34]dādum pa māya i sad patku pašīz.

§48 我为战斗捐了价值 100 贯的物资。

§49 w-andarz kar~dēd-um, az sōy i Dawīd rā, [35]pisar i Nīsī u-xahar zāda iš~mā rā, ham harb rā u-salām u-xuzām rā, kū:

§49 你们曾建议我，为了大卫、Nīsī 的儿子和你们的外甥，为了战斗，为了和平和胜利：

§50 [36]agar āmada bād pa kāšgar, har čand xuzīna x^{u}āhānd, čīz bāz ma [37]ma dā~rēd.

§50 “如果（战斗）來到喀什噶尔，不论他们要多少花销，千万不要有所保留。”

§51 bi ēdūn šinīdum kū ham Dawīd u-ham [38]xwāhar zāda.

§51 我这样听从了，大卫和外甥也（也这样听从了。）

二、注　　释

新转写和新译文与旧版本相比有诸多变化，有我的一些新想法，也吸收了吉田豊为本此会议所提交论文中的新成果，以下择要注出。

为便于理解，先大致概括一下信札的内容。整封信可清楚地分为三部分。在第一部分（§1-§10）中，寄信人向收信人一方的许多人致以问候，并向他们报平安。在第二部分（§11-§37）中，寄信人向收信人（单数！）讲述自己取得羊的过程，给于阗上上下下各级官员的礼单，之后给了收信人一些具体的指令。在第三部分（§38-§51），寄信人话锋一转，向收信人（复数！）讲述喀什的战况以及自己对于战争的捐助。

§1 ychq/Ičhak

这是常见的犹太人名以撒（英语 Isaac）。

§2 rbyy/Rabī

之前，我们把 rbyy 一词归入第一节，将其末尾的 y 理解为不定名词的标志，读作 Rabi-ē，理解为“一位拉比”，并将其看作 mn/man，“我”的同位语[2]。现在，我认为最后的 y 并不标志不定名词，只是和之前的 y 一起表示长音 ī。至于为什么双写并不清楚。nyyk/nēk（5, 7, 16, 21, 22）中的长音也用了两个 y 来表示，说明这种现象在本信中并非孤例。Rabī 的（希伯来语）字面意思为“我的老师”，是犹太人对长者的尊称。这里应该把 Rabī 归入第二节，理解为寄信人对收信人的称呼。

寄信人尊称收信人为“老师”意味着收信人一方地位更高。信札开头的问候语（§1）中罗列了八个人名：Nīsī Čīlāg，Abū Sahak，Šawāpardar，以撒，Mōšak，哈伦，Xāšak，Xudēnak。其中 Xudēnak 是女眷，此外还有没有提到名字的“年长的与年少的”若干人。反观收信人一方，只有寄信人自己、Hakīm、随从和 Šabilī 及仆从若干人，人数似乎没有收信人一方多，也没有女眷。似乎收信人一方聚集了更多的犹太人。在信札的第三部分中，寄信人向收信一方汇报了喀什的最新战况之后，说自己听从了收信人的意见。因此，信札的第一部分和第三部分都表明收信人地位较高。另外，信札的第二部分中，寄信人则以非常不客气的口吻批评了收信人的做法（§34），而且给出了明确的指示（§35），完全一副居高临下的口气。

要解决这个表面上的矛盾很简单，关键在于收信人的单复数。第一、第三部分中，对收信人的称呼是复数的，而第二部分中收信人是单数的。也就是说，收信人一方有不少人，其中有人比寄信人地位高，因此在第一、第三部分中寄信人口气很客气。但是直接与寄信人联络的收信人则是寄信人的手下，负责交付买羊的款项。在第二部分中，寄信人直接对他发话（§11），因此采用了上对下的口气。

§15 hamandar zamān tīb pān [11]bi kār dīd, u-mar cyk’šy rā farmūd kū:

§15 他（地主）一看到 tīb 在那方面起作用了就命令 cyk’šy 道：

我现在把 p’n by qr dyd 读作 pān bi kār dīd，并且把 bi kār 理解为“起作用”。至于 tīb 具体指什么，则不再坚持旧译中“香料”的说法。

这一节承接§12 中的 az dihgān，从句和主句的主语都是 dihgān，即所谓“地主”。吉田豊在本次会议中提出，“地主”可能指于阗王尉迟曜（穆格山文书中的 Dēwāštīč 也被称作 dihqān）[3]，cykšy 则来自“刺史”（中古摩尼教波斯语文献中出现了 cygšyy）[4]。我同意他

[2] 张湛、时光，上引文，89 页。

[3] 吉田豊《于闐的粟特人：对和田出土的两件犹太波斯语信札的一些新见解》，本文集所收论文，第四节。

[4] 张湛、时光，上引文，第二节。

对于 dihgān 的看法。至于 cykšy、cyk'šy 则和他一样暂时存疑。我想补充一点，现在一般认为于阗语中 tsīṣī 一词来自汉语“刺史”，但“刺”是入声字，和 tsīṣī 中的 tsī 并不完全吻合。这一问题有待进一步研究[5]。

§36 wrwšny'y/rōšnī i

之前的解读把结尾的'y 理解为系动词的附加字形式。但实际上，信札中使用的都是 h-开头的形式，如 hēd（§9）。现在把'y 理解为 ezāfe，只不过没有和之前的词分开来写。这种写法虽然在信札中是孤例，但在其他早起犹太波斯语文书中并不少见。之前的解读中对这一行缺失部分的构拟有太多猜测成分，一并去掉。新译如下：

§36 [25](……) čišm u-rōšnī i ham īn duxtar hast dihgān rā.

§36 对于地主来说，……也是这个姑娘的眼睛和光。

§42、§42 qynq'k/kinkāx

毕波根据新发现的于阗文书将这个词解读为汉语“筋脚”的音译，意思是“跑腿的人”，非常有见地，我完全同意[6]。文书中除“筋脚”外，还有 pnkw'n 判官”、šmsy“蚕丝”[7]、pwšy“副使”、[p]nb'šy“兵马使”[8]等来自汉语的音译词。这些伊朗犹太人很可能并不懂汉语，而是借由于阗语知道了这些词汇。但不管怎么说，这些词汇的出现表明，这些犹太人（既包括寄信人也包括收信人）对于阗当地的事务比较熟悉。

§48 ptkw/patku

Sims-Williams 和毕波根据新发现的粟特语文书将这个词解读为“贯”，即一千文，来自粟特语 ptkwk[9]。这个发现极为重要。我们先看一下该词所在的第 48 节的新译文：

§48 u-man harb rā čīz [34]dādum pa māya i sad patku pašīz.

§48 我为战斗捐了价值 100 贯的物资。

也就是说，这些犹太人为战争捐款，拿出了价值 100 贯即十万文钱的物资。这在当时的于阗是一大笔钱，在于阗文献中从未出现这么大的金额。于阗文献中出现的金额大都是几十或者几百文钱，提到上千文钱的文书不多，上万的很少（16000 文，Dx.18926+SI P 93.22+Dx. 18928[10]；10140 文，

---

[5] 张湛、时光，上引文。

[6] 毕波《和田新发现汉语、胡语文书所见“筋脚”》，荣新江、朱玉麒主编《西域考古·史地·语言研究新视野——黄文弼与中瑞西北科学考查团国际学术研讨会论文集》，北京：科学出版社，2014 年，339—347 页。转引自本书所收吉田豊的文章。

[7] 吉田豊认为该词来自汉语“衫子”，而不是“蚕丝”，见吉田豊上引文，第二节。

[8] 这个词是吉田豊发现的，于阗语 peṃ'ba'ṣī 也来自“兵马使”这个词，见吉田豊上引文第二节。

[9] Bi Bo & N. Sims-Williams, “Sogdian documents from Khotan, I: Four economic documents”, *JAOS* 130, 2010, pp. 497-508.

[10] H. Kumamoto, “Sino-Hvatanica Petersburgensia (Part I)”, *Manuscripta Orientalia*, 7, 1, 2001, pp. 3-9. 文章在熊本裕的个人网站上可以很方便地下载。

Or. 11252/23[11]；44000 文，11252/30[12]；10000 文，Or.11344/14[13]），十万以上的则完全没有。这表明犹太人非常富有，而且也愿意倾其所有来支援战争。

三、文书年代新说

100 多年前，斯坦因在丹丹乌里克遗址附近偶然得到了一件非常残破的犹太波斯语文书[14]，这件文书（所谓“旧信”）和本文所讨论的文书（所谓“新信”）非常相似。在之前的研究中，我们从字迹、拼写、语法、词汇、人名、内容等几个方面比较了新旧两信，并得出结论：这两件文书来自同一地区、同一时代，出自同一批人甚至同一个人之手。旧信出自丹丹乌里克，则新信也应出自丹丹乌里克。丹丹乌里克遗址出土的文书年代集中在 8 世纪后半期，因此新信与旧信的年代也应为 8 世纪后半期[15]。现在看来，这一基本结论是站得住脚的。

在这之后，我们更进一步把新信第 45 节所记载的吐蕃人在喀什悉数被杀事件与于阗语文书 Hedin 20[16]中提到的喀什战况联系在了一起，认为二者描述的是同一次战斗。Hedin 20 的年代为尉迟曜 36 年，即 802 年，因此新信的年代也为 802 年左右[17]。现在看来，这一论断大有修正的必要。

丹丹乌里克文书中的最晚纪年为贞元七年[18]，即 791 年。而 Hedin 20 则属于被吉田豊称作 Archive 3 的文书群，出自和田地区策勒县达玛沟一带。这组文书的年代在于阗王尉迟曜 32－36 年，即 798－802 年，当时的于阗已处于吐蕃统治之下[19]。如果新信出土地点为丹丹乌里克且年代为 802 年，这比丹丹乌里克所出文书的最晚年代还要晚 11 年。事实上，杰谢（即丹丹乌里克遗址）很有可能在 791 年之后不久由于某种政治变故被废弃了。所有居民在仓促之中撤离，没能带走全部家当，留下了大量文书和艺术品。斯坦因在结束对丹丹乌里克的考察之后便得出了这一结论，并将丹丹乌里克的废弃归因于吐蕃人入主于阗[20]。从 Archive

[11] P. O. Skjærvø, *Khotanese Manuscripts from Chinese Turkestan in the British Library. A Complete Catalogue with Texts and Translations,* London: The British Library, 2002, p. 97.

[12] *ibid.*, p. 99.

[13] *ibid.*, p. 114.

[14] A. Stein *Ancien Khotan: Detailed Report of Archaeological Exploration in Chinese Turkestan.* Oxford: Clarendon, 1907, pp. 306-307.

[15] 张湛、时光，上引文，79 页。

[16] Hedin 20 的转写和英译文见 Bailey, H. W. *Khotanese Texts IV.* Cambridge: Cambridge University, 1961, pp. 33-34, 121.

[17] 张湛、时光，上引文，80—81 页。

[18] 张铭心、陈浩《唐代乡里制在于阗的实施及相关问题研究——以新出贞元七年和田汉文文书为中心》，《西域研究》2010 第 4 期，1 页。

[19] 吉田豊《コータン出土 8-9 世纪のコータン语世俗文书に关する觉え书き》，神户：神户市外国语大学外国学研究所，2006，57～60 页。译文见吉田豊撰，荣新江、广中智之译《有关和田出土 8～9 世纪于阗语世俗文书的札记（二）》，《西域文史》第 3 辑，北京：科学出版社，2008 年，84－86 页。

[20] A. Stein, op. cit., p. 284.

3 的文书中也能看到一些杰谢在吐蕃占领于阗时期已被废弃的间接证据。Archive 3 中从未提起过杰谢的情况，在列举六城的税收情况时也只列举除杰谢之外的五城[21]，当然这也可能是文书不完整造成的。杰谢一词仅以形容词的形式出现过三次[22]，三次都用作人名的形容词，表达其出身地，以区别同名的其他人。这与杰谢在当时已被废弃的判断并不矛盾。基于这一判断，新旧两信不可能双双出自丹丹乌里克且年代为 802 年。

另外一种可能性是新信与旧信不同，并非来自丹丹乌里克，而是与 Archive 3 的其他文书一样，来自策勒县达玛沟一带，其年代为 802 年前后。也就是说，一个犹太聚落一直在于阗地区活动，790 年左右在杰谢（丹丹乌里克遗址）遗留了一封信（即旧信），约十二年之后，又在质逻（Cira）、拔伽（Birgaṃdara）一带（Balawaste 遗址）遗留了另一封信（即新信）。两封信在时间和空间上都相隔甚远（十几年，100 多千米），但内容却非常近似，里面还提到了两个同样的人名（Šablī 和 Nūrbak）。这种事情发生的可能性虽然不能说完全没有，但却是微乎其微。

我目前倾向于第三种可能，即新信与旧信均来自丹丹乌里克被废弃前不久，即 791 年左右[23]。新信所载喀什吐蕃人悉数被杀一事并非 Hedin 20 中提到的喀什战役（802），而是 791 年左右吐蕃人从青藏高原再次进入塔里木盆地时与留守当地的唐朝驻军之间发生的一次冲突。虽然在这次冲突中吐蕃一方遭受了失败，但远在西域的唐朝守军早已无法得到中央政府的支援，最终还是无力抵挡吐蕃人的进攻。到了 8 世纪末 9 世纪初，即 Archive 3 文书群的时代，吐蕃已成功地将喀什和于阗纳入统治。在丹丹乌里克的文书中，新信是唯一一封提及吐蕃人的，其他的汉文或于阗文文书中则完全没有吐蕃人的踪影。由于吐蕃人入侵于阗导致了杰谢的废弃，也就是说，新信写成时与杰谢最终被废弃相距不远，因此我把新信的年代置于丹丹乌里克文书年代范围的下限，即 791 年左右。当然，以上推论还有待于新发现的证实。

四、信札中的粟特元素

这两件犹太波斯语文书中出现了很多粟特语的元素，非常引人注目。其中粟特语借词包括：čamxūi “琴”；andarīk “太监”[24]，Xudēnak，人名，来自粟特语 xwtyn，“王后，女士”，是其指小形式[25]；gulīk，“瓶子”，来自粟特语 γwδ'k/γōδē[26]；patku “贯，串”，来自粟特语 ptkwk[27]。两件文书中序数词都采用了与粟特语相同的词尾 mī，而没有用惯常的波斯语词尾-

[21] 见 Or.11252/2，转写和英译文见 P. O. Skjærvø, *Khotanese Manuscripts from Chinese Turkestan in the British Library. A Complete Catalogue with Texts and Translations,* pp. 85-86，汉译和讨论见文欣《于阗国“六城”（kṣa au）新考》，《西域文史》第 3 辑，北京：科学出版社，2008 年，116－118 页。

[22] Or.11252/33 第 6 行 gaysāyī vidyadatta（Skjærvø, *op. cit.*, 101.）、Or.11344/1 第 6 行 vidyadatti gaysātaji（*ibid.*, 104.）、Hedin 6 第 21 行 gayseta sudatti（Bailey, *op. cit.*, 25.）

[23] 这一想法是在会议发言之后和荣新江老师交流时形成的，在此特别感谢荣老师点拨。

[24] 张湛、时光，上引文，78 页。

[25] 张湛、时光，上引文，89 页。

[26] 张湛、时光，上引文，93 页。

[27] Bi Bo & Sims-Williams, 505-6.

om/-omīn[28]。文书中日期的表达格式与粟特语的日期表达格式相同[29]。新信开头的“十万个问候”也让人想起粟特古信札开头部分的 1LP ŠLM[30]。不过信札开头套语的其他部分与粟特古信札的开头套语并不相合，而更像是阿拉伯语的太斯米，即 bismillāhi r-raḥmāni r-raḥīm，“奉至仁至慈真主之名”。值得一提的是，一件年代为 8 世纪中期的大夏语文书也以“奉主之名”的套语开头，被称作“大夏的太斯米”[31]。这是否说明二者在当时都已经受到了伊斯兰教的影响呢[32]？

此外，新信第十六节还直接提到了粟特人：

§16 “zūd gōspand īn sugdī bi dih!”

§16 “快把这个粟特人的羊交出来！”

这里的粟特人显然指的是写这封信的一干犹太人。当地人误把他们看作粟特人了。

从粟特古信札等文献中我们得知，粟特人至少从 4 世纪起就建立了从撒马尔罕到洛阳的庞大的商业网络，一直到唐代中期，粟特商人一直活跃于丝绸之路上，正所谓“利之所在，无所不至”。安史之乱后，粟特人的势力受到打压，再加上河西走廊被吐蕃人封锁、粟特本土逐渐伊斯兰化、波斯化，粟特人上千公里的长途贸易网络逐渐衰落了[33]。但在敦煌、吐鲁番地区依然活跃着很多粟特人，这从上述两个地区出土的大量粟特文献就可见一斑。8 世纪末于阗地区也有粟特人的身影，荣新江在其关于西域粟特移民聚落的两篇文章中详细列举了几乎所有相关史料[34]。除了文中提到的斯坦因、Trinkler 和 Francke 收集品中的零星粟特语文书之外，在大英图书馆收藏的于阗语文书中也混有个别粟特文材料。Or.11344/12r 的右下角有几个粟特语词和于阗文重叠着写在一起[35]。IOL Khot 158/5 则是一件完整的粟特语文书，看内容似乎是一封书信，其中提到了于阗（xwδn'、'xwδ'n）[36]。近来又有一批来自和田地区的粟特文书入藏人民大学，毕波和 Sims-Williams 发表了其中的六件经济文书[37]。除第二号外，每件文书都提到了数额不等的金钱，少则一两百文，最多达两万四千文[38]。此外还提到了棉布等商品。

[28] 张湛、时光，上引文，92 页。

[29] 张湛、时光，上引文，93 页。

[30] N. Simis-Williams, “A Sogdian greeting”, in R. E. Emmerick & D. Weber, eds., *Corolla Iranica: papers in honour of Prof. Dr. David Neil MacKenzie*. Frankfurt: Peter Lang GmbH, 1991, p. 178, §4.

[31] πιδο ναμο ιεζιδασο, Document Y, 第 1 行，N. Sims-Williams, *Bactrian Documents from Northern Afghanistan: Legal and Economic Documents*. Oxford, New York: The Nour Foundation in association with Azimuth Editions and Oxford University Press, p. 145.

[32] 张湛、时光，上引文，89 页。

[33] 荣新江《安史之乱后粟特胡人的动向》，纪宗安、汤开建主编《暨南史学》第 2 辑，广州：暨南大学出版社，2003 年（2004 年），102—123。收入氏著《中古中国与粟特文明》，北京：生活·读书·新知三联书店，2014 年。

[34] 荣新江《西域粟特移民聚落考》，《中古中国与外来文明》，北京：生活·读书·新知三联书店，2001 年，21—26 页，以及同作者《西域粟特移民聚落补考》，《西域研究》2005 年第 2 期，5—7 页。

[35] 文书的照片可以在国际敦煌项目的网站上（http://idp.bl.uk）看到。

[36] 这件文书的转写和日语译文见吉田豊《新出のソクト语资料について一新米书记の父への手纸から：西严寺橘资料の绍介を兼ねて一》，《京都大学文学部研究纪要》第 49 号，2010 年，6 页。

[37] Bi Bo & Sims-Williams, N., *op. cit.*

[38] “24 1LPw”，第三号，第三行，*ibid.*, p.501.

于阗语文书中称粟特人为 sūlī/sūlya，贝利收集了该词出现的 14 个例证[39]。荣新江把其中非敦煌文献的 11 例再加上熊本裕发现的一例共 12 例一并列出，恢复了其目录编号，并给出了汉译[40]，后又从圣彼得堡藏于阗文书中检出一例，也给出了汉译[41]。这 13 例分布在于阗的不同地方，有三例出自丹丹乌里克：Or.6394/2、IOL Khot 2/1 (D.iv.6.1)，SI P 103.41；九例出自达玛沟地区：包括 Hedin 1、Hedin 19（两例）、Or.11252/2、Or.11252/36、Or.11252/38（两例）、Or.11344/4、Or.11344/16；一例出自麻扎塔格戍堡：Or.12637/23 (M.T.0463)。在这些文书中所反映的粟特人都在进行商业活动。总之，有充分的证据证明粟特人在八世纪末活跃在于阗地区。在于阗人看来，粟特人基本就是商人的代名词[42]，因此渗透进于阗地区的犹太商人被称作粟特人便是再正常不过的事了。

最后，也是最有意思的部分，是新信中的第 38 到第 45 节：

§38 我要寄非常多的信给你们。

§39 但我不知道（這些信）会不会到你们那里。

§40 五月十八日，Šabilī 进来了。

§41 二十五日，地主把两个筋脚送往（他）女儿那里。

§42 我正是通过这些筋脚之手寄了三十封信给你们。

§43 我写了除喀什噶尔外所有城市的情况。

§44 喀什噶尔的情况是这样的：

§45 他们杀光了吐蕃人，绑了 bgdw。

这一段话说明，寄信人与收信人之间有大量的书信往来（“三十封”）。新信的用纸非常奢侈，纸的尺寸为 28 厘米×40 厘米，几乎和一张 A3 的纸等大（297 毫米×420 毫米），且只有一面写字。这样的纸在当地不会便宜。要知道，同时代于阗官方文书的用纸要小得多，而且有两面写字的，也有重复使用的。用这么好的纸动辄写三十封信，可见这些犹太人的富有。但是这种书信往来的渠道并不非常可靠（“不知道会不会到你们那里”），这显示出时局的动荡。

此外更重要的是，寄信人似乎承担了向收信人汇报所在地情报的任务（“我写了除喀什噶尔外所有城市的情况”）。这与粟特古信札第二号的内容多么相似！第二号的寄信人向撒马尔罕的收信人汇报了中国内地的情况，包括洛阳宫殿被烧，邺城被洗劫等等，显示出粟特人当时的商业网络所覆盖的范围[43]。犹太波斯语信札的寄信人身在于阗（“Nūrbak 来于阗了，他带来了你们的信，我收到了”），负责向收信人汇报喀什的战况，似乎说明收信人并不在于阗地区，而

[39] H. W. Bailey, *Indo-Scythian Studies Being Khotanese Texts Volume VII*. London: Cambridge University Press, 1985, pp. 76-77.

[40] 荣新江《西域粟特移民聚落考》，23 页。

[41] 荣新江《西域粟特移民聚落补考》，6 页。

[42] Bailey, *op. cit.*, p. 76.

[43] N. Sims-Williams, “The Sogdian Ancient Letter II”, in M. G. Schmidt & W. Bisang, eds., *Philologica et Linguistica. Historia, Pluralitas, Universitas. Festschrift für Helmut Humbach zum 80. Geburstag am 4. Dezember 2001*. Trier: Wissenschaftlicher Verlag Trier, 2001, pp. 267-80. 汉译见毕波《粟特文古信札汉译与注释》，《文史》2004 年第 2 辑，77—88 页。

是在更远的地方。于阗的犹太人地位低、人数少，向地位高、人数多的收信人那里汇报喀什和于阗的消息，说明喀什和于阗处在这个贸易网络的末端。因此，这两封信的目的地应该不是于阗的杰谢乡，而是别处。两封信之所以出自丹丹乌里克，有几种可能。第一种可能是寄信人身处杰谢乡，没能将这封信寄出。另外一种可能这封信寄自于阗城，但正如寄信人所担心的那样（§39 但我不知道这些信会不会到你们那里），信件被捎信人筋脚遗落在杰谢乡，过了一千多年才重见天日。

那么这封信本来要寄往哪里呢？文中没有讲明，只能大致推测一下。既然收信人地位较高，其所在地有较多的犹太人且包括女眷，那里应该有一个更大的犹太人聚落，而且在商业上应该比于阗重要。按照这个思路，收信人有可能在撒马尔罕。但是寄信人是靠“地主”的“筋脚”传递信件，而且“地主”的女儿还在收信人处要从收信人那里收取买羊的钱，撒马尔罕似乎太远了。我认为收信人所在地更可能是安西。那里是安西节度使的驻地，是整个西域地区的政治中心。

五、丝路上的粟特人与伊朗犹太人

我们之前提到，在新信中出现了犹太人被于阗当地人称作粟特人的情节。这一误认既体现了粟特人之前在丝路贸易上的垄断地位，也说明随着粟特贸易的衰落，伊朗犹太人正开始从中亚逐渐向东渗透，从粟特人手中分一杯羹。如果只看于阗地区，无论是斯坦因所发现的旧信还是最近发现的新信都让人感到既意外又困惑，因为于阗地区出土的犹太波斯语文献仅此两件，显得非常突兀，若非这两件文书，没有人会猜到 8、9 世纪之交的于阗竟会有犹太人的身影。但如果把视野扩大，就会发现于阗出现犹太人一点也不突兀。

20 世纪 50 年代在阿富汗的 Tang-i Azao 河谷发现了一则犹太波斯语石刻，虽然只有只言片语，却很珍贵地带有纪年，并被 Henning 解读为 752/3 年，这是迄今所知最早的犹太波斯语乃至新波斯语遗存[44]。在印度河上游大量粟特语石刻的旁边也发现了一件希伯来文的石刻，可惜没有具体的年代[45]。接下来，在 8 世纪末，犹太人的足迹向东到达了于阗。敦煌藏经洞出土了一件著名的希伯来语文书，其字体和于阗的犹太波斯语信札迥然不同。据分析，这件文书是《圣经 • 诗篇》的片段，应该来自巴比伦地区，折叠起来之后用做护身符，年代大概是 9 世纪[46]。无独有偶，南印度马拉巴尔海岸出土的铜板文书年代也是 9 世纪，上面有犹太波斯语及其他语言的签名[47]。这说明伊朗犹太人已经开始利用海路。据阿拉伯史料记载，9 世纪末黄巢攻

[44] W. B. Henning, “The Inscription of Tang-i Azao”, *BSOAS*, 20, 1957, pp. 342-355.

[45] K. Jettmar, “Hebrew Inscriptions in the Western Himalayas”, in G. Gnoli & L. Lanciotti, *Orientalia: Iosephi Tucci Memoriae Dicata*, vol. 2. Rome: Istituto Italiano per il Medio ed Estremo Oriente, 1987, pp. 667-70.

[46] Wu Chi-yu. “Le Manuscrit hébreu de Touen-huang”, in Jean-Pierre Drège, *De Dunhuang au Japon: Études chinoises et bouddhiques offertes à Michel Soymié*. Geneva: Librairie Droz, 1996, pp. 259-91.

[47] C. G. Cereti, “The Pahlavi Signatures on the Quilon Copper Plates (Tabula Quilonensis)”, in W. Sundermann, A. Hintze, and F. de Blois eds., *Exegisti Momumenta: Festschrift in Honour of Nicholas Sims-Williams*. Wiesbaden: Harrassowitz Verlag, 2009, pp. 31-50.

入广州时屠杀了大量犹太人[48]，换句话说，9 世纪末广州城里已经有很多通过海路来到中国的犹太人了。最后是宋代进入中国的开封犹太人。这里无意展开讨论开封犹太人是通过海路还是陆路到达开封的，我只想强调一点，即开封犹太人是讲波斯语的伊朗犹太人。现存的开封犹太人文献中有犹太波斯语写成的后记、文书的说明性标题、还有一件逾越节文书（Haggadah）[49]。伊朗犹太人到达开封，可以说是几个世纪以来犹太人一步一步向东扩展其贸易网络的一个必然结果。当然，在丝路贸易上，犹太人无论是数量还是影响都不能与此前的粟特人相比。但如果考虑到阿拉伯史料以及开罗窖藏（Cairo Geniza）中所记载的犹太人遍布地中海远至印度洋的贸易网络[50]，犹太商人们也称得上“利之所在，无所不至”了吧。

[48] G. Ferrand, tr. et ed. *Voyage du marchand arabe Sulaymân en Inde et en Chine, rédigé en 851, suivi de remarques par Abû Zayd Hasan (vers 916)*. Paris: Éditions Bossard, 1922, p. 76.

[49] Wong Fook-Kong & D. Yasharpour, *The Haggadah of the Kaifeng Jews of China*. Leiden: Brill, 2011.

[50] S. D. Goitein, A Mediterranean Society: The Jewish Communities of the Arab World as Portrayed in the Documents of the Cairo Geniza. 6 vols. Berkeley: Univeristy of California Press, 1967-1993.

介绍胡客翟门生墓门志铭及石屏风

赵　超
（中国社会科学院考古研究所）

几年前，一位民间收藏家给我看了他从海外购回的两件北朝石刻墓门，并在墓门上看到十分罕见的一组墓志刻铭。以后，这位收藏家经多年探寻关注，终于又从海外购入一批北朝墓中石刻，包括石床、石屏风、石阙等构件，共二十余件。难得的是，在其中的一块石屏风上也有刻铭，表明它们与那两件墓门属于同一个墓主人。这些石刻经拼对组合，竟是一套完整的墓中建筑石件与丧葬用具。最可珍异的是，这些石件上面不仅具有精美丰富的纹饰图像，还刻写了大量铭文，包括一件简明的墓志与一些图像题榜，可以清楚地说明墓葬的墓主身份与大致年代。通过深入考察，应该可以了解到一些有关北朝时期墓葬石刻与北朝时期外来人士的情况，于学术研究有所裨益。因此，虽然是考古学界不大涉及的流散文物，也还值得注意。承收藏者帮助，我获得过一些有关的图片、拓本，并对这些石刻的内容与真伪做了一些探讨。承罗丰兄吩咐，要我介绍一下有关的情况。考虑到这些材料对于有关北朝时期西域人士来华的交往情况有所补充，而且自己也对这件墓志内容中的有些问题还不得确解，所以在这里做一个简单的报告，同时也是向大家请教。

首先介绍一下有关材料。这批石刻包括一套石墓门，有石门楣、门框与左右两扇石门；还有一批石床、石屏风、石阙等组件。石墓门两件门扇正面的内侧分别刻写一半墓志铭文，石门关闭后就可以拼合成一篇完整的墓志。墓志楷书文字保存基本完好，仅有几个字残泐不清，内容可以通读。现将墓志铭文释读如下：（□内是已残泐或无法确识的文字）

翟国使主翟门生之墓志

君讳育，字门生，翟国东天竺人也。胄藉华方，蟠根万叶。树德家邑，为本国萨甫。冠盖崇动，美传弈世，□□二国通好，酬贡往来，因聘使主，遂入皇魏。嘱主上优容，大垂褒赉，纳给都辇，受赏历帝。然昊天不吊，枉歼良哲。以元象元年正月十一日奄致薨背。有心怀痛，凡百含酸。遂使他山之玉，隐质于此乡；亢□□□，灰骨于异土。呜呼哀，以大魏武定元年十一月廿三日，琮棺方备，玉埏既周，卜兹吉辰，奄葬此土。其词曰：

昔在西夏，立德崇虚。冠盖万里，众矣之谟。流美千城，响溢两都。如何昊天，降罚斯儒。玉顷摧峰，碧兰枉枯。悲音竟路，酸声满途。有心含痛，为之呜呼。龙𫐐动旆，长旌煌煌。挽歌楚曲，銮哀锵锵。孤寓金棺，独寐泉堂。杳然寂室，埏户无光。永居松□，终归白杨。魂如独往，痛矣可伤。

门扇的正面刻画了精致的纹饰，以直线与圆环组成的六边形连续构成龟甲形的底纹，在各个六边形内又减地阳刻出各种神怪图像与花朵，以细线刻描画出细部的形象（图 1—图 4）。可以辨识的有龙、朱雀、人头鸟身的神物[1]，神兽、执盾武士以及一般被称作畏兽的裸体神像。我们知道在固原出土的北魏漆棺上就采用了龟甲形的装饰底样[2]。这种纹饰装饰手法还可以在西安出土的隋李和墓石棺[3]等处见到。看来是在北朝晚期普遍流行的工艺装饰纹样。

图 1

图 2

[1] 人首鸟身的神物形象在古代来源不一。这里可能是来自佛教艺术的迦陵频伽或共命鸟，抑或南朝墓葬中称为“千秋万岁”的镇墓神物，参见河南邓县南朝墓出土砖雕“千秋万岁”。河南省文化局文物工作队《邓县彩色画像砖墓》，北京：文物出版社，1958 年。

[2] 宁夏固原博物馆《固原北魏墓漆棺画》，银川：宁夏人民出版社，1988 年。

[3] 陕西省文物管理委员会《陕西省三原县双盛村隋李和墓清理简报》，《文物》1966 年第 1 期。

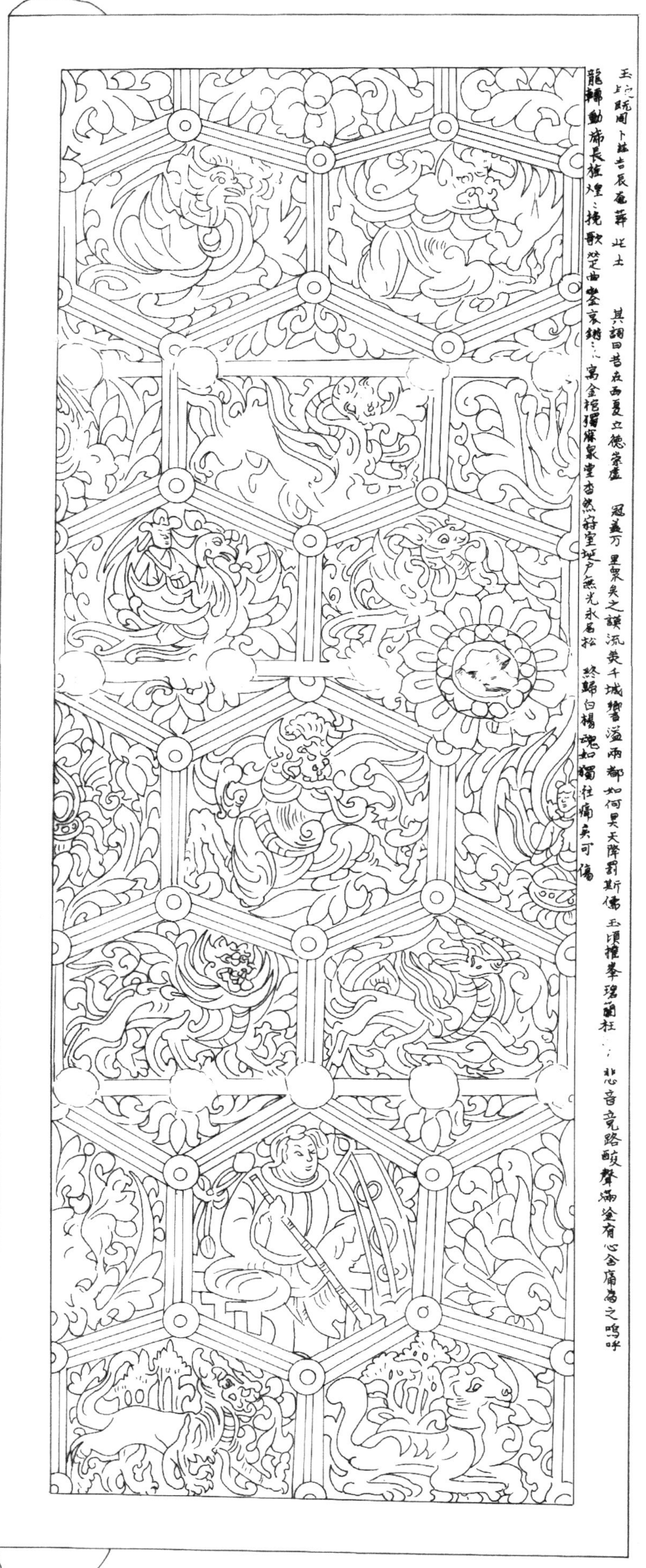
玉上既周卜筮吉辰奄葬此土
其詞曰昔在西夏立德崇虚
冠蓋万里眾矣之謨流英千城響溢兩都如何昊天降罰斯儒
玉頃摧峯瑠蘭柱
悲心音竟路酸聲滿途有心含痛爲之嗚呼
龍輀動旆長旌煌煌挽歌楚曲悲哀鏘鏘
寓金棺獨寐泉堂杳然窮室埏户無光永居松
終歸白楊魂如獨往痛矣可傷

图 3

翟國使主翟門生之墓志
君諱育字門生翟國東天竺人也冑籍華方蟠根万葉樹德家邦爲本國薩甫冠蓋崇勳美傳奕世 二國通好酬貢往來因轉使主遂入 皇魏囑主上優容大垂褒
賚納給都輦受賞殊 帝然昊天
不弔枉殲良哲以元象元年正月十一日奄致薨背有心懷痛凡百含酸遂使他山之玉隕質於此鄉泫泫之
灰骨於異土嗚呼哀以大魏武定元年十一月廿三日壤根方

图 4

墓志的内容实际上非常简单，应该是当时官方的文人撰写的，可供研究的史料很少。我们只能看到墓主翟门生是一个来自翟国的“使主”，原来在本国为“萨甫”，来到北魏出使后，受到皇帝的优待，供养他住在都城。东西两魏分裂后，来到东魏都城居住，可能是随帝室百官东迁的。而后卒于东魏元象元年（538），武定元年（543）十一月廿三日下葬。

“萨甫”即“萨宝”“萨保”。这个名词近年来已经得到了充分的讨论。这里就不再赘述。有学者提出，萨甫原来有商队领袖的意思，不仅限于宗教首领。而“使主”在南北朝历史文献中，明确是代表一国来访的使团首领。但是当时很多来中国的西域等国人士，是以商队首领身份来华，从事贸易活动，由于交通不便，有些同时也就受其国家委托，兼具了国家使者的身份，有些或者是冒用了国家使者的身份。这些所谓“使主”的真伪，不是很容易判断的。不过从翟门生墓志中称其受到北魏及东魏国君的优待与赏赐情况来看，他的使主身份是受到魏国的承认的。其墓葬采用大量石件装饰，雕刻精致，显然是属于北朝时期墓葬中比较高的等级。也说明其在魏国的地位是比较高的。

这里值得研究讨论的，主要还是翟门生的籍贯，即这个“翟国东天竺人也”。难以解释的就是：按照以往有关“翟”姓的研究考证，中国古代文献中，尤其是两晋南北朝时期的文献中记载的翟，或者翟国，应该是活动在北方蒙古草原至中亚一带的古代丁零。而“萨甫”的名称，又往往是被人们用来确定具有这一称谓的人物属于粟特民族的重要根据。再加上“东天竺”的区域划定，给解释翟门生的民族籍贯造成了诸多困惑。

以往研究丁零民族历史比较重要的著作主要有：王日蔚的《丁零民族史》，范文澜的《中国通史简编》第三编第五章，冯家升、程溯洛、穆广文等编写的《维吾尔族史料简编》（上册）与岑仲勉的《突厥集史》等。而后段连勤的《丁零、高车与铁勒》一书则在前人基础上做了相当详尽深入的考证说明。他指出：“我国商周至隋唐历史上的鬼方、丁零、高车和铁勒，为同一民族在不同历史时期的称谓。”“丁零对漠北匈奴国家的兴亡和十六国时期的历史进程，也是起了重要作用的。……高车和铁勒不仅人口众多，而且占据着漠北漠西广大地区，其足迹所至，更遍及今日我国新疆天山南北和内蒙古、陕西、甘肃、宁夏等省区。……导致北魏王朝衰亡的六镇起义，高车就起了举足轻重的作用。”[4]

根据史书记载，可以知道丁零的主要活动路线是从南西伯利亚一带向蒙古草原迁徙，其中部分人内迁进关，为内迁山居丁零，他们大多居于北方山区，多为翟氏。史书中可见的翟氏丁零分布地区主要有：中山、常山、并州一带。例如，《晋书·石勒载记》：“时大蝗，中山、常山尤甚。中山丁零翟鼠叛勒，攻中山、常山。勒率骑讨之，获其母妻而还。鼠保于胥关，遂奔代郡。”《资治通鉴》卷九四晋成帝咸和五年：“初，丁零翟斌，世居康居，后徙中国。”

《魏书·莫题传》天兴五年“丁零翟都等聚众于壶关”。《魏书·公孙表附轨传》“及刘义隆将到彦之遣其部将姚纵夫济河，攻冶坂。世祖虑更北入，遣轨屯壶关。会上党丁零叛，轨讨平之”。《魏书·太祖纪》载汾州有丁零酋帅翟同。《魏书·周几传》载司州白涧山和相州林虑山右丁零酋帅翟猛雀（416）。中山、常山一带的翟氏丁零又称西山丁零、北山丁零，见《魏书·太

[4] 段连勤《丁零、高车与铁勒》，桂林：广西师范大学出版社，2006年。下引氏说均出自该书。

宗纪》《晋书·慕容宝载记》《魏书·韩茂传》《十六国疆域志·后燕》等。

翟氏丁零在西晋末年与十六国时期活动较多，分布广大，氏族之间有密切联系。晋太元十三年（388）翟斌后人翟辽甚至在北方建立大魏国。史称有众三万多户，十余万人。所以段连勤认为："高车六部中的狄氏，应即翟氏，大部分在魏晋之际内迁中原，仍然留在漠北的狄氏为数很少，分布地不详。"而活动在蒙古草原至西伯利亚等地的高车丁零"同东魏一直保持着友好朝贡关系，直到它被柔然汗国灭亡为止"。

除去在中原定居的翟氏之外，在西北边疆的吐鲁番、敦煌等地，也曾经居住有大量翟氏人口。这可以从现存的吐鲁番出土文书与敦煌文书中得到实际证明。近来，陈菊霞在其关于翟氏的几篇论文中，详细讨论了当时活动在西域与敦煌一带的翟氏情况，并且将其中表现出与粟特人关系密切的一些翟氏人口定性为粟特民族。其主要根据就是吐鲁番文书与敦煌文书中的一些有关记录，如吐鲁番文书中的《高昌内藏奏得价钱帐》《唐垂拱元年康义罗陀等请过所案卷》《武周载初元年西州高昌县宁和才等户手实》等与敦煌卷子S.367《沙州伊州地志》等[5]。具体论述请见陈菊霞的《西域、敦煌粟特翟氏及相关问题研究》一文[6]。此外，向达先生与张广达先生等也曾经就原藏于右任鸳鸯七志斋的隋大业十一年（615）翟突娑墓志讨论有关粟特移民的问题，认为翟突娑是居住在中原的粟特移民[7]。

由于文书、墓志等材料中确实表现出有些翟氏人物信仰祆教，与属于昭武九姓的姓氏通婚，做过萨宝等情况，使研究者得出这一结论。但是历史文献中有关翟氏的记载更多地在强调翟氏属于丁零民族。而丁零与粟特应该不是一个民族。这样，当时中原汉族所称的翟氏就可能有三种情况：一是除了丁零族之外，也有粟特族人在入中原后定姓为翟氏。这一点尚缺少实际材料的证明。二是一些翟氏丁零人由于与粟特人接触较多而接受了粟特民族的宗教与习俗。三是翟氏在中原人的概念中被广泛用来称呼西北各少数民族，所以在这个姓氏下包含了多种民族的入华人士。

我们还不太清楚北朝时期中原汉族是否能明确地区分每一个外来民族，但鉴于翟氏丁零已经长期在中原地区活动，而且与北魏、东魏政权保持着一定的联系，在中原北朝各国的史料上也记录有一些翟姓的历史人物。可以想见，当时中原人的认识中，会有一个对于丁零人与西域其他民族的基本分别。否则就不会在翟门生的墓志中将其称为"翟国"，而不称之"高车""丁零"。所以，我们怀疑翟门生并不是丁零人，也不一定是粟特人，而是其他民族的来华使者。

而且翟门生墓志上说："翟国东天竺人。"我们在中国古代文献中可以看到：当时中原所称东天竺应该是指印度半岛的东部区域。早在汉代，中原就有了天竺的概念。《后汉书·西域传》称："天竺国一名身毒，在月氏之东南数千里。俗与月氏同，而卑湿暑热。……从月氏、高附国以西，南至西海，东至磐起国，皆身毒之地。"而在南北朝史书中已经出现了"中天竺""南天竺""西天竺"等地域性的国别划分。《旧唐书·西戎传》中则明确把天竺分为五部："天竺国即汉之身毒国，或云婆罗门地也。在葱岭西北，周三万余里。其中分为五天竺；其一曰中天竺，

[5] 见《吐鲁番出土文书》第3册、第7册等，北京：文物出版社，1981年、1986年；黄永武《敦煌宝藏》，台湾：新文丰出版公司，1985年。

[6] 陈菊霞《西域敦煌粟特翟氏及相关问题研究》，《中国边疆史地研究》2008年第3期。

[7] 向达《唐代长安与西域文明》，氏著《唐代长安与西域文明》，石家庄：河北教育出版社，2007年。

二曰东天竺，三曰南天竺，四曰西天竺，五曰北天竺。地各数千里，城邑数百。……东天竺东际大海，与扶南、林邑邻接。”可见在唐代人的观念中，东天竺的位置是确切的，正与今日的印度东部及孟加拉位置相符。这个概念在南北朝时期也应该是比较明确的。那么就与活动在北方的丁零国距离很远了。因此，这件墓志上记录的翟国，不大可能是上述的丁零民族国家。这样，我们只能猜测，这个翟国并不属于丁零民族，而是像当时中国人称呼其他很多国家的简称一样，是将其国名或族名中的第一个音节作为中国人称呼的国名，也就是说这个国名开头发“翟”或近似“翟”的声音。例如《隋书·西域传》中记载的昭武九姓中的米国，张星烺《中西交通史料汇编》中注云：“据《新唐书·西域传》，米或曰弥末，曰弭秣贺。英国比尔（S. Beal）注《西域记》谓即今马江（Maghian）。”季羡林等《大唐西域记校注》卷一注云：“此为 Maymurgh 之对音。……故弭秣贺镇之确切位置尚难以考定。”[8]他们都认为米国原名的第一个音节是“Ma”。就是典型的用西域国家名称的第一个音节作为简称的例子。

在我们能够了解到的古代西域，以及中亚、南亚次大陆地区的古国、古城名称中，虽然不多，也可以见到一些首个音节与“翟”相近似的，如《新唐书·西域传》中记载的怛逻斯城、呾蜜种，《大唐西域记》中记载的呾蜜国（即上述呾蜜种）、呾剌健国等。

如果上述推测不误，可以凭借语音去探寻“翟国”的所在，我们觉得，可能《大唐西域记》中记载的呾蜜国是一个选项。季羡林等的《大唐西域记校注》卷一呾蜜国条中作了较详细的解释与考证：“顺缚刍河北，下流至呾蜜国。呾蜜国东西六百余里，南北四百余里。国大都城周二十余里，东西长，南北狭。伽蓝十余所，僧徒千余人。”注云：“呾蜜国，即 Tirmidh。《新唐书·西域传》大食条作怛满、怛没。位于 Surkhan 河注入阿姆河河口不远处。古呾蜜位于阿姆河河岸，因河中小岛及浅滩便于涉渡，成为南北来往重要渡口。……1964－1966 年考古发掘证实，公元前 2 世纪 Tirmidh 即已存在希腊人的砦堡，公元后 1 至 2 世纪有佛寺、塔（窣堵波）等贵霜王朝时期的遗物。古城西北角之 Kara-Kotal 有在岩石间开凿的佛教洞窟寺院，惟其壁画保存不佳。此外有泥塑、浮雕、陶器等物出土。陶器上有无数与巴里黑、Surkh-kotal 出土文物相同的婆罗谜字体和佉卢字体铭文。”这个地点应该是东西方交往路途中的一个重要站点，它与中原应该存在着一定的交往。呾蜜国所在的阿姆河地区，尤其是它的东北方向，接近一系列粟特民族居住的中亚小国。所以，虽然在《大唐西域记》中强调的是这里的佛教因素，但由于地理原因，这里也会具有商旅传统并存在着萨甫名称的可能。这里把它作为“翟国”的一个可能选项提出来，不知可否成立，仅供大家参考。

但是严格说起来，这个国家与东天竺也还不能算是同一个地区。除非我们认定古人对于地理方位的概念不是十分确切，而把东天竺与北天竺混为一谈。虽然在当时的条件与科学水平下，也确实不能有如今这样规范而且准确的地图及地理知识。但这也只属于我们的推测，不能作为定论。而如果严格按照东天竺的区域去寻找“翟国”，一是还没有找到发音相近的地名，二是在东天竺地区不应该存在“萨甫”的称谓。也没有十分合理的解释。所以只能希望今后能有更多的材料来帮助加深有关认识。

[8] 季羡林等《大唐西域记校注》，北京：中华书局，1985 年。以下引文同。

附带提到翟门生墓中石屏风上的墓主图像。如果我们可以相信当时的图像记录了一定的墓主实际形象，那么图像上刻画的翟门生，虽然身着一套当时流行的中原服装，即宽袍大袖的汉族衣裳，但是仍在他衣裳的外面披有一件表现为毛皮质地的披风，是否也在表现着翟门生的西北民族身份呢。

墓志的记载与胡客的称呼，已经充分说明这位墓主人是一个外国人士，而且可能是来自西域的丁零、粟特等民族商旅首领。但是在他葬具的石屏风雕饰上面，却显示出浓厚的中原汉文化色彩。这也是一个很有意思的现象。

这组石屏风共四件刻石，每件刻石的正反两面均有图像。这在已知的北朝石屏风中也是非常罕见的。按照一般石床上石屏风的排列方式，这四件刻石应该有两件并列，组成石床上长的一面上树立的屏风，而另两件则分别树立在石床上短的两面，与长的一面共同形成一个“凹”字形。我们试着组合了一下，则一面的图像组合是墓主、墓主妻子两人的坐像与乘马、牛车、侍女、侍从等；在中间插有孝子郭巨、董永等故事画。这是在北朝石床中常可见到的图像组合。但是另一面的图像就十分罕见，是一套完整的竹林七贤人物画，并且有注明是“阮籍”“向秀”的榜题。图像中除侍立的仆婢外，一共有 8 个主要人物，表现他们的饮酒、弹琴、拨弄阮咸、坐吟等场景（图 5）。可能就是来源于南朝流行的“竹林七贤与容启期”这一组装饰图样。类似图像的砖雕壁画在南京、丹阳等地的南朝帝陵中有过完整出土。这在北朝的出土文物中是比较罕见的。我们所知的只有山东济南东八里洼北朝壁画墓[9]、山东临朐治源镇北齐崔芬壁画墓[10]有可能是竹林七贤的人物画，而在石刻图像中则属仅见。在刻绘墓主坐像的一块屏风石上，图像之下刻写有“胡客翟门生造石床屏风吉利铭记”的铭文（图 6），使我们能确认这套屏风与上述的墓门属于同一墓葬。

石屏风与石床，根据考古发现所见，是在北朝中晚期兴起的一种葬具。现有材料主要出土于河南、河北南部，以及山东、陕甘等地。上面的图像存在着一定的区别与习见的绘画格套，从而反映出不同的文化内涵与民族特色，其绘画内容及图案纹饰的文化风格主要分为两种类型。

第一类是以汉族文化内容为主的孝子图和墓主人日常生活出行图像。这一类的材料包括沁阳县西向出土石屏风，洛阳古代艺术馆藏洛阳出土石屏风，日本久保总纪念美术馆收藏的石屏风，日本奈良天理大学附属的天理参考馆收藏的两件石屏风石板，美国芝加哥美术馆收藏的一套石床与石屏风与美国弗朗西斯科美术馆藏的两件石屏风石板，西安出土的北周天和六年（571）康业墓石屏风，新近在河南安阳固岸村出土的东魏武定六年（548）谢氏冯僧晖墓中一组石屏风也是以孝子图为主的。

第二类是以表现火祆教宗教崇拜内容与粟特等西域民族生活场景为主的图像。其墓主大多可以确认为粟特族人等西方来华人士。这一类的材料包括 1922 年在安阳出土的一具北齐石床，日本 Miho 博物馆收藏的一批石屏风构件与一对门阙，在西安大明宫乡炕底寨发现的北周时期粟

［9］山东省文物考古研究所《济南市东八里洼北朝壁画墓》，《文物》1989 年第 4 期。

［10］山东省文物考古研究所《山东临朐北齐崔芬壁画墓》，《文物》2002 年第 4 期。

图5 竹林七贤人物屏风刻石及线图

特人安伽墓中出土的一套石床与石屏风等。此外，在山东青州傅家的一座北齐武平四年（573）墓葬中曾经出土一批石葬具，其中大批石构件被用于水库大坝建筑，当地博物馆仅收集到一批雕刻有图像的石板，其形制与构图来看，应该是石屏风的残存。这些图像也属于具有粟特等西域民族文化特色的生活场景[11]。在甘肃天水石马坪文山顶发现的石屏风图像中，楼台亭阁等图像似乎更像是反映中原人士的家居生活，饮宴、歌舞、狩猎与骑马出行图像中也仅有部分人物衣着类似胡服。但是姜伯勤解读其中部分图像，根据有叵罗、来通等西方酒器和日月形象等认为它里面表现了祆教徒进行饮酒的豪摩祭、日月神祭等祭祀场面，还把一座桥上的人物看做是密特拉神在离别之桥接引义人前往天国的场面[12]。这些看法，还需要有其他类似的图像资料予以更确定的证明。

---

［11］山东省益都县博物馆夏名采《益都北齐石室墓线刻画像》，《文物》1985年第10期；夏名采《青州傅家北齐画像石补遗》，《文物》2001年第5期。

［12］姜伯勤《中国祆教艺术史研究》，北京：生活·读书·新知三联书店，2004年。

图 6　“胡客翟门主造石床屏风吉利铭记”刻故事及线图

石床的装饰图像内容表现出比较明显的阶段性变化，可以在现有资料基础上做一些分期判断的工作。

上述北朝石床资料中，有几件具有比较可靠的年代记录，如大同出土北魏太和八年（484）司马金龙墓中石床，日本和泉县的久保惣纪念美术馆藏北魏正光五年（524）石床，河南省安阳县永丰乡固岸村 M57 出土的东魏武定六年（548）四月二十五日谢氏冯僧晖墓墓中石床、石阙与石屏风，西安出土北周天和六年（571）康业墓石床与深圳博物馆展出的东魏兴和四年（542）

七月二十日亡人朱洛石床等。

在这里面，山西省大同市博物馆发掘的北魏太和八年（484）司马金龙墓中石床时代最早。值得注意的是，它的图像中表现出浓厚的佛教艺术因素，如床脚上浮雕裸体力士，他们头顶卷发，项间挂珠链，肩上披帛带，腰间束帛。床架上浮雕着龙、虎、凤、金翅鸟、人头鸟、伎乐等，其造型大多可以在同时期的佛教造像中找到原型。与之相配的漆屏风以列女图为主，是汉族传统文化孝义礼仪思想的反映。

而在北魏晚期与东魏的石床上，雕刻的神兽中出现了畏兽、翼兽、鸟身人面像等，表现出一些新兴起的祆教等外来宗教文化色彩。与之相配的石屏风中，则比较多地采用了墓主人生活图像与孝子故事画，如日本和泉县的久保总纪念美术馆藏北魏正光五年石床，河南省安阳县永丰乡固岸村 M57 出土的东魏武定六年四月二十五日谢氏冯僧晖墓墓中石床、石阙与石屏风。

郑岩曾经指出："北魏葬具的图像装饰前后有一定的继承关系和阶段性特点。固原雷祖庙的画像可以为洛阳北魏晚期葬具图像上的许多图像找到先例，如前者的孝子故事、两侧的小窗和龟背纹的装饰等在洛阳石葬具上均可以见到。而前者的鲜卑服饰到晚期则为褒衣博带的服装所代替，前者出现的明显受佛教美术影响的题材在晚期也不再流行。"这与我们对北朝石床的分期观察是相似的。固原雷祖庙的北魏漆棺图像十分丰富，孙机先生曾认为该漆棺的制作年代在太和八年至十年（486）[13]，即与司马金龙墓中石床的时间近似，属于北魏孝文帝迁洛之前。这一时期的北魏文化中还存在较多的鲜卑文化色彩，同时继承了一定的汉族传统文化因素。从绘画技法上讲，是以线条勾勒为主的汉代以来的中原传统绘画方式，但是画中人物的衣着形象则是鲜卑特色。在孝文帝迁洛之后，大力推行汉化政策，改服装，定礼仪，接受了大量从南朝传来的汉文化影响。墓葬壁画与葬具装饰中的汉化因素也随之增多，在人物形象上服装的时代变化尤为明显。

北魏晚期，随着疆域的扩大，与西域各国及北方草原民族的交通往来日益频繁，信奉祆教的粟特人以及其他西域民族人士在中原经商往来与定居的现象越来越多。东魏时杨衒之记录北魏晚期各国各民族来中原交往的盛况，曾经是"自葱岭已西，至于大秦。百国千城，莫不款附。商旅贩客，日奔塞下。所谓尽天地之区已。乐中国土风，因而宅者，不可胜数。是以附化之民，万有余家"[14]。这种情况使得西方流行的一些宗教思想在中原流行开来，其信仰的神祇形象也随之被中原人士所熟悉。从而直接造成祆教的宗教图像及带有中亚、西域文化色彩的纹饰图像也进入了中原的建筑与墓葬中。

北齐、北周时期的石床纹饰中，具有祆教等外来宗教文化色彩的纹饰图像更加突出，出现了祆教的天神与祭司、火坛等形象，现存的这一时期石屏风也有表现西域人士生活与宗教活动的图像。鉴于目前可以明确年代的北周石床均为粟特人士的墓葬中出土，与之相近似的北齐石床应该也大多

[13] 孙机《固原北魏漆棺画》，氏著《中国圣火——中国古文物与东西文化交流中的若干问题》，沈阳：辽宁教育出版社，1996 年。

[14] 杨衒之《洛阳伽蓝记校笺》，杨勇校笺，北京：中华书局，2006 年。

是粟特人士的葬具。但是我们还不能完全确定这一时期的石床图案是以表现祆教及西域民族生活的图像为主，因为在这一时期的石床装饰中也还有采用墓主生活图像的例子，如北周天和六年（571）康业墓石床等。但是至少可以看到，这些表现西域人士生活与宗教活动的图像不会早到东、西魏时期。这样，就可以把北朝石床的发展变化基本划分为三个阶段：北魏孝文帝迁洛之前（493），北魏迁洛至东魏末年间（493－550），北齐与北周期间（551－588）。翟门生的墓中石屏风纹饰图像正符合我们划分的第二阶段中石屏风的雕刻特点。说明这时即使是西域人士的墓葬用具也主要沿袭着中原汉族的丧葬文化习惯，还没有过多的祆教艺术因素。看来我们对于北齐、北周时期外来文化，或称之为“胡风”的大举进入，还需要予以更多的关注。这与史载北齐、北周时期高氏、宇文氏大兴胡风，打压汉族文化的历史背景是完全一致的。

唐代易州一个汉化的突厥化粟特裔部落*

——《高阳军马军十将曹太聪墓志》研究

赵振华

（洛阳师范学院河洛文化国际研究中心）

近来河北易县发现一块唐代墓志流入洛阳，大理石质，色灰白，50厘米见方。楷书兼部分行书20行，行字疏密不等，疏者19字，密者25字，若干字残泐缺失，共约403字。墓志表面左右两侧以连续水波纹为饰，上下两侧以连续“S”纹为饰（图 1）。其书写格式与四周纹饰显示了河北地区唐代墓志的特点。

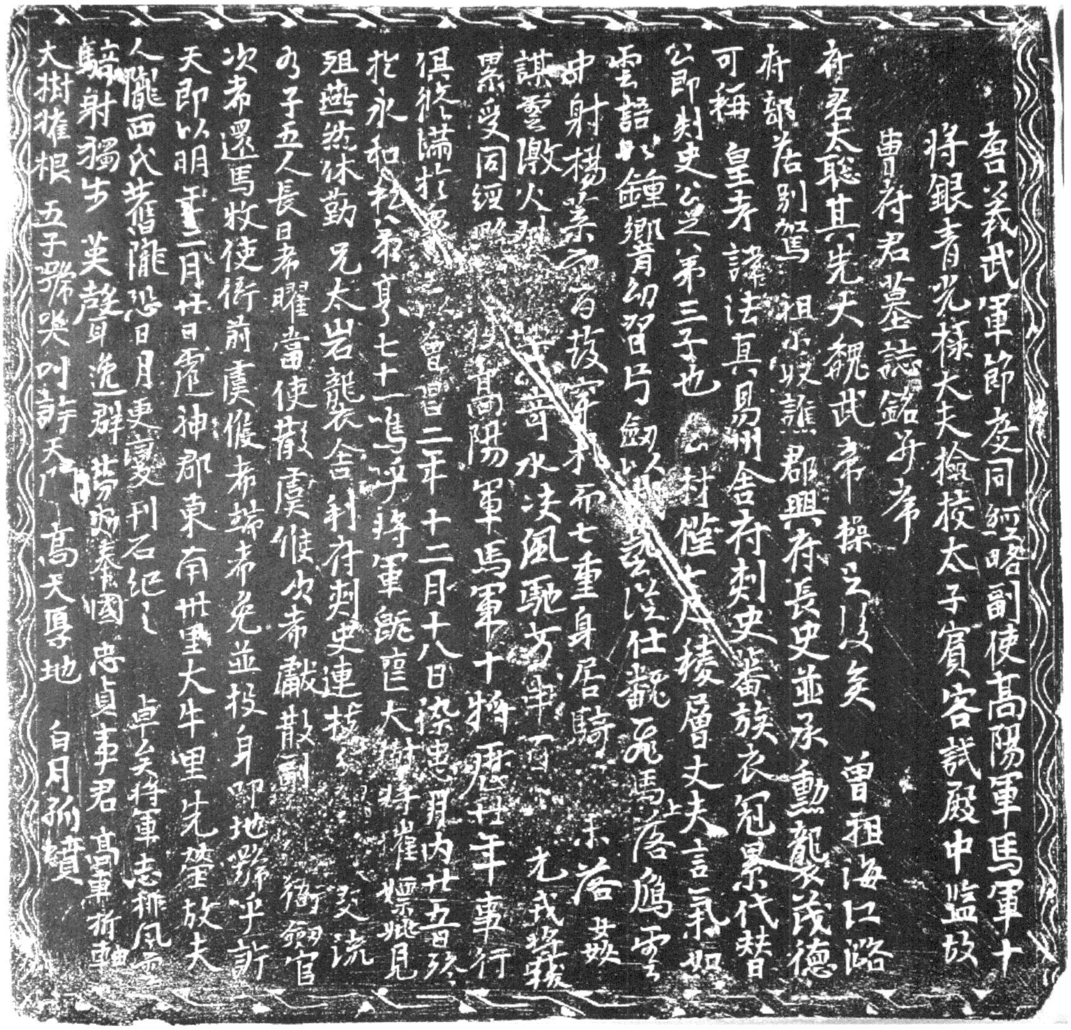

图1

* 本文是国家社科基金重大项目“新中国出土墓志整理与研究”（批准号：12＆ZD137）系列成果之一。

一、墓志原文与补苴

墓志书写上石时，文辞有夺落，仅将第 8 行“翻飞马上”的“上”字，补写于侧，其余一概不管，致使文句扞格。为了方便阅读，揣摩上下文意，以方括号“[ ]”补缺字于适当的位置，以示区别。

唐义武军节度同经略副使高阳军马军十将银青光禄大夫检校太子宾客试殿中监故曹府君墓志铭并序

府君[讳]太聪,其先大魏武帝操之后矣。曾祖[讳]海江，潞府部落别驾；祖[讳]小奴，谯郡兴府长史；并承勋袭[封]，茂德可称。皇考讳法真，易州舍[利]府刺史，蕃族衣冠，累代簪[绂]。

公即刺史公之第三子也。公材仅七尺，稜层丈夫，言气如云，语如钟响。幼习弓箭，以武艺从仕。翻飞马上，落雁云中；射杨叶而百发，穿[甲]札而七重。身居骑□，未落奸谋，云激火烈，□□六奇。水决风驰，方申百□，元戎奖拔。累受同经略□使、高阳军马军十将，历廿年。事行俱修，满于众□。以会昌二年十二月十八日染患，月内廿五日终于永和[里]私第，亨[年]七十一。呜呼！将军既丧，大树将摧；嫖姚见殂，燕然休勒。

兄太岩，袭舍利府刺史。连枝手□，□□交流。有子五人：长曰希曜，当使散虞候；次希献，散副□□衙剑官；次希还，马牧使衙前虞候；希端；希免。并投身叩地，号呼诉天。即以明年二月廿日迁神[于]郡东南卅里大牛里先茔、故夫人陇西[某]氏旧陇。恐日月更变，刊石纪之。

卓矣将军，志排风云；骑射独步，英声逸群。劳效奉国，忠贞事君；高车斩轴，大树摧根。五子号哭，叫诉天门；高天厚地，白月孤坟。

二、首 题 解 读

墓志前 3 行为首题，叙曹太聪的藩镇官号及所带的中央官职，为其生前的最高职衔。

义武军节度同经略副使：建中三年（782），德宗将成德节度使的一部析分为易定节度使，独立设镇，军号义武[1]，任命奚人张孝忠为节度使（782－791）。“义武军节度使。治定州，领易、祁二州”[2]，祁州是晚唐景福二年（892）自定州划出的区域。易定夹于幽州和成德之间，形势险要，“鲜虞旧国，上谷雄藩，总中山之甲兵，接蓟门之封壤”[3]，战略位置非常重要。《新唐书 · 百官志》记载，节度使独揽军政财大权，兼观察使、安抚使，又兼支度、营田、招讨、

[1]（宋）刘昫《旧唐书》卷一二《德宗纪》：“（建中三年五月）辛亥，易定节度赐名义武军。”北京：中华书局，1975 年，333 页。

[2]《旧唐书》卷三八《地理志》，1391 页。

[3]《授郑涯义武军节度使制》，（清）董诰等编《全唐文》卷七九，上海：上海古籍出版社，1990 年，361 页。

经略使。各使均设副使，副大使之外，设同节度副使十人[4]。易定经略使下有经略副使[5]，就《曹太聪墓志》首题看，尚设同经略副使，为没有实际执掌的加职，仅体现其秩级。

高阳军马军十将：《旧唐书·地理志》载："范阳节度使，临制奚、契丹，统经略、威武、清夷、静塞、恒阳、北平、高阳、唐兴、横海等九军……北平军，在定州城西，管兵六千人。高阳军，在易州城内，管兵六千人。"[6]河北藩镇形成后，与骄镇幽州、成德毗邻的易定疆域狭小，仅占二州之地，原先的北平军和高阳军两个军区成为其军事主力，归义武军节度使管辖，守土卫镇，保境安民。马军是高阳军诸兵种中最具战斗力的重要兵种。十将是唐代藩镇武将职名之一，是军队的基层将领。位于兵马使之下，其主要的职守是训练军队和带兵打仗[7]。

银青光禄大夫检校太子宾客试殿中监：首题所叙唯藩镇高阳军马军十将是曹太聪的实职，其后所带的中央官职为从三品的文散官、正三品检校官和从三品试官。唐后期及五代，官吏散官为银青光禄大夫者极多，洪迈在《容斋续笔》卷五银青阶条详为指出："唐自肃代以后，赏人以官爵，久而漫滥，下至州郡胥吏军班校伍，一命便带银青光禄大夫阶，殆与无官者等。"银青光禄大夫、检校国子祭酒及银青光禄大夫、检校太子宾客为军班校伍普带的阶官，为虚衔，与虚衔散试官同[8]。"检校"为加官，不具有事职权。"试"指试假其衔，是外官带职的一种，只表示品秩、资历[9]。虚职由节帅呈报中央批准获得[10]，品阶远高于所任职事，主要表达深受恩宠而已。

三、先人族属与草原部落内附

墓志叙家族所自云："其先大魏武帝操之后矣。"依附于三国曹操而未叙籍贯。正史记载："太祖武皇帝，沛国谯人也，姓曹，讳操，字孟德，汉相国参之后。"[11]即本望谯郡。然而曹太聪绝非魏武后人，因为墓志续言家本"蕃族衣冠，累代簪〔绂〕"，是来华的外国贵族。《周

[4]（宋）欧阳修、宋祁《新唐书》卷四九下《百官志》，北京：中华书局，1975年，1309页。近年洛阳出土《唐谭从周墓志》载谭从周（790—840）亦累署军职，为易定等州节度押衙。墓志由"前义武军同节度副使李阐书"，见毛阳光、余扶危主编《洛阳流散唐代墓志汇编》，北京：国家图书馆出版社，2013年，580、581页。

[5]《唐易州押衙朝散大夫检校太子宾客上谷郡张佑明墓志》（会昌三年）云张佑明的先祖奚族乙失活，开元中全部归阙，建中中赐姓张，封上谷郡公。伯父张孝忠，父亲张庭光。历任易定节度要籍、同十将，长庆中"改经略副使、易州都押衙"。见陕西省古籍整理办公室编《全唐文补遗》第7辑，西安：三秦出版社，2000年，415页。

[6]《旧唐书》卷三八《地理志》，1387页。

[7]张国刚《唐代藩镇军将职级考略》，《学术月刊》1989年第5期，71—76页；〔日〕渡边孝《唐藩镇十将考》，《东方学》第87辑，1994年，73—88页；齐陈骏、冯培红《晚唐五代宋初归义军政权中"十将"及下属诸职考》，《敦煌归义军史专题研究》，兰州：兰州大学出版社，1997年，25—35页；贾志刚《从唐代墓志再析十将》，《'98法门寺唐文化国际学术讨论会论文集》，西安：陕西人民出版社，2000年，408—412页。

[8]李锦绣《唐代制度史略论稿》，北京：中国政法大学出版社，1998年，207—209页。

[9]杜文玉《论唐代员外官与试官》，《陕西师范大学学报》1993年第3期，90—97页。

[10]若《唐成德节度使王士真墓志》载：王士真"早岁以地望拜□金吾卫兵曹参军，俄而成德军节度使李公宝臣署公戎府之职，三迁至开府仪同三司、试太常卿兼左金吾卫大将军"。见冯金忠、赵生泉《河北正定出土唐成德节度使王士真墓志初探》，《中国国家博物馆馆刊》2013年第5期，82页。

[11]（西晋）陈寿《三国志》卷一《魏书·武帝纪》，北京：中华书局，1959年，1页。

礼·秋官·大行人》云：“九州之外，谓之蕃国。”蕃指域外或外族，是唐朝对于化外民族的通称。曹姓为粟特曹国入华者改汉姓时所用，昭武九姓之一。而且后裔世代取用汉人的名字，从中已经看不到胡族的痕迹了。如此叙述似乎自相矛盾，前者说家族来华既久，因汉化而利用曹姓攀附汉族名人曹操为祖先，从思想上认为自己就是华人，显示了汉化的深度；后者说在华西胡酋长家族世袭部落首领、以武立身的现实。

粟特曹氏冒附中华先人的情况并不鲜见，以往洛阳邙山出土的《大唐故康君夫人曹氏墓志》（仪凤二年，677）云：“夫人曹氏者，沛郡谯人也。汉相曹参之后，实当涂之苗胤。元功上将，晖映一时；代载羽仪，声流万叶。祖樊提，周上大将军。父毗沙，隋任胜州都督。且文且武，不绝于本朝；光后光前，无隔于今古。”[12]那么这位曹氏似乎是曹参的远裔了。果真如此吗？从其丈夫姓康看，这对夫妇是粟特人族内婚姻。曹氏之祖与父的名字都是胡音[13]，祖名“樊提”，和“盘陁”读音相同，是其音译一种写法。所谓“盘陀”，是中亚粟特男性的常用名的汉语音译[14]，汉语转写或用同音词，若饭陁、婆陁、磐池、烦陁、畔陀、伏陁等[15]。父名“毗沙”，以往西安发掘北周时期的粟特人史君墓，出土有汉文和粟特文对照的青石墓志，记载史君长子名“毗沙”。据吉田豊研究，此词是梵文“毗沙门天”的粟特文形式。由于大夏的影响，到6世纪时，“毗沙门天”可能已自然融合成为索格底亚那的一位神祇[16]。显然这位夫人是粟特地区曹国人，在郡望和血统上和汉代丞相曹参毫无关联。《唐云州押衙靖边将曹弘立及夫人石氏合葬墓志》（咸通十二年，871）记载，这也是一对实行胡族内部婚姻的粟特裔夫妇。可是墓志却说：“公讳弘立，字弘立，族望谯郡人也。其先汉相之裔，□□大魏之后。”[17]二者的家世渊源也是没有任何瓜葛，入华定居外国外族人汉化必然以汉族名人为后裔而冒籍。

接着墓志叙其曾祖以降的直系四代名讳和在羁縻府的任职。蕃族衣冠而姓曹是家族成员为粟特曹国裔的体现，世袭首领是曹酋所率部落隶属于突厥汗国而突厥化的依据。那么这个定居中国的曹氏部落是由何而来的呢？史籍记载，初唐太宗贞观年间和高宗武周时期，突厥汗国投降内入的部落众，次数多[18]。其中尤以贞观四年（630）平灭东突厥时内附的为多，曹氏部落大概是这年随突厥降户南下内入按部安置的。《新唐书·地理志》云：“唐兴，初未暇于四夷，自太宗平突厥，西北诸蕃及蛮夷稍稍内属，即其部落列置州县。其大者为都督府，以其首领为

[12]　洛阳古代艺术馆编《隋唐五代墓志汇编·洛阳卷》第6册，天津：天津古籍出版社，1991年，10页；陕西省古籍整理办公室编《全唐文补遗》第2辑，西安：三秦出版社，1995年，266页。

[13]　向达在《唐代长安与西域文明》（石家庄：河北教育出版社，2001年，10页）中谓：“至于安神俨之夫人史氏，康杴之夫人曹氏，佚名康君夫人曹氏，又康氏故史夫人，疑俱属异族，本非汉裔，墓志所云乃出缘饰，观于诸女祖若父之名俱为西域音盖可见也。”

[14]　蔡鸿生《唐代九姓胡与突厥文化》，北京：中华书局，1998年，39页。

[15]　赵振华《唐代湘乡县令郑钻及其八代祖盘陁——再论唐代少府监郑岩及其粟特人祖先》，荣新江主编《唐研究》第19卷，北京：北京大学出版社，2013年，589页。

[16]　吉田豊《西安新出土史君墓志的粟特文部分考释》，荣新江等编《粟特人在中国——历史、考古、语言的新探索》（《法国汉学》第10辑），北京：中华书局，2005年，38页。

[17]　周绍良主编《唐代墓志汇编》，上海：上海古籍出版社，1992年，2450页。

[18]　葛承雍《唐韵胡音与外来文明》，北京：中华书局，2006年，181页。

都督、刺史，皆得世袭。虽贡赋版籍，多不上户部，然声教所暨，皆边州都督、都护所领，著于令式……大凡府州八百五十六，号为羁縻云。”[19]

突厥汗国的粟特部落降附唐朝后，其首领以嫡长子世袭的情况，由李至远撰的《唐维州刺史安侯神道碑》可见一斑，碑主为安附国：“有隋失驭，中原无何；突厥乘时，籍雄沙漠。侯（安附国）祖乌唤，为颉利吐发，番中官品，称为第二。”父朏汗于贞观初率所部五千余人入朝，为置维州，即以朏汗为刺史，拜左武卫将军，累授左卫右监门卫二大将军，封定襄郡公。附国亦于贞观四年与父俱诣阙下，时年十八。太宗见而异之，即擢为左领军府左郎将。后以战功授上柱国，封驺虞县开国男，永徽元年拜右领军将军。其父去世后“复拜为使持节维州诸军事维州刺史”。总章年进为右戎卫大将军，刺史勋封并如故。以调露二年（680）终于长安，于永隆二年（681）葬于本县孝悌乡[20]。安附国一家“盖为隶属突厥之安国人”[21]。碑文明确记载子附国承袭父朏汗的维州刺史官职，后来因朝廷调令部落迁徙，由附国次子思恭袭任鲁州刺史（张广达认为此鲁州即六胡州之鲁州），那是由于长子故右玉钤卫将军、北平县公思祇先于其父辞世。实施父死子继，兄终弟及的部落制度。曹氏部落显然也是突厥化的粟特部落，则墓志所叙“曾祖〔讳〕海江，潞府部落别驾；祖〔讳〕小奴，谯郡兴府长史……皇考讳法真，易州舍〔利〕府刺史……兄太岩，袭舍利府刺史”，就容易理解了。曹氏部落走出河套地区后不断迁徙，原羁縻于潞府，后改为具名羁縻府，部落自治，编入当地户籍受州都督管理。《太平寰宇记》卷七九记载剑南道姚州都督府管下羁縻州时说：“其为刺史，父子相继，无子，即以其党有可者公举之。”[22]曹家在羁縻府官位由副职向正职的升迁，并不出于相同原因。

在识别突厥汗国内附部落的种族归属时，尚需谨慎。《资治通鉴》卷一九三载：“（贞观四年）六月，丁酉，以阿史那苏尼失为北宁州都督，以中郎将史善应为北抚州都督。壬寅，以右骁卫将军康苏密为北安州都督。”胡三省注：“此三州与佑、化、长、北开四州后皆省。史善应亦阿史那种，史单书其姓耳。”[23]近年西安发现了东突厥乙史波罗可汗（沙钵略可汗）嫡裔史善应、史崇礼父子各自的墓志，明确叙述了其家世来源。《史善应墓志》记：“其先夏禹之苗裔，历殷周秦汉，雄踞幽朔……本起突厥山，因以为号……贞观四年，除都督、北抚州诸军事、北抚州刺史。”[24]然而由于资料的缺失，“以致现今学界或误将史善应推测是中亚粟特史国人，或认为担任北抚州都督者另有他人”[25]。其姓阿史那，于归顺中原王朝后简称史，或赐姓史氏[26]，以

[19]《新唐书》卷四三下《地理志》，北京：中华书局，1975年，1119、1120页。

[20]《全唐文》卷四三五，1963－1964页。

[21]向达《唐代长安与西域文明》，石家庄：河北教育出版社，2001年，25页。

[22]（宋）乐史撰，王文楚等点校《太平寰宇记》卷七九，北京：中华书局，2007年，1605页。

[23]（宋）司马光《资治通鉴》卷一九三，北京：中华书局，1956年，1547页。

[24]汤燕《新出土唐阿史那之后史善应史崇礼父子墓志及突厥早期世系》，《唐研究》第19卷，北京：北京大学出版社，2013年，569页。

[25]朱振宏《新见两方突厥族史氏家族墓志研究》，朱玉麒主编《西域文史》第8辑，北京：科学出版社，2014年，179、180页。

[26]如唐初突厥族将领史大奈，本姓阿史那氏，随高祖李渊攻取长安，“及平京城，以力战功，赏物五千段，赐姓史氏”。见《旧唐书》卷一九四《突厥传》，5180页。

适应汉族习惯，南宋胡三省所言必有其依据，即仅康苏密部落为粟特裔。

《旧唐书·党项羌传》载："贞观三年，南会州都督郑元璹遣使招谕，其酋长细封步赖举部内附……列其地为轨州，拜步赖为刺史，仍请率所部讨吐谷浑。其后诸姓酋长相次率部落皆来内属，请同编户，太宗厚加抚慰，列其地为崌、奉、岩、远四州，各拜其首领为刺史。"[27]以往陕北出土了《唐右监门卫大将军兼静边州都督拓拔守寂墓志》（开元二十五年，737），《榆林碑石》[28]予以刊布。也有专业杂志，发表图文[29]。据研究，墓志叙事多有与史籍记载相合及证补之处，志主拓拔守寂是党项拓跋氏部落首领之后[30]。《曹太聪墓志》记载的部落情况与《拓拔守寂墓志》所叙党项部落州名的设置和部落的迁徙、以州定名类同[31]。由十八个党项拓跋氏部落，每一个部落设立一个具名的羁縻州这一制度来看《曹太聪墓志》记载的府名问题，便好理解了。据《旧唐书》卷三八《地理志》记载，潞府即潞州大都督府，"潞府部落别驾"即徙入潞府管辖地域的一个外族部落采用府的管理制度。"谯郡兴府"，为潞府部落迁徙于谯郡后设立的一个名为"兴府"的侨置羁縻府，而"易州舍利府"是兴府部落回迁易州后的羁縻府名。显然其府以所迁之地各自为名是唐朝惯例。

四、曹氏部落的性质与迁徙

唐朝所谓羁縻都督府、州，是在已经迁居内地或仍然分布在唐朝周边地区的非汉族部落或政权的基础上建立的政权组织。入居内地的羁縻府州多寄治在内地州县境内，与唐政权的关系更直接，唐朝对它们的控制也就更严密。就唐初设置的羁縻府、州系统自身的隶属关系而言，大体具有两种

[27]《旧唐书》卷一九八《西戎传·党项羌传》，5291页。

[28] 康兰英主编《榆林碑石》，西安：三秦出版社，2003年，拓片见1页；录文见224－225页。

[29] 王富春《唐党项族首领拓拔守寂墓志考释》，《考古与文物》2004年第3期，73－81页。

[30] 党项本为吐谷浑所统属，守寂远祖拓拔弥率部摆脱吐谷浑降附于隋，封"大将军"。到唐高宗仪凤年间（676－679年），守寂高祖拓跋立伽"率众内属"，由原居地（今青海以东、甘南和四川西北）辗转内迁至关内道北部（今陕西北部）。唐朝"待以殊荣"，"拜大将军兼十八州部落使，徙居圁阴之地，则今之静边府也"。由此可见立伽率有十八个党项拓跋氏部落，且每一部已设一羁縻州。而守寂一族从守寂祖后那始任静边州都督府都督一职，且一直统"淳、恤等十八州部落"，因此守寂一族的内迁与唐所设党项羁縻府静边州都督府有密切之关系。据《新唐书》卷四三下《地理志》"静边州都督府"下注"贞观中置，初在陇右（属松州都督府），后侨治庆州（治今甘肃庆阳）之境"，"领州二十五"。从墓志可知，唐仪凤时，因拓拔立伽"内属"，党项拓跋氏十八部落又从庆州一带内迁到"圁阴"，也即守寂去世时开元末之静边州都督府地。《旧唐书》卷三八《地理志》"银州"条记："静边州都督府，旧治银川郡（即银州，天宝时改此名）界内，管小州十八。"过去对此难以理解，据墓志即可释然。原来，在唐永泰元年前，静边州都督府治银州儒林县新兴乡（今韩岔乡），领守寂一族之党项拓跋氏十八个部落所置之州；此年后，府治迁于银州之北，且府属州已达"二十五州"，《新唐书·地理志》详列此二十五州名，"淳、恤"二州，均在其中。因此志之出土，党项拓跋氏部迁徙的时间及地点等历史大致有了一个清晰的线索。而且其家族人才辈出，先后六代统治十八部落，职务皆由嫡长子继承。拓拔守寂三十岁病逝，其子"年在童卝"，即承袭了父亲的官爵"使持节淳、恤等一十八州诸军事兼静边州都督防御部落使、赐紫金鱼袋、西平郡开国公"。见周伟洲《陕北出土三方唐五代党项拓跋氏墓志考释——兼论党项拓跋氏之族源问题》，《民族研究》2004年第6期，70－81页。

[31]《新唐书》卷四三下《地理志·羁縻州》"陇右道"条（1129、1130页）有突厥州三，府二十七。其中的濛池都护府"贞观二十三年，以阿史那贺鲁部落置瑶池都督府，永徽四年（653）废。显庆二年（657）禽贺鲁，分其地，置都护府二、都督府八，其役属诸胡皆为州。"

形式，一是对于不同的部落或政权，大者设羁縻都督府，小者设羁縻州，“都督府”和“州”之间没有隶属关系[32]。然而，《曹太聪墓志》的具名羁縻府，不可能大如都督府而只能相当于羁縻州，只是人口较多的部落罢了。前引《唐维州刺史安侯神道碑》称安朏汗“贞观初率所部五千余入朝，诏置维州，即以朏汗为刺史”。由此是否可以推测曹氏部族帐落不稀，人口至少也在数千之众呢？

六胡州的粟特人部落，是来自贞观四年（630）突厥颉利可汗败亡之后南下的十余万突厥降户中的一部分。其中尤其应该注意的是，六胡州地区的居民并不是非常稳固的，从唐初到六胡州叛乱之间，依然不时有包括粟特人在内的突厥降户涌入涌出，从而使得这一地区的居民来源非常复杂[33]。若宁夏固原出土的《隋正议大夫右领军骠骑将军史射勿墓志》[34]说明他是北朝来自西域的非部落移民。

关于六胡州的粟特种族构成及性质，《唐代六胡州研究述评》扼要铺排近百年来中外前贤研究成果。粟特人擅长商业贸易，在漠北草原中占有重要的社会地位。在游牧汗国内，粟特人是以部落的形式存在的。20世纪20年代，羽田亨博士就注意到了这个问题，强调粟特人在草原帝国的重要作用，并且也指出其生存形式。之后蒲立本教授指出，突厥汗国内的粟特人形成了独立的部落，与其他受到突厥汗国统治的游牧部落一样，在一定程度上被突厥化了，成了善战的骑士。之后，护雅夫进一步发挥了蒲立本教授的观点，强调游牧帝国内部的粟特人的独立性，并且指出东突厥汗国内部侯利发统治这种独立的粟特部落的形式，同西突厥汗国内以“王”来支配其他部族集团的情况存在一定的相似性。中国的学者张广达、蔡鸿生、姜伯勤等关于粟特文化和突厥文化之间的相互影响，都有各自的认识。六胡州的居民主体是突厥化的粟特人，是一个精于骑射的集团，主要从事畜牧业，且保持着部落组织形式，具备了突厥军队的优点[35]。《东突厥汗国属部的突厥化——以粟特人为中心的考察》认为，6—8世纪，随着突厥的兴起和突厥汗国的建立，漠北地区开启新一轮族群变动浪潮，即突厥化的进程。活动于漠北的粟特人，在融入突厥游牧族群的过程中，既凸显出突厥化的表征及趋向，同时又保留了若干本民族的传统文化因子。游牧帝国的盛衰起伏和游牧生活的迁徙流动，使粟特人的突厥化过程并未彻底完成。中古漠北地区粟特与突厥之间的族群互动、交融景象，显示出北方游牧社会内部的族群认同，相对于定居农耕的汉地文化圈而言，似乎更为脆弱易变[36]。以上观点对于认识曹氏部落的来历与性质颇有启发性的意义。

张广达认为，隋代昭武九姓在突厥汗国即以部落形式存在。六胡州设置的时间应当早于调露，具体是在太宗贞观四年东突厥势力失败之后，“昭武九姓在突厥汗国内既然聚族而居，所以在贞观四年颉利可汗败亡时也按部来降”。其部众诸族被分布在灵、夏二州南境的六胡州[37]。

---

[32] 吴玉贵《突厥汗国与隋唐关系史研究》，北京：中国社会科学出版社，1998年，425、426页。

[33] 陈海涛《唐代粟特人聚落六胡州的性质及始末》，《内蒙古社会科学》2002年第5期，41页。

[34] 罗丰《固原南郊隋唐墓地》，北京：文物出版社，1996年，16—19页。

[35] 李丹婕《唐代六胡州研究述评》，《新疆师范大学学报》2004年第4期，103—104页。

[36] 彭建英《东突厥汗国属部的突厥化——以粟特人为中心的考察》，《历史研究》2011年第2期，4页。

[37] 张广达《唐代六胡州等地的昭武九姓》，《北京大学学报》1986年第2期，71—82页。李鸿宾也对六胡州设置时间早于调露的观点进行论证，认为是贞观初期设置的，见李鸿宾《安菩墓志铭再考——一个胡人家族入居内地的案例分析》，杜文玉主编《唐史论丛》第12辑，西安：三秦出版社，2010年，161、162页。

曹太聪的先人大概和六胡州大首领安菩[38]的先人一样，率其部落被唐朝安置于六胡州[39]。墓志所叙潞府部落等，是原突厥汗国的粟特人入唐后依旧保持着部落组织的体现和延续。

1988年，在宁夏盐池县苏步井乡窨子梁发掘了六座唐墓，其中M6的两扇石门上各刻一胡旋舞图案，可以说明这是一处粟特人墓地。其中M3出土了《何府君墓志》，叙其先“大夏月氏人也……祖乙未，唐上柱国……父盘陀”，证实他是粟特人。何府君于久视元年（700）卒于“鲁州如鲁县”，葬于当地。由此确认《旧唐书·地理志》载高宗调露元年所设六胡州之一的鲁州，当在今宁夏灵武、盐池二县界内[40]。据葬俗与墓志看，鲁州这一家族墓地的何府君等人是仍旧保留有部分胡俗而不断汉化的游牧部落遗民。固原南塬隋唐墓地发现的几具白种人骨架[41]，是否唐代北来的突厥化粟特裔部落成员呢？

唐代墓志书写惯例，追述志主先人世系，一般上推两代，《曹太聪墓志》叙到前三代。倘若以一般的30年一世、世寿70为标准，由曹太聪生年向前推算，潞府部落别驾曾祖曹海江生活于武皇、中宗、睿宗和玄宗时期。而且部落至迟是从曹海江开始由六胡州东迁安置于潞府的，是朝廷为加强当地军事力量的举措。由其汉化之名可知海江的先人早已内附，后经流动迁徙，部落进入中国腹地羁縻于潞州大都督府。唐代的州一级官吏，置刺史、别驾、长史、司马各一人，可见潞府部落是保存其部落组织以羁縻府州的方式管理的。

开元三年（715），“突厥默啜为九姓所杀，其下酋长多款塞投降，置之河曲之内。俄而小杀继立，降者渐叛”。并州大都督府长史王晙经过长期考察后认为，在河曲之中，安置降胡，日久生变，必为患难。于是上疏曰：“望至秋冬之际，令朔方军盛陈兵马，告其祸福，啖以缯帛之利，示以麋鹿之饶，说其鱼米之乡，陈其畜牧之地。并分配淮南、河南宽乡安置，仍给程粮，送至配所。虽复一时劳弊，必得久长安稳。二十年外，渐染淳风，持以充兵，皆为劲卒。”[42]疏奏未报而降虏果叛。然而这种将内附部落迁往中原腹地的设想后来一度为朝廷所实施。《旧唐书·玄宗纪》等载，开元九年（721），兰池胡康待宾、安慕容、多览杀、何黑奴、石神奴、康铁头等首领率众起事，攻陷六胡州，有众七万，声势浩大。后被王晙、郭知远、王毛仲、张说等大总管、节度使率大军平定了。开元十年，迁原安置于六胡州的外族部落于河南与江淮，开元二十六年（728）却回故地[43]。曹海江所率部落应是开元九年康待宾之乱之前由六胡州迁往潞州的，

---

[38] 洛阳市文物工作队《洛阳龙门唐安菩夫妇墓》，《中原文物》1982年第3期，21页。

[39] 蔡鸿生《唐代九姓胡与突厥文化》（15页）：“在漠北地区，依附于突厥汗庭的‘胡部’，从文化类型来说，可算是突厥化聚落。七世纪初，被汗庭宠信的史蜀胡悉，‘不告始毕，率其部落，尽驱六畜，星驰争进’，为的是到马邑互市。调露元年（679年），唐朝在灵州南界置鲁、丽、含、塞、依、契等州，安置来自突厥的降户，号称‘六胡州’。六胡州大首领安菩的先世，就是出身突厥胡部的。在突厥化聚落里的九姓胡，习染蕃俗，生活方式也由善商贾向善骑射转化了。李益的《六州胡儿歌》‘六州胡儿六蕃语，十岁骑羊逐沙鼠’，正是胡人蕃化的写照。”

[40] 宁夏回族自治区博物馆《宁夏盐池唐墓发掘简报》，《文物》1988年第9期，43－56页。

[41] 宁夏文物考古研究所《固原南塬汉唐墓地》，北京：文物出版社，2009年，68、71、75、114页。

[42]《旧唐书》卷九三《王晙传》，北京：中华书局，1975年，2987页。

[43]《资治通鉴》卷二一二（1715页）载开元十年八月“徙河曲六州残胡五万余口于许、汝、唐、邓、仙、豫等州，空河南、朔方千里之地”。卷二一四（1736页）载开元二十六年二月“壬戌，敕河曲六州胡座康待宾散隶诸州者，听还故土，于盐、夏之间，置宥州以处之。”

即曹氏部落并未参与叛乱，却也在次年大规模南迁胡族部落的号令中徙于河南道黄淮平原，羁縻于谯郡（亳州）兴府，并由其子曹小奴袭任兴府长史。朝廷将部落安置于中国曹姓著名郡望的所在地，许有促使其冒认祖宗转身汉化的深意。放回胡户之年，曹小奴正处于年轻有为之时。

海江、小奴父子虽然是部落首领而未任府刺史位居副贰，盖因朝廷为加强对粟特裔部落的控制改以唐人为刺史的缘故[44]，如以往洛阳邙山出土《唐岷州刺史张仁楚墓志》（长安三年）记："圣历元年，改授朝议大夫、依州刺史。"[45]起先"昭武九姓按部来降，其长官依然由昭武九姓首领担任。《新唐书》地理志所记调露元年（679）设六胡州，以唐人为刺史，实际含义不再是年始置六胡州，而在是年以唐人取代昭武九姓首领为刺史。其所以有此变革，显然是唐廷鉴于同年突厥阿史那温博、奉职二部发动叛乱，二十四羁縻州纷纷响应而不得不采取的措施，唐廷需要以此加强对六胡州的控制"[46]。高宗时，"华官参治"的羁縻统治方式作为一项定制，在许多地区实行过[47]。而曹法真任易州舍利府刺史显然与朝廷为加强河北道诸州的军事力量关系密切。由于突厥默啜的兴起和反叛，自武周开始充实河北的军事力量。玄宗也布兵于诸州，其中在开元十四年（726）四月"辛丑，于定、恒、莫、易、沧五州置军以备突厥"[48]，是一次小规模部署河北道地方兵力的行动。《元和郡县图志》记载易州高阳军始建于开元二十年（722）[49]。《通典》说开元二十一年（723），于边境置节度、经略使，式遏四夷。其中"高阳军，上谷郡城内，管兵六千人"，归范阳节度使统制[50]。安史之乱后，河北藩镇林立，各军保留当地，节帅掌握其权。首任成德节度使奚人李宝臣（张忠志）以高阳军授族人张孝忠控辖，其中马军四千[51]。可见，六千人的高阳军以骑兵为主干，战斗力强。如此置军，何以充实官兵呢？朝廷将曹小奴所率军事部落自谯郡兴府却回宥州后转移于易州境内，定名舍利府。舍利府不是当地原有的折冲府[52]，而是为高阳军提供优质蕃族兵源的羁縻府，既能补充马军以增强地方的军事主力，又有部落劲卒可用。大约在建中三年（782）易定镇确立后恢复了以本部落酋长任羁縻府长官的原则，曹法真接任府刺史，长子太岩世袭。

[44]《新唐书》卷三七《地理志》"关内道宥州宁朔郡"条（974、975页）："调露元年，于灵、夏南境以降突厥置鲁州、丽州、含州、塞州、依州、契州，以唐人为刺史，谓之六胡州。长安四年并为匡、长二州。神龙三年置兰池都督府，分六州为县。开元十年复置鲁州、丽州、契州、塞州。十年平康待宾，迁其人于河南及江、淮。十八年复置匡、长二州。二十六年还所迁胡户置宥州及延恩等县，其后侨治经略军。至德二载更郡曰怀德。乾元元年复故名。宝应后废。"

[45] 周绍良主编《唐代墓志汇编》，1022页。

[46] 张广达《唐代六胡州等地的昭武九姓》，74页。

[47] 刘统《唐代羁康府州研究》，西安：西北大学出版社，1998年，39、40页。

[48]《资治通鉴》卷二一三，1720页。

[49]（唐）李吉甫《元和郡县图志》卷一八《河北道》（北京：中华书局，1983年，515页）载："高阳军在州城内，开元二十年置。"

[50]（唐）杜佑《通典》卷一七二，《州郡二》，长沙：岳麓书社，1995年，2345页。

[51]《资治通鉴》卷二二五（1836页）载大历十年（775）"六月，辛未，田承嗣遣其将裴志清等攻冀州，志清以其众降李宝臣。甲戌，承嗣自将围冀州，宝臣使高阳军使张孝忠将精骑四千御之，宝臣大军继至；承嗣烧辎重而遁。孝忠，本奚也。"而《旧唐书》卷一四一《张孝忠传》（3855页）云："及宝臣与朱滔战于瓦桥，常虑滔来攻，故以孝忠为易州刺史，选精骑七千配焉，使捍幽州。"

[52]《新唐书》卷三九《地理志·易州上谷郡》（1019页）叙其军事状况云："有府九，曰遂城、安义、修武、德行、新安、古亭、武遂、长乐、龙水。有高阳军。"

五、曹太聪生平与诸子职业

墓志说太聪是胡酋曹家的第三子，躯干魁伟，声气夺人，骑艺娴熟，箭术劲准，骁勇强悍，足智多谋，并以古代名士的百步穿杨和箭穿七札来比拟其射艺精湛，弓力过人。青年时期通过易定镇的武举考试，取得功名，成为高阳军骑兵的初级军官。数十年来因身经百战建功立勋而"累受同经略副使、高阳军马军十将，历廿年"。这二十年系指其五十一至七十一岁病亡的时间。当时的地方军将职级高下序列为：都头—正兵马使—副兵马使—都虞侯—十将—副将[53]。以曹太聪的贵族出身和超凡武艺，似乎可以很快在高阳军中谋取较高职位，可是得官甚迟，过了知天命之年才被任命为基层将领，已经年迈体弱而以一职终了。久不进秩许是军功难立官多位少，同侪济济擢拔不易。

就曹太聪的父兄两代袭任易州舍利府刺史和其本人任职高阳军看，终其一生都是在易州渡过的。经历了张孝忠（782－791）、张茂昭（791－810）、任迪简（810－816）、浑镐（816）、陈楚（816－822）、柳公济（822－829）、傅毅（829－837）、张璠（837－838）、韩威（838－840）和陈君赏（840－842）等 10 位节度使。舍利府在易州城外，而曹太聪晚年病卒于"永和［里］私第"，是易州城内的私宅。晚年作为高阳军骑兵军官，他脱离了部落居住地的生活圈。长兄太岩参加了三弟的葬礼，连枝（同胞兄弟）手足，涕泪交流。葬太聪于"郡东南卅里大牛里先茔、故夫人陇西［某］氏旧陇"，郡即上谷郡，易州旧名[54]。既称"先茔"，则大牛里有祖父辈的茔地。曹氏家族墓地采取了汉人聚族而葬的传统习俗，包括随瘗石质墓志，都是显著的汉化标志。其妻先逝，即葬于此。诸子重开其母之墓穴，与入殓的父亲合葬。

墓志夺落曹太聪妻之姓，无论胡汉，不无遗憾。一般而言，唐代在中国定居的粟特裔盛行族内婚，"安史之乱"以后，内部通婚明显减少，与其他少数民族通婚几乎不见，与汉人通婚明显增加[55]。夫人郡望"陇西"，也许和丈夫为"曹操之后"一样，只是粟特裔汉化后自我认归的中华姓氏而并非本源。如果是汉姓，则后裔就快速融入汉人血统了。倘若从贞观四年起算，截止于会昌二年，为 211 年。期间突厥化粟特裔曹氏家族的语言服饰、生活习惯、文化趋向等必然趋于汉化了。墓志铭颂扬曹太聪"劳效奉国，忠贞事君"，胡裔完全是唐人了。

"上谷郡扼燕赵之中枢，标河山之壮观，俗性犷悍，兵本骁雄。"[56]粟特民族虽以善于经商著称，亦多尚武斗狠之辈。《新唐书·西域传》说安国"募勇健者为柘羯。柘羯，犹中国言战士也"[57]玄奘《西域记》叙飒秣建国（康国）："兵马强盛,多诸赭羯，赭羯之人，其性勇烈，视死如归，战无前敌。"[58]处在不断的繁衍和分解之中的曹氏部落之民为立足于世，必承此风尚而为战士，即易州

---

［53］傅璇琮、周建国校笺《李德裕文集校笺》，石家庄：河北教育出版社，2000 年，305 页。

［54］《旧唐书》卷三九《地理志》，1512 页。

［55］陈海涛、刘惠琴《来自文明十字路口的民族：唐代入华粟特人研究》第七章第一节《从通婚的变化看唐代入华粟特人的汉化》，北京：商务印书馆，2006 年，384 页。

［56］（唐）陆心源编《唐文续拾》卷七，收入《全唐文》第五册，上海：上海古籍出版社，1990 年，28 页。

［57］《新唐书》卷二二一下《西域传》，6244 页。

［58］（唐）玄奘、辩机著，季羡林等校注《大唐西域记校注》卷一，北京：中华书局，2000 年，88 页。

高阳军必然利用舍利府百姓为“胡兵蕃将”来充实军队。

在研读《曹太聪墓志》时，自然联系到他的上司、一生在易州渡过的义武军节度易州高阳军马军都知兵马使石默啜（元和十一年，816）[59]，其夫人为粟特康氏。“默啜”这两个字和后突厥汗国的可汗默啜的汉文名字完全一样，因此可以说石默啜的名字应当来自突厥语，这或许透露出他是从漠北草原进入中原的[60]。突厥化粟特裔武将石默啜占籍于“乐陵郡”，实际上是攀附西晋名臣石苞、石崇父子的郡望。墓志的表述体现了石家对汉文化的认同和仰慕[61]。倘若突厥汗国的粟特人部落是以族姓国别来区分的，那么石默啜就很可能是来自以石国人为主体的部落军人。石默啜（744－816）大曹太聪（772－842）28岁，石年73物故，时曹虚岁47。则石卒时，曹尚未任十将。

前引《唐云州押衙靖边将曹弘立及夫人石氏合葬墓志》记载曹弘立（806－864）的“曾祖治，皇易州□将；祖玉，皇□州衙前兵马使、银青光禄大夫、检校太子宾客；烈考长，皇易州衙前将、试太仆卿”。就其夫妇的姓名看，也是汉化的粟特裔家庭成员。其先人世代任职易州军中。曹弘立比曹太聪小34岁，于开成（836－840）年中转而迁往云州发展为靖边将，那么这个军人家庭也有可能来自舍利府。

《唐试光禄卿曹闰国墓志》（大历十年，775）载：“公字闰国，含州河曲人也。公行旅边蓟，幼闲戎律。于天宝载，遇禄山作孽，思明袭祸，公陷从其中。为（伪）署公云麾将军、守左金吾卫大将军，俛仰随代。夫天不长恶，二凶殄丧，皇威再曜，公归顺本朝，不削官品，改授公试光禄卿，发留河北成德节下，效其忠克，守镇恒岳。”[62]曹闰国（729－775）既是含州河曲人，又为安史麾下的一位将军，那么他就是参与叛乱的六胡州部落成员之一。森部豊认为六胡州为唐朝在河曲南边设置的六个突厥化粟特人的羁縻州，含州是其一，径称曹闰国为突厥化粟特人[63]。这位军人是否出自曹海江统领的部落呢？

曹太聪夫妇育五子，“长曰希曜，当使散虞候；次希献，副□□衙剑官；次希还，马牧使衙前虞候”，三子所任都是藩镇节度使武职系统的衙职。“当使散虞候”的当使为执政长官，指掌握军队实权的高阳军使。虞候职在整军刺奸，也有一定兵权。散指闲散之职，没有实际的执掌。“散虞候当有虞候之职级而不主虞候之事”[64]。“副□□衙剑官”或是副当使衙剑官，此职未见于记载，为藩镇低秩武官。“马牧使衙前虞候”即马牧使虞候，“衙前乃使府之通称，非衙之前也”[65]。以往出土见于著录的《唐山南东道节度押衙杨孝直墓志》（大和九年，835）叙其父杨

[59]《唐义武军节度易州高阳军故马军都知兵马使银青光禄大夫兼监察御史乐陵郡石默啜墓志》，北京图书馆金石组编《北京图书馆藏中国历代石刻拓本汇编》第29册，郑州：中州古籍出版社，1989年，106页；孙兰风、胡海帆主编《隋唐五代墓志汇编·北京大学卷》（第2册），天津：天津古籍出版社，1992年，59页。

[60]荣新江、张志清编《从撒马尔干到长安——粟特人在中国的文化遗迹》，北京：北京图书馆出版社，2004年，156页。

[61]尤李《唐〈石默啜墓志〉考释》，李鸿宾主编《中古墓志胡汉问题研究》，银川：宁夏人民出版社，2013年，300、301页。

[62]周绍良主编《唐代墓志汇编》，1787、1788页。

[63]〔日〕森部豊《唐后期至五代的粟特武人》，《粟特人在中国——历史、考古、语言的新探索》，228页。

[64]张国刚《唐代藩镇军将职级考略》，76页。

[65]严耕望《唐代方镇使府僚佐考》，《唐史研究丛稿》，香港：新亚研究所，1969年，214页。

达为“成德军节度征马野牧使兼中军都兵马使”[66]；《唐涿州范阳县主簿兰陵萧公夫人侯氏墓志》（大中九年，855）叙其夫萧家“皇考讳德源，河东节度押衙野牧使、左右厢军使”[67]。征马即战马、军马，野牧使即马牧使，为地方藩镇政权设官任职发展畜牧业为己所用的实例。马牧使是高阳军使下设的主管马匹的牧养、繁殖的使职，为马军提供战骑，由原擅长畜牧的草原部落粟特裔曹希还为马牧使衙前虞候，可谓得人。

曹太聪及其三子皆于易州军中当差，其家是尚武部落中的一个职业军人家庭，体现了藩镇部队粟特裔父子在同一军中为官兵的特点。若前引《曹弘立墓志》记载其家四代先后任职于易州军中。《大唐魏博节度故步军左厢都知兵马使兼节度押衙米文辩墓志》（大中二年（848））叙其父亲、本人和儿子三代效力于魏博镇[68]。此类例子很多。太聪的两个小儿子希端、希免，年龄也到了中年，惜墓志未叙其身份职业。谅其部落传统，或为老兵。

六、结　　语

墓志未叙曹氏部落原始羁縻府的名称，后来因迁徙新地而数易其名，屡建家园。唐朝将曹氏部落先后安置于潞府、谯郡兴府和易州舍利府，也就是归降诸蕃入附者置于军州城傍[69]。城傍部落即侨置羁縻府州，易州舍利府显然是唐朝城傍制度的孑遗，裂地安置出于军事的需要，既以首领为刺史，其人口数目应当可观。舍利府原由一个经常迁徙的军事化部落最终成为由易定镇节帅控辖的胡族常驻军，一支汉化的粟特裔组成的劲旅，成为高阳军卫戍易州的辅助军事力量。

学界一般认为西起且末、敦煌东至幽州、营州（柳城），包括六胡州地区，唐代的粟特人大多以聚落方式存在。“这些粟特聚落，由少到多，由弱变强，在农耕地区，称为聚落；在游牧地区，则为部落。”[70]由于资料缺如，对粟特部落的研究几乎还是空白[71]。唐初对内徙蕃人部落设羁縻州以处之，在六胡州等地区有大量的突厥化粟特人以草原部落的形式生存。安史之乱前，安史周围聚集着大量的粟特裔军人，其中有为数不少的六州胡[72]，他们多来自于各自的部落，

---

[66] 周绍良主编《唐代墓志汇编》，2160 页。

[67] 周绍良主编《唐代墓志汇编》，2327 页。

[68] 米珍宝，皇魏博节度诸使、马军都知兵马使兼将。米文辩，步军左厢都知兵马使，兼节度押衙。米存遇，经略副使；仲子米存简，节度要籍兼词令官，见孙继民、李伦、马小青《新出唐米文辩墓志铭试释》，《文物》2004 年第 2 期，88—93 页；吴钢主编《全唐文补遗》第 9 辑，西安：三秦出版社，2007 年，408—409 页。

[69] 李锦绣认为“城傍是一种兵牧合一的制度，唐对内徙蕃族置于军镇城旁，保持其部落组织，轻税之，战时发其自备鞍马从行，城傍不但是大唐帝国赫赫武功的重要创造者，而且对唐后期历史及军事均有较大影响”。李锦绣《唐代制度史略论稿》，256 页。

[70] 荣新江《北朝隋唐粟特人之迁徙及其聚落》，《中古中国与外来文明》，北京：生活·读书·新知三联书店，2001 年，108 页。

[71] 契苾何力家族于贞观六年（629 年）率部落内附河西后，统领部落兵征战，累世相袭为羁縻州贺兰州都督，部落延续至晚唐，见董春林《唐代契苾家族研究》，湘潭大学硕士学位论文，2008 年。

[72]《资治通鉴》卷二二〇，“唐肃宗至德二载十二月”条，1790 页。

参与叛乱。在长期的战争中，部落或被消灭，或遭打散[73]，最后进入河北地区[74]。由于史源不足，资料缺乏，难以了解哪怕是其中一支的情况。幸有《曹太聪墓志》告诉我们其中一个部落的部分历史，在中晚唐时期的河北藩镇中依然居住着粟特裔部落，从中可以了解其迁徙定居、管理模式、生存状态、衣食之源、汉化程度等等很多新的信息。这种以府为名首领世袭部落自治制度管理的方式延续到晚唐尚未结束[75]。

汉化是定居中国的外来民族的必由之路，曹氏粟特裔群体的汉化是自其内附至晚唐的两个世纪里在中国迁徙和定居过程中逐渐加深的。然而其在突厥汗国形成的部落生活模式根深蒂固，虽然处于缓慢汉化的进程中却始终保持着部落形态，虽然在华年深月久而自草原生活沿袭下来的控弦驭马的尚武之风不改。由于人口较多凝聚力强能够自我保护，以擅长骑射骁勇善战具备军事上的强势而为易定节度使所倚重，羁縻其部落为地方编民而定居，在舍利府新的自然环境下以畜牧屯垦为业得以坐地壮大，其青年入伍为悍兵以强大地方军。大牛里曹氏家族墓地的形成和随瘗墓志表明粟特裔舍利府贵族对易州在乡土意识上的认同，体现了取用汉名族人的土著化，成为其民族文化变迁的标识。

[73]《旧唐书》卷三九《地理志》(1527 页)载：“安禄山之乱，一切驱之为寇，遂扰中原。至德之后，入据河朔，其部落之名无存者。”

[74] 荣新江《安史之乱后粟特胡人的动向》，《暨南史学》第 2 辑，2003 年，102－123 页。

[75] 陈海涛、刘惠琴《来自文明十字路口的民族：唐代入华粟特人研究》第五章第四节《唐末五代沙陀集团中的粟特人》(280－299 页) 认为“安史之乱以后有在六胡州残众东迁云州、朔州的，后在沙陀之中形成了‘萨葛（索葛）’这一粟特人部落。《后晋均州刺史安万金墓志》(天福二年，937) 记载，安万金卒于后晋天福二年，时年七六，当生于 862 年左右。在其二十岁之时，随李克用镇压黄巢起义。在其家族中，安德升、安重胤、安进通、安万金、安元审五代历任沙陀索葛府刺史”。《安万金墓志》录文见周阿根《五代墓志汇考》，合肥：黄山书社，2012 年，293、294 页。

泼寒胡戏在唐代长安的境遇

——以张说的变化为中心

朱玉麒

（北京大学中国古代史研究中心）

一

作为中古中国曾经盛行一时的外来民俗乐舞，泼寒胡戏的研究在已知文献的基础上，经过学者几十年来的探索，几近了无剩意。

中国学者关于其渊源的研究，自向达、岑仲勉、韩儒林以来，已做出比较接近历史的还原[1]。他们认为：泼寒胡戏源自 5 世纪前后出现在古代萨珊波斯王朝（伊兰）的节日歌舞 Ābrēzagān，是国王卑路斯（Peroz, 457－484 在位）为纪念甘雨解除了干旱而创立的节日表演。它分南北两条道路传入中国。南道经由印度、缅甸传入中国西南，形成至今流传不衰的云南少数民族新年节日“泼水节”；北道经由中亚粟特地区的康国（撒马尔干，Samarkand），传入西域的龟兹、高昌，在中原内地形成以长安、洛阳为中心的“泼胡戏”，或称“乞寒胡”，或以舞曲名之为“苏幕（摩）遮”。

近十多年以来，有关其在中国北方的流变研究，也成为热点[2]。研究者注意到泼寒胡戏曾经在北朝及唐代前期盛极一时，北周及唐中宗、睿宗期间，均曾有在宫殿与坊里观戏为乐的记载。但是，它也在唐代初年受到文士的直言极谏，最终在玄宗开元元年（713）被下敕禁行。泼寒胡戏遭禁后，一些歌曲、舞蹈形式从中剥离，为唐代以后诸多音乐文艺样式所汲取，在中国音乐、舞蹈和文学史上留下了不灭的痕迹。

---

[1] 向达《唐代长安与西域文明》，原刊《燕京学报》专刊之二，1933 年；收入作者著同名论文集，北京：生活·读书·新知三联书店，1957 年，71－74 页。岑仲勉《唐代戏乐之波斯语》，原刊《东方杂志》第 40 卷第 17 号，1944 年，46－50 页；又见作者著《隋唐史》，北京：高等教育出版社，1957 年，646 页。韩儒林《泼寒胡戏与泼水节的起源》，阎文儒、陈玉龙编《向达先生纪念文集》，乌鲁木齐：新疆人民出版社，1986 年，100－103 页。相关综述，可参胡戟等主编《二十世纪唐研究》，北京：中国社会科学出版社，2002 年，694－695 页；尚衍斌《泼水节溯源与传播小考》，《中央民族大学学报》2005 年第 3 期，82－86 页；收入作者著《元史及西域史丛考》，北京：中央民族大学出版社，2013 年，531－543 页。

[2] 姜伯勤《敦煌悉磨遮为苏摩遮乐舞考》，作者著《敦煌艺术宗教与礼乐文明》，北京：中国社会科学出版社，1996 年，527－549 页；陈海涛《唐代“泼胡乞寒”习俗考探》，《社会科学辑刊》2002 年第 3 期，113－118 页；李昌集《“苏幕遮”的乐与辞：胡乐入华的个案研究与唐代曲子辞的声、词关系探讨》，《中国文化研究》2004 年夏之卷，22－35 页；柏红秀、李昌集《泼寒胡戏之入华与流变》，《文学遗产》2004 年第 3 期，61－70 页（与前篇多有重合）；林大志《泼寒胡戏入华时间再考》，《光明日报》2007 年 11 月 30 日；王凤霞《从泼寒胡到苏幕遮：泼寒胡戏在中原地区流变的几个问题》，《广州大学学报》2005 年第 3 期，11－15 页。

事实上，泼寒胡戏流行中国的诸多细节，如传入的时间，在中原举行的时间变更，与波斯及粟特地区、龟兹、高昌诸国诸泼寒胡戏的异同等，也还都留下了可以讨论的空间。限于历史文献的不足征引，这些问题目前还不能找到确切的答案。所有的问题中，只有泼寒胡戏在中国遭到禁止的时间是肯定的。即由于中书令张说（667－731）的疏谏，玄宗在开元元年（713）十二月颁布《禁断腊月乞寒敕》，明文禁止[3]。然而，这一确定的事件，也包含着疑问——什么样的原因使唐代在这样的时间点上中止了全国上下为之欣喜若狂的外来歌舞？

在史料留存的唐代前期三篇谏泼寒胡戏奏表中，中宗神龙二年（706）并州清源县令吕元泰[4]、睿宗景云二年（711）右拾遗韩朝宗[5]，都留下措词激烈的谏言。吕元泰所谓“旗鼓相当，军阵之势也；腾逐喧噪，战争之象也；锦绣夸竞，害女工也；征敛贫弱，伤政体也；胡服相观，非雅乐也；浑脱为号，非美名也”，认为它是战争的象征、有伤政体；而“窃见诸王，亦有此好”（吕元泰）、“皇太子微行观此戏……深可畏也”（韩朝宗），对从上至下的风气表达了深深的忧虑。韩朝宗谏表所及“皇太子”，即指时为皇太子的玄宗，可见玄宗对于泼寒胡戏的爱好也超越了寻常。不过这些谏言都没有被采纳。

张说的《谏泼胡表》在内容上并没有后来居上，其云：

> 臣闻韩宣适鲁，见周礼而叹；孔子会齐，数倡优之罪。列国如此，况天朝乎？今外蕃请和，选使朝谒，所望接以礼乐，示以兵威。虽曰戎夷，不可轻易，焉知无驹支之辩、由余之贤哉？且乞寒泼胡，未闻前典，裸体跳足，盛德何观；挥水投泥，失容斯甚。法殊鲁礼，亵比齐优，恐非干羽柔远之仪，樽俎折冲之道。愿择刍言，特罢此戏。干冒宸极，伏深惶惶。[6]

以上谏表以泼寒胡戏不合中原传统礼仪、有碍观瞻为由，语词最为温和，却反而为玄宗所采纳，敕令停止了这一朝野上下都耽于其间的外来舞蹈。从外在的表象看，张说于该年封燕国公、为紫薇令（中书令）[7]，可能是其重要的地位产生了以往官员所不能达到的影响力，因而起到了中止“乞寒泼胡”的作用；而从内在的政权层面考虑，政治利益是泼寒胡戏被禁的根本原因。不

[3] 杜佑《通典》卷一四六《乐·四方乐》，北京：中华书局，1988年，3724－3725页；《旧唐书》卷九七《张说传》，北京：中华书局，1975年，3052页；《新唐书》卷一二五《张说传》，北京：中华书局，1975年，4406－4407页；《唐会要》卷三四，北京：中华书局，1955年，629页。玄宗《禁断腊月乞寒敕》全文，又见《唐大诏令集》卷一〇九，上海：学林出版社，517页；《全唐文》卷二五四（苏颋文），北京：中华书局，1983年，2572页。张说《谏泼胡表》全文，又见《张说之集》影宋本卷二七；《全唐文》卷二二三，2256－2257页。

[4]《通典》卷一四六《乐·四方乐》，3724页；《资治通鉴》卷二〇八“中宗神龙元年”条，北京：中华书局，1956年，6596页；《新唐书》卷一一八《吕元泰传》，4276－4277页；《唐会要》卷三四两见，626、628页。《资治通鉴》《新唐书》记载均作神龙元年（705年）。吕元泰《陈时政疏》全文，又见《全唐文》卷二七〇，2741－2743页。

[5]《通典》卷一四六《乐·四方乐》，3724页；《新唐书》卷一一八《韩朝宗传》，4273页。《唐会要》卷三四作“景云三年”，629页。韩朝宗《谏作乞寒胡戏表》全文，又见《全唐文》卷三〇一，3058页。

[6] 张说《谏泼胡表》，《四库全书》本《张燕公集》题作“谏泼寒戏疏”，《全唐文》本作“谏泼寒胡戏疏”；此处据影宋椒花吟舫本《张说之集》卷二七录文，个别文字据他本校改。

[7]《旧唐书》卷九七《张说传》，3052页；陈祖言《张说年谱》，香港：香港中文大学出版社，1984年，33、35页。

过，仅仅以其包含军事政变的隐忧[8]、不合中原礼俗作解释，仍不免皮相之见。

综合分析张说谏表产生作用的时代与个人背景，则其历史因缘当具有更为丰富的内涵。本文即是从唐代制度史的角度，提出泼寒胡戏被禁的政治内涵之假说。

二

张说的文集的留存作品，对于泼寒胡戏的记载最具史料价值，同时反映出张说本人对于泼寒胡戏的态度也非前后一致。就在景云二年韩朝宗谏言之际，张说还为玄宗的生母——昭成皇后的娘家窦氏撰有《苏摩遮》五首，盛赞泼寒胡戏之精彩表演。这一组词，是研究泼寒胡戏以及音乐文学史的重要史料，兹录文如下，再作分析：

苏摩遮五首 为窦家作

幕遮本出海西胡，琉璃宝服紫髯须。闻道皇恩遍宇宙，来将歌舞助欢娱。亿岁乐
绣装帕额宝花冠，夷歌绮舞借人看。自能激水成阴气，不虑今年寒不寒。亿岁乐
腊月凝阴积帝台，齐歌急鼓送寒来。油囊取得天河水，将添上寿万年杯。亿岁乐
寒气宜人最可怜，故将寒水散庭前。惟愿圣君无限寿，长取新年续旧年。亿岁乐
昭成皇后之家亲，荣乐诸人不比人。往日霜前花委地，今年雪后又逢春。亿岁乐[9]

《苏摩遮五首》在词曲研究中经常被讨论，泼寒胡戏的表演细节也往往从中得以钩稽出来[10]。就本文的宗旨而言，组诗的以下四个问题值得关注。

1. 关于作品的年代

《苏摩遮》五首在陈祖言的《张说年谱》中未作系年；《唐五代文学编年史》最早列于景云二年[11]；熊飞的《张说年谱新编》《张说集校注》列于先天二年（开元元年）十二月[12]。熊飞认为此诗应作于改元为开元元年的十二月一日后到己亥（十日）泼寒胡戏被禁断的十日内。而在这个时间内，如前所揭，张说又写了《谏泼胡表》。在短暂的十天之内作出相反的表白，于情于理都是不太可能的。诗歌的系年，需要联系写作的对象“为窦家作”来考虑。诗中的“昭成皇后”，是指睿宗的德妃，玄宗和金仙、玉真二公主的生母窦氏。长寿二年（693），她被诬告诅咒武则天而遇害。景云元年（710）睿宗即位，谥“昭成皇后”，本家窦氏也得到优恤，父窦谌追赠太尉、

---

[8] 赵望秦《泼寒胡戏被禁原因发微》，《学术月刊》1998 年第 2 期，94－95 页。

[9] 张说《苏摩遮》五首，据影宋椒花吟舫本《张说之集》卷一〇录文，个别文字据他本校改。

[10] 近年专以张说《苏摩遮》为主题讨论其与乞寒戏流传的论文有李未醉《张说与泼寒胡戏》，《交响——西安音乐学院学报》2004 年第 2 期，32－35 页；姚春梅《张说〈苏摩遮〉与西域乞寒舞》，《平原大学学报》2005 年第 3 期，42－44 页。

[11] 陶敏、傅璇琮《唐五代文学编年史·初盛唐卷》，沈阳：辽海出版社，1998 年，484 页。

[12] 熊飞《张说年谱新编》，新北：花木兰文化出版社，2012 年，96－97 页；《张说集校注》，北京：中华书局，2013 年，550 页。

邠国公，兄弟希瑊、希球、希瓘并得恩宠赐爵[13]。从最后的诗句歌咏窦家“往日霜前花委地，今年雪后又逢春”中，可以看出诗歌的写作应当是昭成皇后被平反、赐谥，窦氏家族衰而复兴不久的事。所以，景云二年的十二月，应当是张说创作《苏摩遮》五首比较合理的系年。

2. 泼寒胡戏的演出者

《苏摩遮》五首除了让我们了解到这一“夷歌绮舞”在长安的精彩表演外，舞蹈者本身并非唐人的特点也分外清楚。第一首词作明确地交代：这个被窦家请来歌舞的乐队是“琉璃宝服紫髯须”的海西胡人；也正因为如此，这个舞蹈的旧曲一定也是胡歌。为了使这一乐舞表演传达出更加明白的文字意义，窦家邀请了张说为这次特别的乐舞重填了即景的汉文歌词，《苏摩遮》五首就是张说为这些旧曲在长安的演奏所谱的新词。为乐曲填词，张说是行家里手，在其诗集中留下来的《开元乐章》一十九首、《赠崔二安平公乐世词》一首、《十五日夜御前口号踏歌词》二首、《破阵乐词》二首、《舞马词》六首、《舞马千秋万岁乐府词》三首[14]，都是那样的曲词。

张说的《苏摩遮》填词，未见同时期诗人的作品流传。中国词史上流传的《苏幕（摩）遮》杂言词作，多系泼寒胡戏被禁、音乐与舞蹈分离之后乐曲流传过程中的唱词；甚至连词牌也受张说“闻道皇恩遍宇宙，来将歌舞助欢娱”的影响，而改称《感皇恩》。这一点，也提示我们唐代流传的泼寒胡戏多为胡人的表演、胡语的歌唱。

此外，玄宗在开元元年十二月颁布的《禁断腊月乞寒敕》，最后的禁断文字，也有不同的文本，通行的文本如《唐大诏令集》是：“自今以后，即宜禁断。”而《唐会要》的文本则是：“自今已后，无问蕃汉，即宜禁断。”《禁断腊月乞寒敕》的作者是苏颋（670－727），景龙以来，任中书舍人，专草拟制敕之责。“无问蕃汉”一词如果不是后人搀入的话，很可能是玄宗在发布敕文之际对苏颋的原文进行了增补所致。在唐代的疆界内禁断泼寒胡戏，不加注解的话，自然是指阻止唐人的搬演。但是在这个敕令中强调“无问蕃汉”，则表述了更要禁止蕃人在唐朝的演出——无疑，蕃胡的演出可能比唐人的模仿在当时更为频繁而具有影响。

3. 泼寒胡戏的组织者

史书记载中的泼寒胡戏，为研究者所引用的，其实也只有三数次：

> （神龙元年十一月）己丑，御洛城南门观泼寒胡戏。
> （景龙三年，709年）十二月乙酉，令诸司长官向醴泉坊看泼胡王乞寒戏[15]。
> （景云二年）十二月丁未，作泼寒胡戏[16]。

《旧唐书·张说传》记载张说为《谏泼胡表》的因由时，提及：“自则天末年，季冬为泼寒

[13]《旧唐书》卷五一《睿宗昭成皇后窦氏传》，2176页；卷一三三《窦孝谌传》，4725－4726页。

[14] 以上诗作均见于影宋本《张说之集》卷一〇。

[15]《旧唐书》卷七《中宗纪》，141、149页。

[16]《新唐书》卷五《睿宗纪》，118页。

胡戏，中宗尝御楼以观之。至是，因蕃夷入朝，又作此戏。”[17] 这里提及的“中宗尝御楼以观之”，即此处神龙元年“御洛城南门观泼寒胡戏”一事，这一助兴的歌舞应该是与中宗复辟的庆典相关联的。吕元泰的《陈时政疏》即是针对此次演出而上奏，其中“锦绣夸竞，害女工也；征敛贫弱，伤政体也”的揭示，说明了安排这样的一次活动所费巨大。

景龙三年“令诸司长官向醴泉坊看泼胡王乞寒戏”，猜想是与醴泉坊的“波斯胡寺”、“祆祠”相关。《唐两京城坊考》卷四“醴泉坊”条记载：

> 十字街南之东，旧波斯胡寺。仪凤二年（677 年），波斯王毕路斯奏请于此置波斯寺。景龙中，宗楚客筑此，寺地入其宅，遂移寺于布政坊之西南隅祆祠之西。西门之南，祆祠[18]。

波斯王毕路斯（？－678？）亦作卑路斯、俾路斯，与前揭 5 世纪前后创立泼寒胡戏的国王卑路斯同名，是波斯萨珊王朝的最后一位君主伊嗣俟三世（Yazdgerd Ⅲ, 632－651 在位）的儿子。萨珊波斯为阿拉伯帝国灭亡后，毕路斯的流亡政府依靠唐朝的力量在中亚东部的吐火罗一带立足，最终又逃亡到长安，终老于此[19]。由其奏立波斯寺的醴泉坊，无疑成为波斯贵族来华聚居的重要社区。醴泉坊的波斯寺传播的是由波斯传入的景教（Nestorianism），祆祠传播的也是由波斯传来的琐罗亚斯德教（Zoroastrianism），这些都是有神论的波斯和中亚国家共同信奉的“夷教”；即使如上所引，景龙年间因为宗楚客筑宅而将波斯胡寺迁移到了紧邻东侧的布政坊，醴泉坊作为波斯贵族居住了三十多年的地方，应当依旧是他们最集中的聚落。景龙三年十二月乙酉在这里举行的“泼胡王乞寒戏”，可能是侨寓其间的王族庆祝其节令最为隆重的乐舞，因为“泼胡王乞寒戏”中的“王”字如果不是衍文的话，确实不同于其他记载里的“泼胡乞寒”组词；此次的演出者，很大可能是来自波斯的胡人。这个庆典的内容显然也事先奏禀了中宗，因此会下达“令诸司长官向醴泉坊看泼胡王乞寒戏”的命令。

至于景云二年十二月丁未的作泼寒胡戏，应该就是张说“为窦家作”新歌词的那次泼寒胡戏。歌词中的“闻道皇恩遍宇宙，来将歌舞助欢娱”“油囊取得天河水，将添上寿万年杯”“惟愿圣君无限寿，长取新年续旧年”，都表达了对皇恩的歌颂。这次的泼寒胡戏，可以看作是由窦家为了自身的复兴、感戴皇恩而精心策划的一个盛大庆典，它利用为唐朝社会所迷恋的外来乐舞达到了轰动的效应。同样，这次的演出也立即遭到了右拾遗韩朝宗的上谏。

如上可知，泼寒胡戏在中原内地，可能有华人仿效者，但是高规格的演出，仍然由胡人表演；每次安排这样的表演，所费不赀，因此，演出的组织者基本上属于朝廷或者富可敌国的外戚与波斯王族。

长安醴泉坊波斯胡寺的存在和乞寒戏在该坊的演出，与张说《苏摩遮》吟咏“摩遮本出海西胡”的说法吻合，提示我们在这里流播的“乞寒戏”是直接由波斯传入、泼寒胡戏的演出者也是迁徙东来的波斯人这一事实。因此，在讨论乞寒戏究竟是传自波斯本土还是其流经地康国、龟兹、

[17]《旧唐书》卷九七《张说传》，3052 页。

[18] 徐松撰、李健超增订《增订唐两京城坊考（修订版）》，西安：三秦出版社，2006 年，227 页。

[19]《旧唐书》卷一九八《波斯传》，5312－5313 页。

高昌[20]，以及“苏摩遮”是波斯语“苏摩（Soma）”还是粟特语“飒秣建/撒马尔干”的分歧上[21]，使我们更倾向于长安的乞寒戏直接源自波斯本土、“苏摩遮”为波斯语的解释合理性。

4. 泼寒胡戏的演出频率

如前所示，张说的《苏摩遮》填词，并未见同时期诗人的汉文作品流传，除了提示唐代流传的泼寒胡戏多为胡人表演外，也表达了其演出的频率不容高估。正因为长安街头规模非凡的泼寒胡戏并非经常上演，故而每次演出，都会倾动朝野，才会有“窃见诸王，亦有此好”“皇太子微行观此戏”“令诸司长官向醴泉坊看泼胡王乞寒戏”的现象出现；也正因为到张说在先天二年谏演的那场泼寒胡戏为止，上演频率并不太高，才会有“至是因蕃夷入朝，又作此戏”的表述。吕元泰谏表所谓的“比见都邑城市相率为浑脱”，事实上是一种来自外地官员对洛阳都城演出的想象和夸张之词；喜好娱乐的中宗、睿宗应该也明白这一乐舞的事实影响甚微，因此对于吕元泰和韩朝宗出自儒家立国思想的上谏表现出虽然赞许、但并不采纳的处理方式。

但是事隔两年、玄宗登基不久，张说所击节歌颂的泼寒胡戏却被自我否定，并上升到国家礼仪的高度要求禁演；玄宗也随之发布《禁断腊月乞寒敕》，禁断了此戏在唐朝的传播。

皇帝与宰相的合谋所中止的泼寒胡戏，自然有更多的政治考虑存在。

三

如上所揭，泼寒胡戏在唐代的传播是一个以胡人为演出主体、耗资巨大、频率不高的外来乐舞。玄宗先天二年（713）安排这一演出，也是“因蕃夷入朝，又作此戏”。在即位之初“外蕃请贺”的庆典中演出来自外蕃的乐舞，体现兼容并蓄、包容天下的盛唐气象，也许是玄宗搬演泼寒胡戏的初衷，不但无可厚非，对于外蕃胡夷也未必产生负面的影响。

张说上表以泼寒胡戏舞蹈中的“裸体跳足”“挥水投泥”不符儒家经典礼仪予以谏止，显然是小题大做而借题发挥。从其《苏摩遮》的描写中，我们看到泼寒胡戏的舞蹈激动人心的场面还有“绣装帕额宝花冠，夷歌骑舞借人看”的“豪歌击鼓”。“裸体跳足”而“挥水投泥”只是其中的一些场景，但又是乞寒泼胡的必然过程；因此攻其不可减省的舞蹈行为与儒家扞格，就必然没有可以迁就的演出理由。

玄宗的《禁断腊月乞寒敕》出自苏颋的手笔，《新唐书·苏颋传》记载：

> 自景龙后，（颋）与张说以文章显，称望略等，故时号“燕许大手笔”。帝爱其文，曰：“卿所为诏令，别录副本，署臣某撰，朕当留中。”后遂为故事。[22]

---

［20］唐代中原的乞寒戏源自波斯本土说者，以岑仲勉说为代表，参注［1］。源自中亚康国说者，以刘铭恕的《康居泼寒胡戏传入中国考》为代表，原载《新亚细亚》第13卷第4期，1937年，88—90页；收入《刘铭恕考古文集》，郑州：河南人民出版社，2013年，609—612页。源自龟兹说者，以向达说为代表，参注1。源自高昌说者，以任半塘为代表，参所著《唐戏弄》，上海：上海古籍出版社，1984年，582页。其余还有源自印度等说法，兹不赘。

［21］“苏摩遮”的语源，岑仲勉的《唐代戏乐之波斯语》释“苏摩”为草名、“遮”为曲，参注［1］；以其为粟特语“撒马尔干”者，则据《新唐书·西域传》“康国”条“康者，一曰萨末鞬，亦曰飒秣建”、慧琳《一切经音义》“苏摩遮，西戎胡语也，正云飒磨遮”为词。他又有以为源自“慕阇”等。

［22］《新唐书》卷一二五《苏颋传》，4402页。

以上的文字是我们知晓朝廷制草执笔者秘密的制度史缘由。而苏颋的草敕确实充满文学的才情，但是在昭示禁断的理由时，以泼寒胡戏“至使乘肥衣轻，竞矜胡服；阗城溢陌，深玷华风”，无疑有夸大的倾向。南北朝以来流传在中原的物质文明胡化倾向，并非只是泼寒胡戏的影响；在泼寒胡戏禁断之后，这种胡服矜尚也并没有得到改变，元稹“胡音胡骑与胡妆，五十年来竞纷泊”（《和李校书新题乐府十二首·法曲》）即是其例。而玄宗后来的酷嗜胡俗，也被元稹无情揭示，如《和李校书新题乐府十二首·胡旋女》所讽刺：“天宝欲末胡欲乱，胡人献女能胡旋。旋得明王不觉迷，妖胡奄到长生殿。”比起元稹揭示的胡旋女以及驯犀、骠国乐、西凉伎等等的胡俗影响来说，在胡风充溢的唐代，泼寒胡戏的演出并没有特别的危害。

更有甚者，虽然张表、苏敕的目的一致，但是述及禁断的理由却并不同步。张说的谏表以“裸体跳足”“挥水投泥”的胡俗为失容，苏颋的草敕以“乘肥衣轻，竞矜胡服”为“颓弊”。齐名的“苏许大手笔”在事件处理的因由上答非所问，可见在胡俗纷纭的时代，禁断泼寒胡戏实在没有太多特别的理由。然而，此时此刻的玄宗皇帝还是断然放弃了自己从太子时代就深好的蕃胡乐舞，无疑也当是另有寄托。

一种深层的可能性是：玄宗以来建立新的大唐礼仪、文化制度的任务，落到初任宰执的张说身上，重道尊儒、建立典型的目标，成为开元时代前十八年间张说不懈的追求。

张说是唐玄宗在东宫以来就建立了非凡关系的臣子。《旧唐书·张说传》中，记载张说在玄宗立储、即位的关键时刻，都给予了有力的支持：

> 玄宗在东宫，说与国子司业褚无量俱为侍读，深见亲敬。明年，同中书门下平章事，监修国史。是岁二月，睿宗谓侍臣曰：“有术者上言，五日内有急兵入宫，卿等为朕备之。”左右相顾莫能对，说进曰：“此是谗人设计，拟摇动东宫耳。陛下若使太子监国，则君臣分定，自然窥觎路绝，灾难不生。”睿宗大悦，即日下制皇太子监国。明年，又制皇太子即帝位。……说既知太平等阴怀异计，乃因使献佩刀于玄宗，请先事讨之，玄宗深嘉纳焉。及至忠等伏诛，征拜中书令，封燕国公，赐实封二百户。其冬，改易官名，拜紫微令。[23]

玄宗对于张说的信任，超越了其他臣子。即位之后，这种信托与依赖也通过拜官、封爵、赐食邑表现出来。有鉴于唐朝以往的历史现实，如何创造出后来称为“开元之治”的盛唐局面，一定成为帝臣之间无比焦虑的问题。健全制度、崇尚儒学的文治策略，可能是在张说心目中比较明确的想法。恰在这样的时刻，神龙元年中宗复辟而“御洛城南门观泼寒胡戏”的习俗被玄宗仿效，用于其登基后接受外蕃请贺的庆典之中。《谏泼胡表》便成为其建立新的法制的牛刀小试和探路之石。

毫无疑问，在即位之后与臣子建立新的信任关系，成为玄宗当务之急。张说最初的谏言不论小大，是否采纳，自然是重要的信号。因此，玄宗皇帝不惜牺牲个人的嗜好而俯允下情，泼

---

[23]《旧唐书》卷九七《张说传》，3051—3052页。

寒胡戏因此成为众多外来文明与大唐礼仪制度冲突而需要革除的替罪羊。

虽然在《谏泼胡表》之后不久，张说为姚崇所构而左迁八年，具体的文治策略因之滞后，但是玄宗对于他的信任不变，包括违反常规，允许他“兼修国史，仍赍史本随军修撰”这样的包容[24]。因此在开元九年（721）返回长安，张说“拜兵部尚书、同中书门下三品，仍依旧修国史”之后，一系列的建设性举措：经修《六典》、祀后土祠、享圆丘、议封禅、倡修《大唐开元礼》、进《开元大衍历》、定《大唐乐》……因之而顺理成章地实现。关于张说在玄宗时代的意义，汪篯先生的《唐玄宗时期吏治与文学之争：玄宗朝政治史发微之二》是探微发覆的力作[25]。作者从姚崇、张说的互不兼容的细节出发，揭示了姚崇和张说的矛盾隐含着用吏治与用文学的政见不同。虽然两派之间未必完全对立，但确实提供给了我们理解开元时期以张说、张九龄为代表的文学大臣建立文质彬彬时代的重要视角。

可以说，从《谏泼胡表》开始，破除外来文化的不良影响，为建立儒家文明的自身秩序作铺垫，崇尚法度的大唐文化因此建立起来。

---

[24]《旧唐书》卷九七《张说传》，3052页。

[25] 汪篯《唐玄宗时期吏治与文学之争：玄宗朝政治史发微之二》，《汪篯隋唐史论稿》，北京：中国社会科学出版社，1981年，196—208页。

后　　记

为了进一步加强“丝绸之路”研究的学术交流，特别是展示近10年来粟特人在中国的最新考古发现和研究成果，加深世界对中国丝绸之路的认识，促进学术发展与繁荣，2014年8月13日至16日，第二届丝绸之路国际学术研讨会“粟特人在中国：考古发现与出土文献的新印证”在宁夏银川市举行。此次国际学术研讨会由宁夏文化厅主办，宁夏文物考古研究所、北京大学中国古代史研究中心、宁夏固原博物馆联合承办。来自中国（包括台湾地区）、日本、韩国、美国、英国、德国、法国等高校、科研院所与文博单位的108位代表参加了会议，是近年来规模最大的一次关于“丝绸之路”与“粟特人在中国”的研讨会。在为期2天的学术讨论会上，与会代表共提交了48篇论文。

此次会议的参会学者来自各研究领域，为鼓励更为多元的讨论与交流，会议论文分成8个主题，分别是丝绸之路、考古发现与研究、粟特石棺床及相关问题、粟特墓志及其他、宗教与信仰、美术史中的东西交流、粟特人在中亚以及粟特人在中国，讨论内容遍及考古学、历史学、宗教学、语言学以及美术史等各研究领域。

本次会议是自“丝绸之路”跨境联合申报世界文化遗产项目启动以来国内所举办的关于“丝绸之路”与入华粟特人研究的最大规模的一次国际学术研讨会，宁夏银川作为会议的举办地，既体现了关于“丝绸之路”研究的各学术领域对于宁夏作为丝绸之路重要组成部分的认可，也显示出宁夏在打造文化强省，推动地域特色文化发展和繁荣，提升文化软实力方面的不懈努力。同时，这次会议为东西方学者搭建了学术对话、共同研究、多领域、多层次的学术交流平台，对于促进和繁荣“丝绸之路”以及入华粟特人的研究，加深与会各国、各领域的学者在今后关于“丝绸之路”与“粟特人在中国”研究中更为密切的交流与合作，推动“丝绸之路”跨国联合申报世界文化遗产工作的新进程有着重要的意义。

2004年，北京大学中国古代史研究中心曾与法国远东学院（The École Française d’Extrême-Orient）、法国科研中心东方与西方考古研究组（UMR Archeologie d’orient et d’occident, equipe（ENS-CNRS））、法国高等实验研究院及法国科研中心中国文明研究组（UMR Civilisation Chinoise（EPHE-CNRS））、中国国家图书馆善本特藏部等单位合作举办“粟特人在中国——历史、考古、语言的新探索”国际学术研讨会，出版了中外文会议论文集，取得良好的反响。

2009年，宁夏文物考古研究所与中国社会科学院历史研究所、考古研究所在宁夏银川市联合举办了第一届“丝绸之路国际学术研讨会”，出版了会议论文集《丝绸之路上的考古、宗教与历史》，深化了对丝绸之路的认识，加深了中国与世界各国学者在丝绸之路研究中的交流与合作。

为了让大家对第二届丝绸之路国际学术研讨会“粟特人在中国：考古发现与出土文献的新印证”国际学术研讨会有更全面的了解，我们特请与会专家、学者将提交的论文加以修订，由我们编集成册。在编辑过程中，宁夏文物考古研究所马晓玲、王琨就稿件的收集与校改承担了大量工作，科学出版社的编辑孙莉、郝莎莎两位女士给予了大力支持，北京大学中国古代史研究中心和中国人民大学国学院的研究生承担了稿件翻译、校改等工作，其中尤以罗帅、沈琛两位同学贡献最多。在大家的共同努力下，论文集得以顺利问世。在此，一并向对本论文集的编辑、出版给予关心、支持与帮助的所有领导、专家、学者、同学们表示衷心的感谢。

由于经验、水平以及时间、条件等的限制，我们虽然力求在论文集编辑、出版过程中精益求精，但疏漏与不足仍在所难免，请学界同仁批评指正。

编　者

2016 年 6 月 13 日